汽车维修职业技能培训教材

依据劳动和社会保障部制定的《国家职业标准》编写

汽车底盘构造与维修

主　编　李栓成　刘志顺

主　审　孟金法　陈　欣

金盾出版社

内容提要

本教材讲述了汽车底盘的结构、拆装、检修及常见故障的诊断与排除。主要内容包括汽车传动系统、汽车行驶系统、汽车转向系统、汽车制动系统及汽车底盘的进厂检验与出厂验收。同时还介绍了自动变速器、电子控制悬架、电子控制转向、防抱死制动系统等。

本书可作为职业院校汽车运用与维修专业教材，也可供汽车专业师生和从事汽车设计制造、汽车运输管理、汽车维修管理的工程技术人员以及汽车修理工与驾驶人阅读参考。

图书在版编目(CIP)数据

汽车底盘构造与维修/李栓成，刘志顺主编．—北京：金盾出版社，2007.2(2014.3 重印)
ISBN 978-7-5082-4435-8

Ⅰ.①汽… Ⅱ.①李…②刘… Ⅲ.①汽车—底盘—结构②汽车—底盘—车辆修理
Ⅳ.U472.41

中国版本图书馆 CIP 数据核字(2006)第 160916 号

金盾出版社出版、总发行
北京太平路 5 号(地铁万寿路站往南)
邮政编码：100036 电话：68214039 83219215
传真：68276683 网址：www.jdcbs.cn
封面印刷：北京凌奇印刷有限责任公司
正文印刷：北京万友印刷有限公司
装订：永胜装订厂
各地新华书店经销

开本：787×1092 1/16 印张：16.5 字数：488 千字
2014 年 3 月第 1 版第 4 次印刷
印数：19 001～22 000 册 定价：35.00 元

汽车维修职业技能培训教材

编写委员会名单

主　任　孟金法　孙志成

副主任　舒　华　李栓成　高群钦

委　员　安相璧　姚国平　魏建秋　王海燕

王建旭　邹长庚　丁鸣朝　李晓华

蒙留记　李矿理　孙家豪　李春亮

方心明　陆克久　曹利民　杨智勇

吴政清　罗俊杰　田　边　徐永振

张献琛

编 写 说 明

汽车技术、建筑技术与环境保护是衡量一个国家工业化水平高低的三大标志。汽车作为人类文明发展的标志,从1886年1月29日发明至今,已有120年的历史。近几年来,世界知名汽车企业进入国内汽车市场,大大促进了国内汽车技术的进步与发展。随着国民经济综合实力的提高,我国汽车生产量和销售量都在迅速增大,汽车拥有量大幅度上升。汽车拥有量的急剧增加和汽车技术的快速更新,促使汽车运用与维修行业的服务对象与维修作业形式都发生了新的变化,使得技能型、应用型人才非常紧缺。

为了贯彻国务院《关于大力推进职业教育改革与发展的决定》和教育部、劳动和社会保障部、国防科工委、信息产业部、交通部、卫生部等六部委《关于实施职业院校制造业和现代服务业技能型紧缺人才培养培训工程的通知》精神,配合中等职业学校实施紧缺人才培养计划,适应国家"十一五"规划提出的大力发展职业教育和部队"军地两用人才"培训的要求,金盾出版社组织多年在教学一线工作的军内外专家、教授和优秀教师,在总结他们教学和实践经验的基础上,根据教育部等六部委颁布的《中等职业学校汽车运用与维修专业领域技能型紧缺人才培养培训指导方案》以及劳动和社会保障部培训就业司颁发的《技工学校汽车类专业教学计划与教学大纲》、《国家职业标准》的要求,精心编写了本套丛书。丛书包括:

·汽车发动机构造与维修

·汽车底盘构造与维修

·汽车电气设备构造与维修

·汽车使用性能与检测

·汽车驾驶技术教程

在编写本套丛书的过程中,强调应符合汽车专业教育教学改革的要求,注重职业教育的特点,按技能型、应用型人才培养的模式进行设计构思。坚持以读者就业为导向,以服务市场为基础,以能力培养为目标,培养读者的职业技能和就业能力;合理控制理论知识,注重实用性,突出新技术、新工艺、新知识和新方法。本套丛书具有以下特点:

1. 在严格按照本专业教学计划和教学大纲编写的基础上,力求处理好普及与提高、共性与个性、理论与实际操作技能的三个关系。

2. 既能满足当前汽车维修的实际需要，又能体现教学内容的先进性和前瞻性。

3. 既介绍共性基础知识，又阐明轿车与载货汽车在结构、维修和技术参数等方面的区别。

4. 针对读者对象缺乏对本专业基础知识和基本理论了解与认识的实际情况，采用图文并茂、深入浅出的笔法阐述构造理论，又根据培训对象的实际需要，突出介绍检测工具、仪器与仪表的使用方法，重点介绍总成拆装、分解、调整与试验、零部件检测与维修、故障诊断与排除以及汽车使用性能的检测等技能培训内容。

本套丛书既可作为中等职业技术学校汽车运用与维修专业的培训教材，又适用于具有初中以上文化程度、热爱汽车维修的社会青年及现役士兵和士官学习阅读。

汽车维修职业技能培训教材编写委员会

前　言

本书以目前市场上保有量较大的国产轿车和载货汽车为例,系统地介绍了汽车底盘各总成的构造、拆装与维修、常见故障的诊断与排除。内容包括:

汽车传动系统:离合器、手动变速器、电子控制自动变速器、万向传动装置、驱动桥;

汽车行驶系统:车架、车桥、车轮与轮胎、悬架、电子控制悬架;

汽车转向系统:转向器、转向操纵机构、转向传动机构、动力转向装置、电子控制动力转向系统与四轮转向系统;

汽车制动系统:制动器、人力制动系统、伺服制动系统、动力制动系统、辅助制动系统、制动力分配调节装置、防抱死制动系统;

汽车的总装配与竣工验收:汽车底盘进厂检修、汽车解体、汽车总装、汽车大修竣工验收。

本书为中等职业教育汽车运用与维修专业通用教材,特点是:简明阐述基本构造理论;重点介绍总成的拆装、分解、调整、零部件检测与维修、故障诊断与排除等技能培训内容,突出实际操作方法和技巧;体现现代汽车的新结构和新技术。同时,为使读者加强内容上的理解和掌握,在各章后面均有复习思考题。

本书参加编写人员:第一章由李栓成、王宝生、党潇正、魏磊、冯光、杨丹编写,第二章由刘宝新、张英锋、严彬、付士生编写,第三章由赵德龙、陈欣、商玉恒、李春编写,第四章由姚遵恩、王立辉、李喜爱、邓富云编写,第五章由刘志顺、常明编写。

由于作者的经验、水平有限,时间仓促,书中难免有疏漏,敬请专家和广大读者批评指正。

作　者

2006年8月

目　　录

第一章　汽车传动系统

第一节　传动系统概述

一、传动系统的功用和组成

汽车传动系统的基本功用是将发动机发出的动力按照需要传给驱动车轮。

按动力传动介质不同,汽车传动系统的类型分为机械式、液力机械式、静液式、电力式等。现代汽车上最典型的是机械式和液力机械式传动系统。

普通双轴载货汽车机械式传动系统的组成及布置如图 1-1 所示。发动机纵向安装在汽车前部,后轮驱动。其传动系统由离合器、变速器、万向传动装置以及驱动桥等组成。发动机发出的动力依次经离合器、变速器、万向传动装置,以及安装在驱动桥中的主减速器、差速器和半轴,最后传给驱动轮。

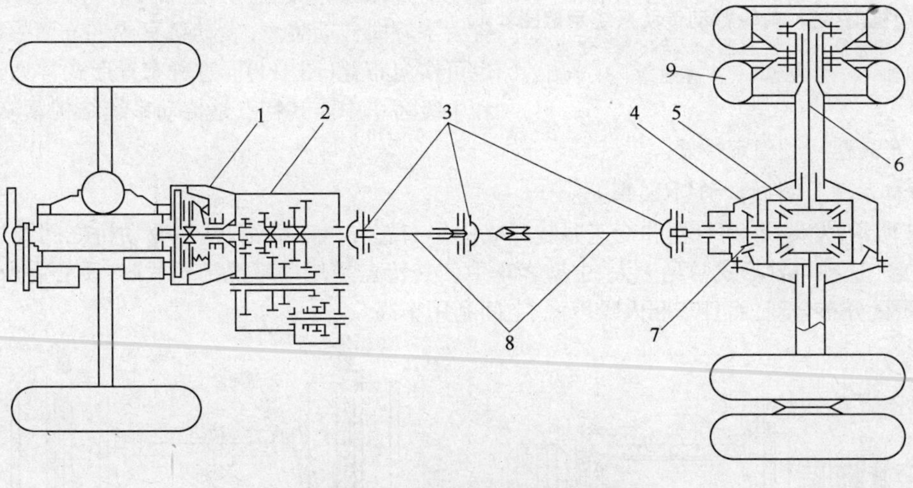

图 1-1　机械式传动系统示意图

1. 离合器　2. 变速器　3. 万向节　4. 驱动桥　5. 差速器　6. 半轴　7. 主减速器　8. 传动轴　9. 驱动轮

液力机械式传动系统综合运用液力传动和机械传动,以液力机械变速器取代机械式传动系统的摩擦式离合器和普通齿轮式变速器,其他组成部件及布置均与机械式传动系统相同。发动机发出的动力依次经液力机械变速器、万向传动装置,以及安装在驱动桥中的主减速器、差速器和半轴传给驱动轮。

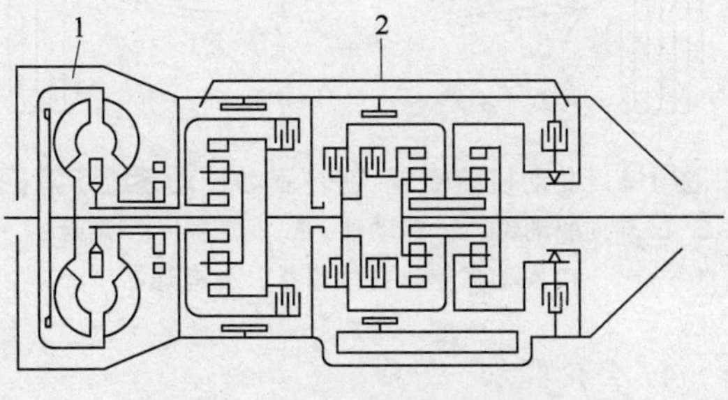

图 1-2　液力机械变速器示意图

1. 液力传动装置　2. 机械式有级变速器

液力机械变速器如图 1-2 所示,主要由液力传动装置、机械式有级变速器、控制机构、操纵机构组成。液力传动装置有液力耦合器和液力变矩器两种,液力耦合器只能传递转矩,而不能改变转矩大小,可以代替离合器的部分功能;液力变矩器除具有液力耦合器的全部功用外,还能在一定范围内实现无级变速，因此目前应用较为广泛，但是，液力变矩器传动比变化范围还不能满足使用要求，故一般在其后再串联一个机械式有级变速器。

二、传动系统的布置

根据发动机的安装位置和汽车驱动形式的不同，汽车传动系统有多种布置形式。

1. 发动机前置、后轮驱动(FR 型)

见图 1-1 所示，这种布置形式，一般将发动机、离合器和变速器连成一体安装在汽车前部，主减速器、差速器和半轴安装在后驱动桥中，前后再通过万向传动装置相连。主要用于大、中型载货汽车上。其特点是发动机散热条件好，驾驶人近距离操纵发动机、离合器和变速器，操纵机构简单，维修方便，利用驱动轮较大的附着力，使汽车获得足够的驱动力。

2. 发动机前置、前轮驱动(FF 型)

发动机、变速器、主减速器和差速器等装配成紧凑的整体并布置在汽车前部，前轮驱动，结构上省去了万向传动装置，发动机可纵向布置(图 1-3)也可横向布置(图 1-4)。这种布置形式常见于微型和中级轿车中。其特点是传动系统结构紧凑，整车质心降低，汽车高速行驶稳定性好。

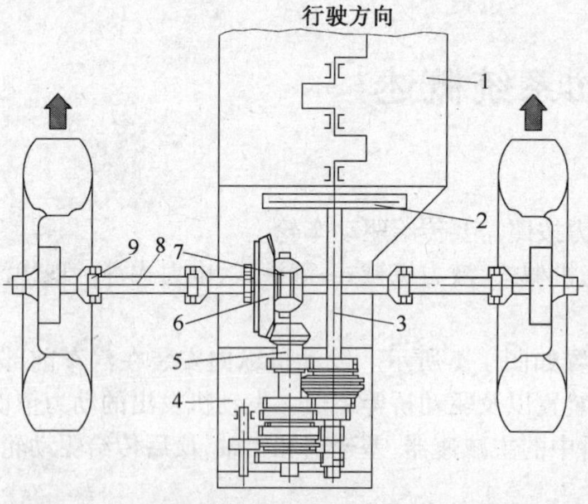

图 1-3 发动机前纵置、前轮驱动传动系统示意图

1. 发动机 2. 离合器 3. 变速器输入轴 4. 变速器 5. 变速器输出轴 6. 主减速器 7. 差速器 8. 半轴 9. 万向节

3. 发动机后置、后轮驱动(RR 型)

如图 1-5 所示，发动机、离合器和变速器装配成一体布置在汽车后部，与后驱动桥之间通过万向传动装置连接。这种布置形式常见于大、中型客车中。其特点是传动系统结构紧凑，质心有所降低，前后轴之间质量分布合理，而且车厢内噪声低、空间利用率高。

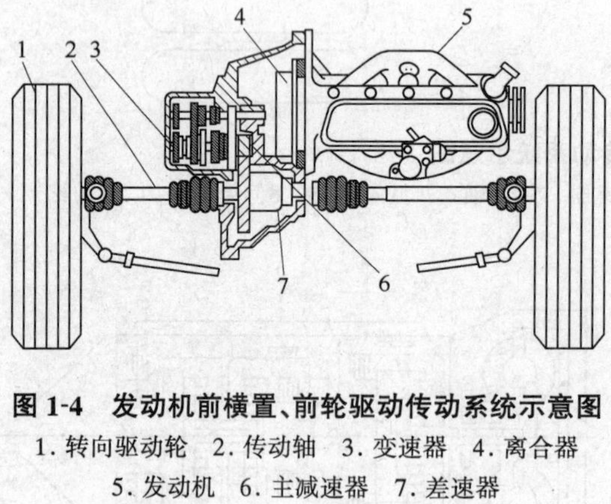

图 1-4 发动机前横置、前轮驱动传动系统示意图

1. 转向驱动轮 2. 传动轴 3. 变速器 4. 离合器 5. 发动机 6. 主减速器 7. 差速器

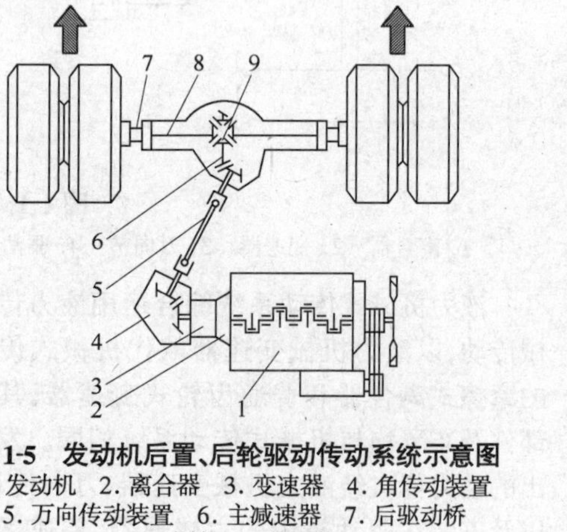

图 1-5 发动机后置、后轮驱动传动系统示意图

1. 发动机 2. 离合器 3. 变速器 4. 角传动装置 5. 万向传动装置 6. 主减速器 7. 后驱动桥 8. 半轴 9. 差速器

4. 全轮驱动

如图 1-6 所示，为了充分利用所有车轮与地面之间的附着力，获得尽可能大的驱动力，越野汽车传动系统采用了全轮驱动布置形式。与图 1-1 所示的机械式传动系统相比，为了将动力传给前后驱动轮，传动系统中加装了分动器，发动机的动力经离合器、变速器首先传给分动器，分动器再将动力通过万向传动装置传给前后驱动轮。

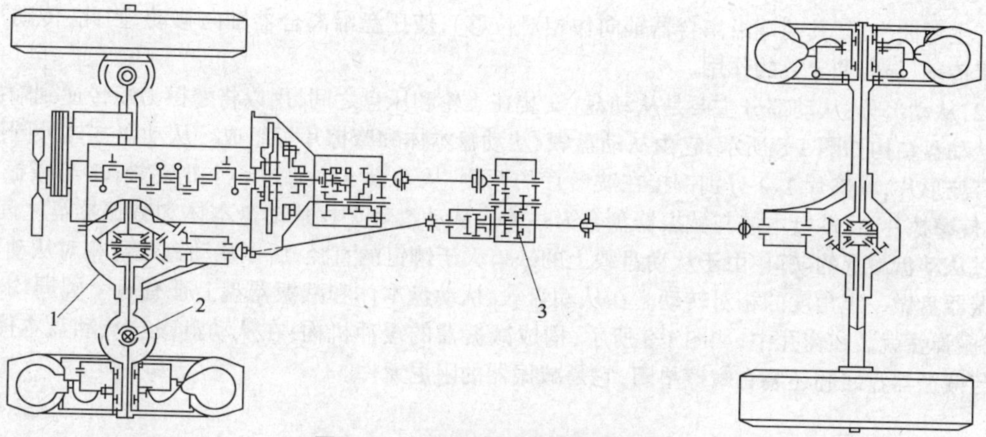

图 1-6 全轮驱动传动系统示意图

1. 前驱动桥 2. 万向节 3. 分动器

第二节 离 合 器

一、离合器的功用与类型

(1)离合器的功用:离合器的功用是保证汽车平稳起步,便于变速器换档平顺无冲击,防止传动系统过载。

(2)离合器的类型:离合器的类型有摩擦式、液力式、电磁式等。现代汽车广泛采用的是摩擦式离合器,根据从动盘的数目、压紧弹簧的形式及安装位置不同,摩擦式离合器又分为如下类型。

①按从动盘的数目不同,分为单片离合器和双片离合器;

②按压紧弹簧的形式及布置位置不同,分为周布螺旋弹簧离合器、中央弹簧离合器、斜置弹簧离合器和膜片弹簧离合器等。

二、离合器的构造

摩擦式离合器由主动部分、从动部分、压紧机构和操纵机构四部分组成。

1. 膜片弹簧离合器

膜片弹簧离合器的结构如图 1-7 所示。

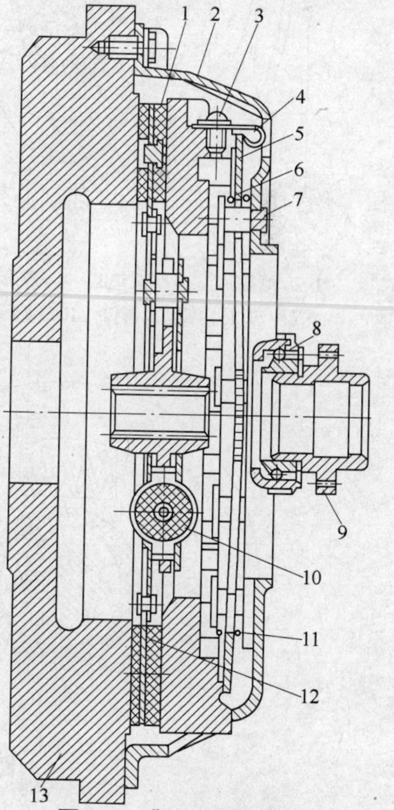

图 1-7 膜片弹簧离合器

1. 摩擦片 2. 离合器盖 3. 压盘 3. 螺钉 4. 分离钩 5. 膜片弹簧 6、11. 钢丝支撑环 7. 固定铆钉 8. 分离轴承 9. 分离套筒 10. 扭转减振器 12. 从动盘 13. 飞轮

(1)主动部分:主动部分由飞轮、离合器盖和压盘等组成。离合器盖一般用低碳钢冲压制成,通过螺栓固装在飞轮上,为保证离合器与飞轮同轴,安装离合器盖时通过定位销定位。离合器盖的侧面制有通风口,离合器旋转时可强制通风,以保证离合器散热良好。

压盘和离合器盖之间通过周向均布的 3 组或 4 组传动片连接。传动片用弹簧钢片制成,每组两片,其一端用铆钉铆接在离合器盖上,另一端则用螺钉固定在压盘上。正常工作时,离合器盖通过传动片拉动压盘旋转,离合器分离时,弹性的传动片产生弯曲变形(其两端沿离合器轴向作相对位移),使压盘沿离合器轴向移动,因此,传动片对压盘起着传动、导向和定心的作用。

(2)从动部分:从动部分主要是从动盘,安装在飞轮和压盘之间,用以将摩擦力矩传递到输出轴。

从动盘结构如图 1-8 所示,它由从动盘毂、从动盘本体和摩擦片等组成。从动盘本体外圆沿周向铆接有波形片,摩擦片 1、2 分别铆接在波形片的两侧,从动盘本体通过 3 个止动销 12 与减振器盘 6 铆接,使摩擦片、从动盘本体与减振器盘合为一体。从动盘毂夹在从动盘本体和减振器盘之间,止动销穿过从动盘毂上的缺口,由于从动盘毂上的缺口大于铆钉的直径,所以从动盘毂可相对从动盘本体和减振器盘做一定角度的相对转动。在从动盘毂、从动盘本体和减振器盘上开有 6 个圆周均布的窗孔,减振弹簧就装在窗孔中,如图 1-9 所示,构成减振器的缓冲机构;在从动盘毂与从动盘本体、从动盘毂与减振器盘之间还装有摩擦垫圈,它是减振器的阻尼元件。

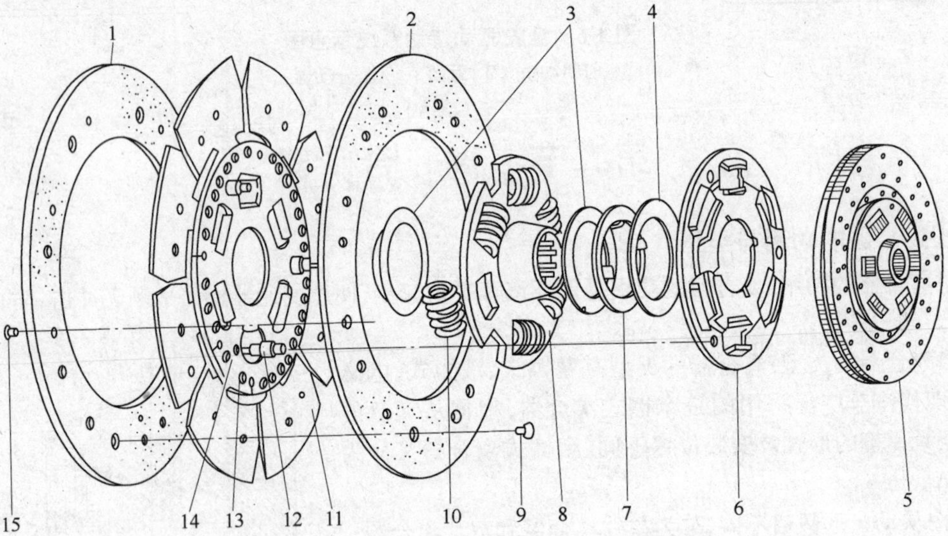

图 1-8 从动盘总成

1、2. 摩擦片 3. 摩擦垫圈 4. 碟形垫圈 5. 装合后的从动盘总成 6. 减振器盘 7. 摩擦板 8. 从动盘毂 9、15. 摩擦片铆钉 10. 减振器弹簧 11. 波形片 12. 止动销 13. 波形片铆钉 14. 从动盘本体

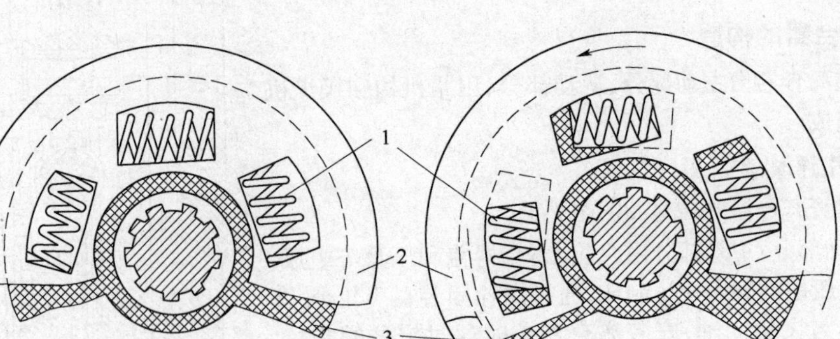

图 1-9 扭转减振器工作原理示意图

(a)不工作时 (b)工作时

1. 减振器弹簧 2. 从动盘本体 3. 从动盘毂

从动盘工作时,两侧摩擦片所受摩擦力矩首先通过波形片传到从动盘本体和减振器盘上,再经 6 个减振器弹簧传给从动盘毂。这时弹簧被压缩,如图 1-9b 所示,从动盘本体、减振器盘与从动盘毂之

间产生相对的角位移，从动盘本体传递的转矩越大，角位移也越大。因此，由发动机传来的扭转振动所产生的冲击即被弹簧所缓和，而不会传到变速器以后的总成部件上；同样，汽车行驶在不平路面上所引起的传动系统角速度的变化也不会影响发动机。在从动盘本体、减振器盘与从动盘毂之间还装有摩擦垫圈、摩擦板，它们都是阻尼元件，其作用是消耗扭转振动的能量，使扭转振动迅速衰减。碟形垫圈用来补偿摩擦垫圈磨损后预紧力的损失。

(3)压紧机构：膜片弹簧式离合器的压紧机构是膜片弹簧。膜片弹簧如图 1-10 所示，靠中心部分开有许多径向切口，形成分离指，起弹性杠杆的作用。为防止应力集中，在切口的根部钻孔。

离合器盖安装到飞轮上时，如图 1-11 所示，膜片弹簧发生弹性变形（锥角变小），膜片弹簧外端对压盘产生压紧力。分离离合器时，分离轴承左移，膜片弹簧外端右移，并通过分离弹簧钩拉动压盘右移。

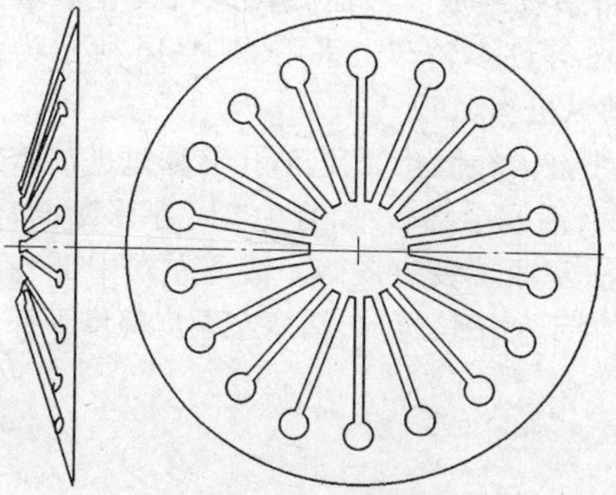

图 1-10　膜片弹簧

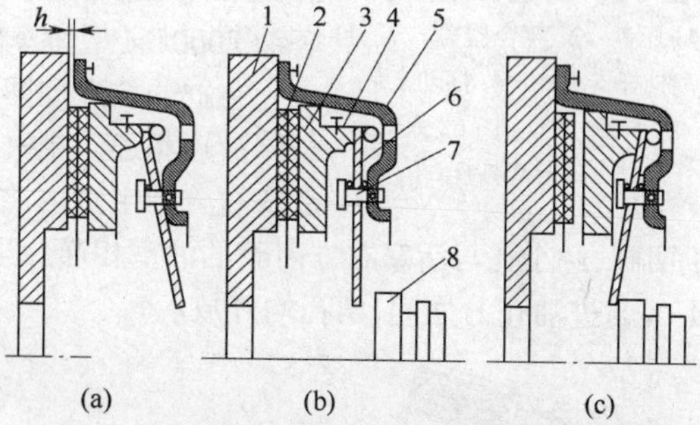

图 1-11　膜片弹簧离合器的工作原理示意图

1. 飞轮　2. 从动盘　3. 压盘　4. 分离钩　5. 离合器盖　6. 膜片弹簧　7. 支承环　8. 分离轴承

2. 螺旋弹簧离合器

螺旋弹簧离合器构造如图 1-12 所示。

螺旋弹簧离合器的主动部分、从动部分结构与膜片弹簧离合器基本相同。其区别主要是压紧机构以及分离杠杆部分。

螺旋弹簧离合器的压紧机构由若干个螺旋弹簧组成，螺旋弹簧装在压盘与离合器盖之间，并沿压盘周向均匀布置。为了减小压紧弹簧受热，将压盘的弹簧座做成凸起的十字形筋条，或加隔热垫。

螺旋弹簧离合器的分离是靠分离杠杆的摆动完成的。分离杠杆，如图 1-13 所示，用薄钢板冲压制成，中部通过浮动销支承在支撑柱的方孔中，外端通过一凹字形摆动支撑片顶在压盘的凸耳上，通过一扭簧使分离杠杆外端始终压紧摆动支承片。分离杠杆以浮动销为支点摆动时，浮动销在方孔的平面上滚动，摆动支承片摆动，消除了运动干涉。分离杠杆内端高度可通过调整螺母进行调整。

3. 离合器操纵机构

离合器操纵机构起始于离合器踏板，终止于飞轮壳内的分离轴承。按分离离合器所需操纵能源不同，离合器操纵机构有人力式和助力式两种。

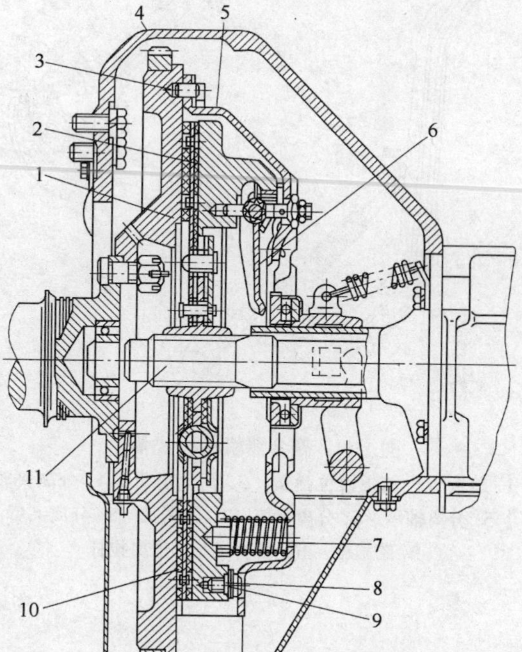

图 1-12　螺旋弹簧离合器构造

1. 飞轮　2. 压盘　3. 定位销　4. 离合器壳　5. 离合器盖　6. 分离杠杆　7. 压紧弹簧　8. 传动片螺钉　9. 传动片　10. 从动盘　11. 离合器输出轴（变速器输入轴）

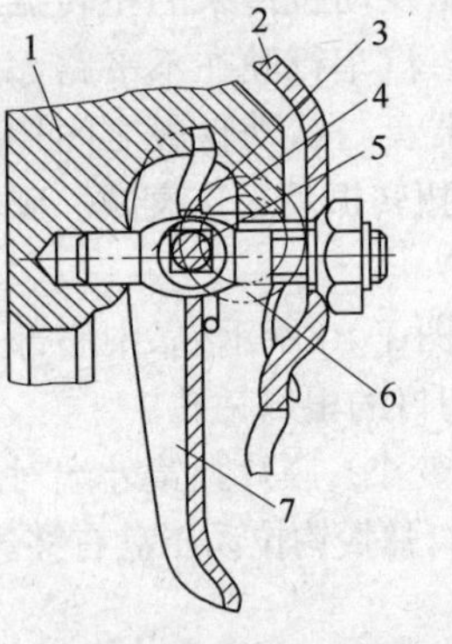

图 1-13 分离杠杆的支承

1. 压盘 2. 离合器盖 3. 分离杠杆支承柱 4. 摆动支承片 5. 浮动销 6. 弹簧 7. 分离杠杆

(1)人力式操纵机构:人力式操纵机构分为机械式和液压式两种。

①机械式操纵机构。机械式操纵机构分杆式传动和绳索式传动。

杆式传动如图 1-14 所示,它由踏板、拉杆、调节螺母及踏板回位弹簧等组成。转动拉杆调节螺母可调节拉杆的长度,以实现踏板自由行程的调整。

绳索式传动如图 1-15 所示,绳索式传动克服了杆式传动摩擦损失大、布置困难等缺点,并有可能采用便于驾驶人操纵的吊挂式踏板。绳索式传动多用于微型和轻型汽车。

②液压式操纵机构。液压式操纵机构主要由离合器主缸(又称总泵)、工作缸(又称分泵)、储液罐及管路系统组成。液压式操纵机构在桑塔纳2000Gsi、奥迪 100、切诺基、BJ2020S 等许多轿车上采用,图 1-16 所示为桑塔纳 2000Gsi 型轿车离合器液压操纵机构。

主缸的构造如图 1-17 所示。主缸借补偿孔 A、进油孔 B 通过进油软管与储液罐相通。主缸体内装有活塞,活塞中部较细,且为"十"字形断面,使活塞右方的主缸内腔形成油室。活塞两端装有皮碗。活塞左端中部装有止回阀,经小孔与活塞右方内腔的油室相通。当离合器踏板处于初始位置时,活塞左端皮碗位于补偿孔 A 与进油孔 B 之间,两孔均开放。

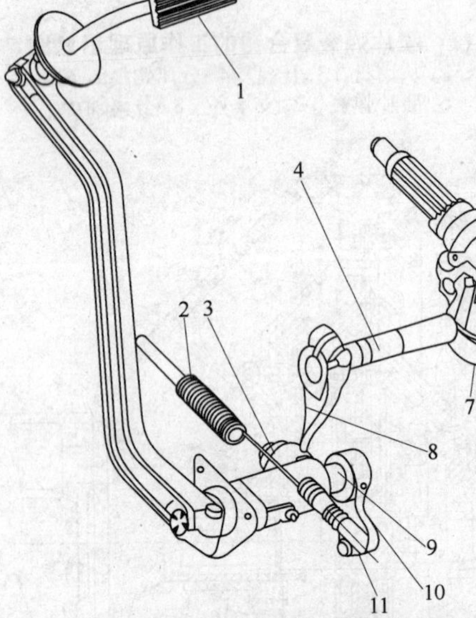

图 1-14 离合器机械杆式传动

1. 踏板 2. 踏板回位弹簧 3. 调整螺母 4. 分离叉轴 5. 分离轴承 6. 分离套筒 7. 分离叉 8. 分离叉臂 9. 踏板轴 10. 拉臂 11. 分离拉杆

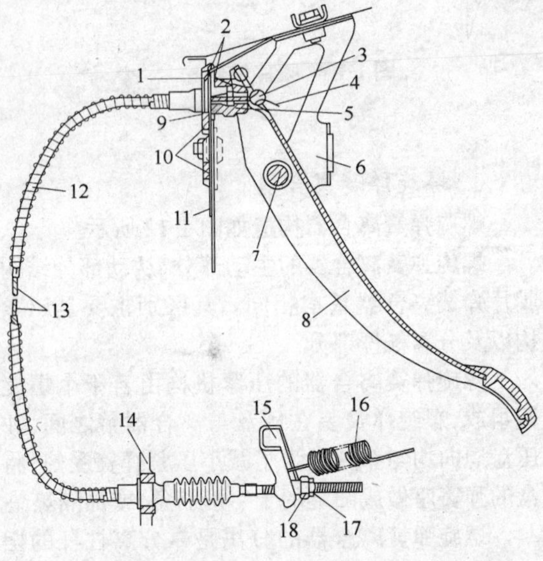

图 1-15 离合器机械绳索式传动

1. 踏板杆系 2. 绳索垫圈 3. 绳索球端 4. 固定架 5. 踏板限位挡块 6. 踏板支架 7. 踏板轴 8. 踏板 9. 固定螺母 10. 垫片 11. 驾驶室前壁 12. 绳索外套 13. 内绳索 14. 离合器壳 15. 分离杠杆 16. 回位弹簧 17. 锁紧螺母 18. 调整螺母

工作缸构造如图 1-18 所示。工作缸内装有活塞、皮碗、推杆等,缸体上还设有放气螺塞。当管路内有空气存在而影响离合器操纵时,可拧松放气螺塞放气。

踩下离合器踏板,主缸推杆推动活塞向左移动,止回阀关闭。当皮碗将补偿孔 A 关闭后,管路中的油液受压,压力升高。在油压作用下,工作缸活塞被推向右移,工作缸推杆顶头直接推动分离板,从

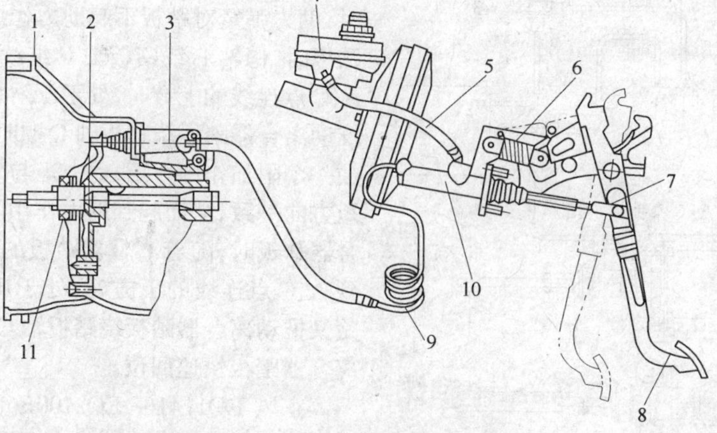

图 1-16　液压式离合器操纵机构

1. 离合器壳　2. 分离板　3. 工作缸　4. 储液罐　5. 进油软管　6. 回位弹簧　7. 推杆接头　8. 踏板　9. 油管　10. 主缸　11. 分离轴承

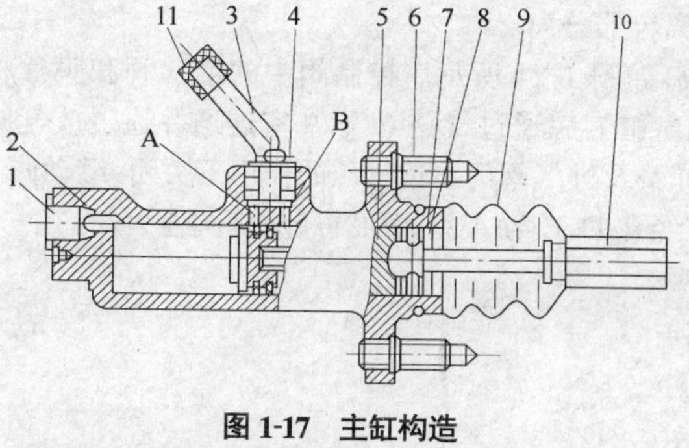

图 1-17　主缸构造

1. 保护塞　2. 壳体　3. 管接头　4. 皮碗　5. 阀芯　6. 固定螺栓　7. 卡簧　8. 挡圈　9. 护套　10. 推杆　11. 保护套　A—补偿孔　B—进油孔

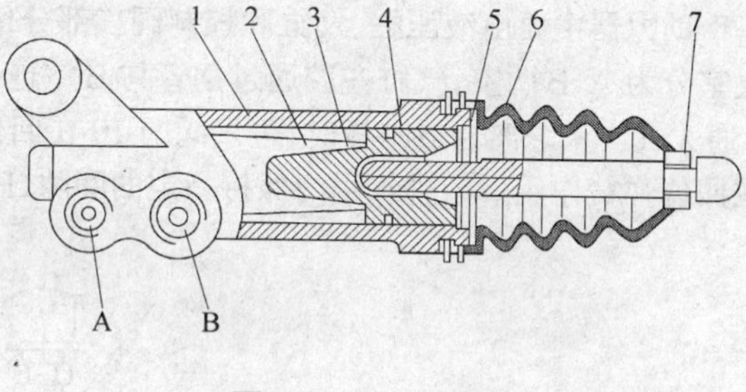

图 1-18　工作缸构造

1. 壳体　2. 活塞　3. 管接头　4. 皮碗　5. 挡圈　6. 护套　7. 推杆　A—放气孔　B—进油孔

而带动分离轴承，使离合器分离。

由于工作缸活塞直径略大于主缸活塞直径，故液压系统稍有增力作用，以补偿液流通道的压力损失。

迅速放松离合器踏板时，踏板回位弹簧通过主缸推杆使主缸活塞较快右移，而由于油液在管路中流动有一定阻力，活塞左面形成一定的真空度。在左右压力差的作用下，少量的油液通过进油孔经过主缸活塞的止回阀流到左面弥补真空，当踏板回位后，多余的油液即从补偿孔 A 流回储液罐。当液压系统中因漏油或因温度变化引起油液的容积变化时，则借补偿孔 A 适时地调整整个油路中的油量，以保证系统正常油压。

③助力式操纵机构。

桑塔纳 GLS 轿车离合器踏板弹簧助力式操纵机构如图 1-19 所示。

离合器处于接合位置的初始状态时，销轴 B 位于销轴 A 与踏板轴 C 连线的下方。当踩下离合器踏板时，销轴 B 围绕踏板轴 C

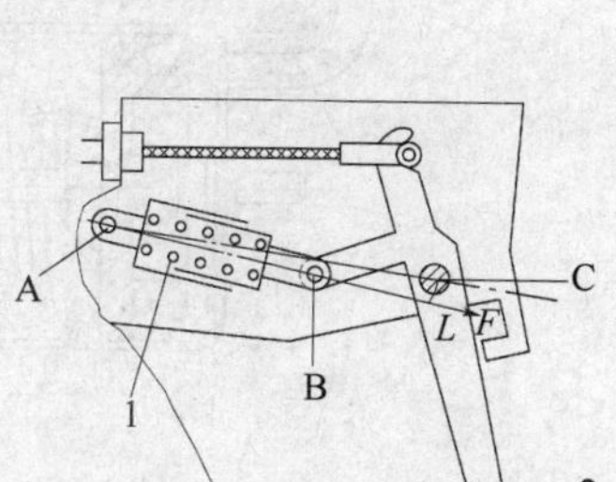

图 1-19　离合器操纵机构弹簧助力装置

1. 助力弹簧　2. 踏板　A—固定支架销轴　B—活动销轴　C—离合器踏板轴

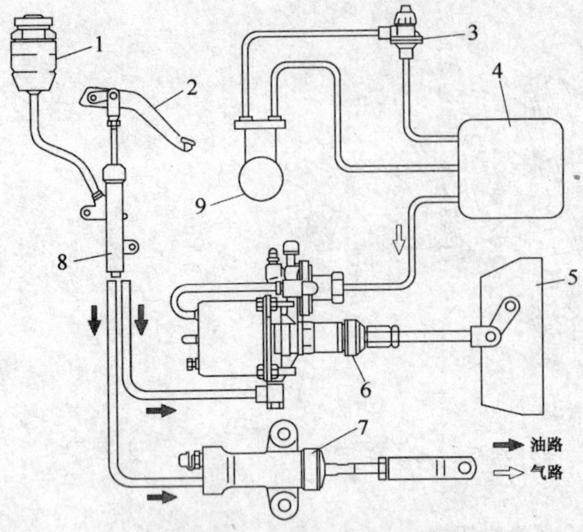

图 1-20　带有助力器的离合器操纵机构

1. 储油罐　2. 踏板　3. 调压阀　4. 储气筒　5. 离合器　6. 气压助力器　7. 工作缸　8. 主缸　9. 空气压缩机

顺时针转动，当转到 A、B、C 3 点位于同一直线上时，助力弹簧对踏板不起助力作用。继续踩离合器踏板时，销轴 B 绕踏板轴 C 继续转动，当 B 点转到 A、C 点连线的上方时，处于压缩状态的助力弹簧则推动离合器踏板绕踏板轴 C 顺时针转动，对踏板施加一个附加作用力矩，此力矩与驾驶人踩踏板的力矩方向一致，从而起到助力作用。当驾驶人松开离合器踏板时，随着离合器踏板的回位，销轴 B 又回到 A、C 点连线的下方时，处于压缩状态的助力弹簧又推动离合器踏板绕踏板轴 C 逆时针转动，促使离合器踏板快速回位。

东风 EQ1141G、EQ2100E6D、EQ2102 型汽车的离合器均采用了气压助力式操纵机构，其结构如图 1-20 所示。

踩下离合器踏板，从离合器主缸压出的液压油进入助力器内腔，使助力器的进气阀打开，压缩空气进入助力器，进一步给液压油加压后进入工作缸，离合器分离。

助力器主要由液压缸、气缸和控制阀三部分组成，如图 1-21 所示。控制阀中的继动阀和膜片将气室分为 A、B 两室，气缸左腔通过钢管与 B 室连通，气缸右腔通过气路 C 与 A 室连通并通过放气阀 7 通大气。未踩离合器踏板时，进气阀门 10 在回位弹簧及进气阀门右边气压的作用下关闭，继动阀 9 在回位弹簧作用下与进气阀门保持一定的间隙，B 室经孔 D、E 与 A 室相通并经放气阀通大气。

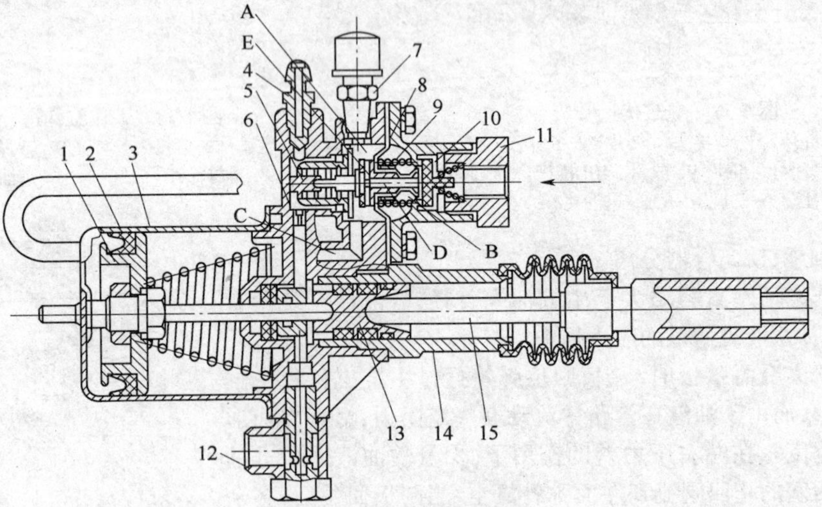

图 1-21　气压助力器结构

1. 气缸活塞　2. 密封圈　3. 气缸　4. 排气阀　5. 继动阀活塞　6. 节流阀　7. 放气阀　8. 膜片　9. 继动阀　10. 进气阀门　11. 进气接头　12. 进油接头　13. 液压缸活塞　14. 液压缸　15. 推杆　A—左气室　B—右气室　C—内部气路　D—气孔　E—气孔

当踩下离合器踏板时，来自制动主缸的液压油经油管、进油接头 12 进入助力器，一部分制动液进入液压缸活塞 13 左腔，对液压缸活塞施一向右的推力，另一部分制动液经节流阀进入继动阀活塞左侧，推动继动阀活塞 5 向右移动，继动阀 9 也随之向右移，当它顶上进气阀门 10 时，B 室不再通 A 室，继续踩离合器踏板，当进气阀门左边压力大于右边的回位弹簧及气体的总压力时，进气阀门右移并打开，储气筒里的高压气体经进气接头 11 进入 B 室，再经钢管进入气缸左腔，给气缸活塞 1 一个向右的推力。因此液压活塞在两个推力的合力作用下向右移动，使离合器分离。

松开离合器踏板，助力器油压下降，继动阀在B室气压和回位弹簧共同作用下向左移动，进气阀门在其右侧气压及回位弹簧的作用下关闭，继动阀左移，并与进气阀门之间出现间隙，气缸左腔的高压气体经钢管、B室、A室、放气阀排入大气，液压缸活塞、气缸活塞在回位弹簧作用下回位，离合器接合。

三、离合器的拆装与调整

1. 机械操纵螺旋弹簧离合器的拆装

(1)机械式操纵机构的拆装：东风EQ1092及东风EQ1090等车型均采用机械式操纵机构。图1-22所示为东风EQ1092型汽车机械式离合器操纵机构分解图。下面以该机构为例介绍其拆卸、装配及调整步骤。

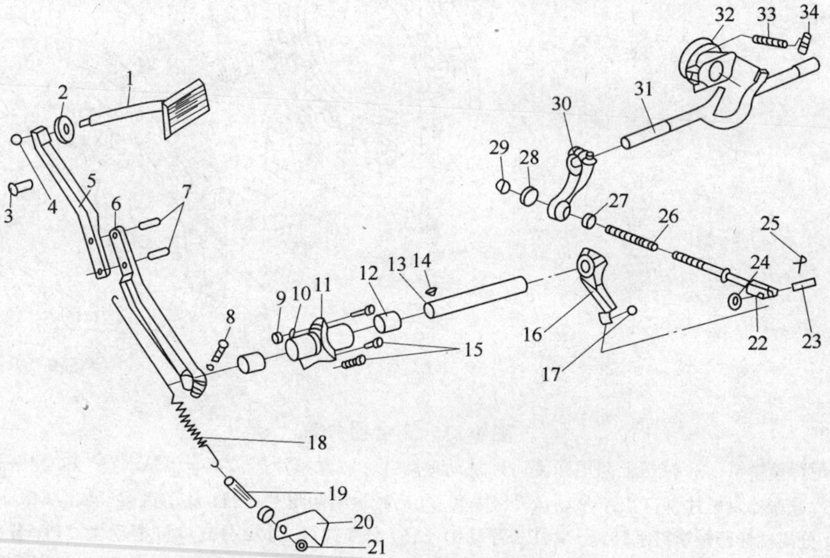

图 1-22 机械式离合器操纵机构分解

1. 离合器踏板及踏板杆总成 2. 密封垫 3. 踏板杆固定螺栓 4. 弹簧垫圈 5、6. 踏板臂 7. 铆钉 8. 螺栓 9. 固定螺母 10. 弹簧垫圈 11. 踏板轴支架 12. 粉末冶金套 13. 踏板轴 14. 半圆键 15. 螺栓 16. 踏板轴拉臂 17. 拉臂衬套簧 18. 回动弹簧 19. 调整螺栓 20. 支架 21、28. 调整螺母 22. 分离拉杆总成 23. 平头销 24、27. 平垫圈 25. 开口销 26. 弹簧 29. 垫圈 30. 分离叉拉臂 31. 分离叉 32. 分离轴承座总成 33. 分离轴承回位弹簧 34. 钩环

①拆下踏板杆固定螺栓，取下离合器踏板及踏板杆总成。

②松开踏板回位弹簧调整螺栓，拆下回位弹簧。

③拆下球形螺母及锁紧螺母，拔下连接踏板轴拉臂与分离拉杆的开口销、平垫圈，拔下平头销，拆下离合器分离拉杆及弹簧。

④松开踏板臂的紧固螺栓，取下踏板臂及半圆键。

⑤松开踏板轴拉臂的紧固件，拆下离合器踏板轴拉臂，拆下踏板轴。

⑥拆下踏板轴支架总成的3个固定螺栓，拆下支架总成。

⑦拆下分离叉拉臂的紧固螺栓，取下拉臂及半圆键。

⑧拆下离合器壳上的凸缘固定螺栓，拆下凸缘并取下分离叉。

⑨在拆下变速器后，摘下分离轴承回位弹簧，从变速器第一轴上取下分离轴承及轴承座。

⑩按与拆卸顺序相反的过程进行装配。装配前，粉末冶金套及拉臂衬套的内孔要涂润滑脂。

(2)螺旋弹簧离合器的拆装：图1-23所示为东风EQ1092型汽车离合器分解图，其拆卸顺序如下。

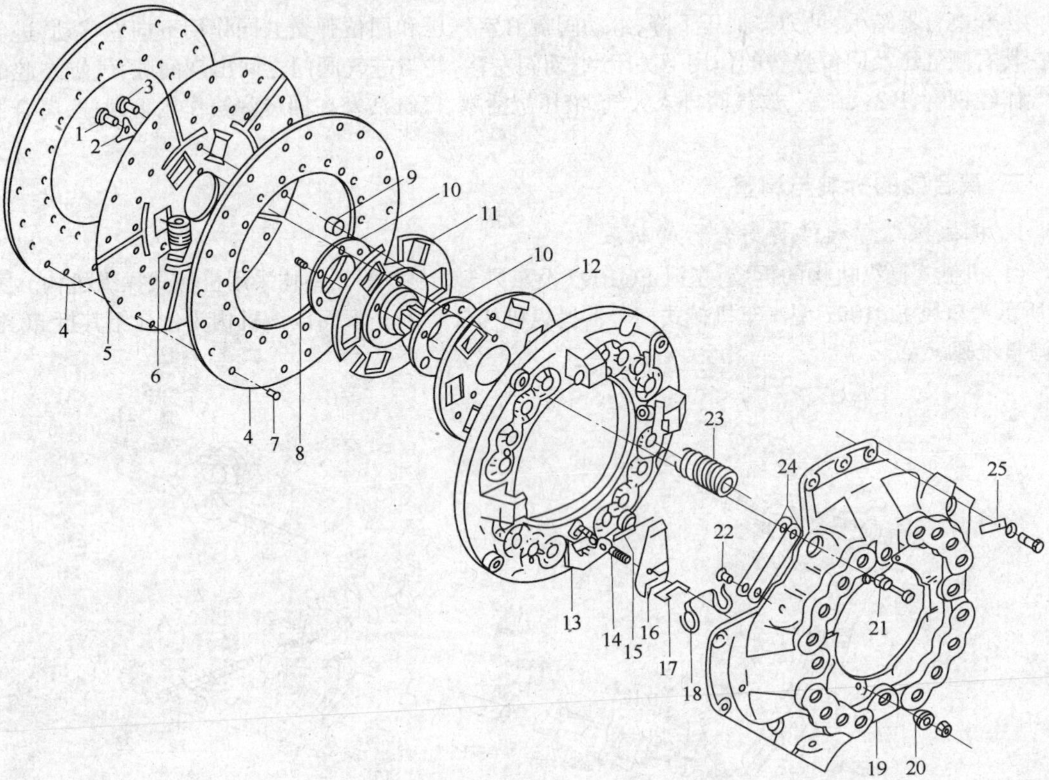

图 1-23 离合器分解

1. 减振器阻尼弹簧铆钉 2. 减振器阻尼弹簧 3. 从动盘铆钉 4. 摩擦片 5. 离合器从动盘 6. 减振器弹簧 7. 摩擦片铆钉 8. 减振器阻尼片铆钉 9. 从动盘铆钉隔套 10. 减振器阻尼片 11. 从动盘毂 12. 减振器盘 13. 离合器压盘 14. 分离杠杆调整螺钉 15. 分离杠杆浮动销 16. 分离杠杆 17. 分离杠杆摆动块 18. 分离杠杆弹簧 19. 离合器盖 20. 分离杠杆调整螺母 21. 压盘传动片螺栓座 22. 压盘传动片铆钉 23. 压盘弹簧 24. 压盘传动片 25. 离合器平衡片

①查看离合器压盘和飞轮上有无相应的装配标记,若没有,应做上标记。

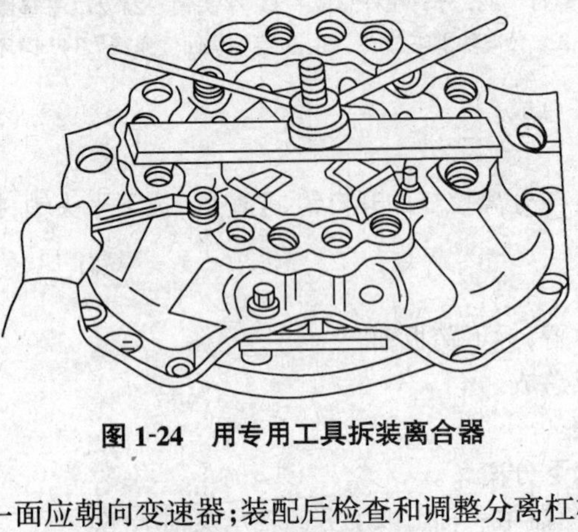

图 1-24 用专用工具拆装离合器

②拆下离合器盖与飞轮之间的连接螺栓,取下从动盘总成和离合器盖及压盘总成。如果连接螺栓上装有平衡片,应在离合器盖、平衡片上打上标记,以便原位装复。

③把离合器盖及压盘总成用专用压板压紧,压缩离合器弹簧,如图 1-24 所示,拆卸分离杠杆调整支承柱上的锁紧螺母和调整螺母,拆卸传动片螺栓座上的螺栓。

④缓慢松开压板,离合器压盘及盖总成全部解体。

⑤按与拆卸相反的顺序进行装配。装配时应注意润滑各部位;安装从动盘时要注意正反面,毂长的一面应朝向变速器;装配后检查和调整分离杠杆的高度。

2. 液压操纵膜片离合器的拆装

(1)液压式操纵机构的拆装:下面以桑塔纳 2000Gsi 为例讲述液压式操纵机构的拆装步骤。

①如图 1-25 所示，拆下踏板回位弹簧。拆下弹性夹子，卸下推杆销及挡圈；拆下踏板轴的弹性夹子和挡圈，拆下踏板轴和踏板。

②如图 1-26 所示，拆下弹簧夹及推杆销；拧开油管接头螺母，拆下油管；拆下螺母 7，从车上取下离合器主缸总成；放出储液罐内的液压油，拆下固定螺母 3 和平垫圈 2，取下储液罐；拆下推杆总成 9；拆下弹性挡圈 10 及挡圈 11，抽出活塞、皮圈、皮碗及弹簧组件。

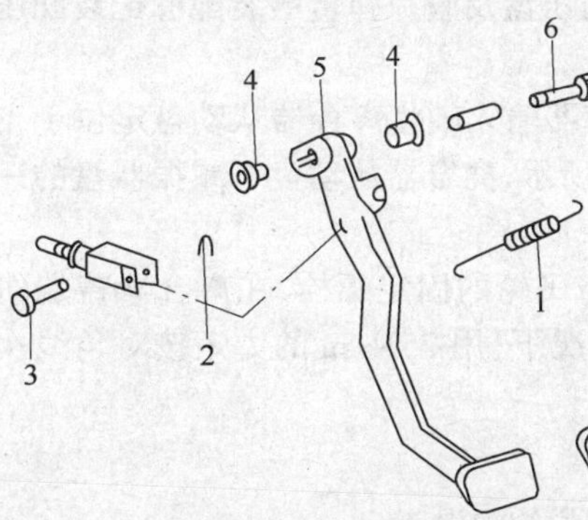

图 1-25　离合器踏板解体

1. 踏板回位弹簧　2. 弹性夹子　3. 推杆销　4. 挡圈　5. 离合器踏板　6. 踏板轴

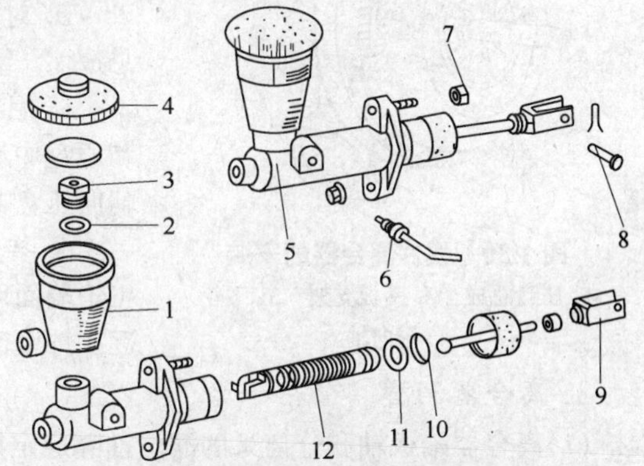

图 1-26　离合器主缸解体

1. 储液罐　2. 平垫圈　3. 固定螺母　4. 储液罐固定螺母　5. 主缸缸体　6. 油管接头螺母　7. 螺母　8. 推杆销　9. 推杆总成　10. 弹性挡圈　11. 挡圈　12. 主缸活塞组件

③工作缸的拆卸，如图 1-27 所示。拆下油管；拆下工作缸固定螺栓；拆下推杆及防尘套；拆下卡环，取出工作缸活塞、皮碗及弹簧。

④离合器主缸、工作缸拆卸后须用酒精擦洗，检查后按与拆卸相反的顺序进行装配。装配时所有的皮碗、皮圈要按正确的方向安装，不得打褶。

(2)膜片弹簧离合器的拆装：以桑塔纳 2000Gsi 型轿车离合器的拆装为例。

①首先拆下变速器。

②如图 1-28 所示，用专用工具将飞轮固定。

③如图 1-29 所示，在离合器盖与飞轮上做好装配标记，按对角方向拧松并拆下离合器压盘总成与飞轮之间的固定螺栓，取出压盘总成和离合器从动盘。

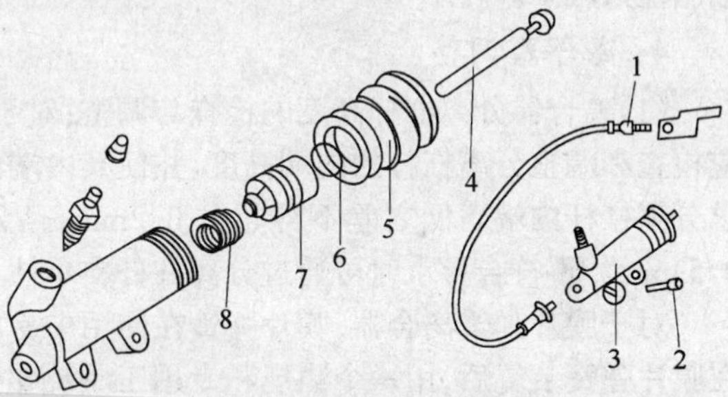

图 1-27　离合器工作缸解体

1. 油管及夹子　2. 螺栓　3. 离合器工作缸缸体　4. 推杆　5. 防尘套　6. 弹性挡圈　7. 活塞及皮碗　8. 弹簧

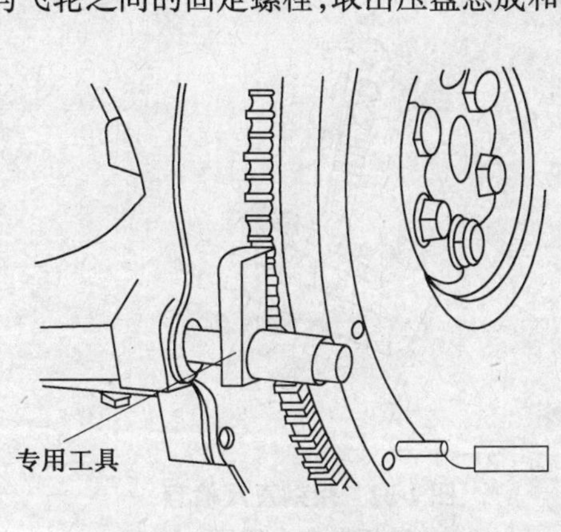

图 1-28　用专用工具固定飞轮

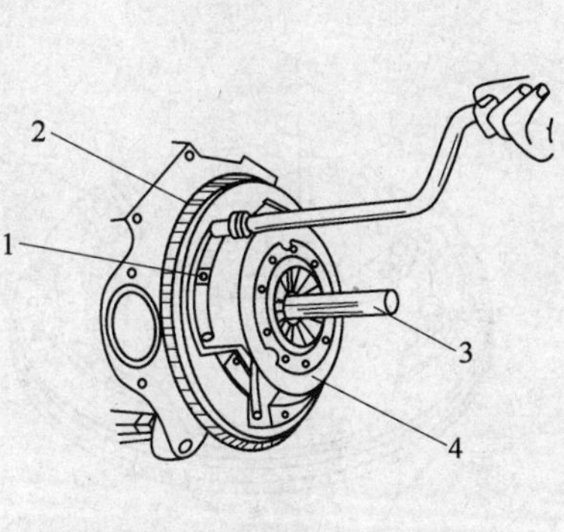

图 1-29　从飞轮上拆卸离合器

1. 连接螺栓　2. 飞轮　3. 导向轴　4. 离合器盖

④在离合器盖与压盘之间及膜片弹簧之间做好装配标记，拆下膜片弹簧安装螺栓，分离压盘、膜片弹簧与离合器盖。

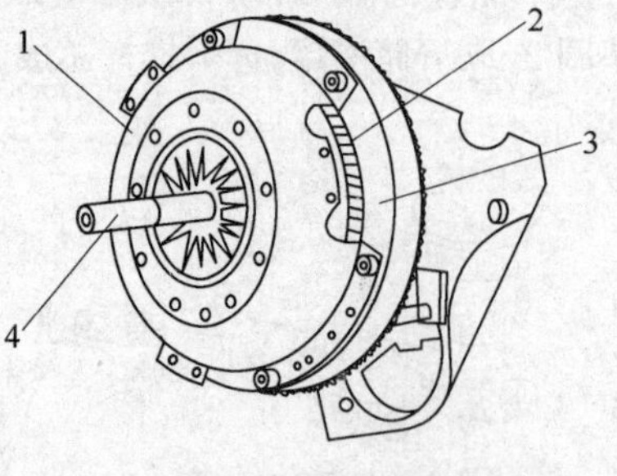

图 1-30 膜片离合器的安装

1. 压盘总成 2. 踏板支架 3. 飞轮 4. 导向轴

⑤离合器的装配应按与拆卸相反的顺序进行。装配时应注意以下几点。

a. 用专用工具将飞轮固定。

b. 对齐离合器盖与压盘及膜片弹簧的装配标记装配压盘总成。

c. 用导向轴或变速器输入轴将离合器从动盘定位于飞轮和压盘中心，如图 1-30 所示，离合器从动盘有减振器盘的一面朝向压盘方向。

d. 装上离合器盖与飞轮的固定螺栓，在离合器盖端面与飞轮端面可靠接触的情况下，用 25N·m 的力矩按对角线次序逐次拧紧固定螺栓。

3. 离合器润滑

(1)离合器踏板轴和分离叉的润滑油嘴应定期加注规定型号的润滑脂。

(2)现代汽车离合器分离轴承，多数采用含油轴承，维修时切忌浸泡于煤油或汽油中，只需用抹布擦去油污即可。

(3)东风 EQ1092 型汽车采用封闭式分离轴承，平时不需要润滑，应在离合器拆装时，用压入法将油脂注入轴承。

4. 离合器调整

(1)离合器分离杠杆高度的检查与调整：对于螺旋弹簧离合器，将离合器安装到发动机飞轮上后，应检查和调整分离杠杆的内端高度，并使其内端面在同一平面内。如东风 EQ1092 型汽车离合器，要求分离杠杆内端高低之差不得超过 0.2mm，且分离杠杆内端着力面到飞轮工作面的距离为(56 ± 0.5)mm。不符合要求时可通过分离杠杆支承柱上的调整螺母予以调整，如图 1-31 所示。

对于膜片弹簧离合器，膜片弹簧在使用中易出现弯曲，因此有必要进行检查与调整，具体方法是在膜片弹簧装复后，用一个测规和专用工具测量弹簧内端与工具之间的间隙，最大允许间隙一般为 0.5mm，如过大则调整弹簧。

(2)离合器踏板自由行程的检查与调整：检查踏板自由行程的办法如图 1-32 所示，用一个钢直尺抵在驾驶室底板上，先测量踏板完全放松时的高度，再用手轻按踏板，当感到压力增大时，表示分离轴承端面已与分离杠杆内端接触，即停止推踏板，测量踏板的自由行程后，应与该车型的技术标准相比较，如果不符要求，应进行调整。部分车型离合器修理技术数据见表 1-1 所示。

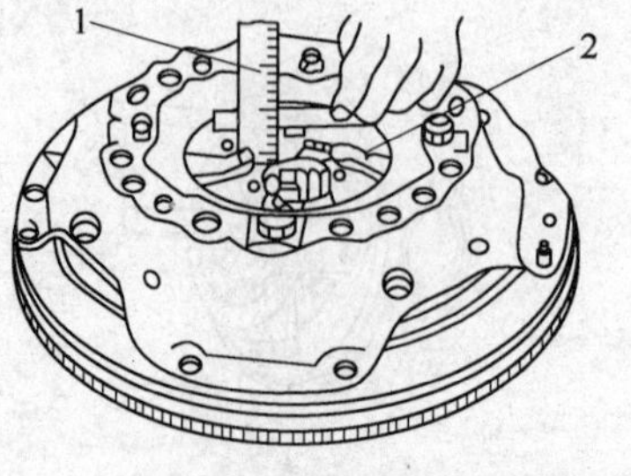

图 1-31 分离杠杆高度的检查与调整

1. 直尺 2. 分离杠杆

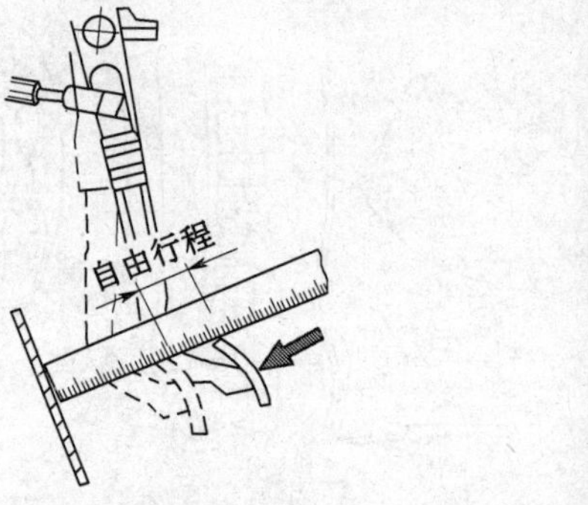

图 1-32 用钢直尺检查踏板的自由行程

表 1-1　部分车型离合器修理技术数据　(mm)

车　型	摩擦片厚度		分离杠杆与轴承间隙	踏板自由行程
	标准	使用极限		
解放 CA1091	4	2.8	3～4	30～40
东风 EQ1092	4		3～4	30～40
奥迪 100			1.5～2.0	15～25
桑塔纳			1.5	15～20
捷达/高尔夫				15～20
夏利 TJ7100				15～20
红旗 7220				26～40

不同的车型，踏板自由行程的调整方法不尽相同，应参考车型维修使用手册进行。

对于机械杆式操纵机构，踏板自由行程的调整一般是通过分离叉拉杆调整螺母调整拉杆的长度实现。如图 1-33 所示，增加分离拉杆的长度，踏板自由行程增大；减少分离杠杆的长度，踏板自由行程减小。

对于机械绳索式操纵机构，踏板自由行程的调整一般是通过调整绳索的长度实现的。如上海桑塔纳 GLS 轿车离合器绳索操纵机构，通过转动图 1-34 所示的调整螺母来改变绳索的长度。调整后踏板的自由行程为 15～25mm，总行程为(150±5)mm。

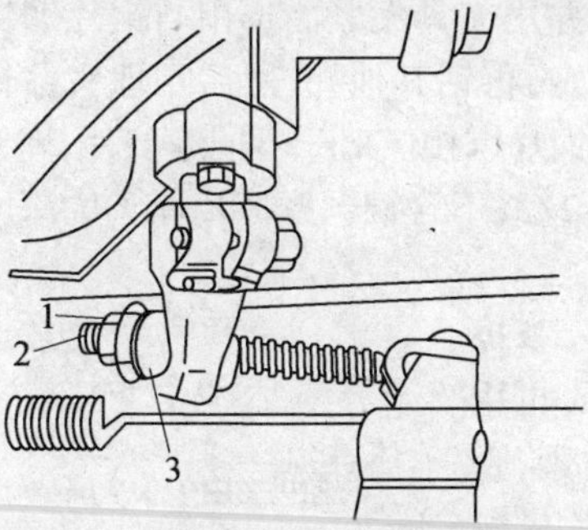

图 1-33　调整离合器踏板自由行程
1. 锁紧螺母　2. 分离拉杆
3. 球形调整螺母

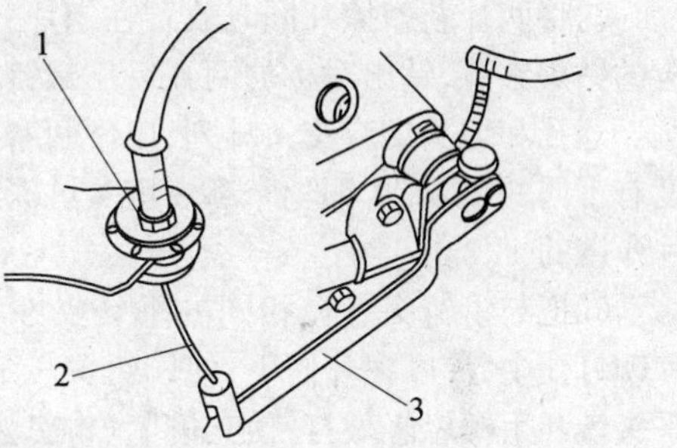

图 1-34　调整离合器踏板自由行程
1. 调整螺母　2. 绳索　3. 分离叉传动臂

对于液压操纵式操纵机构，踏板自由行程一般是主缸活塞与其推杆之间和分离杠杆内端与分离轴承之间两部分间隙之和在踏板上的反映。可通过转动主缸推杆上的调整螺母或踏板臂与推杆相连的偏心销来调整推杆伸出长度，从而改变踏板的自由行程。

5. 离合器液压操纵机构放气

离合器液压操纵机构使用过程中或在检修之后，管路内可能进入空气。空气进入后由于缩短了主缸推杆行程即踏板工作行程，从而造成离合器分离不彻底。因此，液压操纵机构检修后或怀疑进入空气时，应对液压操纵机构进行放气。

(1)用千斤顶顶起汽车，然后用支架支住汽车，将主缸储液罐中的制动液加至规定高度。

(2)在工作缸的放气阀上安装一软管，软管的另一端放到一个盛有制动液的容器内。

(3)放气需要两个人配合工作，一人慢慢地踩离合器踏板数次，感到有阻力时踩住不动，另一人拧松放气阀直到制动液开始流出，此时能看到容器中有气泡冒出，然后再拧紧放气阀。

(4)连续按(3)操作几次，直到流出的制动液中无气泡为止。

(5)再次检查和调整踏板自由行程。

四、离合器主要零件的检修

1. 从动盘的检修

(1)从动盘的损伤形式:从动盘常见的损伤形式包括磨损、烧蚀、开裂、油污、铆钉松开和钢片翘曲变形等,如图 1-35 所示。其中磨损、烧蚀和变质是主要损伤形式。

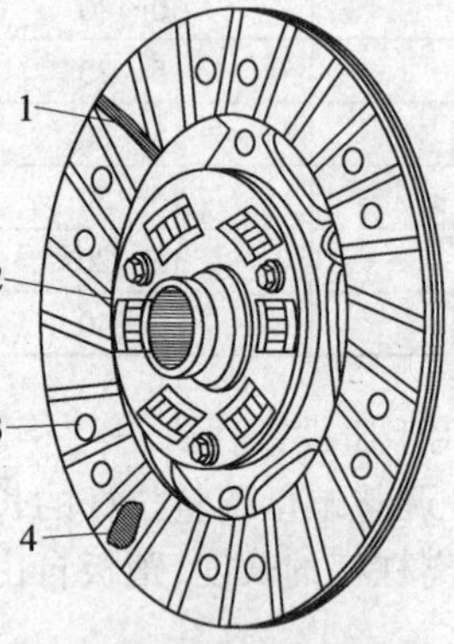

图 1-35 从动盘常见损伤

1. 摩擦片裂纹 2. 花键磨损 3. 摩擦片铆钉松动 4. 摩擦片表面烧蚀

(2)摩擦片的检修:摩擦片的检查一般采用量具与观察相结合的方法进行。用游标卡尺测量从动盘铆钉头沉入深度,如图 1-36 所示,一般要求摩擦片铆钉头沉入深度 A 应不小于 0.50mm。使用极限为 0.2~0.3mm。否则,应更换摩擦片。

摩擦片有轻微的油污可先用汽油清洗,然后用喷灯烘干即可;轻微硬化、烧损可用砂布打磨;严重油污、裂纹、脱落、烧损时,应更换摩擦片。

(3)摩擦片更换:摩擦片经检查不符合使用标准时应换用新片,更换步骤如下。

①在钻床上钻除旧铆钉,拆下旧摩擦片。

②检查从动盘与减振器盘,发现松动或断裂即应重新铆合。

③用钢丝刷刷去从动盘钢片上的锈迹及灰尘。

④选用直径、厚度与原片规格相符的新摩擦片,两片质量应相同,厚度差不得大于 0.5mm。

⑤将两片新摩擦片同时放置在钢片一侧,使其边缘对正并用夹具夹紧。选用与钢片铆钉孔相适应的钻头钻孔,钻出对称的两孔后用螺钉将摩擦片和钢片固定,再钻其他孔,然后用埋头钻钻出埋头坑。通孔和埋头坑应交叉排列,以便两摩擦片分别与从动盘钢片铆接。对于不同摩擦片,埋头坑的深度有不同的要求,含铜丝摩擦片埋头坑深度占摩擦片厚度的 2/3,不含铜丝摩擦片埋头坑深度占摩擦片厚度的 1/2。

⑥把与铆钉头直径相同的平铳夹在虎钳上,将铆钉插入摩擦片铆钉孔中,使摩擦片向下,使铆钉头抵靠平铳,用花铳冲开,再用平头铳和手锤轻轻敲打,使其铆紧(铆钉紧度要适宜,不能过紧,否则会损伤摩擦片)。当从动盘钢片两侧有波形钢片时,摩擦片应铆接在波形钢片的后方。

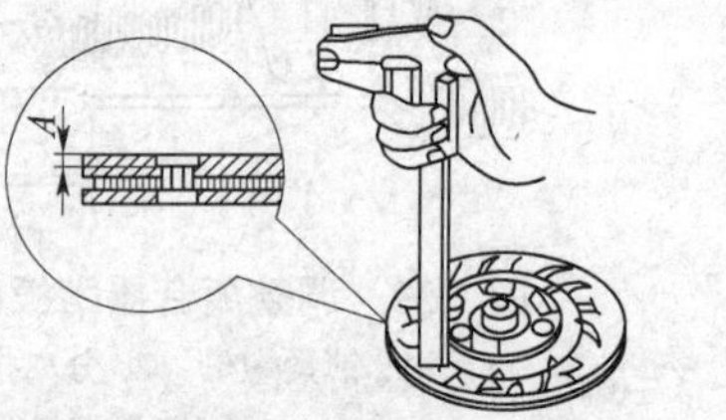

图 1-36 摩擦片磨损厚度的检查

⑦将从动盘放在涂有白粉的飞轮上,稍稍转动飞轮,检查两者的接触情况,锉去较高的部位,使之能均匀接合。铆接后的摩擦片表面外缘对轴线的端面圆跳动一般应不大于 0.50~0.80mm,上海桑塔纳、一汽奥迪 100 轿车为 0.40mm。另外,铆钉头埋入深度应不小于 1mm。

⑧对铆好的摩擦片重新进行质量检查。

(4)从动盘钢片检修:拆除旧摩擦片后,把百分表放在从动盘钢片半径为 120~150mm 处,测量从动盘钢片的翘曲度,如图 1-37 所示,要求端面圆跳动量一般应不超过 0.50~0.80mm。超过规定值时可用专用扳钳进行矫正或更换从动盘。此外,从动盘钢片一旦有裂纹,必须更换。

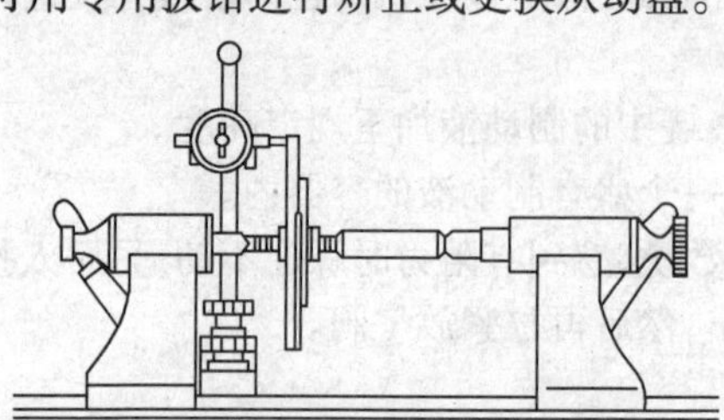

图 1-37 从动盘端面跳动检查

(5)从动盘毂检修:从动盘毂花键与变速器第一轴花键的配合间隙应符合原厂规定。检查时,将从动盘毂花键套入变速器第一轴未磨损的花键部位,固定从动盘,转动第一轴并用百分表检查两者的配合间隙,如果超过使用限度 0.6mm,应更换。

从动盘上的减振弹簧弹力减弱或折断,钢片与波形弹簧片之间的铆钉松动以及弹簧支座磨出沟槽等,均应钻去减振器盘上的三个支承销，拆开检修或更换。

部分轿车离合器的检修数据见表 1-2。

表 1-2　离合器的检修数据

(mm)

车　　型	离合器结构形式	摩擦衬片尺寸		从动盘尺寸		摩擦衬片铆钉头最小深度
		内径	外径	外径	厚度	
红旗 CA7220	单片、干式、膜片弹簧、液压操纵			228	0.8～1.2	0.30
奥迪 100						
捷达，高尔夫				190 200		0.30
神龙—富康		127	181.5		7.7±0.3	0.50
夏利 TJ7100		120	170	170	3.1	0.30
桑塔纳		134	210	190 200		0.30

2．压盘的检修

(1)压盘损坏的形式：压盘损坏的形式主要有工作面烧蚀、龟裂、划伤等，如图 1-38 所示。

(2)压盘裂纹的检修：在彻底清洗压盘后，观察表面有无裂纹或缺陷，如有应报废。

(3)压盘平面度的检修：压盘工作面的平面度可通过将直尺放平后用塞尺测量，如图 1-39 所示。工作面的平面度误差超过 0.12～0.20mm 时，应磨削修复，但磨削总量应不超过 1.0～1.5mm。磨削后的压盘应重新进行平衡校验。

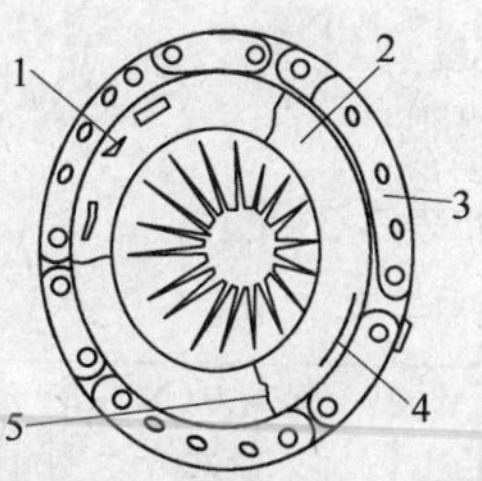

图 1-38　压盘主要的损伤形式

1. 压盘表面烧蚀　2. 压盘　3. 离合器盖　4. 压盘表面凹槽　5. 压盘裂纹

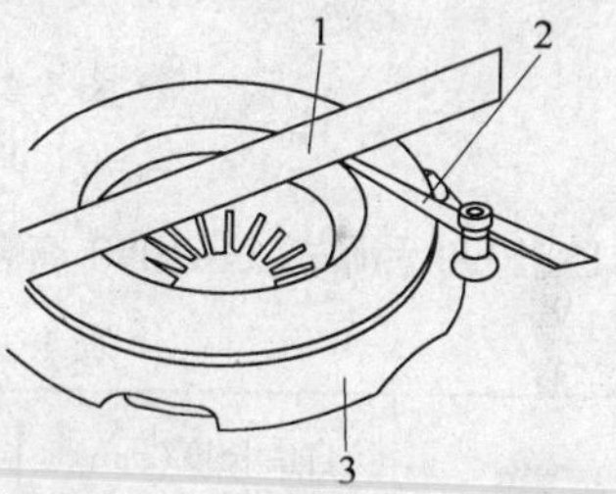

图 1-39　压盘平面度的检查

1. 直尺　2. 塞尺　3. 离合器盖

(4)压盘表面沟槽的检修：如果压盘工作面烧蚀、龟裂、划伤不严重时，可用砂纸打磨光滑。如果划伤沟槽的深度超过 0.5mm 时应磨削修复。磨削后的压盘应重新进行平衡校验。检查沟槽深度可用图 1-40 所示的平面度检验仪进行。

(5)压盘静平衡检查：压盘在使用中由于磨损不均，将会失去原有的平衡。如不平衡量超标，则需重新进行平衡。另外，压盘在进行磨削修复后也应进行静平衡检查。要求压盘的不平衡量应不大于 50g·cm，如果超差过大，可采用在其外边缘钻孔去重的方法进行平衡，钻孔直径、深度和间距应符合原厂规定。如东风 EQ1092 型汽车要求平衡孔径 16mm，平衡孔深度不大于 10mm，平衡孔位于 ϕ305mm 的环形面上。

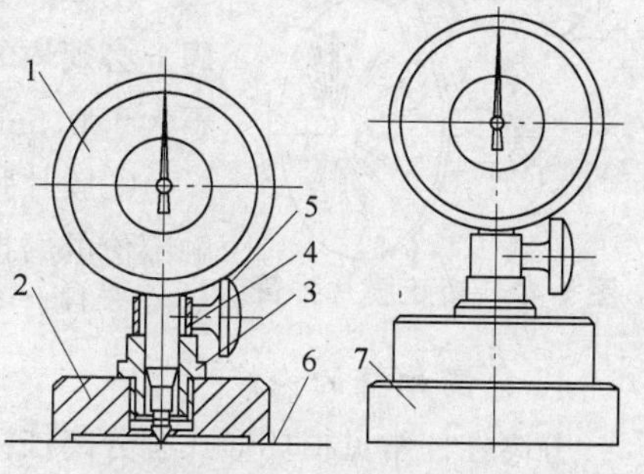

图 1-40　平面度检验仪

1. 千分表　2. 底座　3. 表座　4. 锁紧套　5. 锁紧螺栓　6. 被检平面　7. 调零规

3. 压紧弹簧的检修

(1)螺旋弹簧的检修。

①螺旋弹簧表面的检查。螺旋弹簧表面不得有锈蚀、裂纹及明显的弯曲变形和折断等现象,否则,应更换。

②螺旋弹簧的自由长度的检查。螺旋弹簧的自由长度可用游标卡尺进行测量,如图 1-41a 所示,一般要求螺旋弹簧的自由长度不应低于标准 3mm,同一组弹簧的高度差不应大于 2mm。对于长度稍短的弹簧,可在弹簧座上加装厚度不超过 2mm 的垫圈。

③螺旋弹簧弹力的检查:螺旋弹簧弹力可按图 1-41b 所示方法进行测量,将弹簧压缩到一定长度时,所需压力应符合原厂规定的使用极限,一般要求压力不应低于原厂规定值的 20%~25%。同一组弹簧压力差不应大于 39.2N,对于弹力稍弱的弹簧,可在弹簧座上加装厚度不超过 2mm 的垫圈。

④弹簧弯曲度的检查。如图 1-41c 所示,利用直角规与塞尺结合来测量其弯曲度。一般要求螺旋弹簧的弯曲偏移量不应大于 0.25mm,如东风 EQ1092 型汽车规定使用限度为 2°(或弯曲偏移量 ≯2.5mm),如果超限则应更换。

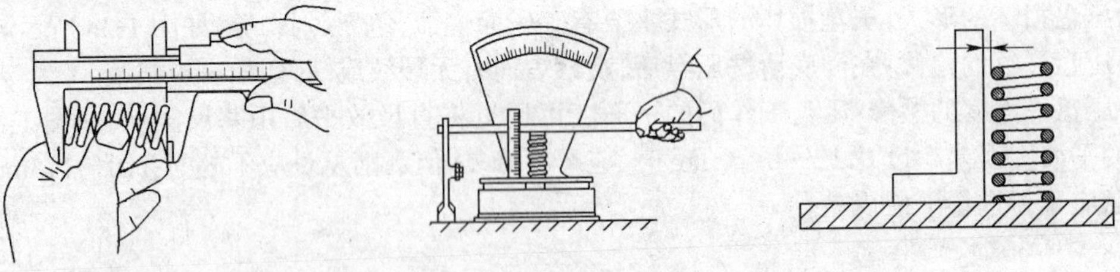
(a) (b) (c)

图 1-41 测量弹簧长度、弹力及弯曲度

(a)长度测量 (b)弹力测量 (c)弯曲度测量

东风 EQ1090 和解放 CA1090 离合器螺旋弹簧主要技术参数如表 1-3 所示。

表 1-3 离合器螺旋弹簧主要技术参数

车型	自由长度(mm)	压缩长度(mm)	弹力(N)		
			生产厂规定	大修允许	使用限度
东风 EQ1090	67	43	617.4~695.8	588~695.8	568.4
解放 CA1090	70.5	42	480~550	430	390

图 1-42 矫正膜片弹簧

(2)膜片弹簧的检修。

①膜片弹簧弯曲变形检查。在正常情况下,要求膜片弹簧分离指在圆周上必须均匀排列,同时各弹簧分离指高度应处于同一水平面上,误差应不大于 0.5mm,否则可用专用工具矫正,如图 1-42 所示。

②膜片弹簧分离指内端磨损检查:用卡尺测量膜片弹簧与分离轴承接触部位的磨损深度和宽度,如图 1-43 所示。深度 h 不应大于 0.6mm,宽度 b 不应大于 5mm,否则应更换。

4. 分离杠杆的检修

分离杠杆常见损坏形式有分离杠杆及其支承部分的零件产生裂纹、弯曲变形和异常磨损等。当分离杠杆出现裂纹、弯曲变形及异常磨损时,应视情修复或更换。分离杠杆端面的磨损极限为 0.25mm,如果大于此值应更换新件。

5. 分离轴承及轴承座的检修

分离轴承及轴承座常见的损坏现象有卡滞、异响、锈蚀、烧结、磨损过甚等。

①分离轴承的检查:分离轴承检查如图1-44所示。一手固定轴承内缘,另一手握住轴承外缘,两手同时轴向压紧转动分离轴承,如有阻滞,说明轴承套或滚珠已磨损;如转动灵活但稍有"沙、沙"响声,说明分离轴承缺油;如果感到轴承有明显的松旷现象,应进一步检查其轴向间隙和径向间隙,一般分离轴承的轴向间隙不应大于0.6mm,径向间隙不应大于0.3mm。当不符合以上要求时,应更换分离轴承。

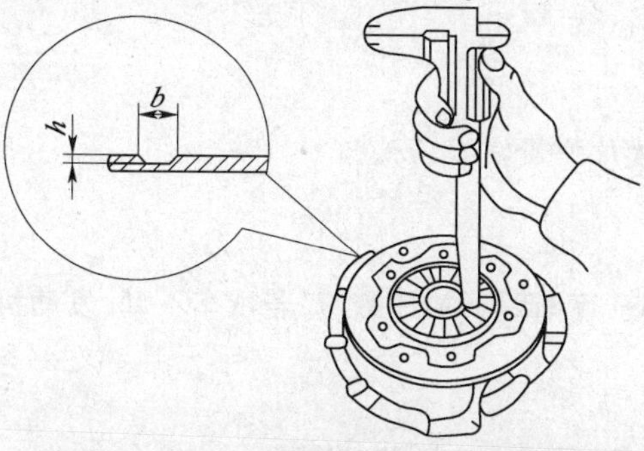

图1-43 膜片弹簧内端磨损的检查

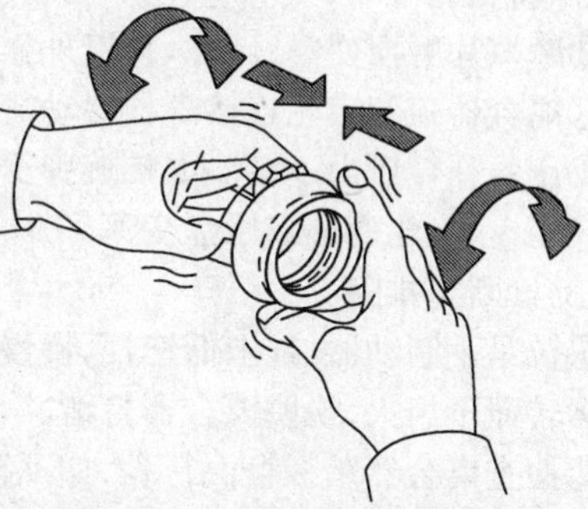
图1-44 分离轴承的检查

②分离叉与分离轴承接触面的检查:观察分离叉和分离轴承的两个接触平面的磨损与损坏情况,磨损过大的零件应更换。

③分离轴承润滑:对分离轴承加注润滑油一般采用下列两种方法:一是用旋具启开后盖,在滚珠保持架间填充新润滑脂,然后将后盖装复;一是用专用夹具压力加注,如图1-45所示,把分离轴承放在夹具内,并用螺母拧紧,用黄油枪直接加注。

6. 离合器盖的检修

离合器盖常见损坏形式有与飞轮接触平面的变形或产生裂纹、分离杠杆孔磨损或分离杠杆支架固定螺栓处凹陷等。如果接触平面不平,可用冷矫法修复;不大的裂纹可以焊接修复;固定螺栓凹陷可用冲头反向施力矫正。

离合器盖与压盘通过传动钢片传力,应检查传动钢片有无松动现象,如果有明显松动,应重新铆接。

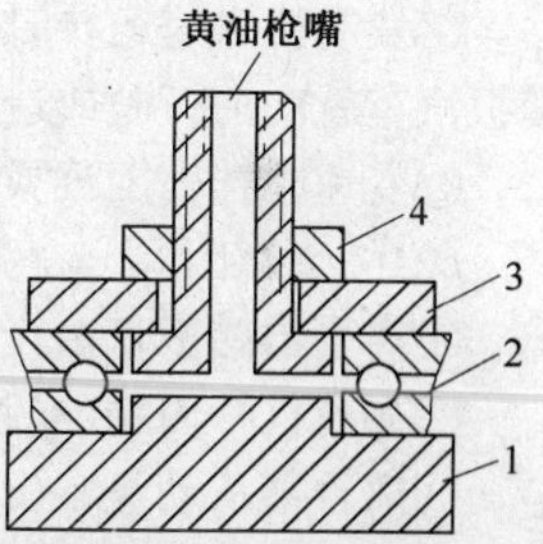

图1-45 分离轴承润滑

1. 夹具座 2. 分离轴承 3. 压盖 4. 螺母

7. 主缸和工作缸的检修

主缸和工作缸是离合器液压操纵机构的主要部件,其工作性能直接影响离合器的工作性能。当出现缸筒内壁磨损超过0.125mm,活塞与缸筒的间隙超过0.20mm,或皮碗老化及回位弹簧失效等情况时,应更换相应的零件。

8. 离合器机械操纵机构的检修

①拉杆弯曲变形后应进行矫正,螺纹损坏者应更换。

②踏板回位弹簧折断或弹力减弱时应更换。

③踏板轴与衬套配合松旷应更换衬套。东风EQ1092型汽车踏板轴与衬套标准配合间隙为:大修标准0.025~0.130mm,大修允许值0.025~0.170mm,使用限度0.25mm。

五、离合器常见故障的诊断与排除

离合器常见故障有离合器打滑、分离不彻底、离合器发抖和噪声等。

1. 离合器打滑

(1)故障现象。

①汽车用低档起步时,放松离合器踏板后,汽车不能迅速起步或起步困难。

②汽车加速行驶时,车速不能随发动机转速升高而升高,造成行驶无力。

③汽车重载上坡时,打滑较明显,严重时会从离合器内散发出焦臭味。

(2)故障原因。

①离合器踏板自由行程太小或没有,分离轴承经常压在分离杠杆或膜片弹簧分离指上,使压盘处于半分离状态。

②摩擦片磨损变薄、硬化、铆钉外露或沾有油污。

③离合器盖和飞轮连接螺栓松动。

④压紧弹簧压力不足。如螺旋弹簧变软或折断或膜片弹簧疲劳、破裂。

⑤压盘、飞轮变形或压盘变薄。

(3)诊断与排除。

①拉紧手制动器,挂上低速档,慢慢放松离合器踏板,逐渐踩下加速踏板,若汽车不动,发动机仍继续运转而不熄火,说明离合器打滑。

②检查离合器踏板自由行程,如不符合规定应调整。

③若自由行程正常,检查离合器盖与飞轮连接螺栓是否松动,如松动应拧紧。

④经上述检查排除后故障仍存在,应拆下离合器检查摩擦片的状况。若有油污,一般应用汽油清洗并烘干,然后找出油污来源并排除。若摩擦片磨损过甚或多数铆钉头外露,应更换摩擦片。

⑤如摩擦片完好,则应分解离合器,检查压紧弹簧(螺旋弹簧或膜片弹簧),若弹力过软应更换。

⑥检查离合器压盘或发动机飞轮表面变形,变形量过大时应更换。

2. 离合器分离不彻底

(1)故障现象。

①发动机怠速运转时,踩下离合器踏板,挂档有齿轮撞击声,且难以挂入;虽强行挂入,但不放松踏板汽车就向前行驶或造成发动机熄火。

②变速时挂档困难或挂不进档,并从变速器内发出齿轮撞击声。

(2)故障原因。

①离合器踏板自由行程过大。

②分离杠杆内端(或膜片弹簧分离指)不处在同一平面上。

③离合器从动盘装反、翘曲变形、铆钉松脱或新换的摩擦片过厚。

④飞轮或压盘端面变形。

⑤从动盘毂花键孔与变速器输入轴花键锈蚀或有异物,造成从动盘移动困难。

⑥螺旋弹簧弹力不一或个别折断,膜片弹簧变形。

⑦分离杠杆调整不当或分离杠杆弯曲、变形。

⑧液压操纵系统漏油或渗入空气。

(3)诊断与排除。

①将变速杆放到空档位置,踩下离合器踏板,用旋具推动离合器从动盘,若推动困难或根本推不动,说明离合器分离不彻底。

②检查、调整离合器踏板自由行程。

③检查分离杠杆内端高度是否符合要求,分离杠杆内端是否在同一平面内,否则调整。

④若新换摩擦片过厚,可在离合器盖与飞轮间增加适当厚度的垫片予以调整,但各垫片厚度应一致。

⑤若上述检查调整仍无效时,应将离合器拆下并分解,检查各机件的安装及技术状况。如膜片弹簧是否过软、磨损过甚、折断和螺旋弹簧弹力和高度是否一致,是否有个别弹簧折断,飞轮和压盘端面是否变形,从动盘是否装反或变形,从动盘在花键轴上是否移动灵活等,必要时予以修理或换件。

⑥对于液压操纵系统，还应检查操纵系统是否漏油或渗入空气，必要时查明原因并修复，排除系统内的空气。

3. 离合器噪声

(1)故障现象：行驶中操纵离合器(分离或接合)时有不正常响声。

(2)故障原因。

①分离轴承磨损严重或缺油，轴承回位弹簧过软、折断或脱落。

②从动盘摩擦片破裂、铆钉松动、减振弹簧折断或从动盘毂铆钉松动、钢片破裂，从动盘毂花键孔与变速器输入轴花键配合松旷。

③离合器操纵机构连接部位松动。

④分离轴承与分离杠杆内端之间没有间隙。

⑤踏板回位弹簧过软、脱落或折断。

(3)诊断与排除。

①发动机一起动就有响声，踩下踏板响声消失，说明离合器操纵机构连接部位松动、踏板回位弹簧失效，应紧固松动部位或更换回位弹簧。

②上述检查后仍有响声，说明无踏板自由行程或分离轴承回位弹簧损坏，应调整踏板自由行程或更换回位弹簧。

③稍稍踩下离合器踏板，分离杠杆(或膜片弹簧分离指)内端与分离轴承接触，听到有"沙沙"的响声，为分离轴承响。若加油后仍响，为轴承磨损松旷或损坏，应更换。

④连续踩下、放松离合器踏板，在离合器刚接触或分开时响，说明从动盘铆钉松动或摩擦片铆钉外露，应修复。

⑤在汽车起步或行驶中加、减速时响，说明离合器减振弹簧疲劳或断裂、从动盘毂花键与轴配合松旷。

4. 离合器发抖

(1)故障现象：起步时离合器接合不平顺，使车身产生抖动。

(2)故障原因。

①从动盘发生翘曲、破裂或铆钉松动，从动盘毂花键孔与变速器输入轴花键配合松旷，从动盘扭转减振器弹簧弹力下降或失效。

②飞轮或压盘端面变形或磨损。

③变速器与飞轮壳或者离合器盖与飞轮固定螺栓松动。

④压紧弹簧(螺旋弹簧或膜片弹簧)弹力不均。

⑤分离杠杆(或膜片弹簧分离指)内端不在同一平面内。

⑥分离轴承与导管之间锈蚀或有异物，使分离轴承移动困难。

(3)诊断与排除。

①让发动机怠速运转，挂上低速档，缓慢松开离合器踏板并踩下加速踏板起步，如车身有明显的抖动，则为离合器发抖。

②检查变速器与飞轮壳、离合器盖与飞轮固定螺钉是否松动，如有松动应紧固。

③连续踩下、放松离合器踏板，检查分离轴承移动是否灵活，若卡涩，应清洁。

④检查分离杠杆(或膜片弹簧分离指)内端高低是否一致，如不一致，应调整。

⑤拆下离合器，检查离合器从动盘摩擦片及从动盘毂花键孔与变速器第一轴花键配合情况，发现问题应修理或更换。

⑥分解离合器，分别检查螺旋弹簧(或膜片弹簧)、扭转减振器弹簧的弹力，检查飞轮表面和压盘表面是否变形，如有问题予以修理或更换。

第三节 手动变速器

一、手动变速器的功用与分类

(1)手动变速器的功用。

①改变传动比,扩大驱动轮转矩和转速的变化范围,以适应经常变化的行驶条件,同时使发动机在有利的工况下工作。

②在发动机旋转方向不变的条件下,使汽车能够倒退行驶。

③利用空档中断动力传递,使发动机能够起动、怠速,并便于变速器换档或进行动力输出。

(2)手动变速器的分类:手动变速器也称轴线固定式变速器,按其传动齿轮轴的数目分,可分为两轴式变速器和三轴式变速器。

二、手动变速器的构造

手动变速器由变速传动机构和操纵机构两部分组成。变速传动机构的功用是改变转矩的大小和方向;操纵机构的功用是实现变速比的变换即换档。

1. 变速传动机构

(1)三轴式变速器:图 1-46 为东风 EQ1092 型汽车变速器结构图,它是典型的三轴式五档变速器。

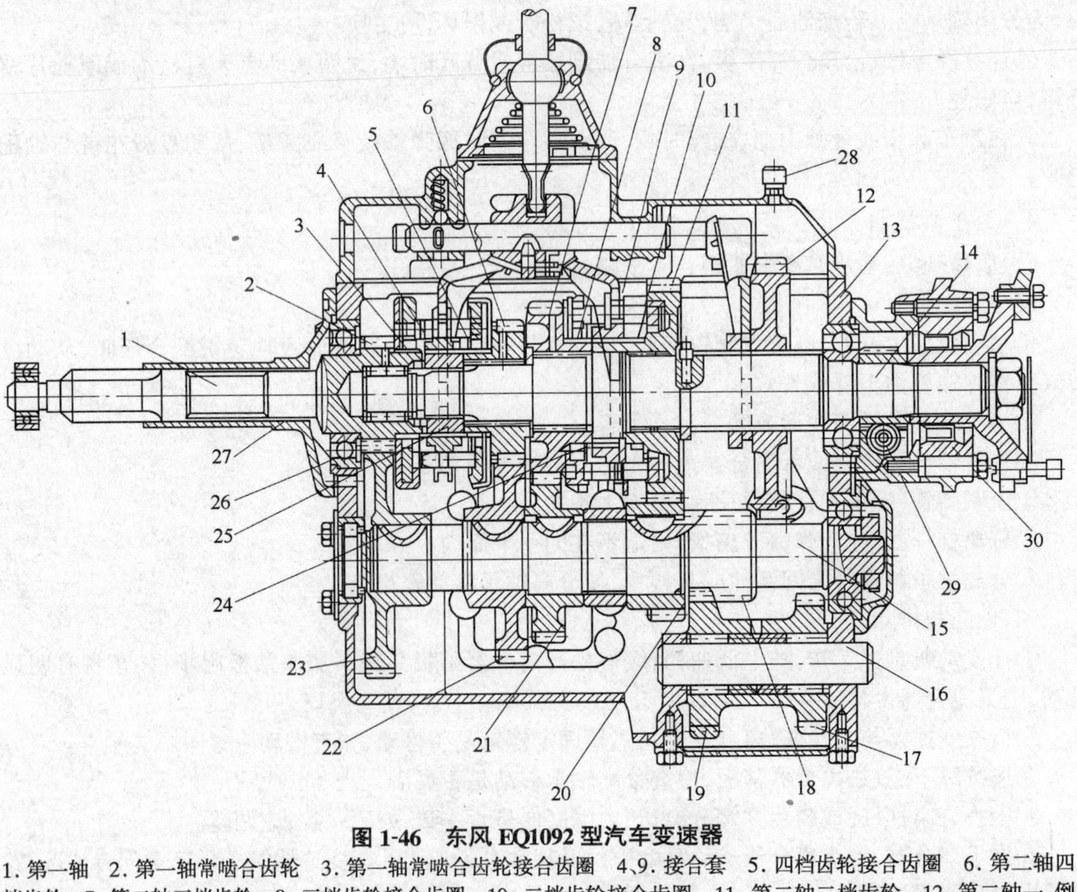

图 1-46 东风 EQ1092 型汽车变速器

1. 第一轴 2. 第一轴常啮合齿轮 3. 第一轴常啮合齿轮接合齿圈 4、9. 接合套 5. 四档齿轮接合齿圈 6. 第二轴四档齿轮 7. 第二轴三档齿轮 8. 三档齿轮接合齿圈 10. 二档齿轮接合齿圈 11. 第二轴二档齿轮 12. 第二轴一、倒档滑动齿轮 13. 变速器壳 14. 第二轴 15. 中间轴 16. 倒档轴 17. 倒档中间齿轮 18. 中间轴一、倒档齿轮 19. 倒档中间齿轮 20. 中间轴二档齿轮 21. 中间轴三档齿轮 22. 中间轴四档齿轮 23. 中间轴常啮合齿轮 24、25. 花键毂 26. 第一轴轴承盖 27. 回油螺纹 28. 通气塞 29. 里程表传动齿轮 30. 驻车制动器底座

该变速器有3根传动齿轮轴:第一轴(输入轴)1,中间轴15和第二轴(输出轴)14。在该变速器中,除一档、倒档外,二、三档及四、五档均采用锁销式惯性同步器。

①第一轴的前端用轴承支承在发动机飞轮的中心孔内,后端用轴承支承在变速器壳体前壁座孔中,齿轮2与第一轴制成一体。第一轴既是变速器输入轴,又是离合器的输出轴,离合器从动盘就是套装在该轴前端的花键上。第一轴轴承盖的内圆柱面切有回油螺纹(左旋),防止变速器内润滑油窜入离合器。

②第二轴的前端用滚针轴承支承在第一轴常啮合传动齿轮的内孔中,后端用轴承支承在壳体上。轴上装有一、二、三、四档从动齿轮。一档齿轮用花键套装在轴上,可在轴上沿轴向滑动。二、三、四档齿轮均通过滚针轴承自由地套装在轴上。轴上还装有二、三档及四、五档换档同步器装置。第二轴后轴承的外侧还装有里程表传动齿轮。轴的最后端的花键装有凸缘,它与万向传动装置中的万向节叉连接。

③中间轴为一根阶梯形光轴,两端用轴承支承在壳体上。其上装有一、二、三、四档主动齿轮及常啮合传动齿轮,其中一档齿轮与轴制成一体,其余齿轮均用半圆键与轴连接。

除上述3根轴外,变速器中还有一根倒档轴,该轴被锁片固定在壳体上,其上用滚针轴承自由地套装有倒档中间齿轮。变速器中除一、倒档齿轮为直齿齿轮外,其余齿轮均为斜齿齿轮。

④壳体由铸铁制造而成,壳体上制有输入轴、输出轴、中间轴、倒档轴的轴承孔,并设有加油螺塞和放油螺塞。

各档传动路线见表1-4。

表1-4　东风EQ1092型汽车变速器动力传递路线

档位	动力传递路线
1	输入轴→第一轴常啮合齿轮→中间轴一、倒档齿轮→第二轴一、倒档滑动齿轮→输出轴
2	输入轴→第一轴常啮合齿轮→中间轴常啮合齿轮→中间轴二档齿轮→第二轴二档齿轮→接合套9→花键齿毂24→输出轴
3	输入轴→第一轴常啮合齿轮→中间轴常啮合齿轮→中间轴三档齿轮→第二轴三档齿轮→接合套9→花键齿毂24→输出轴
4	输入轴→第一轴常啮合齿轮→中间轴常啮合齿轮→中间轴四档齿轮→第二轴四档齿轮→接合套5→花键齿毂25→输出轴
5	输入轴→接合套5→花键齿毂25→输出轴
倒	输入轴→第一轴常啮合齿轮→中间轴常啮合齿轮→中间轴一、倒档齿轮→倒档中间齿轮→第二轴一、倒档滑动齿轮→输出轴

(2)二轴式变速器:二轴式齿轮变速器主要应用于发动机前置前轮驱动或发动机后置后轮驱动的汽车上,与驱动桥连接成一体,故称为变速驱动桥。

图1-47所示为桑塔纳2000型轿车采用的二轴式五档手动变速器。

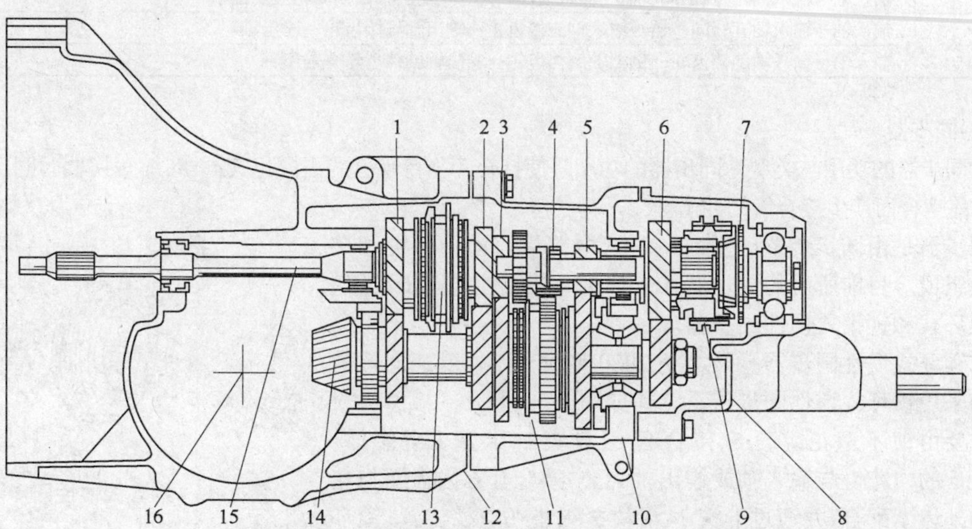

图1-47　桑塔纳2000型轿车五档手动变速器

1. 四档齿轮　2. 三档齿轮　3. 二档齿轮　4. 倒档齿轮　5. 一档齿轮　6. 五档齿轮　7. 五档运行齿环　8. 换档机构壳体　9. 五档同步器　10. 齿轮箱体　11. 一、二档同步器　12. 变速器壳体　13. 三、四档同步器　14. 输出轴　15. 输入轴　16. 主减速器和差速器

该变速器与纵向布置的发动机配合使用,具有5个前进档和1个倒档,全部采用同步器换档。3个锁环式惯性同步器,1个安装在变速器输出轴上,两个安装在变速器输入轴上。输入轴的一、二档齿轮和倒档齿轮与轴制成一体,其他均为带内衬套式齿轮。

①输入轴。输入轴15前端支承在发动机曲轴后端的凸缘承孔中,中间部分别通过滚针轴承和圆柱轴承支承在变速器壳体12和齿轮箱体10中,后端通过球轴承支承在换档机构壳体8中。输入轴上装有一、二、三、四、五、倒档主动齿轮,其中,一、二、倒档主动齿轮与输入轴制成一体;三、四、五档主动齿轮用滚针轴承安装在输入轴上,在轴上可自由转动。同时装有三、四档同步器和五档同步器。

②输出轴。输出轴14前端通过圆柱滚子轴承支承在变速器壳体12中,后端通过双列圆锥滚子轴承支承在齿轮箱体中。主减速器主动锥齿轮与输出轴制成一体。输出轴上装有一、二、三、四、五、倒档从动齿轮,其中,一、二档从动齿轮通过滚针轴承安装在输出轴上,可在轴上自由转动;三、四档从动齿轮通过花键安装在输出轴上。同时输出轴上装有一、二档同步器,在同步器接合套上加工有倒档从动齿轮。

③倒档轴。倒档轴压装在齿轮箱体中,倒档齿轮空套在倒档轴上。

④壳体。壳体分为三部分,如图1-48所示。变速器壳体12与发动机气缸体后端固定连接,其作用是支承输入轴15、输出轴14的前端,安装主减速器、差速器,同时又作为飞轮壳体。中部为齿轮箱体,是输入轴15、输出轴14的轴承支座,又是换档拨叉的滑动轨道。后部为换档机构壳体。

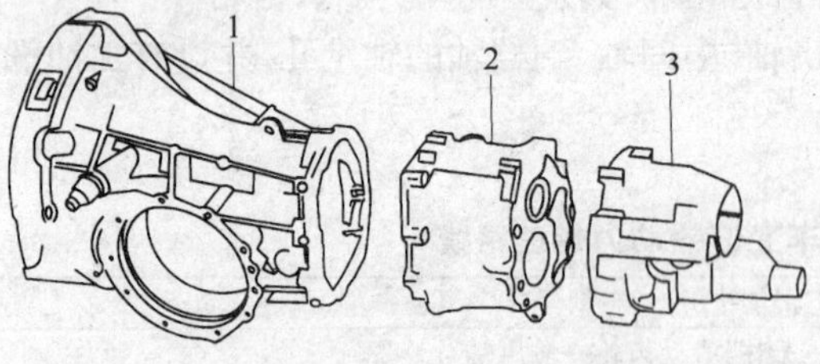

图1-48 桑塔纳2000型轿车五档变速器壳体

1. 变速器壳体 2. 齿轮箱体 3. 换档机构壳体

各档传递路线见表1-5。

表1-5 桑塔纳2000型轿车5档变速器动力传递路线

档位	动力传递路线
1	输入轴→输入轴一档齿轮→输出轴一档齿轮→输出轴一、二档同步器→输出轴
2	输入轴→输入轴二档齿轮→输出轴二档齿轮→输出轴一、二档同步器→输出轴
3	输入轴→输入轴三、四档同步器→输入轴三档齿轮→输出轴三档齿轮→输出轴
4	输入轴→输入轴三、四档同步器→输入轴四档齿轮→输出轴四档齿轮→输出轴
5	输入轴→输入轴五档同步器→输入轴五档齿轮→输出轴五档齿轮→输出轴
倒	输入轴→输入轴倒档齿轮→倒档轴倒档齿轮→输出轴倒档齿轮→输出轴

(3)同步器。

①同步器的功用与类型。同步器的功用是使接合套与待啮合的齿圈迅速同步,缩短换档时间,且防止在同步前啮合而产生接合齿的冲击。

同步器是由同步装置(包括推动件、摩擦件)、锁止装置和接合装置组成。目前所用的同步器几乎都是摩擦惯性式同步装置,分为锁环式和锁销式惯性同步器。

②锁环式惯性同步器。桑塔纳2000型轿车5档变速器各前进档均采用锁环式惯性同步器。结构如图1-49所示。

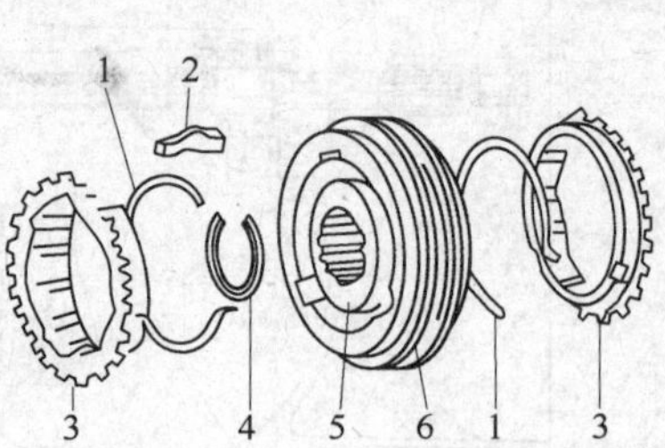

图1-49 锁环式惯性同步器

1. 卡簧 2. 滑块 3. 锁环 4. 锁圈 5. 花键毂 6. 接合套

主要由锁环3、花键毂5、接合套6、滑块2、卡簧1等组成。花键毂5的内花键与输入轴或输出轴配合,接合套6内齿圈与花键毂的外齿圈配合,并通过卡簧1、滑块2锁止在空档位置;锁环3套在接合套与相应档位齿轮的齿圈之间,当输入轴或输出轴转动时,接合套一同转动。

③锁销式惯性同步器。东风EQ1092型汽车变速器的三、四档和四、五档同步器均为锁销式惯性

同步器,其结构如图 1-50 所示。

锁销式惯性同步器主要由接合套 5、摩擦锥环 2、摩擦锥盘 1、定位销 3、锁销 4 等组成。两个摩擦锥盘装在相应档位齿轮的齿圈上,两个摩擦锥环通过 3 个锁销和 3 个定位销与接合套连为一体,并锁止在空档位置。接合套相对两个摩擦锥环可做轴向移动,并通过花键毂与输出轴上的齿座配合。当输出轴转动时,接合套及摩擦锥环随之转动。

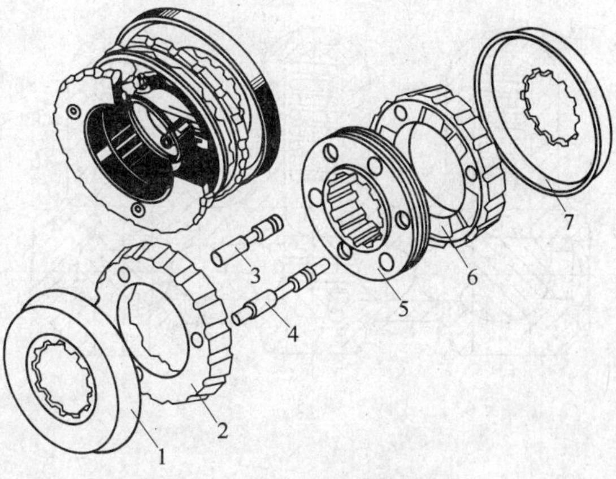

图 1-50　锁销式惯性同步器

1、7. 摩擦锥盘　2、6. 摩擦锥环　3. 定位销　4. 锁销　5. 接合套

(4)变速器的操纵机构:变速器操纵机构按距离驾驶人座位的远近分为直接操纵机构和远距离操纵机构。

①直接操纵机构。东风 EQ1092 型汽车变速器操纵机构即为直接操纵机构,如图 1-51 所示,由变速杆、拨叉、拨叉轴、自锁装置、互锁装置、倒档锁装置等组成。

变速杆中下部的球节部分装在变速器盖球形座内,下面以锥形弹簧支承,使变速杆既可以前后摆动,又可以左右摆动。变速杆下端插入导块槽中。3 根拨叉轴两端分别支承在变速器盖内侧的支承孔中,并可轴向滑动。每一个拨叉轴上固装一个拨叉,拨叉的叉口分别插入一、倒档滑动齿轮,二、三档同步器及四、五档同步器接合套的叉槽中。驾驶人直接操纵变速杆来拨动变速器盖内的换档操纵装置进行换档。

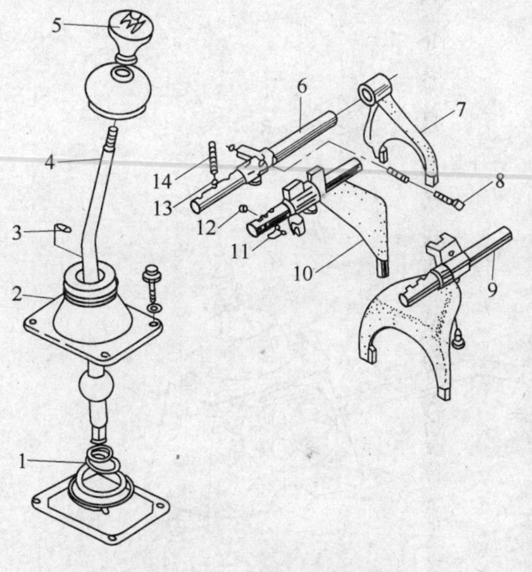

图 1-51　直接操纵机构

1. 弹簧　2. 球形座　3. 定位销　4. 变速杆　5. 手柄　6. 一、倒档拨叉轴　7. 一、倒档拨叉　8. 倒档锁销　9. 四、五档拨叉与轴　10. 二、三档拨叉与轴　11. 互锁钢球　12. 互锁顶销　13. 自锁钢球　14. 自锁弹簧

图 1-52 为东风 EQ1090E 型汽车的自锁和互锁装置。自锁装置由自锁钢球 1 和自锁弹簧 2 组成。每根拨叉轴的上表面沿轴向分布有 3 个凹槽,当任一根拨叉轴连同拨叉轴向移动到空档或某一工作档位时,必有一个凹槽正好对准钢球。于是钢球在弹簧压力下嵌入该凹槽内,拨叉轴的轴向位置即被固定,从而拨叉连通滑动齿轮(或接合套)也被固定在空档或某一工作档位上,不能自行脱出。

互锁装置由互锁钢球 4 和互锁销 5 组成。每根拨叉轴朝向互锁钢球的侧表面上均有一个深度相等的凹槽。任一拨叉轴处于空档位置时,其侧面凹槽都正好对准互锁钢球。两个互锁钢球的直径之和正好等于相邻两轴表面之间的距离加上一个凹槽的深度。中间拨叉轴上两个侧面凹槽之间有孔相通,孔中有一根可以滑移的互锁销 5,销的长度等于拨叉轴的直径减去一个凹槽的深度。

倒档锁如图 1-53 所示。由倒档拨块中的锁销 1 和弹簧 2 组成。锁销杆部装有弹簧,杆部右端的螺母可调整弹簧的预压力和锁销的长度。当驾驶人要挂一档或倒档时,必须用较大的力使变速杆 4 的下端压缩弹簧 2,将锁销 1 推向右方后,才能使变速杆下端伸入倒档拨块 6 的凹槽中,以拨动一、倒档拨叉轴而挂入一档或倒档。

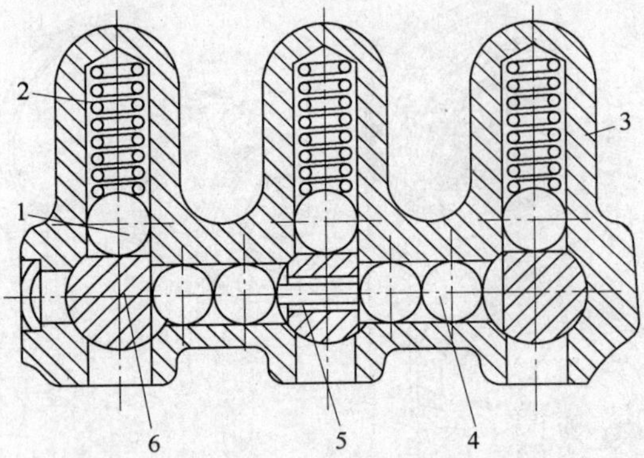

图 1-52 变速器的自锁及互锁装置

1. 自锁钢球 2. 自锁弹簧 3. 变速器盖(前端) 4. 互锁钢球 5. 互锁销 6. 拨叉轴

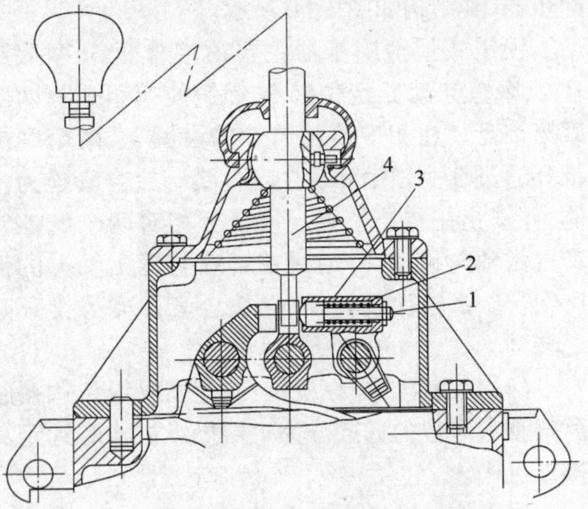

图 1-53 倒档锁

1. 倒档锁销 2. 倒档锁弹簧 3. 倒档拨块 4. 变速杆

②远距离操纵机构。桑塔纳 2000 型轿车 5 档变速器采用了远距离操纵机构,由外操纵机构和内操纵机构组成。

a. 外操纵机构如图 1-54 所示,主要由操纵杆、外换档杆、内换档杆、换档杆接合器等组成。操纵杆(俗称变速杆)在驾驶座位近旁穿过驾驶室底板安装在车架上,中间通过一系列的传动杆与变速器相连。操纵杆通过一系列中间连接杆件操纵变速器的内操纵机构,以进行选档、换档。变速杆以球形铰链为支点,可以直接前后、左右摆动,各连接杆具有足够的刚度,且连接点处间隙小,否则将影响换档时的手感。

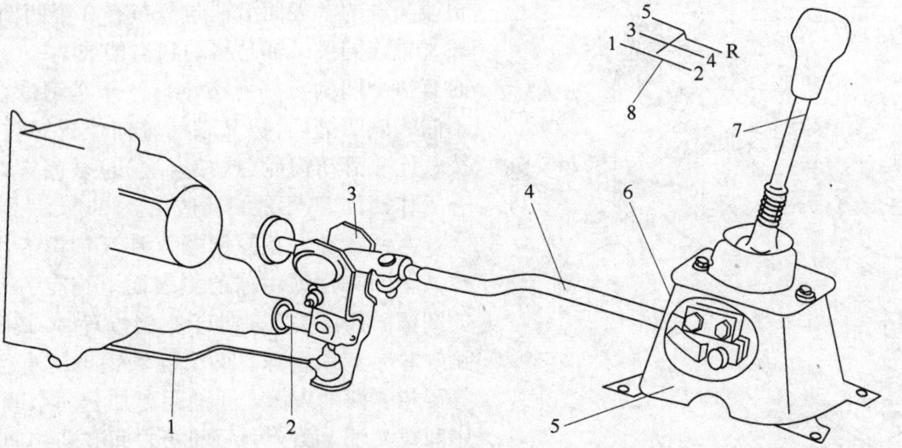

图 1-54 桑塔纳 2000 型轿车 5 档变速器外操纵机构

1. 支承杆 2. 内换档杆 3. 换档杆接合器 4. 外换档杆 5. 倒档保险挡块 6. 换档手柄座 7. 操纵杆 8. 换档标记

b. 内操纵机构如图 1-55 所示,主要由内换档轴、倒档保险挡块、换档拨叉轴及拨叉等组成。在外操纵机构作用下,内换档杆 5 可做轴向移动和转动,当内换档杆轴向移动时,可推动所选档位的拨叉轴做轴向移动,拨叉轴上的拨叉推动同步器接合套进行换档;当内换档杆转动时,可选择不同档位的拨叉轴,实现选档动作。

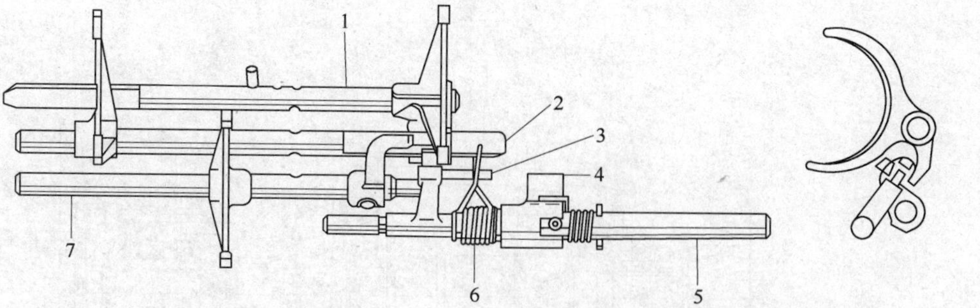

图 1-55　桑塔纳 2000 型轿车五档变速器内操纵机构

1. 五、倒档拨叉轴　2. 三、四档拨叉轴　3. 定位拨销　4. 倒档保险挡块　5. 内换档杆　6. 定位弹簧　7. 一、二档拨叉轴

互锁及自锁装置如图 1-56 所示，主要由自锁销、互锁销、互锁顶销等组成。

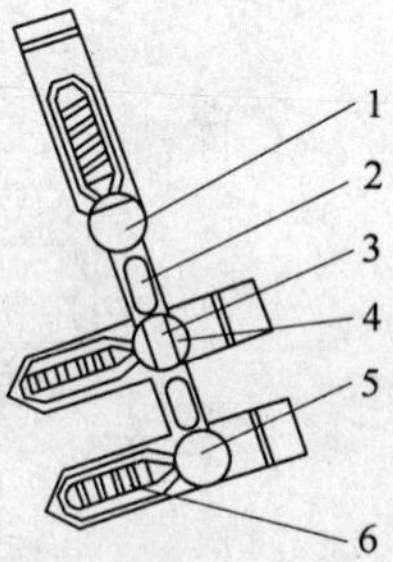

图 1-56　自锁和互锁装置

1. 五、倒档拨叉轴　2. 互锁销　3. 互锁顶销　4. 三、四档拨叉轴　5. 一、二档拨叉轴　6. 自锁销

三、分动器的构造

越野汽车因多轴驱动而装有分动器。它的功用是将变速器输出的动力分配到各驱动桥。

1. 齿轮传动机构

分动器的齿轮传动机构是由若干齿轮、轴和壳体等零件组成。

(1)三输出轴式分动器：东风 EQ2080 型汽车三输出轴式两档分动器结构如图 1-57 所示。分动器单独安装在车架上，输入轴 1 通过万向传动装置与变速器第二轴连接，三根输出轴 8、12、17 分别通往后驱动桥、中间驱动桥和前驱动桥。

汽车在坏路或无路情况下行驶时，为使汽车有足够的牵引力，需要接上前桥，而在好路上行驶时，则需要断开前桥，以免增加功率消耗和轮胎及传动系统零件的磨损。在分动器中，前桥输出轴 17 后端装有接合套 16，当接合套 16 右移时，前桥输出轴 17 和中桥输出轴 12 相连接，即接通前桥。

图中表示的是分动器空档位置。当接合套 4 左移与齿轮 15 的接合齿圈接合时，分动器挂入高速档，从输入轴 1 传入的动力，经齿轮 3、15 和中间轴 11 传到齿轮 10，由此再分别经齿轮 6 和 13 传到输出轴 8 和 12，分别通往后驱动桥和中间驱动桥。如果此时接合套 16 已与中桥输出轴 12 接合，则动力还通往前驱动桥。

当接合套 4 右移与齿轮 9 的接合齿圈接合时，分动器挂入低速档，从输入轴 1 传入的动力，经齿轮 5、9 和中间轴 11 传到齿轮 10，由此再分别经齿轮 6 和 13 传到输出轴 8、12 和 17，分别通往后驱动桥、中间驱动桥和前驱动桥。

(2)二输出轴式分动器：图 1-58 为北京切诺基使用的 NP231 型二输出轴式分动器。NP231 型分动器与变速器直接连接，主要由壳体、传动装置和操纵机构三部分组成，具有两轮高速档(2H)、四轮高速档(4H)、空档(N)和四轮低速档(4L)4 个档位。

NP231 型分动器壳体为中间对开式结构，前壳体与变速器后壳体直接固定连接。分动器输入轴安装于前壳体上，与变速器输出轴花键连接。与轴一体的后端齿轮为行星齿轮系的太阳轮，内圈短齿为高速档驱动齿。后输出轴前端由输入轴承孔支承，后端由分动器后壳体支承。高低档换档齿套与轴前段花键齿啮合，驱动链轮借滚针轴承装在轴上。惯性锁环式同步器安装于轴上。3 个行星齿轮既同时与输入轴上太阳轮啮合，又同时与固装在分动器壳体内的齿圈啮合，行星架上短齿用来传递低档动力。前输出轴与其链轮制成一体，由前后壳体支承，驱动链轮与前输出轴链轮用传动链连接。

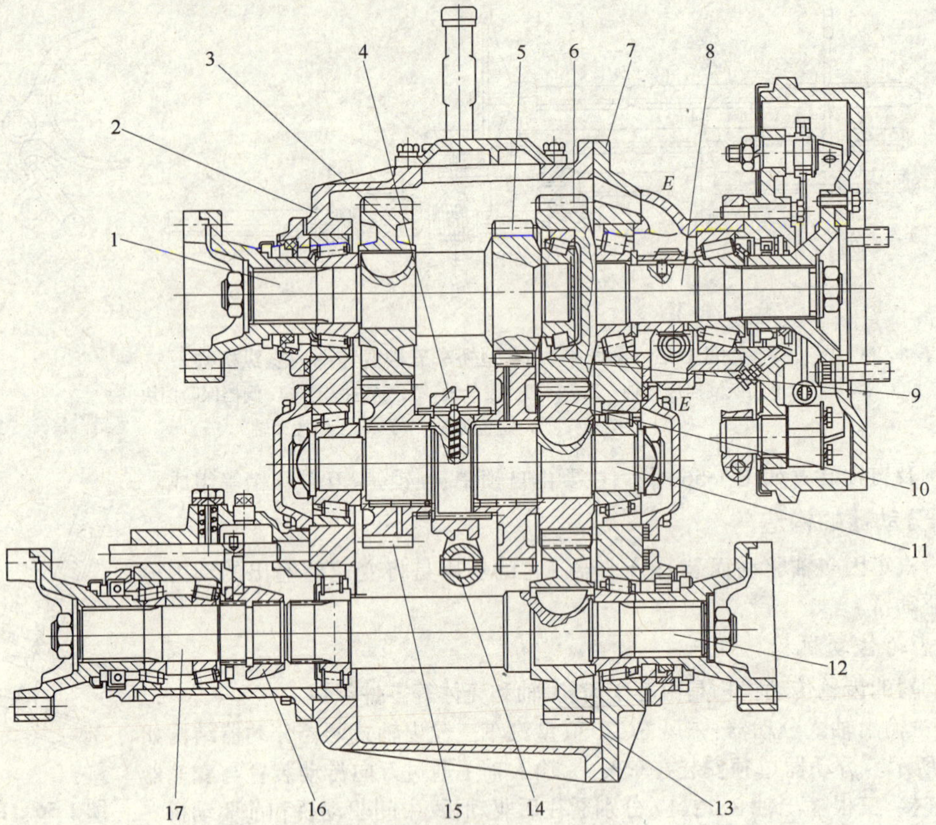

图 1-57 三输出轴式分动器

1. 输入轴 2. 分动器壳 3、5、6、9、10、13、15. 齿轮 4. 换档接合套 7. 分动器盖 8. 后桥输出轴 11. 中间轴 12. 中桥输出轴 14. 换档拨叉轴 16. 前桥接合套 17. 前桥输出轴

2. 操纵机构

分动器挂入低档工作时，其输出转矩较大，为避免中、后驱动桥超载，必须接上前桥，分担一部分载荷。因此，要求分动器必须满足以下操纵原则：非先接上前桥，不得换入低档；非先退出低档，不得摘下前桥。

为保证上述分动器的操纵原则，越野汽车常采用如图 1-59 所示的一种简单的机械式分动器操纵机构。

这种操纵机构在前桥操纵杆上装有螺钉，与换档操纵杆互相锁止。

轴 9 借两个支承臂固定在变速器盖上，分动器的两个操纵杆 1 和 2 位于变速器变速杆的右侧。换档操纵杆 1 以其中部的孔松套在轴 9 上，其下端借传动杆 4 与分动器的换档摇臂 8 相连。前桥操纵杆 2 的中部则固定于轴 9 的一端，在轴 9 的另一端固定着摇臂 8，其臂端经传动杆 7 与操纵前桥接合套的拨叉相连，前桥操纵杆 2 的下端装有螺钉 3，其头部顶靠着换档操纵杆 1 的下部。

四、手动变速器的拆装

1. 三轴式变速器的拆装（以东风 EQ1092 型汽车五档变速器为例）

(1)齿轮传动机构拆卸。

①将变速杆置于空档位置，拆下变速器盖总成。

②拆下变速器第一轴轴承盖，用铜棒轻轻敲击第一轴，用拉器将第一轴连同轴承一起从前端拉出，取下第二轴前轴承，如图 1-60 所示。

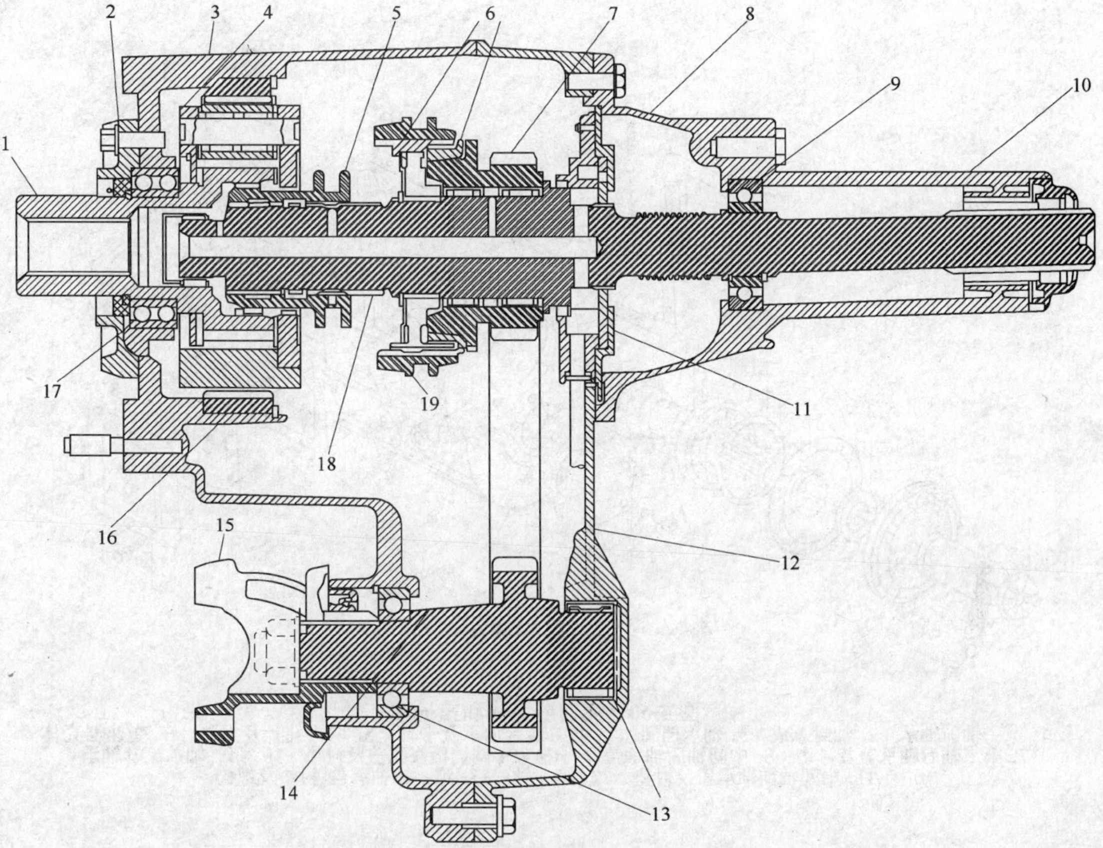

图 1-58 北京切诺基 NP231 型分动器

1. 输入齿轮 2. 前轴承座 3. 前壳体 4. 行星齿轮机构 5. 换档齿套 6. 同步器齿轮和齿环 7. 主动链轮 8. 后轴承座 9. 后轴承 10. 凸缘 11. 油泵 12. 后壳体 13. 前输出轴轴承 14. 前输出轴 15. 万向节叉 16. 齿圈 17. 前轴承 18. 后输出轴 19. 同步器接合套

③拆下变速器第二轴后轴承盖，用铜棒从前端敲击第二轴，使之从壳体轴承孔中后退到轴承脱离轴承孔为止，用拉器拉出第二轴后轴承，取下第二轴总成。拆下前端锁环，顺次取下第二轴各零件，如图 1-61 所示。

④拆下倒档齿轮检查孔盖，取下倒档轴锁片，用专用工具拉出倒档轴，从壳体侧孔取出倒档齿轮轴承及隔套，如图 1-62 所示。

⑤拆下中间轴承前后轴承盖，撬开后轴承锁片，拧下锁紧螺母。用铜棒将中间轴自前往后敲击至后轴承脱离轴承孔，用拉器拉下后轴承，取出中间轴总成，从前至后依次取下中间轴上各零件，如图 1-63 所示。

(2)齿轮传动机构安装。

①在压床上将二档齿轮、隔套、三档齿轮、四档齿轮、常啮齿轮及弹性挡圈等依次装到中间轴上。

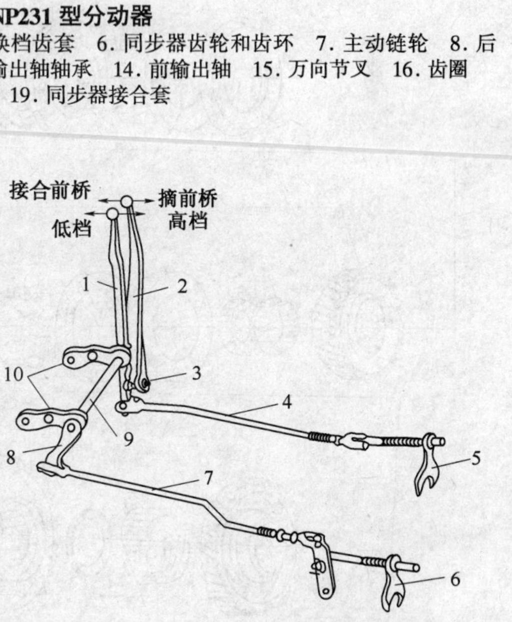

图 1-59 分动器操纵机构

1. 换档操纵杆 2. 前桥操纵杆 3. 螺钉 4、7. 传动杆 5. 换档拨叉 6. 前桥接合套拨叉 8. 摇臂 9. 轴 10. 支承臂

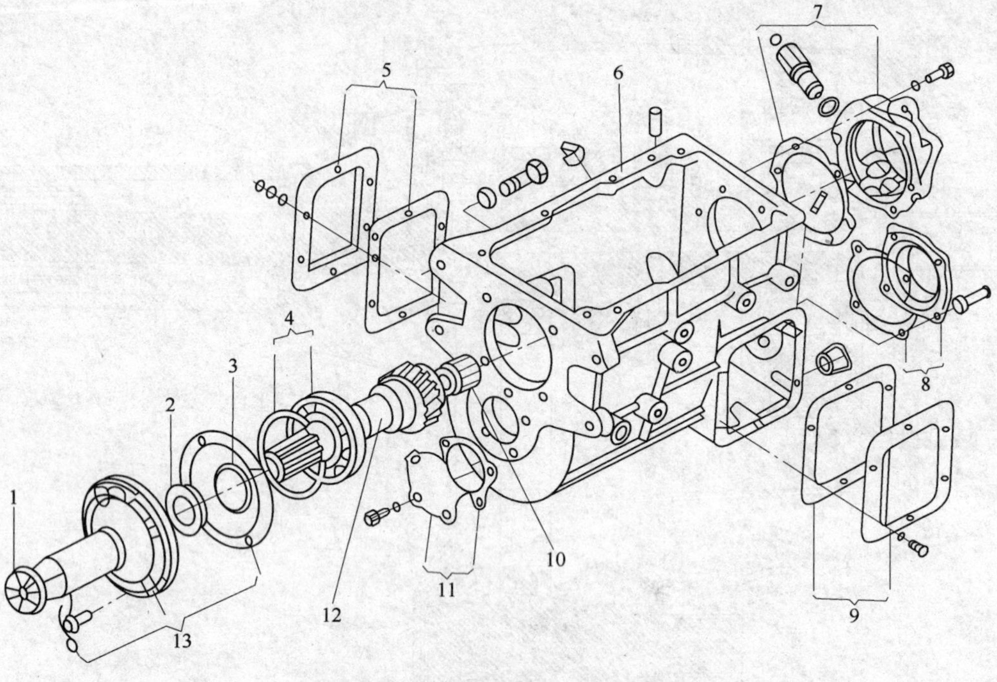

图 1-60 变速器壳体和第一轴

1. 第一轴前轴承 2. 油封总成 3. 轴承挡圈 4. 第一轴后轴承及卡环 5. 取力孔盖及衬垫 6. 变速器壳体 7. 第二轴后轴承盖及衬垫 8. 中间轴后轴承盖及衬垫 9. 倒档检查孔盖及衬垫 10. 第二轴前滚针轴承 11. 中间轴前轴承盖及衬垫 12. 第一轴 13. 第一轴轴承盖、衬垫及螺栓

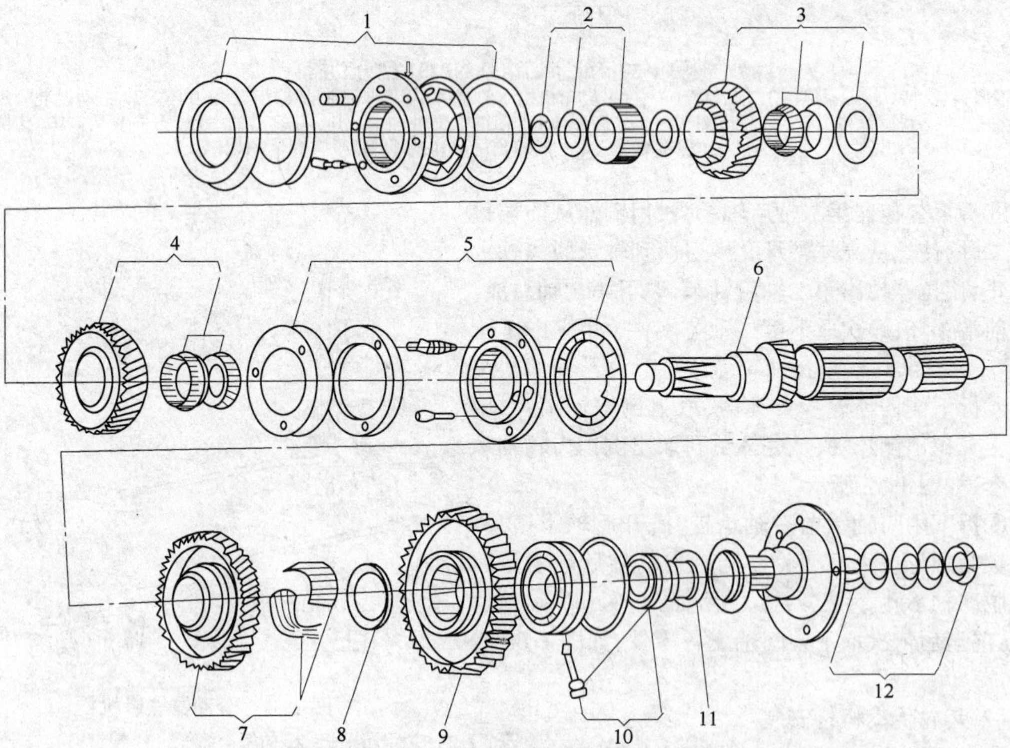

图 1-61 变速器第二轴总成

1. 四、五档同步器 2. 四、五档同步器花键毂及止推环和卡环 3. 四档齿轮及轴承、止推环 4. 三档齿轮及轴承 5. 二、三档同步器 6. 第二轴 7. 二档齿轮及轴承 8. 止推环 9. 一、倒档齿轮 10. 里程表主、从动齿轮 11. 隔套 12. 锥形弹簧及螺母

②将变速器壳体固定在工作台上，把中间轴总成放入壳的中间轴承孔中，两端套上轴承。用专用工具把中间轴前后轴承压入轴承座孔内。中间轴后端轴承贴紧轴颈台阶后，套上锁片，并用螺母以147N·m力矩拧紧，之后用锁片把螺母锁上。并装上前后轴承盖。

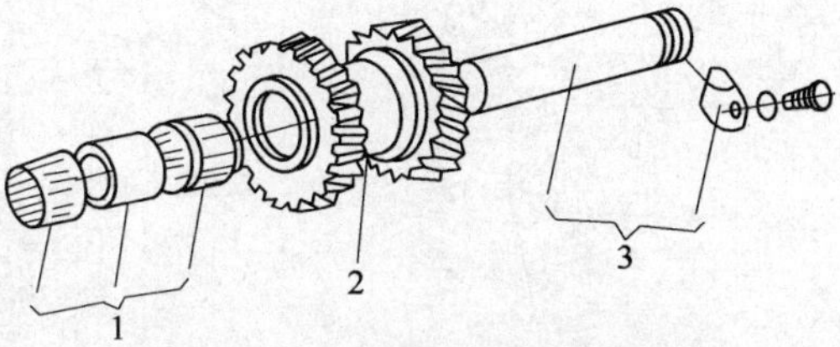

图1-62　变速器倒档轴总成

1. 轴承及隔套　2. 倒档齿轮　3. 倒档轴及锁片

③在倒档齿轮内放入新滚针轴承和隔套，从倒档齿轮窗口放入倒档齿轮，从变速器后端插入倒档齿轮轴。倒档轴到位后，卡上锁片，并用螺栓固定锁片。装倒档窗口盖板及相应的衬垫(涂胶)，并用涂胶的螺栓对称拧紧。

④将二档齿轮及轴承、二档齿轮止推环及锁紧装置装在第二轴的后端。依次将二、三档同步器总成、三档齿轮及轴承、四档齿轮止推环、四档齿轮及轴承、挡圈装入第二轴的前端，装入四、五档花键毂、止推环及花键毂锁环。

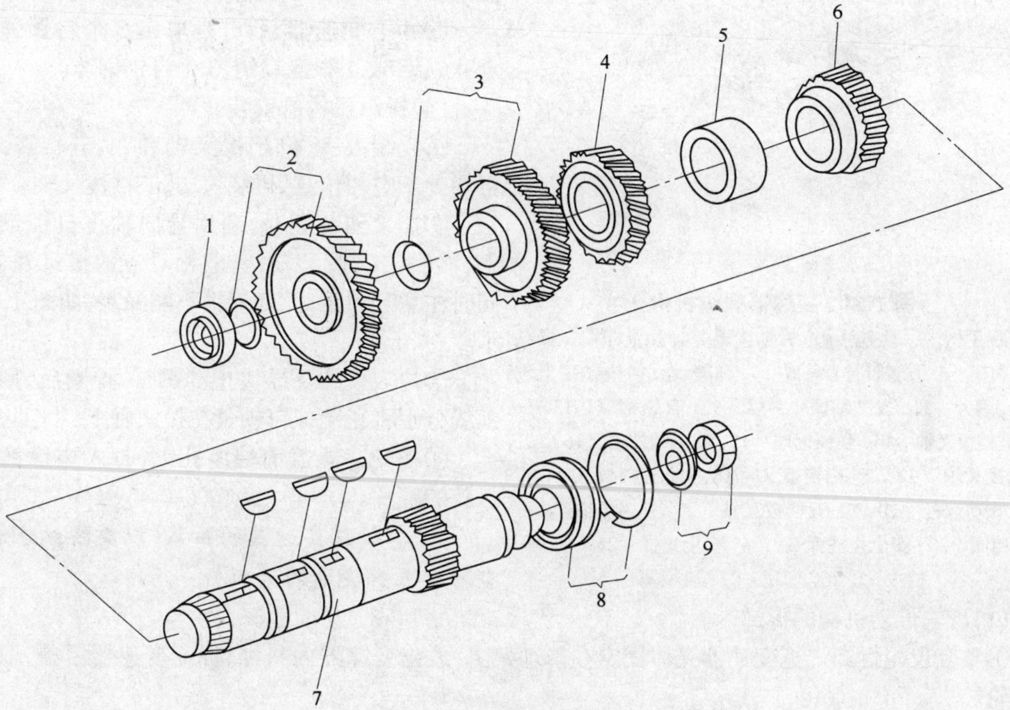

图1-63　变速器中间轴总成

1. 中间轴前轴承　2. 常啮合齿轮及挡圈　3. 四档齿轮及挡圈　4. 三档齿轮　5. 隔套　6. 二档齿轮　7. 中间轴　8. 中间轴后轴承及挡圈　9. 螺母及锁片

⑤把装好的第二轴总成放入壳体内，将四、五档同步器总成套在第二轴上。从第二轴后端装上后轴承，并用铜棒轻轻敲击，使轴承靠到第二轴花键部分的台肩上，套入里程表主动齿轮和隔套，然后在轴承外圈上装上挡圈。

⑥在第一轴主动齿轮前端压入轴承，装上挡圈，在主动齿轮内孔中装入第二轴支承轴承，使第二轴前轴颈对准第一轴轴承孔。用铜锤一边轻轻敲击，一边用手转动第一轴使第一轴后球轴承平顺装入壳体座孔中。

⑦从第一轴前端，先将密封纸垫安放在轴盖贴合处，套上轴承盖(盖内已装好油封)，用螺栓对称

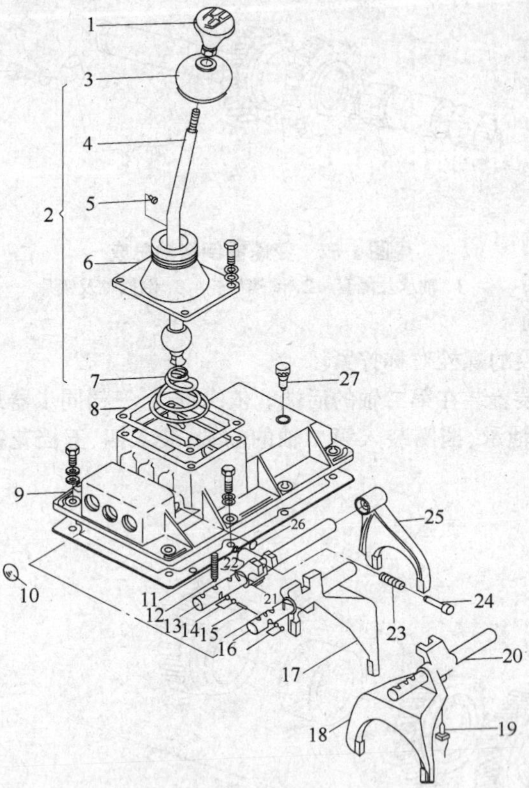

图 1-64 变速器操纵机构

1. 操纵手柄 2. 顶盖总成 3. 防尘罩 4. 操纵杆 5. 操纵杆限位销 6. 顶盖带衬套总成 7. 弹簧 8. 衬垫 9. 上盖 10. 塞片 11. 拨叉轴锁止弹簧 12. 自锁钢球 13. 一档、倒档拨叉轴 14. 联锁钢球 15. 联锁圆柱销 16. 二、三档拨叉轴 17. 二、三档拨叉 18. 四、五档拨叉 19. 拨叉止动螺栓 20. 四、五档拨叉轴 21. 一、倒档导块 22. 挡圈 23. 安全止柱弹簧 24. 安全止柱 25. 一、倒档拨叉 26. 塞片 27. 通气塞

紧固,并用锁线以“8”字形穿入螺栓头的孔中拧紧。

(3)操纵机构拆卸:变速器操纵机构分解如图1-64所示。

①拆下变速器盖4个固定螺钉,拆下变速器盖、变速杆、定位弹簧。

②将变速器盖总成倒置,牢固夹持在台钳上,拆下拨叉固定螺钉上的金属锁线、拨叉紧固螺钉和各拨叉轴紧固螺钉。

③检查1、倒档拨叉轴及四、五档拨叉轴均处于空档位置,由后至前拆下二、三档拨叉轴,取下拨叉防止自锁钢球弹出伤人。

④分别拆下一、倒档拨叉轴及拨叉,拆下四、五档拨叉轴及拨叉,防止自锁钢球伤人。

⑤卸下变速器盖,分别取出3个自锁弹簧,4个互锁钢球、1根互锁销、3个自锁钢球。

(4)操纵机构的安装。

①先装入一、倒档拨叉轴和四、五档拨叉轴,且均处于空档位置,再装入二、三档拨叉轴。

②拨叉轴装配时,利用导向轴将自锁钢球压下,然后装入拨叉轴,套上相对应的拨叉及导块,同时注意互锁钢球、互锁销不能漏装,如图1-65所示。

③拧入拨叉及导块止动螺钉,拧紧后,用钢丝锁线分别将止动螺钉锁紧在拨叉轴上。

④在变速器盖前端座孔上,打入边缘涂有密封胶的塞片。

2. 二轴式变速器的拆装(以桑塔纳2000Gsi型轿车五档变速器为例)

(1)齿轮传动机构的拆卸。

①整套齿轮拆卸。把变速器壳体固定在修理架上,放出变速器内机油,拆下变速器后盖,取出整套齿轮。

②输入轴拆卸。拆下四档齿轮的有齿锁环,取下四档齿轮、锁环和滚针轴承,拆下同步器锁环。取下三、四档同步器、三档锁环和齿轮,取下三档齿轮的滚针轴承;取下输入轴的中间轴承内圈,如图1-66所示。

③拆下输出轴内后轴承和一档齿轮,取下滚针轴承和一档锁环;取下滚针轴承内圈、同步器和二档齿轮和二档齿轮的滚针轴承;拆下三档齿轮的锁环、三档齿轮;拆下四档齿轮的锁环、四档齿轮;拆下输出轴的前轴承,如图1-67所示。

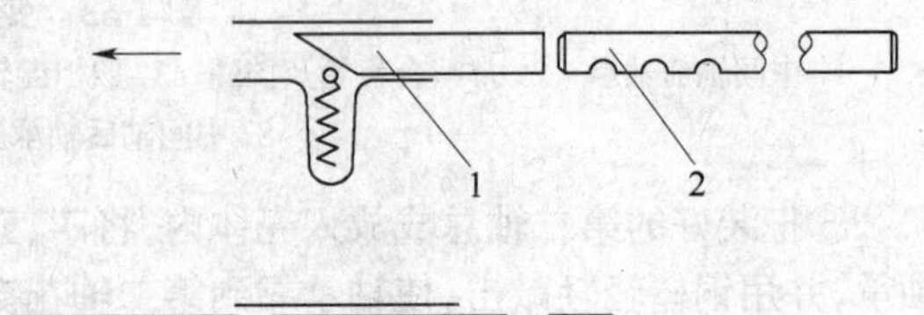

图 1-65 安装拨叉轴

1. 导向轴 2. 拨叉轴 3. 自锁弹簧 4. 自锁钢球

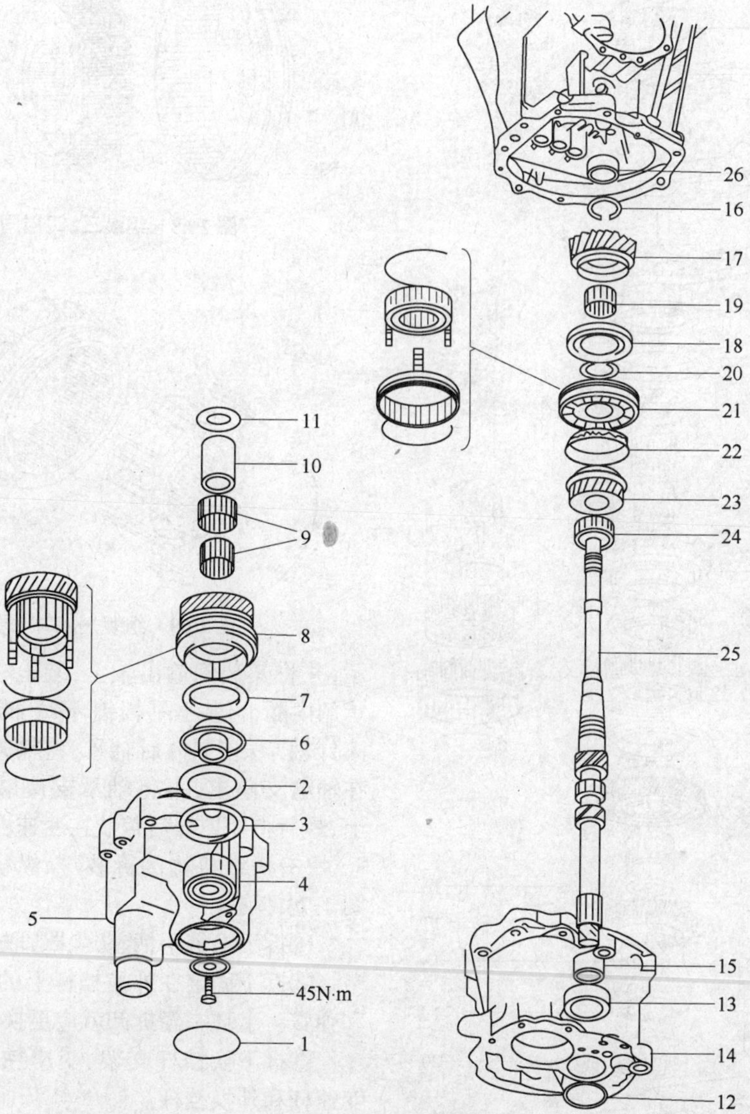

图 1-66　输入轴分解

1. 后轴承的罩盖　2. 挡油圈　3. 锁环　4. 输入轴后轴承　5. 变速器后盖　6. 五档同步器套管　7. 五档锁环　8. 五档同步器和齿轮　9. 五档齿轮滚针轴承　10. 五档齿轮滚针轴承内圈　11. 固定垫圈　12. 锁环　13. 中间轴承　14. 轴承支座　15. 中间轴承内圈　16. 有齿的锁环　17. 四档齿轮　18. 四档锁环　19. 四档齿轮滚针轴承　20. 锁环　21. 三档和四档同步器　22. 三档锁环　23. 三档齿轮　24. 三档齿轮滚针轴承　25. 输入轴　26. 输入轴滚针轴承

(2)齿轮传动机构的安装。

①输入轴的装配。装上中间轴承内圈，将预先润滑过的三档齿轮滚针轴承装上，把油槽转向二档齿轮；组装三、四档同步器，如图 1-68 所示；装上三档齿轮及三、四档同步器，装上锁环；装上锁环、滚针轴承和四档齿轮，再装上有齿的锁环；用 2kN 的力将三档齿轮、同步器和四档齿轮紧紧压在有齿的锁环上，把总成固定好。

②输出轴的装配。将前轴承装在输出轴上，装上四档齿轮；选择合适的锁环将四档齿轮固定好；安装三档齿轮，选择适当的锁环装上；安装滚针轴承、齿轮、二档锁环；装配一、二档同步器，如图 1-69 所

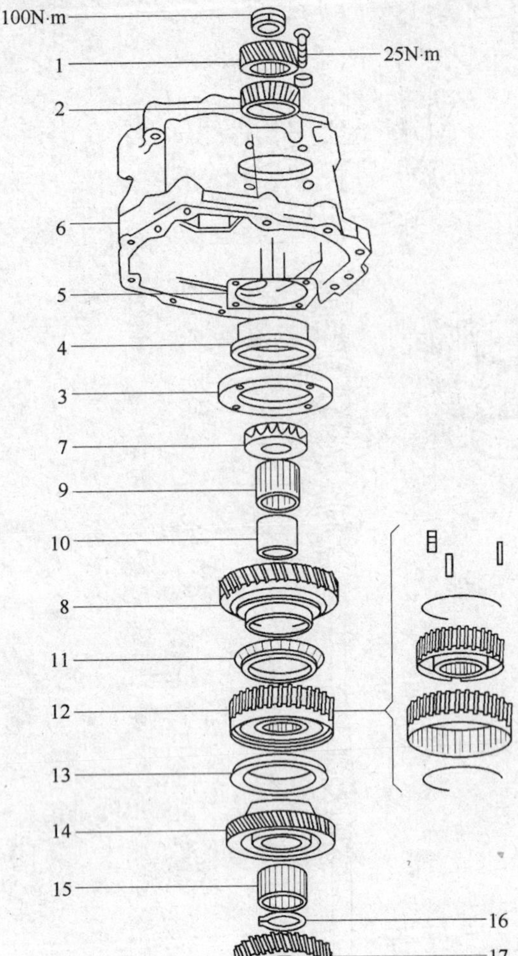

图 1-67 输出轴分解

1. 五档齿轮 2. 输出轴后轴承 3. 轴承保持架 4. 后轴承外圈 5. 调整垫片 6. 轴承支座 7. 输出轴内后轴承 8. 一档齿轮 9. 一档齿轮滚针轴承 10. 一档齿轮滚针轴承内圈 11. 一档锁环 12. 一档和二档同步器 13. 二档锁环 14. 二档齿轮 15. 二档齿轮滚针轴承 16. 挡环(厚度应用测量薄板用的样板测定，可使用的厚度为 1.5mm 和 1.6mm) 17. 三档齿轮(凸缘应转向四档齿轮) 18. 挡环 19. 四档齿轮(凸缘应转向锥主动齿轮) 20. 输出轴前轴承 21. 输出轴 22. 圆柱销 23. 输出轴前轴承外圈

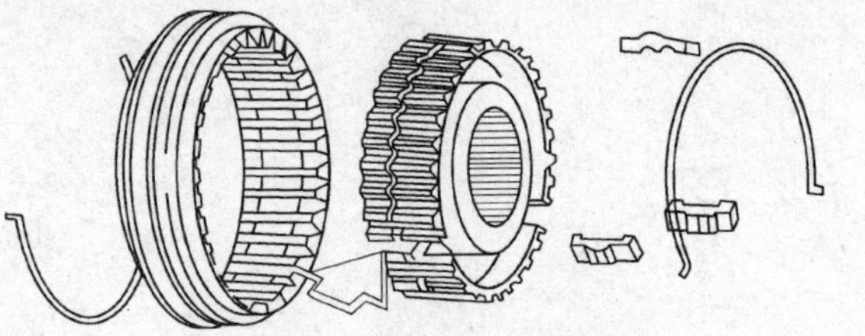

图 1-68 组装三、四档同步器

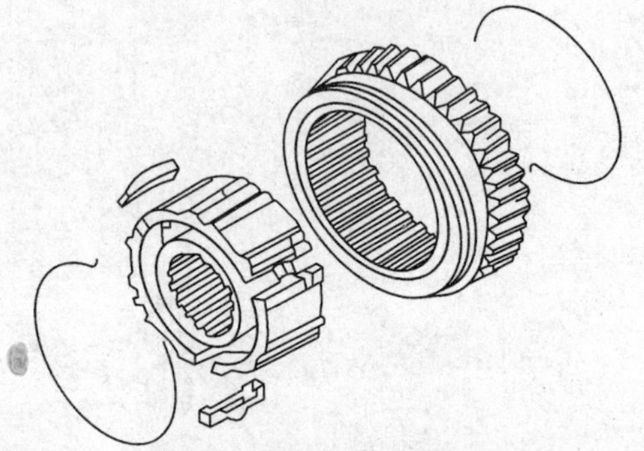

图 1-69 组装一、二档同步器

示，并将其装到输出轴上；装上一档齿轮滚针轴承的内圈，再装上一档锁环、一档齿轮、一档齿轮滚针轴承；装上内后轴承，将输入轴和输出轴装在轴承支座上，再将轴承支座装在变速器壳体上，最后将变速器后盖装在变速器轴承支座上。

(3)操纵机构的拆装：操纵机构的分解图如图 1-70 所示。

①拆下换档手柄、防尘罩，取下仪表板。

②拆下固定在外换档杆上的卡环，取下挡圈和弹簧。卡环一经拆卸就应更换。

③拆下换档杆支架、变速控制器罩壳，脱开变速杆和外换档杆。

④拆下变速杆罩壳，取下倒档缓冲垫、前进档缓冲垫。

⑤安装与拆卸顺序相反。

3. 变速器的磨合试验

变速器装配后，应按规定进行变速器的磨合试验，以改善零件摩擦表面的接触状况，检查变速器的修理和装配品质。

(1)磨合基本要求。

①磨合前，应按规定向变速器加注清洁的润滑油。第一轴转速一般为 1000～2000r/min，有负荷、无负荷均应试验。

②各档磨合时间视实际情况而定，一般应不少于 10～15min，各档磨合总时间不得少于 1h。

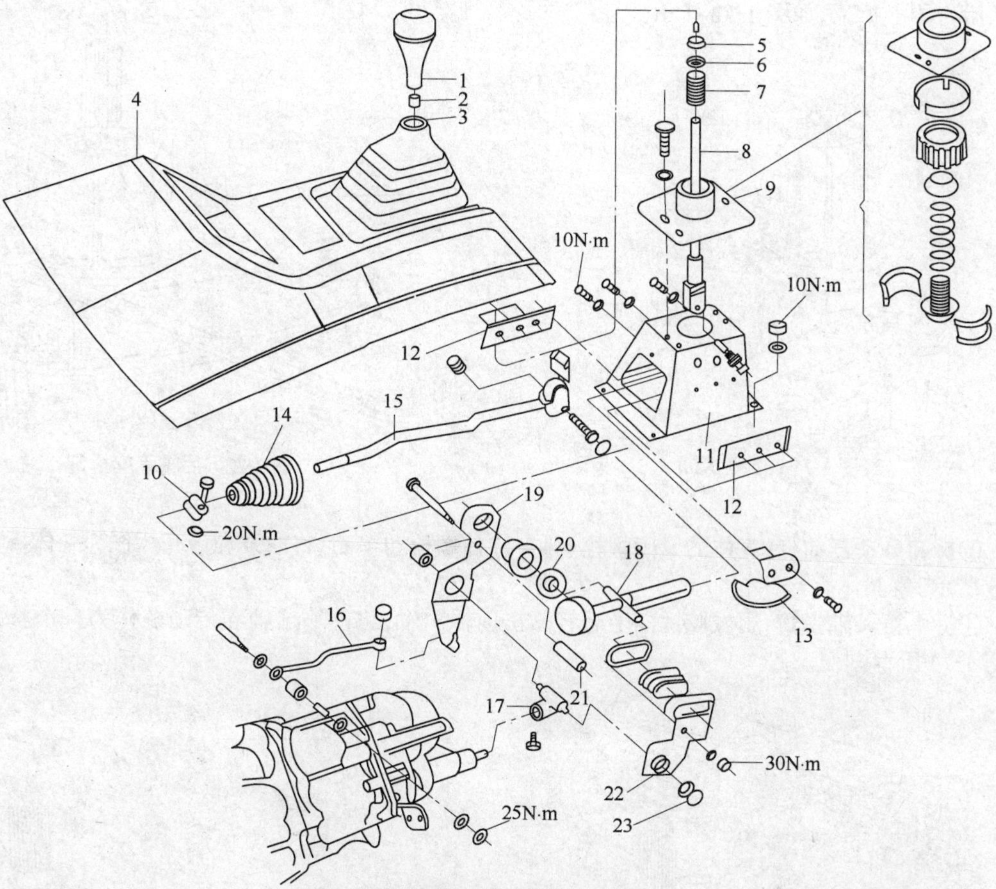

图 1-70 变速器操纵机构分解

1. 换档手柄 2. 防尘罩衬套 3. 防尘罩 4. 仪表板 5. 锁环 6. 挡圈 7. 弹簧 8. 上换档杆 9. 换档杆支架 10. 夹箍 11. 变速杆罩壳 12. 缓冲垫 13. 倒档缓冲垫 14. 密封罩 15. 下换档杆 16. 支撑杆 17. 离合块 18. 换档连接套 19. 轴承右侧压板 20. 罩盖 21. 支撑轴 22. 轴承左侧压板 23. 塑料衬套

③磨合过程中,油温应在 15℃~65℃。

(2)磨合操作。

变速器的磨合应在试验台上进行,进行无负荷和有负荷条件下的各种转速的运转。先进行无负荷磨合,各档磨合正常后再利用加载装置(如驻车制动器等)对变速器加载,加载的负荷一般为最大传递转矩的 30%左右,严禁加入研磨用的磨料进行磨合。

(3)磨合后的检查。

①检查变速器换档是否轻便自如、灵活可靠、迅速。

②运转和换档时是否有异响,变速杆是否有明显抖动。

③检查所有密封部位是否漏油。

④检查齿轮啮合情况,啮合印迹是否在齿的中部。齿轮啮合面是否大于工作面的 1/2。

(4)变速器经磨合试验合格后,认真进行清洗,并按原厂规定加注润滑油。

五、分动器的拆装

本书以北京切诺基 NP231 型分动器为例介绍分动器的拆装。

1. 分动器的拆卸

①松开凸缘紧固螺栓,用木锤敲松后取下凸缘,如图 1-71 所示,取出后输出轴上的后轴承卡环。

②松开后轴承座紧固螺栓,在后轴承座的任一凸台下插入一把旋具,然后轻轻向上撬起,将轴承

座从后壳体上拆下,如图 1-72 所示。

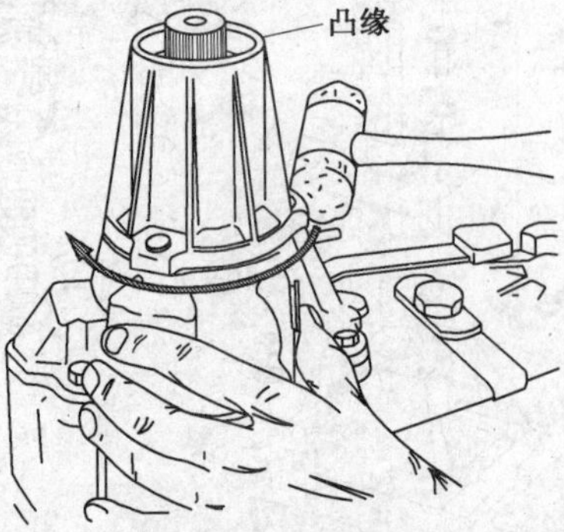

图 1-71 凸缘拆卸

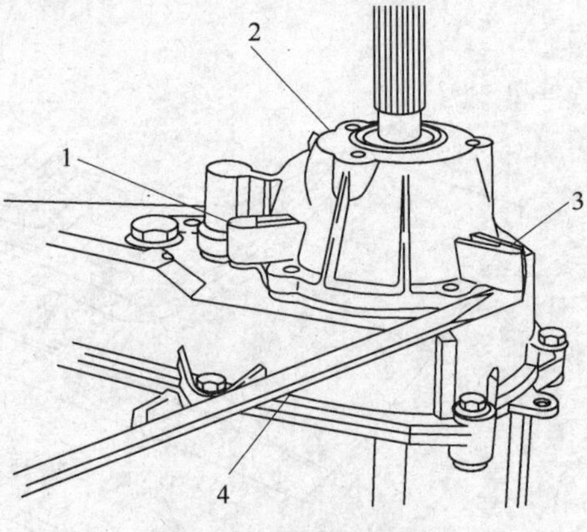

图 1-72 后轴承座拆卸

1、3. 凸台 2. 后轴承座 4. 旋具

③拆卸分动器前、后壳体的紧固螺栓,保存好各螺栓和垫圈,将油泵和后壳体作为一体拆下,如图 1-73 所示。

④拆下拨叉轴弹簧,用橡胶锤向上轻轻敲击前输出轴,将前输出轴和传动链作为一个整体拆下,如图 1-74 所示。

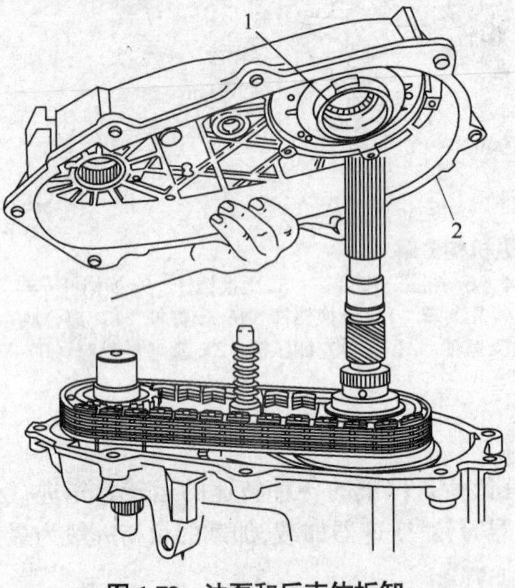

图 1-73 油泵和后壳体拆卸

1. 油泵 2. 后壳体

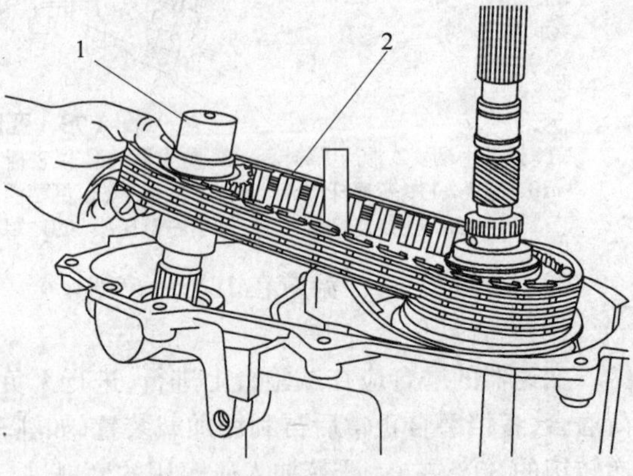

图 1-74 前输出轴和传动链拆卸

1. 前输出轴 2. 传动链

⑤把后输出轴、拨叉轴和拨叉作为一个整体拆下,如图 1-75 所示。然后分解。

⑥从齿扇上拆下拨叉销,取出换档拨叉和轴套,如图 1-76 所示。从齿扇轴上拆下轴臂、齿扇、齿扇轴套和 O 形密封圈。拆下定位销、弹簧和螺塞。

⑦翻转前壳体,拆下前轴承座固定螺栓,拆下前轴承座,如图 1-77 所示。

⑧拆输入齿轮卡环,用压床将输入轴和低档齿轮总成压出,如图 1-78 所示。

⑨分解输入轴和低档齿轮总成。

⑩拆下里程表驱动齿轮、油封和连接器。

2. 分动器的装配

分动器的装配按拆卸的相反顺序进行,并应注意以下事项:

①安装输入齿轮时,应使用正确的工具将输入齿轮压入前轴承。

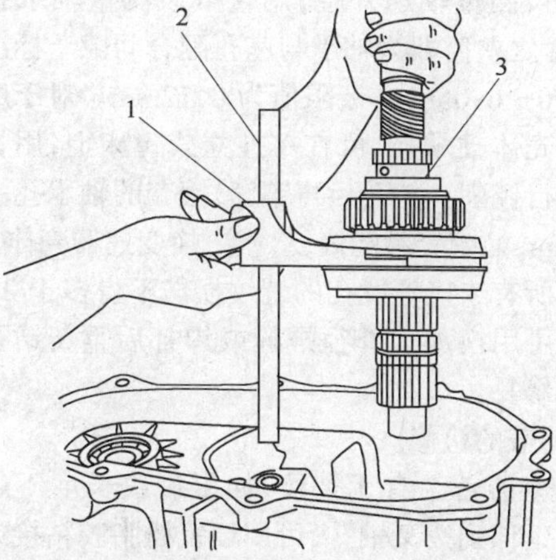

图 1-75　后输出轴、拨叉轴和拨叉拆卸

1. 拨叉　2. 拨叉轴　3. 后输出轴总成

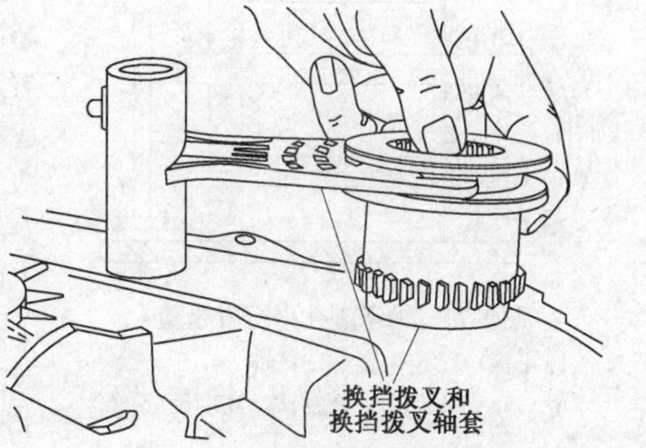

图 1-76　换档拨叉和轴套拆卸

②安装分动器壳体、凸缘及后轴承座时，应使用密封胶。

③各零件的螺栓必须按要求的力矩拧紧，安装时应使用木锤敲击，以免损坏机件。

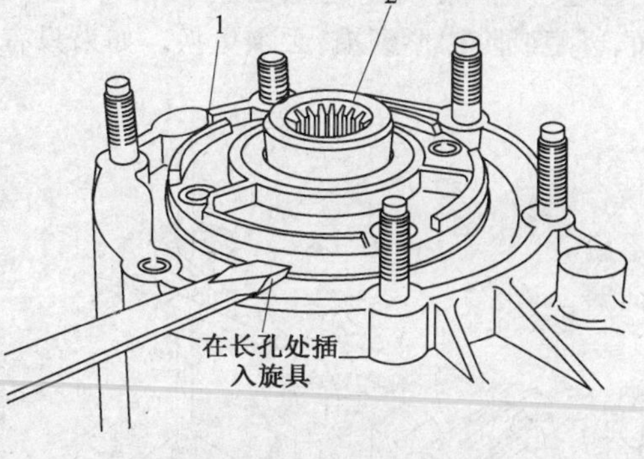

图 1-77　前轴承座拆卸

1. 前轴承座　2. 输入齿轮

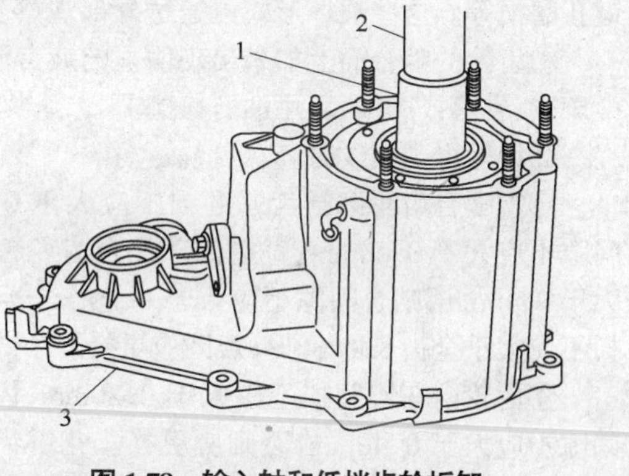

图 1-78　输入轴和低档齿轮拆卸

1. 输入轴　2. 手动压床压头　3. 壳

六、手动变速器的检修

1. 三轴式变速器的检修（以东风 EQ1092 型汽车五档变速器为例）

(1)变速器壳体的检修：变速器壳体的主要损伤有变形、裂纹、定位销孔的磨损、轴承孔的磨损、螺纹孔的磨损等。

①变速器壳体的裂纹可用检视法或敲击法检查。对受力不大部位的裂纹，可用环氧树脂粘结修复或焊修。对于受力较大部位的裂纹或裂纹已经延伸到轴承座孔、安装固定孔，应更换变速器壳体。

②用角尺检查壳体前端面相对于壳体上接合面或轴承座孔中心线的垂直度。垂直度误差在100mm 长度上超过 0.10mm 时，应采用机械加工和钳工方法修复。

③将壳体上接合面扣合在平板上，用塞尺测量壳体接合面与平板之间的间隙。平面度误差应不大于 0.15mm，极限值 0.30mm，否则用刨、铣、磨、锉、铲等方法修复。

④用专用试轴和定位套安装在轴承座孔内，用千分尺测量两根试轴两端的距离差，即为两轴线的平行度误差，应不大于 0.10mm；上平面与上轴承孔中心线的平行度误差应不大于 0.15mm，检查方法如图 1-79 所示。

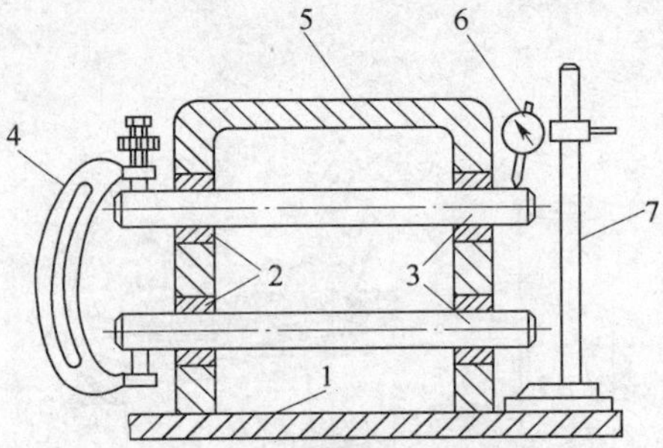

图 1-79 轴承座孔平行度检查

1. 平板 2. 定位套 3. 试轴 4. 千分尺 5. 壳体 6. 百分表 7. 高度尺

⑤用千分尺测量轴承外径，用量缸表测量轴承孔内径，其测量尺寸之差值即为轴承与座孔配合间隙。标准配合间隙一般为0～0.05mm，极限值为0.12mm。对于磨损超限的变速器壳体轴承孔，可在单柱立式镗床上，用长度规定位导向进行镗削。扩孔后再镶套，镶套的轴承孔一般应加大3～4mm，如镶套不能修复，应更换变速器壳体。

⑥壳体上所有连接螺纹孔的螺纹损伤不得多于2牙。螺纹孔的损伤可用换加大外径螺栓或焊补后重新钻孔加工的方法进行修复。

(2)变速器盖的检修。

①检查变速器盖上有无裂纹，如果裂纹长度不超过50mm，且没有延伸到拨叉轴孔，可用环氧树脂胶粘接或焊修；如果裂纹比较严重，则应更换变速器盖。

②变速器盖与变速器壳体接合平面的平面度公差为0.10～0.15mm，使用极限为0.30mm，如果超过使用极限可采取铣或磨等方法进行修复。

③变速杆球节与球节座孔之间不能有明显的松旷感。

(3)齿轮的检修：齿轮的主要损坏形式有齿面磨损、齿端磨损、疲劳剥落、腐蚀斑点、轮齿折断、花键孔磨损等。这些损坏形式可通过外部观察发现，也可通过与新齿轮对比检查发现。

①齿轮的啮合面上如果出现明显的疲劳剥落、麻面、斑疤或阶梯形磨损，必须更换。如果只有轻微斑点、剥落或磨损，可用油石修磨。

②齿轮出现裂纹时，应更换。

③常啮合齿轮磨损齿厚磨损不应大于0.25mm，啮合间隙不应大于0.50mm；直接传动接合齿轮齿厚磨损不应大于0.40mm，啮合间隙不应大于0.60mm，且长度方向磨损不应大于全齿长的30%，否则应更换。

④齿轮内花键磨损不应大于0.20mm，齿轮与轴配合间隙不应大于0.40mm，否则应更换。花键齿面上有轻微斑点、划痕、磨损台阶或边缘破损，可用油石或砂轮修磨后使用。

(4)变速器轴的检修：变速器轴的损伤形式有弯曲变形、轴径磨损及键齿磨损等。

① 以两端轴颈的公共轴线为基准，用百分表测量中部的径向圆跳动公差，如图1-80所示，径向圆跳动公差不应大于0.03mm(轴长120～250mm)或0.06mm(轴长250～500mm)。否则，应更换。

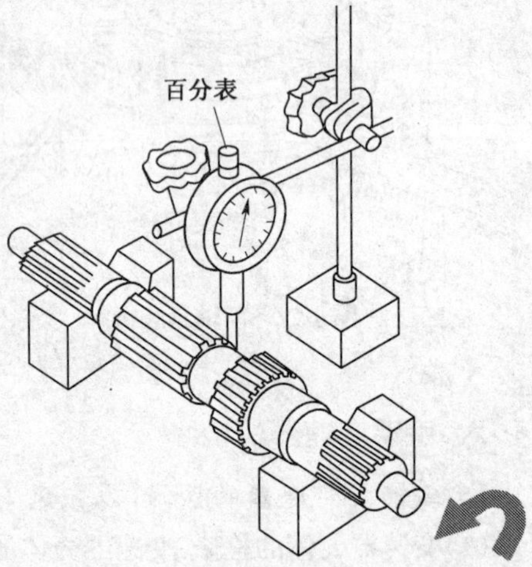

图 1-80 轴的径向圆跳动公差检查

②用千分尺测量轴径的磨损，超过0.02mm时，应采用镀铬修复或更换。轴径破损或轴径磨损超过轴径与轴承配合间隙的允许极限时(一般为0.07mm)，应更换。

③花键齿磨损超过使用极限时，应更换。

④轴体上不得有任何裂纹，否则，应更换。

⑤第二轴后螺纹的损伤不应超过2牙，否则应堆焊后重新加工螺纹。

⑥中间轴齿轮磨损不应大于0.25mm，啮合间隙不应大于0.50mm，否则，应更换。

(5)轴承的检修。

①轴承应转动灵活，滚动体与内外圈滚道不应有麻点、麻面、斑疤和烧蚀磨损等缺陷，保持架完

好,径向间隙不得大于 0.10mm,否则应更换。

②轴承与轴承孔、轴或齿轮的配合,应符合技术条件要求。

③第二轴及倒档轴滚针轴承与轴径的配合间隙为 0.049mm,使用极限为 0.30mm。超过使用极限应更换。

(6)锁销式同步器的检修:锁销式惯性同步器的主要损伤有摩擦锥环磨损、锁销磨损和松动等。

①如果摩擦锥环上的螺纹磨损,致使锥环端面与锥盘面接触,可车削锥环端面进行修复,但车削总量不应大于1mm;如果锥环外锥面螺纹槽的深度小于 0.1mm,而锥环端面未与锥盘接触,应更换同步器。更换同步器时,可保留原锥盘,但两者的端面间隙 C 不得小于 0.30mm,如图 1-81所示。

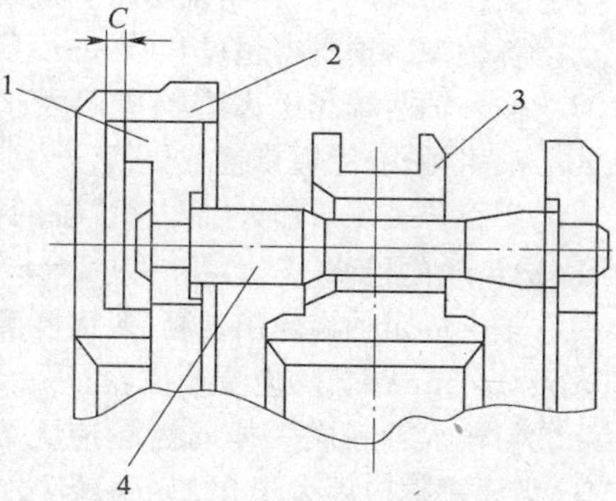

图 1-81 锁销式同步器后备行程检查

1. 摩擦锥环 2. 摩擦锥盘 3. 接合套 4. 锁销

②检查锁销的磨损情况,如果锁销磨损严重或明显松旷,应更换同步器。

拨叉轴直线度检查:拨叉轴的直线度公差为 0.05mm,轴上定位凹槽的磨损量不应超过 0.5mm,否则应更换。

(7)换档拨叉、拨叉轴及锁止装置的检修。

①用百分表检查拨叉轴中部的径向跳动量,其值应不大于 0.20mm,或将拨叉轴放在平板上用塞尺测量,其缝隙应不大于 0.10mm。否则,应冷压矫正或更换。

②拨叉轴与安装孔的配合间隙为 0.040~0.093mm,许用配合为 0.040~0.193mm,极限值为 0.30mm,否则采用磨削加工后镀铬进行修复或更换。

③拨叉轴凹槽的轴向磨损应不大于 0.50mm,径向磨损应不大于 0.70mm,否则用堆焊修复或更换。

④定位钢球、定位销磨损严重,定位弹簧过软或折断,均应更换。

⑤换档拨叉端面与其轴孔的垂直误差应不大于 0.20mm,测量方法如图 1-82 所示,否则,予以矫正。

⑥换档拨叉端面磨损大于 0.4mm,或换档拨叉与接合套环形槽的配合间隙大于 1mm 时,应堆焊修复或更换。

⑦换档拨叉导块凹槽磨损大于 0.60mm,或与变速杆下端球头配合间隙大于 1.2mm,应堆焊修复或更换。

⑧换档拨叉轴孔磨损大于 0.12mm,或轴孔与拨叉轴的配合间隙大于 0.30mm 时,应更换拨叉轴。

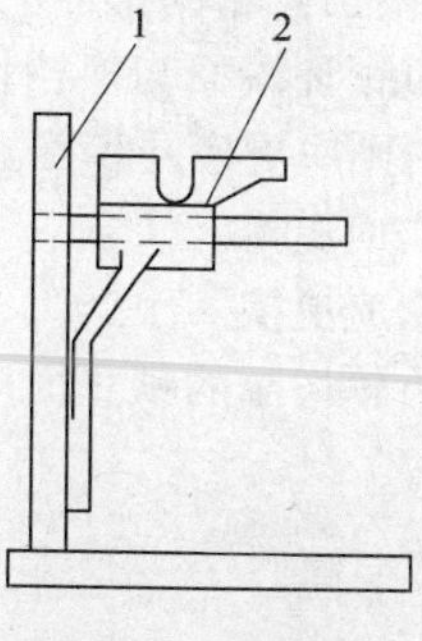

图 1-82 换档拨叉弯曲变形检查

1. 换档拨叉变形检测仪 2. 换档拨叉

(8)变速杆的检修。

①变速杆球节磨损后其直径减小量不应超过 0.5mm。否则应更换。

②变速杆定位槽磨损不应超过 0.40mm,否则堆焊修复或更换。

2. 二轴式变速器的检修(以桑塔纳 2000Gsi 型轿车 5 档变速器为例)

(1)变速器壳体的检修。

①变速器壳体出现裂纹、砂眼均应更换,如砂眼较小,可用密封剂填补修理。

②壳体各接合平面不能发生明显的翘曲变形,平面度偏差在 100mm 长度不应大于 0.15mm,否则,应用刨、铲、铣等方法修复或更换。

③各轴承座孔磨损严重或与轴承配合松旷时,应换用新件。

④壳体上各衬套磨损严重,与轴颈的配合间隙超过 0.20mm 时,应换用新衬套。

(2)变速器轴的检修。

①变速器输入轴、输出轴不得有裂纹出现,否则应更换。

②各轴颈磨损不得超过0.03mm,否则,应涂镀修复或更换。

③输入轴前端花键齿磨损应不大于0.10mm,或与离合器从动盘花键毂的配合间隙应不大于0.20mm,否则,应涂镀修复或更换。

④用百分表测量输入轴与输出轴的径向圆跳动量应不大于0.05mm,否则,应矫正或更换。

(3)齿轮的检修。

①轴上固定的齿轮出现断裂、齿厚磨损超过0.20mm、齿面疲劳剥落超过15%或两齿轮的啮合间隙大于0.45mm时,均应更换齿轮。

②与输入轴制成一体的齿轮应无裂纹,齿面疲劳剥落及腐蚀斑点面积应不超过齿侧面积的15%,齿厚磨损应不大于0.20mm,齿端缺损沿齿长方向不得超过1/10,沿齿高方向不得超过1/5,否则应更换输入轴。

(4)轴承的检修。

①支承轴承如果有过大的轴向及径向间隙、滚道及滚动体表面出现疲劳剥落及烧蚀现象、运转卡滞或发响等,均应更换。

②支承轴承内圈与轴颈的配合间隙不应大于0.02mm,否则应更换。

③滚针轴承出现疲劳剥落及断裂,轴承磨损使齿轮与轴的径向间隙大于0.15mm时,应更换滚针轴承。

(5)锁环式同步器的检修:锁环式惯性同步器的主要损伤形式有锁环内锥面螺纹磨损、滑块磨损等。

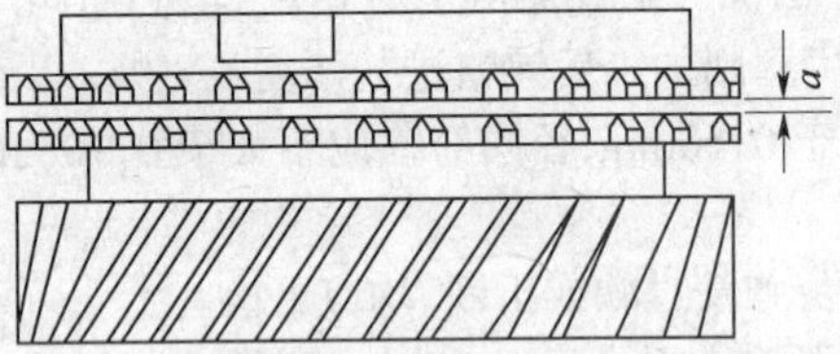

图1-83 检查同步器间隙

①如图1-83所示,将锁环压靠在换档齿轮的锥面上,按压转动锁环时应有阻力,用塞尺测量锁环端面与换档齿轮端面的间隙 a 应不大于0.50mm,否则应更换同步器。

②当同步器滑块顶部磨出沟槽时,应更换。

③当滑块弹簧弹力减弱或折断时,应更换。

④当同步器接合套、锁环及换档齿轮齿圈的锁止面磨损严重时,应更换。

⑤接合套与花键毂配合间隙超过0.50mm时,应更换同步器。

(6)操纵机构的检修。

①检查变速杆、换档杆及内选档杆的磨损及变形情况。内选档杆轴颈磨损严重或其前端选档销钉轴间宽度磨损超过0.20mm,应换用新件。

②检查换档接合器的连接部位是否松旷,若松旷,应换用新件。

③拨叉变形严重时,可进行冷压矫正或更换。拨叉下端工作面磨损量超过0.20mm,或与接合套拨槽的配合间隙超过0.50mm时,应更换。

④拨叉轴的直线度偏差应不大于0.20mm;自锁及互锁凹槽沿轴向的磨损量应不大于0.30mm;轴颈磨损量应不大于0.08mm(与轴孔的配合间隙应不大于0.20mm),否则,应冷压矫正或更换。

七、手动变速器常见故障的诊断与排除

变速器的常见故障主要有跳档、乱档、异响、漏油等。

1. 变速器跳档

(1)故障现象:汽车行驶过程中,变速杆自动跳回空档位置(一般多在中、高速负荷突然变化或汽车剧烈振动时发生)。

(2)故障原因。

①变速器与离合器壳固定螺钉松动。

②变速器自锁装置失效。

③变速器操纵杆变形或接头松动。

④变速器换档拨叉翘曲变形或严重磨损，致使齿轮换档不到位。

⑤同步器磨损或损坏。

⑥变速器齿轮、齿套磨损严重，沿齿长方向形成锥形。

⑦变速器输出轴花键齿与滑动齿轮或接合套花键齿槽磨损松旷。

⑧轴承磨损过甚、松旷，使齿轮不能正确啮合而上下摆动。

⑨变速器中间轴轴向间隙过大。

(3)故障诊断与排除。

①检查变速器与离合器固定螺钉是否松动。如有松动，应紧固。

②不松动，应拆下变速器盖，检查齿轮、齿套是否磨损成锥形。检查滑动齿轮和输出轴花键的配合情况，若磨损严重或配合松动，应更换磨损严重的零部件。

③上述检查正常，再检查变速器操纵杆、拨叉是否磨损、变形，如磨损变形，应修复或更换。

④拨叉和变速器操纵杆正常，则应检查拨叉轴自锁装置的凹槽是否磨损严重，如磨损严重，则应更换。

⑤上述检查均正常，则应将变速器拆下解体，检查轴承是否松旷，如轴承松旷，应更换。

⑥检查齿轮的轴向间隙和径向间隙，如超过规定限度，应更换。

⑦若轴承不松旷，应检查同步器是否散架，衬套和锥环是否磨损、破碎，如有损坏，应更换同步器。

⑧若还未发现故障，则应检查变速器输入轴与发动机曲轴的同轴度是否超限。检查时拧松变速器固定螺栓，挂上高速档，松开驻车制动器，用手摇柄转动发动机，观察变速器与离合器壳的接触面是否一致。如同轴度超限，应更换输入轴前轴承。

2．变速器乱档

(1)故障现象。

①在换档时，挂不上所需要的档位或挂上档后不能移入空档。

②挂入的档位与应该挂入的档位不相符，汽车不能正常行驶。

③一次同时挂入两个档位。

(2)故障原因。

①变速器操纵机构互锁装置损坏，不起作用。

②变速器操纵杆弯曲变形，球头磨损过大，限位销松旷或折断。

③拨叉拨块凹槽和变速器操纵杆下端的工作面磨损严重，使变速器操纵杆从两个拨块之间滑出。

④输出轴前端滚针轴承烧结，使输入轴与输出轴连成一体。

⑤变速器同步器损坏，同步器锥环卡在锥面上。

(3)故障诊断与排除。

①若变速杆能任意转动，表明其球头限位销磨短或脱落，或球面严重磨损，应更换。

②变速器同时能挂入两个档位，输出轴卡住不转，应拆下变速器盖，检查和修理变速器互锁。

③变速器不能挂入所需要的档位，挂档后不能脱回空档，应拆下变速器操纵杆，检查操纵杆下端弧形工作面和拨叉拨块凹槽磨损是否过大，若过大，应修理。

④只有直接档和空档能行驶，而其他档位不能行驶，则拆下变速器检查输出轴前端滚针轴承是否烧结，如烧结，应更换。

3．变速器异响

(1)故障现象：变速器处于空档位置或挂上某一档位行驶时，有异常的声音产生。

(2)故障原因。

①变速器缺油或油质变坏。

②轴承磨损松旷或损坏。

③齿轮磨损过量，使啮合间隙过大。

④齿轮齿面金属剥落、轮齿断裂或修理后装配错位。

⑤输入轴、输出轴翘曲变形。

⑥同步器弹簧失效、锁块脱落。

⑦变速杆下端面与拨叉拨块凹槽磨损松旷。

⑧变速器定位不准、装配松动或操纵机构连接部位松动。

(3)故障诊断与排除。

①汽车行驶中有金属干摩擦声，触摸变速器外壳有烫手感觉，应检查油质和油量。

②变速杆放到空档位置，发动机怠速运转时，有异响，踩下离合器踏板后响声消失，则应拆下变速器，检查输入轴后轴承和常啮合齿轮，对磨损严重或损坏的零部件，应修理或更换。

③汽车在起步或换档时，变速器发出强烈的金属摩擦声，而在离合器完全接合后消失，此时应检查变速器输入轴前轴承，如磨损松旷，应更换。

④空档时无异响，当挂入某一档时，产生异响，应检查该档位的齿轮啮合情况，必要时进行修理或更换。

⑤低速档行驶时有异响，但高速时响声减弱或消失，应检查变速器输出轴后轴承的松旷程度，如过松，应更换。

⑥用直接档行驶时无异响，而其他档位均有异响，应检查变速器中间轴轴承和输出轴前轴承，如磨损松旷，应更换。

⑦变速器各档位行驶均有异响，且加速时异响更为明显，应分解变速器，检查变速器壳体、轴、齿轮、花键是否磨损或变形，必要时应修理或更换。

⑧汽车行驶在不平路面时，变速杆摆动且出现无节奏的响声，用手握住变速杆手柄时，响声即可消失，应检查拨叉拨块凹槽或变速杆下端工作面磨损情况，如磨损过大，应修复或更换。

4. 变速器漏油

(1)故障现象：变速器内的齿轮油从轴承盖或接合部位渗漏出来。

(2)故障原因。

①变速器各部密封垫片密封不良、油封损坏或紧固螺栓松动。

②变速器壳破裂。

③齿轮油过多。

④变速器放油螺栓或通气孔堵塞。

(3)故障诊断与排除：可根据油迹部位来诊断漏油原因，并采取相应措施予以排除。

第四节 自动变速器

一、自动变速器概述

1. 自动变速器的分类

(1)按齿轮变速机构的结构不同，自动变速器可分为行星齿轮式和平行轴式两种。

①行星齿轮式自动变速器采用行星齿轮传动，通过换档执行元件实现档位的变换。它具有结构紧凑、体积小的特点，是目前多数汽车采用的结构型式，如图 1-84 所示。

②平行轴式自动变速器采用普通齿轮啮合传动，通过换档离合器改变不同齿轮的搭配，实现档位(传动比)的变换。广州本田雅阁轿车采用平行轴式自动变速器。

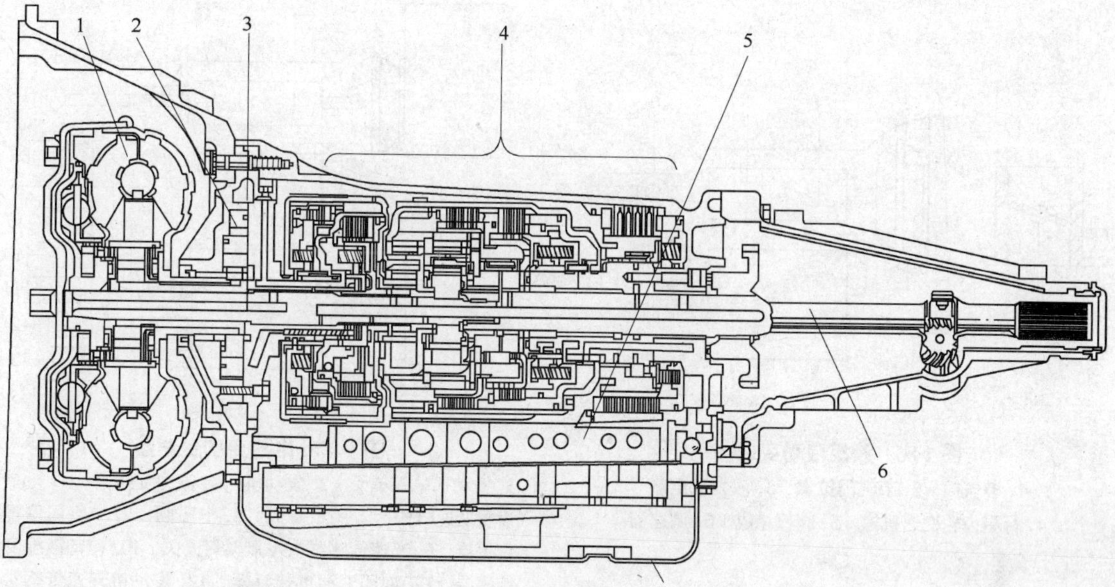

图 1-84　行星齿轮式自动变速器

1. 液力变矩器　2. 油泵　3. 输入轴　4. 行星齿轮变速机构　5. 阀板总成　6. 输出轴　7. 油底壳

(2)按自动变速器的布置不同，自动变速器可分为前置前驱动型和前置后驱动型两种。

①前置前驱动型应用在发动机前置前轮驱动的传动系统中，自动变速器与驱动桥合为一体，因此又被称为自动变速驱动桥，如图 1-85 所示。

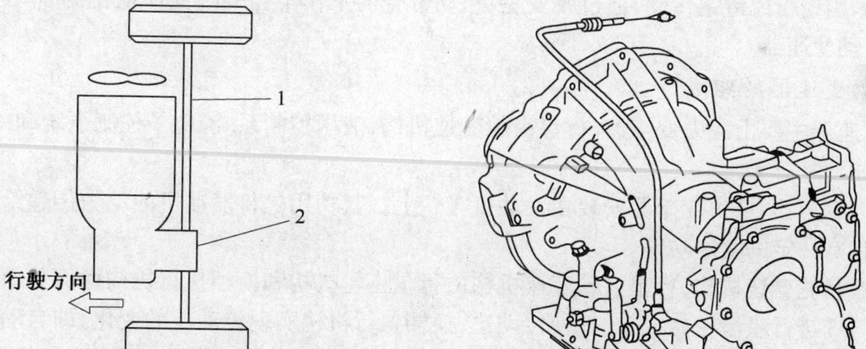

图 1-85　发动机前置前轮驱动中的自动变速驱动桥

1. 驱动轴　2. 自动变速驱动桥

②前置后驱动型应用在发动机前置后轮驱动的传动系统中，自动变速器与驱动桥各自独立，因此被称为自动变速器，见图 1-84。

(3)按换档控制方式不同，自动变速器可分为液控自动变速器和电控自动变速器两种。

①液控自动变速器通过机械手段将节气门开度和汽车车速转化为液压控制信号，阀体中各控制阀按照设定的换档规律控制各换档执行机构的动作，实现自动换档，如图 1-86 所示。

②电控自动变速器通过各种传感器将发动机转速、节气门开度、车速、发动机水温、自动变速器液压油温度等转变为电信号，输入自动变速器电控单元，电控单元根据这些电信号计算出换档控制信号并输入到相应的换档电磁阀，通过换档阀控制换档执行机构的动作，实现自动换档，如图1-87所示。

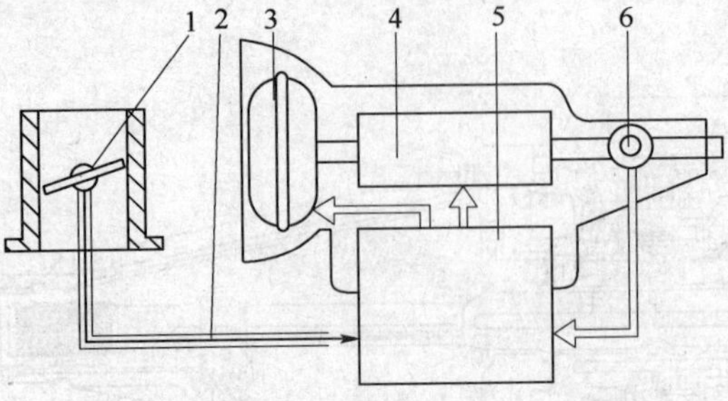

图 1-86 液控自动变速器

1. 节气门 2. 节气门拉索 3. 液力变矩器 4. 行星齿轮变速机构 5. 阀板总成 6. 调速器

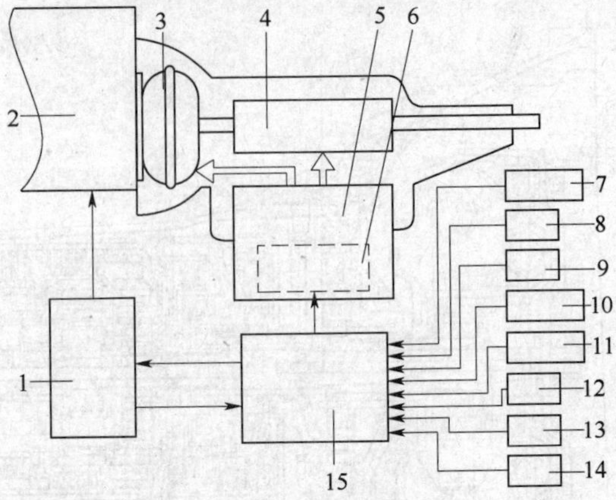

图 1-87 电控自动变速器

1. 发动机电控单元 2. 发动机 3. 液力变矩器 4. 行星齿轮变速机构 5. 阀板总成 6. 电磁阀 7. 节气门位置传感器 8. 车速传感器 9. 制动灯开关 10. 冷却液温度传感器 11. 液压油温度传感器 12. 发动机转速传感器 13. 档位开关 14. 模式选择开关 15. 变速器电控单元

(4)按传动比是否连续变化,自动变速器分为有级式和无级式两种。

①有级式自动变速器各档位的传动比是一个定值,各档传动比之间是间断的,前述行星齿轮式自动变速器和平行轴式自动变速器均属于有级式自动变速器。

②无级式自动变速器可以实现整个传动比范围内传动比的连续变换,即传动比的变换是不间断的。目前,采用钢带或链条传动,通过改变主、从动带轮的工作半径来改变传动比的自动变速器即属于无级式自动变速器。

2. 自动变速器的组成

自动变速器主要由液力变矩器、行星齿轮变速机构、液压控制系统、电子控制系统和冷却、滤油装置组成。

(1)液力变矩器:液力变矩器安装在发动机飞轮上。其功用是将发动机的动力传递给行星齿轮变速机构,并具有一定的变矩功能。

(2)行星齿轮变速机构:行星齿轮变速机构由行星齿轮机构和换档执行机构两部分组成。行星齿轮机构由2~3排行星齿轮构成2~5种传动比;换档执行机构实现传动比的变化,即自动换档动作。

(3)液压控制系统:液压控制系统的主要任务是根据发动机负荷(节气门开度)和车速(车速传感器)等信号的变化,向自动变速器各系统提供需要的油压;根据操纵手柄的位置和汽车行驶状态,切换液压通道,实现对变矩器和齿轮变速系统的控制;控制变矩器中锁止离合器的工作状态。

(4)电子控制系统:电子控制系统中,传感器收集各种信号,如节气门位置、车速、水温等,并将其转变为电信号输送到电子控制单元,电子控制单元将数据处理后与设定的换档规律进行比较,向电磁阀发出指令,以确定正确的换档时机和档位。

(5)冷却、滤油装置:冷却、滤油装置由滤清器、冷却器及管路组成。其功用是通过冷却油路和冷却器对变速器油进行冷却,以保持正常的工作温度(80℃~90℃),提高传动效率。同时,滤清器将变速器油中的金属磨屑过滤掉,以保持变速器油的清洁。

二、自动变速器的构造

桑塔纳2000Gsi-AT轿车01N型自动变速器结构如图1-88所示,它是四档自动变速器,在选定的区域内所有的档位都是自动切换的。01N型自动变速器主要由液力变矩器、行星齿轮变速器、液压控制系统和电子控制系统等组成。

1. 液力变矩器

液力变矩器主要由泵轮、涡轮、导轮及带扭转减振器的锁止离合器组成，如图 1-89 所示。

液力变矩器是自动变速器的重要零部件，它的前端与发动机飞轮相连接，输出部件与行星齿轮变速机构的输入轴相连接，发动机的动力经液力变矩器传入行星齿轮变速机构，实现发动机与变速器的“软”连接，从而大大减少了传动机构的动载荷，延长发动机和变速器的使用寿命，同时在一定范围内实现无级变速。

变矩器工作时，发动机带动泵轮转动，发动机的机械能转换成变速器油的动能，变速器油的动能推动涡轮转动，又把自动变速器油的液体动能转换成机械能，输入行星齿轮变速机构。

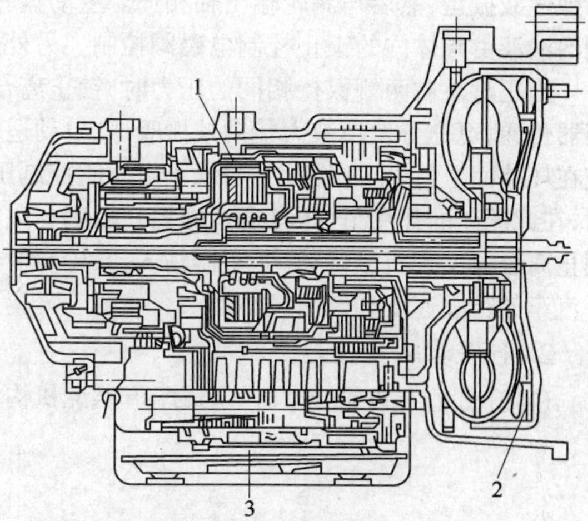

图 1-88　01N 型自动变速器

1. 行星齿轮变速器　2. 液力变矩器　3. 液压系统

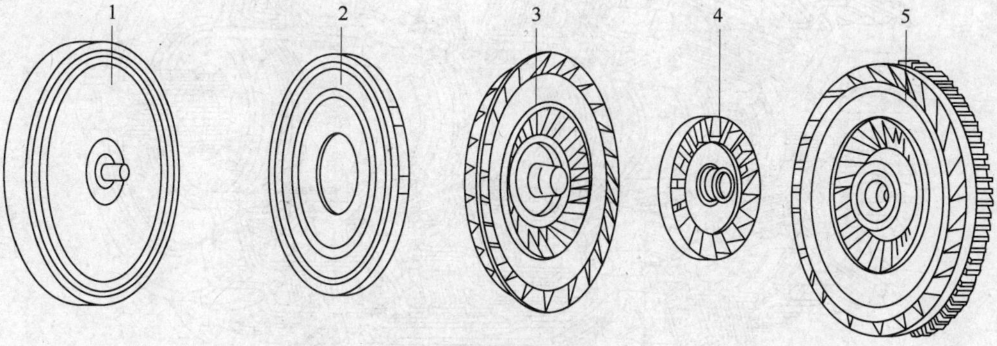

图 1-89　液力变矩器

1. 变矩器壳体　2. 锁止离合器　3. 涡轮　4. 导轮　5. 泵轮

01N 型自动变速器前端装有锁止离合器，如图 1-90 所示。锁止离合器的主动盘就是变矩器壳体，从动盘是可在轴上做轴向移动的压盘。为了减小离合器接合和分离瞬间的冲击，从动盘内圈上带

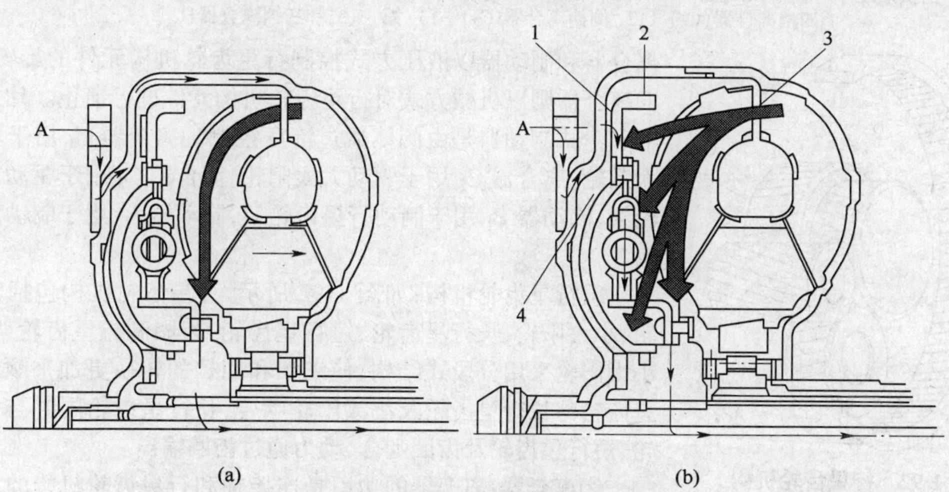

图 1-90　锁止离合器工作原理

1. 摩擦衬片　2. 锁止活塞　3. 变矩器压力　4. 减压空间　A—动力传递方向

有弹性减振盘,然后与涡轮输出轴相连。主动盘和从动盘相接触的工作面上有摩擦片。压盘左右两侧的油液由阀体内的锁止控制电磁阀控制。另外,液力变矩器还驱动自动变速器油泵。

当压盘左右两侧保持相同的压力时,锁止离合器处于分离状态,如图 1-90a 所示。动力经液力变矩器传递,可充分发挥液力传动减振吸振、自动适应行驶阻力剧烈变化的优点,适合于汽车起步、换档或在坏路面上行驶工况使用;当锁止电磁阀控制压盘左侧的油压降低,而压盘右侧的油液压力仍较高时,在此压差的作用下,压盘通过摩擦片压紧在主动盘上,锁止离合器接合,如图 1-90b 所示。动力经锁止离合器实现机械传动,变矩器输入(泵轮)轴与输出(涡轮)轴成为刚性连接,传动效率较高,提高了汽车的行驶速度和燃油经济性。

2. 行星齿轮变速器

(1)组成:行星齿轮变速器主要由行星齿轮机构、离合器、制动器和单向离合器组成,如图 1-91 所示。

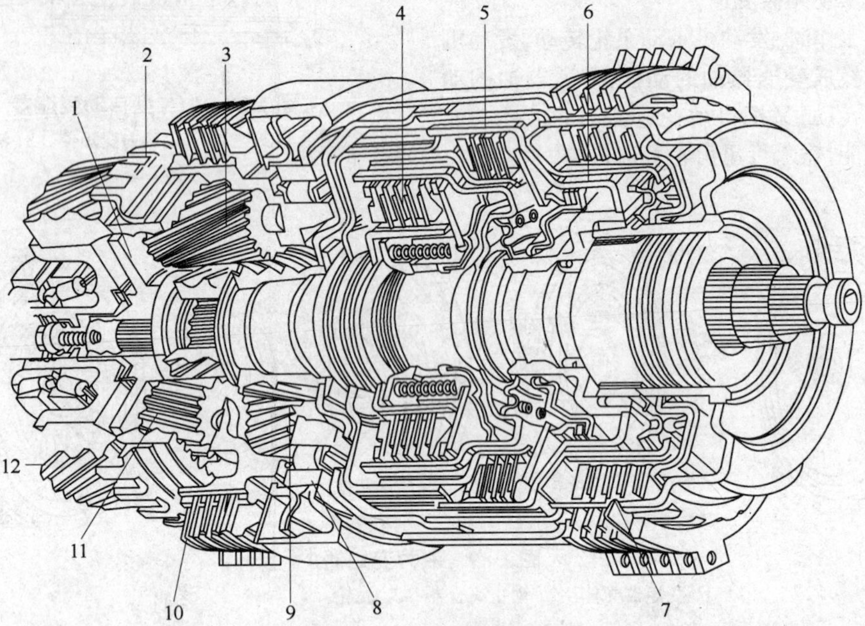

图 1-91 行星齿轮变速器

1. 第二档和第四档制动器(B_2) 2. 单向离合器 3. 大太阳轮 4. 倒档制动器(B_1) 5. 短行星齿轮 6. 主动锥齿轮 7. 小太阳轮 8. 行星齿轮架 9. 车速传感器脉冲轮 10. 长行星齿轮 11. 第三和第四档离合器(C_3) 12. 倒档离合器(C_2) 13. 第一、二和三档离合器(C_1)

离合器和制动器以液压方式控制行星齿轮机构元件的旋转,而单向离合器则以机械方式对行星齿轮机构元件进行锁止。片式离合器和盘式制动器是由阀体通过液压控制。离合器 C_1 用于驱动小太阳轮,离合器 C_2 用于驱动大太阳轮,离合器 C_3 用于驱动行星齿轮架,制动器 B_1 用于制动行星齿轮架,制动器 B_2 用于制动大太阳轮。

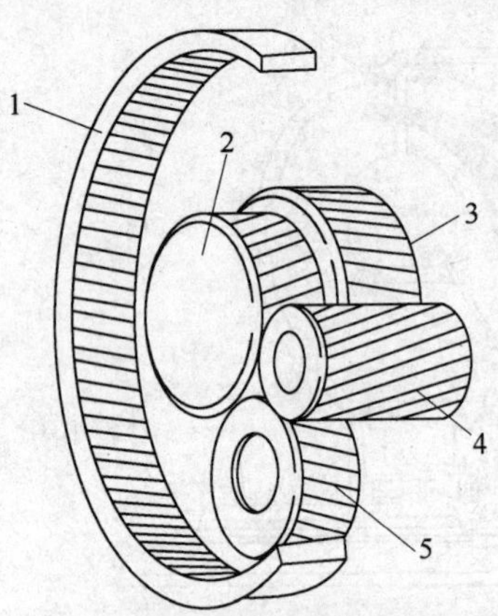

图 1-92 行星齿轮机构

1. 齿圈 2. 小太阳轮 3. 大太阳轮 4. 长行星齿轮 5. 短行星齿轮

①行星齿轮机构:如图 1-92 所示,行星齿轮机构包括大太阳轮、小太阳轮、长行星齿轮、短行星齿轮、齿圈和行星齿轮架。大、小太阳轮采用分段式结构,使三档和四档的转换更加平顺。短行星齿轮与长行星齿轮及小太阳轮啮合,长行星齿轮同时与大太阳轮、短行星齿轮及齿圈啮合,动力通过齿圈输出。

②离合器:离合器的功用是连接轴和行星齿轮机构的旋转元件。离合器由离合器鼓、离合器活塞、回位弹簧、钢片、摩擦片、花

键毂等组成，如图 1-93 所示。

离合器鼓是一个液压油缸，鼓内有内花键齿圈，内圆轴颈上有进油孔与控制油路相通。离合器活塞为环状，内外圆上有密封圈，安装在离合器鼓内。钢片和摩擦片交错排列，二者统称为离合器片，均使用钢料制成，但摩擦片的两面烧结有铜基粉末冶金的摩擦材料。为保证离合器接合柔和及散热，离合器片浸在油液中工作，因而称为湿式离合器。钢片带有外花键齿，与离合器鼓的内花键齿圈连接，并可轴向移动。摩擦片则以内花键齿与花键毂的外花键槽配合，也可做轴向移动。

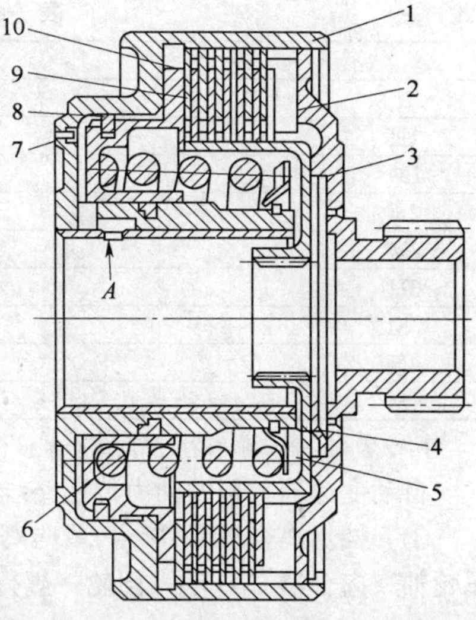

图 1-93　离合器

1. 离合器鼓　2. 太阳轮　3. 花键毂　4. 卡环　5. 弹簧支承盖　6. 弹簧　7. 安全阀　8. 环形活塞　9. 摩擦片　10. 钢片

花键毂和离合器鼓分别以一定的方式与变速器输入轴和行星齿轮机构的某个元件相连接，与输入轴相连的通常为主动件，而另一个则为从动件。当压力油经油道进入活塞左面的液压缸时，液压作用力便克服弹簧力使活塞右移，将所有离合器片压紧，即离合器接合，与离合器主从动部分相连的输入轴及行星齿轮机构元件也被连接在一起，以相同的速度旋转。当控制阀将作用在离合器液压缸的油压撤除后，离合器活塞在回位弹簧的作用下回复原位，并将缸内的变速器油从进油孔排出，使离合器分离，离合器主从动部分可以不同转速旋转。离合器处于分离状态时，离合器片之间有一定的轴向间隙，以保证钢片和摩擦片之间无轴向压力，这一间隙称为离合器的自由间隙。

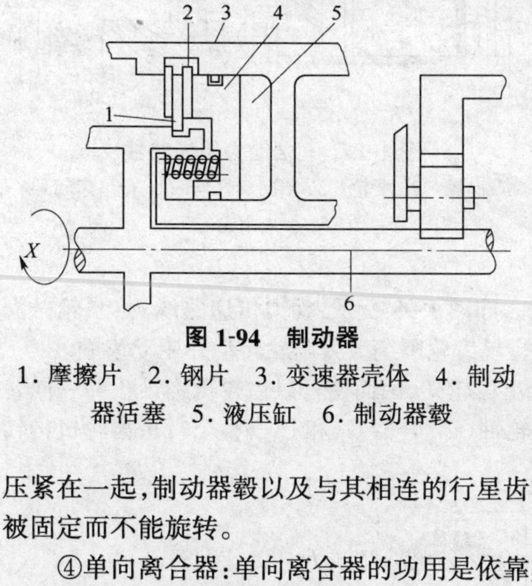

图 1-94　制动器

1. 摩擦片　2. 钢片　3. 变速器壳体　4. 制动器活塞　5. 液压缸　6. 制动器毂

③制动器：制动器的功用是固定行星齿轮机构中的相关元件，阻止其旋转。制动器由制动器活塞、回位弹簧、钢片、摩擦片及制动器毂等组成，如图 1-94 所示。

片式制动器与湿式多片离合器基本相同，只是其钢片通过外花键齿安装在变速器壳体的内花键齿圈上，摩擦片则通过内花键和制动器毂上的外花键槽连接，制动器毂与行星齿轮机构的元件相连接。当液压缸中没有压力油时，制动器毂可以自由旋转。当压力油进入制动器的液压缸后，通过活塞将钢片和摩擦片压紧在一起，制动器毂以及与其相连的行星齿轮机构的某一元件被固定而不能旋转。

④单向离合器：单向离合器的功用是依靠其单向锁止原理起固定作用，其固定只是单方向的。

如图 1-95 所示，当元件的受力方向与锁止方向相同时，该元件被固定；而当受力方向与锁止方向相反时，该元件的锁止将被解除。单向离合器的工作不需要另外的控制机构，而完全是由与之相连的元件的受力方向来控制的。随着换档时其他执行元件的动作，在与其连接的行星齿轮机构元件受力方向发生变化的瞬间，单向离合器即产生接合或脱离，可保证换档平顺无冲击。

(2)工作原理：图 1-96 为桑塔纳 2000Gsi-AT 型轿车装用的 01N 型四档行星齿轮变速机构原理图。各部件的工作情况如表1-6 所示。

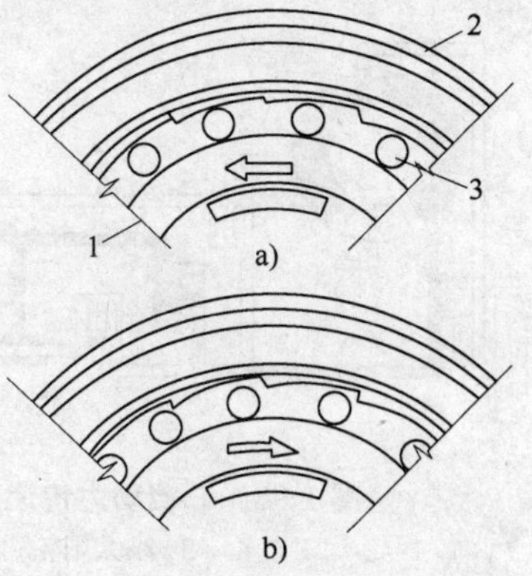

图 1-95　单向离合器 F 的工作原理

(a)锁止状态　(b)自由状态

1. 内座圈　2. 外座圈　3. 滚柱

表 1-6 不同档位时各部件的工作情况

	B_1	B_2	C_1	C_2	C_3	F	LC
R	✓			✓		✓	
1H			✓			✓	
1M			✓				✓
2H		✓	✓				
2M		✓	✓				✓
3H			✓		✓		
3M			✓		✓		✓
4H		✓			✓		
4M		✓			✓		✓

注:✓为离合器、制动器或单向离合器接合;H为液压传动;M为机械传动。

自动变速器各档的动力传递路线如下:

①一档。离合器 C_1 接合,单向离合器 F 工作。如图 1-97 所示,动力传递路线为:泵轮→涡轮→涡轮轴→离合器 C_1→小太阳轮→短行星齿轮→长行星齿轮驱动齿圈。

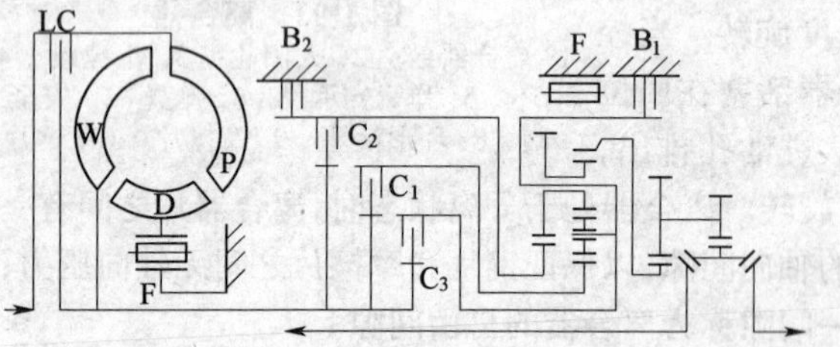

图 1-96 01N 型行星齿轮变速机构工作原理

LC—锁止离合器 W—涡轮 P—泵轮 D—导轮 B_2—一、二档和四档制动器 C_2—倒档离合器 C_1—一档至三档离合器 C_3—三档和四档离合器 F—单向离合器 B_1—倒档制动器

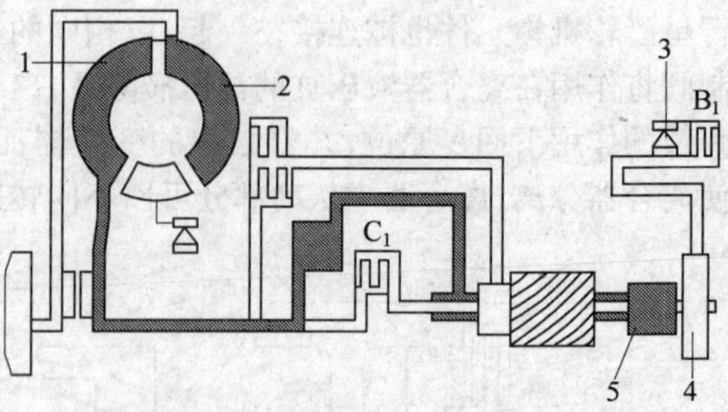

图 1-97 一档动力传递路线

1. 涡轮 2. 泵轮 3. 单向离合器 4. 行星齿轮架 5. 小太阳轮

②二档。离合器 C_1 接合,制动器 B_2 制动大太阳轮。如图 1-98 所示,动力传递路线为:泵轮→涡轮→涡轮轴→离合器 C_1→小太阳轮→短行星齿轮→长行星齿轮围绕大太阳轮转动并驱动齿圈。

③三档。离合器 C_1 和 C_3 接合,驱动小太阳轮和行星齿轮架,因而使行星齿轮机构锁止并一同转动。如图 1-99 所示,动力传递路线为:泵轮→涡轮→涡轮轴→离合器 C_1 和 C_3→整个行星齿轮机构转动。

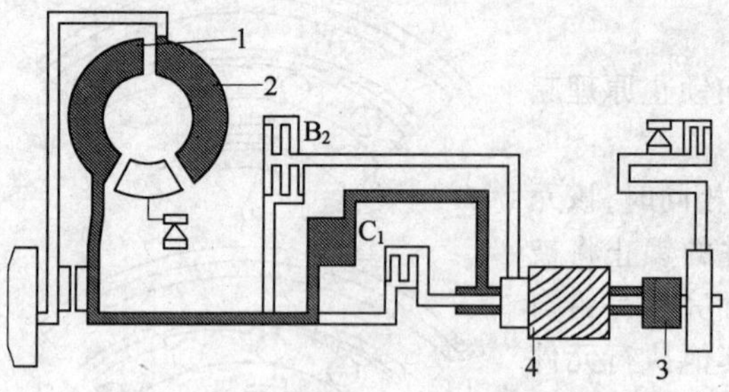

图 1-98 二档动力传递路线

1. 涡轮 2. 泵轮 3. 小太阳轮 4. 大太阳轮

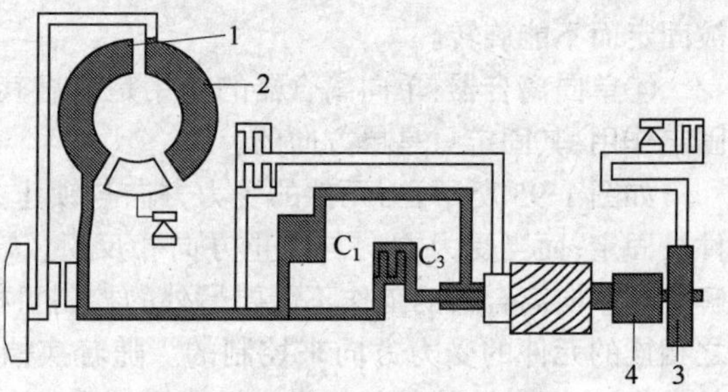

图 1-99 三档动力传递路线

1. 涡轮 2. 泵轮 3. 行星齿轮架 4. 小太阳轮

④四档。离合器 C_3 接合,制动器 B_2 工作,使行星齿轮架工作,并制动大太阳轮。如图 1-100 所示,动力传递路线为:泵轮→涡轮→涡轮轴→离合器 C_3→行星齿轮架→长行星齿轮围绕大太阳轮转

动并驱动齿圈。

⑤R档。离合器 C_2 接合，驱动大太阳轮；制动器 B_1 工作，使行星齿轮架制动。如图1-101所示，动力传递路线为：泵轮→涡轮→涡轮轴→离合器 C_2→大太阳轮→长行星齿轮反向驱动齿圈。

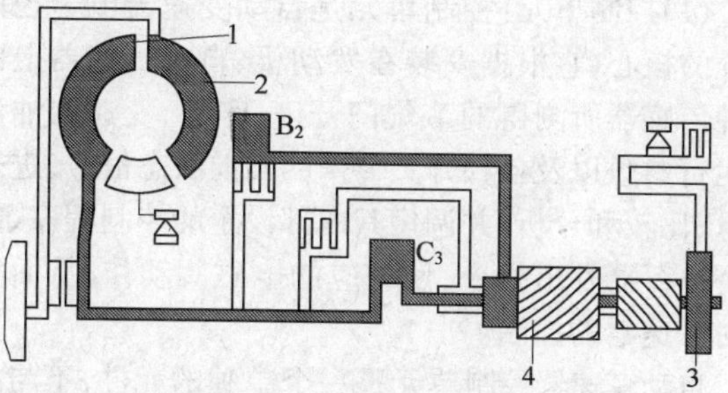

图1-100　四档动力传递路线

1．涡轮　2．泵轮　3．行星齿轮架　4．大太阳轮

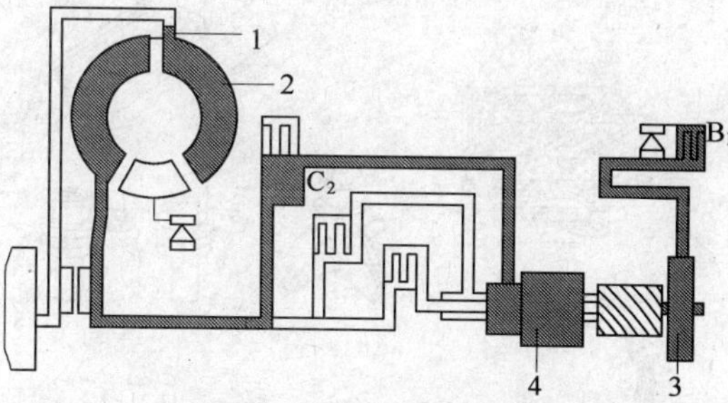

图1-101　R档动力传递路线

1．涡轮　2．泵轮　3．行星齿轮架　4．大太阳轮

3．液压控制系统

液压控制系统主要由油泵、油道、滤清器、压力滑阀等组成，如图1-102所示。

油泵为内啮合式齿轮泵（如图1-103所示），由变矩器的泵轮通过一轴套驱动。它主要由起主动作用的小齿轮、起从动作用的内齿轮、月牙形隔板、泵壳、泵盖等组成。月牙隔板的作用是将小齿轮和内齿轮之间的工作腔分成吸油腔和压油腔，并在泵盖上有相应的进油口和排油口。当小齿轮被发动机带动做顺时针旋转时，与其相啮合的内齿轮也一起旋转。在左端的吸油腔，随着齿轮退出啮合，容积增大，形成局部真空，将液压油吸入，并由于齿轮的旋转，把齿间的油液带到右主动端压油腔；压油腔则由于齿轮进入啮合，工作容积减小，压力增加而将油液排出。决定油泵使用性能的主要是齿轮的工作间隙，特别是齿轮端面间隙影响最大。在这些间隙处，总有一定的油液泄漏。如果因装配或磨损原因使得工作间隙过大，油液泄漏量就会增加，严重时会造成输出油液压力过低，影响系统正常工作。

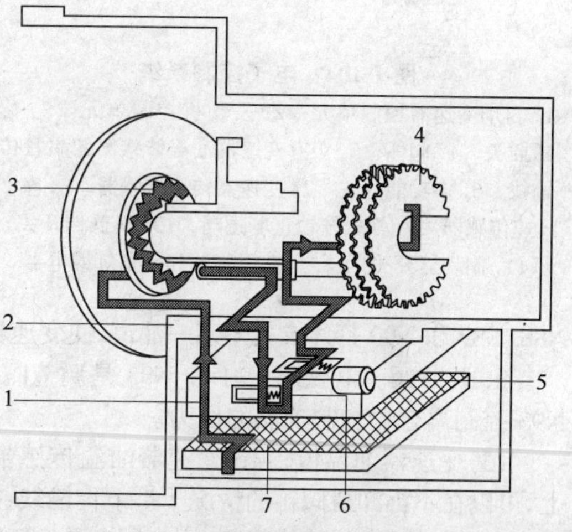

图1-102　液压控制系统

1．阀体　2．壳体密封装置　3．油泵　4．离合器　5．电磁阀　6．压力滑阀　7．自动变速器油滤清器

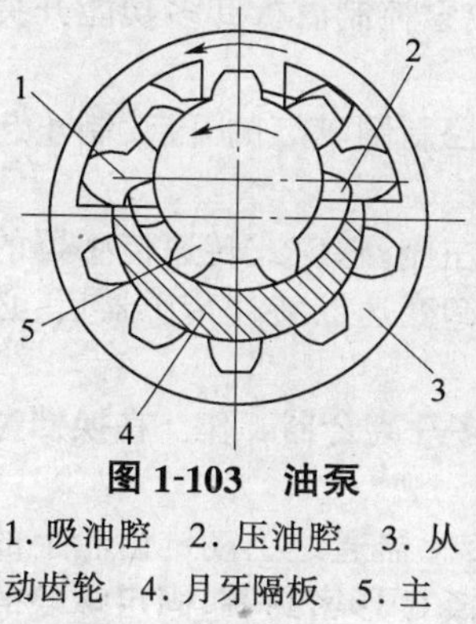

图1-103　油泵

1．吸油腔　2．压油腔　3．从动齿轮　4．月牙隔板　5．主动齿轮

4．电子控制系统

自动变速器是根据加速踏板位置和车速并借助于换档特性曲线来换档的，每换一档都有相应的换档特性曲线。01N型自动变速器控制单元内有两个换档程序：一个是与行车阻力有关的换档程序，另一个是与驾驶和行车状况有关的换档程序。与行车阻力有关的换档程序可识别出诸如上坡、下坡、带挂车及顶风等情况，控制单元按车速、节气门位置、发动机转速和加速等情况，计算出行车阻力，然后确定换档时刻；与驾驶和行车状况有关的换档时刻的确定是按模糊逻辑原理工作的。驾驶人踩下加速踏板时产生一个运动系数，模糊逻辑识别出该系数，借助于运动系数在SPORT（动力模式）和ECO（经济模式）之间形成一个换档时刻线。因此在SPORT和ECO换档特性曲线之间存在许多随意的换档时刻，因而对

不同的行驶情况反映更灵敏。

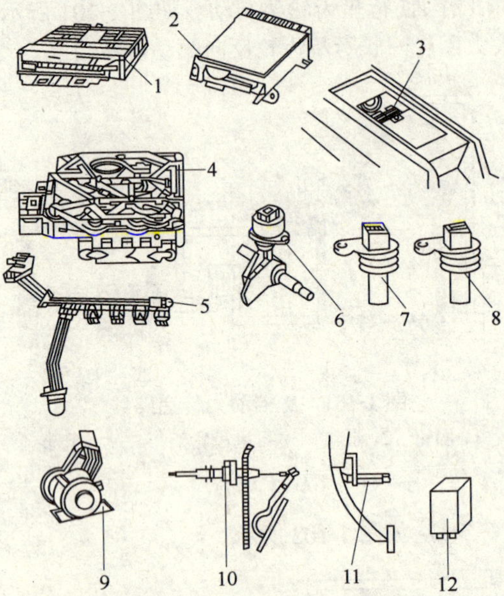

图 1-104 电子控制系统

1. 自动变速器控制单元 2. 发动机控制单元 3. 诊断插头 4. 阀体 5. 装有变速器油温传感器的扁状传输线 6. 多功能开关 7. 变速器转速传感器 8. 车速传感器 9. 换档杆锁止电磁阀 10. 换低档开关 11. 制动灯开关 12. 起动闭锁器和倒车灯继电器

电子控制系统主要由控制单元、传感器和开关等零部件组成,如图 1-104 所示。

(1)控制单元:控制单元是自动变速器电子控制系统的核心,它根据安装在发动机、自动变速器上的各种传感器所测得的节气门开度、车速、变速器油温等运行参数以及各种开关传来的当前状态信号,进行计算、比较和分析,并调用其内部设定的控制程序,向各个执行器发出指令,使相应的电磁阀动作,从而实现对变速器的控制。

自动变速器控制单元是一个单独的元件,不与发动机共用一个控制单元。如果更换自动变速器控制单元或发动机控制单元,整个系统需要重新进行匹配。

如果自动变速器控制单元出现故障或某些输入信号中断,自动变速器进入应急运行状态,这时可通过换档杆在滑阀箱内换档(一档液压、三档液压和倒档仍有效)。如果换档杆在 D 档位置,车辆通过三档液压起动。

(2)阀体:阀体用螺栓紧固在变速器壳体的底部。阀体上装有 7 个电磁阀 N88～N94,电磁阀由自动变速器控制单元控制,分为不同的两种。

a. 是非阀。电磁阀 N88、N89、N90、N92 和 N94 为是非阀,其功用是:自动变速器控制单元通过电磁阀 N88、N89 和 N90 打开或关闭某一油道,使变速器换入确定的档位;电磁阀 N92 和 N94 使换档平顺。

b. 调节阀。电磁阀 N91 和 N93 是调节阀,其功用是:电磁阀 N91 调节锁止离合器压力;电磁阀 N93 控制离合器和制动器的压力。

(3)变速器油温传感器:变速器油温传感器安装在浸入自动变速器油中的滑阀箱的扁状传输线上,可以在不拆卸滑阀箱的情况下拆下传输线:拔下线束插头并拧下线夹,排放自动变速器油并拆下油底壳,然后拧下电线绝缘套管,用专用工具 3373 从电磁阀上撬下传输线,注意不要弯折或损坏传输线。

变速器油温传感器是一个负温度系数电阻,即随着温度的升高,其电阻值降低。当自动变速器油温度达到最高值 150℃时,锁止离合器接合。液力变矩器卸荷时,自动变速器油开始冷却,如果温度不下降,自动变速器控制单元使变速器降一档。

(4)多功能开关:多功能开关安装在变速器壳体的后部,由操纵手柄拉索控制。拆卸多功能开关后,必须更换 O 形密封圈,固定螺栓的拧紧力矩为 10N·m。

多功能开关的功用是:将各档位置的信息传给自动变速器控制单元,控制倒车灯的开启,制止起动机在行驶状态时啮合,并锁住操纵手柄。

(5)变速器转速传感器:变速器转速传感器安装在变速器壳体顶部的左侧,感应式转速传感器的功用是接收行星齿轮机构中大太阳轮的转速。传感器的插头为白色。拆卸变速器转速传感器后,必须更换 O 形密封圈,固定螺栓的拧紧力矩为 10N·m。

自动变速器控制单元利用大太阳轮的转速,准确判断换档时刻,控制多片离合器工作。在换档过程中,通过推迟点火提前角来减小发动机的输出转矩。

(6)车速传感器:车速传感器安装在变速器壳体顶部的右侧,感应式传感器通过主动锥齿轮上的脉冲轮产生车速信息,传感器的插头为黑色。拆卸车速传感器后,必须更换 O 形密封圈,固定螺栓的拧紧力矩为 10N·m。

车速传感器的功用是:决定应换入某一档位,控制液力变矩器的锁止离合器。

如果车速传感器信号中断,自动变速器控制单元利用发动机转速作为代替信号,同时锁止离合器失去锁止功能。

(7)操纵手柄锁止电磁阀:操纵手柄锁止电磁阀安装在操纵手柄上,操纵手柄锁止电磁阀与点火系统连接,其功用是锁止档位。踩下制动踏板时,档位锁止解除,操纵手柄可推入其他档位。

(8)换低档开关:换低档开关与加速踏板拉索组合成一体,安装在发动机舱的横隔板上。当踩下加速踏板超过节气门全开位置时,换低档开关开始工作。拆卸和安装换低档开关,必须先拆下加速踏板拉索。

换低档开关的功用是:此开关被压下后,变速器立即强制换入相邻的低档,例如从四档降到三档;此开关被压下时,空调装置将切断8s,以提高输出功率。

如果换低档开关信号中断,在踩下加速踏板到行程的95%时,自动变速器控制单元使换低档开关启动。

(9)制动灯开关:制动灯开关安装在制动踏板支架上,自动变速器控制单元通过制动灯开关信号,判断车辆是否处于制动状态。

制动灯开关的功用是:车辆静止时,只有踩下制动踏板,换档杆才能移出P档或N档位置;控制单元利用制动开关信号,锁止换档杆。

如果制动灯开关信号中断(如触点断开),失去换档锁止功能。

(10)起动闭锁器和倒车灯继电器:起动闭锁器和倒车灯继电器安装在中央线路板上(继电器上标有编号"175"),用于接收多功能开关的信号。

起动闭锁器和倒车灯继电器的功用是:防止挂档后起动机起动;挂上倒档后接通倒车灯。

三、自动变速器的拆装

本书介绍自动变速器的拆装

1. 自动变速器的拆卸

①对于有密码的收放音机,先取得密码,拆掉蓄电池搭铁线,取下发动机盖板。

②将变速器操纵手柄置于N位,拆下排气管隔热板、线束固定板、前排气管上部螺栓以及自动变速器与发动机的上部连接螺栓。

③举升汽车,拆掉前排气管上的氧传感器;断开前排气管与三元催化转换器的连接,拆下前排气管。

④拔下车速表、车速传感器、自动变速器速度传感器、多功能开关等元件的线束插头,如图1-105所示。

⑤拆掉左右半轴与变速器输出凸缘的连接螺栓。

⑥将变速器操纵手柄置于P位,拆下变速杆拉线,如图1-106所示。

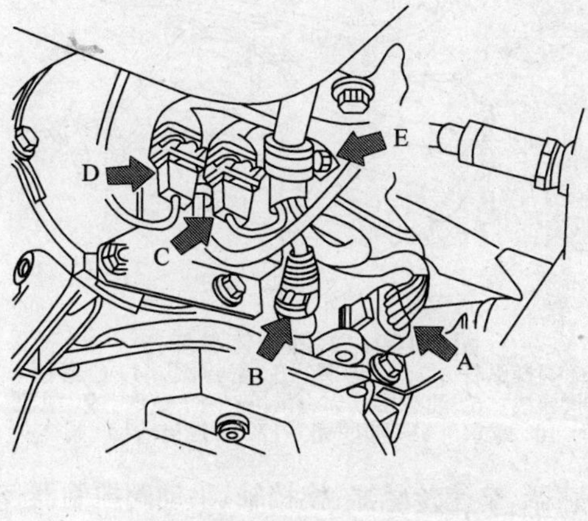

图1-105 拆除电器插头

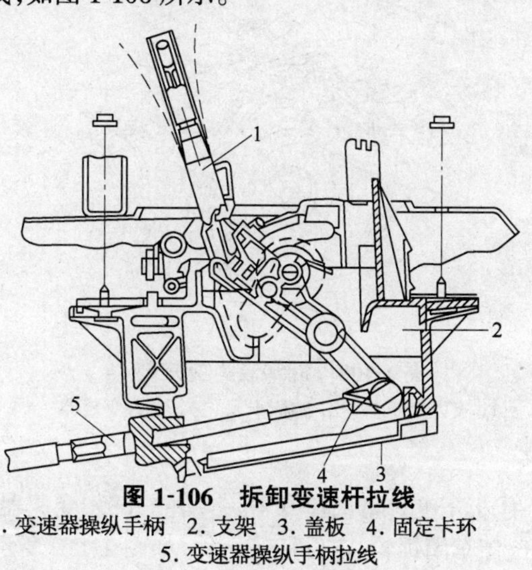

图1-106 拆卸变速杆拉线

1. 变速器操纵手柄 2. 支架 3. 盖板 4. 固定卡环 5. 变速器操纵手柄拉线

⑦拆下起动机及变速器油冷却器连接管。

⑧转动曲轴皮带轮，拆下飞轮与液力变矩器的连接螺栓。

⑨拆掉副车架与车身连接螺栓，用专用支架托住自动变速器总成，拆下变速器后部支撑架与车身的连接螺栓。

⑩拆下自动变速器与发动机下部的连接螺栓，使两者分离，然后抬下自动变速器。在此过程中注意固定好液力变矩器，防止其脱落。

2. 自动变速器的分解

①排放自动变速器油：用专用设备将自动变速器油抽出，或者拆下油底壳上的液位检查螺塞，从液位检查孔中拆下溢流管，排空自动变速器油，然后将溢流管和液位检查螺塞装回，如图 1-107 所示。

②用直尺和游标卡尺测量液力变矩器在自动变速器壳中的安装深度（安装时用此数据），然后取下液力变矩器，用专用工具撬出油封，如图 1-108 所示。

③拆下油底壳、油滤网：用专用工具拔下阀体总成上的电磁阀线束插头，拆下阀体总成；转动手动阀，使其与操纵杆脱钩，如图 1-109 所示。

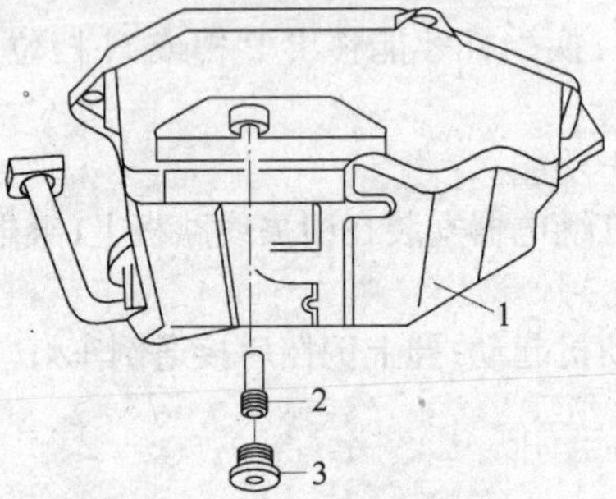

图 1-107 排放自动变速器油

1. 油底壳 2. 溢流管 3. 螺塞

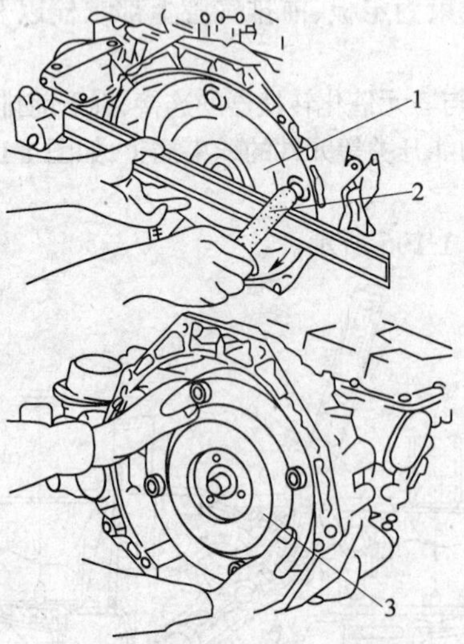

图 1-108 拆卸液力变矩器

1. 液力变矩器 2. 游标卡尺 3. 液力变矩器

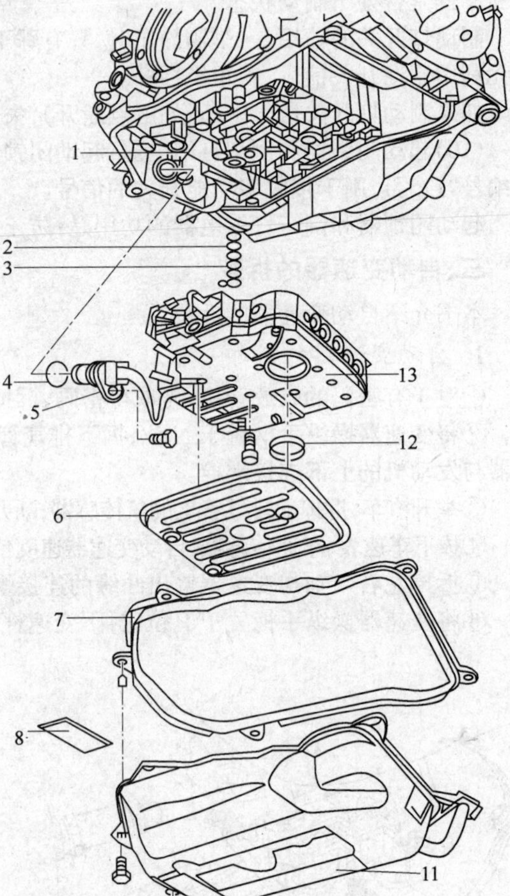

图 1-109 拆卸阀体总成

1. 手动阀操纵杆 2. O形圈 3. 密封圈 4. O形圈 5. 扁状导线 6. 油滤网 7. 密封垫 8. 磁铁 9. 溢流阀 10. 螺塞 11. 油底壳 12. 密封垫 13. 阀体

④拆下变速器油冷却器、多功能开关、变速器转速传感器、车速传感器、换档轴、手动阀控制器、动作杆、停车闭锁轮、定位杆等元件，如图 1-110 所示。

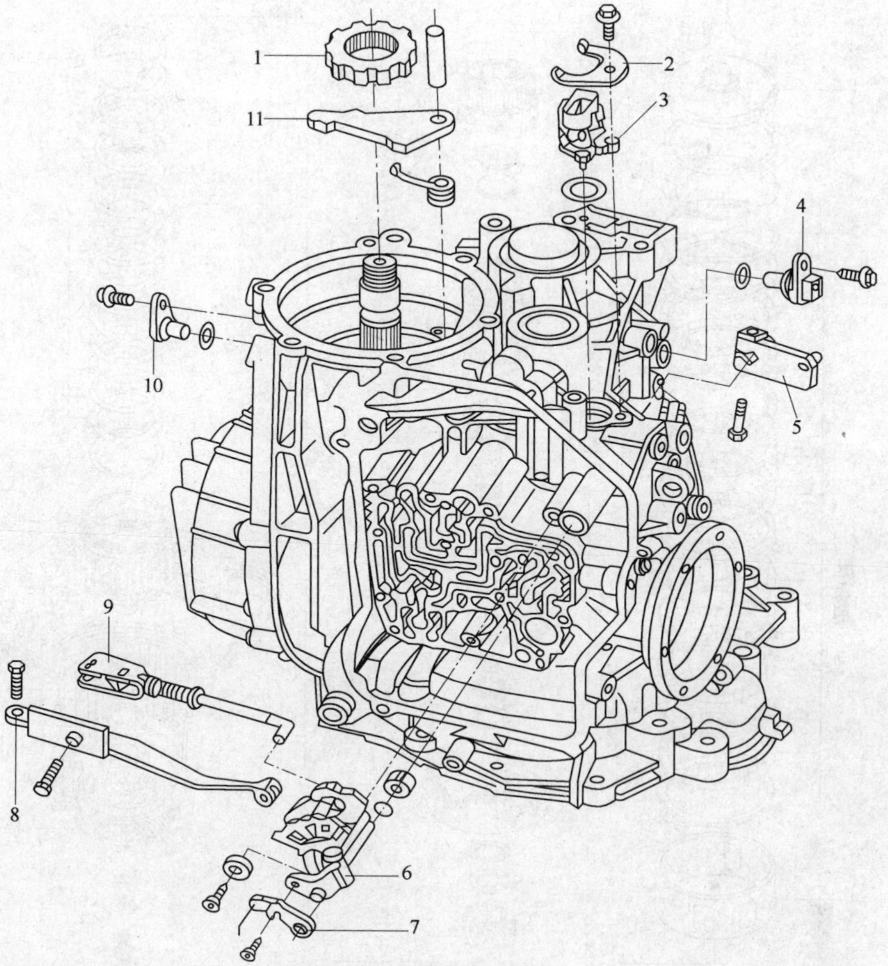

图 1-110 拆卸外围附件

1. 停车闭锁轮 2. 支撑板 3. 多功能开关 4. 车速传感器 5. 手柄 6. 手动阀控制器 7. 换挡轴 8. 定位弹簧 9. 动作杆 10. 转速传感器 11. 定位杆

⑤分解行星齿轮变速机构。

3. 行星齿轮变速机构的分解

行星齿轮变速机构分解如图 1-111 所示，其分解步骤如下：

①将自动变速器壳体装油泵的一端朝上，拆下油泵壳体上一周的螺栓，再用两个 M8 螺栓均匀地拧入油泵螺纹孔内，把油泵从变速器壳体内顶出，如图 1-112 所示。

②拆掉止推环和调整垫片，取出二、四档制动器 B_2 组件。

③取出倒档离合器 C_2 组件，取出一、三档离合器 C_1 组件。

④依次取出小传动轴、大传动轴、大太阳轮、小太阳轮等元件。

⑤拆出自由轮和倒档制动器 B_1 组件。

⑥取出行星架，拆掉输出齿轮。

4. 油泵的分解

油泵的分解如图 1-113 所示。

①拆卸油泵 O 形密封圈。

②拆卸油泵密封环和油封。

③拆卸泵壳与泵盖之间的连接螺栓，从泵壳上取出小齿轮和内齿轮。

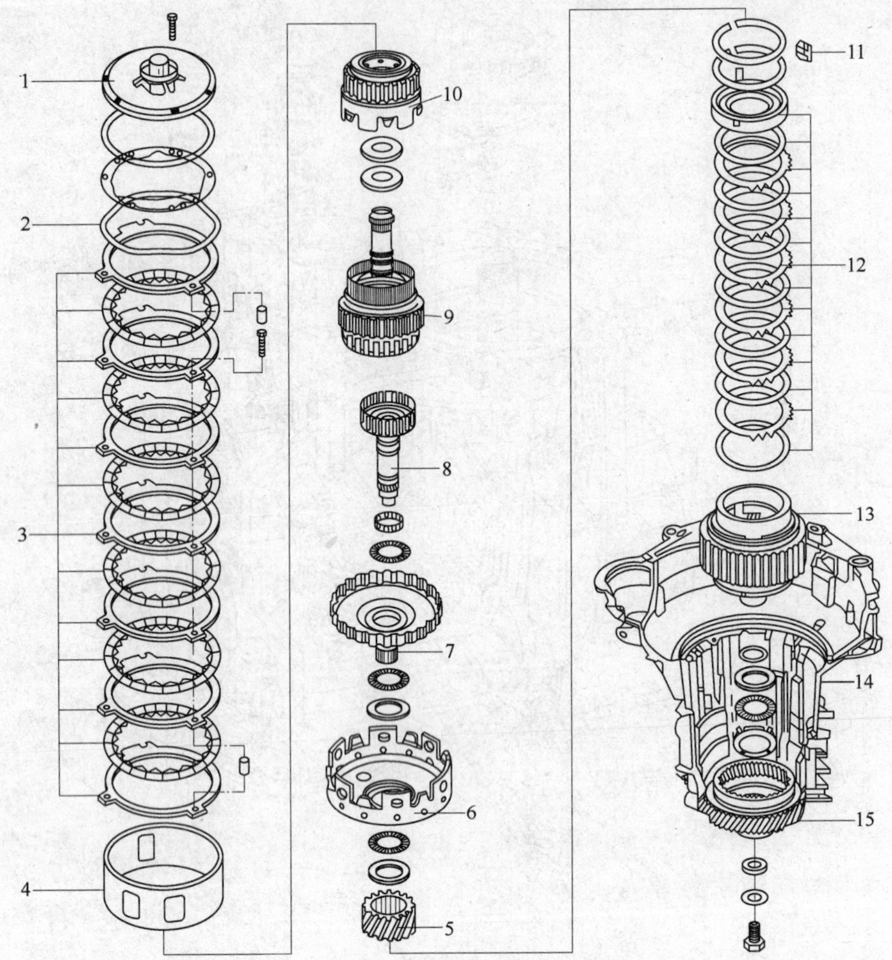

图 1-111 自动变速器行星齿轮变速机构分解

1. 油泵 2. 波纹形弹簧片 3. 二、四档制动器 B_2 组件 4. 制动器壳 5. 大太阳轮 6. 小太阳轮 7. 大传动轴 8. 小传动轴 9. 一、三档离合器 C_1 10. 倒档离合器 C_2 11. 导流块 12. 倒档制动器 B_1 组件 13. 行星齿轮架 14. 自动变速器壳 15. 输入齿轮

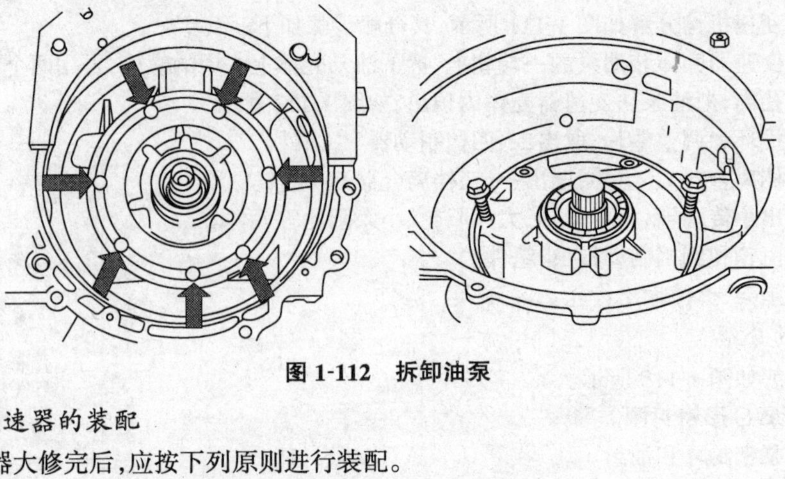

图 1-112 拆卸油泵

5. 自动变速器的装配

自动变速器大修完后,应按下列原则进行装配。

①将所有零件清洗干净,按序摆放。

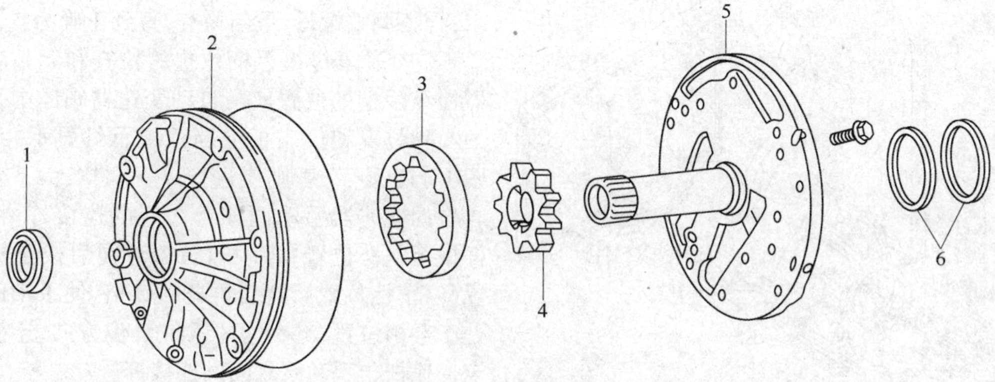

图 1-113　分解油泵

1. 油封　2. 泵壳　3. 内齿轮　4. 小齿轮　5. 泵盖　6. 密封圈

②更换的离合器和制动器摩擦片应该放在盛有自动变速器油的容器中浸泡 30min 以上再进行装配。

③认准各种止推轴承和密封圈、油封的编号及安装位置,止推轴承涂上凡士林,密封圈和油封刃口涂上自动变速器油。

④装配自动变速器时应遵循从后向前逐次装配的原则。

⑤将自动变速器壳体前端向上,依次装配行星齿轮变速机构,并调整各执行元件之间的间隙。

⑥安装油泵、阀体、油底壳及前后自动变速器壳体。

⑦安装液力变矩器和所有外围零件。

⑧按照与从车上拆下的相反顺序将自动变速器装车,连接操纵机构和电气线路。

四、自动变速器的检修

1. 自动变速器基本检查和性能测试

对于有故障的自动变速器应先进行性能检验,以确认其故障原因,为进一步的分解修理提供依据。自动变速器检修完后,也应进行全面的性能检查,以鉴定修理质量。

(1)基本检查:基本检查是对引发自动变速器故障的常见原因进行检查和调整。包括油面检查、油质检查、液压控制系统漏油检查、节气门拉索检查和调整、变速器操纵手柄位置的检查和调整、空档启动开关和怠速检查。

①油面检查。将汽车停放在水平地面上,拉紧驻车制动;起动发动机并怠速运转 1min 以上;踩下制动踏板,将变速器操纵手柄拨至倒档、前进档、前进低档等位置,并在每个档位上停留几分钟,最后将变速器操纵手柄拨至停车档位置;拔出自动变速器油尺并擦干净,再插入加油管后拔出,检查油尺上的油面高度。

②油质检查。从油尺上嗅一嗅油液的气味,用手指蘸少许油液捻一捻,或将油液滴在白纸上检查油液的颜色。如果油液呈棕色或有焦味,说明油液已经变质,应立刻换油。

③液压控制系统漏油检查。液压控制系统的各连接部位都有油封和密封垫,油封和密封垫的损坏会造成油液泄漏,致使油路压力降低,换档打滑和延迟。自动变速器易发生漏油部位如图 1-114 所示。

④节气门拉索检查和调整。节气门拉索的长度应保证发动机熄火后节气门全闭,加速踏板踩到底时节气门全开。节气门拉索调整不当,会导致电控自动变速器主油路压力异常,使换档执行机构打滑或产生换档冲击。

如果发现节气门拉索调整不当,应进行如下调整:将加速踏板踩到底;拧动调整螺母使橡胶套与

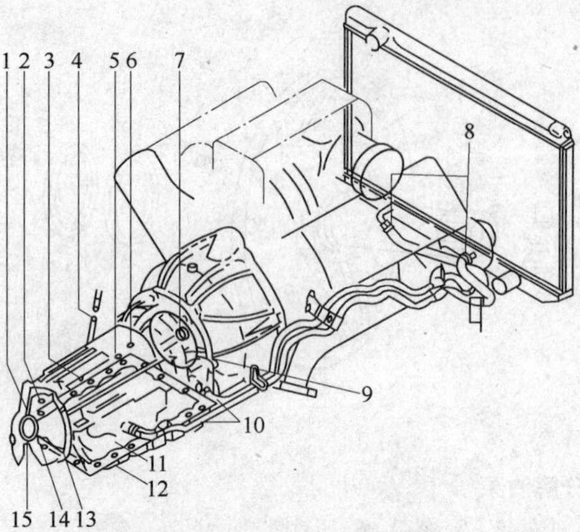

图 1-114 变速器常见漏油部位

1. 车速传感器O形圈 2. 转速传感器O形圈 3. 电磁线圈配线O形圈 4. 油尺导管O形圈 5. 压力管路的测试塞和O形圈 6. O/D直接档离合器转速传感器油封 7. 油泵油封 8. 冷却器管箍 9. 油泵O形圈 10. 冷却器管接头O形圈 11. 蓄压器背压测试塞和O形圈 12. 油底壳和变速器壳间的密封垫 13. 加长壳体和变速器壳间的密封垫 14. 车速传感器油封 15. 加长壳体传感器油封

拉线止动器间的距离为0～1mm,如图1-115所示;拧紧调整螺母,重新检查,直到正确为止。

⑤变速器操纵手柄位置的检查和调整。变速器操纵手柄的位置应与自动变速器阀体中手动阀的实际位置和仪表板上档位指示灯显示相符,如图1-116所示,否则应进行以下调整:拆下变速杆与自动变速器手动阀摇臂之间的连接杆,将变速杆拨至空档位置;将手动阀摇臂向后拨至极限位置(停车档位置),然后再退回2格,使手动阀摇臂处于空档位置;将变速杆靠向R位方向,连接并固定变速杆与手动阀之间的连接杆。

⑥档位开关的检查和调整。将变速器操纵手柄拨至各个档位时,档位指示灯应与变速杆位置一致,在P位和N位时可起动发动机,在R位时倒车灯应点亮。否则应按以下步骤调节空档起动开关:拧松档位开关固定螺钉,将变速器操纵手柄拨至N位;将手动阀摇臂轴上的槽口与档位开关外壳上的基准线对齐,如图1-117所示,并拧紧档位开关固定螺钉。

⑦怠速检查。将变速器操纵手柄拨至P位或N位,起动发动机并检查怠速的高低。通常装有自动变速器的汽车发动机怠速为750r/min,否则应调整。

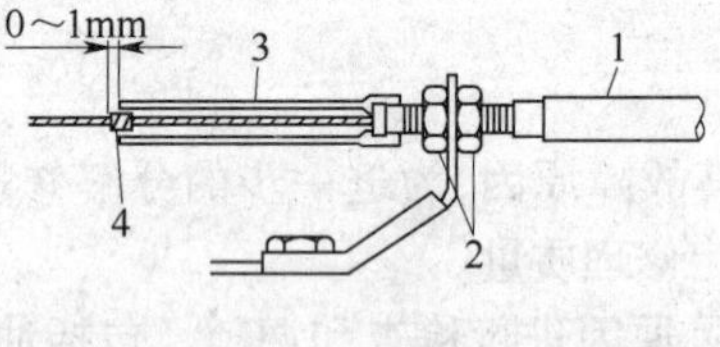

图 1-115 调整节气门拉索

1. 节气门拉索 2. 调整螺母 3. 节气门拉索套 4. 锁芯

图 1-116 检查操纵手柄位置

(2)手动换档试验和检查:手动换档试验是将电子控制自动变速器所有换档电磁阀的线束插头全部脱开,然后进行换档试验。如果手动换档试验正常,说明是机械、液压系统故障,否则,说明是电子控制系统故障。

①脱开电子控制自动变速器的所有换档电磁阀线束插头。

②起动发动机,将变速器操纵手柄拨至不同档位进行道路试验,观察发动机转速和车速的对应关系,以判断自动变速器所处的档位。

不同档位时发动机转速与车速的关系可参考表1-7。

试验结束后,接上电磁阀线束插头,清除计算机中的故障码。

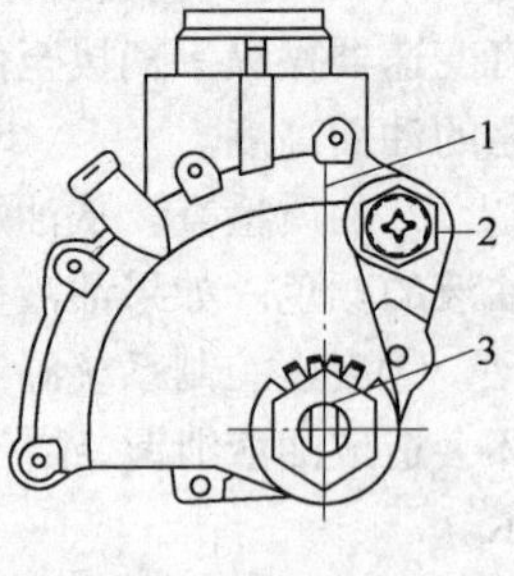

图 1-117 调整档位开关

1. 基准线 2. 螺栓 3. 槽

(3)道路试验与检查:道路试验是分析、诊断自动变速器故障的最有效的手段之一。此外,自动变速器在修复之后也应进行道路试验,以检查其工作性能,检验修理质量。

表 1-7　自动变速器不同档位时发动机转速和车速的关系

档位	发动机转速(r/min)	车速(km/h)	档位	发动机转速(r/min)	车速(km/h)
1	2000	18～22	3	2000	50～55
2	2000	34～38	超速档	2000	70～75

在道路试验之前,应先让汽车以中低速行驶 5～10min,使发动机和自动变速器都达到正常工作温度。在试验中,通常应将超速档开关置于 ON 位置(即超速指示灯熄灭),并将模式开关置于普通模式或经济模式的位置。

自动变速器的道路试验主要包括升档试验、锁止离合器试验、发动机制动试验和强制降档试验等。

①升档试验。将变速器操纵手柄拨至 D 位,踩下加速踏板,节气门保持在 1/2 开度左右,汽车起步加速,检查自动变速器的升档情况。正常情况下,汽车起步后随着车速的升高,自动变速器能顺利地由一档升入二档,再升入三档和超速档。若自动变速器不能升入高档(三档或超速档),说明控制系统或换档执行机构有故障。

当察觉到自动变速器升档时,记下升档车速。一般四档自动变速器在节气门开度保持在 1/2 时升档车速见表 1-8。

表 1-8　四档自动变速器升档车速

档位	车速(km/h)	档位	车速(km/h)	档位	车速(km/h)
1～2	25～35	2～3	25～35	3～4(超速档)	25～35

需要说明的是,节气门开度不同,升档车速也不同,而且不同车型的自动变速器各档传动比的大小都不相同,其升档车速也不完全一样。因此,只要升档车速基本保持在上述范围内,而且汽车行驶中加速良好,无明显的换档冲击,都可认为其升档车速基本正常。

升档车速太低一般是控制系统的故障所致,升档车速太高则可能是控制系统的故障所致,也可能是换档执行机构的故障所致。

汽车在做自动变速器道路试验时,还应注意观察发动机转速变化的情况,它是判断自动变速器工作是否正常的重要依据之一。正常情况下,若自动变速器处于经济模式或普通模式,节气门保持在低于 1/2 开度范围内,则汽车在由起步加速直至升入高速档的整个行驶过程中,发动机转速都将低于 3000r/min。通常发动机在加速至即将要升档时的转速可达到 2500～3000r/min,在刚刚升档后的短时间内发动机转速下降至 2000r/min。

如果在整个行驶过程中发动机转速始终过低,加速至升档时仍低于 2000r/min,说明升档时间过早或发动机动力不足;如果在整个行驶过程中发动机转速始终偏高,升档前后的转速在 2500～3500r/min 之间,且换档冲击明显,说明升档时间过迟;如果在整个行驶中发动机转速过高,常高于 3000r/min,在加速时达到 4000～5000r/min 甚至更高,说明自动变速器的换档执行机构打滑,应拆修自动变速器。

正常的自动变速器只能有不太明显的换档冲击,特别是电子控制自动变速器的换档冲击应十分微弱。若换档冲击太大,说明自动变速器的控制系统或换档执行机构有故障,其原因可能是油路油压高或换档执行机构打滑。

②锁止离合器试验。试验中,让汽车加速至超速档,以高于 80km/h 的车速行驶,并让节气门开度保持在低于 1/2 的位置,使变矩器进入锁止状态。此时,快速踩下加速踏板使节气门开度达到 2/3,检查发动机转速的变化情况,如图 1-118 所

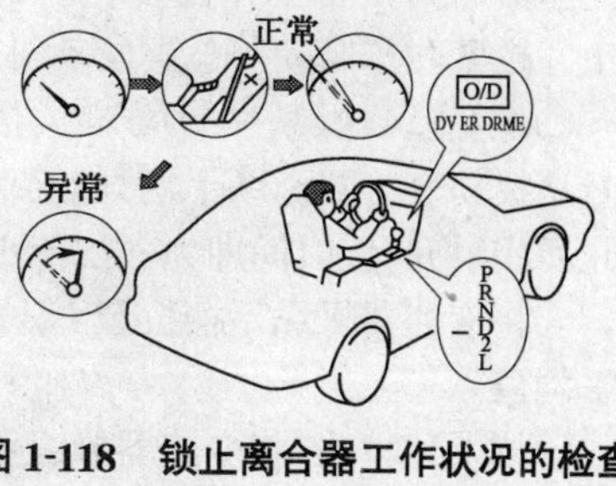

图 1-118　锁止离合器工作状况的检查

示。如果发动机转速没有太大的变化,说明锁止离合器处于接合状态;如果发动机转速升高很多,则表明锁止离合器没有接合,通常是锁止控制系统有故障。

③发动机制动试验。汽车以二档或一档行驶时,突然松开加速踏板,如果车速立即随之下降,说明发动机有制动作用,否则说明控制系统或前进档离合器有故障。

④强制降档试验。将变速器操纵手柄拨至D位,保持节气门开度为1/3左右,汽车以二档、三档或超速档行驶时,突然将加速踏板踩到底,检查自动变速器能否被强制降低一个档位。

在强制降档时,发动机转速会突然上升至4000r/min左右,并随着加速升档,转速逐渐下降。如果没有出现强制降档,说明强制降档功能失效;如果强制降档时发动机转速过高,并在升档时出现换档冲击,说明换档执行机构打滑。

(4)失速试验:所谓失速是指变速器操纵手柄在前进档或倒档位置,踩住制动踏板,然后完全踩下加速踏板。此时,变矩器涡轮静止不动,变矩器壳及泵轮随发动机一同转动,发动机处于最大转矩工况,在此工况下的发动机转速称为失速转速。

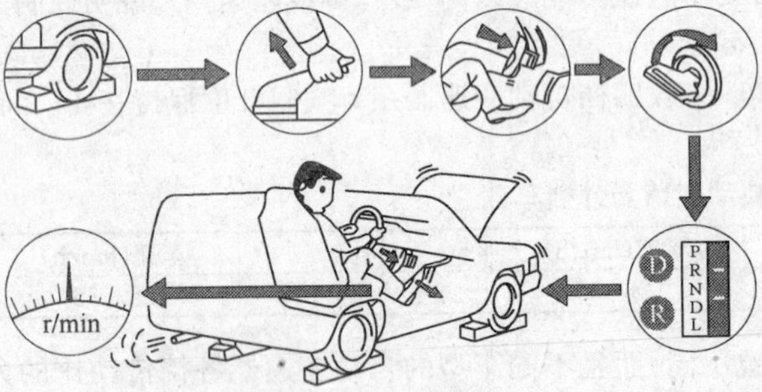

图1-119 失速试验

失速试验的目的是检查发动机、变矩器及自动变速器中有关换档执行机构的工作状态。由于在失速工况下,发动机的动力全部消耗在变矩器内液压油的摩擦损失上,油温急剧上升,因此,从加速踏板踩下到松开的时间不得超过5s,试验次数不多于3次。

试验步骤(如图1-119所示):

①试验准备,包括检查机油、冷却水和自动变速器油,预热发动机,固定车轮,拉紧手制动,在发动机转速表上做出标准失速转速的标记,以便观察转速。

②起动发动机,将变速器操纵手柄拨至D位。

③踩紧制动踏板的同时,将加速踏板踩到底(不要超过5s),读取并记录发动机失速转速。

④将变速器操纵手柄拨至P位或N位,发动机怠速运转1min直到自动变速器油降至正常温度。

⑤将变速器操纵手柄拨至其他档位(R、S、L或2、1位),做同样的试验。

不同车型的自动变速器都有其失速转速标准。若失速转速与标准值相符,说明自动变速器的油泵、主油路油压及各个换档执行机构的工作基本正常,否则,就存在某些故障。

(5)时滞试验:时滞试验的目的是测量自动变速器的换档延迟时间,根据延迟时间的长短来判断主油路油压及换档执行机构的工作是否正常。

试验步骤(如图1-120所示):

①试验准备,包括让汽车行驶并使发动机和自动变速器达到正常工作温度,将汽车停放在水平地面上并拉紧驻车制动。检查发动机怠速应正常。

②将变速器操纵手柄从N位拨至D位,用秒表测量从拨动变速器操纵手柄开始到感觉到汽车振动为止所用时间,该时间即为N-D延迟时间。

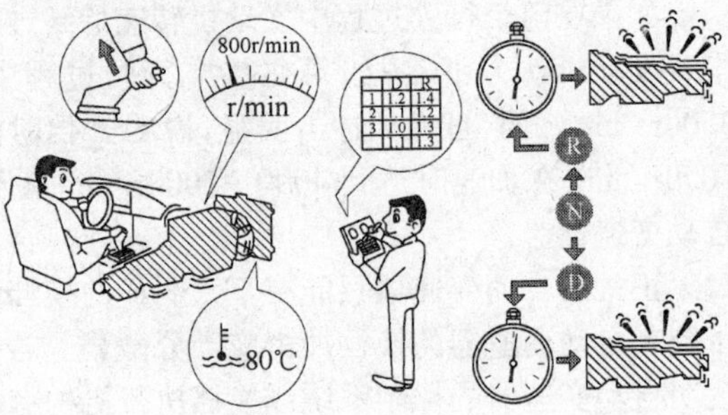

图1-120 时滞试验

③将变速器操纵手柄拨至N位,发动机怠速运转1min后再做一次同样的试验。做3次试验,并取平均值。

④按上述方法,将变速器操纵手柄由N位拨至R位,测量N-R延迟时间。

大部分自动变速器的N-D延迟时间小于1.0~1.2s,N-R延迟时间小于1.2~1.5s。若N-D延迟时间过长，说明主油路油压过低、前进档离合器摩擦片磨损过甚或前进档单向离合器工作不良；若N-R延迟时间过长，说明倒档主油路油压过低、倒档离合器或倒档制动器磨损过甚或工作不良。

(6)液压试验：液压试验的目的是通过测量液压控制系统各油路的压力，来判断液压控制系统及电子控制系统各零部件的功能是否正常，并作为变速器性能分析和故障判断的主要依据。

一般车型自动变速器液压试验包括：主油路压力测试、各离合器和制动器的蓄压器油压测试、各档离合器油压测试、速控阀油压测试和节气门油压的调整。

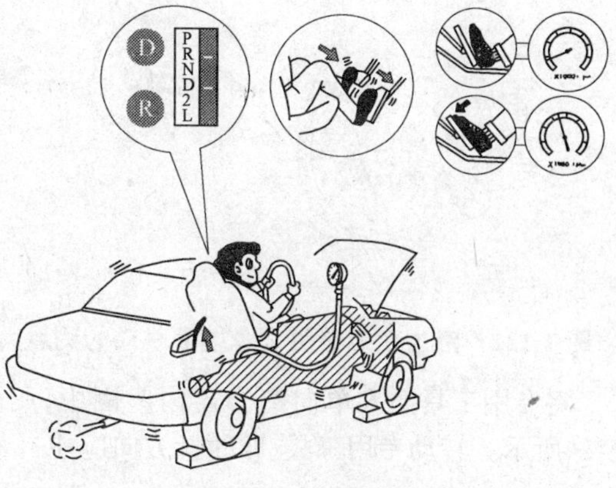

图 1-121　液压试验

试验步骤(如图 1-121 所示)：

①行驶汽车，使发动机和自动变速器达到正常工作温度(50℃～80℃)；将汽车停放在水平地面上，确认油面高度、油质状况、操纵手柄及发动机节气门拉线都正常；准备一个量程为 2MPa 的压力表。

②拆下变速器壳体上的主油路测压孔螺塞，连接油压表。

③用三角木塞住前、后轮，拉紧驻车制动。

④起动发动机，将操纵手柄拨至 D 位。

⑤读取发动机怠速运转时的油压，该油压即为怠速工况下的前进档主油路油压。

⑥踩紧制动踏板，然后将加速踏板完全踩下，读取失速工况下的油压，该油压即为失速工况下的前进档主油路油压。

⑦将操纵手柄拨至 N 位或 P 位，发动机怠速运转 1min 以上。

⑧将操纵手柄拨至其他各档(R、S、L 或 2、1 位)，重复上述试验，分别读出各档在怠速工况和失速工况下的主油路油压。

将测得的主油路油压与标准值进行比较。若主油路油压不正常，说明油泵或控制系统有故障。

在怠速工况下，如果所有档位的主油路油压均过低，说明油泵故障、节气门拉索或节气门开度传感器调整不当、节气门阀卡滞或主油路泄漏；如果前进档和前进低档的主油路油压均过低，说明前进档离合器活塞漏油或前进档油路泄漏；如果前进档的主油路油压正常，前进低档的主油路油压过低，说明一档强制离合器或二档强制离合器活塞漏油或前进低档油路泄漏；如果前进档主油路油压正常，倒档主油路油压过低，说明倒档及高档离合器活塞漏油或倒档油路泄漏；如果所有档位的主油路油压均过高，说明节气门拉索或节气门开度传感器调整不当、节气门阀卡滞、油压电磁阀损坏或线路故障。

在失速工况下，如果主油路油压稍低于标准油压，说明节气门拉索或节气门开度传感器调整不当、电磁阀损坏或线路故障；如果主油路油压明显低于标准油压，说明油泵故障或主油路泄漏。

2. 液力变矩器检修

(1)液力变矩器的清洗：倒出变矩器中残留的液压油，向液力变矩器内注入干净的液压油，然后用手摇动变矩器(或者用变速器输入轴插入涡轮转动)。反复清洗几次。

(2)液力变矩器的检查：检查驱动盘有无破裂、严重磨损及较大变形。

用百分表测量驱动盘的端面跳动，如图 1-122 所示，如果超过 0.20mm 或者齿圈损坏则应更换驱动盘。

用百分表测量轴套的径向摆差，如图 1-123 所示，如超过 0.30mm 应校正变矩器的安装位置，如果无法校正则应更换液力变矩器。

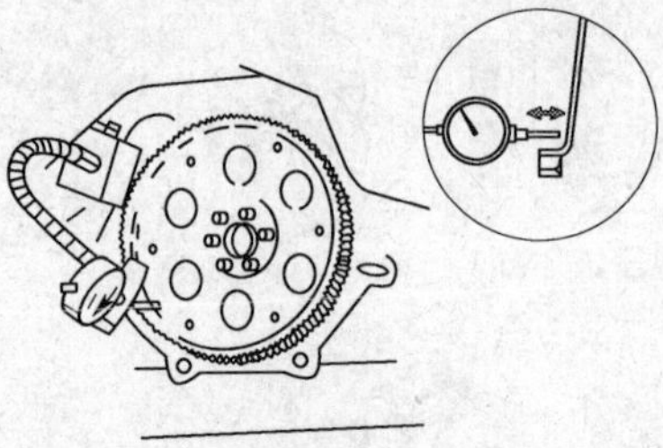

图 1-122 液力变矩器驱动盘端面跳动的测量

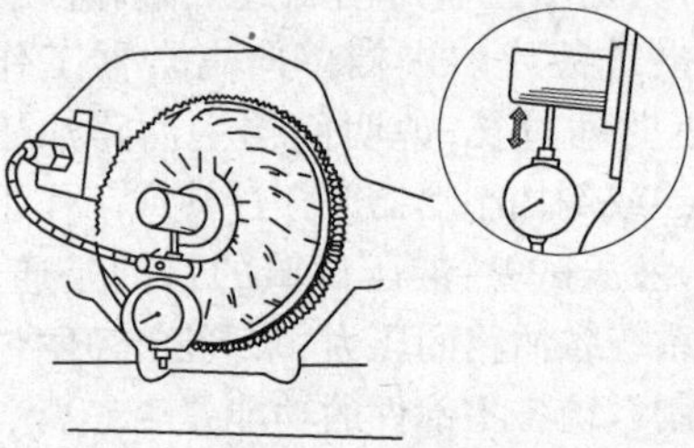

图 1-123 液力变矩器轴套径向摆差的测量

将专用工具插入单向离合器内座圈中，用固定工具卡在变矩器轴套的油泵驱动缺口内，如图1-124所示。转动专用工具，顺时针方向应能自由转动，逆时针方向应能锁止，否则，更换液力变矩器。

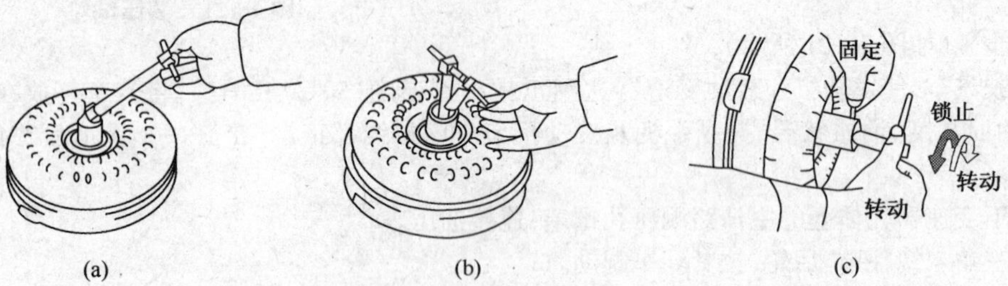

图 1-124 检查单向离合器

(a)插入专用工具 (b)用专用工具卡住离合器外座圈 (c)转动驱动杆

3．齿轮变速机构检修

(1)壳体的检修：检查自动变速器壳体，如壳体变形或裂纹，应更换；如油底壳接合平面不平，可用锉刀修整；清除所有密封平面上残留的密封衬垫或密封胶；用煤油或汽油将自动变速器壳体清洗干净，用压缩空气将所有油道吹净；更换壳体上的所有O形密封圈。

(2)行星排、单向超越离合器的检修。

①检查太阳轮、行星轮、齿圈的齿面，如有磨损或疲劳剥落，应更换整个行星轮。

②检查行星轮与行星架之间的间隙，如图1-125所示，其标准间隙为0.2～0.6mm，最大不得超过0.7mm，否则应更换止推垫片或行星架和行星轮组件。

③检查太阳轮、行星架、齿圈等零件的轴颈或滑动轴承有无磨损，如有异常应更换新件。

④检查单向超越离合器，如果滚柱破裂、滚柱保持架断裂或内外圈滚道磨损起槽应更换新件。如果在锁止方向上有打滑或自由转动方向上有卡滞，也应更换。

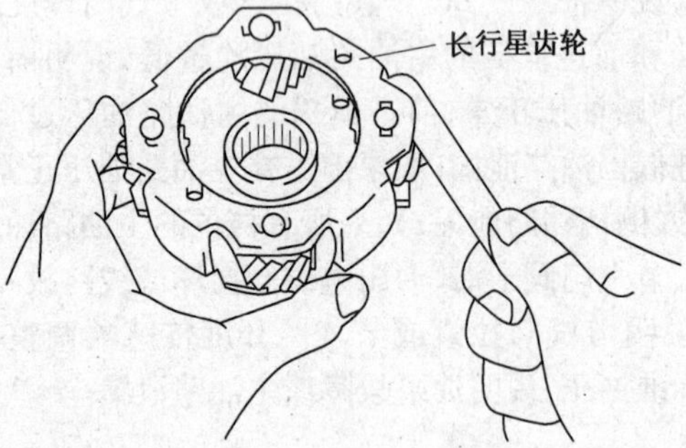

图 1-125 检查行星轮与行星架之间的间隙

(3)离合器、制动器的检修。

①离合器或制动器的摩擦片如有烧焦、表面粉末冶金层脱落或翘曲变形，应更换。摩擦片表面符号已被磨去或摩擦片厚度小于极限值，如图1-126所示，则应更换。

②制动带内表面如有烧焦、表面粉末冶金层脱落或表面符号已被磨去，应更换。

③离合器钢片如有磨损或翘曲变形，应更换。

④挡圈的摩擦面如有磨损应更换。

⑤离合器和制动器的活塞表面如有损伤或拉毛，应更换。

⑥离合器活塞上单向阀的阀球应能在阀座内活动自如，用压缩空气或煤油检查单向阀的密封性，如图 1-127 所示，如有异常则应更换活塞。

⑦检查离合器和制动器鼓，其液压缸内表面应无损伤或拉毛，与钢片配合的花键槽应无磨损，如有异常，应更换新件。

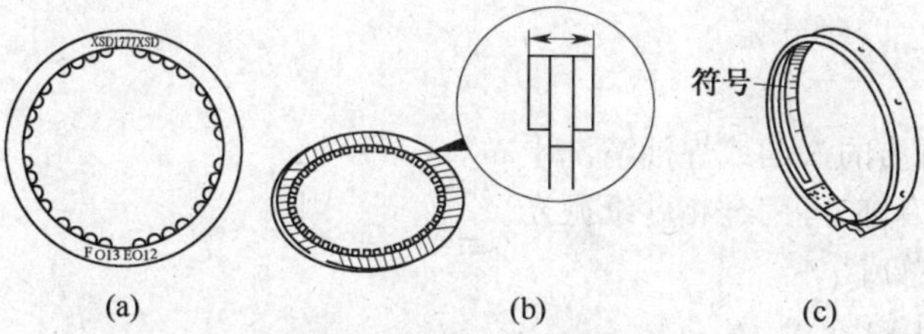

图 1-126　摩擦片和制动带的检查

(a)摩擦片表面符号　(b)摩擦片厚度　(c)制动带内表面符号

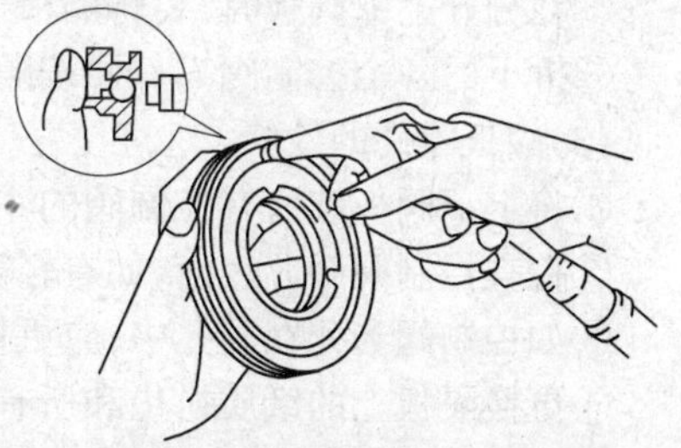

图 1-127　离合器活塞单向阀密封性的检查

⑧量活塞复位弹簧的自由长度，若弹簧自由长度过小或有变形，应更换新弹簧。

⑨更换所有离合器、制动器及制动带液压缸活塞上的 O 形密封圈及轴颈上的密封环。新的密封圈和密封环应涂上少许液压油或凡士林后装入。

4．液压控制系统检修

(1)油泵的检修。

①用塞尺分别测量液压泵内齿轮外圆与液压泵壳体之间的间隙，如图 1-128a 所示测量主动齿轮及从动齿轮的齿顶与月牙板之间的间隙，如图 1-128b 所示测量从动齿轮及主动齿轮端面与泵壳平面的端隙，如图 1-128c 所示。将测量结果与表 1-9 对照，如不符合标准，应更换齿轮、泵壳或液压泵总成。

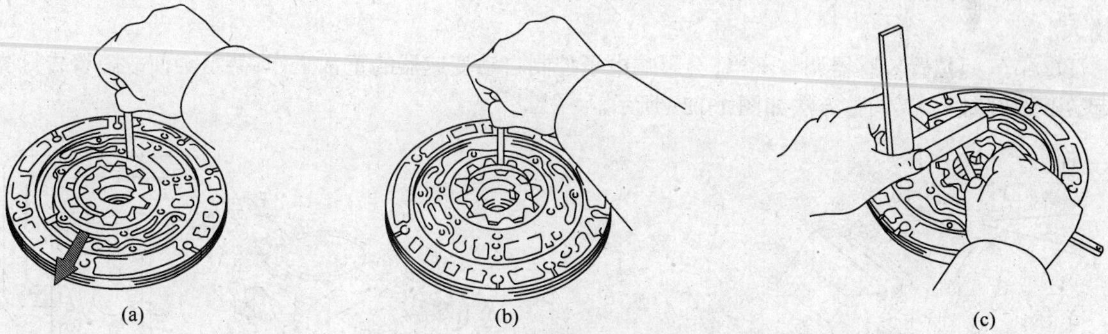

图 1-128　液压泵齿轮间隙的测量

表 1-9　液压泵测量标准

(mm)

项　　目	标准间隙	最大间隙
内齿轮与壳体间隙	0.07～0.15	0.3
齿顶与月牙板间隙	0.11～0.14	0.3
齿轮间隙	0.02～0.05	0.1

②检查液压泵主动齿轮、从动齿轮、泵壳端面，如果有明显的磨痕，应更换。

(2)阀板的检修：在拆检自动变速器时，一般不检修阀板，以免影响阀板内各控制阀的装配精度。只有在自动变速器换档规律失常，或摩擦片严重烧毁、阀板内沾有大量摩擦粉末时，才对阀板进行检修。在检修阀板时，应注意以下几点：

①切不可让阀心等重要零件掉落,不要将铁丝等硬物伸入阀板中,以免损伤阀芯和阀孔的精密配合表面。

②阀板零件在清洗后,使用压缩空气吹干,而不允许用棉布擦拭,以免沾上细小的纤维丝,造成控制阀卡滞。

③装配阀板时,应检查各控制阀阀芯是否能在阀孔中活动自如。如有卡滞,查明原因重新安装。

④不要在阀板衬垫及控制阀的任何零件上使用密封胶或粘合剂。

⑤在分开上下阀板时,要将隔板连同阀板一同拿起,待翻转阀板使油道一面朝上后,再拿开隔板。

⑥拆下的各个控制阀零件要按顺序排放,以便重装。

(3)阀板零件的检修。

①将上下阀板和所有控制阀的零件用清洁的汽油或煤油清洗干净。

②检查控制阀阀芯表面,如有轻微刮伤痕迹,可用金相砂纸抛光。

③如控制阀卡死在阀孔中,应更换阀板总成。

④更换隔板上的纸质衬垫和所有橡胶阀球。

(4)液压油散热器的检修:液压油散热器的检修一般可直接在汽车上进行。

①液压油散热器及油管各接头处有无漏油。如有漏油,应更换接头处的O形密封圈。

②如液压油散热器或油管破裂,应更换或拆下焊修后装回。

③用专用清洗设备清洗液压油散热器内部,或者从散热器进出油管吹入压缩空气,将残留在散热器及油管内的液压油清除掉,向油管内加入0.5～1L的液压油,再吹入压缩空气进行清洗。

5. 电子控制系统检修

电子控制系统的检修主要包括各种传感器、电磁阀、控制开关等的检修。

(1)节气门位置传感器检修。

①拔去节气门位置传感器的线束插头,用万用表在接线插座上测量怠速开关的导通情况。当节气门全闭时,怠速开关应导通;节气门开启时,怠速开关应不通。否则应调整或更换传感器。

用万用表测量端子VAT与端子E_2之间的电阻值,该电阻值应能随节气门开度的增大而呈线性增大。

②节气门位置传感器调整不当,会影响电子控制自动变速器的正常工作,甚至会使故障警告灯亮起,出现故障码。其调整方法如图1-129所示。

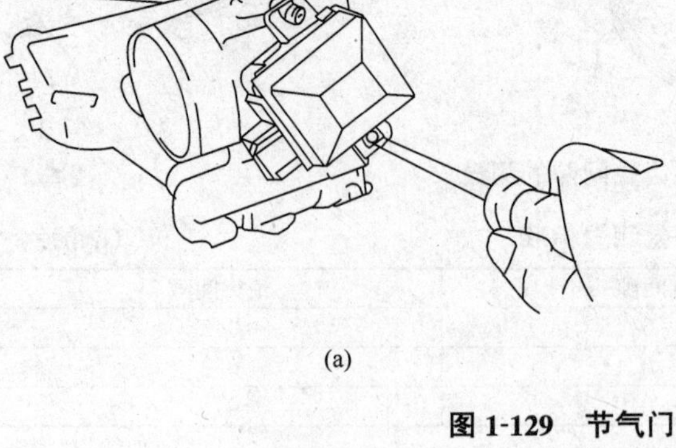

(a)

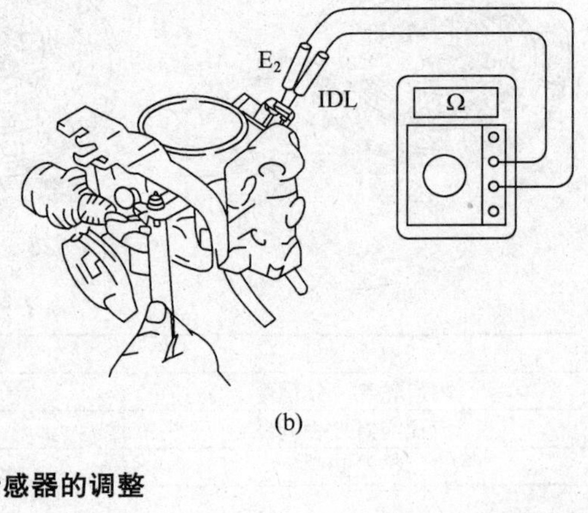

(b)

图1-129 节气门位置传感器的调整

a. 拧松节气门位置传感器的两个固定螺钉,将厚度为0.50mm的塞尺插入节气门摇臂和限位螺钉之间,同时用万用表测量怠速开关的导通情况。

b. 朝节气门闭合方向转动节气门位置传感器,使怠速开关触点断开,然后朝节气门开启方向慢慢地转动节气门位置传感器直至怠速开关闭合为止。

c. 拧紧传感器的两个固定螺钉。

d. 分别用 0.40mm 和 0.65mm 的塞尺插入节气门限位螺钉和节气门摇臂之间，同时测量怠速开关的导通情况。当塞尺为 0.40mm 时，怠速开关应导通；当塞尺为 0.65 mm 时，怠速开关应断开。否则，应重新调整。

(2)车速传感器及输入轴转速传感器检修：车速传感器的检修主要是测量感应线圈的电阻值和传感器的输出脉冲，输入轴转速传感器的检修方法与此相同。

①拔下车速传感器或输入轴转速传感器线束插头，用万用表测量车速传感器或输入轴转速传感器两接线端之间的电阻值(如图 1-130 所示)。不同车型自动变速器电阻值不完全相同，通常为几百欧到几千欧。如果感应线圈短路、断路或电阻值不符合标准，应更换传感器。

②测量车速传感器输出脉冲时，首先将万用表选择开关转至 1V 以下的直流档位置或电阻档位置，然后用千斤顶将一侧驱动轮顶起，让操纵手柄置于空档，用手转动悬空的驱动轮，同时用万用表测量车速传感器两接线柱之间有无脉冲感应电压。若在转动车轮时万用表指针有摆动，说明传感器有输出脉冲，其工作正常，否则，应更换传感器。

③测量输入轴转速传感器输出脉冲时，应将传感器拆下，用一根铁棒或一块磁铁迅速靠近或离开传感器(如图 1-131 所示)，同时用万用表测量传感器两接线柱之间有无脉冲感应电压。如果没有感应电压或感应电压很微弱，说明传感器有故障，应更换。

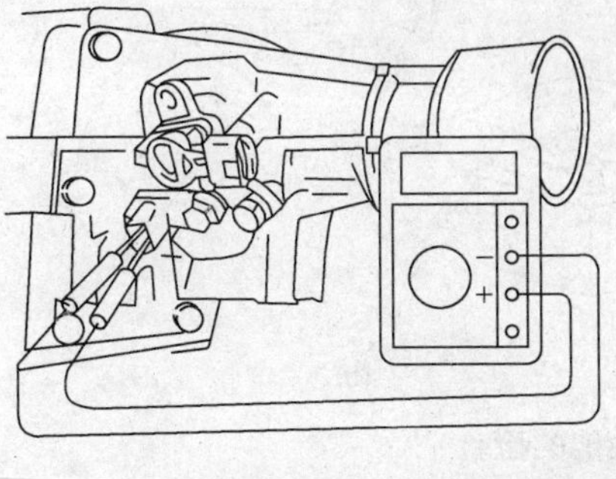

图 1-130 车速传感器感应线圈电阻的测量

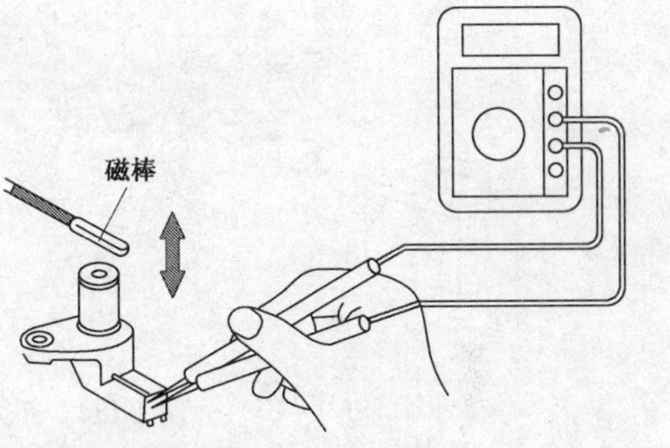

图 1-131 输入轴转速传感器输出脉冲的测量

(3)液压油温度传感器和水温传感器检修：这两种温度传感器内部是一个半导体热敏电阻，具有负的温度电阻系数，温度愈高，电阻愈低。ECU 根据电阻值的变化计算出自动变速器液压油或发动机冷却水的温度，作为控制自动变速器的参考信号。这两种传感器的检修方法相同。

①拆下水温传感器或液压油温度传感器。

②将传感器置于盛有水的烧杯中，加热杯中的水，同时测量在不同温度下传感器两接线端之间的电阻值(如图 1-132 所示)。

③将测量的电阻值与标准值相比较，如不符合标准，应更换传感器。

(4)档位开关的检修。

①将汽车顶起，拆下自动变速器手动阀摇臂和变速操纵手柄之间的连接杆，拔下档位开关的线束插头，将手动阀摇臂拨至各个档位，同时用万用表测量档位开关线束插座内各插孔之间的导通情况。将测量结果与标准值进行比较，如有不符，应重新调整档位开关。

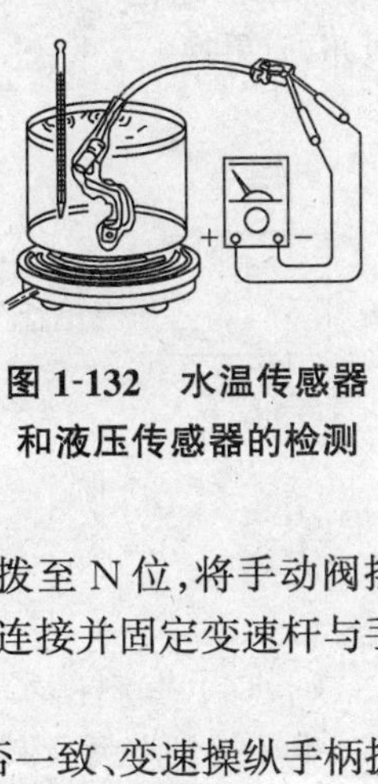

图 1-132 水温传感器和液压传感器的检测

②拆下变速操纵手柄与自动变速器手动阀摇臂之间的连接杆，将变速杆拨至 N 位，将手动阀摇臂拨至空档位置(先将手动阀摇臂向后拨至极限位置，然后再退回两格)，然后连接并固定变速杆与手动阀摇臂之间的连接杆。

将变速操纵手柄拨至各个档位，检查档位指示灯与变速操纵手柄位置是否一致、变速操纵手柄拨至P位和N位时发动机能否起动、变速操纵手柄拨至R位时倒档灯是否亮。如有不符,应松开档位开关的固定螺钉,转动档位开关进行调整。

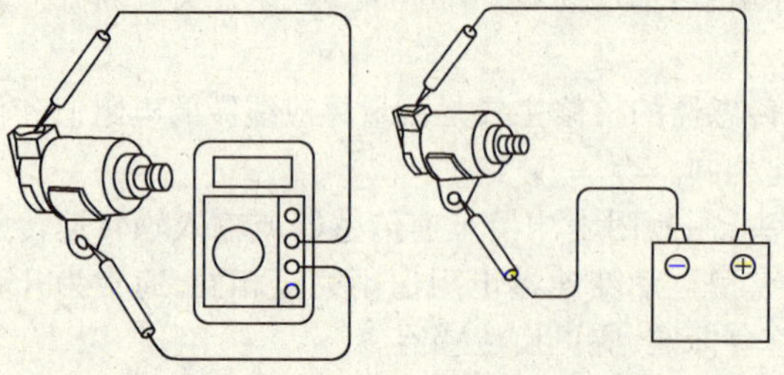

(a) (b)

图 1-133 开关式电磁阀的就车检查

(5)开关式电磁阀的检修。

①用举升器将汽车升起,拆下自动变速器的油底壳,拔出电磁阀的线束插头。用万用表测量电磁阀线圈的电阻(图 1-133a),电阻值一般为 10~30Ω。若电磁阀线圈短路、断路或电阻值不符合标准,应更换。

②将 12V 电源加在电磁阀线圈上(图 1-133b),此时应能听到电磁阀工作的"咔嗒"声;否则,说明阀芯卡住,应更换电磁阀。

③拆下电磁阀,将压缩空气吹入电磁阀进油孔,如图 1-134 所示。当电磁阀线圈不接电源时,进油孔和泄油孔之间应不通,接上电源后,进油孔和泄油孔之间应相通。否则,说明电磁阀损坏,应更换。

(6)脉冲线性式电磁阀的检修。

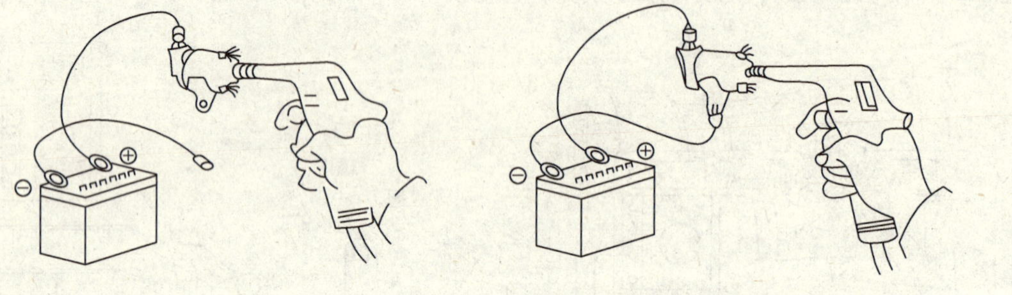

(a) (b)

图 1-134 开关式电磁阀性能的检验

①用举升器将汽车升起,拆下自动变速器的油底壳,拔出电磁阀的线束插头,用万用表测量电磁阀线圈电阻值。脉冲线性式电磁阀的线圈电阻值一般为 2~6Ω。若电磁阀线圈短路、断路或电阻值不符合标准,应更换电磁阀。

②拆下脉冲线性式电磁阀,将蓄电池串联一个 8~10W 的灯泡,然后与电磁阀线圈连接,如图1-135 所示。通电时,电磁阀阀芯应向外伸出;断电时,电磁阀阀芯应向内缩入,如有异常,说明电磁阀损坏,应更换。

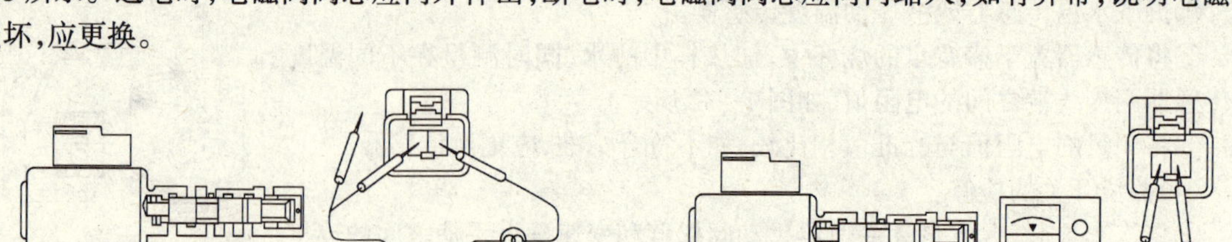

(a) (b)

图 1-135 脉冲线性式电磁阀的性能检验

6. 电子控制单元及其控制电路的检修

电子控制单元及其控制电路可用该车型的电脑检测仪或通用于各种车型的解码器来检测。如果不具备电脑检测仪或解码器，也可以通过测量电子控制单元线束连接器内各端子的工作电压来判断电子控制单元及其控制电路工作是否正常。

用测量端子工作电压的方法进行检测，必须以被测车型的详细维修技术资料为依据。维修技术资料包括：电子控制单元线束连接器中各端子与控制系统中的哪些传感器、电磁阀相连接；各端子在发动机不同工作状态下的标准电压值。在检测中如发现某一端子的工作电压与标准值不符，即表明电子控制单元或其控制电路有故障。如果与电磁阀连接的端子工作电压不正常，则表明电子控制单元有故障；如果与传感器连接的端子工作电压不正常，则可能是传感器损坏或电路故障。

在检测时，应先将电子控制单元连同线束一同拆下，在线束插头处于连接的状态下，分别在点火开关关闭、开启及汽车行驶等状态下测量各端子与搭铁端子之间的电压，并将测得的电压与标准值进行比较。

五、自动变速器常见故障的诊断与排除

1. 电控自动变速器的故障自诊断

电控自动变速器的电子控制单元通常都具有自诊断功能。下面以桑塔纳 2000Gsi-AT 车型上装配的 01N 型自动变速器为例，介绍自动变速器的故障自诊断过程。

(1)进行自动变速器故障自诊断的条件。

①变速器操纵手柄置于 P 位，拉紧驻车制动。

②汽车电源电压正常。

③熔丝完好。

④变速器接地点连接正常。

(2)连接故障诊断仪 V·A·G1551 和选择功能。

①拆下驻车制动器操纵杆旁边的诊断插座盖板，如图 1-136 所示。

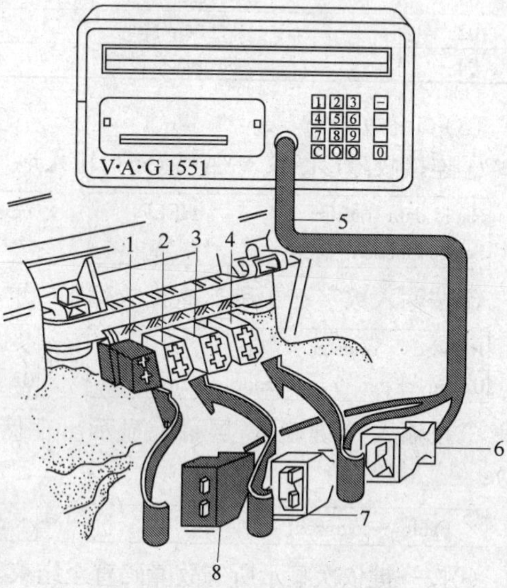

图 1-136　V·A·G1551 的连接

1、2、3、4. 诊断插座　5. V·A·G1551/3　6. 闪光代码输出　7. 变速器电气系统的快速数据传送　8. 供电

②关闭点火开关，用诊断导线 V·A·G1551/3 连接好故障诊断仪。屏幕显示：

V·A·G-SELF-DIAGNOSIS　HELP 1-Rapid data transfer 2-Flash code output	译文→	V·A·G 自诊断　帮助 1-快速数据传输 2-闪烁代码输出

③接通点火开关，按数字键 1。屏幕显示：

Rapid data transfer　HELP Enter address word　××	译文→	快速数据传输　帮助 输入地址码　××

④按输入数字键 0 和 2，屏幕显示：

Rapid data transfer　Q 02 Gearbox electronics	译文→	快速数据传输　Q 02 变速器电子系统

⑤按 Q 键确认，屏幕显示：

01N 927 733BA AG4 Gearbox 01N　2754 Coding 00000　wsc 00000	译文→	01N 927 733BA AG4 Gearbox 01N　2754 编码 00000　wsc 00000

其中：01N 927 733 表示配件号：

AG4 Gearbox 01N 表示 4 档自动变速器 01N；

2754 表示 EPROM(程序版本)；

编码 00000 目前不需要；

wsc 00000 表示最近一次编码故障诊断仪 V·A·G1551 的经销商代号。

⑥按"→"键,屏幕显示:

Rapid data transfer HELP Select function ××	译文	快速数据传输 帮助 选择功能 ××

⑦按 HELP 键,则可显示所有可执行的功能,如表 1-10 所示。

表 1-10 可选择功能表

代 码	功 能	代 码	功 能
01	查询控制单元版本	05	清除故障码
02	查询故障码	06	结束输出
04	进行基本设定	08	读测量数据块

(3)查询故障码。

①连接故障诊断仪 V·A·G1551,输入地址码 02-变速器电子系统。屏幕显示:

Rapid data transfer HELP Select function ××	译文	快速数据传输 帮助 选择功能 ××

②按输入数字键 0 和 2,查询故障码。屏幕显示:

Rapid data transfer Q 02 Interrogate fault memory	译文	快速数据传输 Q 02-查询故障存储

③按输入 Q 键确认,屏幕上显示出存储的故障数量或"No faults recognized"!(没有识别到故障):

× Faults recognized!	译文	× 个故障被识别!

④按→键依次显示所有故障码直至结束。

01N 型电子控制自动变速器故障码见表 1-11。

表 1-11 自动变速器故障码表

故障码与含义	故 障 原 因	故 障 排 除
No faults recognized!(没有识别到故障)	如果进行了修理之后,显示出"No faults recognized"! 自诊断结束;如果已经执行了自诊断,但是自动变速器仍然工作不佳,应根据故障诊断程序进行修理	
00258 电磁阀 1-N88 断路、对地短路	·导线断路或对地短路 ·电磁阀 1-N88 有故障	·根据电路图检查导线和连接(先检查连接端子是否被腐蚀或有水渗入,如有必要,应当更换。如果显示电磁阀有故障,应当仔细检查变速器上阀体扁状导线和导线束之间的 10 端子插头) ·读测量数据块,显示组编号 004 ·检测执行电器
00260 电磁阀 2-N89 断路、对地短路	·导线断路或对地短路 ·电磁阀 2-N89 有故障	·根据电路图检查导线和连接 ·读测量数据块,显示组编号 004 ·检测执行电器
00262 电磁阀 3-N90 断路、对地短路	·导线断路或对地短路 ·电磁阀 3-N90 有故障	·根据电路图检查导线和连接 ·读测量数据块,显示组编号 004 ·检测执行电器

续表 1-11

故障码与含义	故障原因	故障排除
00264 电磁阀 4-N91 断路、对地短路	·导线断路或对地短路 ·电磁阀 4-N91 有故障	·根据电路图检查导线和连接 ·读测量数据块，显示组编号 004 ·检测执行电器
00266 电磁阀 5-N92 断路、对地短路	·导线断路或对地短路 ·电磁阀 5-N92 有故障	·根据电路图检查导线和连接 ·读测量数据块，显示组编号 004 ·检测执行电器
00268 电磁阀 6-N93 断路、对地短路	·导线断路或对地短路 ·电磁阀 6-N93 有故障	·根据电路图检查导线和连接 ·读测量数据块，显示组编号 004 ·检测执行电器
00270 电磁阀 7-N94 断路、对地短路	·导线断路或对地短路 ·电磁阀 7-N94 有故障	·根据电路图检查导线和连接 ·读测量数据块，显示组编号 004 ·检测执行电器
00281 车速传感器 G68 无信号	·导线断路 ·车速传感器 G68 有故障	·根据电路图检查导线和连接 ·读测量数据块，显示组编号 002 ·检测执行电器 ·更换车速传感器 G68
00293 多功能开关 F125 不明确的开关状态	·导线断路或对地短路 ·多功能开关 F125 有故障	·根据电路图检查导线和连接 ·读测量数据块，显示组编号 001 ·检测执行电器 ·更换多功能开关 F125
00297 变速器转速传感器 G38 无信号	·导线断路 ·变速器转速传感器 G38 有故障	·根据电路图检查导线和连接 ·检测执行电器 ·更换变速器转速传感器 G38
00300 变速器油温度传感器 G93，故障类型不能识别	·导线断路 ·变速器油温度传感器 G93 有故障	·根据电路图检查导线和连接 ·读测量数据块，显示组编号 005 ·检测执行电器
00518 节气门电位计 G69 信号超出允许范围	·导线断路 ·发动机控制单元或节气门电位计 G69 有故障，来自节气门电位计 G69 的信号通过发动机控制单元直接送入变速器控制单元并且只能在读测量数据块中进行检查 ·如果自诊断显示节气门电位计有故障，也应当执行发动机控制单元的自诊断	·如果不显示出故障码 00638，应当先排除本故障 ·根据电路图检查导线和连接 ·读测量数据块，显示组编号 001 和 003 ·检查发动机控制单元 ·更换节气门电位计 G69 或发动机控制单元 ·对系统进行基本设定
00529 转速信号出错	·导线断路	·根据电路图检查导线和连接 ·读测量数据块，显示组编号 003 ·检查发动机控制单元 ·检测执行电器
00532 电源电压过低	·蓄电池有故障 ·供给液压阀的电压太低	·测试蓄电池电压 ·读测量数据块，显示组编号 002 ·检测至发动机控制单元 J217 的电压 ·检测执行电器

续表 1-11

故障码与含义	故障原因	故障排除
00545 发动机/自动变速器电器连接断路、对地短路	·导线断路或对地短路 ·发动机/自动变速器控制单元未连接 ·发动机和自动变速器控制单元之间的影响使点火的信号未被传送或传送不正常	·根据电路图检查导线和连接 ·读测量数据块，显示组编号 005 ·检查发动机控制单元 ·对系统进行基本设定
00596 液压阀之间的导线短路	·阀体扁状导线和导线束之间的 10 端子插头短路	·根据电路图检查导线和连接 ·检测执行电器 ·更换扁状导线
00638 发动机/自动变速器电器连接 2 无信号	·导线断路或对地短路 ·发动机/自动变速器控制单元未连接 ·节气门信号未被传送至变速器控制单元	·根据电路图检查导线和连接 ·读测量数据块，显示组编号 005 ·检查发动机控制单元，如有必要，进行更换 ·对系统进行基本设定
00641 ATF 温度信号太大	·自动变速器温度太高，最高温度应不超过 148℃。如果 ATF 的温度太高，变速器自动切换至下一个较低的档位 ·汽车后面拖车的负荷太大 ·ATF 液位不正确 ·变速器油(ATF)温度传感器有故障	·检查 ATF 液位 ·读测量数据块，显示组编号 005，读取 ATF 的温度 ·根据电路图检查导线和连接 ·更换扁状导线
00652 档位监控不可信的信号	·电器/液压有故障 ·离合器或阀体有故障	·读测量数据块，显示组编号 004，并且通过汽车的道路试车确定故障发生在哪个档位
00660 强制低档开关/节气门电位计(只有在行驶中才能识别 00660 故障)信号不可靠	·导线断路 ·强制降档开关有故障 ·节气门电位计 G69 有故障	·根据电路图检查导线和连接 ·读测量数据块，显示组编号 001 ·检测执行电器 ·调整或更换加速踏板拉索 ·按照“排除故障”中序号为 00518-节气门电位计 G69 中的描述进行修理
65535 控制单元有故障	·控制单元 J217 有故障	·更换控制单元 ·对系统进行基本设定

(4)清除故障码。

①查询到故障码以后，屏幕显示：

Rapid data transfer　HELP Select function　××	译文 →	快速数据传输　帮助 选择功能　××

②按数字键 0 和 5 清除故障码，屏幕显示：

Rapid data transfer　Q 05 Erase fault memory	译文 →	快速数据传输　Q 05 清除故障存储

③按 Q 键确认，屏幕显示：

Rapid data transfer　→ Fault memory is erased	译文 →	快速数据传输　→ 故障存储被清除

④屏幕显示约 5s 后，故障存储被清除。如果在查询故障码和清除故障码过程中点火开关处于关闭状态，那么故障存储将不能被清除。屏幕显示：

Attention! Fault memory was not interrogated	译文→	注意！ 故障存储不能被识别

(5)进行基本设定。

在进行一些修理之后，如更换发动机；更换发动机控制单元；更换/改变节气门；调整节气门(设定怠速)；更换节气门电位计 G69；改变节气门电位计 G69 的设置；更换自动变速器控制单元 J217 等。应当进行基本设定。

①连接故障诊断仪 V·A·G1551，输入地址码 02-变速器电子系统。屏幕显示：

Rapid data transfer　　HELP Select function　　××	译文→	快速数据传输　　帮助 选择功能　××

②按数字键 0 和 4，进行基本设定。此时加速踏板应当保持在怠速位置。屏幕显示：

Rapid data transfer　　Q 04 Basic setting	译文→	快速数据传输　　Q 04-基本设定

③按 Q 键确认。屏幕显示：

Basic setting　　HELP Enter display group number×××	译文→	基本设定　　帮助 输入显示组号码　×××

④按数字键 00 和 0，按 Q 键确认。屏幕显示：

System in basic setting　　0→	译文→	系统基本设定　　0→

⑤将加速踏板踩到底，使得换档开关动作并且保持在该位置 3s 以上。此时对系统进行基本设定。按→键，V·A·G 将退回到起始状态。

(6)读测量数据块。

①连接故障诊断仪 V·A·G1551，输入地址码 02-变速器电子系统。屏幕显示：

Rapid data transfer　　HELP Select function　　××	译文→	快速数据传输　　帮助 选择功能　××

②按数字键 0 和 8，读测量数据块。屏幕显示：

Rapid data transfer　　Q 08 Read measured value block	译文→	快速数据传输　　Q 08-读测量数据块

③按 Q 键确认。屏幕显示：

Basic setting　　HELP Enter display group number×××	译文→	基本设定　　帮助 输入显示组号码　×××

④输入显示组编号，按 Q 键确认。屏幕显示：

Read measured value block 1 1　2　3　4	译文→	读测量数据块 1 1　2　3　4

显示组编号及测量数据块 4 个显示区域各代表的意义、显示区域中各数值的测试见该车型的维修技术资料。

2. 自动变速器油变质

(1)故障现象：更换后的新自动变速器油使用不久就变质，且自动变速器油温度过高，可闻到焦煳味或从加油口处看到冒烟。

(2)故障原因。

①自动变速器使用不当，如经常急加速、超速行驶，经常超负荷行驶等。

②所使用的自动变速器油品质不合要求或已受污染。

③自动变速器到冷却器的油管堵塞，冷却器的限压阀卡滞。

④离合器或制动器的间隙过小。

⑤主油路的油压过低。

(3)故障诊断与排除。

①使汽车以中、低速行驶5～10min，待自动变速器达到正常工作温度后，在发动机运转的情况下检查自动变速器油冷却器的温度，冷却器正常的温度应为60℃左右。

②如果冷却器温度过低，说明自动变速器至冷却器的油管有堵塞，或冷却器限压阀有卡滞，应查明原因予以修理。如果冷却器温度过高，说明离合器和制动器间隙太小，应拆检自动变速器并予以调整。

③如果冷却器温度正常，则需检测主油路压力。如果压力过低，应检查节气门位置传感器的调整情况。如果节气门传感器安装正常，应拆卸自动变速器，检查油泵是否磨损过甚、阀板内的主油路调压阀和油压电磁阀有无卡滞、主油路有无漏油等。

④如果上述检查均正常，则可能是自动变速器使用不当或自动变速器油本身的问题，应将自动变速器油全部放出，加入规定牌号的自动变速器油。

3. 汽车不能行驶

(1)故障现象：无论自动变速器操纵手柄置于任一前进档或倒档，汽车均不能行驶。

(2)故障原因。

①自动变速器油全部漏光。

②油泵损坏或油泵进油滤网严重堵塞。

③操纵手柄与手控阀之间的连接杆或拉索松脱。

④液压控制系统中的主油路或主油路调压阀堵塞。

⑤自动变速器机械系统有损坏不能传递动力。

⑥变矩器损坏不能传递动力。

(3)故障诊断与排除。

①检查自动变速器的油面高度，如油面过低，应检查自动变速器油底壳、冷却器及油管接头处有无破损漏油，如有严重漏油处，应进行修复并重新按规定加油。

②检查自动变速器操纵手柄与手控阀摇臂之间的连杆或拉索有无松脱，如有松脱，应重新调整操纵手柄的位置，将松脱处拧紧。

③拆下主油路测压孔上的螺塞，起动发动机，将操纵手柄置于倒档或前进档，检查测压孔液压油流出情况。

a. 如果测压孔无油液流出，打开油底壳，检查手动阀摇臂是否松脱，如果手动阀工作正常，说明油泵损坏，应维修或更换。

b. 如果测压孔只有少量油液流出，打开油底壳，检查油泵的滤网有无堵塞。如果滤网无堵塞，需拆开自动变速器，检查油泵、主油路调压阀。

c. 如果测压孔有大量油液喷出，说明故障出在自动变速器机械系统。这时，可拆下自动变速器油底壳，检查手控阀摇臂轴与摇臂之间是否松脱。如果没有松脱，则需拆检自动变速器齿轮系统。如果自动变速器齿轮系统无故障，需检查或更换液力变矩器。

④如果冷车起动时有一定的油压，而在热车后油压明显下降，说明是油泵磨损严重，应更换油泵。

4. 自动变速器打滑

(1)故障现象。

①汽车起步时踩下加速踏板，发动机转速上升很快但车速上升缓慢。

②加速时，发动机转速很高但车速不能很快提高。

③上坡时，汽车行驶无力，但发动机的转速却很高。

(2)故障原因。

①自动变速器油面过低。

②离合器或制动器摩擦片(或制动带)磨损严重或烧焦。

③油泵磨损严重或主油路有泄漏。

④单向离合器打滑。

⑤离合器或制动器活塞密封圈损坏,导致漏油。

(3)故障诊断与排除。

①检查自动变速器油面高度,如果油面过低,添加自动变速器油至规定高度后重新检查自动变速器是否打滑。如果还打滑,应进一步检查液压油品质,如果液压油呈棕黑色或有烧焦味,说明离合器或制动器摩擦片或制动带已烧坏,应拆检自动变速器。

②根据自动变速器打滑规律判断故障部位(以四档辛普森式行星齿轮自动变速器为例),如表1-12所示。

表 1-12　打滑的规律和可能的故障部位

打滑规律	可能故障部位
在前进档时都有打滑现象而在倒档时不打滑	前进档离合器打滑
在D档位和一档打滑而在L档位时的一档不打滑	前进单向离合器打滑
在D档位和L档位的二档都打滑	二档制动器打滑
在D档位的二档打滑而在二档位时的二档不打滑	二档单向离合器打滑
在D档位和L档位下的二档都打滑	二档制动器打滑
只是在三档时有打滑现象	倒档及高档离合器打滑
只是在超速档时有打滑现象	超速档制动器打滑
在倒档和高档时都有打滑现象	倒档及高档离合器打滑
在倒档和一档时有打滑现象	低档及倒档制动器打滑
在前进档和倒档时均有打滑现象	主油路的油压过低

③在拆检自动变速器前,先检测一下主油路的油压。如果油压正常,则在拆检自动变速器时,更换已打滑(磨损过度或已烧焦)的换档执行元件即可;如果油压过低,则在拆检自动变速器时,应检查油泵滤网、油泵、主油路和主油路压力调节阀等。

5. 换档时冲击大

(1)故障现象:在自动变速器操纵手柄从停车档或空档挂入前进档或倒档时,汽车会有明显的振动,而在汽车行驶时,自动变速器升档的瞬间,汽车也有明显的冲击。

(2)故障原因。

①发动机的怠速过高。

②节气门拉索或节气门位置传感器调整不当。

③主油路压力调节阀故障。

④主油路油压电磁阀故障。

⑤蓄能器故障(如活塞卡住)。

⑥单向阀损坏或单向阀钢球漏装。

⑦换档执行元件(离合器、制动器)打滑。

⑧升档过迟。

⑨自动变速器电子控制单元有故障。

(3)故障诊断与排除。

①发动机怠速转速一般为750r/min左右,如果怠速转速过高,应予以调整。

②如果节气门拉索过紧或过松,应调整。

③通过道路试验，判断自动变速器有无打滑或升档过迟故障。

④在发动机怠速运转情况下，如果主油路压力过高，说明主油路压力调节阀或节气门阀有故障，可能是调压弹簧的预紧力过大或阀芯卡滞。如果主油路压力正常，说明前进档离合器或倒档及高档离合器的进油单向阀钢球损坏或漏装，应拆卸阀体修理。

⑤如果在换档时主油路的油压有瞬时下降，但有换档冲击，可能是换档执行元件的间隙太小而造成换档冲击。如果换档时主油路的油压没有下降，则应检查主路油压力电磁阀的线路有无故障、主油路压力电磁阀能否正常工作、在换档时电子控制单元有无向主油路压力电磁阀输出信号、自动变速器蓄能器有无损坏。

6．不能升档

(1)故障现象：汽车行驶中，自动变速器始终在一档，不能升入二档，或能升入二档，但不能升入三档和超速档。

(2)故障原因。

①节气门拉索或节气门位置传感器有故障。

②车速传感器故障。

③2档制动器或高档离合器有故障。

④换档阀卡滞。

⑤档位开关故障。

⑥换档执行元件打滑。

⑦自动变速器电子控制单元故障。

(3)故障诊断与排除。

①进行故障自诊断，如果有故障码输出，则按所显示的故障码检查故障。

②检查节气门拉索或节气门位置传感器的工作情况，不符合技术要求，应调整。

③检查车速传感器及其线路，如果工作不良，应更换。

④检查空档起动开关是否良好，如果有故障，应调整或更换。

⑤如果上述检查均未发现故障，则需拆检自动变速器，检查换档执行元件是否严重磨损或有无泄漏。

⑥如果上述检查均正常，则需检查自动变速器电子控制单元。

7．无超速档

(1)故障现象：汽车在行驶中不能升入超速档。

(2)故障原因。

①超速档开关或超速档电磁阀故障。

②超速档制动器打滑。

③超速行星排的离合器或单向离合器卡死。

④空档起动开关故障。

⑤自动变速器油温传感器故障。

⑥节气门位置传感器故障。

⑦三-四档换档阀卡滞。

⑧自动变速器电子控制单元故障。

(3)故障诊断与排除。

①进行故障自诊断，如果有故障码输出，则按所显示的故障码检修故障。

②检查自动变速器油温传感器在不同温度下的电阻值，如果不合标准，应更换。

③检查空档起动开关的信号,如果没有信号或信号与操纵手柄的位置不符,应调整或更换。

④检查节气门位置传感器的输出信号,如果不合标准,应调整或更换。

⑤当超速档开关接通(ON)时,超速指示灯应不亮。当超速档开关断开(OFF)时,超速档指示灯应亮起。如果不是这样,应检查超速档开关电路或更换超速档开关。

⑥打开点火开关(不起动发动机),按下超速档开关按钮时,超速档电磁阀应有工作的响声。如果超速档电磁阀不工作,应检查其线路或更换超速档电磁阀。

⑦用举升机将驱动轮悬空,检查在空载的情况下自动变速器能否升入超速档。如果空载下能升入超速档,且升档后车速正常,说明控制系统正常,超速档制动器在有负载时打滑。如果空载下能升入超速档,但升档后车速偏低,发动机转速下降,说明超速行星排中的离合器或单向离合器卡滞。如果空载下不能升入超速档,说明液压控制系统或电子控制系统有故障。

⑧如果液压控制系统有故障,需拆开自动变速器检查三-四档换档阀有无卡滞。

⑨如果是电子控制系统的故障,应检查传感器、电磁阀、自动变速器电子控制单元及其线路。

8. 自动变速器异响

(1)故障现象:汽车在行驶过程中自动变速器有异响,停车挂空档后异响消失。

(2)故障原因。

①自动变速器油面过高或过低。

②油泵磨损严重。

③变矩器锁止离合器、导轮单向离合器等损坏。

④行星齿轮机构损坏。

⑤换档执行元件损坏。

(3)故障诊断与排除。

①检查自动变速器油面高度,如果过高,应将自动变速器油抽出至符合要求为止。如油面过低,应添加自动变速器油至正常的高度。

②用举升机将汽车举起,起动发动机,分别在空档、前进档和倒档时检查自动变速器的异响情况。

③如果在任何档位下自动变速器始终有连续的异响,则可能是油泵或液力变矩器有故障,应拆检油泵和液力变矩器。

④如果在挂入空档后自动变速器异响就消失,则为自动变速器行星齿轮机构异响,应拆检自动变速器。

9. 无倒档

(1)故障现象:汽车在前进档能正常行驶,但在倒档时不能行驶。

(2)故障原因。

①操纵手柄调整不当。

②倒档油路泄漏。

③倒档及高速档离合器或倒档及低速档制动器打滑。

(3)故障诊断与排除。

①检查自动变速器操纵手柄的位置。若有异常,应按规定程序重新调整。

②检查倒档油路油压。若油压过低,则说明倒档油路泄漏,应拆检自动变速器。若倒档油路油压正常,应拆检自动变速器,更换损坏的离合器片或制动器片(制动带)。

10. 无前进档

(1)故障现象:汽车倒档行驶正常,在前进档不能行驶;自动变速器操纵手柄在D位时不能起步,在S位(或2位)、L位(或1位)时可以起步。

(2)故障原因。

①前进档离合器严重打滑。

②前进档单向离合器打滑或装反。

③前进档离合器油路严重泄漏。

④自动变速器操纵手柄调整不当。

(3)故障诊断与排除。

①检查操纵手柄的调整情况。若有异常,应重新调整。

②测量前进档主油路压力。如果压力过低,说明主油路严重泄漏,应拆检自动变速器,更换前进档油路上各处的密封圈和密封环;如果前进档的主油路压力正常,应拆检前进档离合器;如摩擦片表面粉末冶金层有烧焦现象或磨损过多,应更换摩擦片;如果主油路压力和前进档离合器均正常,则应检查前进档单向离合器有无打滑,安装方向是否正确。

11. 升档过迟

(1)故障现象:在汽车行驶中,升档车速明显偏高。升档前发动机转速高于正常值,必须采用松节气门提前升档的操作方法才能使自动变速器升入高速档或超速档。

(2)故障原因。

①节气门位置传感器调整不当或损坏。

②车速传感器损坏。

③强制降档开关短路。

④电子控制单元故障。

(3)故障诊断与排除。

①进行故障自诊断,如有故障代码,则按所显示的故障代码查找故障原因。

②检查节气门位置传感器的调整情况,如不符合标准,应重新调整。

③测量节气门位置传感器的电阻值,如不符合标准,应更换。

④检查车速传感器是否损坏,如有损坏,应更换。

⑤检查强制降档开关,如有短路,应修复或更换。

⑥通过上述检查,若均正常,则应更换自动变速器电子控制单元再进行测试。

第五节 万向传动装置

一、万向传动装置的功用与组成

(1)万向传动装置的功用:万向传动装置的功用是在轴间夹角及相互位置经常发生变化的转轴之间传递动力。

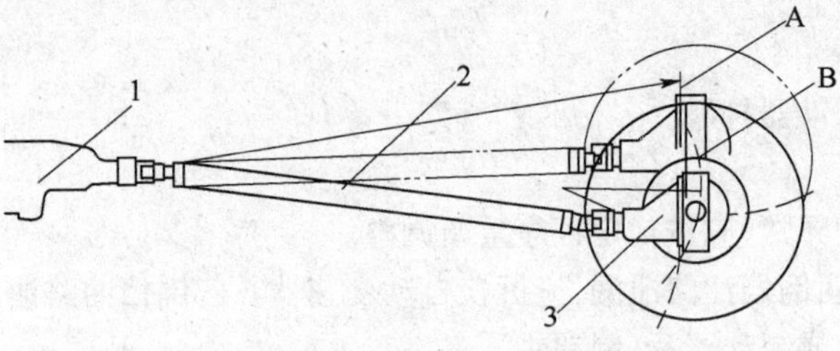

图 1-137 变速器与驱动桥相对位置的变化

1. 变速器 2. 传动轴 3. 驱动桥

A—传动轴摆动轨迹 B—驱动桥摆动轨迹

在发动机前置后轮驱动的汽车上,变速器与发动机、离合器连在一起安装在车架上,而驱动桥则通过弹性悬架与车架连接。在汽车行驶过程中,弹性悬架受路面冲击而产生振动,使变速器输出轴和驱动桥输入轴的相对位置经常发生变化,如图 1-137 所示。因此,在变速器的输出轴与驱动桥的输入轴之间采用了万向传动装置。

(2)万向传动装置组成:万向传动装置主

要由万向节、传动轴、中间支承等组成。对于传动距离较远的分段式传动轴，为了提高传动轴的刚度，还设有中间支承，如图 1-138 所示。

除在变速器与驱动桥之间应用了万向传动装置外，在汽车上其他位置也有应用，如越野汽车变速器与分动器之间、汽车的转向驱动桥中、断开式驱动桥的半轴中、汽车的转向操纵机构中。

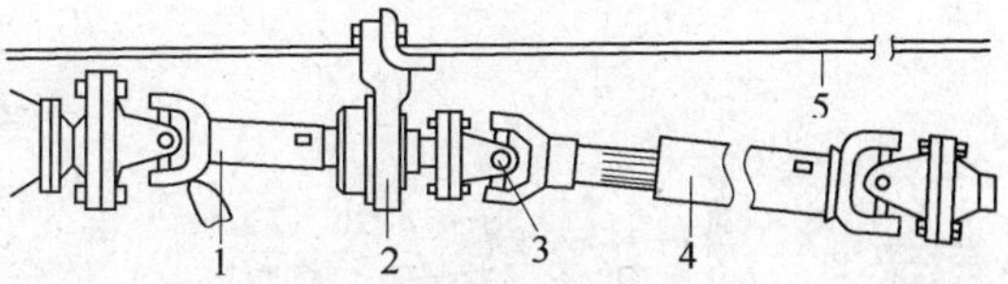

图 1-138　变速器与驱动桥之间的万向传动装置

1. 中间传动轴　2. 中间支承　3. 万向节
4. 主传动轴　5. 车架

二、万向传动装置的构造

1. 万向节

万向节按其在扭转方向上是否有明显的弹性可分为刚性万向节和挠性万向节。刚性万向节又可分为不等速万向节、准等速万向节和等速万向节。

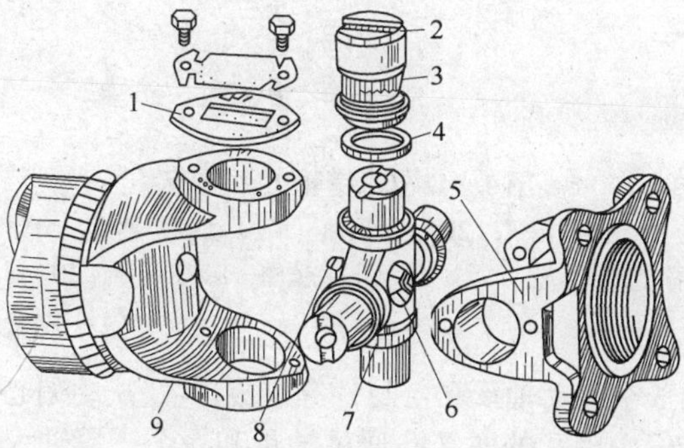

图 1-139　普通十字轴万向节

1. 轴承盖　2. 套筒　3. 滚针　4. 油封　5、9. 万向节叉
6. 安全阀　7. 十字轴　8. 注油嘴

(1)不等速万向节：普通十字轴万向节为一典型的不等速万向节，其结构如图 1-139 所示。

两万向节叉上的孔分别套在十字轴的 4 个轴颈上。为了减小摩擦损失，提高传动效率，在十字轴轴颈与万向节叉孔之间装有滚针和套筒组成的滚针轴承，然后用螺钉和轴承盖将套筒固定在万向节叉上，并用锁片将螺钉锁紧。十字轴内钻有油道，通过注油嘴注入润滑油，以润滑轴承。为避免润滑脂流出及尘垢进入轴承，十字轴轴颈的内端套装有油封。安全阀的作用是当十字轴内腔润滑油压力超过允许值时，阀打开润滑油外溢，使油封不会因油压过高而损坏。

十字轴万向节是目前汽车传动系统中应用最广的一种万向节，允许相邻两轴的最大交角为 15°～20°。

为了提高十字轴万向节的使用寿命，现代汽车多采用橡胶油封，当油腔内的润滑油压力大于允许值时，多余的润滑油从油封内圆表面与十字轴轴颈接触处溢出，故无须安装安全阀。

(2)准等速万向节：准等速万向节的典型结构有双联式万向节和三销轴式万向节。

①双联式万向节。如图 1-140 所示，在万向节叉 6 的内端有球头，与球碗 9 的内圆面配合，球碗座 2 则镶嵌在万向节叉 1 的内端。球头与球碗的中心与十字轴中心的连线中点重合。当万向节叉 6 相对万向节叉 1 在一定角度范围内摆动时，双联叉 5 也被带动偏转相应角度。

目前汽车转向驱动桥采用的双联式万向节为使结构简化，省去了分度机构，在结构上将内半轴或外半轴用轴承组件定位在壳体上，保证汽车直线行驶时万向节中心点位于主销轴线与半轴线的交点，如图 1-141 所示。

双联式万向节允许有较大的轴间夹角，且结构简单，制造方便。

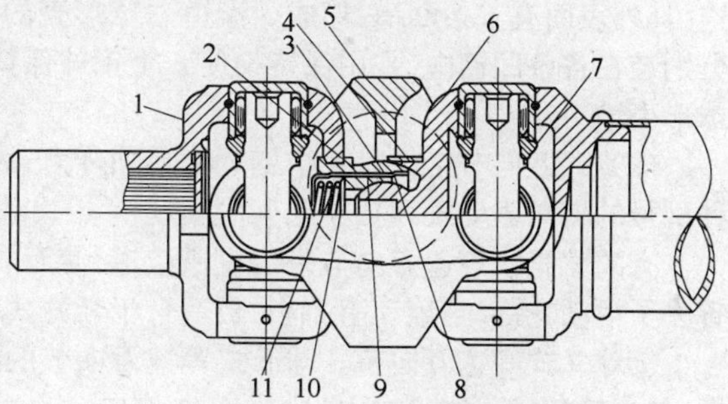

图 1-140　双联式万向节

1、6. 万向节叉　2. 球碗座　3. 衬套　4. 防护圈
5. 双联叉　7. 油封　8、10. 垫圈　9. 球碗　11. 弹簧

②三销轴式万向节。是由双联式万向节演变而来的准等速万向节，其结构如图 1-142 所示。

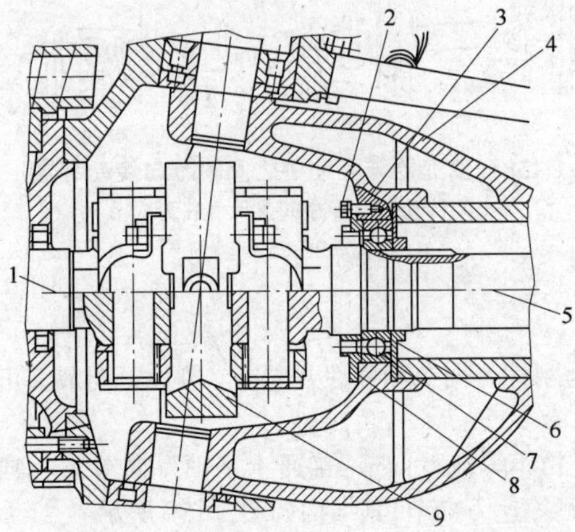

图 1-141 双联式万向节在转向驱动桥上的安装

1. 外半轴 2. 螺栓 3. 垫片 4. 桥壳 5. 内半轴 6. 止推垫圈 7. 轴承 8. 油封及油封座 9. 双联式万向节

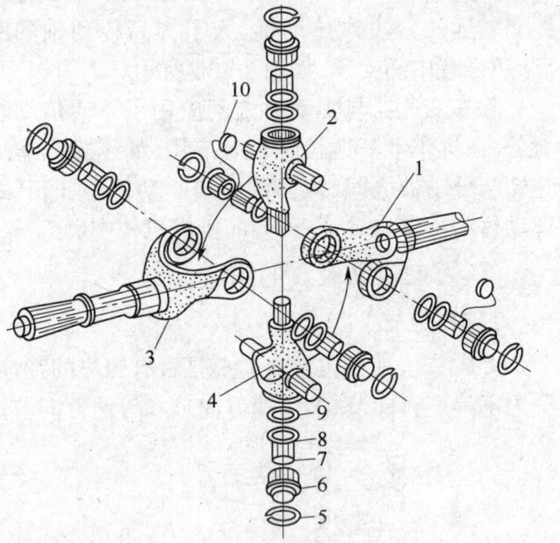

图 1-142 三销轴式万向节

1. 主动偏心轴叉 2、4. 三销轴 3. 从动偏心轴叉 5. 卡环 6. 轴承座 7. 衬套 8. 毛毡垫 9. 密封罩 10. 推力垫片

三销轴式万向节由两个偏心轴叉、两个三销轴和6个滑动轴承和密封件等组成。主、从动偏心轴叉分别与转向驱动桥的内、外半轴制成一体。每一个偏心轴叉的两叉孔通过轴承和一个三销轴大端的两轴颈配合,两个三销轴的小端轴互相插入对方的大端轴承孔内。

与主动偏心轴叉相连的三销轴的两个轴颈端面和轴承座之间装有推力垫片。其余轴颈端面均无推力垫片,且端面与轴承座之间留有较大的空隙,目的是保证车轮转向时三销轴式万向节无运动干涉现象。

三销轴式万向节允许相邻两轴间的交角最大可达45°,采用此万向节的转向驱动桥可使汽车获得较小的转弯直径,提高了汽车的机动性。

(3)等速万向节:等速万向节的典型结构有球笼式万向节和球叉式万向节。

①球笼式等速万向节。球笼式等速万向节的结构如图1-143所示。星形套以内花键与主动轴相连,其外表面有6条凹槽,形成内滚道。球形壳的内表面有相应的6条凹槽,形成外滚道。6个钢球分别装在各条凹槽中,并用保持架使6个钢球保持在同一平面内。动力由主动轴输入,通过钢球传到球形壳输出。

球笼式万向节工作时6个钢球都参加传力,故承载能力强、磨损小、寿命长。它被广泛应用于各种型号的转向驱动桥和独立悬架的驱动桥。

有的球笼式等速万向节采用直槽滚道,使万向节本身可轴向伸缩,如图1-144所示。这种万向节省去了滑动花键,且滚动阻力小,最适合于断开式驱动桥。

②球叉式等速万向节。球叉式等速万向节的结构如图1-145所示。主动叉5与从动叉1分别与内、外半轴制成一体。在主、从动叉上,各有4个曲面凹槽,装合后形成两个相交的环形槽,作为钢球滚道。4个传动钢球放在槽中,钢球6放在两叉中心的凹槽内,以定中心。

球叉式万向节工作时,只有两个钢球传力,反转时,则由另外两个钢球传力。因此,钢球与曲面凹槽之间的单位压力较大,磨损较快,影响使用寿命。

球叉式等速万向节结构简单,允许两轴间最大夹角为32°~33°,一般应用于转向驱动桥中,如图1-146所示。近年来,有些球叉式万向节省去了定位销和锁止销,中心钢球上也没有凹面,靠压力装配,使结构更为简单。

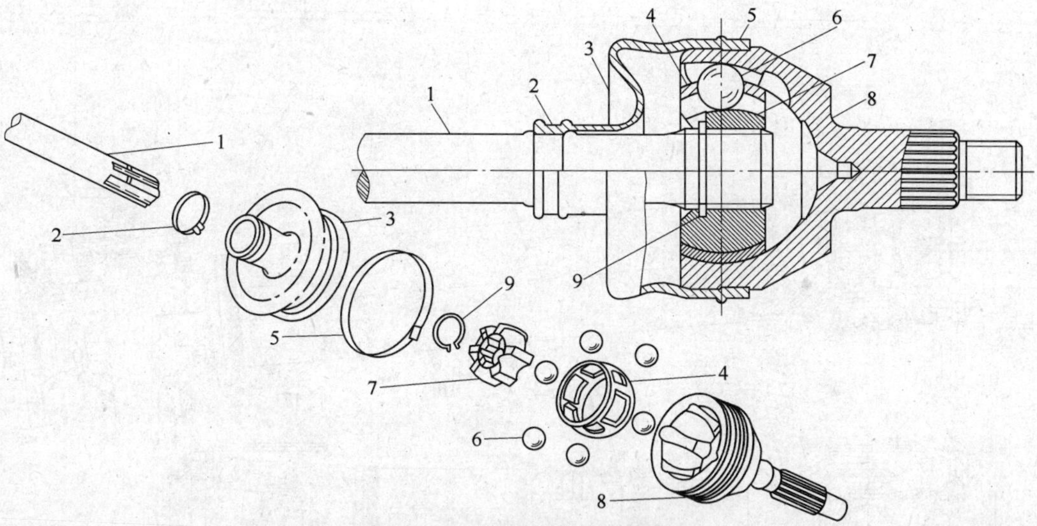

图 1-143　球笼式等速万向节

1. 主动轴　2、5. 钢带箍　3. 防尘罩　4. 保持架(球笼)　6. 钢球　7. 星形套(内滚道)　8. 球形壳(外滚道)　9. 卡环

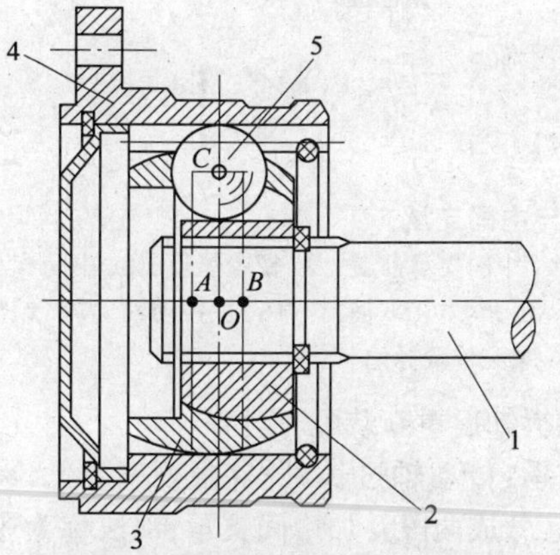

图 1-144　伸缩型球笼式万向节

1. 主动轴　2. 星形套(内滚道)　3. 保持架(球笼)　4. 筒形壳(外滚道)　5. 钢球

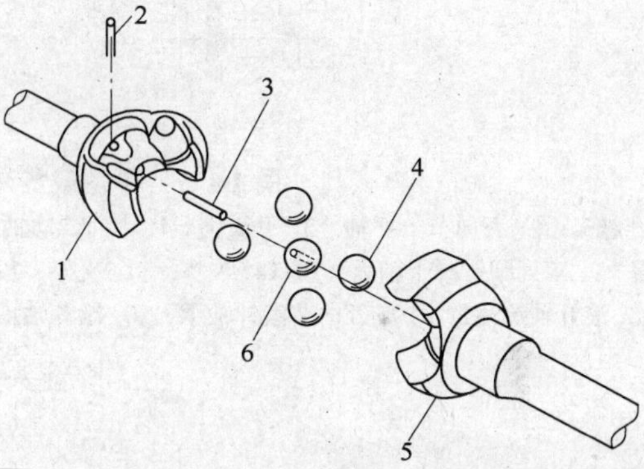

图 1-145　球叉式等速万向节

1. 从动叉　2. 锁止销　3. 定位销　4. 传动钢球　5. 主动叉　6. 中心钢球

2. 传动轴和中间支承

(1)传动轴:传动轴的结构如图 1-147 所示。

在轻、中型载货汽车中,传动轴一般用厚度为 1.5～3.0mm 的薄钢板卷焊而成,超重型货车则直接采用无缝钢管。转向驱动桥、断开式驱动桥或微型汽车的传动轴通常制成实心轴。

为满足汽车行驶过程中变速器与驱动桥相对位置的变化,避免运动干涉,传动轴中设有由滑动叉和花键轴组成的滑动花键连接。还装有油嘴、油封、堵盖和防尘罩。

为防止传动轴高速旋转时产生剧烈振动,传动轴与万向节装配后必须进行动平衡,必要时焊平衡块。平衡后,在滑动叉 13 与传动轴 16 上刻上

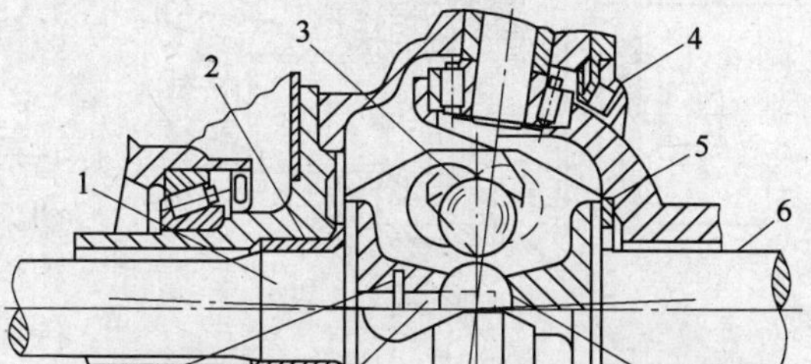

图 1-146　球叉式万向节在转向驱动桥中的安装

1. 从动叉　2. 径向推力轴承　3. 传动钢球　4. 油封　5. 推力轴承　6. 主动叉　7. 中心钢球　8. 定位销　9. 锁止销

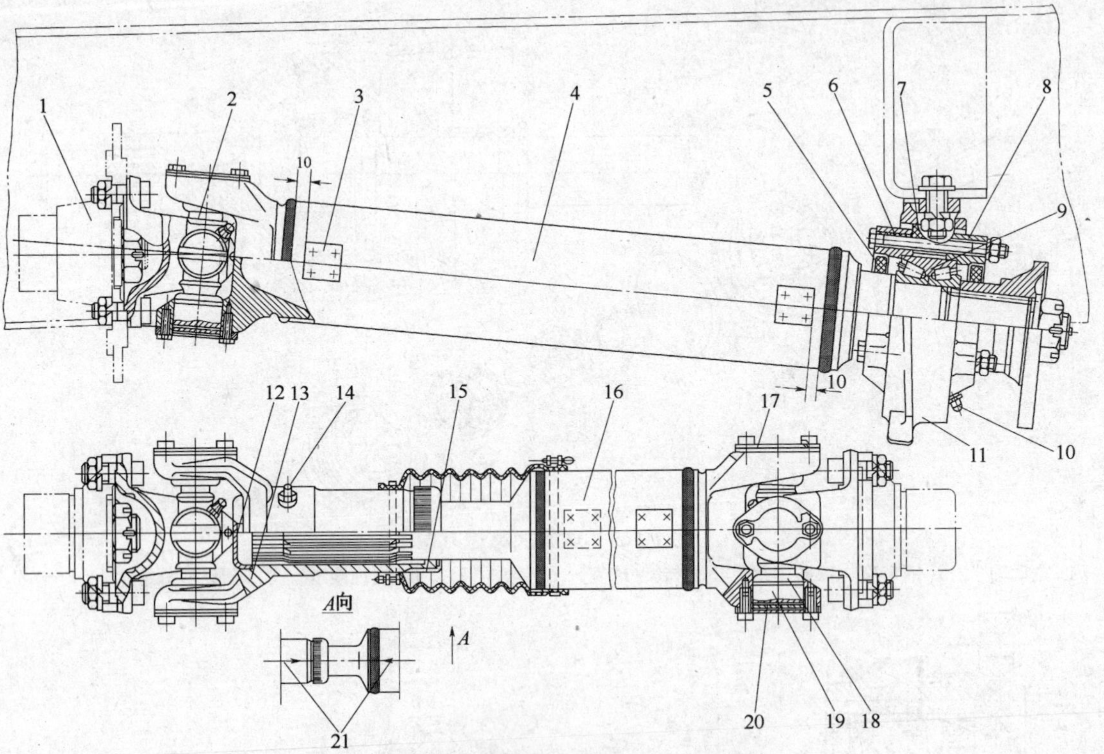

图 1-147 中型载货汽车传动轴与中间支承

1. 凸缘叉 2. 万向节十字轴 3. 平衡块 4. 中间传动轴 5. 油封 6. 中间支承前盖 7. 橡胶垫环 8. 中间支承后盖 9. 双列圆锥滚子轴承 10、14. 油嘴 11. 支架 12. 堵盖 13. 滑动叉 15. 油封 16. 主传动轴 17. 锁片 18. 滚针轴承油封 19. 万向节滚针轴承 20. 滚针轴承轴承盖 21. 装配位置标记

箭头标记,以便拆卸后重新装配时对齐。

(2)中间支承:传动轴过长时,自振频率降低,易产生共振。故将其分成两段并加中间支承,前段称为中间传动轴,后段称为主传动轴。通常中间支承安装在车架横梁上,以补偿传动轴轴向和角度方向的安装误差,以及汽车行驶过程中由于发动机窜动或车架变形等引起的位移。

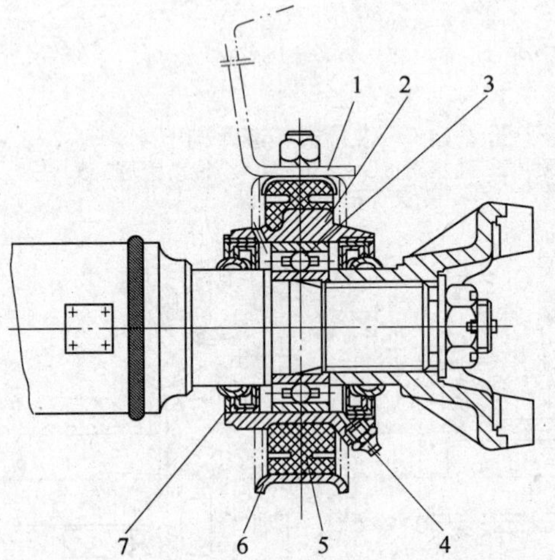

图 1-148 东风 EQ1090E 型汽车中间支承

1. 车架横梁 2. 轴承座 3. 轴承 4. 油嘴 5. 蜂窝形橡胶垫 6. U 形支架 7. 油封

东风 EQ1090E 型汽车中间支承如图 1-148 所示。它采用了蜂窝软垫式结构,轴承 3 可在轴承座 2 内滑动。由于蜂窝形橡胶垫 5 的弹性作用,能适应安装误差和行驶中出现的位移。此外,还可吸收振动、减少噪声传导。

有的汽车采用摆动式中间支承,如图 1-149 所示,它可绕支承轴摆动,改善了发动机轴向窜动时轴承的受力状况。橡胶衬套能适应传动轴轴线在横向平面内少量的位置变化。

三轴越野汽车后桥传动装置的中间支承通常支承在中驱动桥上,如图 1-150 所示,中间支承用两个 U 形螺栓紧固在中桥上,支承轴两端各用一个锥形轴承支承于壳体内,两油封座与壳体间的垫片可调整两锥形轴承的松紧度。两端万向节叉通过花键套在中间支承轴上，用螺母紧固。

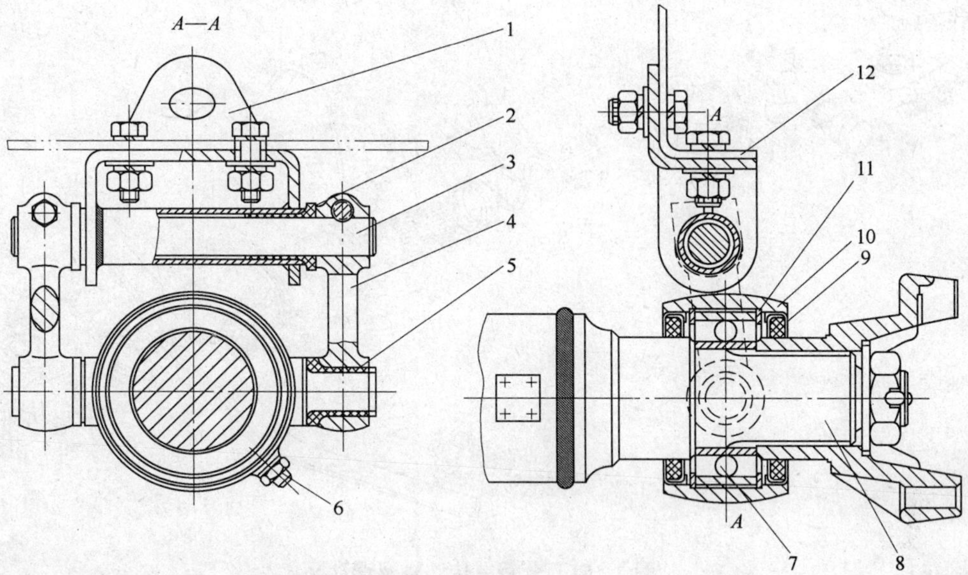

图 1-149　摆动式中间支承

1．支架　2、5．橡胶衬套　3．支承轴　4．摆臂　6．油嘴　7．轴承　8．中间传动轴　9．油封　10．支承座　11．卡环　12．车架横梁

三、不等速万向传动装置的拆装

1．不等速万向传动装置的拆卸（以东风 EQ1108G 型汽车为例）

（1）不等速万向传动装置总成的拆卸。

①把车辆停放在水平地面上，用三角木塞住前、后车轮。

②检查总成上的装配标记，必要时重新做标记。

③拆下主传动轴与主减速器凸缘的连接螺栓，拆下主传动轴总成。

④拆下中间传动轴与驻车制动鼓的连接螺栓，拆下中间支承与车架横梁的连接螺栓，取下中间传动轴总成。

（2）分解滑动叉：如图 1-151 所示，拧开滑动叉油封盖，把花键轴从滑动叉中抽出来，取下油封、油封垫和油封盖。

（3）分解万向节（如图 1-152 所示）。

①用卡环钳取出万向节叉孔内的卡环。

②托住传动轴的一端，用手锤敲击万向节叉外侧，将滚针轴承及轴承座振出。

③将传动轴旋转 180°，用同样的方法将万向节叉上另一滚针轴承振出，取下万向节叉。

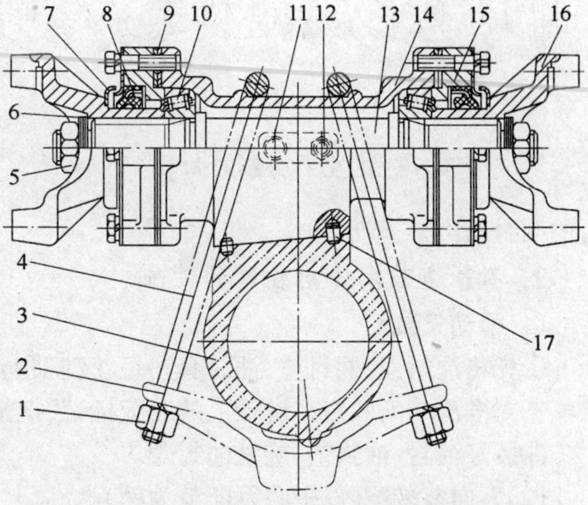

图 1-150　东风 EQ2080 型汽车传动轴的中间支承

1．U形螺栓紧固螺母　2．中间支承托板　3．中桥壳　4．U形螺栓　5．万向节叉紧固螺母　6．垫片　7．防尘罩　8．油封　9．调整垫片　10．圆锥滚子轴承　11．通气塞　12．油封嘴　13．中间支承轴　14．中间支承壳体　15．油封座　16．万向节叉　17．定位销

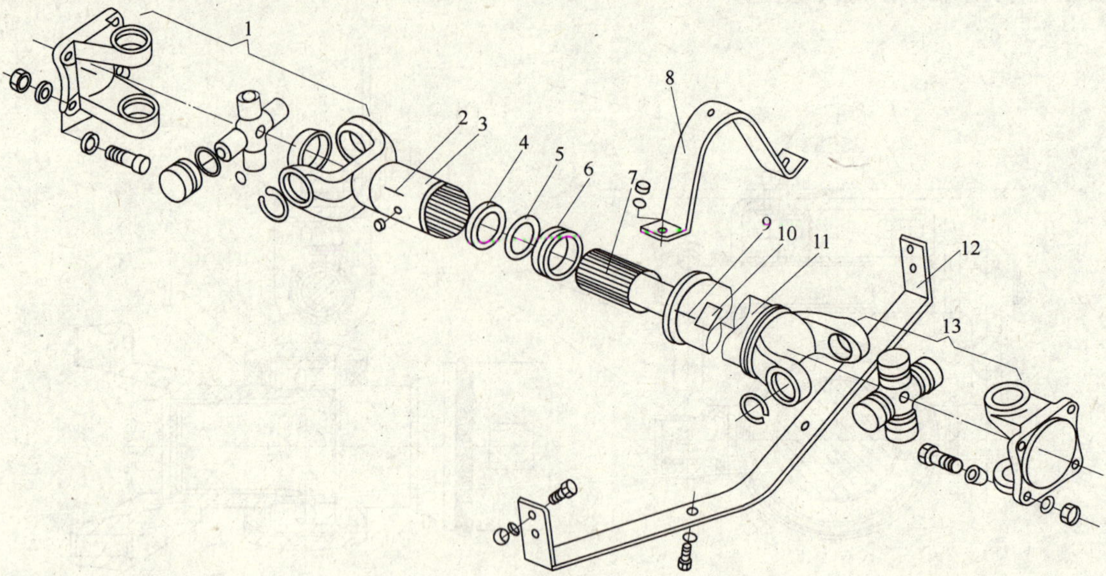

图 1-151 分解主传动轴及滑动叉

1. 前万向节 2、9. 装配标记 3. 滑动叉 4. 油封 5. 油封垫 6. 油封盖 7. 花键轴 8. 传动轴支架 10. 平衡块 11. 主传动轴 12. 托架 13. 后万向节

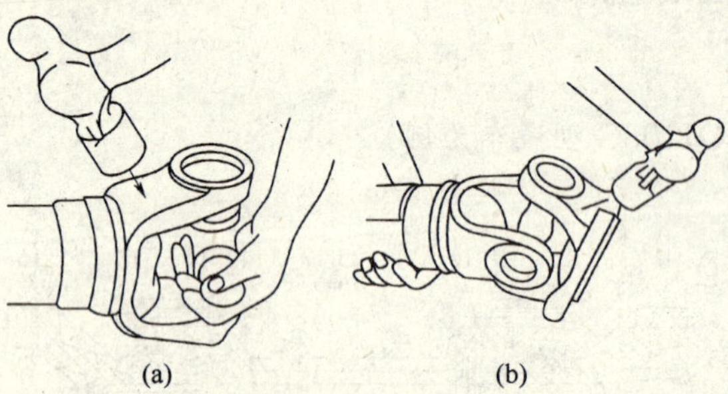

图 1-152 分解万向节

④左手抓住十字轴，将传动轴一端抬起，右手用手锤敲击万向节叉根部，将滚针轴承、轴承座及十字轴振出。

(4)分解中间支承(如图 1-153 所示)。

①拔下开口销，拧下槽形螺母，取下垫圈。

②用手锤轻敲凸缘背面，松动后拔出凸缘。

③在轴承座前端放置一垫板，用手锤轻敲垫板，将整个中间支承从中间花键轴上敲出来。

④把中间支承橡胶垫圈从轴承座上压出来。

⑤把轴承座夹在台钳上，用铜棒和手锤把两边的油封敲出来，取出轴承。

2. 不等速万向传动装置的装配

(1)滑动叉装配。

①先将油封盖、油封垫、油封套在短花键轴上。

②对准滑动叉和短花键轴上的装配标记，把滑动叉套到短花键轴上。

③装好油封、油封垫，旋紧油封盖。

(2)万向节装配(以中间万向节为例)。

①使十字轴上的油嘴朝向滑动叉一方，并和滑动叉上的油嘴同方向，插入万向节叉的耳孔内，把滚针轴承放入耳孔并套到十字轴轴颈上，如图 1-154a 所示。

②用铜棒、锤子轻敲滚针轴承外底面，使轴承进入耳孔到位，用卡钳把卡环装入万向节叉耳孔的槽内。

③对准装配标记，把万向节叉套到十字轴的另一对轴颈上，如图 1-154b 所示。

④把滚针轴承放入万向节叉耳孔，并套到十字轴轴颈上，用铜棒、锤子轻敲轴承进入耳孔到位，用

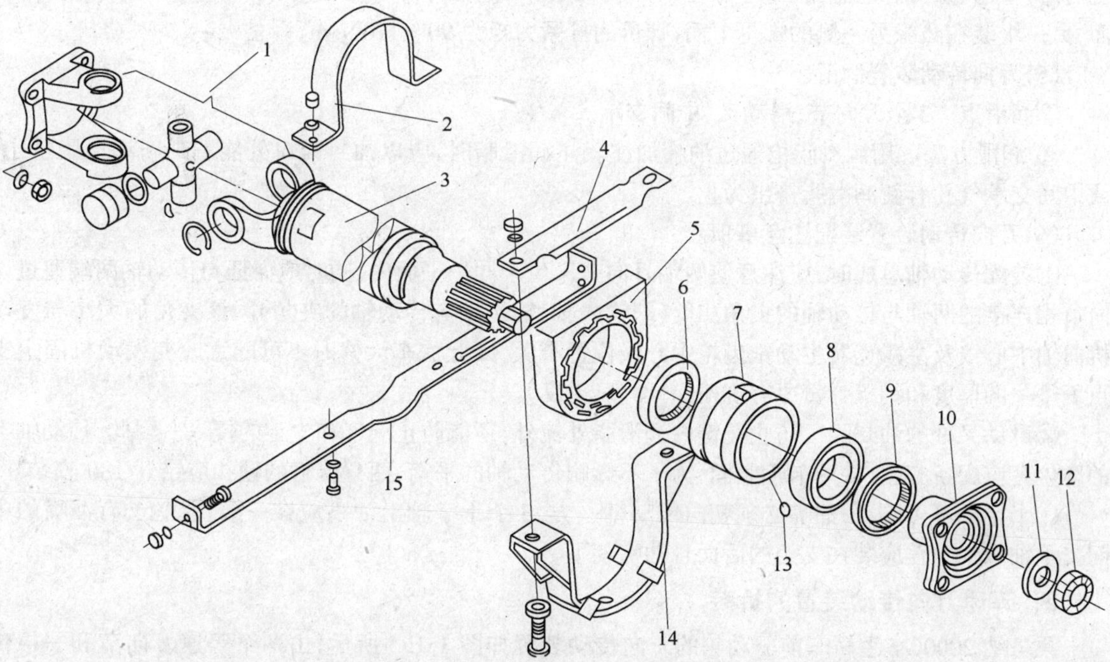

图 1-153 分解中间传动轴

1. 万向节总成 2. 中间轴支架 3. 中间传动轴 4. 中间支承上盖板 5. 中间支承橡胶垫圈 6、9. 油封 7. 轴承座 8. 轴承 10. 凸缘 11. 垫圈 12. 槽形螺母 13. 油嘴 14. 中间支承支架 15. 中间轴托架

卡钳把卡环装入耳孔槽,要注意卡环一定要整个厚度进入槽底,否则,会在传动轴转动过程中弹出,发生轴承脱落的事故。

万向节装复后,应能在±25°范围内自由摆动,手感灵活无卡住现象。必要时,可检查万向节轴承端部间隙,该间隙标准值为0.02~0.20mm,极限尺寸为0.40mm。

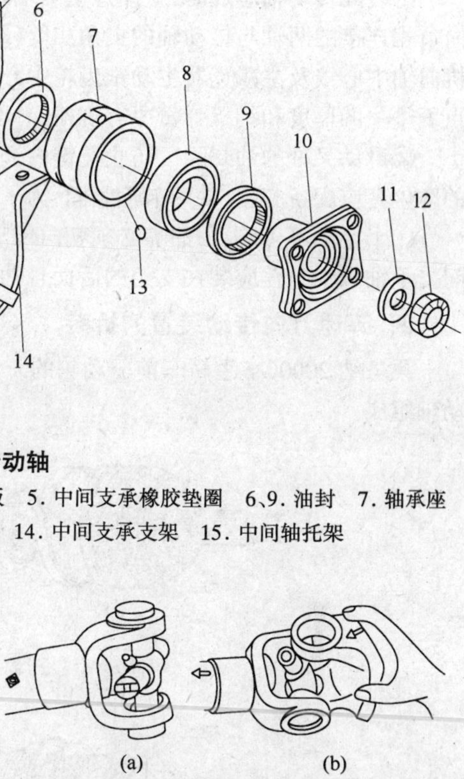

图 1-154 装配万向节

(3)中间支承装配。

①将轴承装入轴承座,两侧压入油封,装上橡胶垫圈。

②将上述装好的中间支承套到中间花键轴上(无油嘴的一侧朝向中间传动轴,凸缘螺栓孔布置相位和前端万向节叉螺栓孔布置相位应一致)。

③在凸缘端面上垫上垫板,用锤子轻敲,使中间支承和凸缘到位。

④放上垫圈,旋紧螺母,装上开口销。螺母的拧紧力矩不小于196N·m。

(4)万向传动装置总成装车:安装万向传动装置应从前端开始,逐步往后装。

①先装中间传动轴及中间支承总成,把前端的凸缘装到驻车制动鼓上,装上弹簧垫圈和螺母,用90~110N·m的力矩拧紧螺母。

②中间传动轴的后端通过中间支承,用支架和上盖板装到车架横梁上,装上螺栓、平垫圈、弹簧垫圈、螺母,拧紧力矩为90~110N·m。

③安装主传动轴及滑动叉总成。安装前应先注意油嘴的朝向,主传动轴油嘴应与中间传动轴的油嘴同一方向,以便加注润滑脂。

④将有滑动叉的一端与中间传动轴的后端凸缘连接,另一端与后桥上的凸缘连接。采用专用螺

栓、弹簧垫圈、螺母。注意:在每个螺栓上都装两个弹簧垫圈,一个装在凸缘叉一侧的六角螺栓头下面,另一个装在凸缘另一侧的螺母下面,螺母的拧紧力矩为 90～110N·m。

(5)万向传动装置润滑。

①润滑点。3 个万向节、滑动叉、中间支承。

② 润滑方法。用润滑脂枪通过油嘴加注。注润滑脂时,应以油封刃口处能看到新润滑脂挤出,或中间支承气孔有新润滑脂挤出为止。

(6)万向传动装置装配注意事项。

①装配传动轴总成时,应注意使两端万向节叉位于同一平面内,同时应保证与传动轴两端通过万向节相连接的两轴与传动轴的夹角相等(即输入轴、输出轴与传动轴的夹角)。该夹角的大小与发动机曲轴中心线及主减速器主动锥齿轮中心线位置有关,因此汽车大修时不可随意改变发动机固定支点下垫块的厚度和钢板弹簧原有规格(总厚度、拱度)。

②滑动叉处的油封除了防止花键内润滑脂外流外,还能防止湿气和尘土的侵入。因此,传动轴上的防尘套应配备齐全,并用卡箍紧固,为了不影响传动轴的平衡,两只卡箍的锁扣应错开 180°安装。

③十字轴不可装反,油嘴必须朝向传动轴一方,3 个十字轴上油嘴应在一条直线上,有油嘴的中间支承轴承油封盖应装在支架的后面且油嘴朝下。

四、等速万向传动装置的拆装

桑塔纳 2000Gsi 型轿车前驱动轮的万向传动装置如图 1-155 所示,由两个等速万向节和一根传动轴组成。

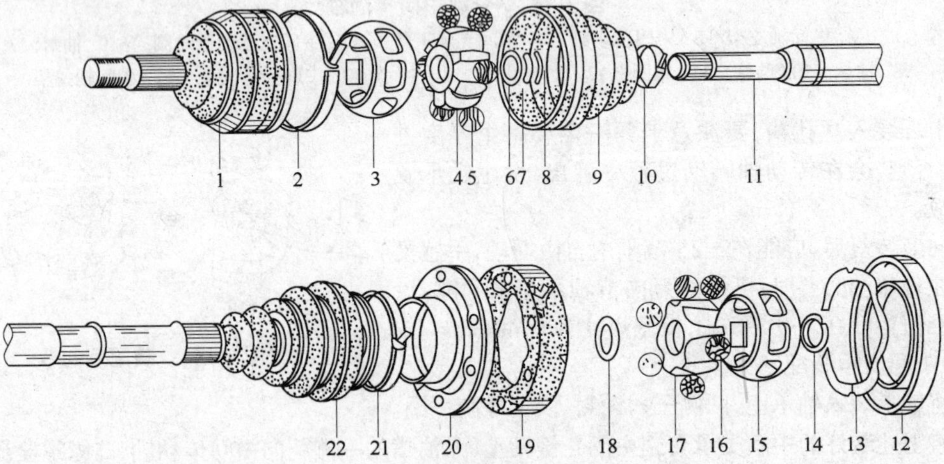

图 1-155 等速万向传动装置

1. 球形壳(外滚道) 2、10、21. 钢带箍 3、15. 保持架(球笼) 4、17. 星形套(内滚道) 5、16. 钢球 6、14. 卡环 7. 隔套 8、18. 锥形座圈 9、22. 防尘罩 11. 传动轴 12. 塑料护罩 13. 密封垫片 19. 筒形壳(外滚道) 20. 护盖

(1)等速万向传动装置拆卸。

①拧松传动轴外万向节与轮毂间的紧固螺母,拆除传动轴内万向节与半轴凸缘的连接螺栓,拆下前轮,用压力装置 V·A·G1389 由外向内压出传动轴总成,如图 1-156 所示。

②用钢锯锯开防尘罩钢带箍(如图 1-157 中箭头所示),拆下防尘罩。

③用铜锤或木锤用力敲击外等速万向节,使之从传动轴上脱出,如图 1-158 所示。

④拆下卡环,用专用工具从传动轴上压下内等速万向节,如图 1-159 所示。

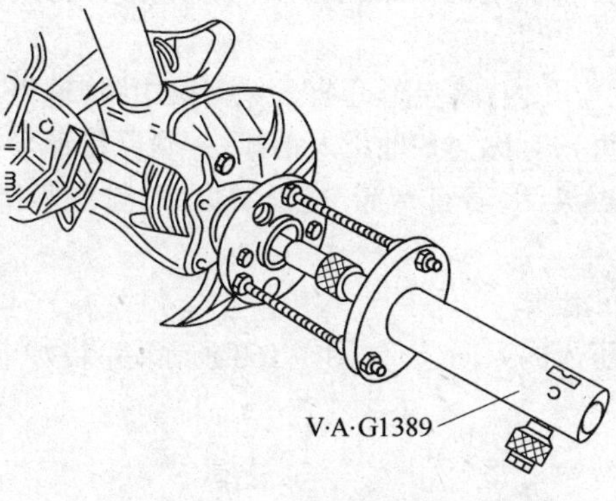

图 1-156　压出传动轴总成

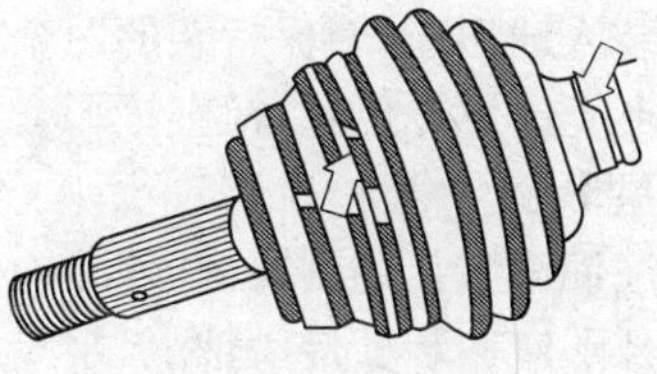

图 1-157　锯开防尘罩钢带箍

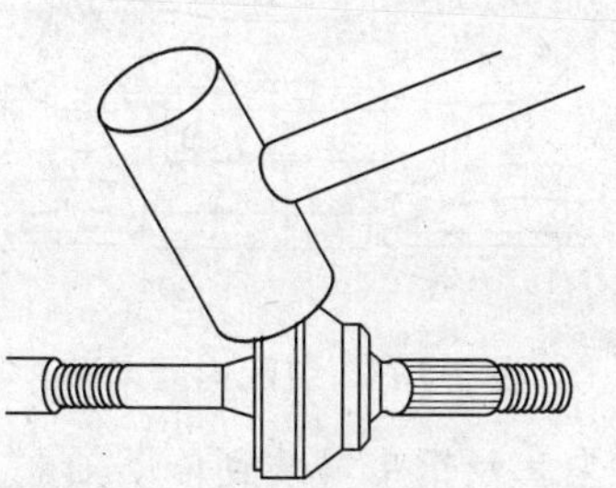

图 1-158　拆卸外等速万向节

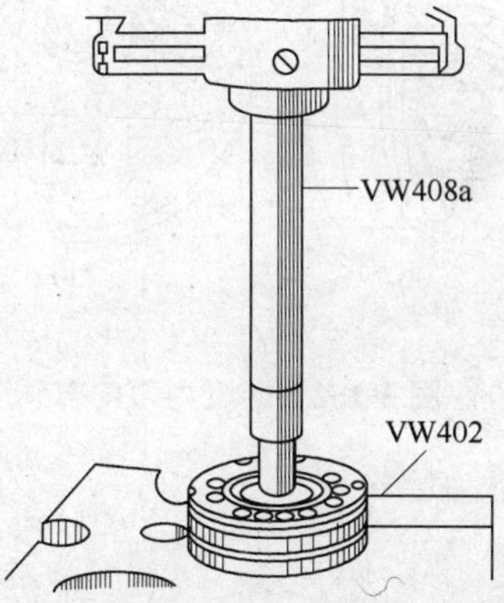

图 1-159　压下内等速万向节

⑤分解外等速万向节。在外等速万向节球形壳、保持架及星形套上做好装配标记，然后旋转保持架及星形套，取出钢球，如图 1-160a 所示。用力转动保持架，使其两个方孔与球形壳对正，从球形壳内将保持架及星形套一起取出。将星形套的扇形齿旋至保持架的方孔内，从保持架中取出星形套，如图 1-160b 所示。

⑥拆卸内等速万向节。转动内等速万向节星形套和保持架，按图 1-161 中箭头所示方向将其一起压出球形壳，再压出保持架中的钢球，并从保持架中取出星形套。

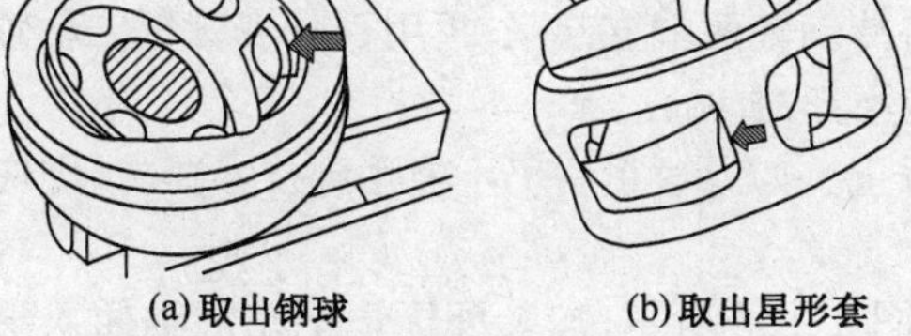

(a) 取出钢球　(b) 取出星形套

图 1-160　分解外等速万向节

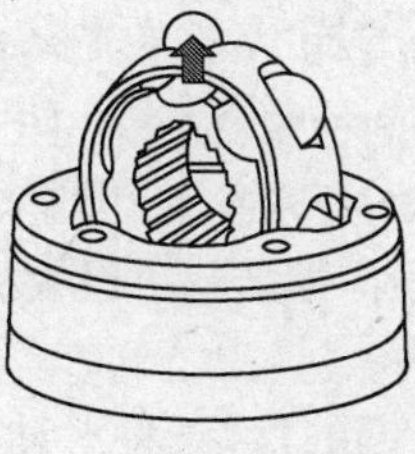

图 1-161　分解内等速万向节

(2)等速万向传动装置装配。

①装配内万向节。对准凹槽将星形套嵌入保持架；将钢球压入保持架；将钢球与保持架的星形套垂直装入球形壳，如图 1-162a 所示。并使球形壳上的宽间隔 a 对准星形套上的窄间隔 b，如图 1-162b 所示；扭转星形套，使星形套转出保持架，使钢球与球形壳中的球槽有足够间隙；用力揿压保持架，使

装有钢球的星形套完全转入保持架壳内;用手将星形套在轴向范围内来回推动,若移动灵活,则说明组装正确。

②装配外万向节。将星形套的扇形齿旋至保持架的方孔内,将星形套装入保持架中;将球笼与星形套一起装入球形壳(使保持架的两个方孔与球形壳对直);对称交替地压入钢球,并确保星形套在保持架及球形壳内原先位置;检查星形套与球形壳运动是否灵活,若有卡滞,应查明原因,排除故障;将卡环装入星形套。

③加注润滑脂。分别向内、外万向节注入 90g G-b 润滑脂。

④将碟形座圈装于传动轴上,用专用工具将传动轴压入内万向节,如图 1-163 所示,并装好卡环。安装时,星形套花键齿有倒角的一端应朝向传动轴。

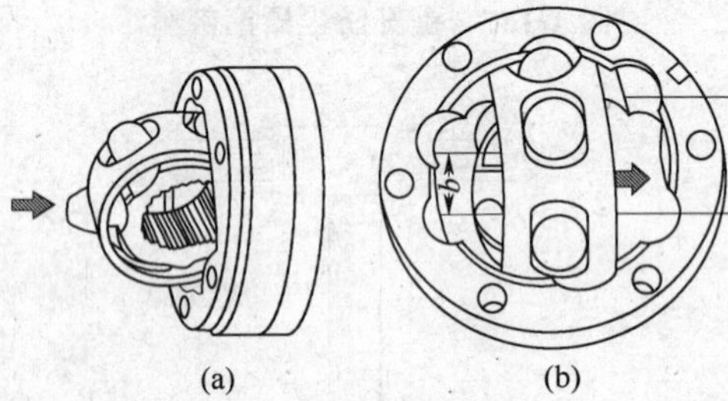

图 1-162 装配内万向节

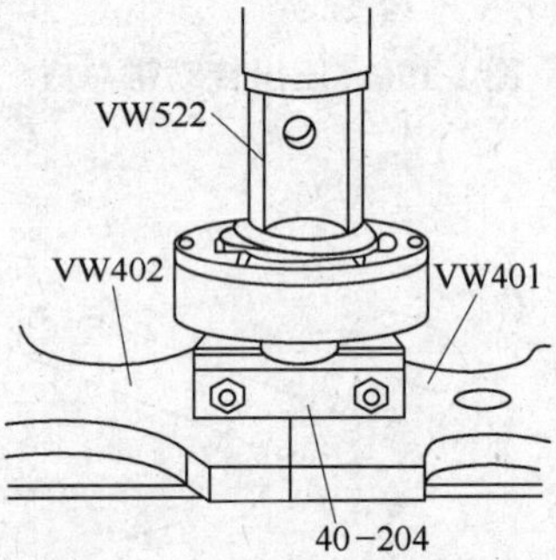

图 1-163 装配内万向节

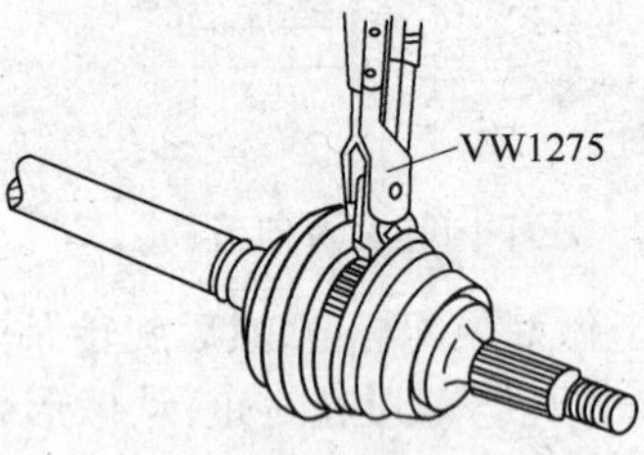

图 1-164 夹紧防尘套钢带箍

⑤将内、外万向节的防尘套及钢带箍装到传动轴上,并安装好外万向节端碟形座圈、隔套及卡环,用橡胶锤将外万向节敲入传动轴上。用专用工具夹紧防尘套钢带箍,如图 1-164 所示。安装防尘套时,由于受到挤压防尘套内会产生一定的负压,使防尘套产生凹陷,使用中很容易损坏,因此,在紧固好小径端以后,应向防尘套内稍微充点气,然后再紧固好其大径端。

⑥向车上安装传动轴,先在外万向节球形壳的花键上涂一圈 5mm 宽的 D 6 防护剂。安装时,外万向节与轮毂间紧固螺母的拧紧力矩为 230N·m,内万向节与半轴凸缘间连接螺栓的拧紧力矩为 45N·m。

五、万向传动装置的检修

1. 不等速万向传动装置的检修

(1)传动轴的检修:如图 1-165 所示,先用 V 形铁将传动轴两端支起来,再用百分表测量传动轴外圆的径向圆跳动,要求在传动轴全长上的径向圆跳动应不超过 1mm。

若传动轴径向摆差超过最大极限,应在压力机上矫正。如果矫正后仍不能达到技术要求,则应更换传动轴。

(2)滑动花键的检修:将滑动叉夹持在虎钳上,如图 1-166 所示,按装配标记把花键轴插入滑动叉,并使部分花键露在外面。转动花键轴,用百分表测出花键侧面的读数变化值。配合间隙的原厂标准为 0.025～0.115mm,大修标准为 0.25～0.30mm,使用极限为 0.40mm。若配合间隙超过规定或花键齿宽磨损量超过 0.20mm,应更换。

(3)中间支承轴承的检修:若中间支承轴承的滚珠、滚道出现烧蚀、裂纹、刻痕、金属剥落等现象,应更换。轴承旋转应灵活,无噪声、停滞和卡住现象。轴承径向间隙的检查如图 1-167 所示,将轴承放在平板上,一手压紧轴承内座圈,一手推动轴承外座圈,百分表的摆动量就是轴承的径向间隙。

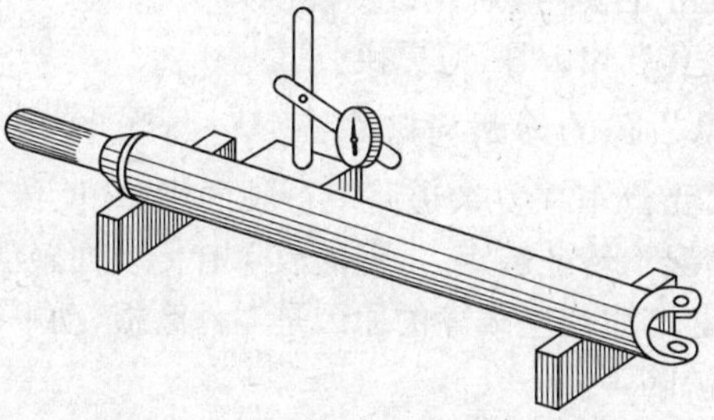

图 1-165　检测传动轴的弯曲度

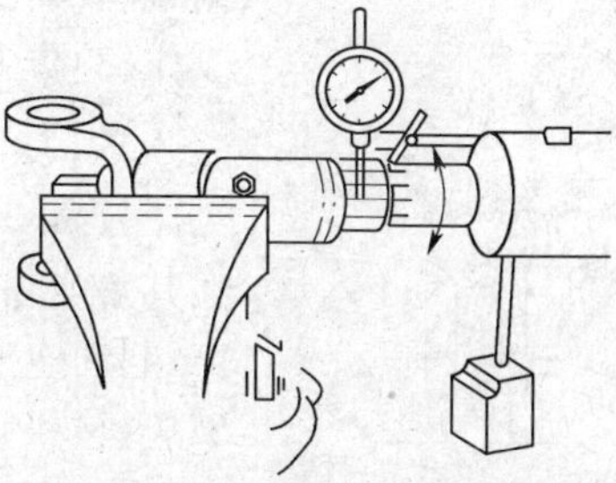

图 1-166　测量花键的侧隙

轴承轴向间隙的检查方法如图 1-168 所示，将轴承外座圈放在两垫块上，在轴承内座圈上放一平板，百分表触头抵在平板中央，上下推动轴承内座圈，在百分表上即可读出轴承的轴向间隙。轴向间隙的使用极限为 0.50mm。

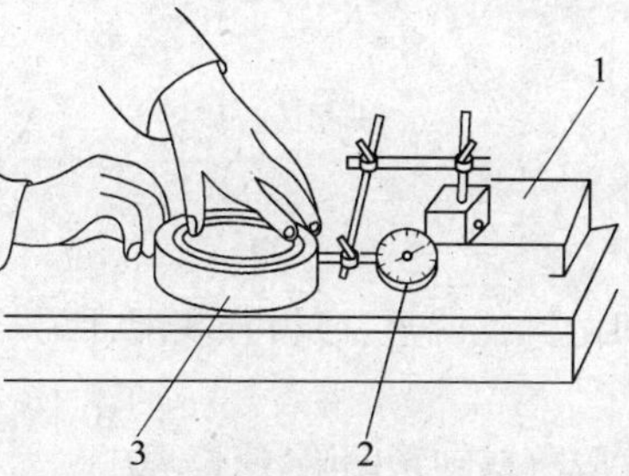

图 1-167　检查轴承的径向间隙

1. 检验平台　2. 百分表　3. 轴承

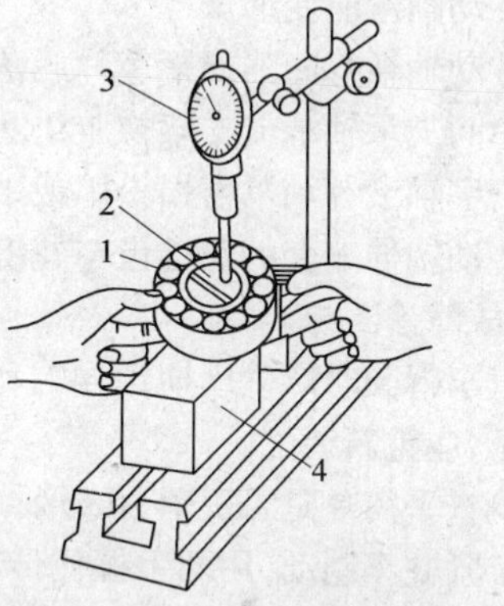

图 1-168　检查轴承的轴向间隙

1. 轴承　2. 平板　3. 百分表　4. 垫块

若径向间隙或轴向间隙过大，应更换。

(4)万向节检修。

①十字轴轴颈不得有疲劳剥落、磨损沟槽等，对于轻微的金属剥落或者压痕，可进行修磨处理。如果压痕深度超过 0.1mm，则应更换十字轴。

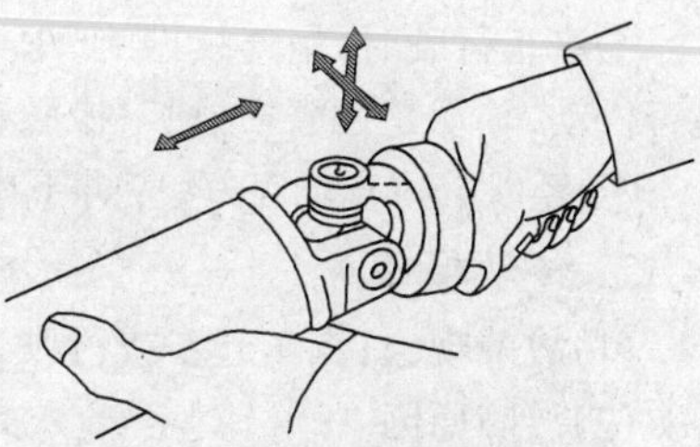

图 1-169　用手拉动万向节

②十字轴与滚针轴承的配合间隙的检查。用手拉动万向节，不能有明显的松旷感，如图 1-169 所示。也可如图 1-170 所示，将十字轴夹在台钳上，用百分表抵在轴承外壳上，用手上下推动滚针轴承外壳，百分表指针变化值即为轴承与十字轴配合间隙。该径向间隙的原厂标准为 0.02～0.08mm，大修标准为 0.02～0.14mm，使用极限为 0.25mm。当配合间隙超过规定极限值时，应更换。

③检查轴承壳、滚针及轴承油封等其他零件，如有破裂、严重磨损等情况，应更换。

2. 等角速万向传动装置检修

(1)等速万向节检修：若内、外等速万向节星形套、保持架、筒形壳(或球形壳)及钢球严重磨损，表面出现疲劳剥落或有裂纹，星形套花键磨损严重，均应更换万向节总成。万向节不得拼凑使用及单件更换。

(2)传动轴检修：传动轴出现裂纹，轴端花键磨损严重，均应更换。用百分表检查传动轴中部的径

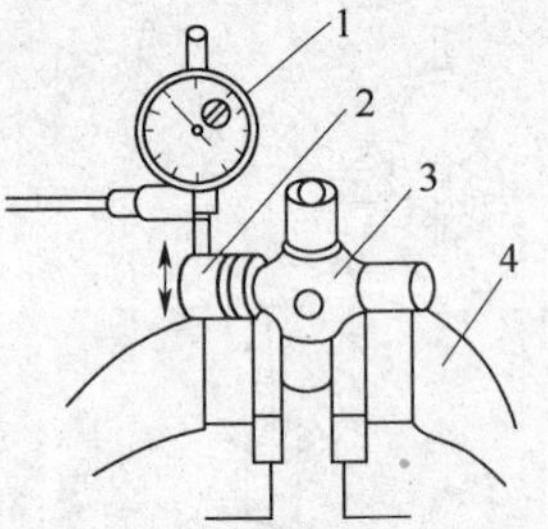

图1-170 用百分表检查十字轴与滚针轴承的配合间隙
1. 百分表 2. 滚针轴承 3. 十字轴 4. 台钳

向跳动，其值应不大于1.0mm，否则，应矫正或更换；

(3)防尘套检修：若防尘套老化破裂，应更换。

六、万向传动装置常见故障的诊断与排除

万向传动装置由于经常受汽车在复杂道路上行驶的影响，使传动轴在其角度和长度不断变化情况下传递转矩，常见的故障有传动轴振动、噪声、起动撞击及滑行异响等。产生这些故障的原因是零件磨损、动平衡被破坏、材料质量不佳和加工缺陷等。

1. 传动轴发抖

(1)故障现象：当汽车行驶达到一定速度时，车身出现严重振动，甚至车门、转向盘等均出现剧烈振响。

(2)故障原因。

①传动轴装配错误，两端万向节不处在同一平面内。

②传动轴弯曲变形。

③传动轴轴管凹陷或平衡片脱落。

④中间支承轴承或支架橡胶垫圈、隔套磨损松旷。

⑤十字轴滚针轴承磨损松旷或破裂。

⑥传动轴伸缩套的花键齿与花键槽配合松旷。

(3)故障诊断与排除。

①汽车行驶时产生周期性异响和振抖，车速越高响声和振抖越严重，应检查装配标记是否对正，如不对正，应重新装配。

②检查平衡片是否脱落，传动轴管是否凹陷。如平衡片脱落或轴管凹陷，应修理。

③拉紧驻车制动，用两手握住传动轴管来回转动。若有晃动感，应检查各连接螺栓是否松动。若有松动，应予以紧固。再检查传动轴花键配合是否松旷，如松旷，应修理或更换。

④以上检查完好，应拆下传动轴，检查传动轴是否弯曲变形。如弯曲变形，应矫正。

⑤检查十字轴和滚针轴承是否磨损松旷、破碎。不符合要求，应修理或更换。

⑥汽车行驶时，呈连续振响，熄火后，用手握住中间传动轴径向晃动，检查中间支承支架固定螺栓是否松动，轴承是否磨损松旷，橡胶垫圈、隔套是否径向间隙过大。如不符合要求，应修理或更换。

⑦ 经以上检查均完好，应拆下中间传动轴检查。如弯曲变形，应矫正。

2. 传动轴噪声

(1)故障现象：汽车起步或行驶过程中，有撞击声出现，且在车速变化时响声更加明显。

(2)故障原因。

①传动轴装配错误，两端的万向节叉不处在同一平面内。

②万向节十字轴装配过紧。

③万向传动装置各连接处松动。

④中间支承轴承、十字轴滚针轴承润滑不良，磨损松旷。

⑤传动轴花键齿与凸缘花键槽磨损松旷，变速器输出轴花键齿与凸缘花键槽磨损松旷。

⑥中间支承轴承与中间传动轴轴颈配合松旷。

⑦传动轴弯曲、凹陷或平衡片脱落。

(3)故障诊断与排除。

①检查传动轴两端的万向节叉是否在一平面内，若安装错误，应重新装配。

②检查万向节传动装置各连接处的螺栓是否松动，如松动，应紧固。

③拉紧驻车制动，用两手扭动传动轴，若感到阻力很大，应检查十字轴装配是否过紧或缺油，必要

时调整或修理。扭转传动轴感到松旷,应检查轴承是否磨损严重或损坏,伸缩套花键齿与槽是否磨损过大,必要时修理或更换。

④检查中间支承轴承与中间传动轴轴颈的配合,若松旷,应修理或更换轴承。

⑤经上述检查后,仍有异响,应拆下传动轴,检查传动轴是否弯曲、凹陷或平衡片是否脱落,如是应修理或更换。

3. 起动撞击及滑行异响

(1)故障现象:汽车起步和滑行时,传动轴有异响。

(2)故障原因。

①万向节产生磨损或损伤。

②变速器输出轴花键磨损。

③滑动花键磨损、损伤。

④传动轴连接部位松动。

(3)故障诊断与排除。

①检查万向节是否磨损或损伤,如有应更换零件。

②检查变速器输出轴花键是否磨损,如有应修理或更换相关零件。

③检查滑动花键是否磨损或损伤,如有应更换零件。

④检查传动轴连接部位是否松动,如有应拧紧螺栓。

第六节 驱 动 桥

一、驱动桥概述

(1)驱动桥的功用:将万向传动装置传来的发动机转矩传到驱动车轮,并降速增矩。

(2)驱动桥的组成:由主减速器、差速器、半轴和桥壳组成。

(3)驱动桥分类:可分为整体式和断开式两种。

①整体式驱动桥:又称为非断开式驱动桥,如图 1-171 所示。整体式驱动桥的桥壳为一刚性的整体,驱动桥两端通过悬架与车架连接。

整体式驱动桥由驱动桥壳、主减速器、差速器、半轴和轮毂组成。从变速器或分动器经万向传动装置输入驱动桥的转矩首先传到主减速器,在此增大转矩并相应降低转速后,经差速器分配给左右两半轴,最后通过半轴外端的凸缘盘传至驱动车轮的轮毂。驱动桥壳由主减速器壳和半轴套管组成,轮毂借助轴承支承在半轴套管上。

②断开式驱动桥:如图 1-172 所示。主减速器固定在车架或车身上,两侧车轮分别通过各自的弹性元件、减振器和摆臂组成的悬架与车架相连。为适应车轮绕摆臂轴上下跳动的需要,差速器与轮毂之间的半轴两端用万向节连接。

二、驱动桥的构造

1. 主减速器

(1)单级主减速器:东风 EQ1090E 型汽车单级主减速器的结构如图 1-173 所示。它由一对双曲面齿轮及其支承装置组成。

主动锥齿轮与主动轴制成一体,前端支承在两个距离较近的圆锥滚子轴承 13 和 17 上,后端支承在圆柱滚子轴承 19 上,形成跨置式支承。环状的从动锥齿轮 7 通过螺栓固定在差速器壳 5 上,差速器壳则用两个圆锥滚子轴承 3 支承在主减速器壳 4 的座孔中。在从动锥齿轮的背面装有支承螺栓 6,用来限制从动锥齿轮的过度变形,保证主、从动锥齿轮的正常啮合。

主减速器采用双曲面锥齿轮传动,主动锥齿轮轴线可低于(也可高于)从动锥齿轮轴线,如图1-174

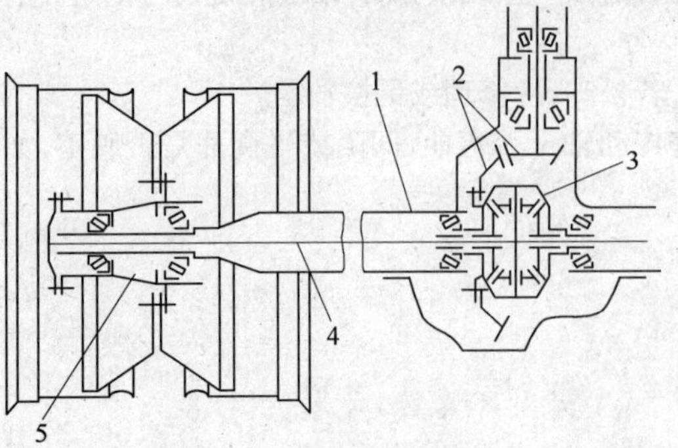

图 1-171 整体式驱动桥

1. 驱动桥壳 2. 主减速器 3. 差速器 4. 半轴
5. 轮毂

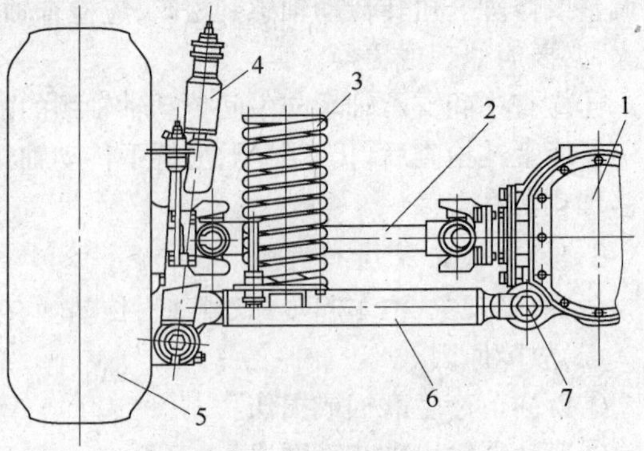

图 1-172 断开式驱动桥

1. 主减速器 2. 半轴 3. 弹性元件 4. 减振器
5. 车轮 6. 摆臂 7. 摆臂轴

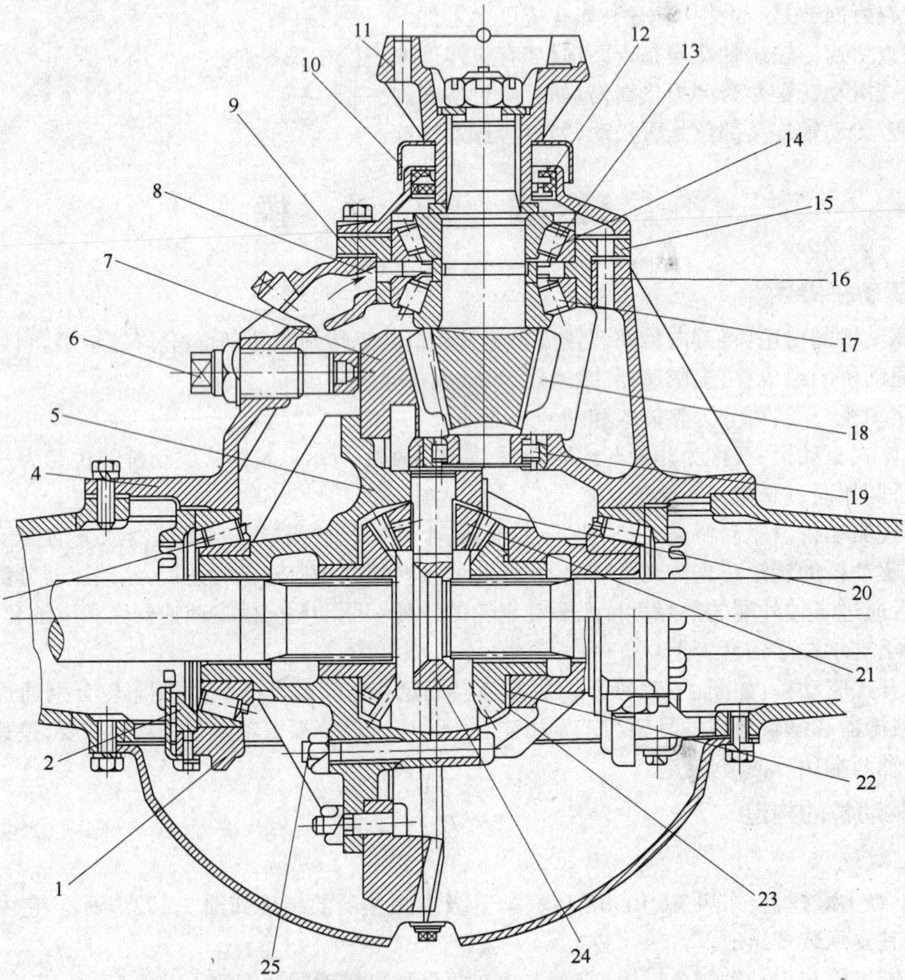

图 1-173 东风 EQ1092 型汽车单级主减速器

1. 轴承盖 2. 轴承调整螺母 3、13、17. 圆锥滚子轴承 4. 主减速器壳 5. 差速器壳 6. 支承螺柱 7. 从动锥齿轮 8. 进油道 9、14. 调整垫片 10. 防尘罩 11. 连接凸缘 12. 油封 15. 轴承座 16. 回油道 18. 主动锥齿轮 19. 圆柱滚子轴承 20. 行星齿轮支承垫圈 21. 行星齿轮 22. 半轴齿轮垫圈 23. 半轴齿轮 24. 十字轴 25. 螺栓

所示，因此，在保证一定离地间隙的情况下，与之相连的传动轴的位置也相应降低，从而使汽车质心降低，提高了汽车的行驶稳定性。其次，在满足主减速器传动比和强度要求的条件下，主动锥齿轮尺寸可尽量小一些，相应从动锥齿轮的尺寸也可减小，从而减小了主减速器壳外形轮廓尺寸，有利于车身布置和提高最小离地间隙。双曲面齿轮的啮合系数大，同时参加啮合的齿数多，传动平稳，噪声小，承载能力大。所以，双曲面锥齿轮不仅在轿车上得到广泛应用，而且在中、重型汽车上的应用也日益增多。

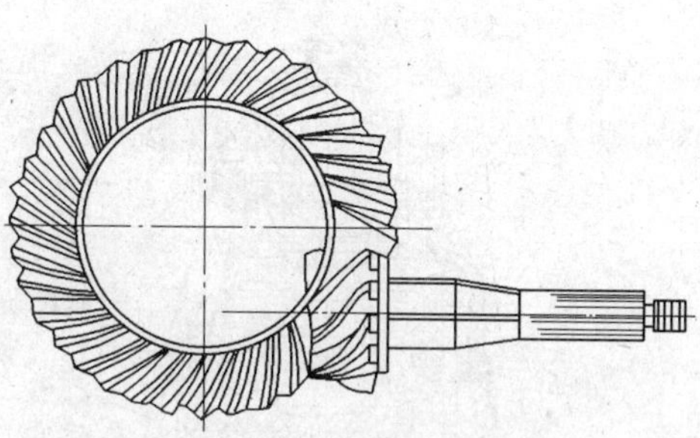

图 1-174　主从动锥齿轮轴线位置

双曲面锥齿轮传动的缺点是啮合面间相对滑动较大，且接触压力大，齿面间的油膜易被破坏，因而，必须使用专门的双曲面齿轮油进行润滑。另外，双曲面锥齿轮螺旋角较大，传动时轴向力大，易造成轴的支承定位件的损坏而引起轴向窜动。因此对这些支承定位件的强度、刚度要求高，相应地调整精度要求也较高。

主减速器壳体内储有一定量的齿轮油，在主减速器工作时，从动锥齿轮将齿轮油带起并飞溅到各齿轮、轴及轴承上进行润滑。为了保证主动轴前端的两个圆锥滚子轴承得到可靠润滑，在主减速器壳和轴承座上有进油道和回油道。从动锥齿带起的齿轮油从进油道进入两轴承小端之间，在离心力作用下从轴承大端流出，再经回油道流回主减速器内。为防止由于主减速器内温度升高使气压增大而造成齿轮油外溢，在主减速器壳上装有通气塞。此外，还装有加油螺塞和放油螺塞。

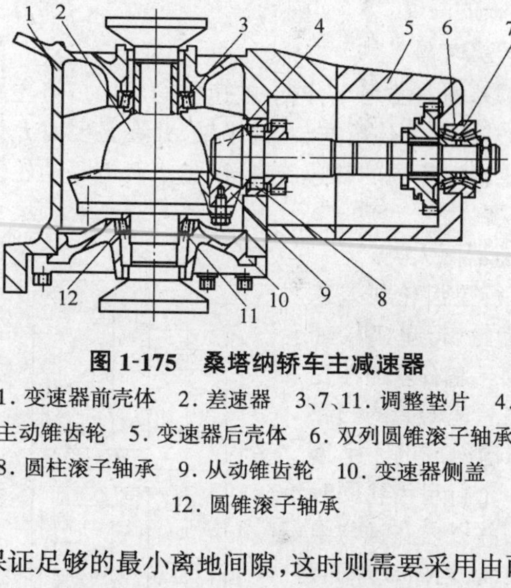

图 1-175　桑塔纳轿车主减速器

1. 变速器前壳体　2. 差速器　3、7、11. 调整垫片　4. 主动锥齿轮　5. 变速器后壳体　6. 双列圆锥滚子轴承　8. 圆柱滚子轴承　9. 从动锥齿轮　10. 变速器侧盖　12. 圆锥滚子轴承

桑塔纳轿车单级主减速器的结构如图 1-175 所示。其主减速器装于变速器壳体内，变速器的输出轴即为主减速器主动轴。

主动锥齿轮轴前、后通过圆柱滚子轴承和双列圆锥滚子轴承支承。其轴向间隙由变速器轴承座与轴承盖之间的垫片来调整。从动锥齿轮压装于差速器壳体上，并用螺栓固定，与差速器壳一起通过轴承由变速器壳体的侧盖支承。轴承预紧度通过轴承与侧盖之间的垫片调整。主动锥齿轮轴的轴承预紧度无需调整，齿轮啮合的调整通过垫片进行，即增减垫片厚度，使主、从动锥齿轮轴向移动。

(2)双级主减速器：当主减速器需要有较大的传动比时，若采用单级主减速器，将造成从动锥齿轮直径过大。这不仅降低了从动锥齿轮的刚度，而且难以保证足够的最小离地间隙，这时则需要采用由两对齿轮传动的双级主减速器。

解放 CA1092 型汽车双级主减速器如图 1-176 所示。第一级为锥齿轮传动，主动锥齿轮和轴制成一体，采用悬臂式支承，从动锥齿轮铆接在中间轴的凸缘上。第二级为圆柱齿轮传动，主动圆柱齿轮与中间轴制成一体，中间轴两端通过圆锥滚子轴承支承在主减速器壳上，从动圆柱齿轮用螺栓紧固在差速器壳上。

主动锥齿轮轴承的预紧度，可通过增减调整垫片 8 的厚度来调整。中间轴圆锥滚子轴承的预紧度可通过改变调整垫片 6 和 13 的总厚度来调整。支承差速器壳的圆锥滚子轴承预紧度靠拧动调整螺母 3 来调整。锥齿轮的啮合调整，通过增减调整垫片 7、6、13 共同完成。增加调整垫片 7 的厚度，主动锥齿轮则沿轴向离开从动锥齿轮；反之靠近。减少调整垫片 6，并将这些卸下来的垫片加到调整垫片 13 上，则从动锥齿轮右移；反之左移。第二级圆柱齿轮传动的啮合不可调，但可拧动调整螺母使

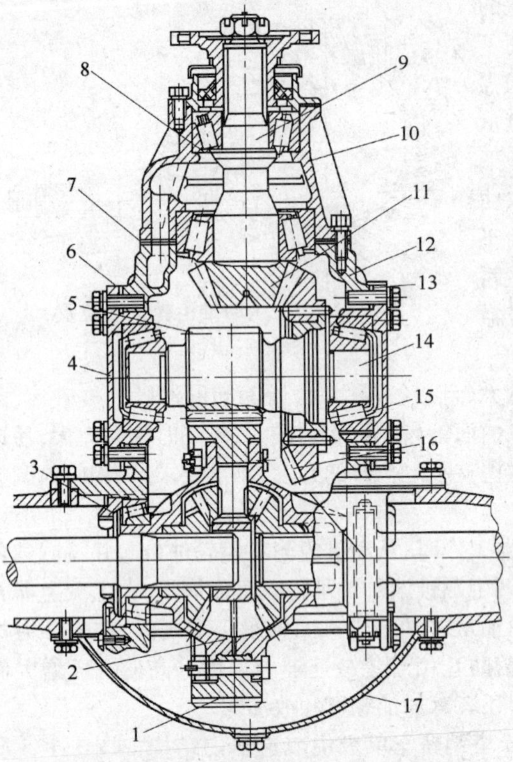

图 1-176 解放 CA1092 型汽车双级主减速器

1. 第二级从动圆柱齿轮 2. 差速器壳 3. 调整螺母 4、15. 轴承盖 5. 第二级主动圆柱齿轮 6、7、8、13. 调整垫片 9. 第一级主动齿轮轴 10. 轴承座 11. 第一级主动锥齿轮 12. 主减速器壳 14. 中间轴 16. 第一级从动锥齿轮 17. 后盖

从动圆柱齿轮略做轴向移动，以保证与主动圆柱齿轮的全齿宽啮合。注意，一端调整螺母的拧入圈数应等于另一端调整螺母的退出圈数。

(3)轮边减速器：在重型汽车、大型客车和越野汽车上，既要求有较大的传动比，又要求有较大的离地间隙，因而除了驱动桥中央的单级主减速器之外，同时在两侧驱动轮上设置了轮边减速器。斯太尔汽车后驱动桥轮边减速器如图 1-177 所示。

轮边减速器由齿圈 1、行星轮 2、太阳轮 3 和行星架 4 等组成。齿圈 1 固定在桥壳的半轴套管 7 上，太阳轮 3 与半轴连接，随半轴一起旋转，为主动件。行星架 4 为从动件，轮毂 6 固定在行星架上。由半轴传来的动力经太阳轮 3、行星轮 2、行星架 4，传给轮毂 6。

轮边减速器还可以采用一对外啮合圆柱齿轮进行减速。主动小齿轮与半轴相连，当主动小齿轮位于车轮中心上方时，可增大驱动桥的离地间隙，以适应越野汽车通过性能的需要；当主动小齿轮位于车轮中心下方时，可降低驱动桥壳的离地高度，以利于降低客车地板的高度。

2. 差速器

(1)差速器功用与分类：差速器的功用是将主减速器传来的动力传给左、右两半轴，并在必要时允许左、右半轴以不同的转速旋转，以满足两侧驱动轮差速的需要。

差速器按其工作特性可分为普通差速器和防滑差速器两大类。

(2)普通差速器：东风 EQ1092 型汽车采用的普通行星齿轮式差速器如图 1-178 所示。它由差速器壳、行星齿轮、半轴齿轮、行星齿轮轴(十字轴)、行星齿轮球面垫片和半轴齿轮推力垫片组成。左右差速器壳用螺栓连接在一起，主减速器从动锥齿轮用螺栓固定在差速器壳的凸缘上。行星齿轮轴的 4 个轴颈在由左右差速器壳相应凹槽组成的十字形孔中，每个轴颈上松套着行星齿轮。两个半轴齿轮与 4 个行星齿轮同时啮合。半轴齿轮以其轴颈支承在差速器壳相应的孔中，并以内花键与半轴连接。行星齿轮的背面和差速器壳相应位置的内表面，均做成球面，保证行星齿轮的对中，以利于与半轴齿轮正确啮合。行星齿轮和半轴齿轮的背面装有软钢制成的减磨垫片。使用过程中，由摩擦引起的磨损主要发生在垫片上。改变垫片的厚度可以调整行星齿轮与半轴齿轮的啮合间隙。

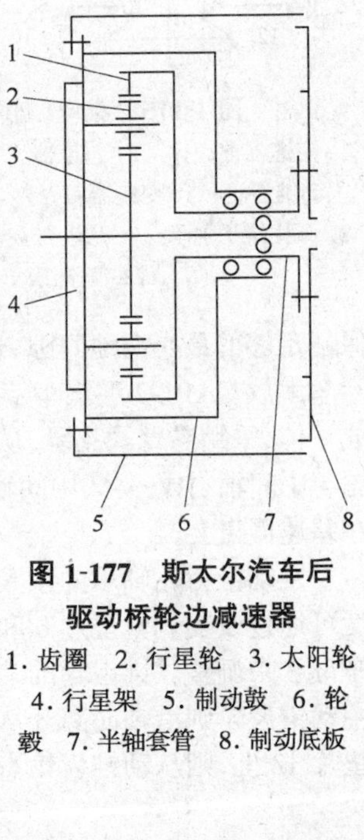

图 1-177 斯太尔汽车后驱动桥轮边减速器

1. 齿圈 2. 行星轮 3. 太阳轮 4. 行星架 5. 制动鼓 6. 轮毂 7. 半轴套管 8. 制动底板

从万向传动装置传来的动力自主减速器从动锥齿轮依次经差速器壳、行星齿轮轴、行星齿轮、半轴齿轮、半轴输送到驱动车轮。

对于中型以下的货车或轿车，因传递的转矩较小，故可用两个行星齿轮，相应的行星齿轮轴为一根直轴。桑塔纳轿车差速器的结构如图 1-179 所示。差速器壳为一整体框架结构。行星齿轮轴装入差速器壳后用止动销定位。半轴齿轮背面也制成球面，其背面的推力垫片与行星齿轮背面的推力垫片制成一个整体，称为复合式推力垫片。螺纹套用来紧固半轴齿轮。

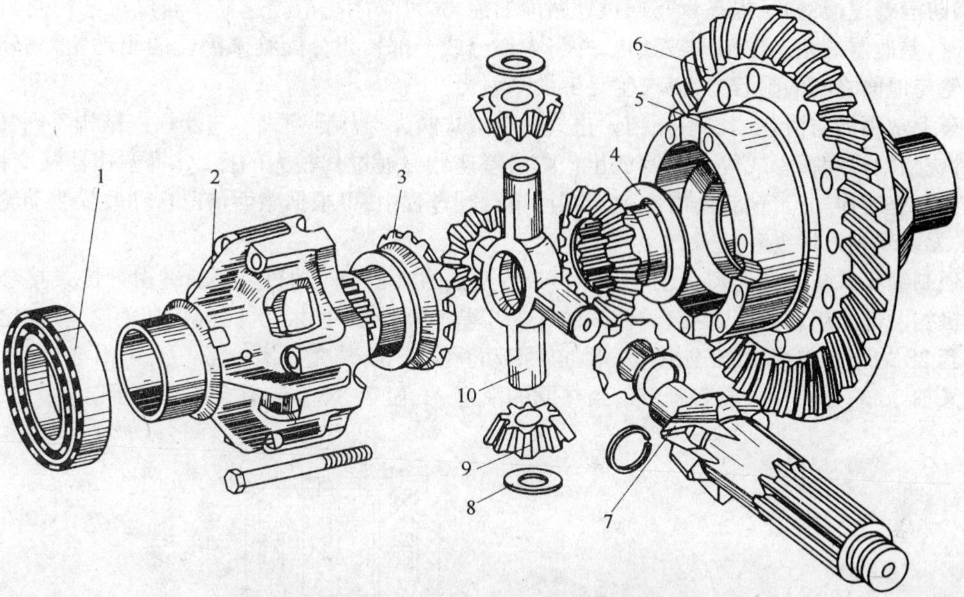

图 1-178 东风 EQ1092 型汽车行星齿轮式差速器

1. 轴承 2. 差速器壳 3. 半轴齿轮 4. 半轴齿轮推力垫片 5. 差速器壳 6. 主减速器从动锥齿轮 7. 主减速器主动锥齿轮 8. 行星齿轮球面垫片 9. 行星齿轮 10. 行星齿轮轴(十字轴)

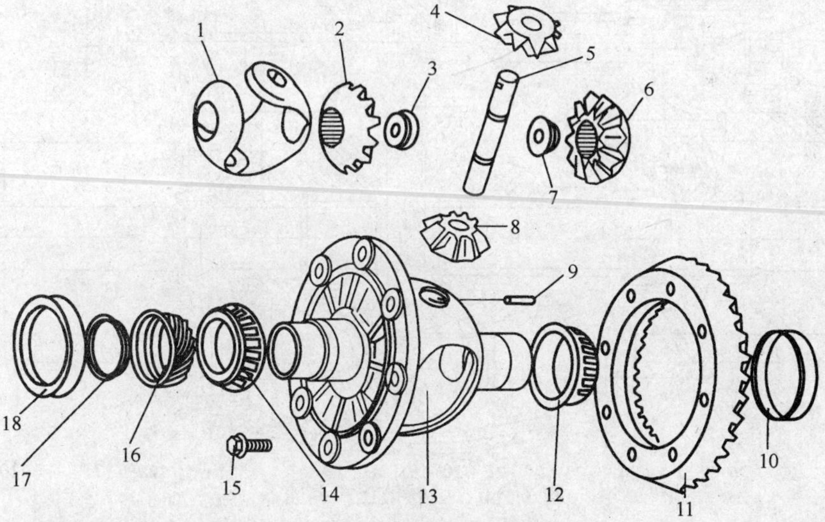

图 1-179 桑塔纳轿车差速器

1. 推力垫片 2. 半轴齿轮 3. 螺纹套 4. 行星齿轮 5. 行星齿轮轴 6. 半轴齿轮 7. 螺纹套 8. 行星齿轮 9. 止动销 10、18. 轴承外环 11. 主减速器从动锥齿轮 12. 圆锥滚子轴承 13. 差速器壳 14. 圆锥滚子轴承 15. 螺栓 16. 车速表齿轮 17. 车速表齿轮锁紧套筒

上述普通行星齿轮式差速器具有如下特点：无论左右驱动轮转速是否相等，其转矩基本上是平均分配的。这种特性对于汽车在好路面上行驶是有利的。但汽车在坏路面上行驶时却严重影响了其通过能力。例如，当汽车的一个驱动轮处于泥泞路面或冰雪路面时，会因附着力小而原地滑转，而在好路面上的另一驱动轮却静止不动。这是因为附着力小的路面只能对驱动车轮作用一个很小的反作用

力矩，虽然另一驱动轮的附着力较大，但分配的驱动转矩只能与滑转的驱动轮上很小的驱动转矩相等，以至于汽车总的牵引力不足，汽车不能行驶。

(3)防滑差速器：为了提高汽车通过坏路面的能力，可采用防滑差速器。当汽车某一侧驱动轮发生滑转时，差速器的差速作用即被锁止，并将大部分或全部转矩分配给未滑转的驱动轮，充分利用未滑转车轮与地面之间的附着力，以产生足够的牵引力。

汽车上常用的防滑差速器有强制锁止式和自锁式两大类。自锁式差速器根据结构不同又有摩擦片式、滑块凸轮式和托森式等。强制锁止式防滑差速器可通过驾驶人的操纵，将差速器强制锁止，使差速器不起差速作用；自锁式防滑差速器在汽车行驶过程中，可根据路面情况自动改变驱动轮间的转矩分配，无需驾驶人操纵。

①强制锁止式防滑差速器。图 1-180 为带差速锁的汽车后驱动桥。差速锁由牙嵌式接合器和气压操纵机构两部分组成。固定接合套 26 的花键与差速器壳 24 连接，并用弹性挡圈 27 轴向定位。滑动接合套 28 的花键与半轴 29 连接，可沿轴向滑动。拨叉 37 装在拨叉轴 36 上，可沿导轴 39 轴向滑动。拨叉轴 36 左方的气缸内装有带密封垫圈的活塞 31，缸盖 34 上装有差速锁指示灯开关 32。

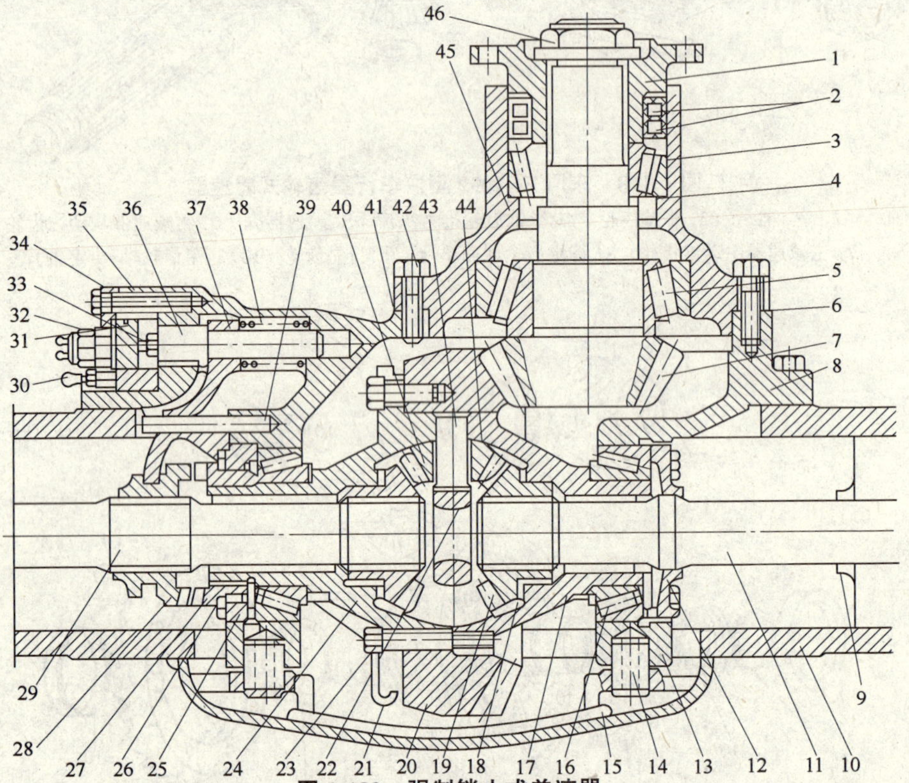

图 1-180 强制锁止式差速器

1. 凸缘 2. 油封 3、6、16. 轴承 4. 调整隔圈 5. 主减速器主动锥齿轮 7. 调整垫片 8. 主减速器壳 9. 挡油盘 10. 桥壳 11. 半轴 12. 带挡油盘的调整螺母 13. 轴承盖 14. 定位销 15. 机油槽 17. 差速器壳 18、44. 推力垫圈 19. 半轴齿轮 20. 主减速器从动齿轮 21. 锁板 22. 衬套 23、42. 螺栓 24. 差速器壳 25. 调整螺母 26. 固定接合套 27. 弹性挡圈 28. 滑动接合套 29. 半轴 30. 气管接头 31. 带密封圈的活塞 32. 差速锁指示灯开关 33. 调整螺钉及锁紧螺母 34. 缸盖 35. 缸体 36. 拨叉轴 37. 拨叉 38. 弹簧 39. 导轴 40. 行星齿轮 41. 密封圈 43. 十字轴 45. 轴承座 46. 螺母

当汽车在好路面上行驶时，接合器的固定接合套与滑动接合套不嵌合，即处于分离状态，此时相当于普通行星锥齿轮差速器。

当汽车通过坏路面时，通过驾驶人的操纵，压缩空气由进气管接头进入气动活塞左腔，推动活塞右移，并经调整螺钉和拨叉轴推动拨叉压缩弹簧右移，从而拨动滑动接合套右移与固定接合套接合，将半轴与差速器壳连成一体，差速器被锁止而不起差速作用。这时，驱动桥输入的转矩可全部分配给好路面上的驱动轮。

当需要解除差速锁时，驾驶人通过操纵机构放掉气缸内的压缩空气，拨叉及滑动接合套在回位弹簧作用下左移，接合器分离，差速器恢复差速作用。

差速锁接合后，驾驶室内的指示灯点亮，以提醒驾驶人差速器处于锁止状态，汽车驶出坏路面后应及时摘下差速器锁。强制锁止式差速器结构简单，易于制造。但一般要在停车状态下进行操作。

②摩擦片式自锁差速器。摩擦片式自锁差速器是在普通行星锥齿轮差速器的基础上。在半轴齿轮背面与差速器壳之间加装一组摩擦片，用以增大差速器的内部摩擦阻力。

摩擦片式自锁差速器的结构如图 1-181 所示。

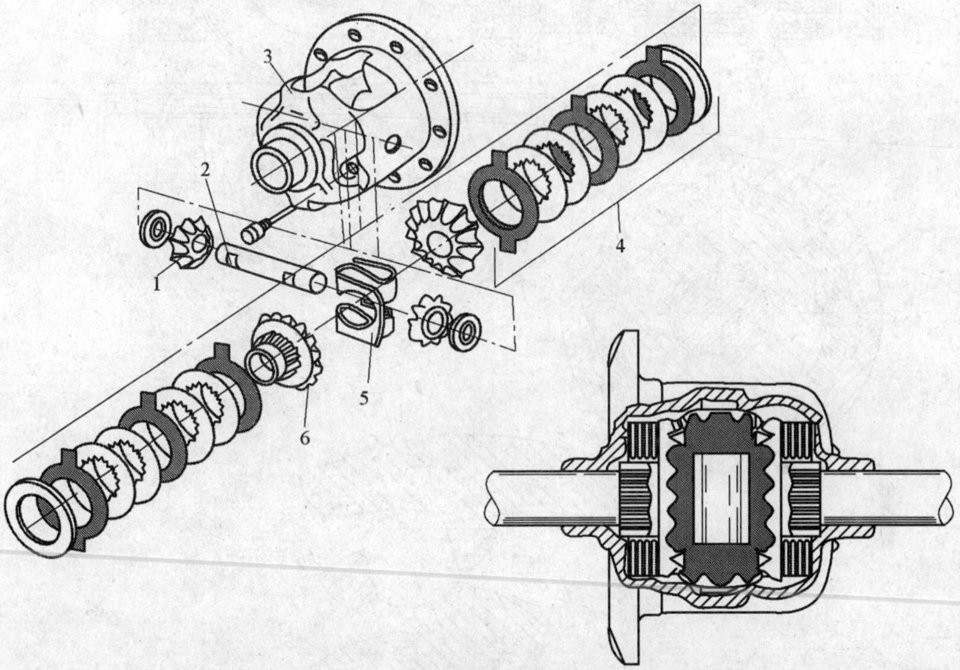

图 1-181　高摩擦自锁式差速器

1. 行星齿轮　2. 行星齿轮轴　3. 差速器壳　4. 摩擦片组　5. S形弹簧　6. 半轴齿轮

十字轴由两根互相垂直的一字形行星齿轮轴组成，其端部均切出凸 V 形斜面，相应地差速器壳孔上也有凹 V 形斜面，两根行星齿轮轴的 V 形面是反向安装的，每个半轴齿轮的背面装有推力压盘和主、从动摩擦片。推力压盘以内花键与半轴相连，而其轴颈处用外花键与从动摩擦片相连。主动摩擦片则用花键与差速器壳相连。推力压盘和主、从动摩擦片均可做微小的轴向移动。

汽车直线行驶时，左、右半轴无转速差，转矩平均分配给两半轴。此时转矩经两条路线传给半轴：一路经行星齿轮轴、行星齿轮和半轴齿轮将大部分转矩传给半轴；另一路则由差速器壳、主从动摩擦片、推力压盘传给半轴。

当一侧车轮滑转时，左、右半轴产生转速差，即一侧半轴的转速高于差速器壳的转速，另一侧则低于差速器壳的转速。这样，由于转速差及轴向力的存在，主、从动摩擦片间将产生摩擦力矩，且经从动摩擦片及推力压盘传给左、右半轴的摩擦力矩方向相反：与快转半轴的旋转方向相反，而与慢转半轴的旋转方向相同，因而使得慢转半轴所分配到的转矩大于快转半轴所分配到的转矩。摩擦作用越强，两半轴的转矩差越大，最大可达 5～7 倍。

摩擦片式自锁差速器结构简单，工作平稳，多用于轿车或轻型货车。

③滑块凸轮式自锁差速器。汽车的中、后驱动桥之间采用的滑块凸轮式自锁差速器如图 1-182 所示。

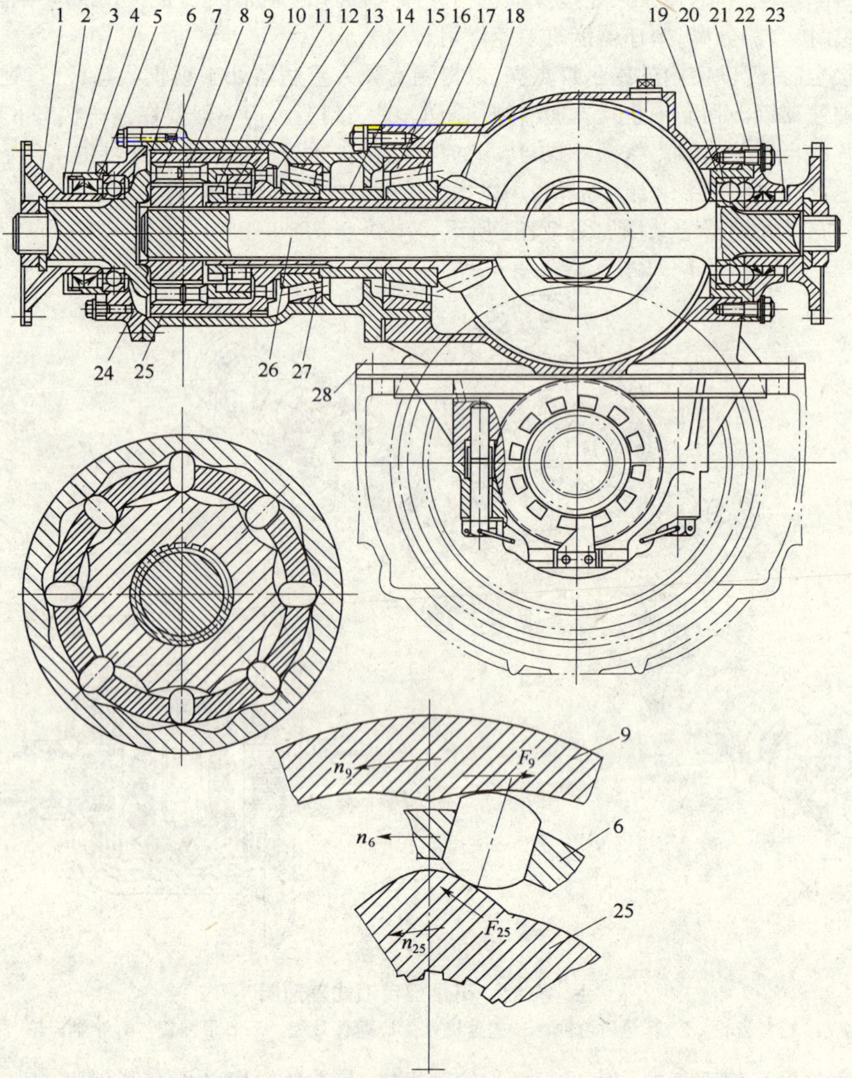

图 1-182 滑块凸轮式自锁差速器

1. 凸缘盘 2. 防尘罩 3. 密封垫 4、22. 油封 5. 油封壳 6. 主动套 7. 短滑块 8. 长滑块 9. 接中桥的内凸轮花键套 10. 螺母 11. 垫圈 12. 圆柱滚子轴承 13. 中桥花键套护罩 14、17. 圆锥滚子轴承 15. 挡圈 16. 调整垫片 18. 中桥主动双曲线锥齿轮 19. 轴承座 20. 球轴承 21. 轴承盖 23. 防尘毡 24. 轴间差速器 25. 接后桥的外凸轮花键套 26. 后桥传动轴 27. 轴间差速器壳 28. 主减速器壳

滑块凸轮式自锁差速器主要由带滑块的主动套和内、外凸轮花键套组成。内凸轮花键套 9 利用花键与中桥主动锥齿轮连接，其前部内表面有 13 个凸轮。外凸轮花键套 25 用花键与后桥传动轴 26 连接，其外表面有 11 个凸轮。主动套 6 前部用花键与凸缘盘 1 连接，后部为一空心套筒伸入内、外凸轮花键套之间，空心套筒上铣有 8 条穿通槽，每个槽内装有长、短滑块各一个，滑块均可在槽内沿径向自由滑动。为了使滑块及内、外凸轮磨损均匀，每个槽内的长、短滑块前后交错安装。

当汽车直线行驶时，中、后桥无转速差时，差速器不起差速作用。当中、后桥有转速差时，差速器即起差速作用。当中、后桥中某一桥的驱动轮处于泥泞路面滑转时，转矩的大部分将因摩擦力作用分配给附着力好的驱动桥(即慢转的驱动桥)，转矩差可达3～6倍。使汽车的坏路面通过能力得以提高。

④托森差速器。托森差速器的结构如图1-183所示。主要由差速器壳、蜗轮、蜗轮轴、直齿圆柱齿轮及前、后轴蜗杆组成。

空心轴2和差速器外壳3通过花键相连二者一同转动，每个蜗轮轴上的中间有一个蜗轮和两个尺寸相同的直齿圆柱齿轮。蜗轮和直齿圆柱齿轮通过蜗轮轴安装在差速器外壳上，其中三个蜗轮与前轴蜗杆9啮合，另外3个蜗轮与后轴蜗杆5相啮合。与前、后轴蜗杆相啮合的蜗轮8彼此通过直齿圆柱齿轮相啮合，前轴蜗杆9和驱动前桥的差速器前齿轮轴1为一体，后轴蜗杆5和驱动后桥的差速器后齿轮轴4为一体。

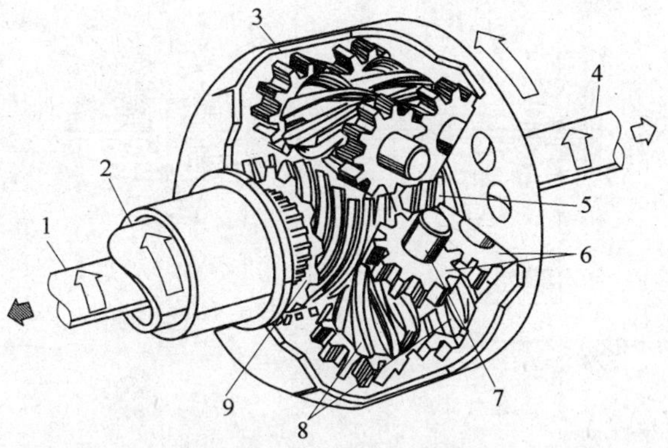

图1-183　托森差速器

1.差速器前齿轮轴　2.空心轴　3.差速器外壳　4.差速器后齿轮轴　5.后轴蜗杆　6.直齿圆柱齿轮　7.蜗轮轴　8.蜗轮　9.前轴蜗杆

当汽车驱动时，来自发动机的动力通过空心轴2传至差速器外壳3，差速器外壳3通过蜗轮轴传到蜗轮，再传到蜗杆。前轴蜗杆9通过差速器前齿轮轴1将动力传至前桥，后轴蜗杆5通过差速器后齿轮轴4传至后桥，从而实现前、后驱动桥的驱动作用。当汽车转弯时，前、后驱动轴出现转速差，通过啮合的直齿圆柱齿轮相对转动，实现前后轴之间的差速作用。

当前、后驱动桥中某一桥因附着力小而出现滑转时，差速器起差速作用，由于蜗杆蜗轮啮合副之间的摩擦作用，转速较低的驱动桥比转速较高的驱动桥所分配到的转矩大(最大可达3.5倍)，从而提高了汽车通过坏路面的能力。

3. 半轴与桥壳

(1)半轴：半轴的功用是将差速器传来的动力传给驱动车轮。根据半轴支承形式的不同，主要有全浮式半轴和半浮式半轴两种。

①全浮式半轴。全浮式半轴的结构如图1-184所示。半轴内端通过花键与半轴齿轮啮合，并通过差速器壳支承在主减速器壳的座孔中。半轴外端制有半轴凸缘，通过螺栓与轮毂固定在一起，轮毂通过两个圆锥滚子轴承支承在半轴套管上。

汽车行驶时，半轴只传递转矩，不承受其他任何力和力矩。这也是称之为全浮式半轴的原因。

②半浮式半轴。半浮式半轴的结构如图1-185所示。半轴内端通过花键与半轴齿轮啮合，并通过差速器壳支承在主减速器壳的座孔中。半轴外端通过轴承直接支承在桥壳内，车轮轮毂通过键直接固定于半轴外端。

汽车行驶时，半轴内端只传递转矩，半轴外端除传递转矩外，还要承受路面作用于车轮的各种反力和力矩。所以称之为半浮式半轴。

(2)桥壳：驱动桥壳的功用是支承并保护主减速器、差速器和半轴等，使左右驱动车轮的轴向相对位置固定；同从动桥一起支承车架及其上的各总成质量；汽车行驶时，承受由车轮传来的路面反作用力和力矩，并经悬架传给车架。

驱动桥壳可分为整体式桥壳和分段式桥壳两种。

①整体式桥壳如图1-186所示。它由空心梁、半轴套管、主减速器壳及后盖等组成。

壳体中部有一环行通孔，前端用来安装主减速器及差速器总成。后端用来检视主减速器、差速器的工作情况，后盖用螺钉装于后端面上，后盖上装有检查油面用的螺塞。壳体两端压入半轴套管，并用止动销限位。半轴套管外端轴颈用来安装轮毂轴承,最外端还制有螺纹。用来安装轮毂轴承调整螺母。

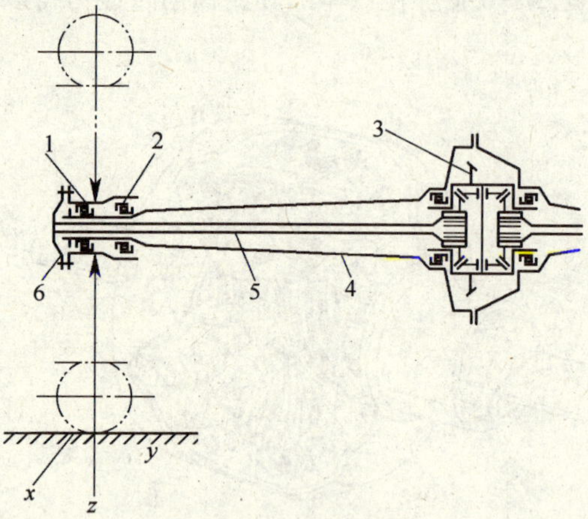

图 1-184 全浮式半轴

1. 轮毂 2. 轴承 3. 主减速器从动锥齿轮 4. 桥壳 5. 半轴 6. 半轴凸缘

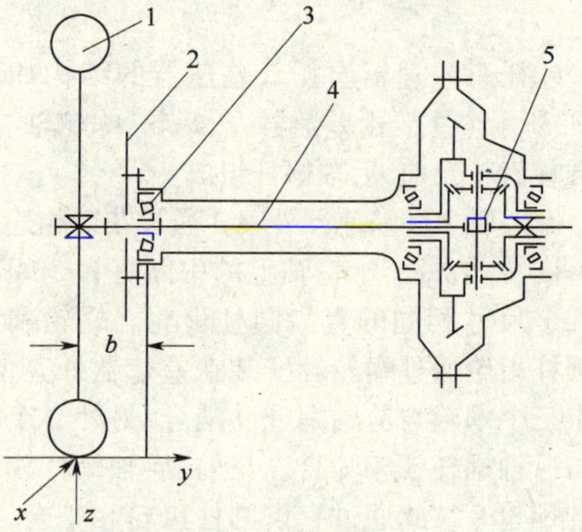

图 1-185 半浮式半轴

1. 车轮 2. 轴承盖 3. 圆锥滚子轴承 4. 半轴 5. 止推块

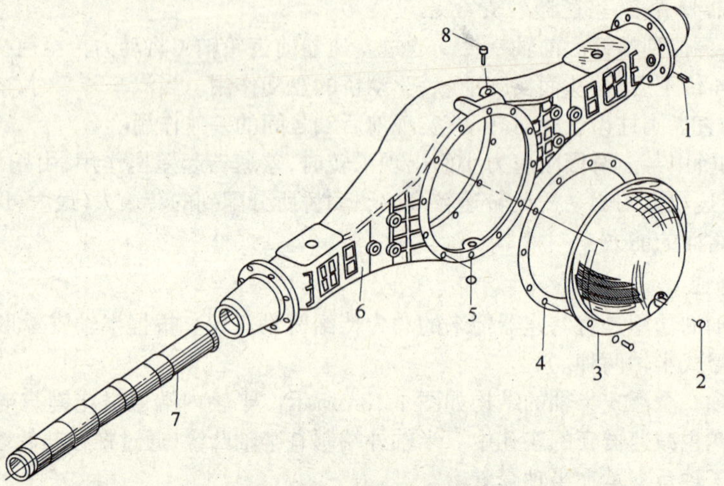

图 1-186 整体式桥壳

1. 止动销 2. 加油孔螺塞 3. 后盖 4. 垫圈 5. 放油螺塞 6. 壳体 7. 半轴套管 8. 通气孔

这种整体式桥壳具有较大的强度和刚度,且便于主减速器的拆装和调整,适用于中型以上货车。

②分段式桥壳如图 1-187 所示。分段式桥壳一般分为两段,两段之间用螺栓连接。它主要由主减速器壳、盖及半轴套管组成。

三、驱动桥的拆装

1. 整体式驱动桥拆装(以东风 EQ1092 型汽车为例)

(1)驱动桥拆卸。

①将汽车停放在水平地面上,掩住前后车轮,松开驻车制动器。

②拧下半轴凸缘与轮毂连接的螺母,取下锥形套和弹簧垫圈(如图 1-188 所示)。

③用两个 M12 长 35mm 的螺栓拧进半轴凸缘的专用拆卸螺孔内,顶出半轴,注意不要损坏油封。

④拧下桥壳底部的放油螺塞,将桥壳内的齿轮油放尽。

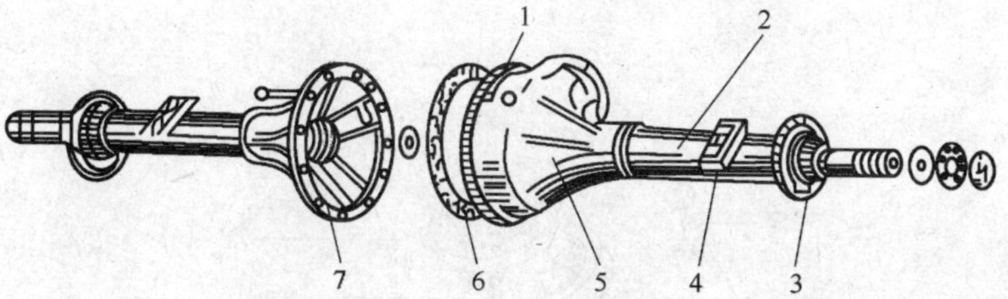

图 1-187　分段式桥壳

1. 加油孔　2. 半轴套管　3. 凸缘盘　4. 弹簧座　5. 壳体　6. 垫片　7. 盖

⑤拆下制动气室的连接软管。

⑥拆下主减速器凸缘与传动轴之间的连接螺栓，拧下桥壳与后盖之间的连接螺栓，取下后盖，取出主减速器和差速器总成，拆下桥壳顶上的通气螺塞。

(2)差速器分解：主减速器及差速器的分解，如图 1-189 所示。

①检查差速器轴承盖装配标记，如果标记不清或没有，应重新打上标记。

②撬开主减速器从动锥齿轮壳上的支承螺栓锁片 22，拧下锁紧螺母 23，拧出支承螺柱及支承套总成 19。

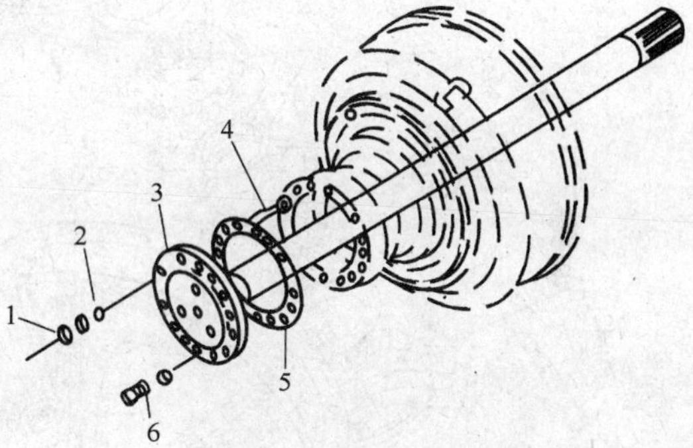

图 1-188　拆下半轴

1. 螺母　2. 锥形套　3. 半轴　4. 双头螺柱　5. 衬垫　6. 螺栓

③拧松差速器轴承盖上的紧固螺栓锁片 34，拧出紧固螺栓 35，拆下差速器轴承盖 33，取下调整螺母 29，从主减速器壳 18 中将差速器总成及从动锥齿轮 43 拿出，用拉器将差速器轴承 28 的内圈拉出。

④撬开差速器壳上的固定锁片 27 和止动片 30，拧下螺母，卸下螺栓 42，拆下从动锥齿轮 43。

⑤撬开锁片 25，拧下螺母，卸下螺栓 44，即可分开左、右差速器壳 26 与 41(在分开左、右差速器壳之前，应做好装配标记)，拿下行星齿轮 39、十字轴 38 和半轴齿轮 37。

(3)主减速器分解。

①将主减速器前端的油封座 4 的紧固螺栓拆除，脱开油封座后，将其向逆时针方向旋转 15°，使上面的两个对称孔对准轴承座上的螺纹孔，重新拧入螺栓，顶出主动锥齿轮 14 与轴承座 13，取下轴承座上的调整垫片 16。

②拆下主动锥齿轮 14 上的开口销，拧下槽形螺母 1，取下垫圈 2，取出凸缘 3 和油封座 4。

③从主动锥齿轮 14 上取下轴承座 13 和前端轴承 10、调整垫片 11、隔套 12 等，然后再将前轴承 10 取下。

④做好装配标记后，将主动锥齿轮的后轴承 15 取下。

(4)驱动桥装配与调整。

①用压力机将差速器轴承 28 的内座圈分别压入左、右差速器壳 26 与 41 的轴颈上。

②将左差速器壳 26 装轴承的轴颈向下放在工作台上，把半轴齿轮支承垫圈 36 连同半轴齿轮 37 一同装入差速器壳 26 中，然后将已装好行星齿轮 39 及其支承垫圈 40 的十字轴 38 装入差速器壳 26 的十字切槽中，并使行星齿轮与半轴齿轮啮合。

③装上另外的半轴齿轮及其支承垫圈，根据装配标记将差速器右壳 41 合到左壳 26 上，从右向左插入螺栓 42，在螺栓端套上锁片 25 和止动片 30，并以 118～137N·m 的力矩拧紧螺母，用锁片将螺母锁紧。

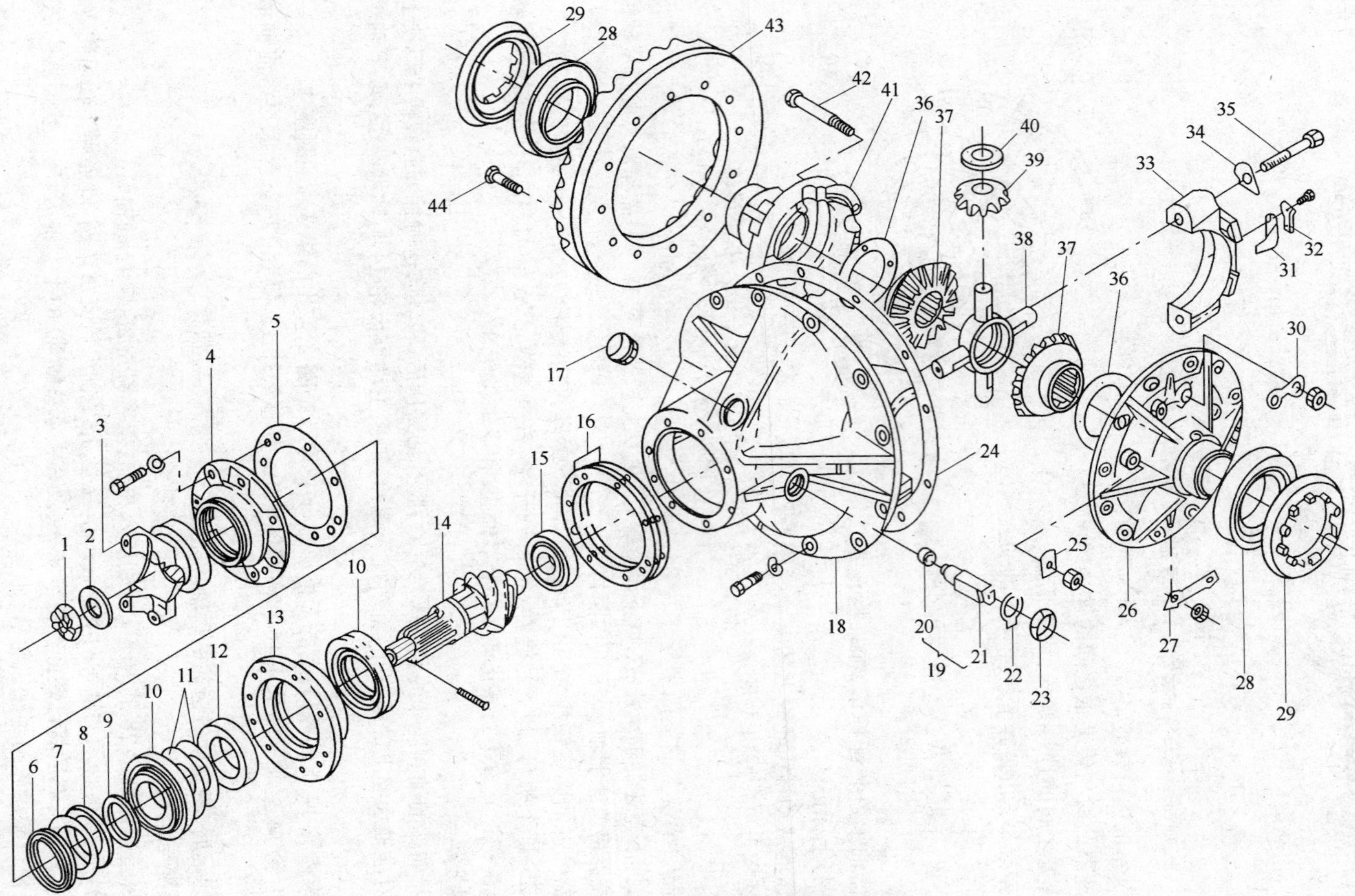

图1-189 东风EQ1092 型汽车主减速器

1. 槽形螺母 2. 垫圈 3. 连接凸缘 4. 油封座 5. 衬垫 6. 外油封 7. 导向环 8. 内油封 9. 主动锥齿轮前轴承止推垫圈 10. 前轴承 11. 前轴承调整垫片 12. 前轴承隔套 13. 主动锥齿轮前轴承座 14. 主动锥齿轮 15. 后轴承 16. 主动锥齿轮调整垫片 17. 加油孔螺塞 18. 主减速器壳 19. 从动锥齿轮支承套总成 20. 支承套 21. 支承螺柱 22. 锁片 23. 锁紧螺母 24. 衬垫 25. 锁片 26. 左差速器壳 27. 锁片 28. 差速器轴承 29. 差速器轴承调整螺母 30. 调整螺母止动片 31. 止动片紧固螺栓锁片 32. 锁片 33. 轴承盖 34. 锁片 35. 螺栓 36. 半轴齿轮支承垫圈 37. 半轴齿轮 38. 十字轴 39. 行星齿轮 40. 行星齿轮支承垫圈 41. 右差速器壳 42. 从动锥齿轮连接螺栓 43. 从动锥齿轮 44. 差速器左右壳连接螺栓

④将从动锥齿轮43装到差速器左壳26上，插入螺栓44，套上锁片27并以137～157 N·m的力矩拧紧螺母，然后用锁片将螺母锁紧。

(5)主减速器主动锥齿轮的装配与调整。

①将主减速器主动锥齿轮前端轴承10的内圈压靠到主动锥齿轮14的轴颈上，使其紧靠着齿轮大端，然后再将后轴承15的内圈压靠在主动锥齿轮14后面的台肩上。

②在主动锥齿轮前轴承内圈的前端套上隔套12，再依次装上原有的调整垫片11、轴承座13、前外轴承及止推垫圈9。

③将衬垫5、连接凸缘3和垫圈2依次装好，以196～294N·m的力矩拧紧槽形螺母1(油封及油封座先不装)，用弹簧秤拉住凸缘3的螺栓孔，如图1-190所示。主动锥齿轮刚转动时弹簧秤读数应在16.7～29.4N之间。否则通过增减调整垫片11进行调整。

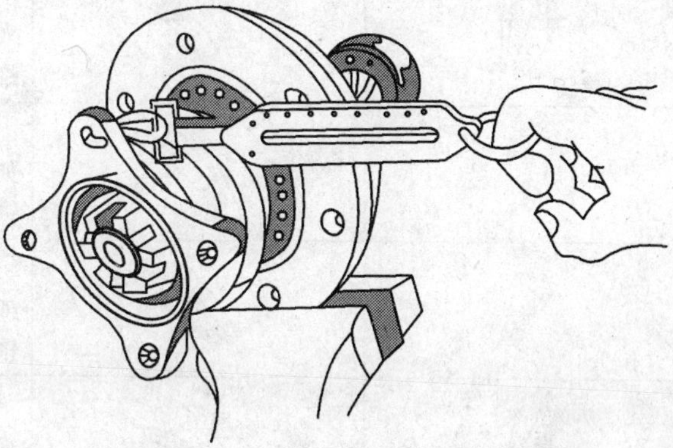

图1-190 主动锥齿轮轴承预紧度的测量

④松开槽形螺母，取出主动齿轮轴，将内油封8、导向环7、外油封6装入油封座4内，然后再将油封总成、衬垫5、连接凸缘3、垫圈2和槽形螺母1依次装在主动齿轮轴上，并以196～294N·m的力矩拧紧槽形螺母1，用开口销将槽形螺母锁好。

⑤将主动锥齿轮后轴承的外圈装入主减速器壳体上的座孔中。

(6)主减速器从动锥齿轮及差速器总成的装配与调整。

①将从动锥齿轮43及差速器总成装入主减速器壳18中，套上差速器轴承28的外圈，将调整螺母29装在差速器壳的螺纹部分，然后再按照原来的装配标记装上左、右差速器轴承盖33，并以196～235 N·m的力矩将紧固螺栓35拧紧。

②转动调整螺母29以调整差速器轴承预紧度，同时还应转动差速器壳，以使轴承滚子始终处于正确位置。

③调整差速器轴承预紧度后，用手转动从动锥齿轮43，应灵活无阻滞；用撬棒左右撬动从动锥齿轮，不应感觉到明显的轴向移动。

(7)主减速器主、从齿轮啮合印迹和啮合间隙调整。

①主、从动锥齿轮啮合印痕的调整。在从动锥齿轮上选定相邻120°的3处，每处取2～3个轮齿均匀地涂上红丹，用手在从动齿轮上略施压力，正反两方向转动从动锥齿轮，观察接触印迹应离小端端部2～4mm，长度不小于齿长的60%，齿高方向不应小于齿高的50%，一般距齿顶0.8～1.5mm。若不符合要求，可通过增减主动齿轮调整垫片的方法来调整。增加垫片厚度，啮合印痕向从动齿轮的大端移动。

②主、从动锥齿轮啮合间隙的调整。使百分表触头垂直抵在从动锥齿轮轮齿大端的凹面，主动锥齿轮固定不动，轻轻来回推动从动锥齿轮，读出百分表指针变动量即为主、从动锥齿轮啮合间隙。用同样的方法对沿圆周均布的4个齿进行测量。主、从动锥齿轮啮合间隙的范围为0.15～0.40mm。

由于主、从动锥齿轮啮合间隙的调整，是通过移动差速器轴承调整螺母实现的，而差速器轴承预紧度已预先调好，因此调整主、从动齿轮啮合间隙时，必须做到一侧的调整螺母紧(或松)多少，另一侧的调整螺母则应相应松(或紧)多少，以保证预紧度不变。

如果主、从动锥齿轮的啮合印迹和啮合间隙不符合要求，则应按照表1-13进行调整。

表 1-13 主、从动锥齿轮啮合印迹和啮合间隙的调整方法

从动锥齿轮齿面啮合印迹		调整方法	齿轮移动方向
 前驶	 倒车		
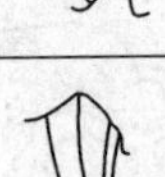		使从动锥齿轮移近主动锥齿轮，如果这时啮合间隙过小，则将主动锥齿轮向外移开	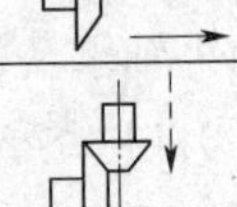
	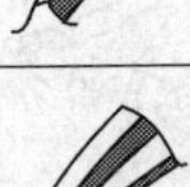	使从动锥齿轮移离主动锥齿轮，如果这时啮合间隙过大，则将主动锥齿轮向内移近	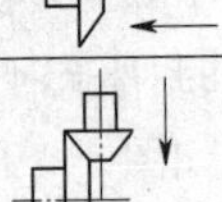
		使主动锥齿轮移近从动锥齿轮，如果这时啮合间隙过小，则将从动锥齿轮向外移开	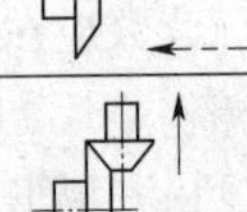
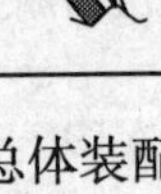	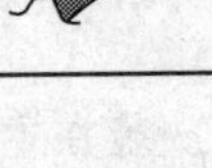	使主动锥齿轮移离从动锥齿轮，如果这时啮合间隙过大，则将从动锥齿轮向内移近	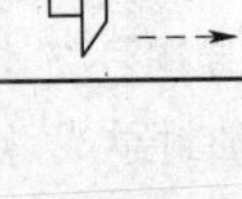

(8)总体装配。

①将差速器轴承调整螺母 29 的止动片 30、止动片紧固螺栓锁片 31 及紧固螺栓装好并锁止。

②拧入从动锥齿轮支承螺柱 21，当支承螺柱顶住从动锥齿轮 43 后端面后，再将螺柱退回约 1/4 圈，使支承螺柱 21 与从动齿轮背面的间隙在 0.3～0.5mm 之间，调好后用扳手夹住支承螺柱，再用锁紧螺母 23 将螺柱锁住，最后用锁片 22 将螺母 23 锁紧。

③将密封垫片和主减速器总成装入桥壳，以 78～98N·m 的力矩拧紧主减速器壳的连接螺栓。

④装上后盖及其密封垫片，并以 78～98N·m 的力矩拧紧后盖螺栓。

⑤将左右半轴插入半轴套管，半轴的花键部分应与半轴齿轮的内花键孔啮合，装上锥形套和弹簧垫圈，拧紧半轴凸缘与轮毂之间的连接螺母。

2．断开式驱动桥拆装（以桑塔纳 2000 系列轿车为例）

(1)主减速器和差速器拆卸。

①将从车上拆下的驱动桥总成固定在工作台架上，拆下半轴及差速器轴承盖紧固螺栓，从变速器壳体上取下半轴、主减速器轴承盖及差速器总成，如图 1-191 所示。

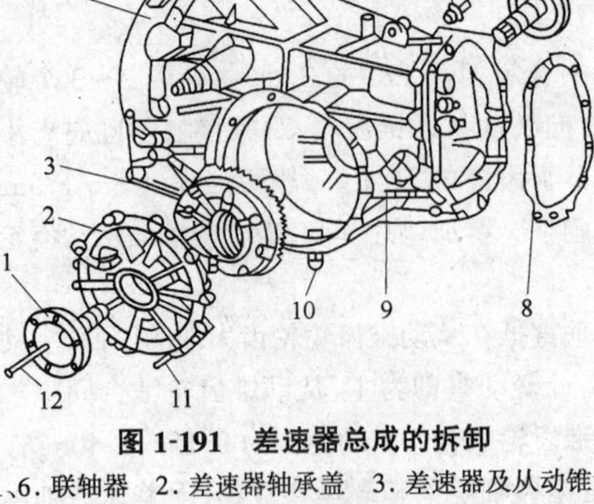

图 1-191 差速器总成的拆卸

1、6. 联轴器 2. 差速器轴承盖 3. 差速器及从动锥齿轮 4. 变速器前壳体 5. 变速器油耗表指示开关 7、11、12. 螺栓 8. 密封垫 9. 加油螺塞 10. 放油螺塞

②在从动锥齿轮和差速器轴承盖做上装配标记，用铝质夹具将差速器壳固定在台钳上，拆下从动锥齿轮的紧固螺栓（注意：从动锥齿轮的紧固螺栓是自动锁紧的，一经拆卸就必须更换），然后用铜铳子从差速器壳上敲下从动锥齿轮。

③用拉器从差速器壳上拉出里程表驱动齿轮、差速器轴承，如图 1-192、图 1-193 所示。用内拉器从变速器壳体和差速器轴承盖上拉出轴承外座圈，如图 1-194、1-195 所示。取出调整垫片，拆下油封。

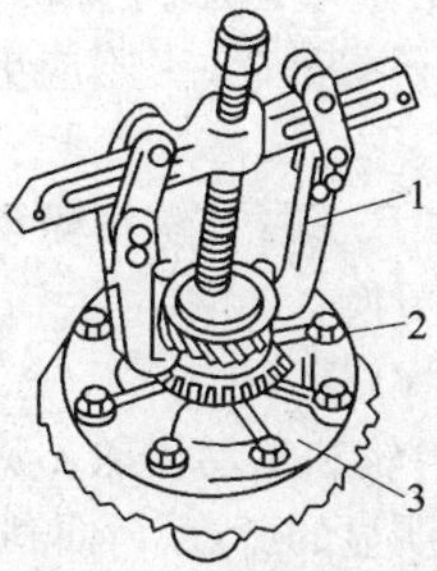

图 1-192 拉出里程表驱动齿轮

1. 拉器 2. 里程表驱动齿轮 3. 从动锥齿轮

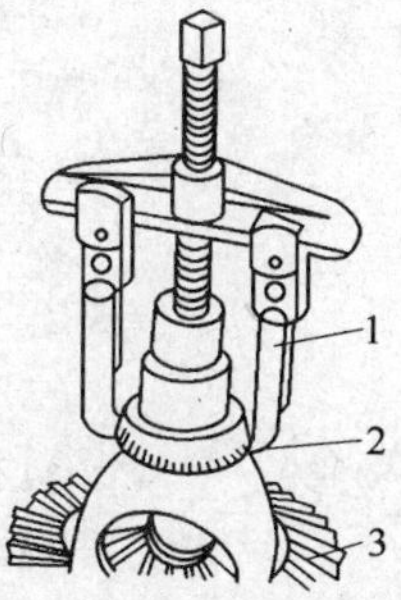

图 1-193 拉出差速器轴承

1. 拉器 2. 差速器轴承 3. 差速器壳

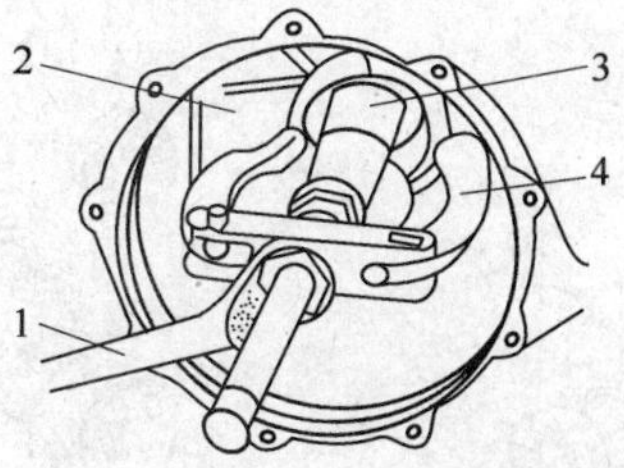

图 1-194 从变速器壳内拉出差速器轴承外座圈

1. 梅花扳手 2. 变速器壳 3. 内拉器 4. 支架

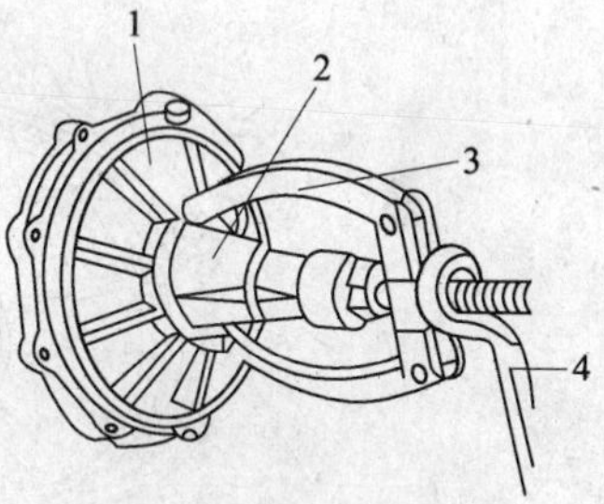

图 1-195 从差速器轴承盖内拉出差速器轴承外座圈

1. 差速器轴承盖 2. 内拉器 3. 支架 4. 梅花扳手

④拆除行星齿轮轴卡环,取出行星齿轮轴,转动半轴齿轮并取出行星齿轮,拆下半轴齿轮及复合式止推垫片。

桑塔纳 2000 系列轿车主减速器和差速器分解如图 1-196 所示。

(2)差速器装配。

①将复合式止推垫片 16 涂上润滑油,装入差速器壳 17 内。

②在半轴齿轮 14 上装入螺纹管 15 后,再将半轴齿轮连同螺纹管装入差速器壳 17。

③将两个行星齿轮 13 错开 180°放在适当的位置上,接着转动半轴齿轮 14 使行星齿轮 13 进入差速器壳 17,并注意使行星齿轮 13、止推垫片 16 和差速器罩壳对正。

④用芯棒和锤子装入行星齿轮轴 12,装上卡环 11。

⑤检查行星齿轮 13 和半轴齿轮 14 间的啮合间隙应在 0.05～0.20mm 之间,或者用塞尺检查半轴齿轮 14 与差速器壳体 17 之间的间隙,该值应在 0.10～0.20mm 之间。

(3)从动锥齿轮装配:将从动锥齿轮 10 加热到 120℃后,以两个螺纹销做导向,将从动锥齿轮 10 迅速装到差速器壳 17 上,然后在螺纹孔中涂上齿轮油,装上螺栓 9,以对角方式分 2～3 次逐渐将螺栓 9 以 70N·m 的力矩拧紧。安装完毕后应检查从动锥齿轮的翘曲摆差不得超过 0.05mm。

(4)差速器轴承与里程表齿轮装配。

①将与从动锥齿轮 10 相对一边的差速器轴承 5 加热至 120℃,装在差速器壳 17 上,并用专用工具把轴承压到位。

②压入里程表主动齿轮 7,将锁紧套筒 6 拧紧。

③将从动锥齿轮 10 背面的差速器轴承 8 加热至 120℃,装在差速器壳 17 上,并用专用工具把轴承压到位。

④用专用工具将差速器轴承外座圈 4 分别压入变速器壳内和差速器轴承盖上。

(5)差速器总成安装:将差速器总成和主减速器盖一起装入变速器壳内并用螺栓紧固。

四、驱动桥的检修

1. 后驱动桥检修(以东风 EQ1092 型汽车为例)

(1)轴承检修。

①所有轴承均应转动灵活,无卡滞。

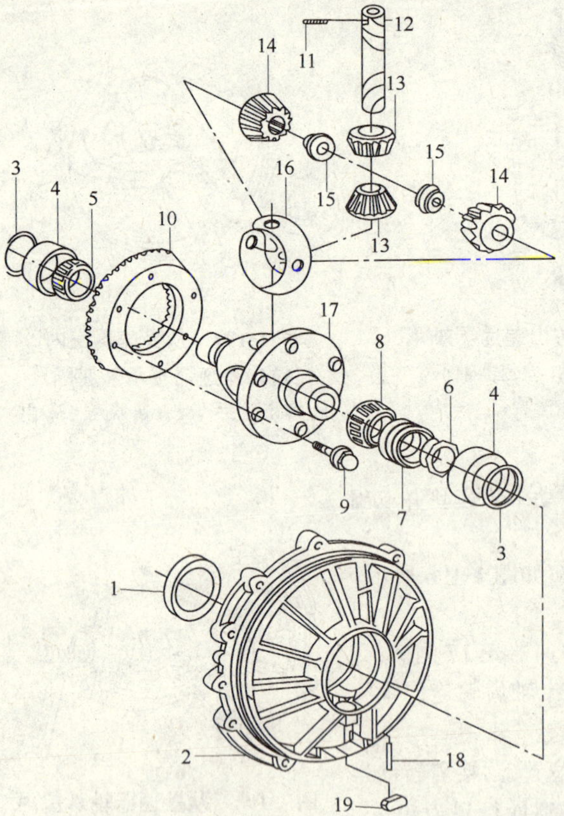

图 1-196 桑塔纳 2000 系列轿车主减速器和差速器分解

1. 密封圈 2. 差速器轴承盖 3. 从动锥齿轮的调整垫片 4. 轴承外座圈 5、8. 差速器轴承 6. 锁紧套筒 7. 里程表主动齿轮 9. 螺栓 10. 从动锥齿轮 11. 卡环 12. 行星齿轮轴 13. 行星齿轮 14. 半轴齿轮 15. 螺纹管 16. 复合式止推垫片 17. 差速器壳 18. 磁铁固定销 19. 磁铁

②轴承的滚子和滚道上均不得有伤痕、剥落、严重黑斑或烧损变色等缺陷，否则应更换轴承。

③轴承架不得有缺口、裂纹、铆钉松动或滚子脱出等现象，否则应更换。

(2)主减速器零件检修。

①主减速器主动齿轮和从动齿轮不应有裂纹，其工作表面不应有明显的斑点、齿面剥脱、缺损和阶梯形磨损，否则，应将主、从动齿轮成对更换。

②主减速器壳不应有裂损，各部位的螺纹损伤不得多于两牙。

(3)差速器零件检修。

①差速器壳与行星齿轮垫圈和半轴齿轮垫圈间的接触面应光滑无沟槽，若有细小沟槽，可用砂纸打磨，然后更换新垫圈。此外，差速器壳上不得有裂纹出现，否则，应换用新件。

②半轴齿轮与行星齿轮均不得有裂纹，其工作表面不应有明显的斑点、齿面脱落和缺损。

③分别测量行星齿轮轴的外径与行星齿轮的内径，其差值应在 0.1～0.2mm 之间，否则，应换用新件。

④检查半轴齿轮花键间隙。在虎钳上夹紧半轴，然后再将半轴齿轮安装在半轴上，前后推动半轴齿轮，使其沿花键齿侧方向摆动，用百分表测量半轴齿轮的摆动值，此值即为花键间隙，它应在0.2～0.5mm 之间，否则，应换用新件。

⑤检查止推垫圈。行星齿轮垫圈和半轴齿轮垫圈不应有过度磨损和破损现象，否则，应换用新件。

(4)驱动桥壳检修。

①桥壳和半轴套管上不应有裂纹，各处的螺纹损伤不得超过两牙，对半轴套管还应进行探伤检查。

②钢板弹簧座定位孔的磨损不得大于 1.5mm，超限时先进行补焊，然后按原位置重新钻孔。

③钢板弹簧座的厚度减少量不得大于 2mm。

④桥壳以半轴套管的两内端轴颈的公共轴线为基准，两外端轴颈的径向圆跳动误差超过 0.35mm 时应进行矫正，矫正后的径向圆跳动误差不得大于 0.08mm。

⑤桥壳承孔与半轴套管的配合及伸出长度应符合原厂规定。如半轴套管的承孔严重磨损，可将座孔镗至加大的修理尺寸，更换相应修理尺寸的半轴套管。

⑥滚动轴承与桥壳的配合应符合原厂规定。如配合处过于松旷，可用刷镀法修复承孔。

(5)半轴检修。

①对半轴应进行隐伤检查，轴上不允许有任何形式的裂纹。

②半轴花键应无明显的扭转变形。

③以半轴轴线为基准，半轴中段未加工圆柱体的径向圆跳动误差不得大于 1.3mm；花键外圆柱

面的径向圆跳动误差不得大于0.25mm；半轴凸缘内侧端面摆差不得大于0.15mm，径向圆跳动超限时，应进行冷压矫正；端面摆差超限，可对端面进行修正。

④半轴花键与半轴齿轮及凸缘键槽的侧隙增大量不得大于原设计规定的0.15mm。

2. 前驱动桥的检修（以桑塔纳2000型轿车为例）

①主动齿轮、从动齿轮及行星齿轮的轮齿不得有裂纹，齿轮的工作表面不能有明显的斑点、齿面剥落和缺损。

②主、从动齿轮间的啮合印迹长度距小端应为从全齿长的1/2以上，且啮合间隙不得大于0.20mm。

③差速器壳体内壁应无明显沟槽。

④行星齿轮间隙应不大于0.18mm，行星齿轮轴不得有损坏或者严重磨损。

⑤差速器轴承应运转灵活，不存在表面剥落或者严重磨损，且轴与轴承间的配合间隙不应过大。

⑥从动齿轮端面跳动不应大于0.05mm。

⑦通常情况下，每次维修均应更换复合式止推垫片。

⑧差速器壳体不应出现裂纹，差速器壳体凸缘的端面摆差不应大于0.30mm。

⑨半轴不应出现裂纹，油封轴颈磨损不应超过0.30mm或出现沟槽，轴端花键与半轴齿轮花键孔的配合间隙应不大于0.50mm。半轴油封损坏应更换。

五、驱动桥常见故障的诊断与排除

驱动桥的主减速器、差速器、半轴、轴承和油封等长期承受冲击载荷，使其各配合副加剧磨损、各零部件损坏，导致驱动桥过热、异响和漏油等故障发生。

1. 驱动桥过热

(1)故障现象：汽车行驶一段时间后，用手触摸驱动桥壳有烫手感觉。

(2)故障原因。

①齿轮油变质、油量不足或牌号不符合要求。

②轴承预紧度调整过大。

③齿轮啮合间隙和行星齿轮与半轴齿轮啮合间隙过小。

④止推垫片与主减速器从动齿轮背隙过小。

⑤油封过紧和各运动副、轴承润滑不良。

(3)诊断与排除。

①检查是否局部过热，如油封处过热，说明油封过紧；轴承处过热，说明轴承损坏或调整不当；油封和轴承处均不过热，说明止推垫片与主减速器从动齿轮背隙过小。

②如果是普遍过热，应检查齿轮油油面高度、齿轮油规格、黏度或润滑性能；检查主减速器齿轮啮合间隙（松开驻车制动器，变速器置于空档，轻轻转动主减速器的凸缘盘，如果转动角度太小，说明主减速器齿轮啮合间隙太小，如果转动角度正常，说明行星齿轮与半轴齿轮啮合间隙太小）。

2. 驱动桥漏油

(1)故障现象：润滑油从驱动桥加油口、放油口螺塞处或油封、各接合面处向外渗漏；驱动桥壳有漏油痕迹。

(2)故障原因。

①加油口、放油口螺塞松动或损坏。

②油封磨损、硬化，油封装反，油封与轴颈不同轴，油封轴颈磨成沟槽。

③接合平面变形、加工粗糙，密封衬垫太薄、硬化或损坏，紧固螺钉松动或损坏。

④通气孔堵塞。

⑤桥壳有铸造缺陷或裂纹。

(3)诊断与排除。

①检查驱动桥内润滑油面。如果油量过多,应减少到规定油量。

②检查漏油处的紧固螺栓是否松动。若松动,应紧固。

③检查驱动桥通气塞是否被堵塞。如堵塞,应清洗疏通。

④主动锥齿轮轴处漏油,应拆下油封进行检查。必要时更换。

⑤半轴油封处漏油,应检查油封是否安装歪斜或损坏,必要时重新安装或更换。

⑥驱动桥接合面漏油,应检查衬垫是否损坏,接合面是否不平,如果衬垫损坏应更换,如果接合面不平应修理。

3. 驱动桥异响

(1)故障现象。

①汽车直线行驶时无异响,转弯时有异响。

②汽车直线行驶或转弯时均有异响。

③汽车在上下坡时有异响。

④后轮运转有噪声或沉重的异响。

(2)故障原因。

①锥齿轮、圆柱齿轮、行星齿轮、半轴齿轮磨损过大,齿面损伤或轮齿折断。

②主减速器轴承、差速器轴承磨损松旷。

③主、从动锥齿轮啮合间隙调整不当。

④半轴齿轮花键槽与半轴花键配合松旷。

⑤差速器行星齿轮与半轴齿轮不匹配,啮合不良。

⑥差速器行星齿轮轴轴颈磨损,行星齿轮调整垫磨薄,行星齿轮与十字轴卡滞、装配不当。

⑦主减速器从动齿轮与差速器壳紧固螺栓松动,差速器轴承盖紧固螺栓松动。

⑧后轮轮毂轴承损坏,轴承外圈松动。

⑨车轮轮辋破碎,轮辋上轮胎螺栓孔磨损过大,使轮辋固定不牢。

(3)诊断与排除。

①如果汽车直线行驶时无异响而转弯时有异响,拆下差速器并分解,检查行星齿轮、半轴齿轮、十字轴是否磨损及相互匹配情况。如果磨损松旷或匹配不良,应修理或更换。

②如果行驶有异响而空档滑行时异响减轻或消失,拆下主减速器并分解,检查主、从动锥齿轮是否损伤折断、啮合间隙是否过大、啮合印迹是否符合要求等,如果有损伤或啮合不符合要求,应更换或调整。

③如果行驶或空档滑行均有异响,检查润滑油量是否充足,如果不足按要求添加。否则拆下主减速器和差速器,检查主、从动锥齿轮啮合间隙和差速器轴承。如果不符合要求,应调整或更换轴承。

④如果汽车在上下坡时有异响,拆下主减速器,检查主、从动锥齿轮啮合间隙和啮合印迹,如果不符合要求,应调整。

⑤如果汽车后轮出现异响,检查轮毂轴承是否松旷、轮辋是否变形、轮辋螺栓孔是否磨损过大。如果不合要求,应修理或更换。

复习思考题

1. 为什么汽车传动系统要设置离合器?

2. 摩擦式离合器由哪几部分组成?简述其工作原理。

3. 离合器操纵机构有哪些类型?各有何特点?

4. 离合器的常见故障部位有哪些？
5. 离合器打滑的故障原因有那些？怎样诊断？
6. 离合器分离不彻底的故障原因有那些？怎样诊断？
7. 离合器发抖的故障原因有那些？怎样诊断？
8. 离合器噪声的故障原因有那些？怎样诊断？
9. 什么是离合器踏板的自由行程？如何进行调节？
10. 变速器有何功用？有哪些类型？
11. 变速器操纵机构的定位锁止装置有哪些？各有何作用？
12. 同步器的功用是什么？有哪些类型？
13. 变速器跳档的故障原因有那些？怎样诊断？
14. 变速器乱档的故障原因有那些？怎样诊断？
15. 变速器异响的故障原因有那些？怎样诊断？
16. 什么是无级变速器？
17. 什么是自动变速器？
18. 液力耦合器和液力变矩器有何区别？各由哪些主要部件组成？
19. 自动变速器由哪几部分组成？试述其功用。
20. 液压控制系统的功用是什么？由哪几部分组成？
21. 自动变速器性能试验包括哪些内容？
22. 自动变速器的行星齿轮机构如何检修？
23. 自动变速器常见故障有哪些？
24. 汽车传动系统中为什么要设万向传动装置？它由哪几部分组成？
25. 试述十字轴式万向节传动的不等速性。
26. 等速万向节有哪些结构形式？各有何特点？
27. 万向传动装置常见故障有哪些？
28. 传动轴有哪些耗损？如何检修？
29. 驱动桥的功用是什么？它由哪几部分组成？有哪些类型？
30. 东风 EQ1090E 型汽车单级主减速器的构造是怎样的？有哪些调整项目？
31. 驱动桥为什么设差速器？
32. 常用的半轴支承形式有哪几种？分析其受力情况。
33. 分析驱动桥过热的现象、原因及排除方法。
34. 分析驱动桥漏油的原因。
35. 主减速器装配中，如何调整轴承预紧度、啮合印痕、啮合侧隙？

第二章　汽车行驶系统

第一节　汽车行驶系统概述

一、汽车行驶系统的功用与组成

(1)汽车行驶系统的功用。

①接受发动机经传动系统传来的转矩，并通过驱动轮与路面间的附着作用，产生路面对驱动轮的驱动力，以保证整车正常行驶。

②传递并承受路面作用于车轮上的各向反力及其形成的力矩；缓和路面对车身的冲击并衰减振动，保证汽车平顺行驶。

③与汽车转向系统很好地配合工作，实现汽车行驶方向的正确控制，以保证汽车的操纵稳定性。

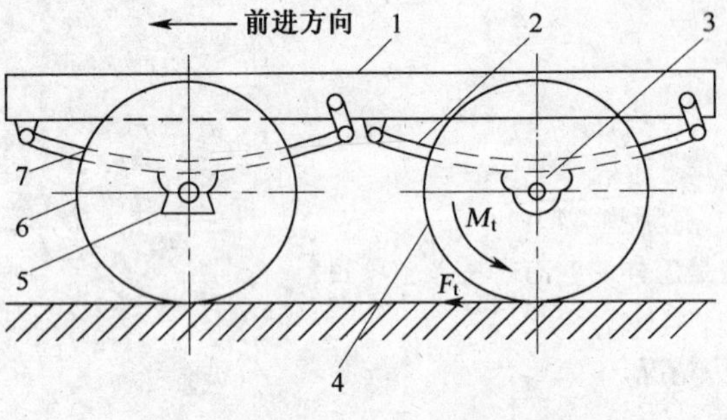

图 2-1　轮式汽车行驶系统的组成

1. 车架　2. 后悬架　3. 驱动桥　4. 后轮　5. 转向桥　6. 前轮　7. 前悬架

(2)汽车行驶系统的组成：轮式汽车行驶系统一般由车架、车桥、车轮和悬架组成，如图 2-1 所示。

车架是全车装配与支承的基础，它将汽车的各相关总成连接成一个整体。车轮分别装在前桥和后桥上，支撑着整个汽车。直接与路面接触，因而称这种行驶系统为轮式行驶系统。为了减少汽车在行驶中受到的来自路面的冲击与振动，车桥与车架之间通过悬架与车架连接。

二、汽车行驶系统的分类

汽车行驶系统除了上述轮式行驶系统之外，还有半履带式、全履带式、车轮-履带式等几种。

(1)半履带式行驶系统：如图 2-2 所示，前桥装有滑橇或车轮，用来实现转向，后桥装有履带。主要用在雪地或沼泽地带行驶。

(2)全履带式行驶系统：如图 2-3 所示，汽车的前后桥上都装有履带，使汽车的软地面通过能力进一步提高。

(3)车轮-履带式行驶系统：如图 2-4 所示，车轮外的履带可拆卸，不装履带时为轮式行驶系统，加装履带时为全履带式行驶系统。

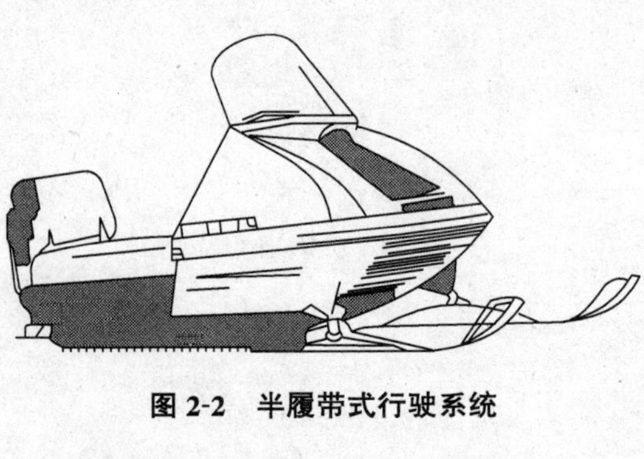

图 2-2　半履带式行驶系统

图 2-3　全履带式行驶系统

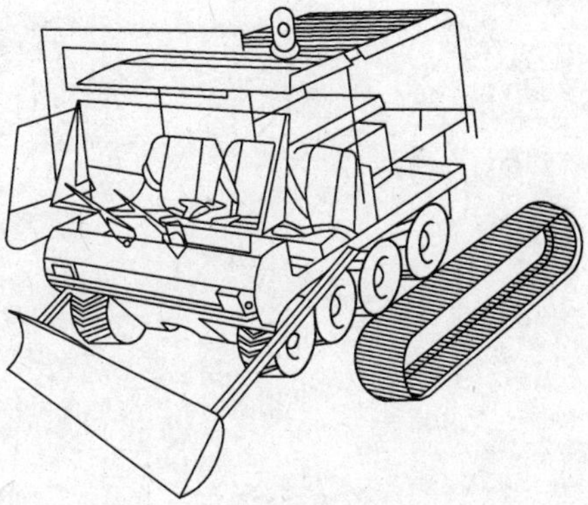

图 2-4　车轮-履带式行驶系统

第二节　车　　架

一、车架的构造

1. 车架的功用与形式

车架的功用是支撑连接汽车的各零部件并保证其正确的相对位置，承受来自车内外的各种载荷。

汽车车架的结构形式有三种：边梁式车架、中梁式车架和综合式车架。其中边梁式车架应用最为广泛。

2. 边梁式车架

边梁式车架由两根位于两边的纵梁和若干根横梁组成，用铆接法或焊接法将纵梁与横梁连接成坚固的刚性构架。

东风 EQ1092 型汽车车架如图 2-5 所示。它由 2 根纵梁和 8 根横梁铆接而成。

纵梁为槽形不等高断面梁，中部断面高度最大，并向两端逐渐减小。左右纵梁上有上百个孔，分别用于安装脚踏板、转向器、车厢、储气筒、蓄电池架、钢板弹簧支架等，有的用来通过管道电线，有的则是加工定位孔。前横梁上安装散热器，发动机前悬横梁做成下凹形，以降低发动机位置，扩大驾驶人视野。安装驾驶室后悬置的横梁做成拱形，以便安装传动轴中间支承。其余横梁做成简单的直槽形。车架最前面装有横梁式的缓冲件——保险杠。

3. 中梁式车架

中梁式车架结构如图 2-6 所示。其特点是只有一根位于中央贯穿前后的纵梁。因此也称为脊骨式车架。

中梁的断面可做成管形或箱形，传动轴从中梁内穿过，主减速器通常固定在中梁的尾端。中梁前端悬伸托架用以安装发动机。

中梁式车架有较大的扭转刚度，并使车轮有较大的运动空间，便于采用独立悬架和获得大的转向角。

4. 综合式车架

综合式车架结构如图 2-7 所示。车架的前部是边梁式，车架的后部是中梁式。

综合式车架同时具有中梁式和边梁式车架的特点。前部的边梁用以安装发动机，后部悬伸出来的支架可以固定车身。

另外，部分轿车和大型客车取消了车架，而以车身兼起车架的作用。所有的载荷均由车身来承受，这种车身称为承载式车身，如图 2-8 所示。

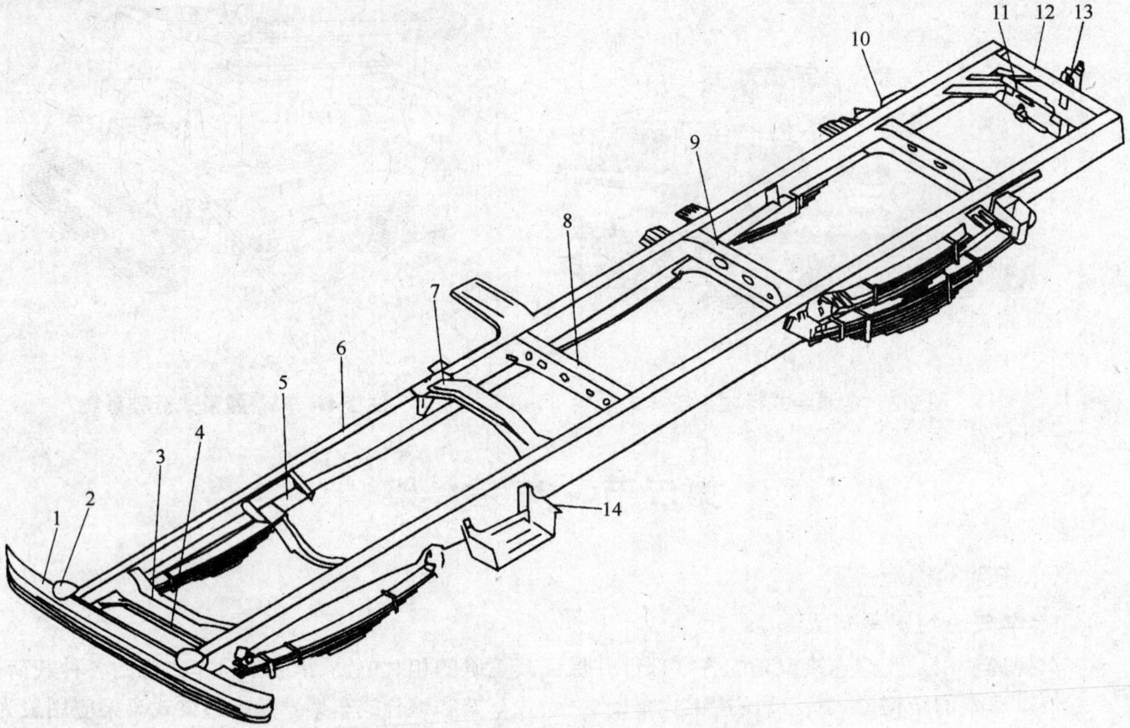

图 2-5 东风 EQ1092 型汽车车架

1. 保险杠 2. 挂钩 3. 前横梁 4. 发动机前悬横梁 5. 发动机后悬支架及横梁 6. 纵梁 7. 驾驶室后悬置横梁 8. 第四横梁 9. 后钢板弹簧前支架横梁 10. 后钢板弹簧后支架横梁 11. 角撑横梁组件 12. 后横梁 13. 拖钩部件 14. 蓄电池托架

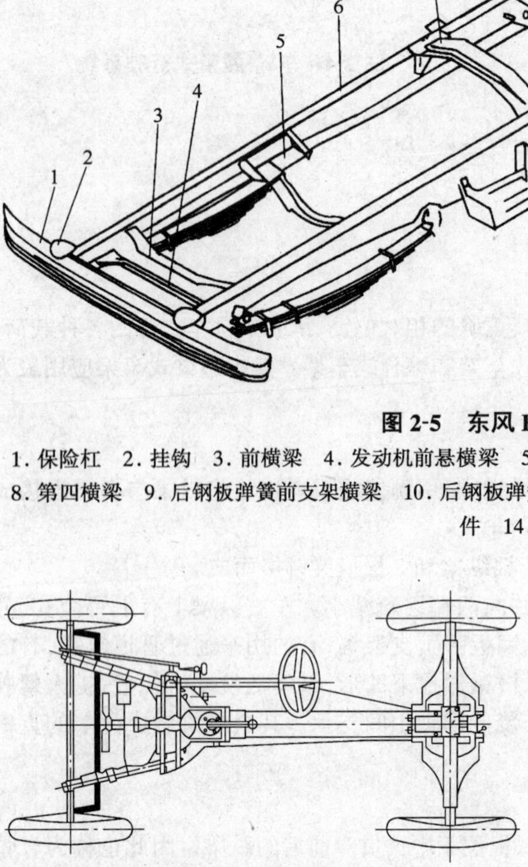

图 2-6 中梁式车架

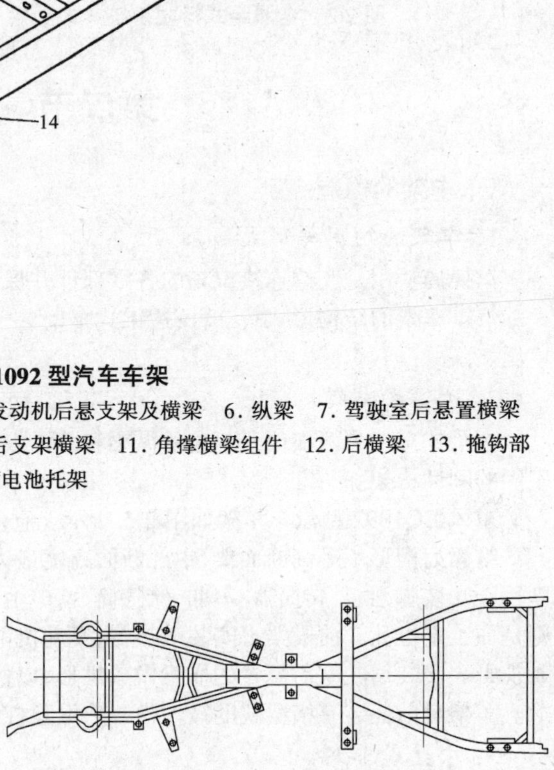

图 2-7 综合式车架

二、车架的检修

由于结构和使用方面的原因，车架往往会出现变形、裂纹、腐蚀、连接松旷等失效形式。通常在二级保养和大修时进行车架检修。

1. 外观检查

车架检修前应除去锈层和旧漆，然后从外观上寻找车架是否产生严重的弯曲和扭转变形，是否有开裂、脱焊、锈蚀及铆接松动现象。

2. 车架变形检修（以东风 EQ1092 型为例）

(1)车架宽度检查：用直尺或专用卡尺测量车架的宽度，车架宽度不应超过基本尺寸的±3mm。

(2)车架纵梁直线度和垂直度检查：如图 2-9 所示，用 1m 长的直尺对纵梁进行靠合检查，在任意

1000mm 长度上，直线度误差应不大于 3mm，在纵梁侧面宽度上直线度误差应不大于 0.30mm；用拉线法检测，在全长上的直线度误差应不大于 1‰；用直角尺检查纵梁侧面与上平面间的垂直度误差应不大于 1%，车架各主要横梁对纵梁的垂直度误差应不大于 2‰。

(3)钢板弹簧支架销孔中心距及对角线检查：采用分段拉线的方法进行检查，如图 2-10 所示。

Ⅰ段两侧纵梁的钢板弹簧支架销孔中心距相差应不大于 1mm，Ⅱ、Ⅲ段均应不大于 2mm，各段对角线长度差应不大于 5mm；各对角线的交叉点对车架中心线偏差应不大于 2mm。

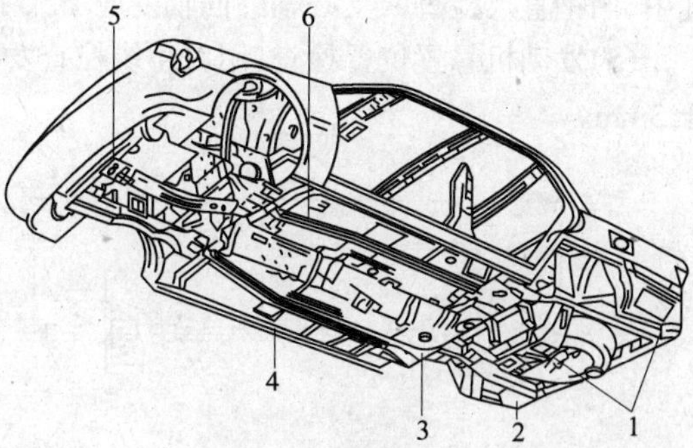

图 2-8　承载式车身

1. 后底板横梁　2. 后侧底板构架　3. 后底板边梁　4. 底板边梁　5. 发动机固定中心梁　6. 前底板加强梁

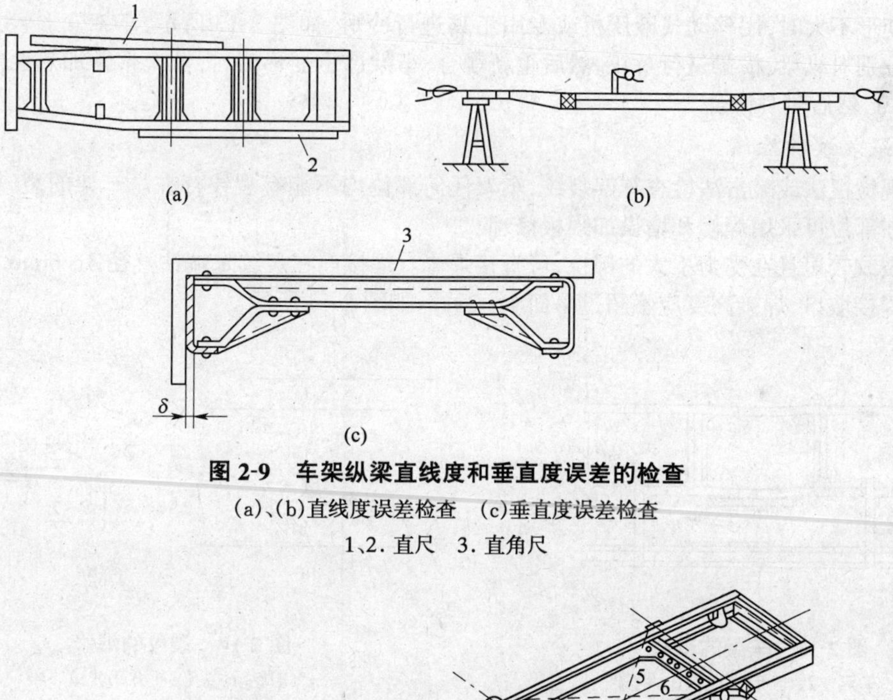

图 2-9　车架纵梁直线度和垂直度误差的检查

(a)、(b)直线度误差检查　(c)垂直度误差检查

1、2. 直尺　3. 直角尺

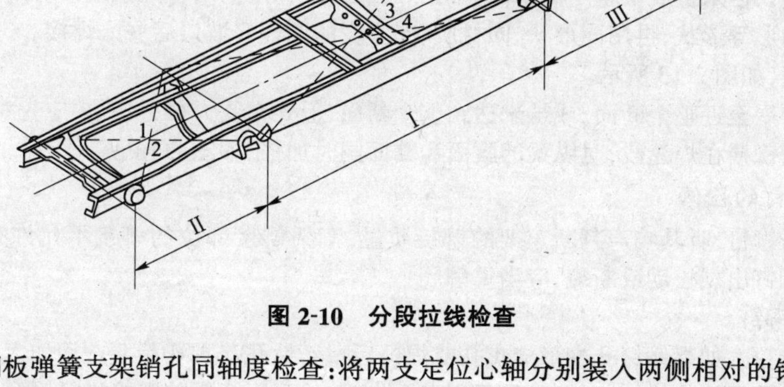

图 2-10　分段拉线检查

(4)左、右钢板弹簧支架销孔同轴度检查：将两支定位心轴分别装入两侧相对的钢板弹簧支架销

孔中,用钢直尺检查两支心轴的同轴度应不大于 2mm,如图 2-11 所示。

(5)发动机悬置位置检查:用对角线检查发动机悬置位置,如图 2-12 所示。对角线长度差应不大于 3mm。

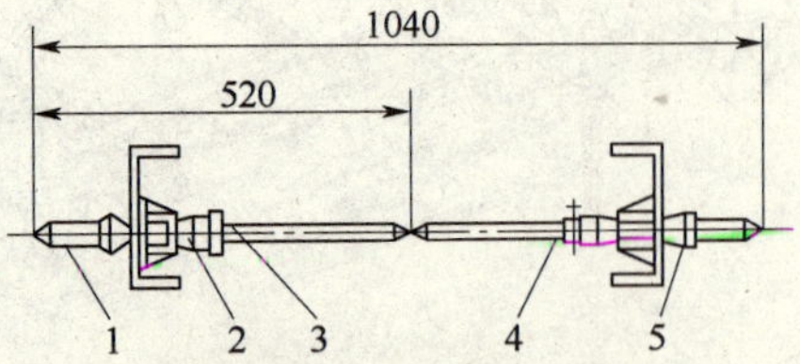

图 2-11 用定位心轴检查左、右钢板弹簧支架销孔同轴度

1. 心轴 2. 活动锥形套 3. 滚花圆柱头固定螺钉 4. 螺套 5. 固定锥形套

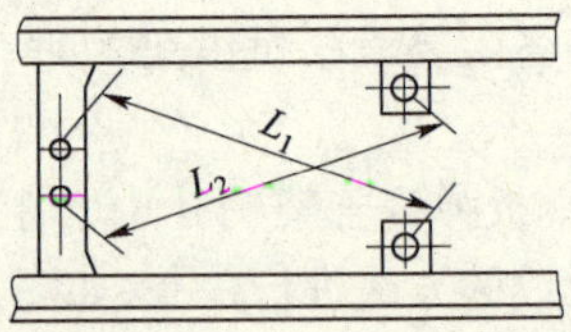

图 2-12 发动机悬置位置的检查

车架变形不大时,用移动式液压机或专用工具进行冷矫,如图 2-13 所示;车架变形较大时,将车架拆散后分别对纵梁、横梁进行矫正,然后重新铆合;车架严重变形时,拆散车架并加热至暗红色(不超过 700℃),然后热矫铆合。

3. 车架裂纹的检修

用直观检视法或敲击法检查车架裂纹,车架任何部位均不能有裂纹存在。车架的裂纹视其严重程度和所在部位可采用焊修和增设加强板修理。

如果裂纹较短且在受力不大的部位,可直接焊修。焊接前在裂纹末端钻直径 3～6mm 的止裂孔,裂缝处开焊接坡口,焊接高度应不超过平面 1～2mm,如图 2-14 所示。

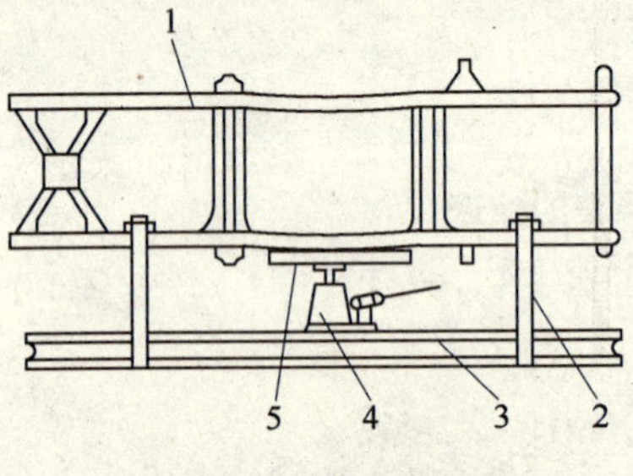

图 2-13 车架的冷矫

1. 车架 2. U 形螺栓 3. 钢架 4. 千斤顶 5. 模板

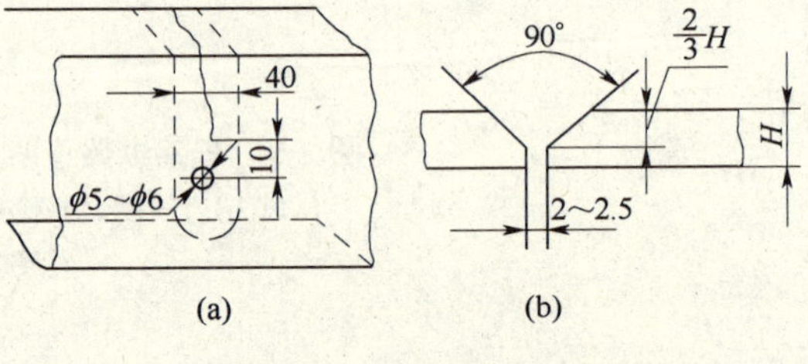

图 2-14 裂纹的焊修

(a)钻止裂孔 (c)开坡口

如果裂纹较长但未扩展至整个横断面,可在焊接后修平焊缝,增补加强腹板。或将裂纹处切成三角形、菱形、椭圆形等形状,再用同形状、同材质、同厚度的钢板开坡口后嵌入焊接。三角形、菱形的锐角处应圆滑过渡,如图 2-15 所示。

如果裂纹扩展至近整个断面,或虽未达到整个断面,但处在受力很大部位,应先对裂纹进行焊接,然后用槽形腹板铆接在焊缝段,对纵梁的腹面和翼面同时加强,如图 2-16 所示。

4. 车架铆钉的检修

用锤子敲击铆钉,听其响声判断车架的铆接质量,车架铆接部位的铆接不允许有松动及断裂现象。车架上的铆钉出现松动或断裂,应当重铆。

(1)铲除旧铆钉。

(2)检查铆钉孔,如果铆钉孔变形应扩孔或焊补后重新钻孔。扩孔后要选用加大直径的铆钉。

(3)铆接时,用螺栓将铆接部位紧固,只留一孔先铆,然后逐个拆除螺栓进行铆合。

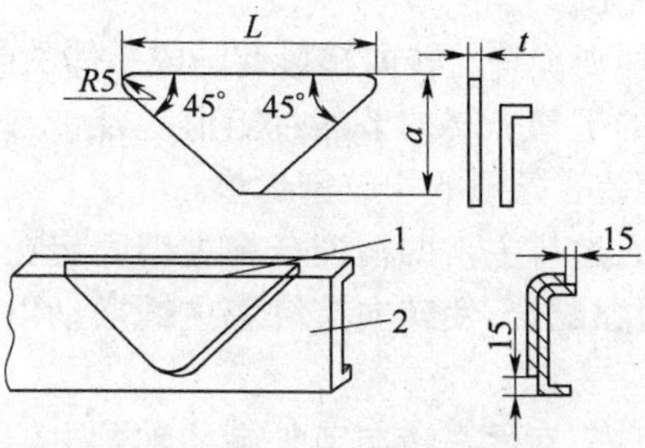

图 2-15　三角形加强腹板的焊接

1. 三角形加强腹板　2. 车架纵梁

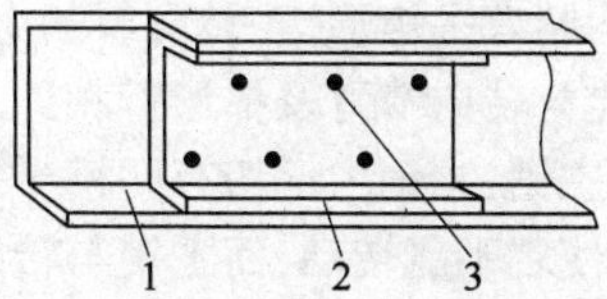

图 2-16　槽形腹板的铆接

1. 车架纵梁　2. 槽形腹板　3. 铆钉

第三节　车　　桥

一、车桥的功用与类型

车桥通过悬架与车架(或承载式车身)相连,两端安装汽车车轮,其功用是传递车架(或承载式车身)与车轮之间各向作用力及其所形成的力矩。

根据车桥上车轮的作用不同,车桥分为转向桥、驱动桥、转向驱动桥、支持桥 4 种类型。所有车桥都有承载的作用,转向桥还有转向作用,驱动桥还有驱动作用,转向驱动桥既有转向作用又有驱动作用。只有支持桥只起到承载的作用。

二、车桥的构造

1. 转向桥

汽车转向桥主要由前梁、转向节部分组成。东风 EQ1092 型汽车转向桥的结构如图 2-17 所示。

(1)前梁:前梁 3 是整个转向桥的为主体零件,其断面为工字形,在接近两端时略成方形。前梁的中部下凹,以降低发动机的安装位置,从而降低汽车重心,扩展驾驶人视野,并减小传动轴与变速器输出轴之间的夹角。中部下凹部分的两侧各加工出一安装钢板弹簧的底座,两端各有一个呈拳形的加粗部分,其中有通孔,主销 5 安装在此通孔中,并用带有螺纹的楔形锁销固定,使之不能相对前梁转动。

(2)转向节:转向节 10 是一叉形部件,上下两耳制有同轴销孔,通过主销与前梁的拳部相连,使转向节可以绕主销(相对于前梁)偏转一定角度,以实现汽车的转向。为了减小磨损,在转向节销孔内压入青铜衬套 8,衬套上的润滑油槽在上面端部是相通的,通过装在转向节上的滑脂嘴注入润滑脂润滑。为使转向轻便灵活,在转向节下耳与前梁拳部之间装有滚子推力轴承 4。在

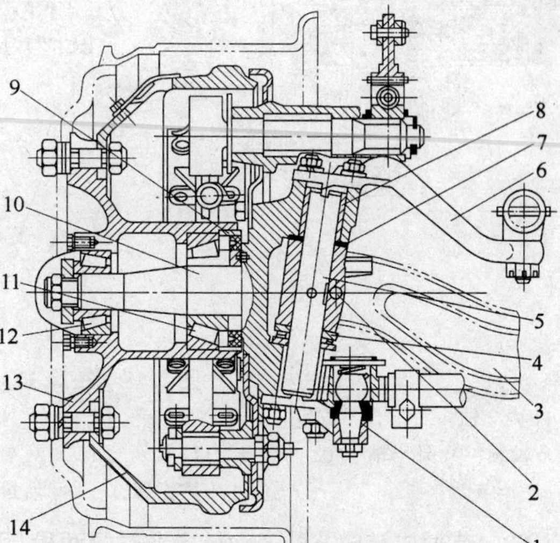

图 2-17　东风 EQ1092 型汽车转向桥

1. 梯形臂　2. 楔形锁销　3. 前梁　4. 滚子推力轴承　5. 主销　6. 转向节臂　7. 调整垫片　8. 衬套　9. 油封　10. 转向节　11、12. 轮毂轴承　13. 轮毂　14. 制动鼓

转向节上耳与拳部之间装有调整垫片 7，以调整其间的间隙。

转向节上耳装有与转向节臂 6 制成一体的凸缘，下耳则装有与转向梯形臂制成一体的凸缘，此二凸缘上均制有一矩形键，转向节的上下耳都有与之配合的键槽。转向节通过矩形键及带有锥形套的双头螺栓与转向节臂及梯形臂相连。在键与键槽端面间装有条形的橡胶密封垫。

(3)主销：主销中部切有凹槽，带有螺纹的楔形锁销通过与主销凹槽配合将主销固定在前梁的拳形孔中，使之不能转动，而主销与转向节上下两叉孔是间隙配合，使转向节绕着主销摆动以实现车轮的转向。

(4)轮毂：车轮轮毂 13 通过两个圆锥滚子轴承 11 和 12 支承在转向节外端的轴颈上。轴承的松紧度可用调整螺母(装于轴承外端)加以调整。轮毂外端用冲压的金属罩盖住。轮毂内侧装有油封 9。如果油封漏油，则外面的挡油盘仍足以防止润滑油进入制动器内，转向节上靠近主销孔的一端有方形的凸缘，以固定制动底板。

2. 转向驱动桥

东风 EQ2080E 型 6×6 汽车的前桥即为转向驱动桥，其构造如图 2-18 所示。内半轴与外轴通过三销轴式等角速万向节连接在一起。当前桥驱动时，转矩由差速器、内半轴、等角速万向节、外半轴、凸缘盘传到车轮轮毂上。

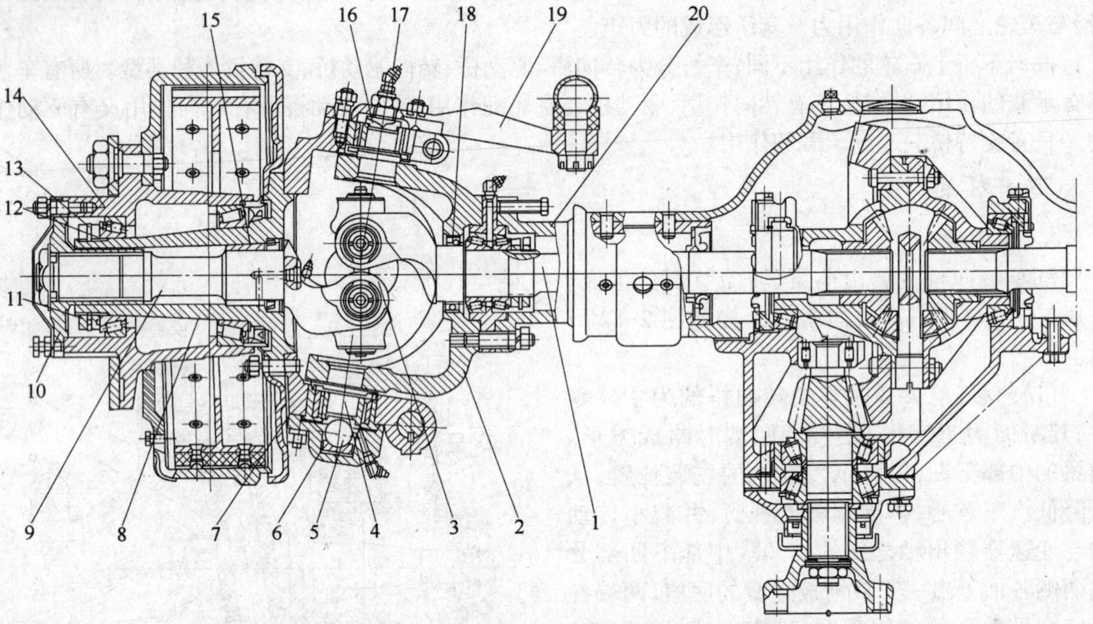

图 2-18 东风 EQ2080E 型转向驱动桥

1. 内半轴 2. 转向节支座 3. 三销式等角速万向节 4. 主销 5. 钢球 6. 下轴承盖 7. 转向节外壳 8. 转向节轴颈 9. 外半轴 10. 凸缘盘 11. 锁紧螺母 12. 锁止垫圈 13. 调整螺母 14. 轮毂 15. 青铜衬套 16. 球碗 17. 推力螺钉 18. 油封 19. 转向节臂 20. 半轴套管

转向节做成转向节外壳和转向节轴颈两段，用螺钉连接成一体。转向节支座用螺钉与半轴套管相连接。转向节通过两个滚针轴承和球碗及钢球支承在转向节支座上，分成两段的主销与转向节支座固装成一体。主销轴承用轴承盖压紧在转向节外壳上，下轴承盖内装有一个钢球及两个球碗，以承受主销的轴向载荷；上轴承盖内装有一个止推螺钉，并通过球碗顶住主销，以防止主销轴向窜动。轮毂通过两个锥轴承装在转向节轴颈上。轮毂轴承用调整螺母、锁止垫圈、锁紧螺母固定。在转向节轴颈内压装一个青铜衬套，以便支撑外半轴。

拧紧止推螺钉的预紧力不要太大，否则会使转向沉重。转向节支座下端面与主销下轴承座油封罩间应有一定间隙(1～2mm),当间隙过小(如小于0.2mm)可能引起转向沉重,此时应在钢球下球碗的下面加装垫片(厚1mm)。

图2-19为桑塔纳轿车前转向驱动桥总成。图中未画出中间主减速器和差速器。车桥上端通过断开式独立悬架与承载式车身相连接,下端通过左、右下摇臂与固定在车身上的副车架相连接,悬架车轮轴承壳与下摇臂之间通过可移动球形接头连接,从而使前轮固定,并通过下摇臂上的长孔调整车轮外倾角度,为了减小车辆转弯时车身的倾斜,在副车架与下摇臂之间还装有横向稳定杆。

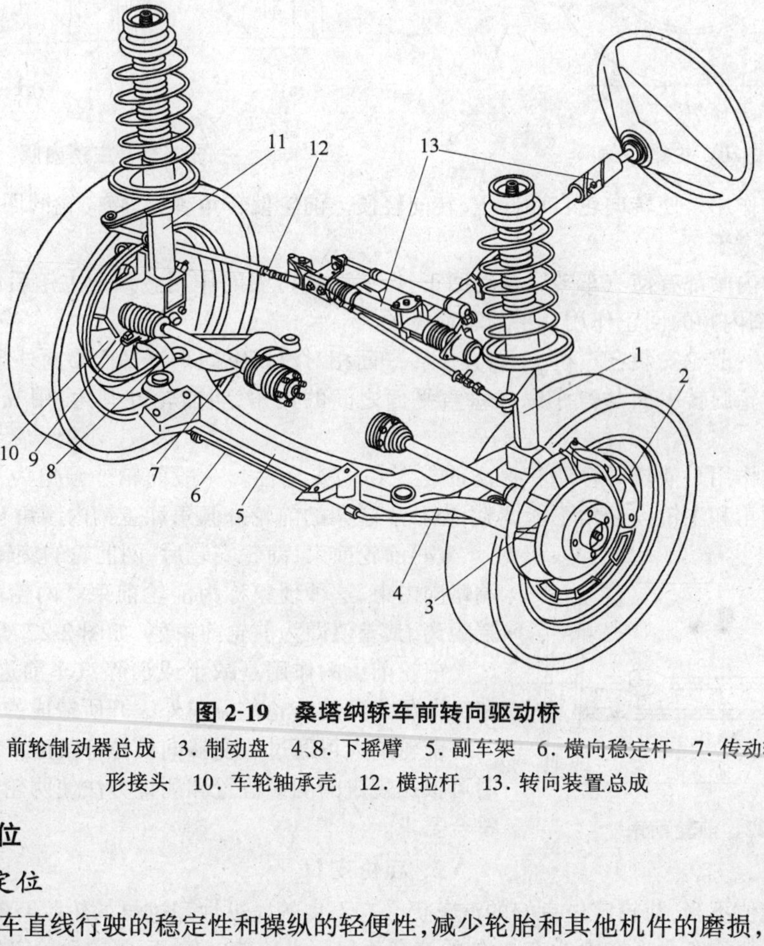

图2-19　桑塔纳轿车前转向驱动桥

1、11. 悬架　2. 前轮制动器总成　3. 制动盘　4、8. 下摇臂　5. 副车架　6. 横向稳定杆　7. 传动轴总成　9. 球形接头　10. 车轮轴承壳　12. 横拉杆　13. 转向装置总成

三、车轮定位

1. 转向轮定位

为了保证汽车直线行驶的稳定性和操纵的轻便性,减少轮胎和其他机件的磨损,转向车轮、转向节、前轴3者与车架的安装应保持一定的相对位置关系,这种安装位置称为转向轮定位。转向轮定位参数有:主销后倾角、主销内倾角、前轮外倾角和前轮前束。

(1)主销后倾角:主销装在前梁上,其上端略向后倾斜,这种现象称为主销后倾。在汽车纵向垂直平面内,主销轴线与垂线之间的夹角,叫主销后倾角,如图2-20所示。

主销后倾角的作用是保持汽车直线行驶的稳定性,并力图使转弯后的车轮自动回正。主销后倾角越大,车速越高,则转向轮的稳定效应就越强。但后倾不宜过大,一般不超过2°～3°,否则在转向时需要在转向盘上施加较大的力。

有些轿车和客车采用超低压轮胎后,由于轮胎的变形使转向车轮具有一定的稳定效应,所以主销后倾角可以减小,甚至减到负值(称为负主销后倾角)。

主销后倾角一般是将前轴连同悬架安装在车架上,使前轴向后倾斜而形成的。

(2)主销内倾角:主销安装到前梁上后,其上端略向内倾斜,这种现象称为主销内倾。在汽车的横向平面内,主销轴线与垂线之间的夹角,叫主销内倾角,用β表示,如图2-21所示。

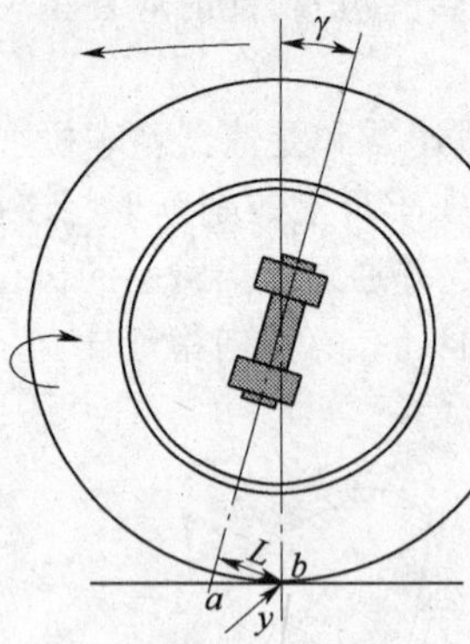

图 2-20 主销后倾

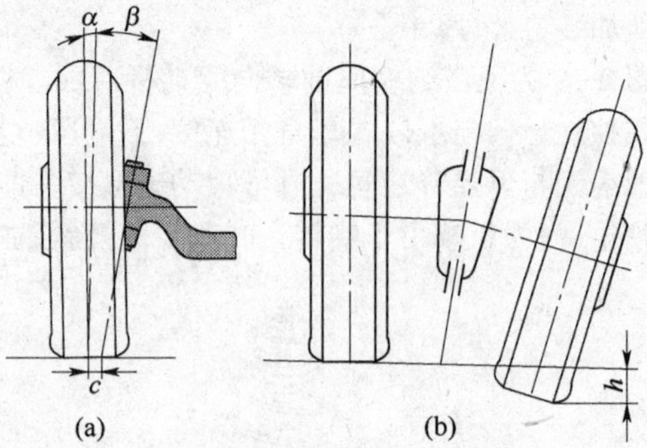

图 2-21 主销内倾

主销内倾的作用是使转向轮自动回正,转向轻便。前轮偏转角越大,转向轮的回正作用越强。一般主销内倾角不大于 8°。

主销后倾和内倾都有使汽车转向自动回正,保持直线行驶的作用。只是主销后倾的回正作用与车速有关,而主销内倾的回正作用几乎与车速无关。

(3)前轮外倾:前轮安装在车桥上后,其旋转平面相对汽车纵向垂直平面略向外倾斜,这种现象称为前轮外倾。前轮旋转平面与汽车纵向垂直平面之间的夹角,叫前轮外倾角,用 α 表示,参见图 2-21。

前轮外倾的作用是使转向轻便和提高前轮工作的安全性。一般前轮外倾角为 1°左右。非独立悬架的前轮外倾角和主销内倾角不能调整,但独立悬架的前轮外倾角和主销内倾角有的可以调整。

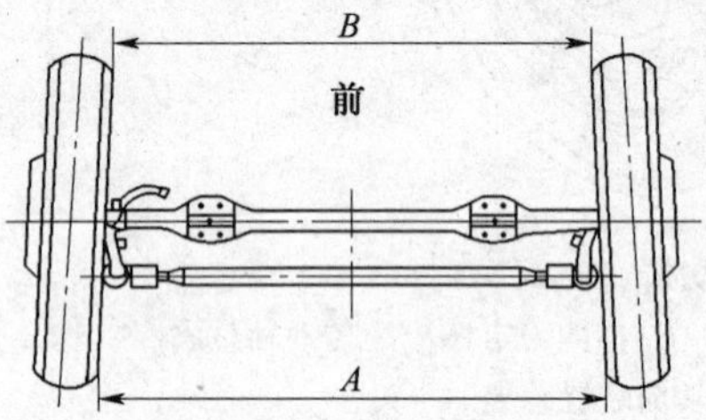

图 2-22 前轮前束

(4)前轮前束:前轮安装后,两前轮的旋转平面不平行,前端略向内束,这种现象称为前轮前束。两轮前端距离小于后端距离,其差值即为前轮前束值,如图 2-22 所示。

前轮前束的作用是减小或消除汽车前进中,因前轮外倾和纵向阻力致使前轮前端向外滚开所造成的滑移。

前轮前束可通过改变转向横拉杆长度来调整。检查调整时可根据规定的测量位置和测量方法使两轮的前后距离之差符合要求。

2. 后轮定位

如果后轮定位不当,前轮定位良好的汽车仍会有不良的操纵性和过早的轮胎磨损,尤其是前轮驱动汽车和独立悬架汽车。现在大约有 80% 的汽车不仅要求前轮定位,还要求后轮定位。

(1)后轮外倾角:像前轮外倾角一样,后轮外倾角也对轮胎磨损和操纵性有影响。理想状态是 4 个车轮的运动外倾角均为零,这样轮胎和路面接触良好,从而得到最佳的牵引性能和操纵性能。

车轮外倾角不是静态的,它随悬架的上下移动而变化。车辆加载后悬架下沉就会引起车轮外倾角改变。为了对载荷进行补偿,采用独立悬架的大多数车辆常有较小的正后轮外倾角。

(2)后轮前束:像前轮前束一样,后轮前束也是后轮定位的一个重要项目。如果前束不当,后轮轮胎也会被擦伤,另外还会引起转向不稳定及降低制动效能。

汽车在路面上行驶时,最理想的状态是所有车轮的运动前束量均为零。后轮前束也不是静态的,悬架摇动和反弹时前束就会变化。对于前驱动车辆,前驱动轮宜正前束,后从动轮宜负前束;前后驱动车辆,前轮宜负前束,独立悬架的后驱动轮应尽可能为前束。

四、车桥的拆装

东风 EQ1092 型汽车转向桥分解如图 2-23 所示。

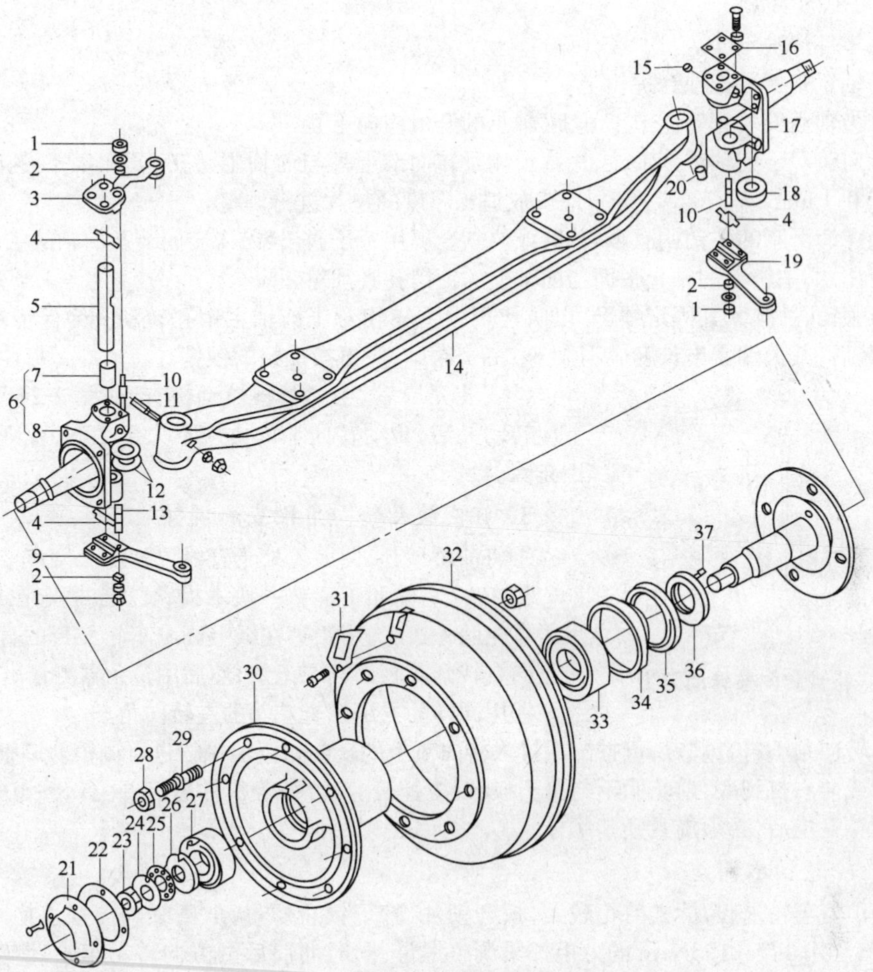

图 2-23　东风 EQ1092 型汽车转向桥分解

1. 紧固螺母　2. 锥套　3. 左转向节臂　4. 密封垫　5. 主销　6. 左转向节总成　7. 衬套　8. 左转向节　9. 转向节臂　10、13. 双头螺栓　11. 楔形锁销　12. 调整垫片　14. 前轴　15. 油嘴　16. 右转向节上盖　17. 右转向节　18. 止推轴承　19. 右转向节臂　20. 限位螺栓　21. 轮毂端盖　22. 衬垫　23. 锁紧螺母　24. 止推垫圈　25. 锁紧垫圈　26. 调整螺母　27. 前轮毂轴承　28. 螺母　29. 螺栓　30. 轮毂　31. 检查孔螺塞　32. 制动鼓　33. 前轮毂内轴承　34. 轮毂油封外圈　35. 轮毂油封　36. 轮毂油封内圈　37. 定位销

1. 转向桥的拆卸

①拆卸前的准备:掩好后轮,举升车前端,架好保险凳,拆下前轮胎。

②拆下轮毂端盖螺栓,取下轮毂端盖及衬垫。

③剔平止动垫圈,依次拆下锁紧螺母、止动垫圈、锁紧垫圈和调整螺母。

④拉下轮毂及轮毂外轴承,装上转向节锁紧螺母,以防碰伤螺纹。

⑤拆卸车轮制动器。

⑥拆下转向臂、直拉杆球头开口销,拆下锁紧螺母,拆卸横拉杆和直拉杆带转向节总成。

⑦拆卸左转向节上臂和左右转向节臂。

⑧拆卸主销上、下盖板锁紧螺母、冲出楔形锁销。

⑨从前轴上取下左转向节、止推轴承及调整垫片,以相同的方法依次取下右转向节各部件。

2. 转向桥的装配

①将各零件清洗干净。

②将前轴置于拆装架或台虎钳上。

③将推力轴承安装到转向节下耳上(轴承的开口应向下)。

④将转向节置于前轴拳形部位,用塞尺测量转向节上耳与前轴主销孔上端面之间的间隙。该间隙应不大于0.15mm,不符合要求时,应安放适当厚度的垫片进行调整。

⑤将涂抹润滑脂的主销用软金属锤(或垫软金属用锤子)轻轻敲入转向节及前轴的主销孔中。装入主销时应注意,主销上的锁止平面与前轴上的锁销孔必须对正。

⑥装入锁销,并拧紧其固定螺母,以防使用中主销相对于前轴主销孔转动。为保证锁止的可靠性,锁销安装后,其大端露出长度应不大于2mm,否则,应更换加粗的锁销。

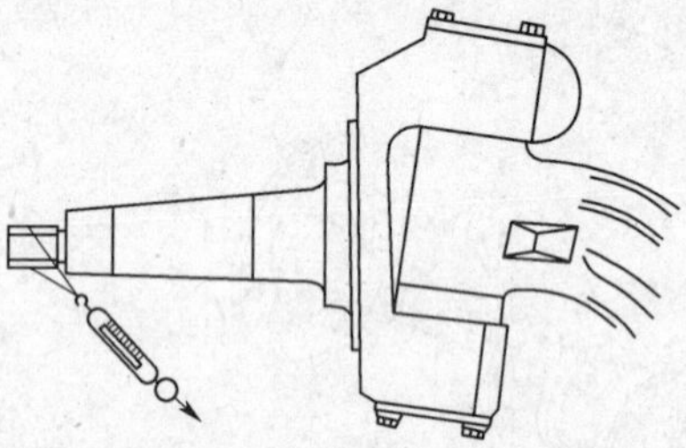

图 2-24 检查转向节转动阻力

⑦安装完毕后,用弹簧秤拉动检查,如图2-24所示。转向节应转动灵活,转动转向节的力应不大于10N,否则,应查明原因排除。

3. 前轮最大转向角检查和调整

①将前桥顶起,使前轮处于直线位置。

②在左、右轮胎下面垫一块木板和白纸(固定在板上),将木尺紧靠轮胎外边缘,用铅笔在纸上画出车轮平行的直线,再把转向盘向右转到底画出第二条线,然后用量角器测量出右转向角。

③用同样的方法检查左轮的左转向角。

④如果转向角不符合规定,可拧出或拧入转向节上的转向角限位螺栓进行调整。调整方法是:将转向盘向左或向右打到底,前轮胎不与翼子板、钢板弹簧、直拉杆等机件碰擦,并有8~10mm的距离为合适。调整完毕后,必须旋紧锁紧螺母。

4. 前轮轮毂轴承调整

用千斤顶将车轮顶起,拆去前轮毂盖,扳开锁片,拧下锁止螺母,取下锁片与锁止垫圈。如东风EQ1092型汽车用147~196N·m的力矩拧紧调整螺母,同时向前后两方向转动车轮,使轴承的圆锥滚柱正确地位于轴承座的锥面上。然后,反方向拧松调整螺母约1~2个锁紧垫片的孔位,使调整螺母上的止动销与销环上的邻近孔相重合,再装上锁紧垫圈与锁紧螺母。按与拆装相反的顺序装复零件,拧紧并用锁片锁住螺母。汽车行驶一段路程后,用手摸前轮毂,如有过热现象,需要重新调整前轮轮毂轴承的松紧度。

五、车桥的检修

转向桥支撑汽车前部的质量,承受路面传来的各种力,尤其是行驶在不良路面上和高速行驶时,这些力构成的冲击载荷峰值很高;前桥零部件不但数量多而且铰接配合多,零件的磨损、变形会引起前轮定位失准,引起前轮摆动、前轮跑偏、转向沉重及转向盘振抖等故障,甚至发生“甩轮”引起重大交通事故。这里以EQ1092型汽车转向桥检修为例。

1. 车桥主要零件的检修

(1)前轴检修:前轴主要损坏形式有弯曲变形、扭曲变形及疲劳裂纹。同时,还会出现主销孔及其上下端面、钢板弹簧座平面及弹簧座上定位孔和U形螺栓孔的磨损。

①前轴裂纹的检修:前轴裂纹可采用磁力探伤法或浸油敲击法进行检查,一旦出现裂纹应更换前梁。

②钢板弹簧座的检修:用直尺、塞尺检查钢板弹簧座,如图2-25所示。钢板弹簧座平面度误差应不大于0.40 mm,否则应进行修磨或刨削、铣削,但钢板弹簧座的厚度减少量应不大于2mm,否则应进行堆焊修复或更换。

钢板弹簧座上 U 形螺栓孔及定位孔的磨损量不应大于 1mm，否则进行堆焊修复。

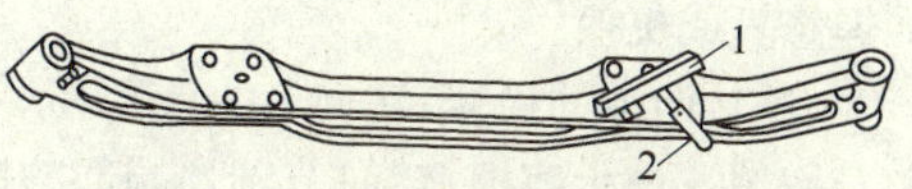

图 2-25　钢板弹簧座平面度的检查

1. 直尺　2. 塞尺

③前轴变形的检修：两钢板弹簧座之间变形的检查如图 2-26a 所示。两钢板弹簧座应在同一平面内，其平面度误差应不大于 0.80mm；或将前轴固定在台钳或专用支架上，利用水平仪将一侧的钢板弹簧座调整成水平（图 2-26b），然后再把水平仪放于另一弹簧座上进行检查。如果前轴两钢板弹簧座之间存在明显的弯曲、扭曲变形应予矫正。

钢板弹簧座与主销孔之间变形的检查如图 2-27 所示。角尺的角度与被测车型主销内倾角相同，如果试棒与角尺之间存在间隙，表明前轴存在垂直方向的弯曲变形；如果两钢板弹簧座平面与拉线之间的距离不符合原厂设计值，表明前梁存在垂直方向的弯曲。如果拉线偏离钢板弹簧座中心，表明前梁两端存在水平方向的弯曲或扭曲变形。

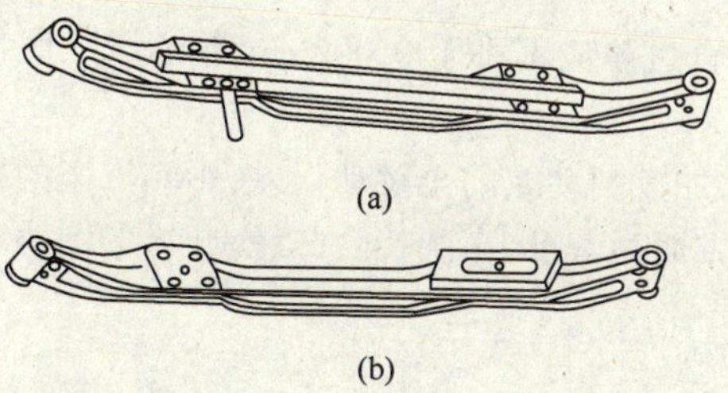

图 2-26　两钢板弹簧座之间变形的检查

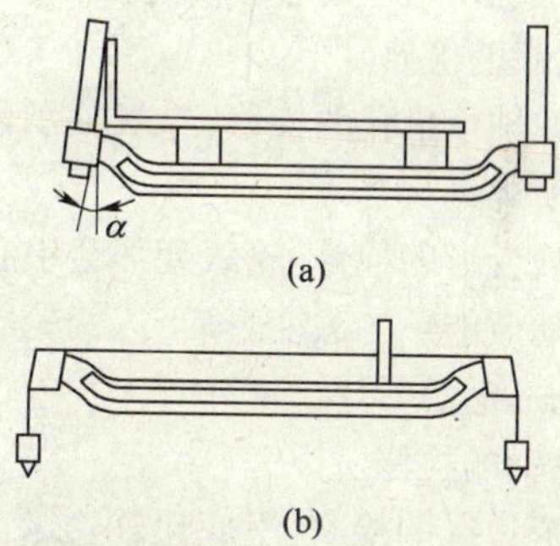

图 2-27　钢板弹簧座与主销孔之间变形的检查

前轴弯曲、扭曲变形的矫正一般在专用液压矫正器上进行，即利用矫正器上的液压油缸对前梁的相应部位施加压力或扭力进行矫正，如图 2-28 所示。

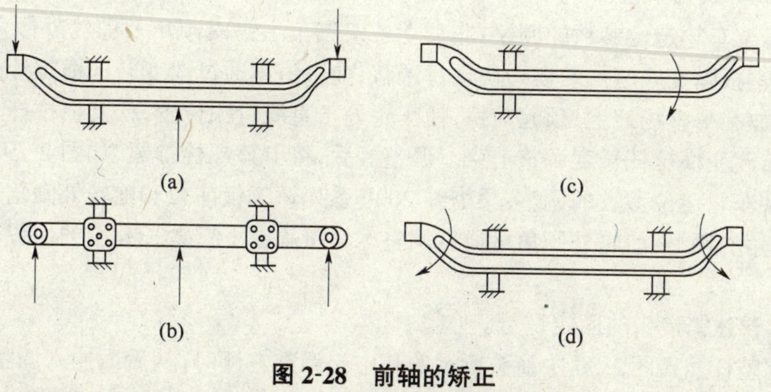

图 2-28　前轴的矫正

(a)垂直方向弯曲矫正　(b)水平方向弯曲矫正　(c)两钢板弹簧座间扭曲矫正　(d)两弹簧座之外扭曲矫正

④前轴主销孔的检修：主销孔磨损超过使用极限时，可按修理尺寸法和镶套法修复。

主销孔按修理尺寸法进行镗削后，要换用相应尺寸的主销与之配合（主销加大尺寸为：+0.08mm、+0.12mm、+0.16mm、0.20mm、+0.24mm 五级），以恢复配合间隙，并按同级修理尺寸选配推力轴承和加工转向节主销衬套孔。主销孔磨损达到最后一级修理尺寸时，可镶套修复或更换前轴。为保证主销内倾角符合标准，镗削前轴主销孔时应以两钢板弹簧座为基准。

⑤主销孔上下端面的检修：在使用过程中主销孔上下端面发生磨损，其端面磨损沟槽应不大于 0.50mm，否则应修磨平整。前轴主销孔端面修理后，其上下端面的距离减少量应不大于 2mm，否则

堆焊修复或更换。

(2)转向节的检修:转向节主要损坏形式有轴颈根部产生疲劳裂纹甚至断裂,转向节内、外轴承轴颈及主销孔产生磨损,转向节轴颈端部的螺纹损坏,主销孔上下端面磨损等。

①裂纹的检查:用磁力探伤法或浸油敲击法检查转向节,不得有任何裂纹,否则应更换。

②轮毂外轴承与轴颈的检修:用内径量缸表及外径千分尺测量轮毂外轴承与轴颈的配合间隙应不大于0.04mm,内轴承与轴颈的配合间隙应不大于0.055mm。否则进行电镀修复或更换。

③转向节轴端螺纹的检修:用检视法检查转向节轴端螺纹,螺纹损伤超过2牙时应堆焊修复,并重新车螺纹。

④主销衬套孔的检修:用内、外径量具检查转向节主销衬套孔磨损超过0.07mm或衬套与主销的配合间隙超过0.20 mm,应更换衬套;主销直径磨损超过0.10mm,应更换主销。

⑤主销孔内端面检修:转向节主销孔两内端面磨损起槽时,应修磨平整,并使其对主销孔公共轴线的端面全跳动误差符合原设计要求。

(3)轮毂的检修。

①轮毂轴承承孔的检修:轮毂轴承承孔与轴承的配合过盈应不小于0.009mm,轴承承孔磨损可用刷镀或喷焊进行修理。

②轮毂变形的检修:轮毂变形会引起车轮的不平衡,加大制动鼓的全跳动误差,影响汽车的操纵性能和制动效能。轮毂变形后,以两轮毂轴承外座圈的锥面为基准,车削接合凸缘,凸缘的圆跳动公差为0.15mm。

(4)轮辋的检修。

①轮辋边缘的检修:平底轮辋边缘20mm内的圆跳动公差为2.50mm,轿车深式轮辋中线上的圆跳动公差与边缘附近的圆跳动公差为2.00mm,否则应更换。

②轮辋锁圈的检修:轮辋的锁圈在自由状态下,对口重叠长度不得小于45mm。否则必须更换,严禁用压扁的方法增加对口重叠量。轮胎螺栓孔磨损大于0.20mm,应修理或更换轮辋。

2. 车轮定位参数的调整

(1)非独立悬架车轮定位参数的调整:非独立悬架汽车主销内倾角及前轮外倾角不可调整,主销后倾角可通过在钢板弹簧底座加装楔形块进行调整;前束值可通过改变转向横拉杆的长度进行调整。调整时将汽车停放在平整场地上,顶起前桥,使车轮处于直线行驶位置,松开横拉杆上的卡箍螺栓,用管钳转动横拉杆,改变横拉杆长度调整前束。调整好后,将卡箍螺栓拧紧,如图2-29所示。

(2)独立悬架车轮定位参数的调整:桑塔纳2000系列轿车仅前束和前轮外倾角可调。

①前轮外倾角的调整:前轮外倾角可通过调整球销接头在下摇臂长孔中的位置来完成,此时车轮应着地。

a. 松开下摇臂球销接头的固定螺母。

b. 把外倾调整杆插入图2-30中箭头所示的孔中。调整左侧时,从后面插入调整杆;调整右侧时,从前面插入调整杆。

c. 横向移动球销接头,直至达到外倾角值。

d. 紧固螺母并再次检查外倾角值,必要时重新调整。

②前轮前束的调整。

a. 将转向器置于中间位置,拧出转向中间轴盖上的螺栓。

b. 将带有挂钩的专用工具安置在左横拉杆的紧固螺母上,如图2-31所示。

c. 用提供的螺钉和做衬垫的间隔件固定到标有"C"标记的转向器孔中,注意不得使用一般螺钉,因为太短,会碰坏转向盘的螺纹。

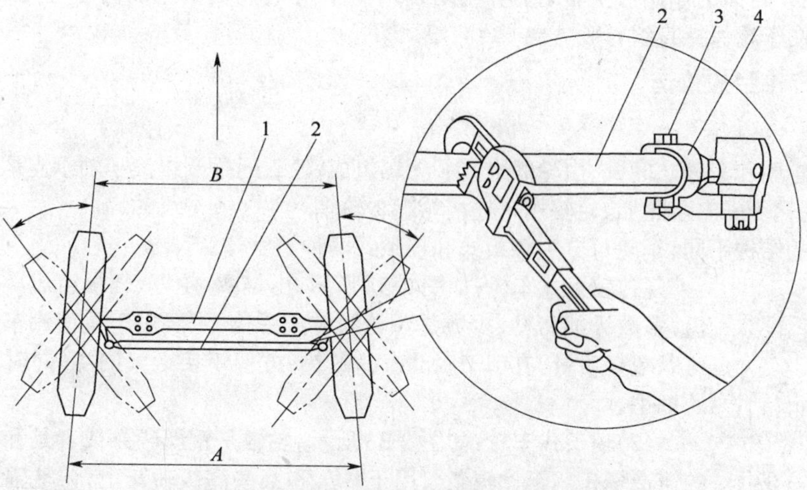

图 2-29 非独立悬架汽车前轮前束的调整

1. 前梁 2. 横拉杆 3. 卡箍螺栓 4. 横拉杆接头

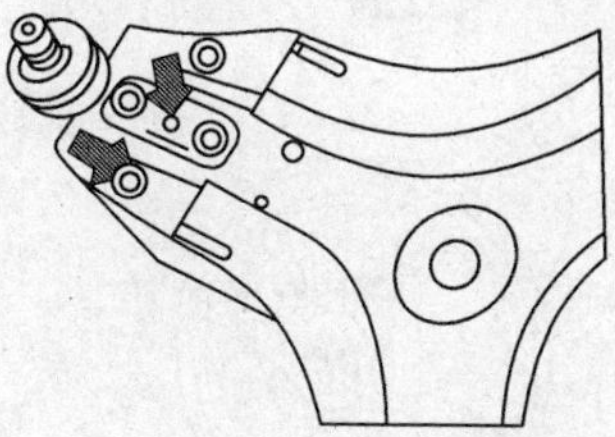

图 2-30 插入外倾调整杆

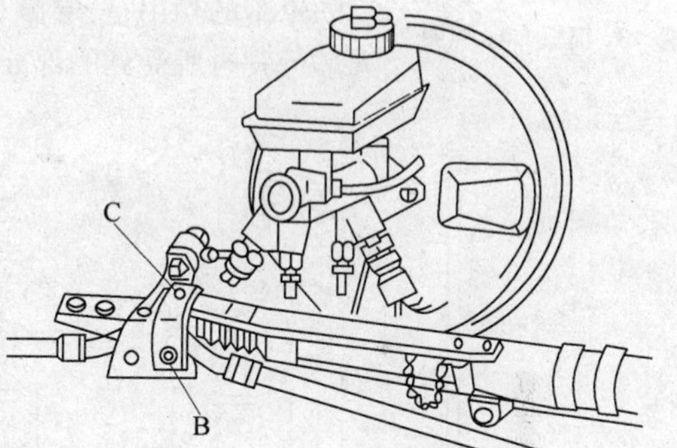

图 2-31 调整前束

d. 总前束值分二半，分别在左右横拉杆上调整。

e. 固定横拉杆。必要时调整转向盘。

f. 拆出专用工具。重新拧紧转向中间轴盖上的螺栓，拧紧力矩为 20N·m。

表 2-1 为几种国产汽车的前轮定位参数。

表 2-1 前轮定位参数

车 型	主销后倾角	主销内倾角	前轮外倾角	前束(mm)
解放 CA1092	1°30′	8°	1°	2～4
东风 EQ1092	2°30′	6°	1°	1～5
奥迪 100	1°10′	14°12′	−30′±30′	0.5～1
桑塔纳	50′±30′	14°12′	−30′±30′	−1～3
依维柯	0°30′～1°	0°	1°	1.5～2.5
切诺基	7.5°		0°	0
夏利	2°55′	12°	0°	1

第四节 车轮与轮胎

车轮与轮胎是汽车行驶系统中的重要组成部分，其功用是：支撑整车质量；缓和由路面传来的冲击力；通过轮胎与路面的作用产生驱动力和制动力；平衡汽车转弯时产生的离心力；保证车轮正常转向行驶的同时使车轮保持直线行驶方向。

一、车轮与轮胎的构造

1. 车轮

车轮介于轮胎和车轴之间，它由轮毂、轮辋、轮辐组成，轮毂通过圆锥滚子轴承支承在半轴套管或转向节轴上，轮辋用来安装轮胎，轮辐用来连接轮毂和轮辋。

按照轮辐的结构不同，车轮可分为辐板式和辐条式两种。

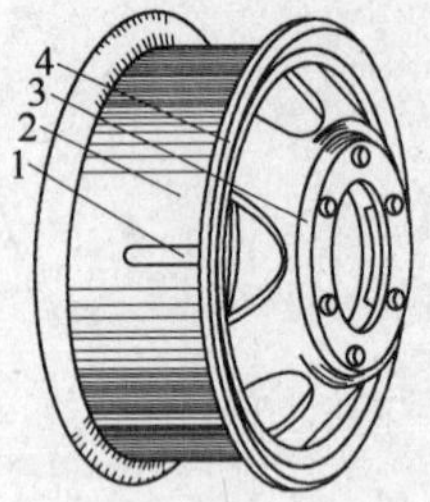

图 2-32　辐板式车轮

1. 气门嘴伸出口　2. 轮辋　3. 辐板　4. 挡圈

(1)辐板式车轮：如图 2-32 所示，由挡圈、轮辋、辐板组成。辐板为钢质圆盘，多数为冲压件，少数是和轮毂铸成一体，主要用于重型汽车。辐板上的孔可以减轻质量，有利于制动鼓的散热，方便于接近气门嘴，同时可作为安装时的把手。

(2)辐条式车轮：如图 2-33 所示，轮辐是钢丝辐条或者是和轮毂铸成一体的铸造辐条。钢丝辐条仅用于赛车和某些高级轿车上，铸造辐条用于装载质量较大的重型汽车上。

2. 轮胎

轮胎的功用是：支撑车辆的全部质量；传递驱动力和制动力，吸收和缓和汽车行驶时所受到的部分冲击和振动；保证轮胎与路面的良好附着。

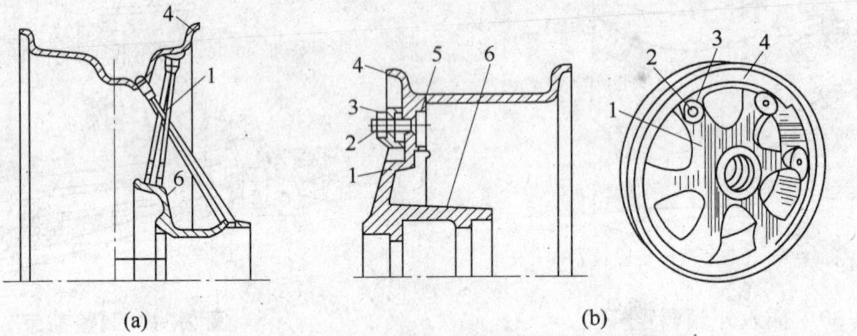

图 2-33　辐条式车轮

1. 辐条　2. 螺栓　3. 衬块　4. 轮辋　5. 配合锥面　6. 轮毂

按照轮胎组成结构不同，可分为有内胎轮胎和无内胎轮胎。

(1)有内胎充气轮胎：有内胎充气轮胎的组成如图 2-34 所示。它由外胎、内胎和垫带组成。

①内胎：是一个环形橡胶管，上面装有气门嘴，以便充气和放气。

②垫带：是一个环形橡胶带，它垫在内胎和轮辋之间，保护内胎不被轮辋和胎圈磨损。

③外胎：具有保护内胎的作用，并具有一定的弹性。外胎由胎面、帘布层、缓冲层、胎圈 4 部分组成，如图 2-35 所示。

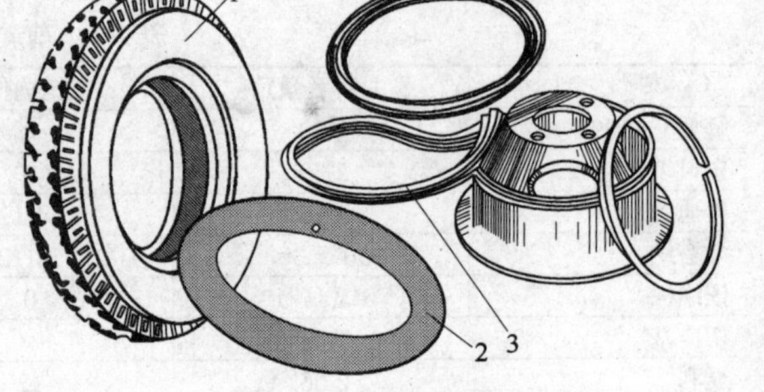

图 2-34　有内胎轮胎

1. 外胎　2. 内胎　3. 垫带

为增加轮胎的附着力，避免轮胎纵横向打滑，以及良好的排水性能，轮胎制有各种花纹。轮胎花纹的形状如图 2-36 所示，主要有普通花纹、混合花纹、越野花纹。普通花纹细而浅，花纹块接地面积大，适用于在较好的硬路面上行驶的车

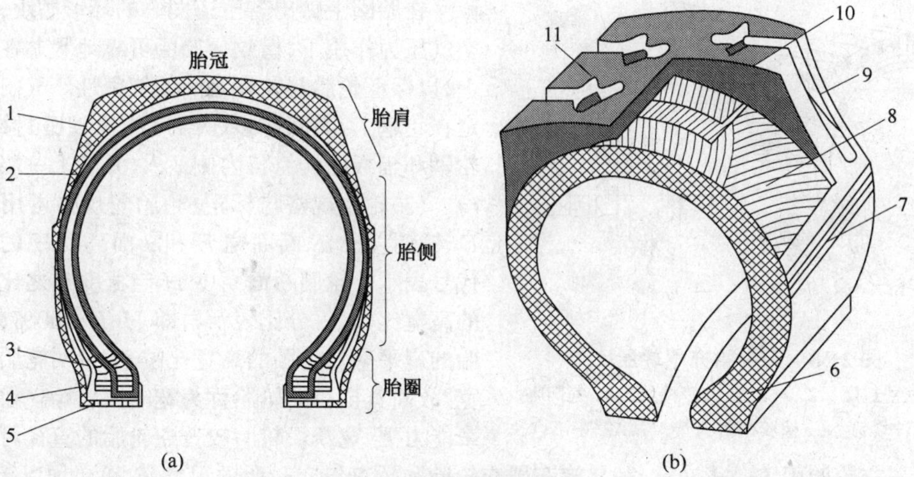

图 2-35　外胎结构

(a)外胎剖视图　(b)外胎名称图

1. 缓冲层　2. 帘布层　3. 钢丝圈　4. 帘布层包边　5. 胎圈包边　6. 胎圈　7. 胎侧　8. 帘布层　9. 胎肩　10. 缓冲层　11. 胎冠

辆;越野花纹凹部深而宽,在软地面上与地面附着性好,适用于矿山、建筑工地,以及一些松软路面上行驶的越野汽车;混合花纹介于普通花纹与越野花纹之间,兼顾两者的使用要求。

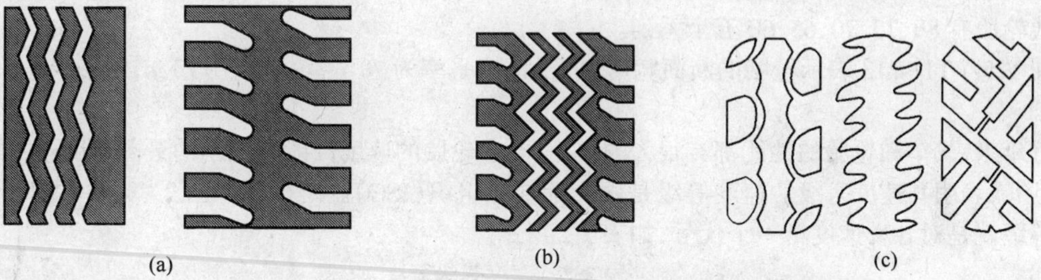

图 2-36　轮胎花纹

(a)普通花纹　(b)混合花纹　(c)越野花纹

按照帘布层的排列方式不同,有斜交轮胎和子午线轮胎两种,如图 2-37 所示。

普通斜交轮胎的帘线与轮胎子午断面的交角一般为52°~54°。该轮胎的特点是工作噪声低,外胎面柔软,在低速行驶时乘坐舒适性好,价格便宜。

子午线轮胎用钢丝或纤维织物制作帘布层,其帘线排列方向与胎面子午断面一致。帘布这样排列能使其强度被充分利用,故它的帘布层数比普通斜交轮胎可减少一半,因而胎体较柔软,而缓冲层层数较多,提高了胎面的刚度和强度。

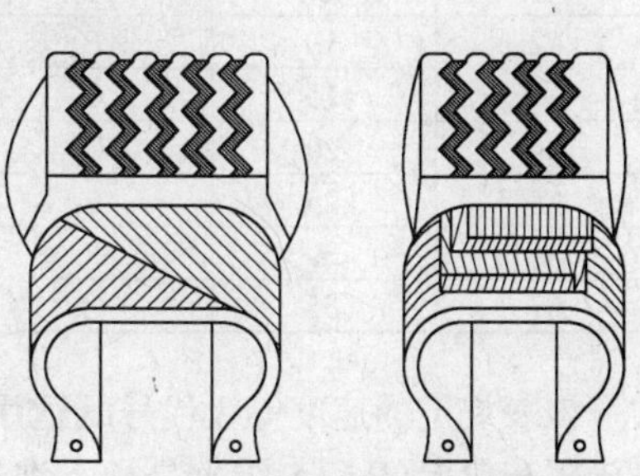

图 2-37　普通斜交轮胎与子午线轮胎结构

(a)普通斜交轮胎　(b)子午线轮胎

与普通斜交轮胎相比,子午线轮胎质量轻,轮胎弹性大,减振性能好,具有良好的附着性能,滚动阻力小,承载能力大,行驶中胎温低,胎面耐穿刺,轮胎使用寿命长。其缺点是轮胎成本高,胎侧变形大,容易产生裂口,并且侧向稳定性差。

(2)无内胎充气轮胎:无内胎充气轮胎没有内胎和垫带,充入轮胎的气体直接压入无内胎的轮胎中。结构如图 2-38 所示。

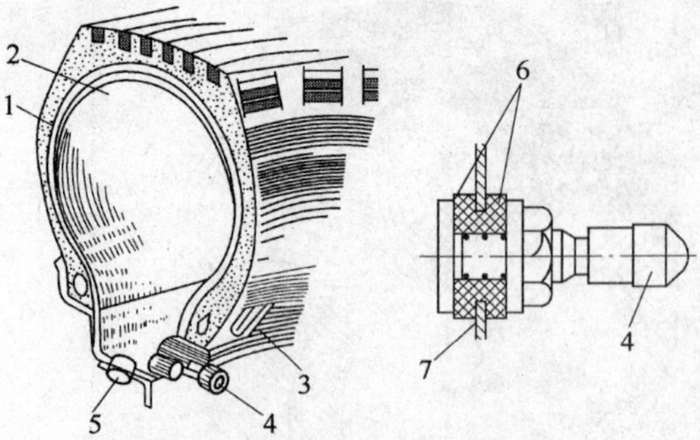

图 2-38　无内胎充气轮胎

1. 橡胶密封层　2. 自粘层　3. 槽纹　4. 气门嘴　5. 铆钉　6. 橡胶密封衬垫　7. 轮辋

在胎圈上做出若干道同心的环形槽纹，在轮胎内空气压力作用下，槽纹使胎圈可靠地紧贴在轮辋边缘上，以保证轮胎与轮辋之间的气密性。气门嘴直接固定在轮辋上，其间垫以密封用的橡胶密封衬垫，铆接轮辋和辐板的铆钉自内侧塞入，并涂上一层橡胶。

(3)轮胎规格与标记：轮胎的规格可用外胎直径 D、轮辋直径 d、断面宽 B 和断面高度 H 的名义尺寸代号表示。轮胎断面高度 H 与宽度 B 之比称为轮胎的高宽比(以百分比表示)，即 $H/B \cdot 100\%$，又称为轮胎的扁平率。轮胎的高宽比越小，说明轮胎的断面越宽，故高宽比小的轮胎称为宽断面轮胎。在相同的承载能力下，宽断面轮胎较普通轮胎的直径可以减小。

普通斜交轮胎用 $B—d$ 表示，载货汽车斜交轮胎和轿车斜交轮胎的尺寸 B 和 d 均以英寸(in)为单位，B 是轮胎名义断面宽度代号，d 是轮辋名义直径代号。

子午线轮胎用 BRd 表示，其中 R 代表子午线轮胎。国产轿车子午线轮胎断面宽 B 已全部改用公制单位 mm；载货汽车轮胎断面宽 B 有英制单位英寸(in)和公制单位毫米(mm)两种。而轮辋直径 d 的单位仍用英寸(in)。

随着轮胎的扁平化，仅用断面宽 B 和轮辋直径 d 已不能完全表示轮胎的规格。即在断面宽 B 相同的情况下，断面高度 H 随不同扁平率而变化。轮胎按其高宽比(扁平率)划分系列，目前国产轿车子午线轮胎有 80、75、70、65、60 五个系列。

如 175/70 H R13 表示轮胎的断面宽度 175mm，扁平率为 70%，轮辋直径 13 in，子午线轮胎，速度等级 H。

近年来，汽车和轮胎的性能都有很大的提高，要求轮胎的速度性能和汽车的最高速度相匹配。为此，轮胎需表明其速度等级。速度等级是国际标准化组织(ISO)制定的，并且已为一些国家所采用。速度等级就是对各种速度给一个代号，如表 2-2 所示。

表 2-2　速度等级表

速度标志	速度(km/h)	速度标志	速度(km/h)	速度标志	速度(km/h)	速度标志	速度(km/h)
A1	5	A8	40	J	100	R	170
A2	10	B	50	K	110	S	180
A3	15	C	60	L	120	T	190
A4	20	D	65	M	130	U	200
A5	25	E	70	N	140	H	210
A6	30	F	80	P	150	V	240
A7	35	G	90	Q	160		

该表规定的速度等级代号既适用于轿车轮胎，也适用于货车轮胎，但是它们的含义不完全相同。对于轿车轮胎(P 到 S 级)，是指不许超过的最高速度；对于货车轮胎(F 到 N 级)，是指随负荷降低可以超过的参考速度。

按国标 GB 2977—89 规定，载货汽车普通断面子午线无内胎轮胎规格用 BRd 表示。有些子午线无内胎轮胎，采用在规格中加"TL"标志表示。例如：轮胎 195/70SR14TL 表示轮胎的断面宽度为 195mm，扁平率为 70%，轮胎速度等级为 S，子午线轮胎，轮辋直径为 14 in，"TL"表示无内胎轮胎。

二、车轮与轮胎的拆装

1. 车轮与轮胎的拆卸

①停稳车辆，用三角木塞紧各车轮。

②取下车轮上的装饰罩，使用车轮螺母拆装机或用套筒扳手初步拧松各连接螺母，如图 2-39 所示。

③用千斤顶顶起车轴使车轮稍离地面；对于轿车，千斤顶要顶在指定的位置上。拧下全部螺母，取下垫圈，并摆放整齐。

④边向外拉边左右晃动车轮，取下车轮总成。

⑤将车轮水平放置，放出轮胎内的压力空气。

⑥拆下车轮开口锁圈，取下挡圈。对于轿车轮胎，应使用轮胎拆装机拆卸，以防止损坏轮胎和轮辋。取下轮胎及垫带。

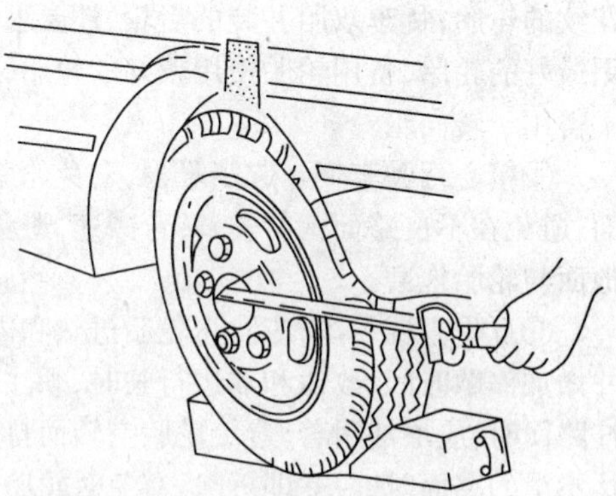

图 2-39　拆卸连接螺母

2. 车轮与轮胎的安装

①擦净外胎内部和内胎外表面，在接触表面涂上一层细滑石粉。将内胎及垫带装入外胎，并将气门嘴对准气门槽孔，将轮胎装在轮辋上。

②将挡圈和开口锁圈放在轮胎与轮辋处，用脚踏平使之基本入槽，然后用钢钎将开口锁圈逐步扣入轮圈中，如图 2-40 所示。

③轮胎装好后应按规定充气压力充足气。充气时，要在轮辋孔中穿入与轮胎直径相当的钢钎保险，以防锁圈弹出伤人，如图 2-41 所示。

图 2-40　安装开口锁圈

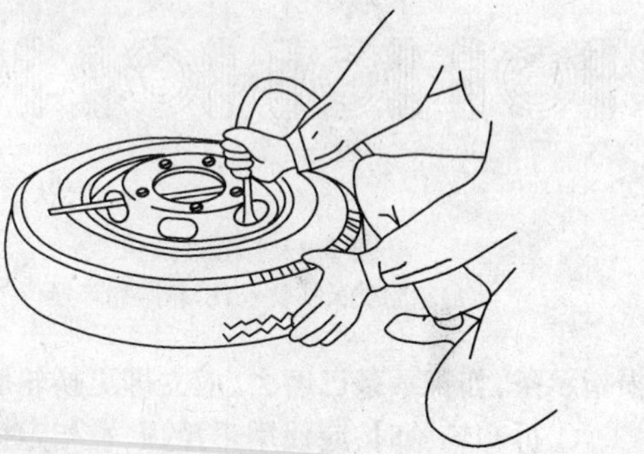

图 2-41　轮胎充气

④清洁车轮连接螺柱、螺母和轮盘，将螺纹部分涂上润滑脂。

⑤将车轮总成装在车桥上，并将螺母初步拧紧。

⑥放下车轮并在车轮前后用三角木塞紧，用力矩扳手或车轮螺母安装机，按对角线顺序分 2～3 次以规定力矩拧紧连接螺母。

⑦安装后轮双胎时，要先拧紧内侧车轮的内螺母，再装外侧轮胎。在安装过程中，应用千斤顶分两次顶起车轴，分别安装内、外两个车轮。双轮胎高低搭配合适，一般较低的胎装于里侧，较高的胎装于外侧。应注意内侧轮胎和外侧轮胎的气嘴应互成 180°位置。

三、车轮与轮胎的检修

1. 轮胎的正确使用

①保持正常的轮胎气压。关键是定期检查轮胎气压。在轮胎处于冷状态下，使用轮胎气压表进行检查。

②防止轮胎超载。关键是按标定的容载量载货载客，不准超载，另外还需要注意货物装载的平衡，否则会造成偏载后的局部超载。

③合理搭配轮胎。搭配轮胎的原则是：装用新轮胎时，同一车轴上应装配同一规格、结构、层级和

花纹的轮胎；货车双胎并装的后轮，还要求两轮胎为同一品牌。装用成色不同的轮胎时，前轮尽量使用最好的轮胎，备用轮胎使用较好的轮胎，直径较大的轮胎应该装在双胎并装的后轮外侧，翻新轮胎不得用于转向轮。

④精心驾驶车辆。起步平稳，避免轮胎滑转；均匀加速，中速行驶，避免急加速和急减速；选择路面，避免在不良路面上行驶；转弯减速，避免转弯引起的轮胎横向滑移；以滑代制，避免紧急制动造成地面与轮胎拖磨。

⑤夏季高温行车，应防止轮胎过热和内压过高，严禁放气降压和泼水冷却，应该选择阴凉地停歇并增加停歇时间；改道和靠边行驶时，须注意不得靠近路边或人行道行驶，以免划伤胎侧；汽车陷入泥泞路面时，应增加附着，避免轮胎空转而打滑；在冰雪路面上行驶，装用防滑链应该两边对称装用，到达不滑的路面时，应立即拆除，避免对轮胎的伤害。

⑥保持良好的底盘技术状况。轮胎的异常磨损与底盘技术状况有关，如前轮定位中的前轮外倾与前轮前束配合不当、轮辋轴承松旷、转向传动机构间隙过大、车轮不平衡、轮辋变形、悬架与车架变形或制动技术状况不良等。

2. 更换轮胎注意事项

①不能装用其他汽车型号的轮胎，否则难以保证汽车的路面附着性和行驶的安全性。

②为了使轮胎磨损尽可能达到均衡，安装在汽车上的所有轮胎，应进行轮胎换位。轮胎换位要按规定进行，并保持轮胎的原滚动方向。常用的两种换位方法——交叉换位法和循环换位法，前者适用于经常在拱形路面行驶的汽车，后者适用于经常在较平坦道路上行驶的汽车，如图 2-42 所示。

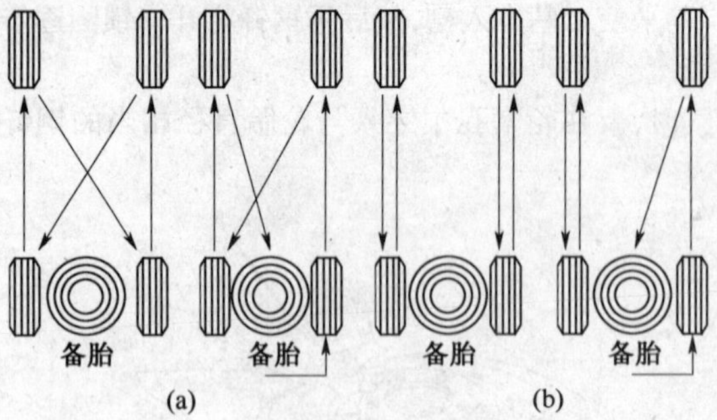

图 2-42 轮胎换位

(a)轮胎交叉换位 (b)轮胎循环换位

③新轮胎花纹上有宽 12mm、厚 6mm 的磨损指示条，如指示条已磨去，应立即更换轮胎。

④拆卸轮胎时，应使用千斤顶，在指定位置上将车身顶起。

⑤轮胎与轮辋必须配套使用，不允许对轮辋进行敲击或使用撬棒，要用轮胎拆装机进行拆装。

⑥修理过或新换的轮胎必须经过动平衡试验后方可使用。

3. 轮胎的检修

①内胎的检修：内胎使用中常见的损伤形式为：穿孔、破裂、气门嘴损坏、漏气等。这些损伤的共同特点都是泄漏。检查和确定损伤的部位一般是把具有一定气压的内胎放到水中，观察气泡的出处，就能确定损伤的部位。内胎损伤可用热补法修补。

②外胎的检修：外胎内壁应光滑，不得有砂子，外胎嵌入石子应将其清除掉；轮胎花纹及胎面严重磨损，已暴露出帘布层或胎面局部损伤洞口超过规定标准应报废；胎圈钢丝应无松散折断。

第五节 悬 架

一、悬架的功用与分类

(1)悬架的功用：悬架是连接车架(或承载式车身)与车桥(或车轮)之间的一切传力连接装置的总称。其功用是把路面作用于车轮上的垂直反力、纵向反力和侧向反力及这些反力所造成的力矩传递到车架(或承载式车身)，以保证汽车的正常行驶。

(2)悬架的分类：按悬架系统的结构分，悬架可分为非独立悬架和独立悬架，如图 2-43 所示。

①非独立悬架的特点:两侧车轮安装于一整体式车桥上,车轮连同车桥一起通过弹性元件悬挂在车架或车身上,一侧车轮受到冲击时会直接影响到另一侧车轮。非独立悬架由于承载质量比较大,特别是汽车高速行驶,悬架受到较大的冲击载荷时,汽车平顺性较差。

②独立悬架的特点:两侧车轮分别独立地与车架或车身弹性连接,当一侧车轮受到冲击时,其运动不会直接影响到另一侧车轮。独立悬架所采用的车桥是断开式的,这样可使发动机降低安装位置,有利于降低汽车重心,并使结构紧凑。独立悬架允许前轮有较大的跳动空间,这样便于选择较软的弹性元件使平顺性得到改善。同时,独立悬架簧载质量小,可提高汽车车轮的附着性能。

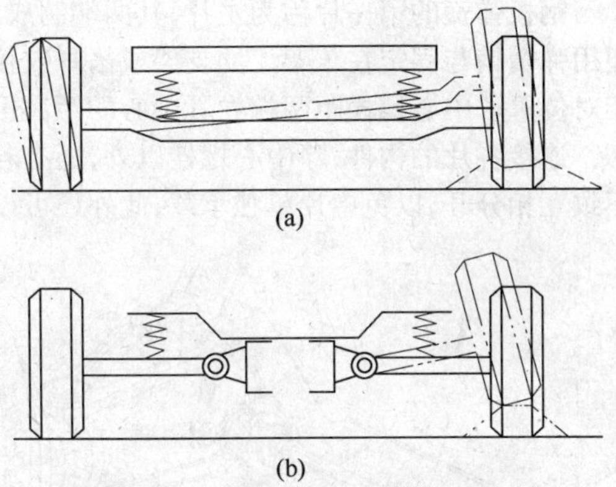

图 2-43　非独立悬架与独立悬架

(a)非独立悬架　(b)独立悬架

二、悬架的组成

悬架一般由弹性元件、导向装置、减振器和横向稳定杆组成。

(1)弹性元件。常见的悬架弹性元件有钢板弹簧、螺旋弹簧、扭杆弹簧等。

①钢板弹簧。钢板弹簧是由若干片等宽但不等长(厚度可以相等,也可以不等)的弹簧钢片组合而成的一根近似等强度的弹性梁,其结构如图 2-44 所示。

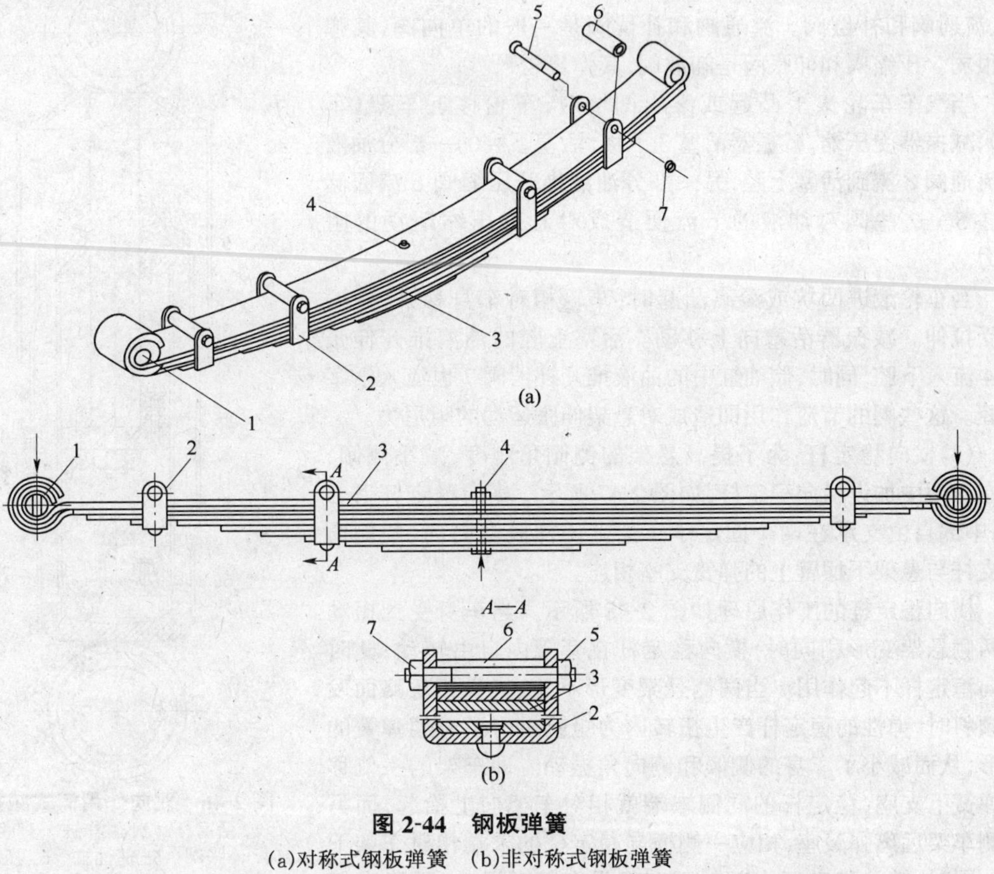

图 2-44　钢板弹簧

(a)对称式钢板弹簧　(b)非对称式钢板弹簧

1. 卷耳　2. 弹簧夹　3. 钢板弹簧　4. 中心螺栓　5. 螺栓　6. 套管　7. 螺母

钢板弹簧的第一片称为主片，其两端制成卷耳，内装青铜或塑料、橡胶、粉末冶金制成的衬套，以便用弹簧销与固定在车架上的支架或吊耳铰接。中心螺栓用以连接各弹簧片，并保证装配时各片的相对位置。中心螺栓距两端卷耳中心的距离可以相等，也可以不等。

连接各片的构件，除中心螺栓以外，还有若干个弹簧夹，其作用是当钢板弹簧反向变形时，使各片不致互相分开，以免主片单独承载，此外还可以防止各片横向错动。

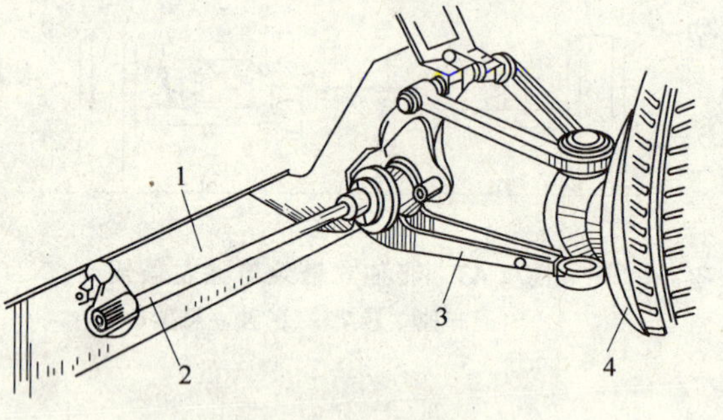

图 2-45 扭杆弹簧

1. 车架 2. 扭杆 3. 摆臂 4. 车轮

②螺旋弹簧。螺旋弹簧与钢板弹簧比较，无需润滑，不忌泥污；安装的纵向空间小；弹簧质量小。

螺旋弹簧本身没有减振作用，因此在螺旋弹簧悬架中必须另装减振器。此外，螺旋弹簧只能承受垂直载荷，故必须装设导向机构以传递垂直力以外的各种力和力矩。

③扭杆弹簧。扭杆弹簧本身是一根由弹簧钢制成的杆。扭杆的一端固定在车架上，另一端连接在悬架的摆臂上，如图 2-45 所示。

当车轮跳动时，摆臂便绕着扭杆轴线摆动，使扭杆产生扭转弹性变形，借以保证车轮与车架的弹性联系。

(2)减振器：液压双向作用筒式减振器结构如图 2-46 所示。

双向作用筒式减振器一般都具有 4 个阀，即压缩阀、伸张阀、流通阀和补偿阀。流通阀和补偿阀是一般的单向阀，其弹簧很弱。压缩阀和伸张阀是卸载阀，其弹簧较强。

当汽车车轮滚上凸起或滚出凹坑时，车轮移近车架（车身），减振器受压缩，减振器活塞 3 下移，活塞下腔的一部分油液经流通阀 8 流到活塞上腔，另一部分油液推开压缩阀 6 流回储油缸 5。这些阀对油液的节流便造成对悬架压缩运动的阻尼力。

当车轮滚进凹坑或滚离凸起时，车轮相对车身移开，减振器受拉伸。减振器活塞向上移动。活塞上腔的油液推开伸张阀 4 流入下腔，同时，储油缸中的油液推开补偿阀 7 也流入活塞下腔。这些阀的节流作用即造成对悬架伸张运动的阻尼力。

(3)横向稳定杆：为了提高悬架的侧倾角刚度，减小侧倾，常在悬架中加设横向稳定杆，如图 2-47 所示。横向稳定杆呈 U 形，中部自由支承在两个固定于车架上的橡胶套筒内，两侧通过支杆与悬架下摆臂上的弹簧支座相连。

横向稳定杆的工作原理如图 2-48 所示。当车身受到振动而两侧悬架变形相同时，横向稳定杆在套管内自由转动，此时横向稳定杆不起作用。当两侧悬架变形不等，车身相对路面发生倾斜时，弹性的稳定杆产生扭转内力矩就阻碍了悬架弹簧的变形，从而减小了车身的侧倾和侧向角振动。即车架的一侧移近弹簧下支座，稳定杆的同侧末端就相对车架向上抬起，而另一侧车架远离弹簧座，相应一侧横向稳定杆的末端相对车架下移。同时，横向稳定杆中部对于车架没有相对运动，而稳定杆两边的纵向部分向不同方向偏转，于是稳定杆被扭转。

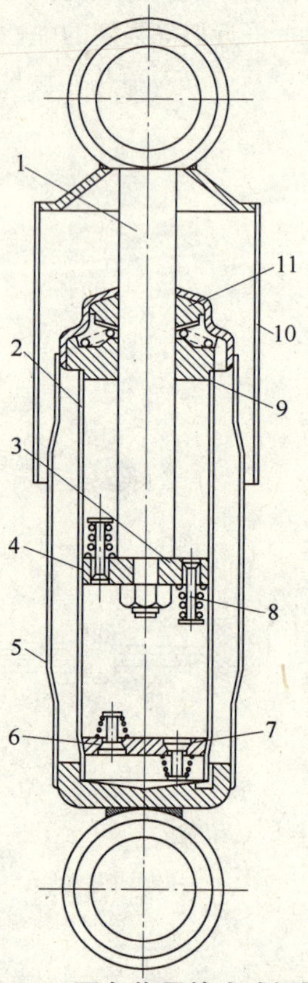

图 2-46 双向作用筒式减振器

1. 活塞杆 2. 工作缸 3. 活塞 4. 伸张阀 5. 储油缸 6. 压缩阀 7. 补偿阀 8. 流通阀 9. 导向座 10. 防尘罩 11. 油封

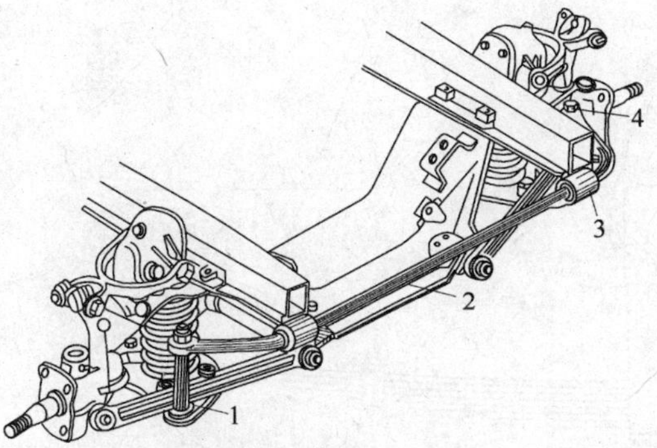

图 2-47 横向稳定器

1. 弹簧支座 2. 横向稳定杆 3. 套筒 4. 支杆

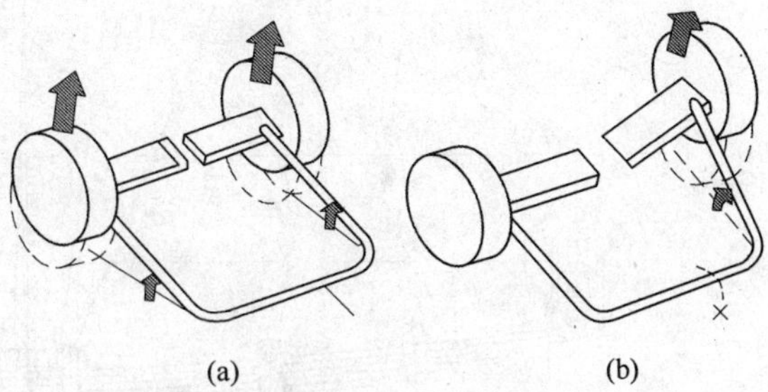

图 2-48 横向稳定杆工作原理

(a)两侧悬架变形相同 (b)两侧悬架变形不同

三、非独立悬架

(1)钢板弹簧非独立悬架:解放 CA1092 型汽车前悬架结构如图 2-49 所示。钢板弹簧中部用两个 U 形螺栓固定在前梁上,弹簧两端的卷耳孔中压入衬套。前端卷耳用钢板弹簧销与前支架相连,形成固定铰链,也叫固定吊耳;后端卷耳则通过钢板弹簧吊耳销与用铰链挂在后支架上可以自由摆动的吊耳相连接,形成活动吊耳,从而保证弹簧变形时两卷耳中心线间的距离是可变的。在钢板弹簧 U 形螺栓盖板上装有橡胶缓冲块,以防止弹簧直接撞击车架。钢板弹簧销上钻有轴向油道及径向油道,通过油嘴可将润滑脂加注到衬套处进行润滑。

双向作用筒式减振器通过上下吊环分别固定在车架和车桥相应的支架上。

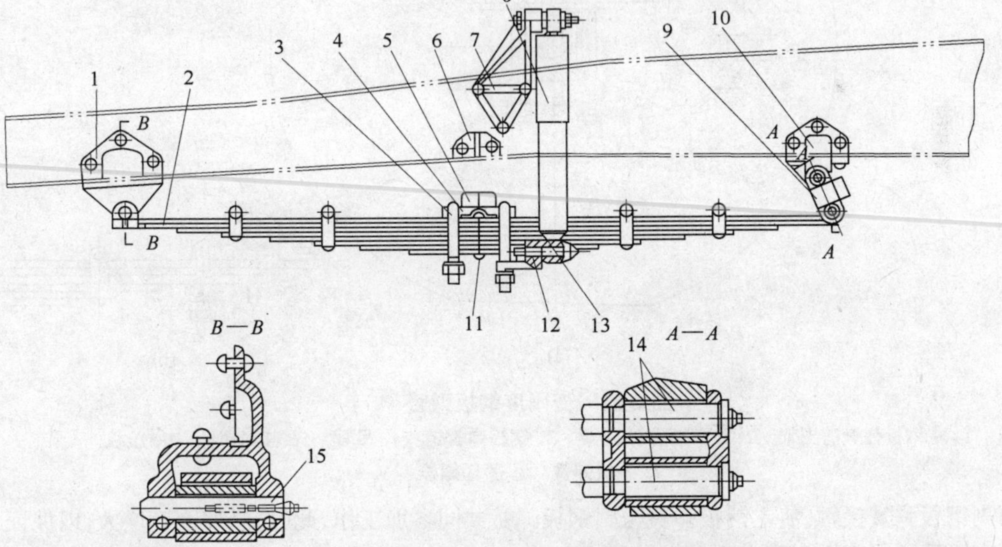

图 2-49 解放 CA1092 型汽车前悬架

1. 钢板弹簧前支架 2. 钢板弹簧 3. U 形螺栓 4. 盖板 5. 缓冲块 6. 限位块 7. 减振器上支架 8. 减振器 9. 吊耳 10. 吊耳支架 11. 中心螺栓 12. 减振器下支架 13. 减振器连接销 14. 吊耳销 15. 钢板弹簧销

东风 EQ1092 型汽车的前悬架结构如图 2-50 所示。钢板弹簧的中部用 U 形螺栓固定在前桥上,其前端有卷耳,卷耳中压入衬套,用钢板弹簧销与前支架相连,形成固定的铰链,而后端采用滑板式支承,悬架第二片弹簧带有直角弯边,防止钢板弹簧脱出。

中型货车的后悬架在主钢板弹簧上加装副钢板弹簧,成为变刚度的钢板弹簧,如图 2-51 所示。在空载或轻载情况下,只有主钢板弹簧承载。在重载或满载情况下,车架相对车桥下移,使车架上的

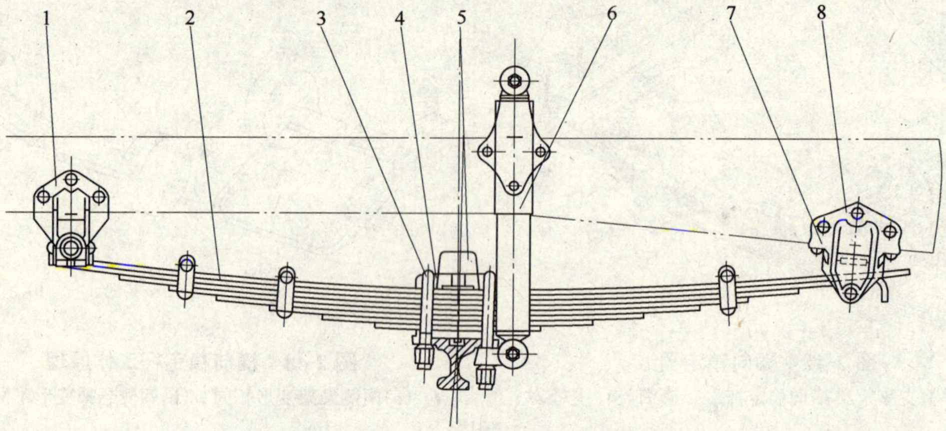

图 2-50 东风 EQ1092 型汽车前悬架

1. 前支架 2. 钢板弹簧 3. U形螺栓 4. 盖板 5. 缓冲块 6. 减振器 7. 滑块 8. 后支架

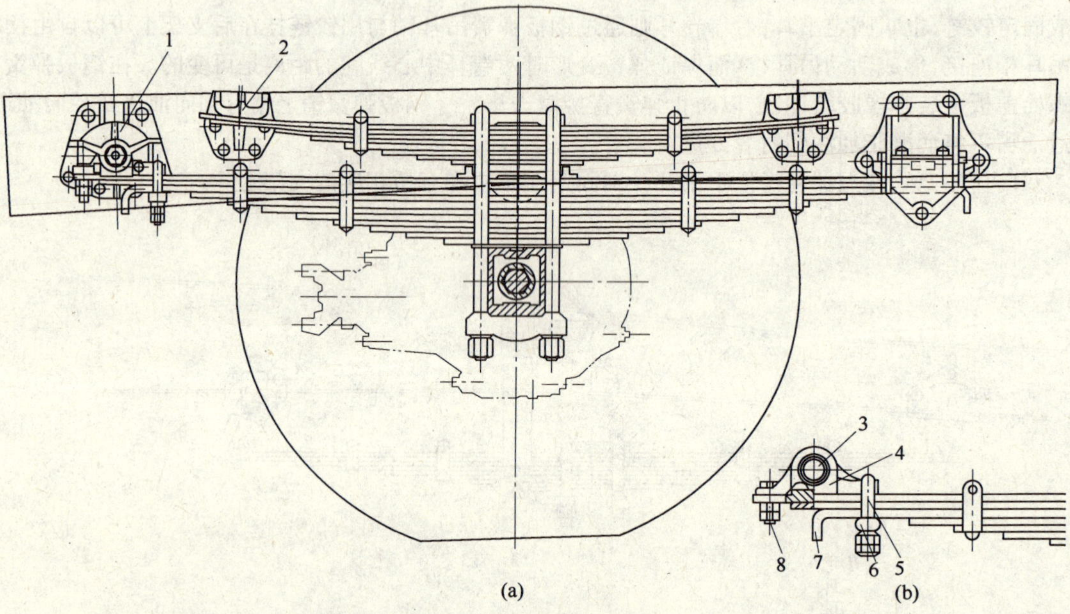

图 2-51 变刚度钢板弹簧

1. 主钢板弹簧前支架 2. 副钢板弹簧托架 3. 钢板弹簧销 4. 吊耳 5. U形螺栓 6. 压板 7. 钢板弹簧 8. 紧固螺栓

副托架与副钢板弹簧接触,使主钢板弹簧与副钢板弹簧共同参加工作,此时,悬架刚度增大,以保证车身振动频率不致因载荷增大而变化过大。

这种结构形式的悬架,主要特点是刚度增加得很突然,对汽车行驶平顺性不利。为此,一些轻型货车(如南京依维柯)的后悬架将副钢板弹簧安装在主钢板弹簧下,成为渐变刚度的钢板弹簧。

在小载荷的情况下,仅由主钢板弹簧起作用,而当载荷增加到一定值时,副钢板弹簧开始与主钢板弹簧接触,悬架刚度得到提高,弹簧特性变为非线性的。当副钢板弹簧全部参加工作后,弹簧特性又变成线性的。由于副钢板弹簧是逐渐随载荷增加而参加工作,使悬架刚度逐渐变化,从而提高了汽车行驶平顺性。

(2)螺旋弹簧非独立悬架:螺旋弹簧非独立悬架常用于轿车的后悬架,由于使用螺旋弹簧作为弹性元件，仅能承受垂直载荷，因此，其悬架系统需要安装导向装置和减振器，如图 2-52 所示。导向装置包括纵向推力杆和横向导杆。纵向推力杆用以传递牵引力、制动力等纵向力及其力矩。横向导杆用以传递悬架系统的横向力。当后桥与车身之间的距离发生变化时，横向导杆也可绕其铰接点作上下横向摆动。减振器的上端铰接在车身支架上，下端铰接在车桥的支架上。

桑塔纳轿车后悬架即为螺旋弹簧非独立悬架，其结构如图 2-53 所示。

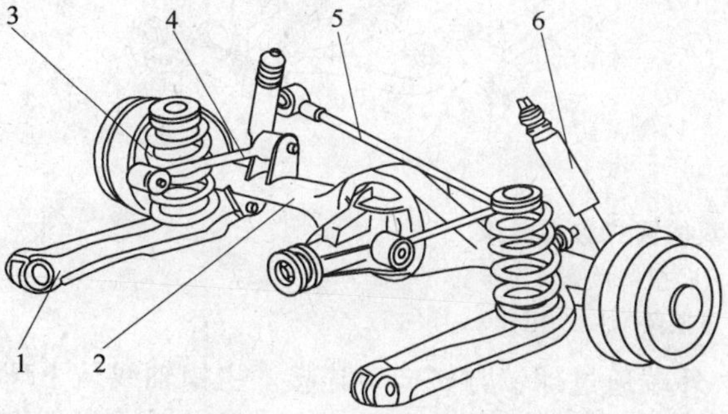

图 2-52 螺旋弹簧非独立悬架

1. 纵向下推力杆 2. 后桥 3. 螺旋弹簧 4. 纵向上推力杆 5. 横向导杆 6. 减振器

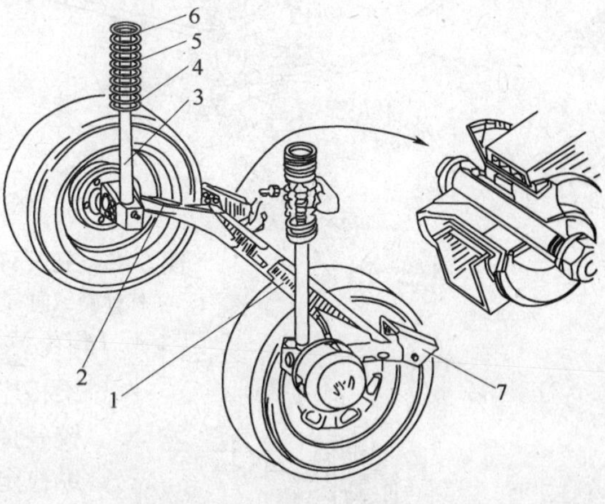

图 2-53 桑塔纳轿车后悬架

1. 后桥 2. 纵向推力杆 3. 减振器 4. 弹簧下支座 5. 螺旋弹簧 6. 弹簧上支座 7. 支承座

左右纵向推力杆前端通过带橡胶支撑与车身铰接，后端与轮毂相连接，中部与后桥焊接成一体。整个后桥、纵向推力杆与车轮可以绕支撑座的铰接点连线相对于车身上下摆动。螺旋弹簧的上端装在弹簧上支座中，下端支承在减振器外壳上的弹簧下支座中。减振器的上端与弹簧上支座一起装在车身底部的悬架支座中，下端与纵向推力杆相连接。当两侧车轮上的螺旋弹簧因路面不平而产生不同的变形时，后桥会发生相应的扭转变形，可以起到横向稳定器的作用。

四、独立悬架

(1)双横臂式独立悬架：双横臂式独立悬架的弹性元件多为螺旋弹簧和扭杆弹簧。图 2-54 为螺旋弹簧双横臂式独立悬架，其中螺旋弹簧安装在上下摆臂之间。在其他车型上也有将螺旋弹簧安装在上摆臂与车架之间的。

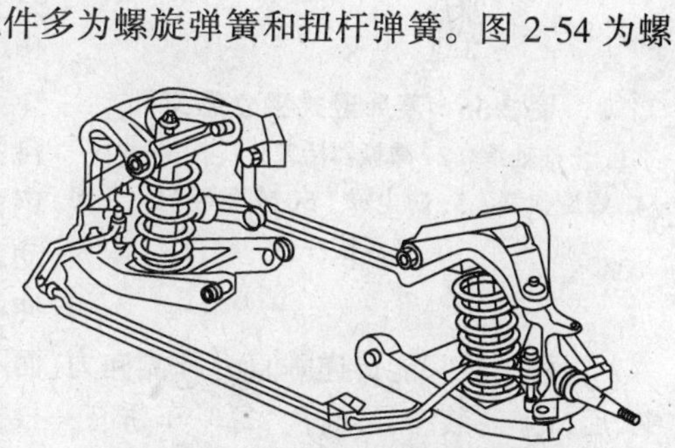

图 2-54 双横臂式独立悬架

图 2-55 为扭杆弹簧双横臂式独立悬架，其中扭杆弹簧可以纵向布置也可以横向布置。

(2)麦弗逊式独立悬架：麦弗逊式独立悬架目前广泛应用于发动机前置前轮驱动轿车的前悬架中，如图 2-56 所示。该悬架由减振器、螺旋弹簧、下横臂(图中未画出)和横向稳定杆等组成。螺旋弹簧与减振器装于一体，减振器作为引导车轮跳动的滑柱，有的还兼起转向主销作用。采用这种悬架的汽车前端空间大，有利于发动机布置，并可降低整车的重心。

桑塔纳轿车、捷达轿车、富康轿车的前悬架均为麦弗逊式独立悬架。

(3)多杆式独立悬架：多杆式独立悬架如图 2-57 所示。

上连杆通过支架与车身相连，其外端与第三连杆相连，上连杆的两端都装有橡胶隔振套。第三连杆的上端通过止推轴承与转向节连接。下连杆与普通的下摆臂相同，其内端通过橡胶隔振套与前横

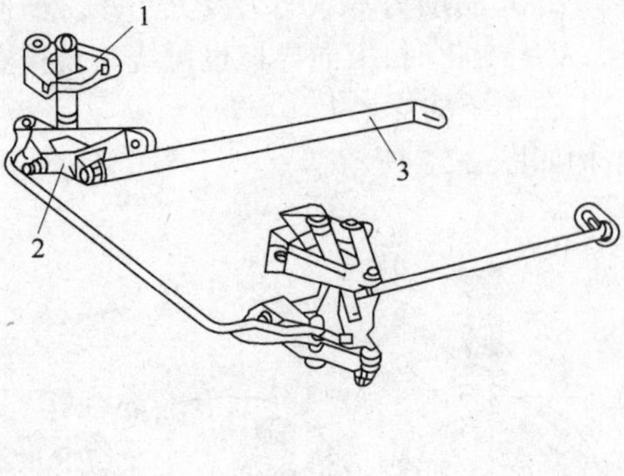

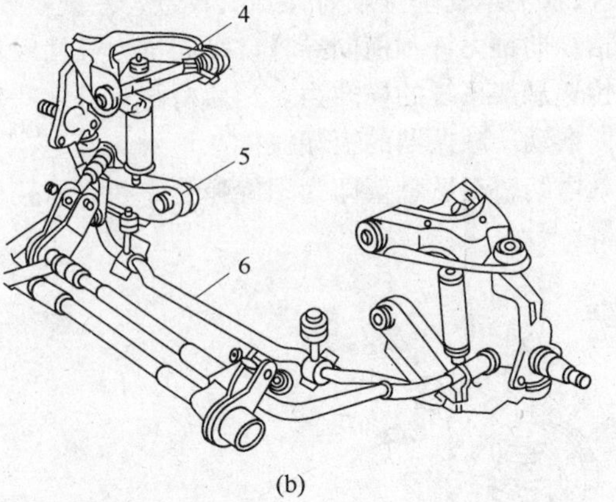

图 2-55 扭杆弹簧双横臂式独立悬架

(a)扭杆弹簧纵向布置 (b)扭杆弹簧横向布置

1、4. 上摆臂 2、5. 下摆臂 3、6. 扭杆

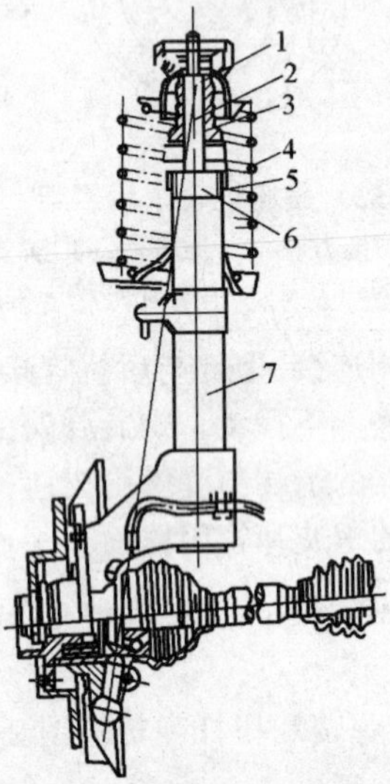

图 2-56 麦弗逊式独立悬架

1. 止推轴承 2. 减振器活塞杆 3. 缓冲块 4. 螺旋弹簧 5. 防尘罩 6. 减振器 7. 悬架柱焊接件

梁相连接,外端通过球铰与转向节连接。主销轴线从下球铰一直延伸到上面的轴承处。多杆悬架系统具有良好的操纵稳定性,可有效地降低轮胎的磨损,延长其使用寿命。

(4)平衡悬架:国产中、重型许多载货汽车采用了 6×4 的三轴结构形式,为避免汽车在不平路面上行驶时,因某个车桥悬空而使其附着力减小甚至为零,同时造成其他车桥的载荷增加甚至超载,在中桥和后桥上装用了平衡悬架,如图 2-58 所示。平衡悬架相当于一个平衡杠杆,中部支承在车架上,两端压在两个车桥上,当汽车行驶在不平路面上时,一个车桥抬高使另一个车桥降低,始终保持所有车轮与地面有良好的接触,而且,两个车桥上的垂直载荷在任何情况下都相等。

东风 EQ2080E 型汽车中、后桥平衡悬架的结构如图 2-59 所示。平衡悬架的两端各以 6 个 M18 的大螺栓与车架相连接,中部装有心轴,上部装有纵向布置的钢板弹簧。

钢板弹簧中部用 U 形螺栓固定在心轴轴承毂上。两端自由地支承在中、后桥半轴套管上的滑板式支架内。这样,钢板弹簧便相当于一根等臂平衡杆,它以悬架心轴为支点转动,从而可保证汽车在不平道路上行驶时,各轮都能着地,且使中、后桥车轮的垂直载荷平均分配。

钢板弹簧只能传递垂直力和侧向力,而不能传递牵引力、制动力及其相应的反作用力矩,为此在中、后桥上还装有导向杆。每一车桥有一根上导向杆及两根下导向杆。上导向杆一端以球头销和桥壳上的导向杆上臂连接,另一端用球头销与固定在车架上的支架连接。下导向杆一端用球头销与桥壳上的导向杆下臂连接,另一端用球头销与悬架心轴支架连接。横向力由装在心轴轴承毂内的推力垫圈和推力环承受。

五、悬架的拆装

1. 钢板弹簧非独立悬架的拆装

(1)东风 EQ1092 型汽车前悬架的拆卸:东风 EQ1092 型汽车前悬架分解如图 2-50 所示。

①用楔块掩住后轮,用千斤顶顶起车架前端并支牢。

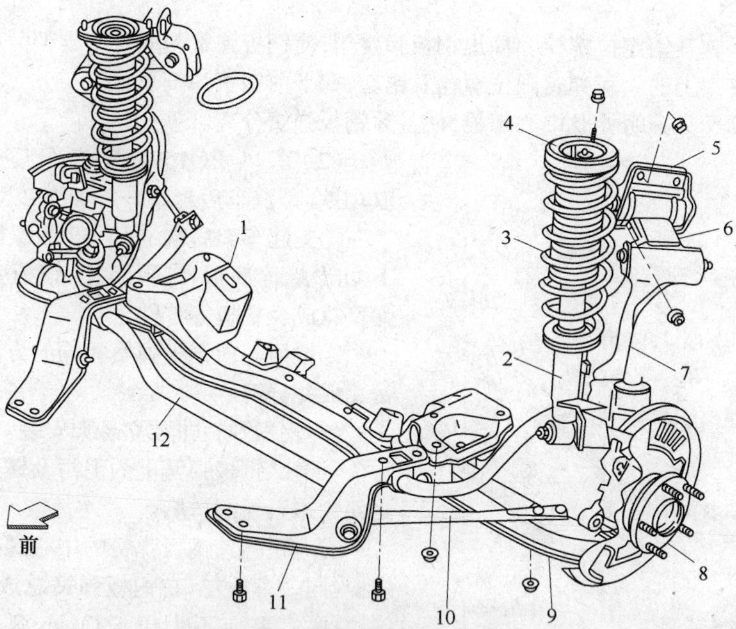

图 2-57　多杆式独立悬架

1. 前臂架横梁　2. 减振器　3. 螺旋弹簧　4. 减振器隔振块　5. 上连杆支架　6. 上连杆　7. 第三连杆　8. 轮毂及转向节　9. 下连杆　10. 粘滞式拉杆　11. 拉杆支架　12. 前稳定杆

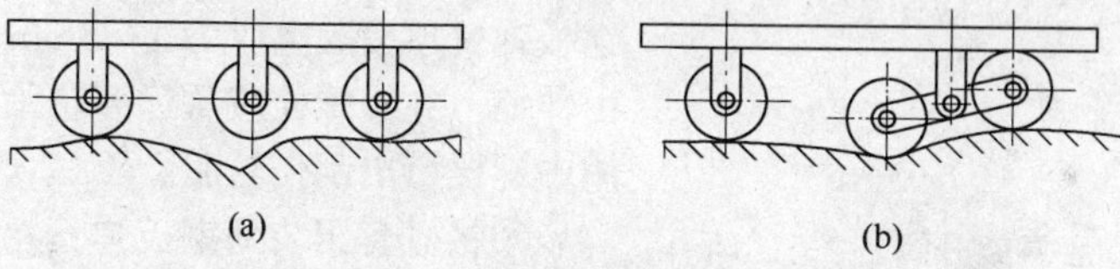

图 2-58　三轴汽车在不平道路上行驶情况示意图

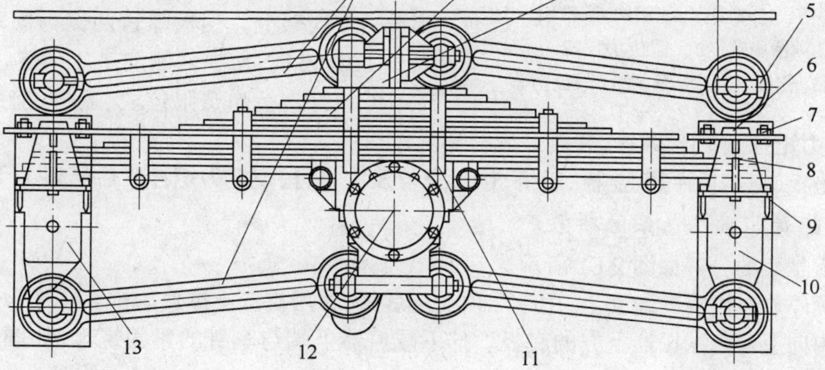

图 2-59　中、后桥平衡悬架

1. 导向杆(推力杆)　2. 钢板弹簧　3. 平衡悬架心轴支架　4. 导向杆尼龙衬套　5. 导向杆固定螺栓　6. 橡胶限位块　7. 橡胶限位块固定螺栓　8. 钢板弹簧支架　9. 支架固定螺栓　10. 后桥总成　11. U形螺栓　12. 心轴和心轴轴承盖　13. 中桥总成

②拧下减振器上、下端紧固螺母,拆下减振器总成。

③拧下 U 形螺栓紧固螺母,取下减振器下支架,使前轮落地,并取下 U 形螺栓、弹簧盖板及限位

块等零件。

④拆下前钢板弹簧销定位螺栓。冲出钢板弹簧销,使钢板弹簧与固定端支架分离。

⑤拆下滑板支架上的钢板弹簧限位螺栓及销套,取下前钢板弹簧总成。

⑥拆下钢板弹簧夹箍螺栓及中心螺栓,使各片钢板弹簧分离。

(2)东风 EQ1092 型汽车后悬架拆卸:东风 EQ1092 型汽车后悬架分解如图 2-60 所示。

①支起车架后端,拆下 U 形螺栓使后轮落地,取下 U 形螺栓底板、U 形螺栓、钢板弹簧盖板、副钢板弹簧总成及垫板等零件。

②按照与前钢板弹簧相同的方法,拆下后钢板弹簧总成并分解。

(3)钢板弹簧非独立悬架安装。

①清除钢板弹簧上的泥污及锈迹,并在各片弹簧之间涂抹石墨润滑脂。

②对正各片钢板弹簧的中心螺栓孔,紧固好中心螺栓(同一车桥左、右钢板弹簧总成的弹簧片数应相等,总厚度差应不大于 5.0mm,弧高相差应不大于 10mm,片间错位应不超过 2.5mm)。

③安装钢板弹簧夹箍套管及夹箍螺栓,夹箍内侧与钢板弹簧应有 0.7～1.0mm 的间隙。夹箍套管与钢板弹簧顶面距离应为 1～3mm,以保证各弹簧片自由伸缩。夹箍螺栓应从远离轮胎的一侧穿入,以防使用中螺栓窜出刮伤轮胎。

④将衬套压装到钢板弹簧卷耳中,用钢板弹簧销将钢板弹簧与车架上的固定端支架相连,并装好弹簧销定位螺栓(前钢板弹簧)或楔形锁销(后钢板弹簧)。

⑤用钢板弹簧限位螺栓及限位销套将弹簧支承到滑板端支架上。钢板弹簧两侧与固定支架的间隙大于 1.0mm 时,应在两侧加垫片调整。

⑥放好钢板弹簧限位块、盖板、前梁及减振器下支架,按规定力矩拧紧 U 形螺栓,并装好减振器。

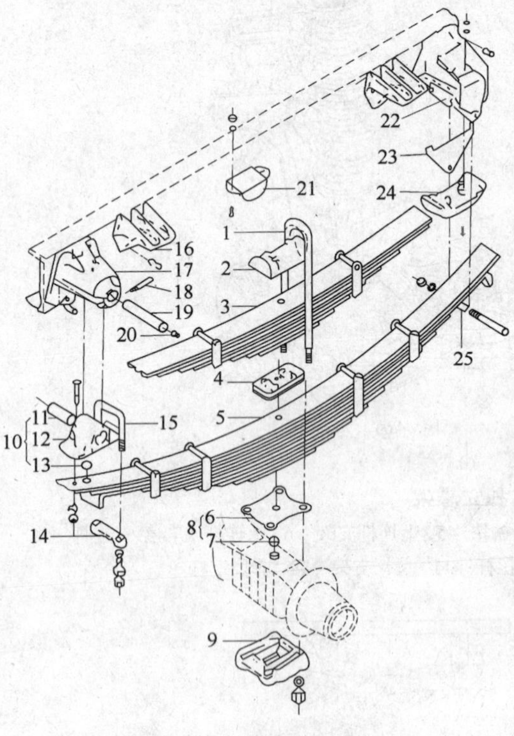

图 2-60 后悬架分解

1、15. U 形螺栓 2、9. 盖板 3. 副钢板弹簧 4. 中间垫板 5. 主钢板弹簧 6. 垫板 7、13. 定位套 8. 垫板总成 10. 吊耳总成 11. 衬套 12. 吊耳 14. 压板 16. 支架 17. 前固定端支架 18. 楔形锁销 19. 后钢板弹簧销 20. 滑脂嘴 21. 限位块 22. 后固定端支架 23. 侧板 24. 滑板 25. 限位销套

⑦放好垫板、副钢板弹簧、盖板、后桥、U 形螺栓及底板,按规定力矩拧紧后悬架 U 形螺栓。

2. 螺旋弹簧非独立悬架的拆装

桑塔纳后悬架的分解如图 2-61 所示。

①将车辆停放在硬实的地面上,用千斤顶支起后桥,并用支架支撑住后桥。

②从车内向上弯起减振器上方的底板。拧下减振器上端与车身的紧固螺母(如图 2-62 所示)及下端与后桥的固定螺母。

③抬起车身,慢慢从车轮与轮罩之间取出悬架支柱,注意不要碰坏弹簧和轮罩的油漆(车身两侧的悬架支柱不得同时拆卸,以防后桥与车身铰接处的轴衬受力过大而损坏)。

④分解悬架支柱。

⑤装配时按与拆卸相反顺序。注意各螺母的拧紧力矩,支架上的自锁螺母拧紧力矩为 35N·m,减振器支承上的螺母拧紧力矩为 60～70N·m。安装完毕后,应将减振器上方的底板两边用粘带封住。

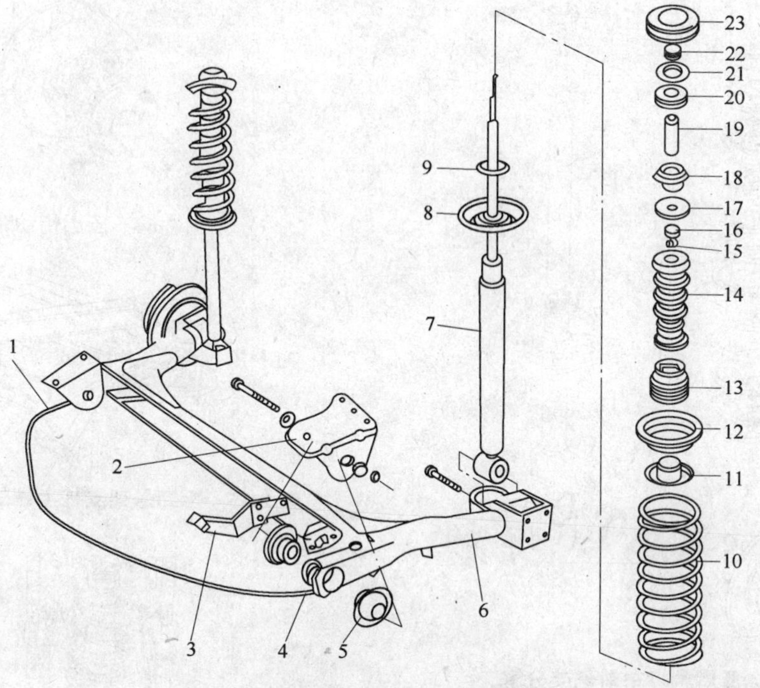

图 2-61　后桥及后悬架的分解

1. 驻车制动拉索　2. 轴承支架　3. 调节弹簧支架　4. 驻车制动拉索支架　5. 衬套　6. 后悬架　7. 减振器　8. 下弹簧座圈　9、17. 垫圈　10. 螺旋弹簧　11. 护盖　12. 上弹簧座　13. 波纹橡胶管　14. 缓冲块　15. 卡环　16. 隔圈　18. 下轴承环　19. 隔套　20. 上轴承环　21. 衬盘(隔圈)　22. 自锁螺母　23. 塞盖

3. 麦弗逊式独立悬架的拆装

桑塔纳轿车前悬架分解如图 2-63 所示。

①拆下车轮装饰罩。

②拧下轮毂与传动轴的紧固螺母,取下车轮。

③拆下制动钳固定螺栓,取下制动盘,取下制动软管支架,用铁丝将制动钳总成固定在车身上。

④用专用工具压出横拉杆接头。

⑤拆下稳定杆的紧固螺母和传动轴与轮毂间的固定螺母,向下按压下摆臂,从车轮轴承壳内拉出(或用专用工具压出)传动轴,如图 2-64 所示。

⑥取下盖子,顶柱减振器支柱下部,用内六角扳手固定住滑柱,拆下减振器活塞杆上的螺母。拆下减振器带弹簧总成,如图 2-65 所示。

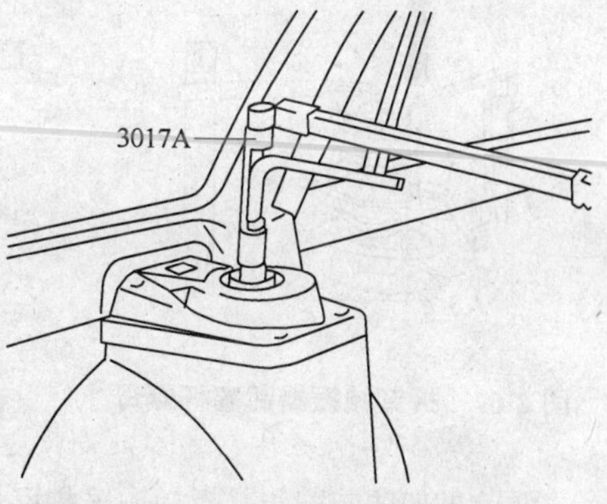

图 2-62　拆卸减振器支架固定螺母

⑦用专用工具压缩螺旋弹簧,用内六角扳手固定住减振器活塞杆,然后用开口扳手拧下活塞杆上端的锁紧螺母,放松专用工具,取下止推轴承、上弹簧座、橡胶缓冲块、护套及螺旋弹簧等零件,如图 2-66、图 2-67 所示。

⑧用虎钳轻轻夹住转向节臂,用专用工具拧下减振器固定螺母,抽出减振器,如图 2-68 所示。

⑨用专用工具从轮毂轴承壳上压出轮毂(轮毂轴承和轮毂内花键符合技术要求时可不拆卸,以防损坏轮毂轴承),并从支柱轴承孔中拆除轴承卡环,压出轮毂轴承,如图 2-69 所示。

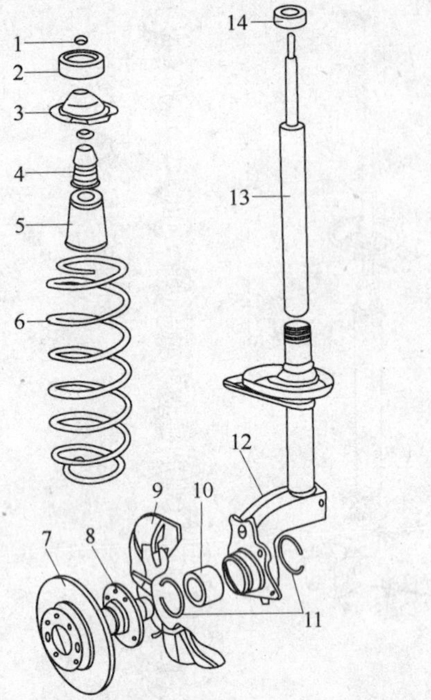

图 2-63 桑塔纳轿车前悬架分解

1. 开槽螺母 2. 悬架支承轴轴承 3. 弹簧护圈 4. 限位缓冲块 5. 护套 6. 螺旋弹簧 7. 制动盘 8. 轮毂 9. 挡泥板 10. 车轮轴承 11. 卡环 12. 轮毂轴承壳 13. 减振器 14. 螺母盖

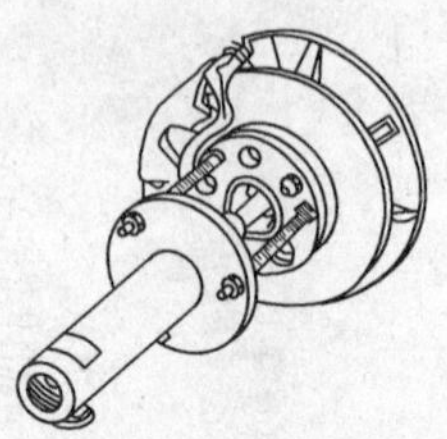

图 2-64 压出传动轴

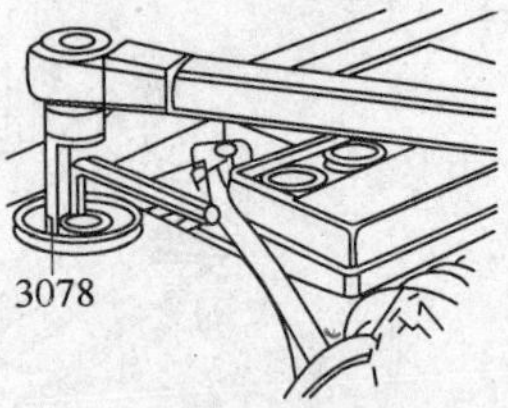

图 2-65 拆卸悬架支柱上端的紧固螺母

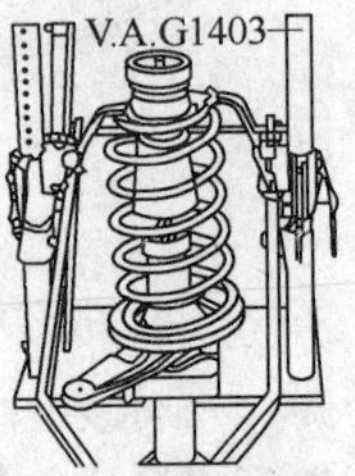

图 2-66 压缩螺旋弹簧

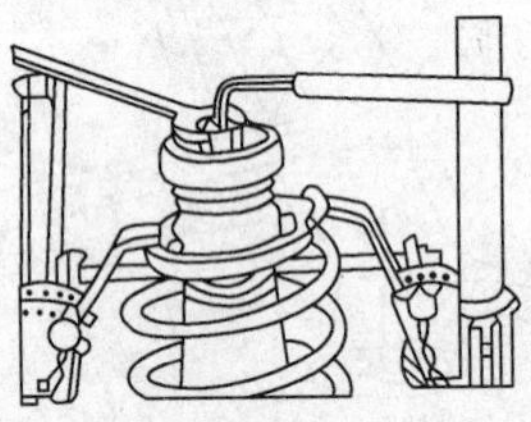

图 2-67 拆卸减振器活塞杆螺母

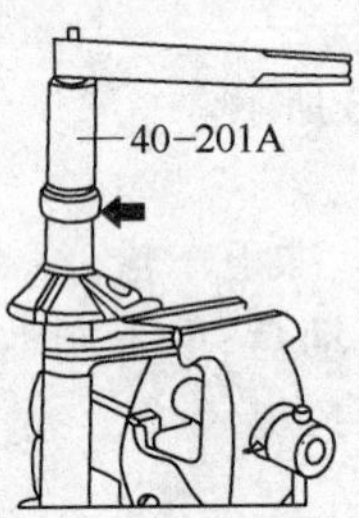

图 2-68 拧下减振器固定螺母

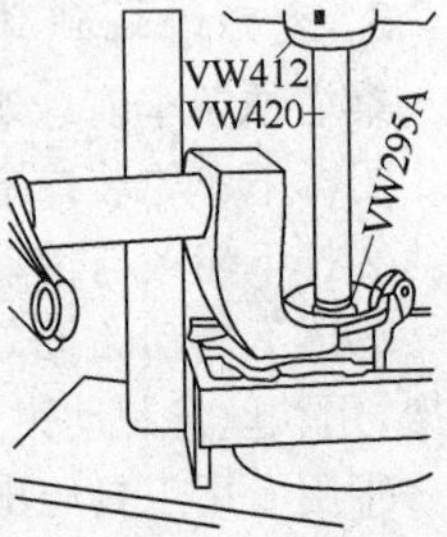

图 2-69 压出轮毂轴承

⑩前悬架的装配与其拆卸顺序相反,但应注意以下几点:更换所有螺母;按规定力矩拧紧所有螺栓和螺母;更换不合格的零件;擦净传动轴与轮毂花键齿面的油污及密封剂。

六、悬架的检修

1. 钢板弹簧非独立悬架的检修(以东风 EQ1092 型汽车为例)

(1)钢板弹簧的检修:将钢板弹簧总成从车上拆下、分解。用钢丝刷或化学方法将各片钢板上下表面的锈蚀、油污清除干净,并清洗其他零件。然后做如下检查:

①钢板弹簧钢片有无横向裂纹,如有应更换。

②弹簧夹箍有无变形或损坏,有无铆钉松动,如有,则应更换或修复。

③中心螺栓有无损伤、变形或滑扣,如有应更换。

④钢板弹簧销有无磨损起槽且深度大于 0.50mm,如有应更换。

⑤钢板弹簧吊耳有无裂纹、缺口，如有应更换。

⑥钢板弹簧销与衬套的配合间隙是否大于1.0mm，如是，应更换衬套。

⑦U形螺栓是否有裂纹、变形，螺纹是否损坏，应视情况更换。

(2)减振器的检修：减振器从车上拆下后，应做如下检查：

①垂直固定储油缸端，用手反复推拉减振器活塞杆端，应有较大的运动阻力，全行程阻力大小均匀，不得有空行程及卡滞现象，且伸张行程的阻力大于压缩行程的阻力，否则，应更换减振器。

② 减振器有轻微漏油仍可继续使用，但如果严重漏油，则应更换，不允许添加减振器油后继续使用。

减振器损坏后一般换用新品，但对于可修理减振器，也可将减振器分解后用煤油清洗各零件，然后进行如下检修：

①减振器弯曲、变形应修复或更换。

②活塞外表面、工作缸内表面严重磨损或严重拉伤的，应更换。轻微拉伤的，打磨后清洗干净，可继续使用，同时要更换减振液。

③检查弹簧、阀瓣，若损坏，应更换。

④检查油封、密封环，若有漏油现象，应更换。

⑤连接环防尘罩损坏，应更换。

2. 螺旋弹簧非独立悬架的检修(以桑塔纳2000系列轿车后悬架为例)

(1)后悬架就车检查

① 减振器检查。

a. 当车辆在全负荷时(5人+80kg行李)，用手在车尾部使用392～491N的力上下晃动，当车尾部的作用力停止后，车起伏2～3次即停止，说明减振器完好。

b. 减振器不应有渗油或漏油现象，否则说明减振器接近损坏或已损坏。

c. 汽车经过长时间行驶停车后，用手触摸减振器外壁是否发热，如不热，说明减振器已失效。

②螺旋弹簧的检查。螺旋弹簧不应有断裂或裂纹，否则应更换。

③其他部件的检查。减振器护罩、限位缓冲块及波纹管老化、破裂，横向稳定杆及固定夹出现明显变形及裂纹，各橡胶支承衬套损坏等，均应更换。

(2)后悬架的检修。

①减振器的检修。减振器如有漏油、减振不良，或行驶中有异响，则说明减振器已损坏，必须更换。

②螺旋弹簧的检修。检查螺旋弹簧弹力是否符合要求，是否有裂纹、损伤及断裂现象。如果发现问题，应更换。更换时，左、右螺旋弹簧一起换，并根据色标及配件号选用同样等级的配件。

③其他部件的检修：当出现下列故障现象时，应更换相应的零部件。

a. 后悬架支柱出现挡泥板严重扭曲、变形；制动盘工作表面严重磨损或表面有裂纹。

b. 轮毂花键磨损或有较大裂纹。

c. 弹簧挡圈变形、失效。

d. 轴承损坏或测得轮毂间隙大于0.10mm。

e. 后悬架支柱焊接处出现裂纹或严重变形。

f. 悬架支承轴承损坏。

第六节　电子控制悬架

汽车行驶的平顺性和操纵稳定性是衡量悬架性能好坏的主要指标，但二者要求又相互排斥。例如，降低悬架刚度，可使平顺性变好，但同时对操纵稳定性产生不良影响；增加悬架刚度，虽然会提高操纵稳定性,但使平顺性降低。理想的悬架应在不同的使用条件下具有不同的悬架刚度和阻尼,既能满足平顺性要求,又能满足操纵稳定性要求。普通悬架很难达到这个要求。

随着电子技术的发展,20世纪80年代开始出现了电子控制悬架。它可以根据道路条件的变化和行驶的不同要求,自动地调节悬架刚度和阻尼,从而使舒适性、平顺性和操纵稳定性同时得到改善,从根本上解决了平顺性和操纵稳定性之间的矛盾,提高汽车的使用性能。

一、电子控制悬架的功用、分类与组成

1. 电子控制悬架的控制功能

(1)控制车身高度:无论车辆的负载多少,都可以保持汽车高度一定,车身保持水平,从而使前大灯光束方向保持不变;当汽车在坏路面上行驶时,可以使车身高度上升,防止车桥与路面相碰;当汽车高速行驶时,又可以使车身高度下降,以便减少空气阻力,提高操纵稳定性。

(2)控制减振器阻尼力:通过对减振器阻尼系数的调整,防止汽车急速起步或急加速时车尾部下蹲;防止紧急制动时的车头下沉;防止汽车急转弯时车身横向摇动;防止汽车换档时车身纵向摇动等,提高行驶平顺性和操纵稳定性。

(3)控制弹簧刚度:在各种工况下,通过对弹簧弹性系数的调整,来改善汽车的乘坐舒适性与操纵稳定性。

有些车型只具有其中的一个或两个功能,而有些车型同时具有以上3个功能。

2. 电子控制悬架系统的分类

相对于普通悬架(被动悬架)而言,电子控制悬架为主动悬架。它可分为全主动悬架和半主动悬架两大类。

(1)全主动悬架:是一种有源控制悬架,可根据汽车载质量、路面状况、行驶速度、起动、制动、转向等工况的变化,自动调整悬架的刚度和阻尼以及车身高度,从而能同时满足汽车行驶平顺性和稳定性等各方面的要求。全主动悬架根据控制介质的不同可分为主动空气悬架、主动油气悬架。

(2)半主动悬架:是一种无源控制,可根据汽车运行时的振动及工况的变化,对悬架阻尼进行自动调节。半主动悬架根据调节阻尼的特点不同又分为有级式半主动悬架和无级式半主动悬架。

3. 电子控制悬架的组成

电子控制悬架由传感器、电子控制单元、执行器三部分组成。

(1)传感器:传感器的功用是将汽车行驶的车速、起动、加速、转向、制动和路面情况(汽车的振动)等信号转变为电信号,输送给电子控制单元。传感器主要有以下几种:车身加速度传感器、车身高度传感器、车速传感器、转向盘转角传感器、节气门位置传感器、车门传感器。

(2)电子控制单元(简称为ECU):它的功用是将传感器输入的电信号进行综合处理,输出对悬架的刚度、阻尼及车身高度进行调节的控制信号。电子控制单元由微机和信号输出放大电路组成。

(3)执行器:执行器的功用是按照ECU的控制信号进行动作,调节悬架刚度、阻尼及车身高度。通常所用的执行元件是电磁阀、步进电动机及气泵电动机等。

二、电子控制空气悬架

电子控制空气悬架的组成及在车上的布置如图2-70所示。主要组成有传感器及控制开关、悬架电子控制单元、空气悬架、车身高度控制装置等。

1. 传感器及控制开关

(1)车速传感器:常用的车速传感器的类型有舌簧开关式车速传感器、阻尼元件式车速传感器、磁脉冲式车速传感器和光电式车速传感器。一般情况下,舌簧开关式车速传感器和光电式车速传感器安装在汽车仪表板上,如图2-71所示,与车速表装在一起,并用软轴与变速器输出轴相连;而磁阻元件式和脉冲式车速传感器装在变速器上,通过蜗轮蜗杆机构与变速器的输出轴连动。

(2)转向传感器:现代汽车上转向传感器多为光电式,其安装位置及结构如图2-72所示。

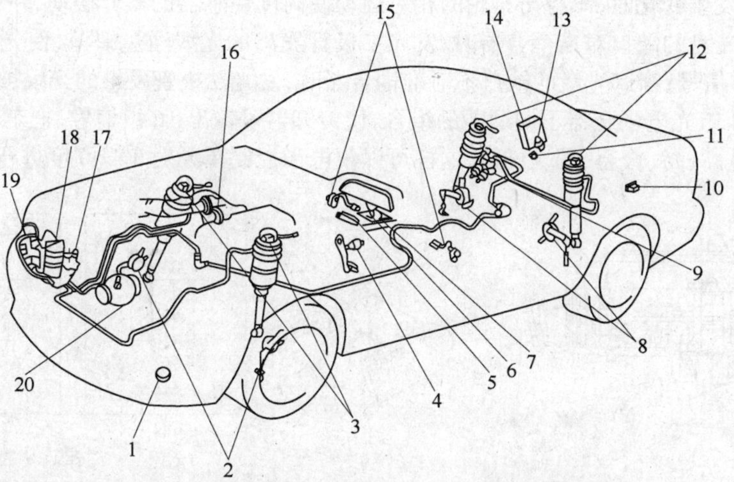

图 2-70　电子控制空气悬架的组成与布置

1. 1 号高度控制继电器　2. 车身高度传感器　3. 前悬架控制执行器　4. 停车灯开关　5. 转向传感器　6. 高度控制开关　7. LRC 开关　8. 后车身位移传感器　9. 2 号高度控制阀和溢流阀　10. 高度控制开关　11. 高度控制连接器　12. 后悬架控制执行器　13. 2 号高度控制继电器　14. 电子控制单元　15. 门控灯开关　16. 节气门位置传感器　17. 1 号高度控制阀　18. 空气压缩机　19. 干燥器和排气阀　20. IG 调节器

转向传感器由遮光盘和遮光器组成。圆周上均布着许多缺口的遮光盘固定在转向轴上。遮光器固定在转向管柱上，它由两组光电耦合器（两对发光二极管和光敏三极管）组成，分别布置在遮光盘两侧。

转动转向盘时，遮光盘随转向轴一起转动，在遮光盘上的缺口作用下，光敏三极管就会有受光和不受光的变化，传感器随之产生脉冲信号。此脉冲信号与转向轴转角成一定的比例关系，电子控制单元根据此脉冲信号就可判断转向盘的转角及转速，同时，根据两组光电耦合器产生的脉冲信号的相位差来判断转向盘的转动方向。

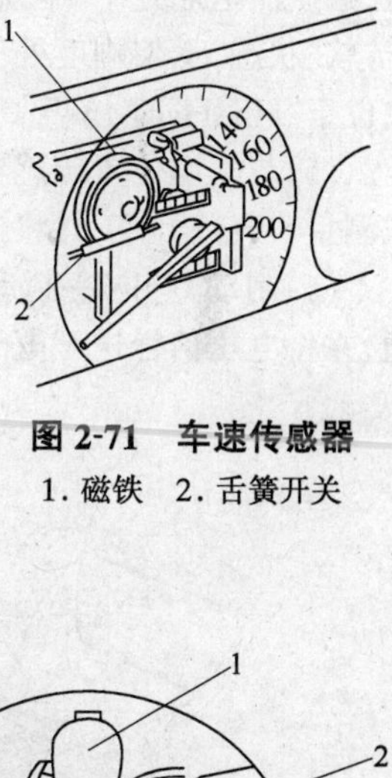

图 2-71　车速传感器

1. 磁铁　2. 舌簧开关

(3)车身高度传感器：车身高度传感器也为光电式，它安装在车体上，传感器摆臂通过连杆与悬架臂连接。车身高度变化时，连杆带动传感器摆臂随之摆动，以此检测车身的高度变化，如图 2-73 所示。

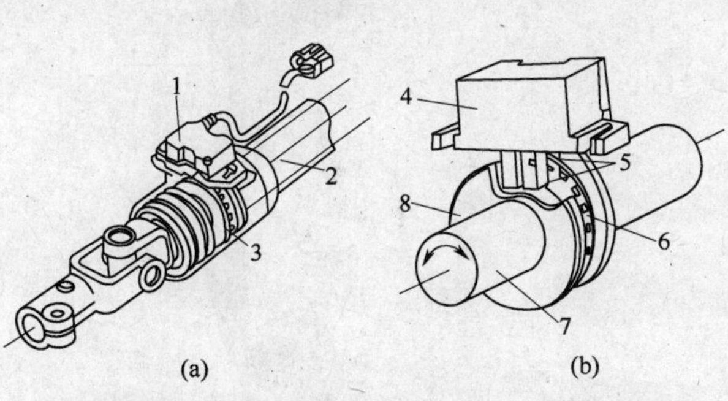

图 2-72　转向传感器的安装位置及结构

1、4. 转向传感器　2、7. 转向轴　3、6. 遮光盘　5. 遮光器　8. 圆盘

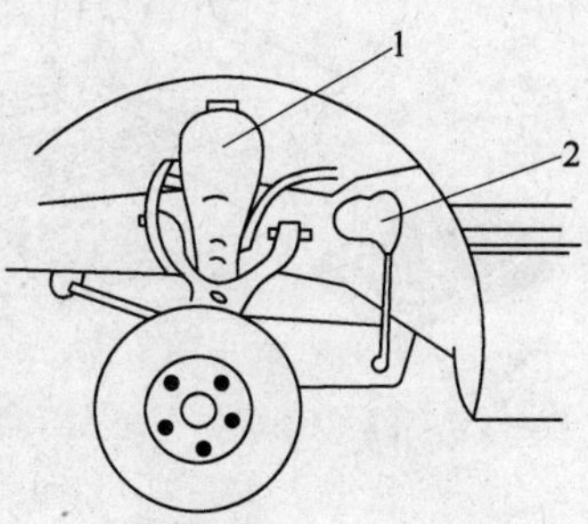

图 2-73　车身高度传感器的安装

1. 空气悬架　2. 车身高度传感器

传感器内部装有一个开有许多缺口的遮光盘，遮光盘的两侧装有四组光电耦合器（分别由发光二极管和光敏三极管组成），如图 2-74 所示。

当车身高度发生变化时，车身与车轮的相对运动使高度传感器的摆臂摆动，并通过摆臂轴带动遮光盘转动。当遮光盘的缺口对准耦合器时，发光二极管发出的光线通过缺口，使光敏三极管受光，传感器输出通(ON)信号；当遮光盘的缺口不对准耦合器时，发光二极管发出的光线被阻断，传感器输出断(OFF)信号。4 组光电耦合器不同通断的组合，使传感器可输出 16 组信号，把车身高度状态分为 5 个不同的区域(过高、高、普通、低、过低)，这样可以使电子控制单元对车身高度进行精确控制。

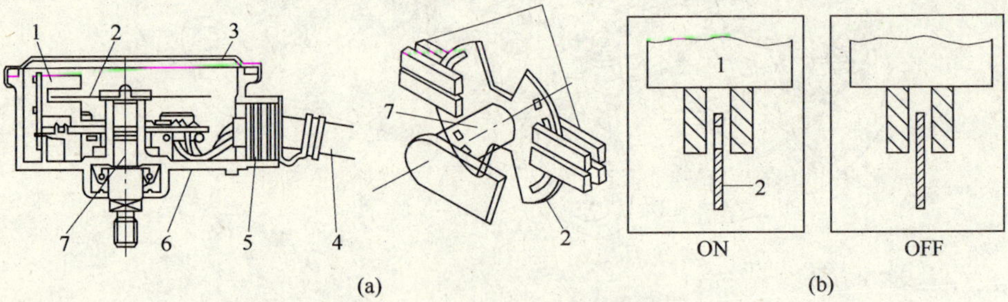

图 2-74 光电式车身高度传感器

(a)结构 (b)工作原理

1. 光电耦合器 2. 遮光盘 3. 传感器盖 4. 信号线 5. 油封环 6. 传感器壳 7. 摆臂轴

(4)悬架控制开关：悬架控制开关包括 LRC 开关和高度控制开关，它们均装在变速器操纵杆旁边，如图 2-75 所示。LRC 开关用于选择悬架的刚度、减振器的阻尼参数。当 LRC 开关位于“SPORT”时，减振器阻尼处于“中”状态，悬架刚度处于“硬”状态；当 LRC 开关位于“NORM”时，减振器阻尼处于“软”状态，悬架刚度处于“软”状态。高度控制开关位于“NORM”时，车身高度设置位“标准”；当开关位于“HIGH”时，车身高度设置位“高”。

(5)节气门位置传感器：节气门位置传感器安装在节气门阀体上，通常与发动机共用。以电子方式测量节气门开度，并将这些数据以电压信号形式，经发动机电子控制单元送至悬架电子控制单元。

(6)制动灯开关：制动灯开关安装在制动踏板支架上，如图 2-76 所示。踩下制动踏板时开关接通，并将电压信号送至电子控制单元，电子控制单元根据这一信号判断是否使用了制动器。

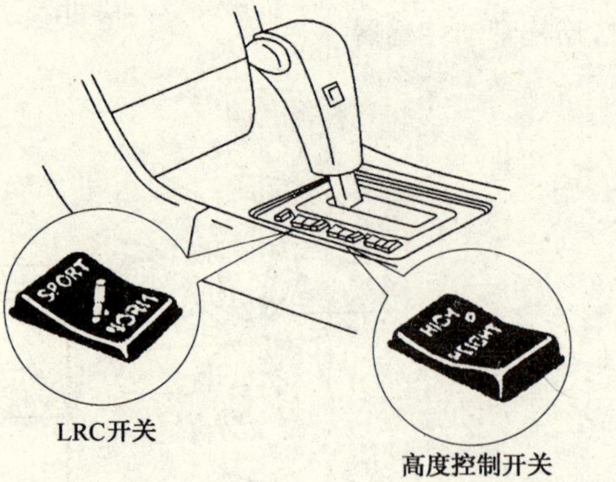

图 2-75 控制开关

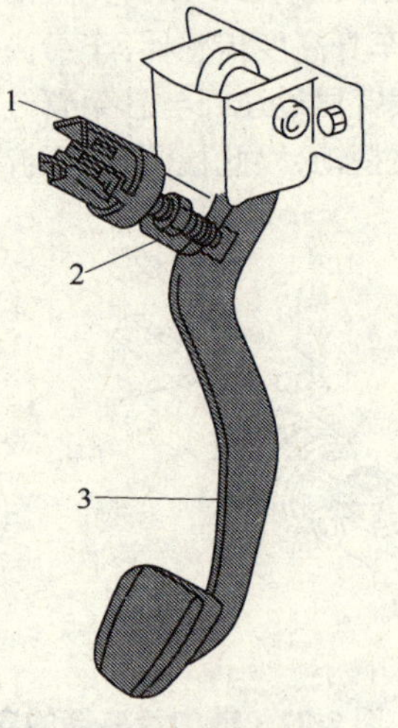

图 2-76 制动灯开关

1. 制动灯开关 2. 制动踏板支架 3. 制动踏板

(7)空档起动开关：空档起动开关安装在自动变速器上，用于测量变速器的换档位置。当换档位置在“N”或“P”时开关接通，并将这一信号送至悬架电子控制单元，参见图1-117所示。

2. 电子控制单元

悬架电子控制单元是悬架控制系统的中枢，一般由微机、传感器电源、执行器驱动电路及监控电路等组成。悬架 ECU 内部的功能电路如图 2-77 所示。

各传感器及控制开关产生的电信号，经输入接口电路整形放大后送入控制微机中，经过微机处理后对汽车的行驶状态和路面情况进行判断，如汽车是低速还是高速行驶、是直线行驶还是转弯行驶、是在制动还是在加速、自动变速器是否处在空档位置等，分别输出各控制信号，驱动相关执行器和显示器工作。这些控制信号有：促使执行器改变悬架刚度和阻尼的控制信号、改变车身高度的控制信号、促使发光二极管显示悬架系统当前状态的显示控制信号等。

悬架电子控制单元具有故障自诊功能。当发现悬架的电子控制系统出现故障时，便将故障以代码的形式存在存储器中，并及时向驾驶人报警。同时，暂停对悬架的控制。

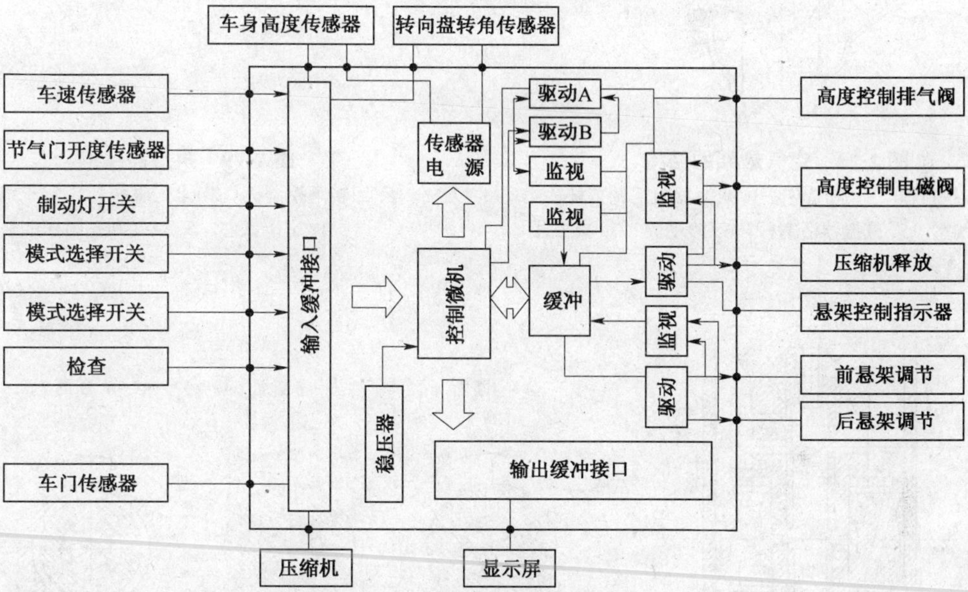

图 2-77 悬架电子控制装置的组成

3. 空气悬架

空气悬架由空气弹簧、减振器、执行器等组成，如图 2-78 所示。

(1)执行器：悬架控制执行器的功用是调节减振器的阻尼力和空气弹簧的刚度，它位于每个空气悬架的顶部，接收电子控制单元的指令而动作，进而通过回转阀控制杆和空气阀控制杆分别驱动减振器的回转阀和空气弹簧的空气阀。悬架控制执行器由永久磁铁、定子铁芯、定子线圈、回转阀控制杆和空气阀控制杆组成，如图 2-79 所示。

(2)减振器：该减振器与普通减振器的区别在于能通过改变减振器阻尼孔截面的大小来改变其阻尼力。其结构如图 2-80 所示。

与减振器回转阀控制杆连接的回转阀上有 3 个阻尼孔，悬架控制执行器驱动回转阀控制杆转动，从而使回转阀转动，开闭 3 个阻尼孔，改变油路截面积，实现高、中、低 3 种状态的调节。

当 A、B、C 三个截面的阻尼孔全部被回转阀封住时，只有减振器下面的阻尼孔(D 部)工作，减振器的阻尼最大(阻尼处于“高”状态)；回转阀从高状态顺时针转动 60°，则 B 截面的阻尼孔打开，A、C 截面阻尼孔仍关闭，减振器的阻尼处于“中”状态；回转阀从高状态逆时针转动 60°，则 3 个截面的阻尼孔全部打开，减振器处于“低”状态。

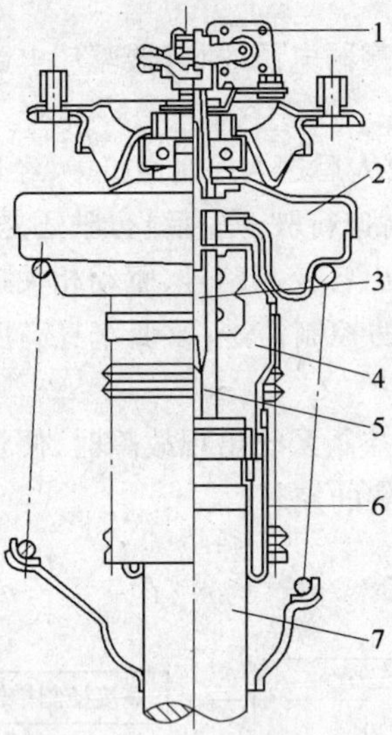

图 2-78 空气悬架的结构

1. 执行器 2. 副气室 3. 减振器阻尼调节杆 4. 主气室 5. 减振器活塞杆 6. 滚动膜 7. 减振器

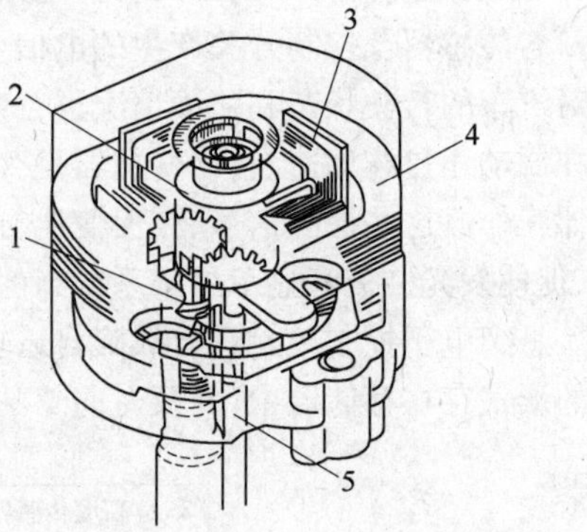

图 2-79 执行器结构

1. 回转阀控制杆 2. 永久磁铁 3. 定子线圈 4. 定子铁芯 5. 空气阀控制杆

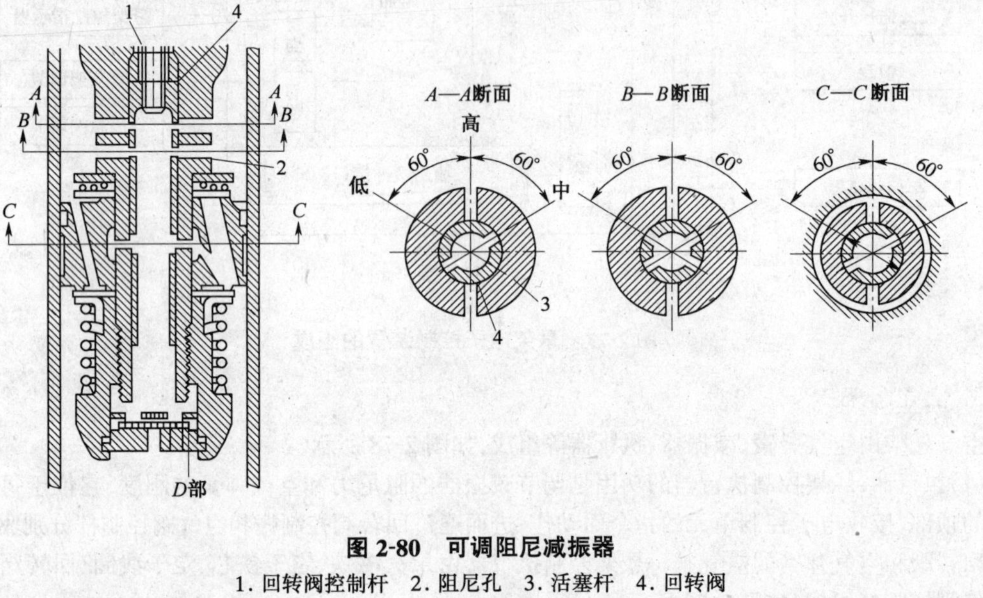

图 2-80 可调阻尼减振器

1. 回转阀控制杆 2. 阻尼孔 3. 活塞杆 4. 回转阀

(3)空气弹簧:空气弹簧的气室分为主气室和副气室,空气阀位于空气弹簧的上支架部分。空气阀由悬架控制执行器通过空气阀控制杆转动,以打开或关闭主气室和副气室的空气通道,使悬架的弹簧刚度分为两级调节,如图 2-81 所示。

当空气阀打开时,主、副气室相通。气室容量增加,悬架弹簧刚度被调至“软”;当空气阀关闭时,主气室与副气室之间的通道关闭,只有主气室被用做弹簧,气室容积减小,悬架弹簧刚度被调至“硬”。

4. 车身高度控制装置

车身高度调节装置由空气压缩机、直流电动机、高度控制电磁阀、排气电磁阀、调压阀、空气干燥器等组成,如图 2-82 所示。

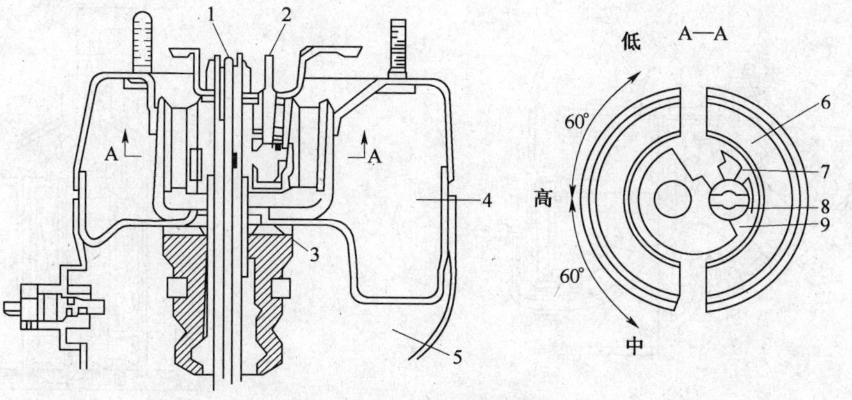

图 2-81　空气弹簧

1. 回转阀控制杆　2. 空气阀控制杆　3. 主、副气室通路　4. 副气室　5. 主气室
6. 空气阀阀体　7. 气体小通路孔　8. 空气阀阀芯　9. 气体大通路孔

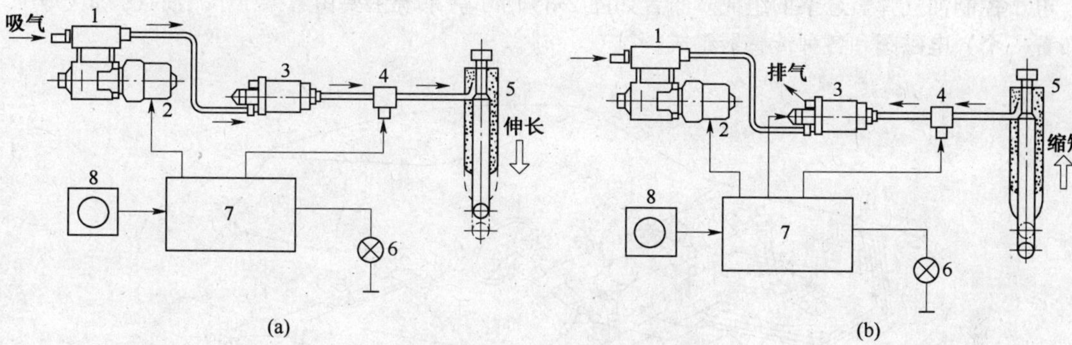

图 2-82　车身高度调节装置

1. 压缩机和调压器　2. 电动机　3. 干燥器和排气阀　4. 高度控制电磁阀　5. 空气悬架　6. 指示灯　7. ECU
8. 车身高度传感器

ECU 根据车身高度传感器的信号和驾驶人给出的控制信号，向电磁阀发送控制指令。当需要车身升高时，直流电动机带动空气压缩机工作，压缩空气经过空气干燥器后，在高度控制电磁阀控制下进入悬架主气室，车身高度增大。达到规定高度时，高度控制电磁阀断电关闭，悬架主气室的气量保持不变，车身维持在一定的高度。当需要车身下降时，压缩机停止工作，在 ECU 控制下高度控制电磁阀和排气阀同时通电打开，悬架主气室气体排出，车身高度下降。

(1)空气压缩机：空气压缩机用于产生空气悬架所需的压缩空气，如车身高度控制所需压缩空气。其总成结构如图 2-83 所示。

空气压缩机由直流电动机驱动，具有单缸活塞式结构。它与直流电动机、压缩机继电器、排气阀、干燥器和调压阀组装成一个整体，称为空气压缩机总成。压缩空气经干燥器干燥后进入储气罐，储气罐中的气体压力由调压阀调节。空气干燥器与压缩机的输出端连接，对压缩机输出压缩空气进行干燥处理，保证空气弹簧得到干燥的压缩空气。而且，从空气弹簧排出的空气要通过干燥器排入大气，可将干燥器中的水分带走，使干燥器可以重复使用。

(2)高度控制电磁阀：高度控制电磁阀为二位二通电磁阀，其结构如图 2-84 所示，主要由阀芯、电磁线圈和柱塞组成。其作用是控制空气弹簧主气室的充气和排气。

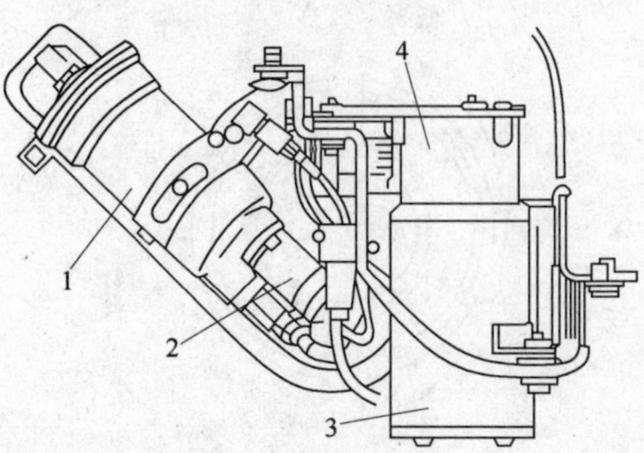

图 2-83 空气压缩机总成

1. 干燥器 2. 排气阀 3. 电动机 4. 压缩机

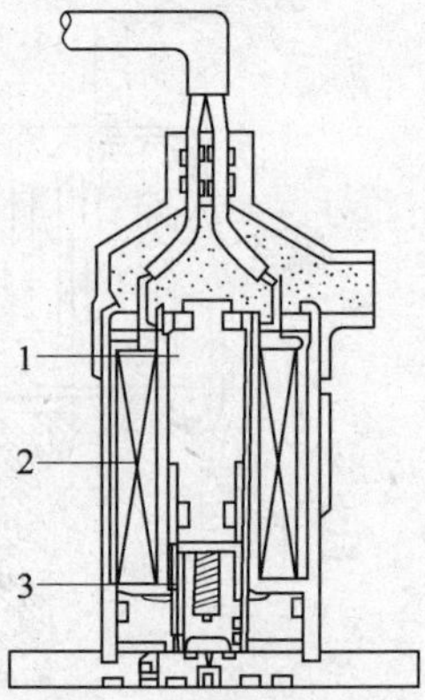

图 2-84 高度控制电磁阀

1. 阀芯 2. 线圈 3. 柱塞

三、电子控制油气悬架

电子控制油气弹簧悬架的组成及布置如图 2-85 所示。系统主要由悬架 ECU、油气弹簧(每个车轮布置一个)、电磁阀和各种传感器组成。

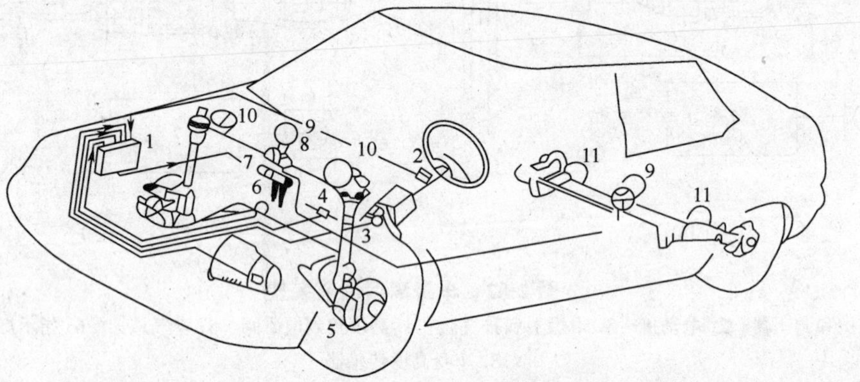

图 2-85 主动油气悬架的组成与布置

1. 悬架 ECU 2. 转向盘转角传感器 3. 加速度传感器 4. 制动压力传感器 5. 车速传感器 6. 车身高度传感器 7. 电磁阀 8. 辅助油气阀 9. 刚度调节器 10. 前油气弹簧 11. 后油气弹簧

主动油气悬架以油液为介质,将车身与车轮之间所受的力和力矩传送给气室中的气体,按照气体 P-V 状态方程规律,实现悬架的刚度特性,并通过电磁阀控制油液管路中的小孔节流实现悬架的阻尼特性。系统可实现两种悬架刚度(运动和舒适)和两种悬架阻尼(软和硬)。

主动油气悬架的工作原理如图 2-86 所示。

当汽车在水平优良的路面上中、低速行驶时,悬架 ECU 根据各传感器的输入信号,向电磁阀 7 通电,电磁阀 7 中的活塞向右移动,使压力油经电磁阀 7 流向辅助油气阀 8,辅助油气阀 8 中的阀芯向右移动,使刚度调节器 9 中的气室与两侧油气弹簧 10 或 11 的气室相通,总的气室容积增大,油气弹簧的刚度减小。系统气路中增设了节流孔 a、b,起到阻尼器的作用。

当汽车处于满载、高速、转向、起步、制动以及在不平路面行驶等工况时,悬架 ECU 根据各传感器的输入信号,停止向电磁阀 7 通电,电磁阀 7 的阀芯在回位弹簧作用下左移,使压力油道关闭,辅助油气阀 8 中的压力油经电磁阀 7 左边的泄油道 12 排出,辅助油气阀 8 中的阀芯向左移动,使刚度调节器 9 中的气室与两侧油气弹簧 10 或 11 的气室断开，总的气室容积减小，油气弹簧的刚度增大。

四、电子控制悬架故障的诊断与检修

凌志 LS400 轿车电控悬架是一种典型的主动空气悬架。汽车行驶过程中，电子控制装置根据各种传感器的输入信号，选择最佳的空气弹簧弹性与减振器阻尼特性的组合，从而获得良好的乘坐舒适性和操纵性能。该系统还具有车身高度自动调节功能。

凌志 LS400 轿车电子控制系统电路如图 2-87 所示。

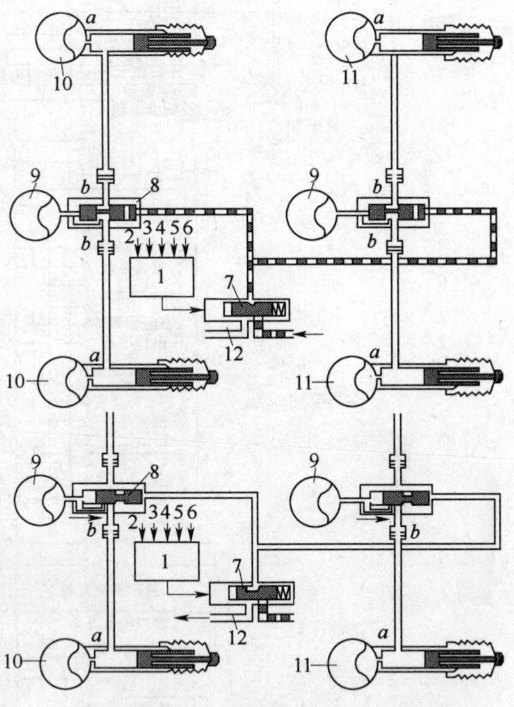

图 2-86 主动油气悬架的工作原理

1. 悬架 ECU 2. 转向传感器 3. 加速度传感器 4. 制动压力传感器 5. 车速传感器 6. 车身高度传感器 7. 电磁阀 8. 辅助油气阀 9. 刚度调节器 10. 前油气弹簧 11. 后油气弹簧 12. 泄油道

1. 功能检查

(1)汽车高度调整功能的检查。

①起动发动机，将高度控制开关从 NORM 位置转换到 HIGH 位置，检查完成高度调整所需的时间和汽车高度的变化量。从操作高度控制开关到压缩机起动约 2s，从压缩机起动到完成高度调整为 20～40s，汽车高度的变化量为 10～30mm。

②在汽车处于 HIGH 高度调整的状态下，起动发动机并将高度控制开关从 HIGH 位置转换到 NORM 位置，检查完成高度调整所需的时间和汽车高度的变化量。从操作高度控制开关到开始排气约 2s，从开始排气到完成高度调整为 20～40s，汽车高度的变化量为 10～30mm。

(2)溢流阀的检查：将点火开关转到 ON 并使高控制连接器的端子 1 与 7 连接以迫使压缩机工作，等压缩机工作一段短时间后，检查溢流阀是否放气；将点火开关转到 OFF；清除故障码（当迫使压缩机工作时，ECU 中会记录一个故障码。在完成检查后，务必将这个故障码清除掉）。

(3)漏气的检查：将高度控制开关拨到 HIGH 位置使汽车高度上升，使发动机停机，在管子和软管的接头处用肥皂水检查是否漏气。

(4)汽车高度的调整：将汽车停放在水平地面上，高度控制开关处于 NORM 位置。

①拧松车身高度传感器连接杆上的两只锁紧螺母。

②转动车身高度传感器连接杆的螺栓以调节长度（车身高度传感器连接杆每转一圈，汽车高度改变大约 4mm）。

③检查如图 2-88 所示的车身高度传感器连接杆的尺寸是否小于极限值；极限值：前悬架为 13mm，后悬架为 13mm。

④暂时拧紧两只锁紧螺母，再检查一次汽车高度。符合要求后以 4.4N·m 的力矩拧紧锁紧螺母。

2. 故障自诊断

(1)指示灯检查。

①将点火开关转到 ON。

②检查 LRC 指示灯和高度控制指示灯应亮 2s 左右。如果在指示灯检查过程中出现如表 2-3 所列故障征兆，应对相应的电路进行检查以排除故障。

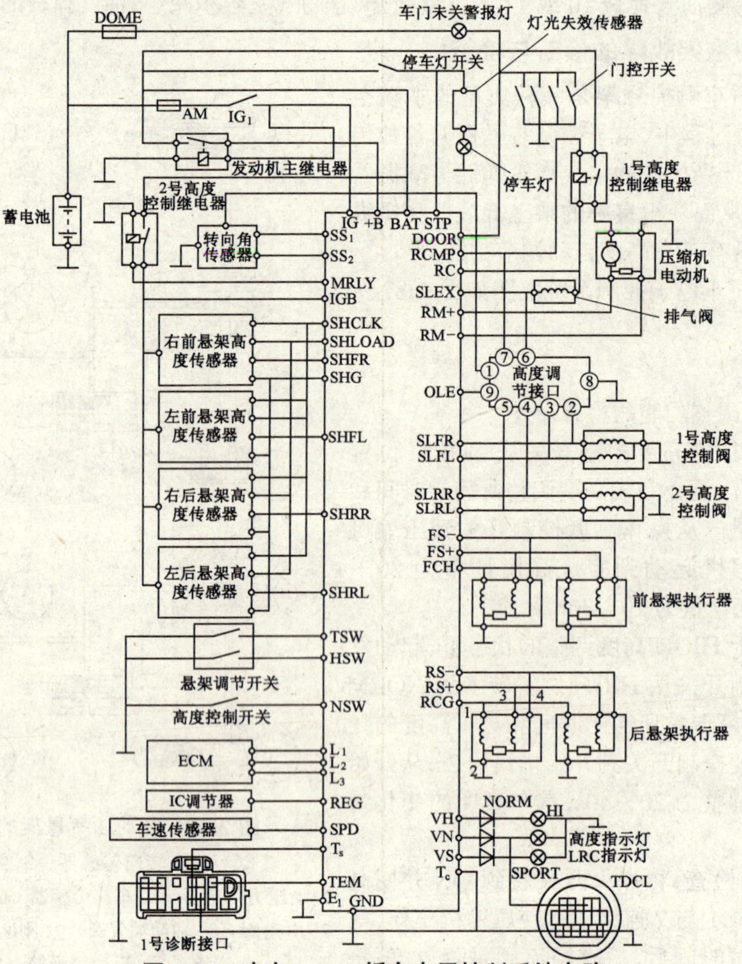

图 2-87 凌志 LS400 轿车电子控制系统电路

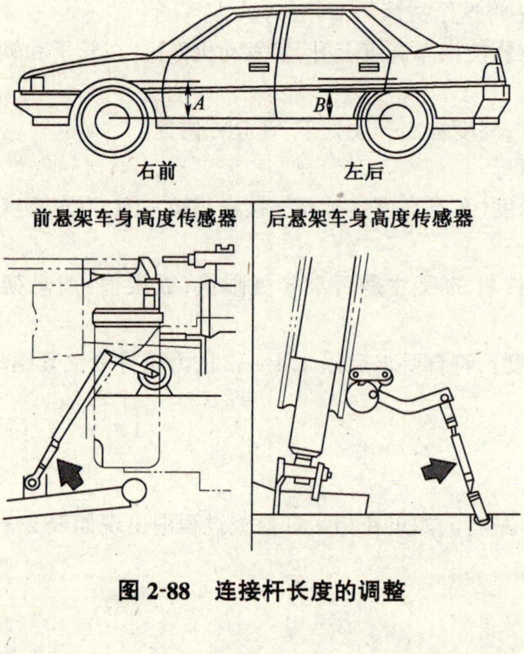

图 2-88 连接杆长度的调整

表 2-3 故障征兆与检查电路

故障征兆	检查电路
在点火开关接通后，"SPORT"、"HI"和"NORM"指示灯不亮	汽车高度控制电源电路 指示灯电路
在点火开关接通后，"SPORT"、"HI"、"NORM"指示灯亮 2s 后全部熄灭	悬架控制执行器电源电路
有些指示灯，"SPORT"、"HI"、"NORM"或"HEIGHT"、照明灯不亮	指示灯电路或"HEIGHT"照明灯电路
即使 LRC 开关拨到"NORM"侧，"SPORT"指示灯仍旧亮着	LRC 开关电路
仍旧亮着的一双汽车高度指示灯与高度控制开关所选定的汽车高度不一致	高度控制开关电路

(2)读取故障码。

①将点火开关转到 ON。

②用诊断跨接线将 TDCL 或检查连接器的端子 Tc 与 E_1 连接,如图 2-89 所示。

③根据高度控制"NORM"指示灯的闪烁读取故障码。故障码及其含义见表 2-4。

④检查完毕后,将端子 Tc 与 E_1 脱开。

(3)清除故障码:清除故障码有以下两种方法:

①在关断点火开关的情况下,拆下 1 号接线盒中的 ECU-B 熔丝 10s 以上。

②在关断点火开关的情况下,用诊断跨接线连接高度控制连接器的端子 9 与端子 8,同时连接检查连接器的端子 Tc 与 E_1,保持这一状态 10s 以上,然后接通点火开关并脱开跨接线。

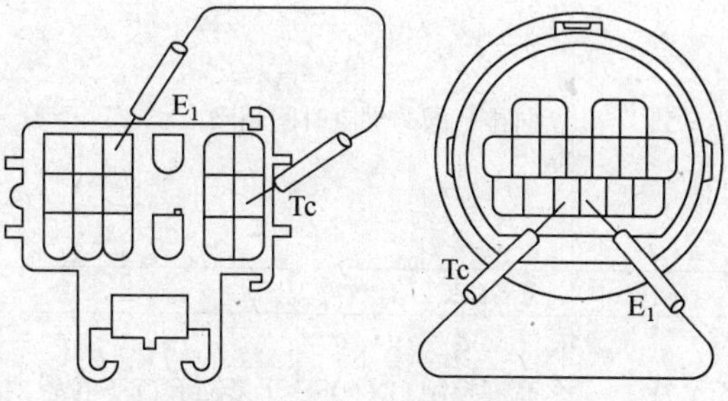

图 2-89　跨接检查连接器的端子 Tc 与 E_1

表 2-4　故障码表

故障码	故障诊断	故障范围
11	右前车身高度传感器电路断路	·车身高度传感器线束及插接件 ·车身高度传感器 ·ECU
12	左前车身高度传感器电路断路	
13	右后车身高度传感器电路断路	
14	左后车身高度传感器电路断路	
21	前悬架控制执行器电路断路或短路	·悬架控制执行器线束及插接件 ·悬架控制执行器 ·ECU
22	后悬架控制执行器电路断路或短路	
31	1 号高度控制阀电路断路或短路	·高度控制阀线束及插接件 ·高度控制阀 ·ECU
33	2 号高度控制阀电路(右后悬架)断路或短路	
34	2 号高度控制阀电路(左后悬架)断路或短路	
35	排气阀电路断路或短路	·排气阀线束及插接件 ·排气阀 ·ECU
41	1 号高度控制继电器电路断路或短路	·1 号高度控制继电器线束及插接件 ·1 号高度控制继电器 ·ECU
42	压缩机电动机卡滞或电路短路	·压缩机电动机线束及插接件 ·压缩机电动机 ·ECU
51	向 1 号高度控制继电器(控制压缩机电动机)的供电时间超限	·压缩机 ·空气弹簧 ·高度控制阀 ·车身高度传感器 ·干燥器 ·排气阀 ·管路 ·ECU

续表 2-4

故障码	故障诊断	故障范围
52	向排气阀的供电时间超限	·排气阀 ·空气弹簧 ·高度控制阀 ·车身高度传感器 ·由于举升等造成的弹簧连续伸张 ·ECU
61	悬架 ECU 有故障	·悬架 ECU
71	高度控制 ON/OFF 开关位于 OFF 位置或开关电路短路	·高度控制 ON/OFF 开关线束及插接件 ·高度控制 ON/OFF 开关 ·ECU
72	悬架 ECU 供电电路(+B)断路或短路	·悬架 ECU 供电电路线束及插接件 ·AIR SUS 熔丝烧断 ·高度控制插座 ·ECU

第七节 汽车行驶系统常见故障的诊断与排除

一、轮胎异常磨损

(1)故障现象:轮胎出现非正常磨损,如胎肩或胎面中间磨损、内侧磨损或外侧磨损、前端和后端磨损、斑状磨损(环状槽形磨损)等。

(2)故障原因。

①前轮外倾角、前轮前束不符合要求。

②前轴、车架或转向节变形。

③横、直拉杆球头销、球头销座磨损松旷。

④钢板弹簧 U 形螺栓松动。

⑤车轮轮毂轴承磨损松旷。

⑥车轮不平衡度过大,轮胎气压不正常,轮胎尺寸规格不一。

(3)诊断与排除。

①检查轮胎气压是否正常,如不正常应按标准充气。

②检查左右轮胎尺寸规格是否一致,如不一致应按要求更换尺寸、规格相同的轮胎。

③检查钢板弹簧 U 形螺栓是否松动,如有松动应拧紧。

④检查前轮外倾角、前束是否符合要求,如不符合要求应调整。

⑤检查转向节主销与衬套间隙、轮毂轴承间隙是否过大,如过大应修复。

二、行驶跑偏

(1)故障现象:汽车行驶时偏向一侧,驾驶人要把住转向盘或把转向盘加力于一侧,汽车才能保持直线行驶。

(2)故障原因。

①左、右前轮轮胎气压不一致,左、右前钢板弹簧弹力不一致。

②两侧前轮制动器间隙或轮毂轴承预紧度不同。

③两侧主销后倾角或车轮外倾角不等,前束不合要求。

④一侧钢板弹簧错位或折断。

⑤转向节臂变形。

⑥转向桥或车架变形,左右轴距相差过大。

(3)诊断与排除。

①检查左、右轮胎气压是否一致,如不一致应按标准充气。

②用手触摸跑偏一边的制动鼓和轮毂轴承是否过热,如过热应调整制动器间隙和轴承预紧度。

③检查钢板弹簧是否折断或弹力不均,如是应更换。

④检查前束是否符合要求,两前轮主销后倾角、前轮外倾角是否相同,如不符合要求应调整。

⑤检查左、右轴距是否相等,转向桥和车架是否变形,并应查明原因修复。

三、转向轮摆振

(1)故障现象:汽车在行驶时,出现前轮摇摆、转向盘抖动现象,使转向操纵不稳,严重时难以控制方向。

(2)故障原因。

①转向系统故障。

②前轮轮毂轴承松旷、固定螺母松动。

③前轮前束过大,车轮外倾角、主销后倾角过小。

④前梁弯曲,车架、前轮轮辋变形。

⑤前轮不平衡度过大。

⑥减振器失效,左、右前钢板弹簧刚度不一致。

(3)诊断与排除。

①排除转向系统故障。

②检查前轮轴承是否松旷,转向节主销与衬套间隙过大,如不符合要求应修复。

③检查前轮前束是否符合要求,如不符合要求应调整。

④检查钢板弹簧U形螺栓、转向器固定螺栓是否松动,如有松动应拧紧。

⑤检查前钢板弹簧刚度、减振器是否失效,如不符合要求应更换。

⑥检查前轴和车架是否弯曲变形,如是应矫正或更换。

四、行驶沉重

(1)故障现象:汽车行驶过程中,感到汽车动力不足,加不上速。

(2)故障原因。

①轮胎气压不足。

②汽车超载。

③轮胎规格不符合要求。

(3)诊断与排除。

①检查汽车是否超载,如超载应卸除多余的载荷。

②检查轮胎气压是否符合要求,如不符合要求应按标准充气。

③检查轮胎规格是否符合要求,如不符合要求应更换。

五、转向沉重

(1)故障现象:汽车转向行驶时转向盘上的操纵力过大。

(2)故障原因。

①转向系统故障。

②轮胎充气压力不足。

③车轮定位调整不当。

(3)诊断与排除。

①排除转向系统故障。

②检查轮胎气压是否符合要求,如不符合要求应按标准充气。

③检查车轮定位是否正确,如不正确应调整。

复习思考题

1. 汽车行驶系统的功用、组成是怎样的?
2. 悬架总成的功用是什么?它一般由哪几部分组成?
3. 比较几种弹性元件的优缺点。
4. 什么是独立悬架、非独立悬架?
5. 非独立悬架系统的检修包括哪些内容?独立悬架系统的检修包括哪些内容?
6. 非独立悬架、独立悬架系统的常见故障有哪些?
7. 电子控制悬架怎样调节车身的高度?

第三章　汽车转向系统

第一节　转向系统概述

一、转向系统的功用

由驾驶人操纵，使前转向轮偏转一定角度的一整套机构，称为汽车转向系统。汽车转向系统的功用是保证汽车能按驾驶人的意志进行转向行驶。

二、转向系统的分类

汽车转向系统按转向能源的不同分为机械式转向系统和动力式转向系统两大类。

(1)机械式转向系统：以驾驶人的体力作为转向能源。其中所有传力件都是机械的。机械式转向系统由转向操纵机构、转向器和转向传动机构三部分组成，如图 3-1 所示。

从转向盘到转向传动轴这一系列部件和零件属于转向操纵机构。由转向摇臂至转向梯形机构(由固定在左、右转向节上的梯形臂和转向横拉杆组成)这一系列部件和零件(不含转向节)均属于转向传动机构。

汽车转向时，驾驶人转动转向盘，通过转向轴、万向节和转向传动轴，将转向力矩输入转向器。经转向器放大后的力矩和减速后的运动传到转向摇臂，再经转向直拉杆传给固定于左转向节上的转向节臂，使左转向节及左转向轮绕主销偏转。同时，通过转向梯形使右转向节及右转向轮绕主销偏转相应的角度。

(2)动力式转向系统：兼用驾驶人体力和发动机动力作为转向能源的转向系统。动力转向系统是在机械式转向系统的基础上加设一套转向加力装置而构成的，转向加力装置包括转向油罐、转向油泵、转向控制阀和转向动力缸，如图 3-2 所示。

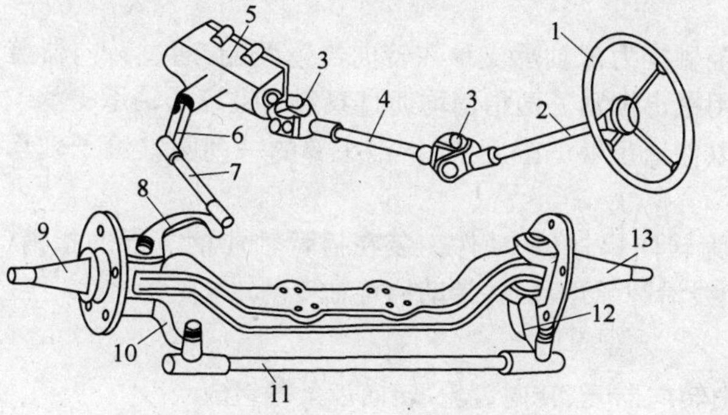

图 3-1　机械式转向系统示意图

1. 转向盘　2. 转向轴　3. 转向万向节　4. 转向传动轴　5. 转向器　6. 转向摇臂　7. 转向直拉杆　8. 转向节臂　9. 左转向节　10. 左梯形臂　11. 转向横拉杆　12. 右梯形臂　13. 右转向节

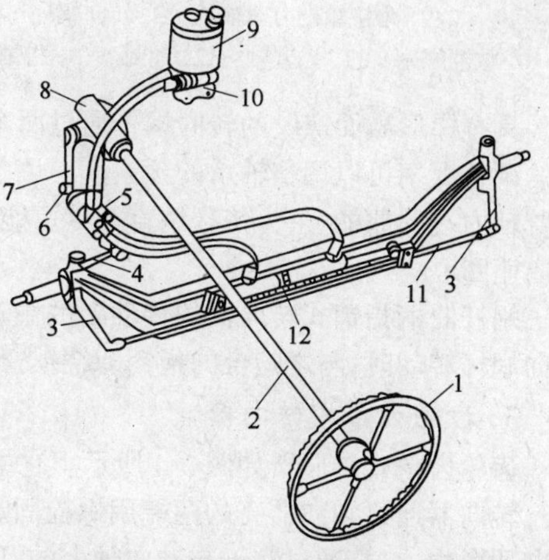

图 3-2　动力式转向系统示意图

1. 转向盘　2. 转向轴　3. 梯形臂　4. 转向节臂　5. 转向控制阀　6. 转向直拉杆　7. 转向摇臂　8. 机械转向器　9. 转向油罐　10. 转向油泵　11. 转向横拉杆　12. 转向动力缸

采用动力转向系统的汽车,在正常情况下转向时,驾驶人操纵转向盘一方面提供转向所需的一小部分能量,另一方面则带动转向加力装置工作,由发动机通过转向加力装置提供转向所需的大部分能量。在转向加力装置失效时,驾驶人还能通过机械转向部分完成转向任务。

第二节 转 向 器

一、转向器的构造

1. 转向器的功用与种类

转向器是转向系统中的减速增力传动装置。其功用是增大由转向盘传到转向节的力,并改变力的传递方向。

按转向器中啮合传动副的结构形式分为蜗杆曲柄指销式、循环球式和齿轮齿条式等几种。

2. 蜗杆曲柄指销式转向器

图 3-3 为东风 EQ1092 型汽车蜗杆曲柄指销式转向器。它主要由转向器壳、转向蜗杆、转向摇臂、指销等组成。

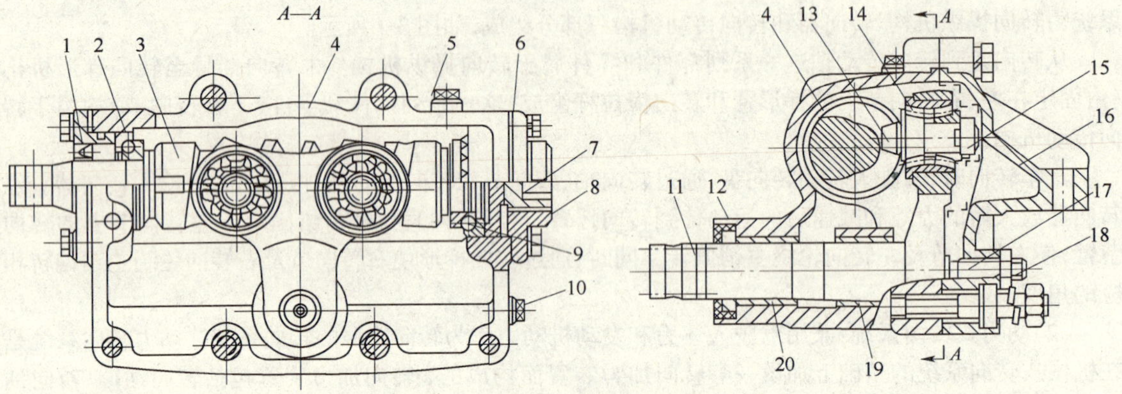

图 3-3 蜗杆曲柄指销式转向器

1. 上盖 2、9. 角接触推力球轴承 3. 转向蜗杆 4. 转向器壳 5. 加油螺塞 6. 下盖 7. 调整螺塞 8、15、18. 螺母 10. 放油螺塞 11. 摇臂轴 12. 油封 13. 指销 14. 双列圆锥滚子轴承 16. 侧盖 17. 调整螺钉 19、20. 衬套

具有梯形截面螺纹的转向蜗杆通过两个角接触推力球轴承支承在转向器壳两端,通过转向器盖上的调整螺塞可以调整轴承的预紧度。调整后用螺母锁紧。两指销均通过双列圆锥滚子轴承支承于摇臂轴内端的曲柄上,为使指销直径尽可能大,以保证足够的强度,靠指销头部的一列圆锥滚子轴承无内座圈。

蜗杆曲柄指销式转向器的传动副的主动件为转向蜗杆,从动件为装在摇臂轴曲柄端部的指销。转向蜗杆转动时,与之啮合的指销即绕摇臂轴轴线沿圆弧运动,并带动摇臂轴转动。

3. 齿轮齿条式转向器

齿轮齿条式转向器如图 3-4 所示。它主要由转向器壳、转向齿轮、转向齿条等组成。

转向器通过转向器壳的两端用螺栓固定在车身(车架)上。齿轮轴通过球轴承、滚柱轴承支承在转向器壳中,一端通过花键与转向轴上的万向节相连,另一端与转向齿轮制成一体。转向齿条水平布置,齿条背面装有压块,在弹簧的作用下,压块将齿条压靠在齿轮上,保证二者无间隙啮合。调整螺塞用来调整弹簧的预紧力。弹簧不仅起消除啮合间隙的作用,还可以吸收部分振动能量,缓和冲击。

转向齿条的中部通过拉杆支架与左、右转向横拉杆连接。转动转向盘时,转向齿轮转动,与之相啮合的转向齿条沿轴向移动,使左、右转向横拉杆带动转向节转动,使转向轮偏转,实现汽车转向。

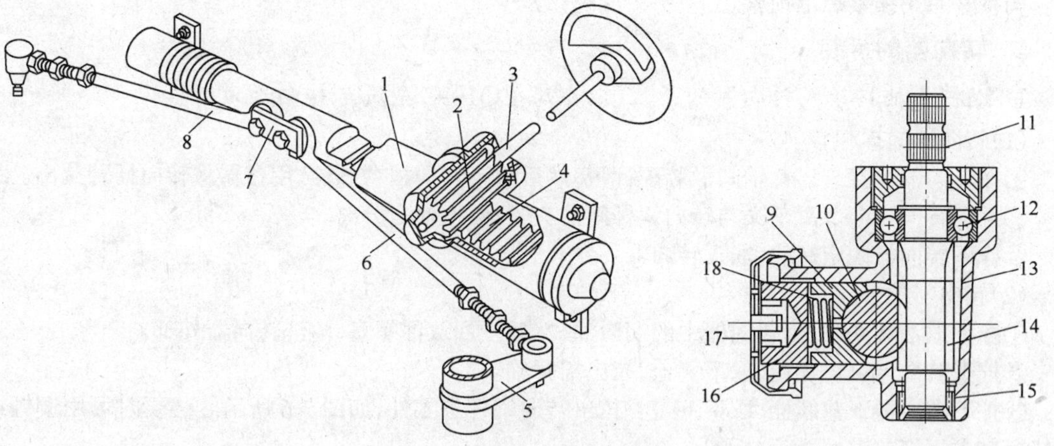

图 3-4 齿轮齿条式转向器

1、13．转向器壳 2、14．转向齿轮 3、11．齿轮轴 4、10．转向齿条 5．转向节 6、8．转向横拉杆 7．拉杆支架 9．压块 12．球轴承 15．滚柱轴承 16．调整螺塞 17．罩盖 18．弹簧

齿轮齿条式转向器在前轮为独立悬架的中级以下轿车和轻型、微型货车上用得较多，如一汽奥迪 100 型轿车、上海桑塔纳轿车、天津夏利轿车及南京依维柯轻型货车、天津 TJ1010 型微型货车等。

4．循环球式转向器

解放 CA1092 型汽车的循环球-齿条齿扇式转向器如图 3-5 所示。它有两级传动副，第一级传动副是转向螺杆螺母传动副，第二级是齿条齿扇传动副。

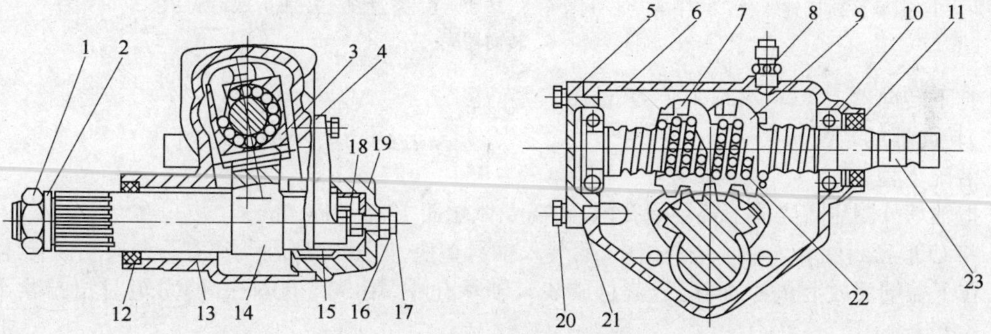

图 3-5 循环球式转向器

1．螺母 2．弹簧垫圈 3．转向螺母 4．转向器壳垫片 5．转向器壳底盖 6．转向器壳 7．导管夹 8．加油螺塞 9．钢球导管 10．球轴承 11、12．油封 13、15．滚针轴承 14．摇臂轴 16．锁紧螺母 17．调整螺钉 18．调整垫片 19．侧盖 20．螺钉 21．调整垫片 22．钢球 23．转向螺杆

转向螺杆通过两个推力球轴承分别支承在转向器壳和转向器壳底盖，轴承的预紧度可用调整垫片调整。在转向螺杆上松套着转向螺母。二者间装有许多钢球，转向螺母侧面有两根钢球导管，两根导管和转向螺母内的钢球通道组合成两条各自独立的钢球“流道”。

转向螺母的下平面加工成齿条，与齿扇轴内侧的齿扇相啮合，转向螺母既是第一级传动副的从动件，也是第二级传动副的主动件。转动转向螺杆时，转向螺母沿转向螺杆轴向移动，并驱动摇臂轴转动。

转向螺母下平面上加工出的齿条是倾斜的，与之相啮合的是变齿厚齿扇。通过侧盖上的调整螺钉即可调整两者的啮合间隙。拧入调整螺钉，则齿条与齿扇的啮合间隙减小；拧出螺钉则啮合间隙增大。调整好后用锁紧螺母锁紧。

二、转向器的拆装

1. 蜗杆曲柄指销式转向器的拆装(以东风 EQ1092 型汽车转向器为例)

(1)转向器的拆卸。

①在转向器摇臂与摇臂轴间做装配标记,然后拆下转向摇臂螺栓,用拉器将转向摇臂拉出。

②拆下转向万向节滑动叉与转向蜗杆间的夹紧螺栓,使之分离。

③拧下转向器固定螺栓,取下转向器。

(2)转向器的分解。

①拧下放油螺塞,放出转向器中的润滑油,然后拧回放油螺塞,清洗转向器外部。

②拧下转向器侧盖螺栓,取下侧盖,拉出摇臂轴。

③拧下转向器下盖螺栓,取下下盖。拉出转向蜗杆等零件,如图 3-6 所示。必要时可用铜锤或木锤轻轻敲击蜗杆花键端,辅助拆卸。

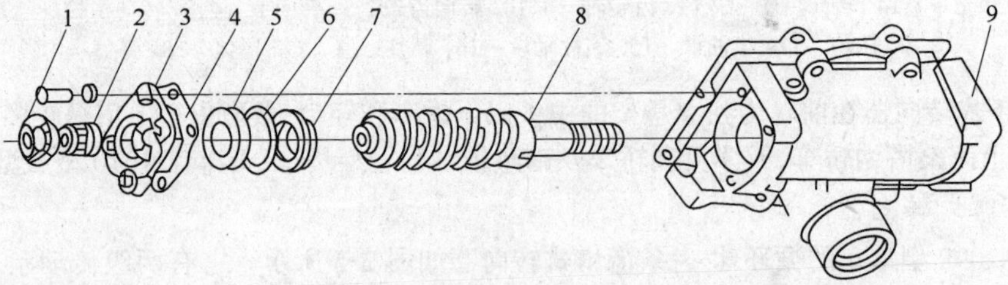

图 3-6 拉出转向蜗杆等零件

1. 螺母 2. 调整螺塞 3. 下盖 4. 衬垫 5. 垫块 6. 密封圈 7. 推力球轴承 8. 转向蜗杆 9. 转向器壳

④拧下转向器上盖螺栓,取下上盖、油封等零件。

(3)转向器的装配。

①装配下盖。

a. 把轴承外圈压入壳体下部轴承孔内,距离壳体端面 12.5~13.0mm。

b. 将 O 形密封圈套入轴承垫块槽中,后装入轴承垫块,如图 3-7 所示,注意凸台应朝向壳体外侧。

c. 在下盖端面放上垫片,再把下盖总成装入轴承孔中,用 30~60N·m 的力矩对角拧紧下盖螺栓。

②装配蜗杆。

a. 用压力机将轴承内座圈压装在蜗杆两端。

b. 把轴承保持架总成即下盖调整螺钉、锁紧螺母装在壳体下盖端的轴承外圈滚道上。将转向器壳体夹在虎钳上,把两端压入轴承内圈的蜗杆放入壳体内。

③装配上盖。

a. 把平面轴承外圈压入壳体,外圈端面到壳体上端面的距离为 12.5~13mm。

b. 装上 O 形密封圈、油封(刃口向内)。

c. 在上盖和壳体之间装上原来的垫片或总厚度 1.2mm 的调整垫片。

d. 将上盖涂上密封胶装入壳体,拧紧固定螺栓,拧紧力矩为 29~59N·m。

④调整蜗杆轴承预紧度。

a. 将下盖处的调整螺钉拧到底,如图 3-8 所示,再退回 1/8~1/4 圈,使蜗杆在输入端具有 1~1.7N·m的旋转力矩,此时用手转动蜗杆应灵活自如,无卡滞现象,轴向推动蜗杆无间隙感觉。

b. 用锁紧螺母锁紧调整螺钉,锁紧力矩为 49N·m。

⑤装配摇臂轴。

a. 把摇臂轴指销和双排滚锥轴承,分别装入曲柄的两个轴承孔中,装入止动垫片与调整螺母。

b. 转动调整螺母,调整轴承预紧度(拧入调整螺母,轴承紧度变大,反之变小),调整后,指销应转动自如,在轴承中无轴向间隙。

c. 翻起止动垫片 1~2 个齿,使之紧贴螺母边的平面锁牢。

d. 在压床上用芯轴将摇臂轴油封压入转向器壳体中(刃口向内),如图 3-9 所示。

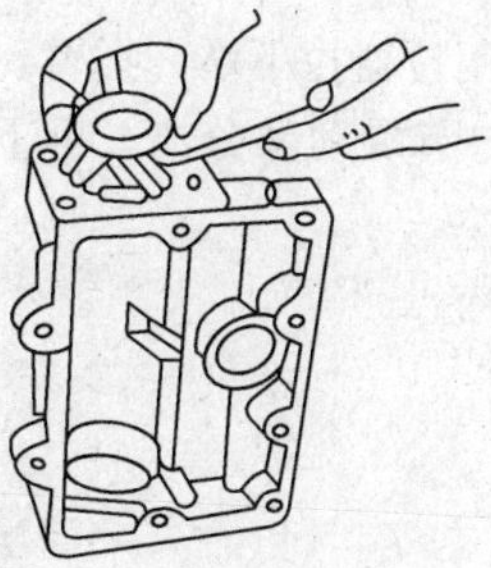

图 3-7 安装转向蜗杆轴承垫块

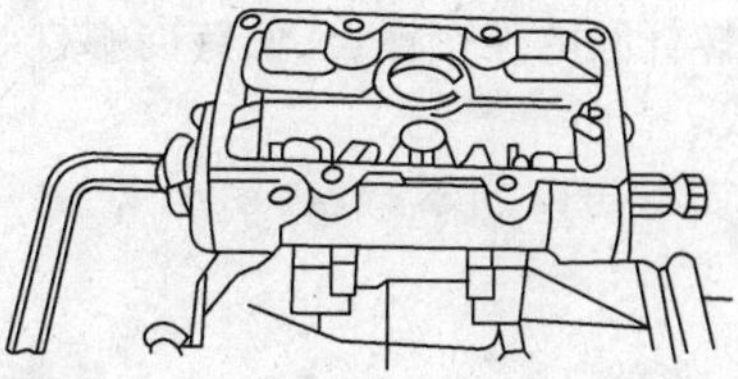

图 3-8 调整转向蜗杆轴承预紧度

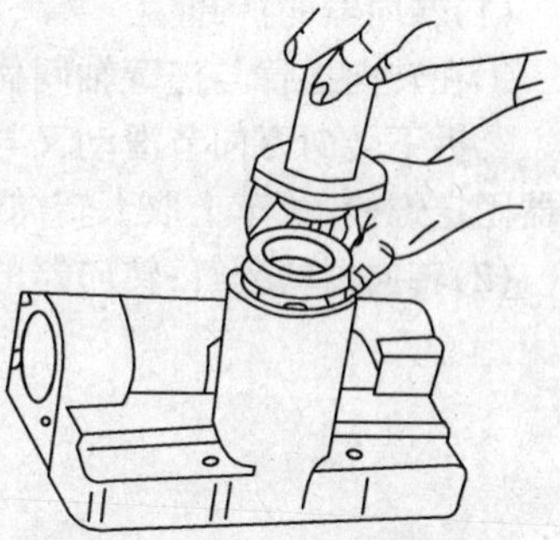

图 3-9 安装摇臂轴油封

e. 在摇臂轴上涂抹润滑油后,将其插入转向器壳的摇臂轴孔中,使指销与蜗杆螺纹槽在中间位置啮合,转动蜗杆应灵活自如,无卡滞现象,总圈数不少于 6 圈。

⑥装配侧盖。

a. 在转向器壳及侧盖接合面上涂抹适量密封胶,然后将侧盖及密封垫装到转向器壳上,并拧入带有弹簧垫圈的螺栓(双头螺栓短的一端向外),如图 3-10 所示。

b. 拧出侧盖上的调整螺栓,从中间向两端按规定力矩交叉拧紧侧盖上的紧固螺栓:双头螺栓和两个大螺栓拧紧力矩为 70~100N·m,其余 4 个螺栓拧紧力矩为 30~60N·m。

⑦调整转向器啮合间隙。

a. 拧松摇臂轴调整螺钉锁紧螺母,用手握住蜗杆输入端,在蜗杆行程的中间位置附近来回转动,同时顺时针拧动调整螺钉,直到有摩擦力的感觉为止。

b. 在蜗杆输入端检查旋转力矩应为 2.7N·m。否则,可拧动调整螺钉进行调整,拧入则啮合间隙变小,反之则啮合间隙变大。

c. 调整后用平口旋具固定住调整螺钉,用开口扳手将锁紧螺母锁牢,如图 3-11 所示,锁紧力矩为 49N·m。

图 3-10 安装双头螺栓

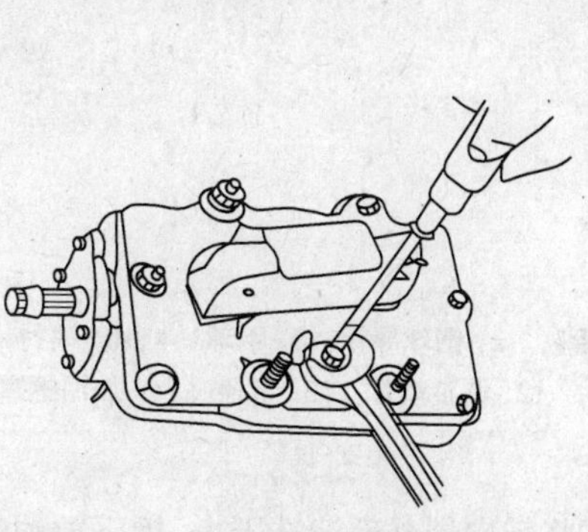

图 3-11 调整转向器啮合间隙

⑧组装完毕后,加注润滑油,蜗杆转动应无阻滞现象,各接合部位不得漏油。

(4)转向器的安装。

①对正螺栓孔,交叉拧紧固定螺栓。

②将转向万向节滑动叉插入转向蜗杆花键端,并用夹紧螺栓紧固。

③使转向盘和转向车轮位于直线行驶位置,对正摇臂与摇臂轴的装配标记,将摇臂压入摇臂轴,并用螺母紧固。

2. 循环球式转向器(以解放 CA1092 型汽车转向器为例)

(1)转向器的拆卸。

①在转向摇臂与摇臂轴间做好装配标记,然后拆下转向摇臂夹紧螺栓,用拉器拉下转向摇臂。

②拆下转向万向节滑动叉与转向螺杆间的连接螺栓,使转向螺杆与万向节滑动叉分离。拆下转向器固定螺栓,从车上取下转向器总成。

(2)转向器的分解:转向器的分解如图 3-12 所示。

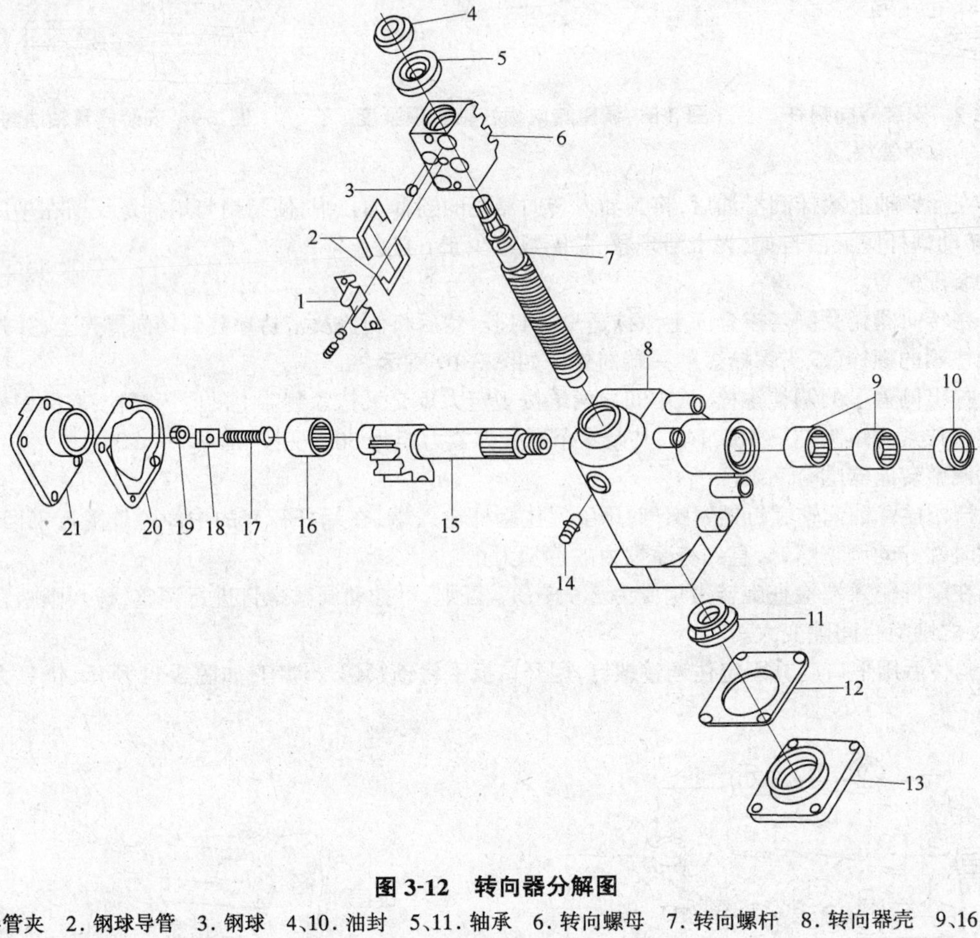

图 3-12 转向器分解图

1. 导管夹 2. 钢球导管 3. 钢球 4、10. 油封 5、11. 轴承 6. 转向螺母 7. 转向螺杆 8. 转向器壳 9、16. 滚针轴承 12. 调整垫片 13. 下盖 14. 加油螺塞 15. 转向摇臂轴 17. 调整螺钉 18. 调整垫片 19. 锁紧螺母 20. 密封垫 21. 侧盖

①将转向器外部清洗干净,拆下放油螺塞,放出转向器内的润滑油。

②转动转向器螺杆,使转向螺母处于螺杆中间位置,拧下转向器侧盖的 4 个紧固螺栓,用铜锤轻轻敲击转向摇臂轴输出端,取下侧盖及摇臂轴总成并解体,如图 3-13 所示。注意不要碰伤油封。

③拧下转向器下盖上的紧固螺栓,用铜锤或铜棒轻轻敲击转向螺杆上端,取出下盖及调整垫片,

如图3-14所示。从下端取出转向螺杆及转向螺母总成，如图 3-15 所示，拆下转向器上盖等零件。

④转向螺杆及转向螺母总成若无异常情况(转动卡滞，滚道异常损伤，轴向及径向间隙过大等)，尽量不要分解。必须分解时，先拆下导管夹，取下钢球导管，如图 3-16 所示，握住转向螺母，慢慢地转动转向螺杆，排出所有钢球，使转向螺杆与转向螺母分离。注意两个滚道内的钢球不要混在一起。

⑤拆下各处油封及密封圈，取出转向器壳内滚针轴承。

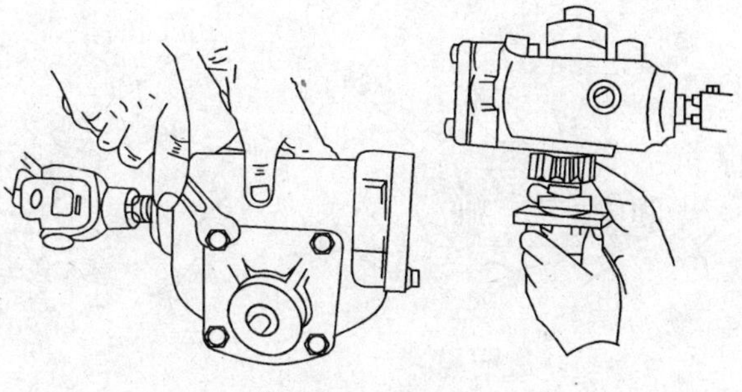

(a) (b)

图 3-13 拆下侧盖及摇臂轴总成

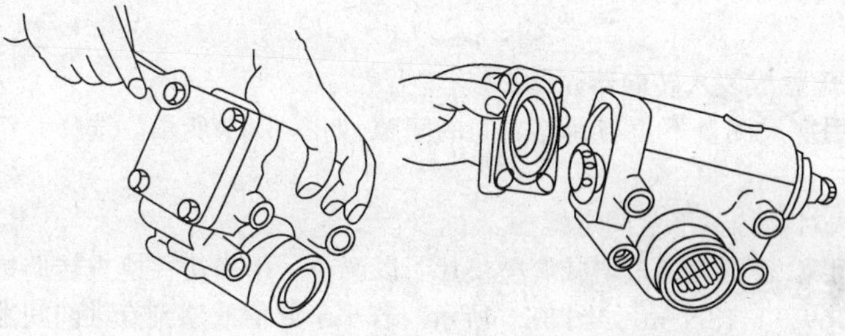

(a) (b)

图 3-14 拆下转向器下盖

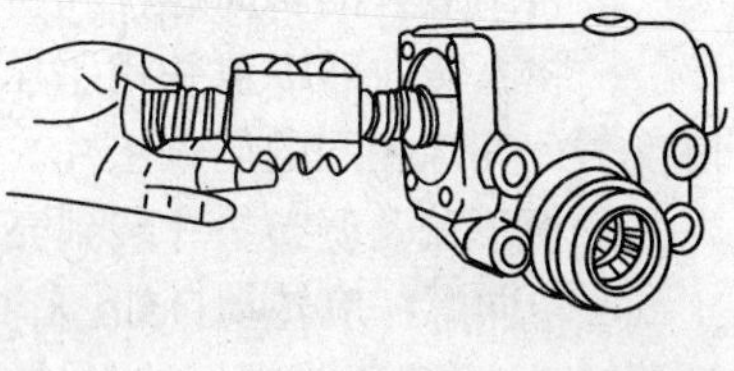

图 3-15 取出转向螺杆及转向螺母总成

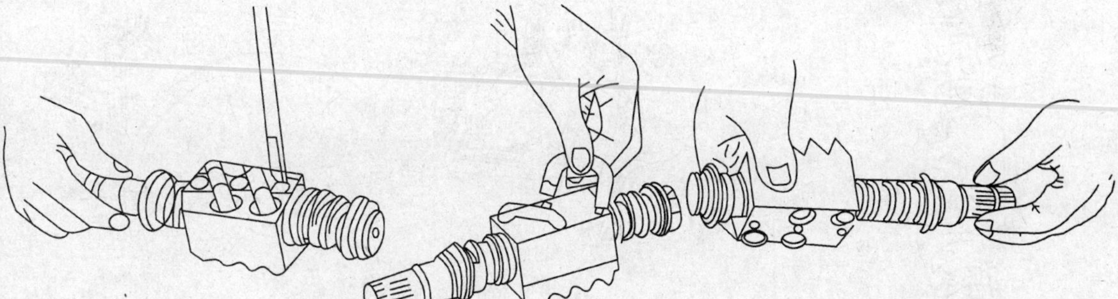

图 3-16 分解转向螺杆及螺母总成

(3)转向器的装配。

①装配转向螺杆和转向螺母总成。

a.将转向螺母套到转向螺杆上，再将转向螺母放在转向螺杆的一端，并使转向螺母滚道孔对准滚道。边转动螺杆边将钢球装入转向螺母滚道中(两滚道可同时进行)，如图 3-17 所示。

b.每个滚道放入 36 个钢球，其余 24 个钢球分别装入两个钢球导管内，在导管两端分别涂少量润滑脂后插入螺母侧面的导管孔中，并用橡胶锤轻轻敲击使其安装到位。

c.用导管夹把导管压在转向螺母上，并用 3 个螺钉紧固。

d.对于装配好的转向螺杆和转向螺母总成，当转向螺杆和转向螺母总成处于垂直位置时，转向螺母应能从转向螺杆上端自由、均匀滑落，如图 3-18 所示。转向螺母在转向螺杆应在全长范围内转动

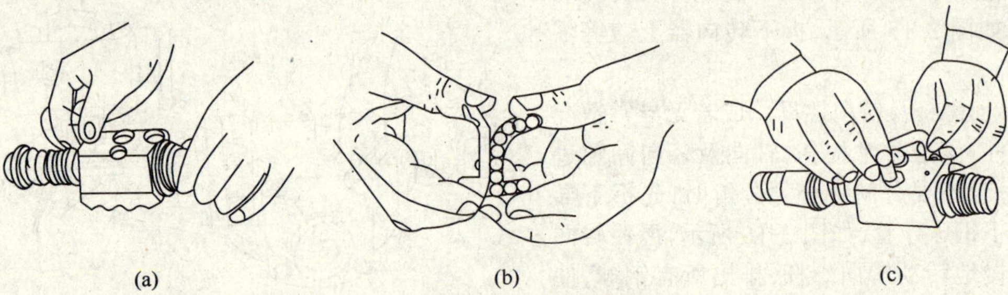

图 3-17 钢球安装

灵活，无任何卡滞现象。

e.将推力球轴承内座圈压装到转向螺杆两端。

②装复转向螺杆和转向螺母总成与壳体。

a.把轴承外座圈压入转向器壳体。

b.将组装好的转向螺杆和转向螺母总成装入转向器壳体。

c.装入转向器下盖并用手压紧，用塞尺测量下盖与壳体之间的间隙，如图 3-19 所示。选择一组厚度与此间隙相同的调整垫片。

d.将下盖及调整垫片装到壳体上，对称拧紧下盖固定螺栓。

e.转向螺杆应转动自如，无轴向间隙，否则应通过增减调整垫片予以调整。用弹簧秤检查转向螺杆的转动力矩(不带螺杆油封)应为 0.69～1.18N·m，如图 3-20 所示。若小于此值或感到有轴向间隙时，应减少调整垫片；若转动力矩过大，则应增加调整垫片。

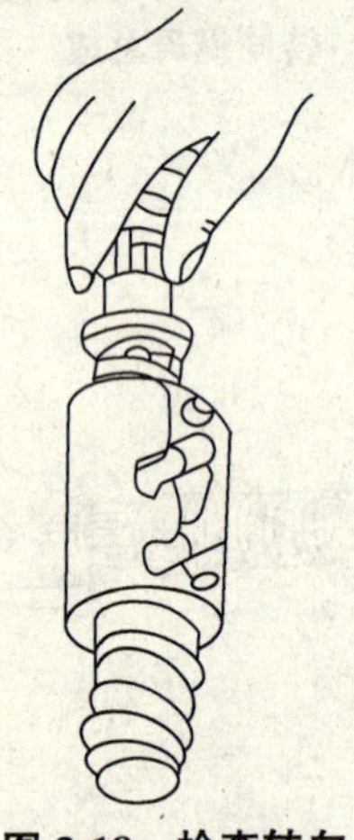

图 3-18 检查转向螺母的安装情况

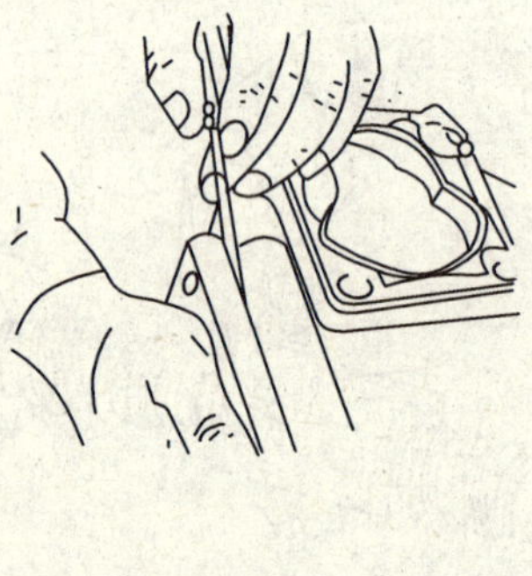

图 3-19 测量下盖与壳体之间的间隙

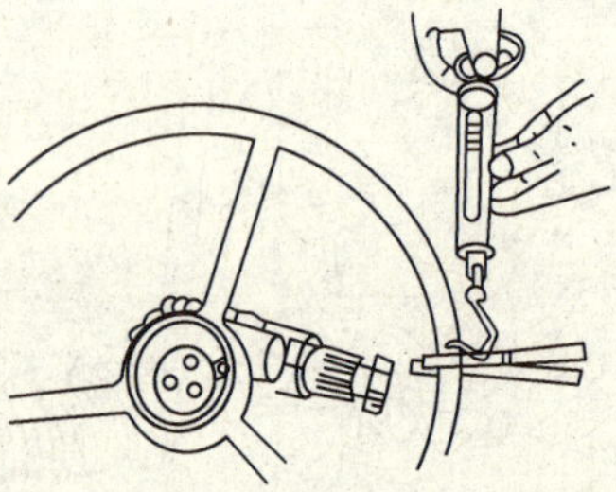

图 3-20 转向螺杆转动力矩测量

f.拧下转向器下盖螺栓，取出下盖，在垫片上涂以密封胶，套上 O 形密封圈，如图 3-21 所示。再将下盖装到壳体上，对称拧紧下盖固定螺栓。

③装复转向摇臂轴。

a.在转向摇臂轴端部的螺纹孔内，先装入一个较厚的平垫片，如图 3-22 所示，将锁紧螺母套在调整螺栓上，把调整螺栓拧到转向摇臂轴端部，间隙应小于 0.1mm，再将锁紧螺母固定，如图 3-23 所示，然后将带有滚针轴承的侧盖拧到调整螺栓上。

b.将密封垫装到侧盖上，再将转向摇臂轴装入壳体。此时，要将转向螺母放在转向螺杆滚道中间，使转向摇臂轴齿扇的中间齿对准转向螺母齿条的中间齿沟，如图 3-24 所示。再把转向摇臂轴推进装有滚针轴承的壳体中，装上侧盖固定螺栓并对称拧紧。

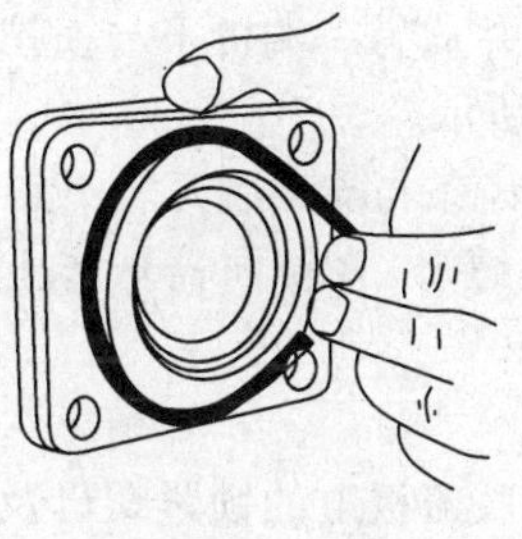

图 3-21　安装垫片及密封圈

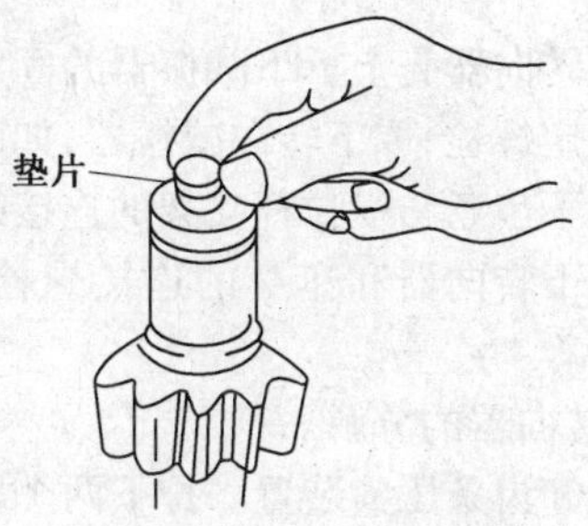

图 3-22　装入平垫片

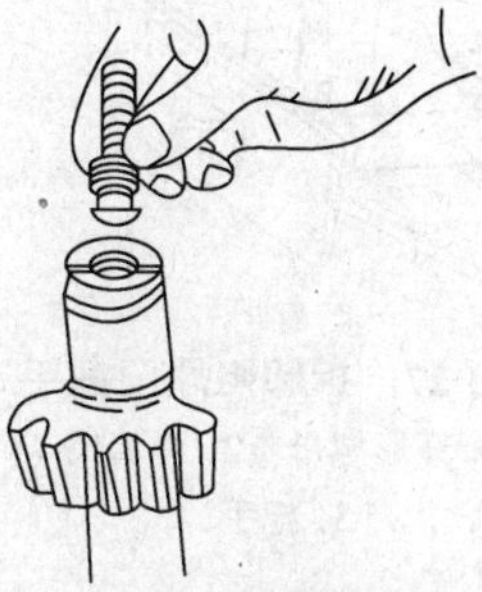

图 3-23　把调整螺栓固定于转向摇臂轴上

c.用专用工具装入转向螺杆油封和转向摇臂轴油封，如图 3-25 所示。此时应在花键处用铜皮或塑料套盖住，以防划伤油封刃口，造成漏油。

④调整齿条与齿扇的啮合间隙。

a.将转向摇臂装到转向摇臂轴花键上，使转向摇臂轴处于中间位置(汽车直线行驶位置)。

b.摆动转向摇臂，用百分表检查其摆动量。由转向摇臂端锥孔中心距转向摇臂轴中心 197mm 处，摆差应不大于 0.15mm。

c.这时转向螺杆转动力矩(带转向螺杆油封、转向摇臂轴油封)应为 1.76～2.25N·m。否则，应调整齿条与齿扇的啮合间隙。调整螺栓向里拧，啮合间隙减小，反之啮合间隙增大，如图 3-26 所示。

图 3-24　齿扇与齿条的啮合情况

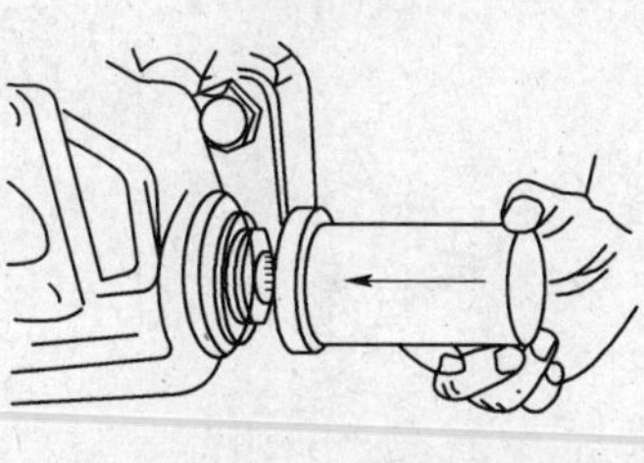

图 3-25　安装油封

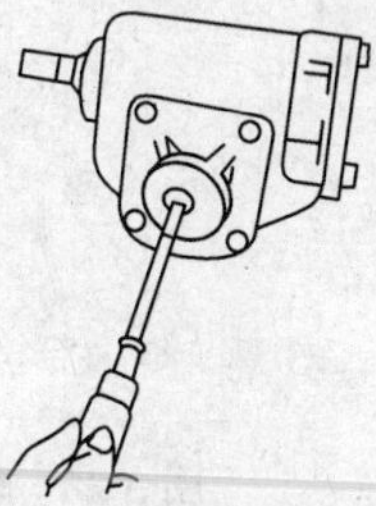

图 3-26　调整转向器啮合间隙

d.调整合适后，拧紧锁紧螺母。

⑤从加油孔加注 0.9L 新的 80W/90 号普通齿轮油，装好通气塞。

(4)转向器的安装。

①对正螺栓孔，交叉拧紧固定螺栓。

②将转向万向节滑动叉插入转向蜗杆花键端，并用夹紧螺栓紧固。

③使转向盘和转向车轮位于直线行驶位置，对正摇臂与摇臂轴的装配标记，将摇臂压入摇臂轴，并用螺母紧固。

3.齿轮齿条式转向器(以桑塔纳轿车机械转向器为例)

(1)从车上拆下转向器：拆卸之前，断开蓄电池电源线，使前轮处于直线行驶位置，转向灯开关置于中间位置。

①松开仪表板上罩板，拆下拉手上的弹簧销并拧下拉手，拧出环形螺母并取下阻风门操纵杆，如图 3-27 所示。

②拆下仪表板下饰板，将密封衬套从前围穿线板中向驾驶人方向抽出。

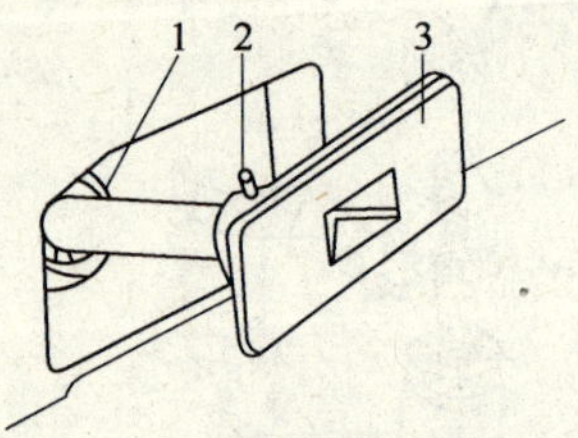

图 3-27 拆卸阻风门把手

1. 环形螺母 2. 弹簧销 3. 把手

③从发动机罩中松开夹紧箍并取出螺栓，使转向柱与转向齿轮分开。

④从转向器壳上拆下减振器的固定螺栓，并从另一端拆下与横拉杆支架的固定螺栓，取下转向减振器，如图 3-28 所示。

⑤拆下齿条与横拉杆支架的连接螺栓，将齿条与支架脱开。

⑥拆下转向器和车身的连接螺栓和防松螺母，将转向器从车上拆下。

(2)转向器的分解。

①拆卸齿条压紧装置。拧下两个紧固螺钉、盖板上的锁紧螺母及调整螺钉，取下 O 形密封圈、弹簧，如图 3-29 所示。

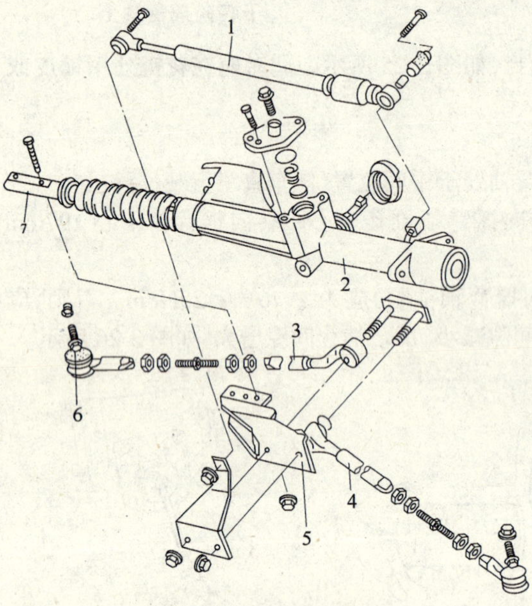

图 3-28 转向器的拆卸

1. 转向减振器 2. 转向器壳 3. 右横拉杆 4 左横拉杆 5. 横拉杆支架 6. 球头销

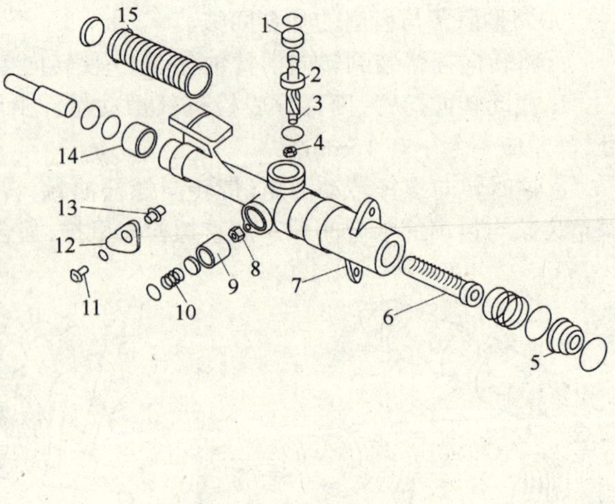

图 3-29 转向器分解

1. 密封座套 2、4. 轴承 3. 转向齿轮 5. 挡盖 6. 转向齿条 7. 转向器壳 8. 尼龙衬片 9. 压块 10. 弹簧 11. 调整螺钉 12. 盖板 13. 螺钉座 14. 衬套 15. 防尘罩

②拆卸转向齿轮密封环、卡簧、轴承、取出转向齿轮。

③拆卸转向器壳端头的卡环、端盖、密封圈及齿条上的防尘罩、挡圈，抽出齿条并做行程标记。

(3)转向器的装配：装配的过程与拆卸的过程顺序相反，但需注意以下几点。

①转向器壳的固定螺栓应按规定力矩拧紧。

②转向齿轮与转向柱下端连接时，夹紧箍应推到转向柱下端，密封环应嵌入转向器壳上的环形槽中。

③组装好的转向器用手可直接转动转向齿轮。转向器啮合间隙的调整，应在车轮着地且处于直线行驶位置下进行，向里拧调整螺钉，直至螺钉与压块相接触。此时，转向齿轮应处于间隙变小状态，且转动灵活，调整合适后拧紧锁紧螺母，如图 3-30 所示。

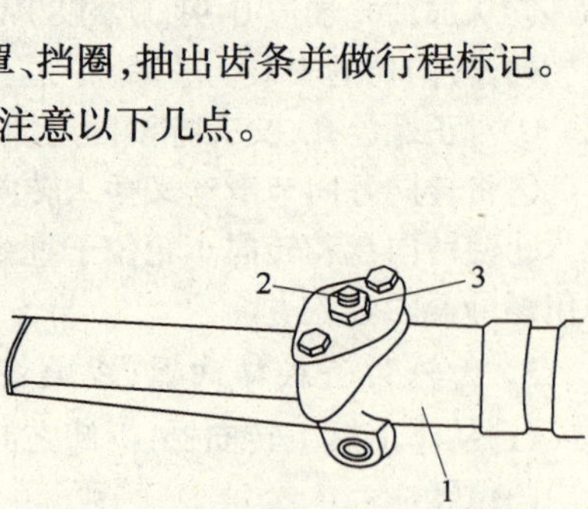

图 3-30 转向器啮合间隙的调整

1. 转向器 2. 调整螺钉 3. 锁紧螺母

三、转向器的检修

1. 蜗杆曲柄指销式转向器的检修

①转向蜗杆工作表面轻微磨损与剥落,可用油石研磨后继续使用,严重者必须更换;齿面有明显压痕者,更换。任何表面出现裂纹,必须更换。

②止推轴承有下列情况之一者,必须成套更换:内外圈滚道严重磨损、剥落,保持架变形,有裂口,严重磨损,轴承钢球碎裂,钢球从保持架上掉落。

③摇臂轴曲柄、花键轴不得扭曲,否则应更换;任何部位有裂纹,或支承表面严重磨损以及严重偏磨,要更换;花键处是否有变形、扭曲,发现有两齿以上变形、扭曲、损坏,应更换。

④指销头部有剥落或严重偏磨,指销挡边碎裂,应更换指销轴承总成。

⑤摇臂轴衬套发生严重偏磨,或者衬套孔与摇臂轴外圈配合间隙超过0.20mm,应更换衬套。

⑥壳体有裂纹或其他损伤,应更换。

⑦发现油封刃口或密封面有伤痕、变形等,必须换用新件。

2. 循环球机械转向器的检修

①转向器壳出现裂纹,应更换。壳体与侧盖,接合面的平面度误差大于0.10mm时,应修磨平整。转向器壳及端盖上各轴承孔磨损严重、齿扇轴与滚针轴承配合松旷,配合间隙大于0.10mm时,均应更换。

②齿扇工作面出现轻微点蚀可用油石修磨后继续使用,点蚀严重应更换。摇臂轴端连接螺纹损伤超过2牙,可堆焊后重新加工螺纹。摇臂轴出现裂纹,应更换。

③转向螺杆应无裂纹松旷,否则应更换。转向螺杆与轴承的轴向配合出现松动时,应更换。转向螺杆与转向螺母的配合,径向间隙大于0.05mm时,应更换全部钢球。各钢球直径差不得超过0.01mm。转向螺杆及转向螺母滚动表面、转向螺母齿面应无金属剥落现象及明显的磨损痕迹。否则,应更换。

④轴承出现点蚀及烧蚀现象或轴承保持架明显变形等,应成套更换。油封老化或刃口损坏造成漏油时,应更换。

3. 齿轮齿条式机械转向器的检修

①用检视法检查,转向器壳体应无裂纹,转向齿轮及齿条应运动灵活,无卡滞现象,无法修复时,更换转向器总成。

②转向齿轮和齿条应采用磁性探伤法进行检查,若有裂纹,更换新的总成。

③检查轴承是否松旷,两轴承是否同轴,如磨损严重或不同轴,更换新的轴承。

④各密封圈、密封环及防尘套等老化、破损,必须更换。

⑤检查补偿弹簧是否过软或断裂,若是,应更换。

⑥自锁螺母和螺栓一经拆卸,必须更换。

注意:转向器各零件不允许进行焊修或整形。

第三节 转向操纵机构

一、转向操纵机构的构造

转向操纵机构一般由转向盘、转向轴、转向柱管、万向节及转向传动轴等组成,东风EQ1108G型汽车转向操纵机构如图3-31所示。

转向盘为双辐条式,其上装有电喇叭按钮及相应部件。

转向柱管中部用橡胶垫和支架固定在驾驶室前围板上,下端插入支座的孔中。转向柱管支座固定在转向操纵机构支架上。转向轴通过万向传动装置与转向器相连,两个万向节之间有滑动花键,可

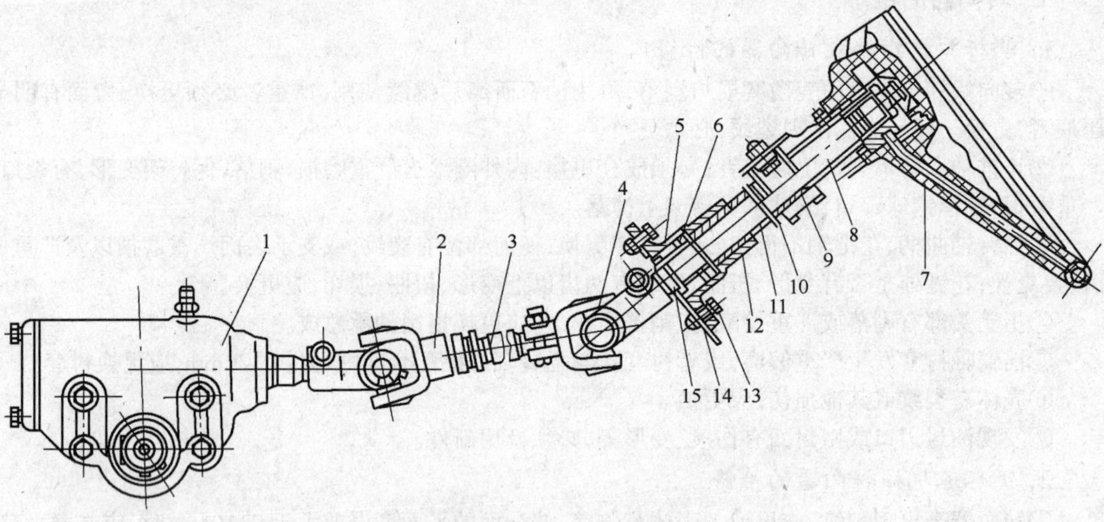

图 3-31 东风 EQ1108G 型汽车转向操纵机构和转向器布置

1. 转向器 2. 滑动万向节总成 3. 转向传动轴 4. 转向万向节 5. 轴用弹簧挡圈 6. 弹簧 7. 转向盘 8. 衬套 9. 盖板 10. 橡胶套 11. 转向柱管 12. 支架 13. 轴承 14. 孔用弹簧挡圈 15. 转向轴

以补偿车架与车身之间的相对运动。

东风 EQ1108G 型汽车采用可调式转向柱，驾驶人可根据自己身体的需要将转向盘调整到一个合适的高度和角度，以提高舒适性。

桑塔纳 2000 型轿车可分离式安全转向柱如图 3-32 所示。转向柱分为上、下两段，两段用安全联轴节连接，一旦发生撞车事故，驾驶人因惯性扑向转向盘时，可折叠安全元件被折叠，上、下转向柱脱开，从而形成缓冲而减少对驾驶人的伤害。

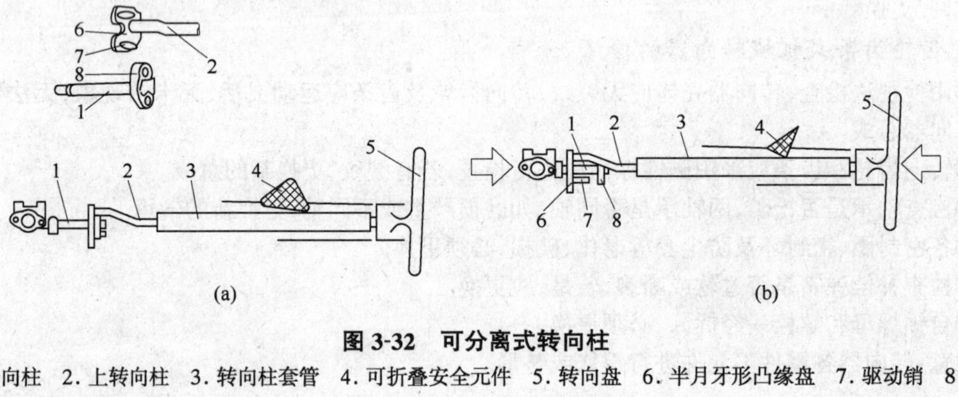

图 3-32 可分离式转向柱

1. 下转向柱 2. 上转向柱 3. 转向柱套管 4. 可折叠安全元件 5. 转向盘 6. 半月牙形凸缘盘 7. 驱动销 8. 凸缘

二、转向操纵机构的拆装

1. 东风 EQ1108G 型汽车转向操纵机构的拆装

东风 EQ1108G 型汽车转向操纵机构的分解如图 3-33 所示。主要由转向盘、转向柱总成组成。其中转向柱总成由转向轴、转向轴套管、转向万向节、滑动万向节、转向传动轴等组成。

(1)转向操纵机构的拆卸。

①拆下滑动万向节凸缘叉与转向器输入轴的连接，以及毛毡油封、防尘罩及花键护套。

②从转向盘上拆下电喇叭按钮盖。拆下喇叭按钮、搭铁弹簧、底板等零件。

③拆下转向盘固定螺母及转向盘。

④拆下转向柱套管连同支架总成。

⑤拆下转向套管上的支架固定螺栓，从车上取出转向柱套管、转向轴总成及转向传动轴等零件（在拉出转向传动轴的花键之前，应在花键轴与花键轴套上打上标记，以保证装配时按原位装回）。

⑥拆下转向万向节叉夹紧螺栓，使转向轴、转向传动轴、万向节分离。

⑦拆除轴承挡圈，用铜锤轻轻敲击转向轴的上端，从转向柱套管内取出转向轴及轴承。

⑧万向节的解体（与传动系统中万向节的解体方法相同）。

⑨解体后将各零件清洗干净。凡油封及密封圈、防尘罩等橡胶零件均不得用汽油清洗。

(2)转向操纵机构的转配：装配过程按与拆卸过程相反的顺序进行，并注意如下几点：

①转向操纵机构在安装时应对好标记，使两个万向节装配正确。

②转向盘固定螺母应达到规定拧紧力矩。

③在装有滑脂嘴的地方加注润滑脂。

(3)转向操纵机构的调整：若转向盘自由行程过大，应做如下检查和调整。

①检查前轮轮毂轴承预紧度。

②检查横、直拉杆接头，若松旷，应调整紧固。

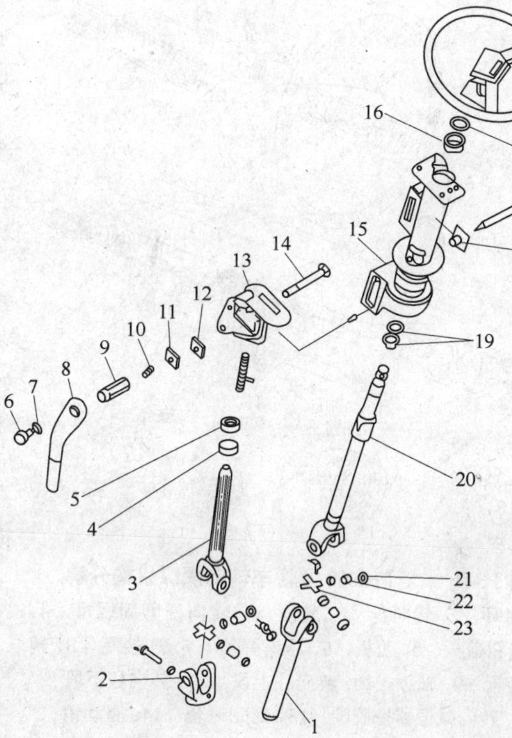

图 3-33　东风 EQ1108G 型汽车转向操纵机构分解

1. 转向万向节滑动叉　2. 滑动万向节凸缘叉　3. 转向传动轴　4. 花键护套　5. 毛毡油封　6. 调整手柄螺栓　7. 平垫圈　8. 调整手柄　9. 调节螺母　10. 弹簧　11. 导板　12. 垫片　13. 支架　14. 调节螺栓　15. 转向柱套管总成　16. 轴承　17. 轴承挡圈　18. 衬套　19. 开口环　20. 转向柱轴　21. 孔用弹性挡圈　22. 轴承　23. 十字轴　24. 转向盘

③检查转向摇臂轴与转向摇臂的连接，若松动，应紧固、重新安装或更换转向摇臂或转向摇臂轴。

④检查转向器啮合间隙，若过大，应调整。调完后还应再次检测转向盘自由行程。

2. 桑塔纳 2000 型轿车转向操纵机构的拆装

桑塔纳 2000 型轿车转向操纵机构的分解如图 3-34 所示。转向柱上装有一套组合开关，包括点火开关、前挡风玻璃刮水及清洗开关、转向灯开关及远近光变光开关，因此在拆装前必须将蓄电池电源线断开，转向指示灯开关放在中间位置，并将车轮处在直线行驶位置。

(1)转向操纵机构的拆卸。

①向下按橡胶边缘，撬出盖板。

②取下喇叭盖，拆下喇叭按钮及有关接线。

③拆下转向盘紧固螺母，用拉器将转向盘取下。

④拆下组合开关上的 3 个平口螺栓，取下开关。

⑤拆下阻风门拉手上的弹簧销子，然后拧下拉手、环形螺母；拧下仪表板下饰板固定螺栓，拆下下饰板。

⑥拆下转向柱套管的两只螺钉，拆下套管。

⑦将转向柱上段往下压，使上段端部法兰上的两只驱动销脱离转向柱下段，取出转向柱上段。

⑧取下转向柱橡胶套，松开夹紧箍的紧固螺栓，拆下转向柱下段。

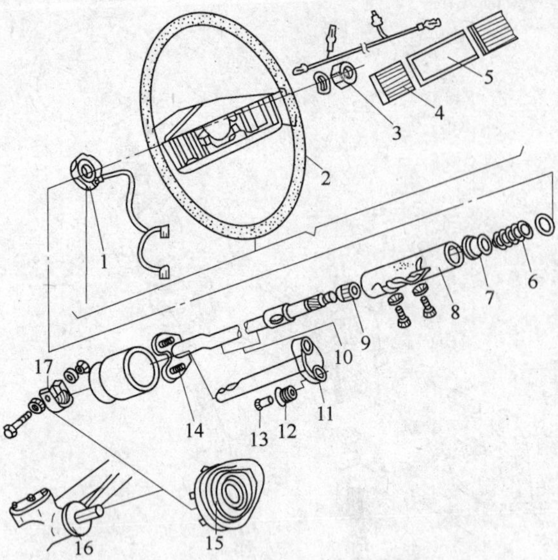

图 3-34 桑塔纳 2000 型轿车转向操纵机构分解

1. 接触环 2. 转向盘 3. 转向盘与转向柱紧固螺母 4. 喇叭按钮盖板 5. 盖板 6. 压缩弹簧 7. 连接圈 8. 转向柱套管 9. 轴承 10. 转向柱上段 11. 转向柱下段 12. 转向减振器橡胶圈 13. 尼龙衬套 14. 驱动销 15. 转向柱套管橡胶圈 16. 转向器 17. 夹紧箍

(2)转向操纵机构的装配:转向操纵机构的装配基本按拆卸的相反顺序进行。但同时应注意以下几点。

①转向柱与凸缘管应一起安装,并用水泵钳连接起来。

②应将凸缘管推至转向机构主动齿轮上,夹紧箍圈口应向外,注意不可用手掰开夹箍。

③转向柱管的断开螺栓装配时,应将螺栓拧紧至螺栓头断开为止,然后拧紧圆柱螺栓。

④车轮应处于直线行驶位置,转向灯开关应处在中间位置,才可安装转向盘,否则在安装转向盘时,当分离爪通过接触环上的簧片时,有可能造成损坏。

⑤更换所有的自锁螺母和螺栓,转向柱如有损坏应更换。

三、转向操纵机构的检修

1. 东风 EQ1108G 型汽车转向操纵机构的检修

①用磁力探伤法检查转向轴与转向传动轴是否有裂纹,如有应更换。

②转向轴与衬套的配合间隙大于 0.20mm 时应更换衬套。

③转向传动轴上端的花键槽宽度大于 2.85mm 或用百分表测量转向传动轴与滑动叉的配合间隙超过 0.40mm 时均应更换。

④转向传动轴下端的十字轴轴承在传动轴叉中是靠挤压出的 6 个凸台进行轴向定位的,在维修中是不可拆卸的,如果十字轴轴承或十字轴磨损需修理时,应更换整根转向传动轴。

⑤检查万向节叉及十字轴应无裂纹、十字轴滚针轴承应转动灵活、无卡滞及破损,如有应更换。

⑥万向节十字轴轴承的径向间隙应小于 0.25mm,否则应更换新轴承。用游标卡尺测量十字轴轴径的磨损,若超过 0.10mm,应更换。

⑦零件有裂纹、严重的伤痕、扭曲等,均应更换。

⑧孔用弹性挡圈在拆卸后必须更换。

2. 桑塔纳 2000 型轿车转向操纵机构的检修

①转向操纵机构拆卸后,用百分表测量转向柱有无弯曲变形,转向柱的直线度误差应不大于 1.00mm,否则应予以矫正。

②检查接触环弹簧是否失效,转向柱驱动销、橡胶圈、尼龙衬套及其他密封套和橡胶支承环等是否老化、破裂或磨损严重,如是,则应更换。

第四节 转向传动机构

一、转向传动机构的构造

转向传动机构的结构与布置因转向器的位置及悬架的类型不同而异,分为以下两大类:

1. 与非独立悬架配用的转向传动机构

与非独立悬架配用的转向传动机构的组成参见图 3-1 所示，它一般由转向摇臂 6、转向直拉杆 7、转向节臂 8、梯形臂 10、12 和转向横拉杆 11 等组成。各杆件之间都采用球形铰链连接，并设有防止松脱、缓冲吸振、自动消除磨损后的间隙等结构措施。

①转向摇臂：转向摇臂是转向器与转向直拉杆之间的传动杆，其结构形式如图 3-35 所示。其大端用三角细花键与转向摇臂轴外端相连接，并用螺母固定。其小端带有球头销，以便与转向直拉杆做空间铰链连接。在转向摇臂大孔外端面上和摇臂轴的外端面上刻有短线，或是在二者的花键部分上都少铣一个齿，作为装配标记。

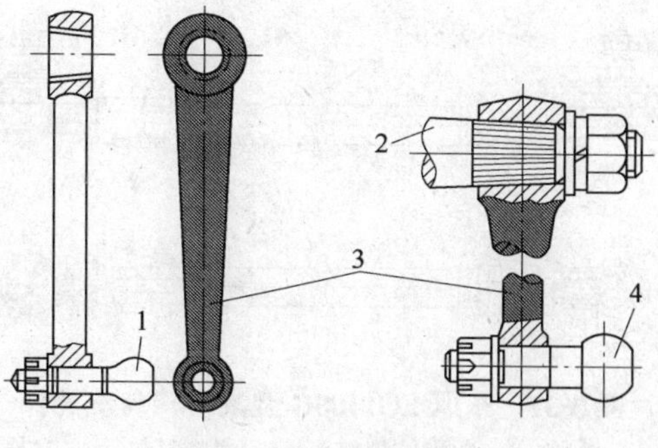

图 3-35　转向摇臂

1、4. 球头销　2. 转向摇臂轴　3. 转向摇臂

②转向直拉杆：东风 EQ1108G 型汽车转向直拉杆结构如图 3-36 所示。

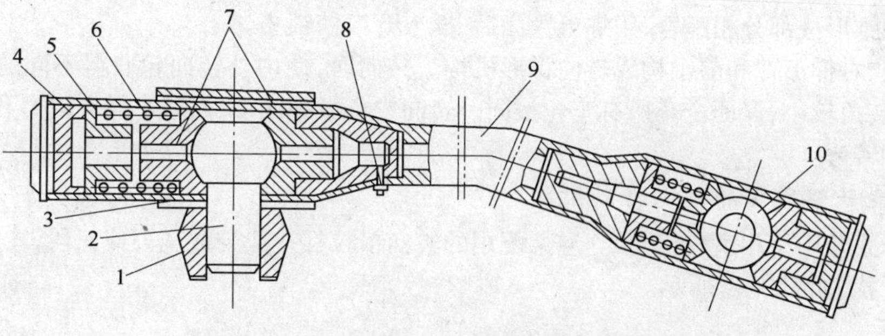

图 3-36　东风 EQ1108G 型汽车转向直拉杆

1. 转向摇臂　2. 球头销　3. 橡胶防尘垫　4. 螺塞　5. 弹簧座　6. 弹簧　7. 球头座　8. 油嘴　9. 直拉杆体　10. 转向节臂球头销

直拉杆体由两端扩大的钢管制成，两端分别通过两个球头销与转向摇臂和转向节臂连接，以满足空间运动要求。两个扩大的端部装有球头销、球头座、弹簧座、弹簧和螺塞等。球头座在弹簧的作用下将球头销的球头夹持住，弹簧可随时补偿球头与球头座间的磨损，保证两者无间隙配合，并可缓和经车轮和转向节传来的路面冲击。弹簧的预紧力可用螺塞调节，调节好后用开口销固定。润滑脂可从油嘴注入，以保证球头与球头座的润滑。橡胶防尘垫用于防止润滑脂流出和污物侵入。

弹簧座的小端与球头座之间留有不大的间隙，作为弹簧缓冲的余地，并可限制缓冲时弹簧的压缩量。此外，如果弹簧折断，此间隙还可保证球头销不致从直拉杆体中脱出。

直拉杆两端的弹簧均装在各自球头销的同一侧，这样可以保证转向直拉杆受到向前或向后的冲击力时，都有一个弹簧起缓冲作用。由球头销传来的冲击力由前压缩弹簧承受，由转向摇臂球头销传来的冲击力，依次经前球头座、前螺塞、直拉杆体和后螺塞传给后弹簧。

③转向横拉杆：东风 EQ1108G 型汽车转向横拉杆如图 3-37 所示。横拉杆体用钢管制成，两端通过横拉杆接头、球头销分别与左、右梯形臂连接。横拉杆两端通过螺纹与横拉杆接头连接在一起，一端为右旋，一端为左旋。横拉杆体两端接头螺纹部分有轴向切口，外侧装有卡箍。调整转向轮前束时，首先拧松夹紧螺栓，然后转动横拉杆体，调整好后用夹紧螺栓将卡箍夹紧。

左、右横拉杆接头的结构如图 3-38 所示。球头座分上、下两部分，用耐磨性很好的聚甲醛制成。弹簧用来保证球头销与球头销座紧密配合，其预紧力由螺塞调整。调整好后要用开口销固定。

④转向节臂和梯形臂：转向直拉杆通过转向节臂和左转向节连接。转向横拉杆两端通过左、右

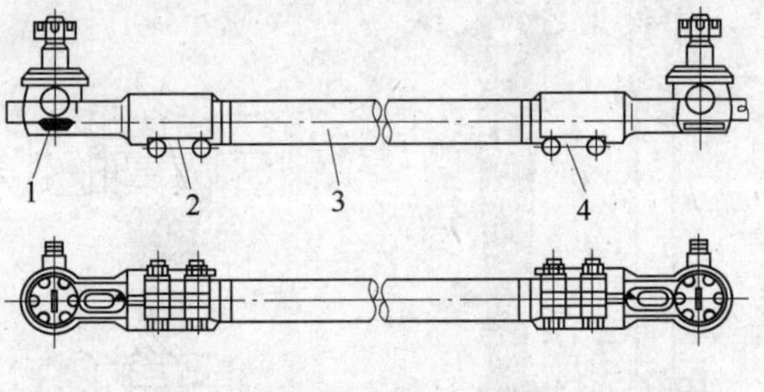

图 3-37 东风 EQ1108G 型汽车转向横拉杆
1. 球头销 2. 左横拉杆接头 3. 横拉杆体 4. 右横拉杆接头

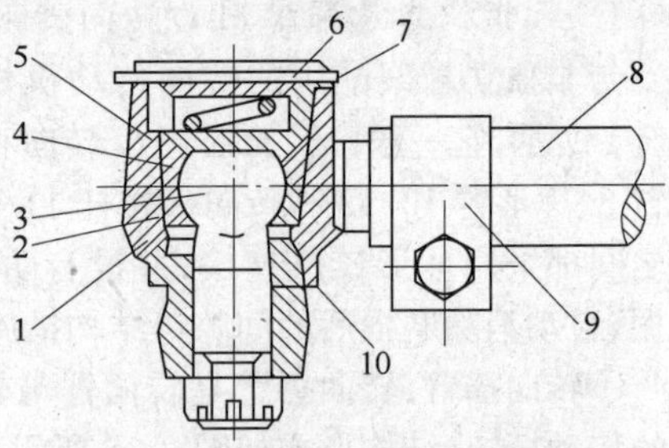

图 3-38 东风 EQ1108G 型汽车转向横拉杆接头
1. 横拉杆接头 2、4. 球头销座 3. 球头销 5. 限位套 6. 弹簧 7. 螺塞 8. 横拉杆体 9. 卡箍 10. 防尘罩

转向梯形臂分别与左、右转向节连接。转向节臂和转向梯形臂锥形柱部分与转向节锥形孔通过键相配合,以防止相对转动。端部用螺母紧固,并用开口销锁住,以防螺母松动。另一端的锥形孔和相应的拉杆球头销锥形柱部分相配合,用螺母紧固后,插入开口销锁止。

横拉杆左、右梯形臂和前轴构成转向梯形机构。转向时,使内外转向轮获得不同的转角,内轮转角较大,外轮转角较小,保证全车所有车轮按同一转向中心做纯滚动,以减小转向阻力和轮胎的磨损,保证汽车顺利转弯。

2. 与独立悬架配用的转向传动机构

为与断开式转向桥相适应,与独立悬架配用的转向横拉杆一般分成两段或三段,才能正常传递转向力而不受干扰,如图 3-39 所示。

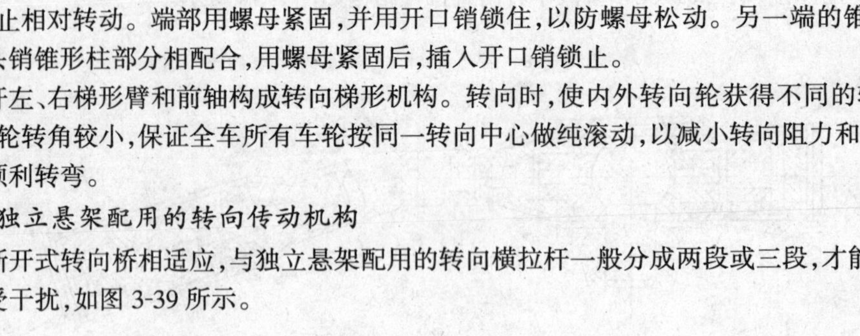

图 3-39 与独立悬架配用的齿轮齿条式转向器转向传动机构示意
1. 左转向横拉杆 2. 右转向横拉杆 3. 齿条 4. 横拉杆支架 5. 左转向节臂 6. 右转向节臂

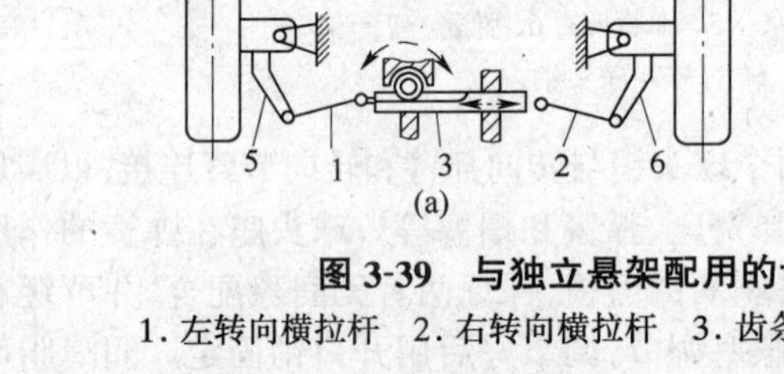

图 3-40 桑塔纳 2000 型轿车转向传动机构分解
1. 横拉杆接头 2. 右横拉杆 3. 左横拉杆 4. 横拉杆支架

桑塔纳轿车采用了图 3-39b 所示的转向传动机构,其结构如图 3-40 所示。它主要由左、右转向横拉杆,横拉杆支架和横拉杆球头销等组成。转向齿条一端输出动力,输出端铣有平面并钻孔,用两个螺栓与横拉杆支架连接。支架下端的两个孔分别与左、右转向横拉杆的内端相连。横拉杆的外端为带球头销的可调式接头,分别与左、右转向节臂连接。通过调横拉杆长度可调整前轮的前束值。

为了避免转向轮的摆振、减缓传至转向盘上的冲击和振动,转向器上还装有转向减振器。减振器缸筒端固定在转向器壳上;其活塞杆端经减振支架与转向齿条连接。

夏利 TJ7100 型轿车采用了图 3-39a 所示的转向

传动机构，具体结构如图3-41所示。转向器齿条的两端制有内螺纹，转向横拉杆的内端装有带螺纹的球头，并将其旋入齿条中。横拉杆的外端也通过螺纹与横拉杆接头连接，并用螺母锁紧。横拉杆接头外端通过球头销与转向节连接。松开锁紧螺母，转动转向横拉杆（左、右两侧横拉杆的转动量应相同），可以调整前轮前束。依维柯轻型货车的转向传动机构与其相类似。

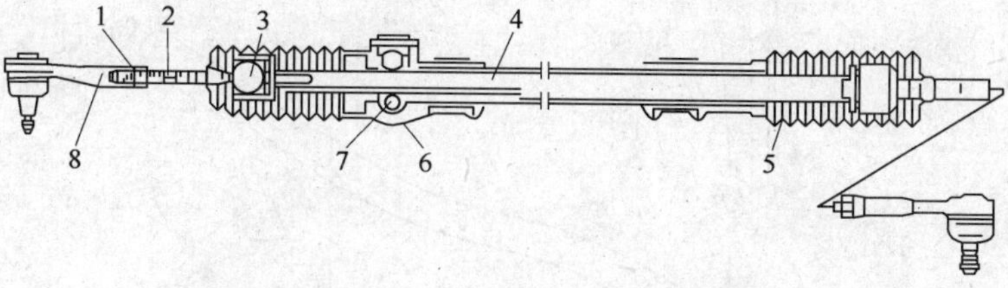

图3-41　夏利TJ7100型轿车转向传动机构

1．锁紧螺母　2．转向横拉杆　3．球头　4．转向器齿条　5．防尘罩　6．转向器壳　7．转向器齿轮　8．转向横拉杆接头

二、转向传动机构的拆装

1．非独立悬架转向传动机构的拆装（以东风EQ1108G型汽车为例）

（1）转向传动机构的拆卸。

①拆下横拉杆球头紧固螺母的开口销，拧下紧固螺母，用拉器从转向梯形臂锥孔中拉下球头销及横拉杆。拧下横拉杆紧固螺栓，取下横拉杆，如图3-42所示。

②取下密封圈及防尘罩，拆下固定球头销调整螺塞的开口销，用螺钉旋具拧出调整螺塞，从横拉杆接头中取出球头销等零件。

③拆下直拉杆两端的开口销，拧出球头销调整螺塞，取出弹簧座、弹簧、球头座等零件，取下球头销，如图3-43所示。

④拆卸直拉杆总成，方法与拆卸横拉杆相同。

⑤从转向器上拆下摇臂（拆前要做好装配标记）。

⑥从转向节上拆下转向节臂、转向节梯形臂。

分解后将各零件清洗干净进行检修，清洗时，橡胶、防尘罩等不得用汽油等烃类油料清洗。

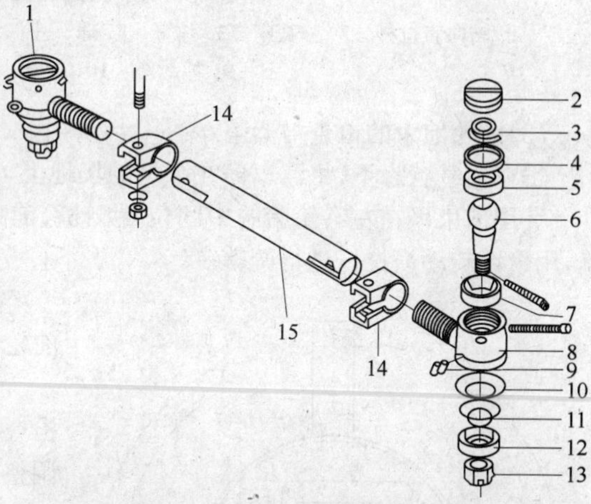

图3-42　东风EQ1108G型汽车转向横拉杆分解

1．转向横拉杆接头总成　2．调整螺塞　3．锥形弹簧　4．限位套　5．上球头座　6．球头销　7．下球头座　8．横拉杆接头　9．滑脂嘴　10、11．防尘罩　12．密封圈　13．螺母　14．卡箍　15．横拉杆

（2）转向传动机构的装配。

①零部件清洗吹干后，在球头销与球头座配合表面涂抹适量润滑脂。

②按与拆卸相反的顺序安装好横、直拉杆两端的球头销等零件。

③将球头销调整螺塞拧到底再退回1/4～1/2圈，使螺塞上的槽与开口销孔对正，穿入开口销锁止。此时，用手扳动球头销，应转动灵活且无松旷感觉，否则，重新调整。

④安装横、直拉杆（注意：两端的横拉杆接头拧入的长度应相同），并以200～500N·m的力矩拧紧各球头销螺母。

⑤对正装配标记，将转向摇臂安装到转向摇臂轴上。更换新件或原标记被破坏时，可将转向盘转到中间位置，并使前轮处于直线行驶位置，然后将转向摇臂安装到摇臂轴上。

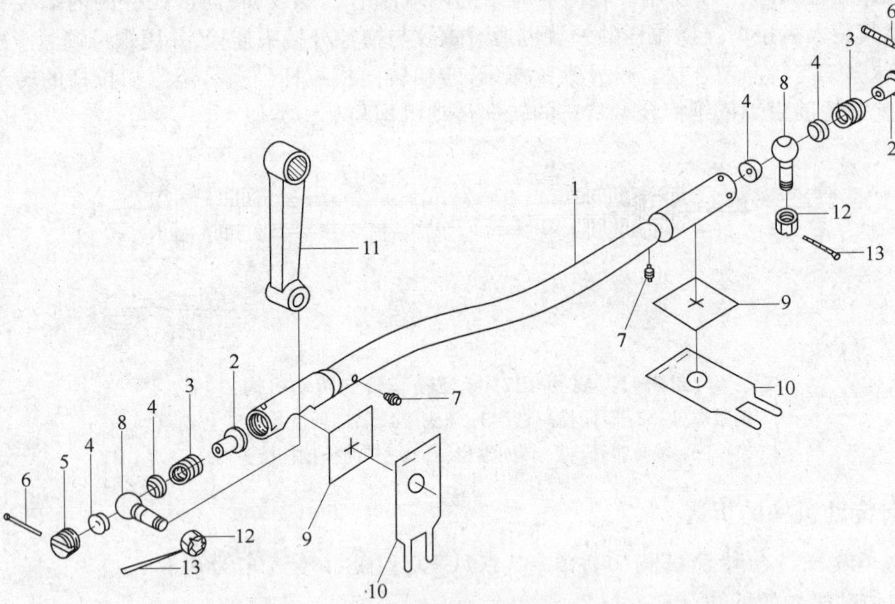

图 3-43　东风 EQ1108G 型汽车转向直拉杆分解

1. 转向直拉杆　2. 弹簧座　3. 弹簧　4. 球头座　5. 螺塞　6、13. 开口销　7. 滑脂嘴　8. 球头销　9. 油封垫　10. 护套　11. 转向摇臂　12. 螺母

(3)前轮前束的检查与调整。

①在空载状态下，将汽车停在平坦的场地上，顶起前桥，使车轮处于直线行驶位置。

②用前束尺在左右轮胎的中间位置测量，前束值应为 1～5mm。否则，应松开横拉杆上的夹紧箍，用管钳转动横拉杆进行调整。

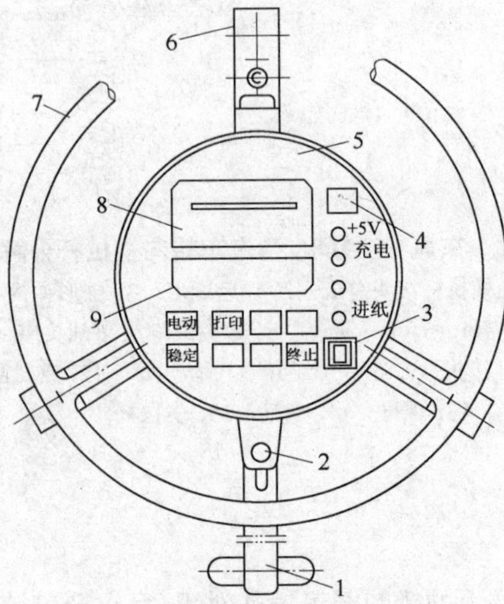

图 3-44　用转向盘参数测量仪测量转向盘自由行程

1. 固定杆　2. 固定螺钉　3. 电源开关　4. 电压表　5. 主轴箱　6. 连接叉　7. 操纵盘　8. 打印机　9. 显示器

(4)最大转向角的检查与调整：前轮最大转向角是指前轮由直行位置转到极限位置时，所转过的角度。

①在调整前束后，应用转角尺对车轮的转向角进行检查。左右转向车轮最大转向角应符合标准。否则，应调整。

②改变转向角的大小应调整转向节凸缘上的限位螺钉，限位螺钉向里拧，转向角增大，反之则减小。调整合适后，拧紧限位螺钉的锁紧螺母。

(5)转向盘自由行程的检查与调整：所谓转向盘自由行程是指转向盘在空转阶段转过的角度。转向盘自由行程对于缓和路面冲击及避免驾驶人过度紧张是有利的，但不宜过大，否则将使转向灵敏性降低。

①如图 3-44 所示，将转向参数测量仪安装在转向盘上。使前轮保持直线行驶位置，将测量仪接好电源，按下“角测”按钮。

②向一个方向缓慢转动转向盘直至车轮开始摆动，停止转动转向盘，仪器显示出转向盘的自由转动角度。将转向盘回正后，按照上述方法可测出另一个方向的自由转动角度，两自由转动角度相加，即为转向盘自由

行程。

③转向盘自由行程不应大于30°,否则应查明原因后予以排除。

④若转向盘自由行程过大,应做如下检查和调整,调完后还应再次检测转向盘自由行程。

a.检查前轮轮毂轴承预紧度。

b.检查转向横、直拉杆接头,若松旷,应紧固。

c.检查转向摇臂轴与转向摇臂的连接,若松动,应紧固、重新安装或更换转向摇臂或转向摇臂轴。

d.检查转向器啮合间隙,若过大,应调整。

2.独立悬架转向传动机构拆装(以桑塔纳2000型轿车为例)

桑塔纳2000型轿车转向传动机构的分解参见图3-40所示。

(1)转向传动机构拆卸。

①从转向节臂处松开横拉杆球头销锁紧螺母。

②拆下左、右横拉杆的球铰链一端。

③拆下左、右横拉杆与横拉杆支架的连接螺母,取下左、右横拉杆总成。

④松开调整螺母,卸下左、右横拉杆接头。

(2)转向传动机构装配。

①在横拉杆外端安装好调整螺母及球接头,将其长度调整合适(左横拉杆的长度为597.6mm+8mm,右横拉杆的长度为553.9mm+8mm),并拧紧夹紧箍螺杆,以保证前轮处于直行位置时,转向器在中间位置啮合。

②将转向支架安装到转向器齿条上,并用连接板固定好横拉杆内端,安装时,各螺栓应按规定力矩拧紧。

③将球头销装入转向臂销孔中,拧紧其紧固螺母。传动机构装好后,转向盘应无明显的自由行程,否则应查明原因并排除。

(3)前轮前束和外倾角的调整。

①前束值的调整。松开转向横拉杆的锁紧螺母,转动左、右转向横拉杆,调节左、右转向横拉杆的长度,使前束值符合要求再拧紧锁紧螺母。调整时,左、右转向横拉杆拧入或拧出的长度尽量相同,以防左、右轮转向关系发生变化。

②前轮外倾角的调整。如图3-45所示,左、右车轮的外倾角相差不得大于15′,若不符合要求,应进行调整。松开球接头与下摆臂间的紧固螺母,使球接头相对下摆臂向外或向内移动(下摆臂上的螺栓孔为长形孔),即可改变前轮的外倾角。调整合适后,拧紧球头销紧固螺母。

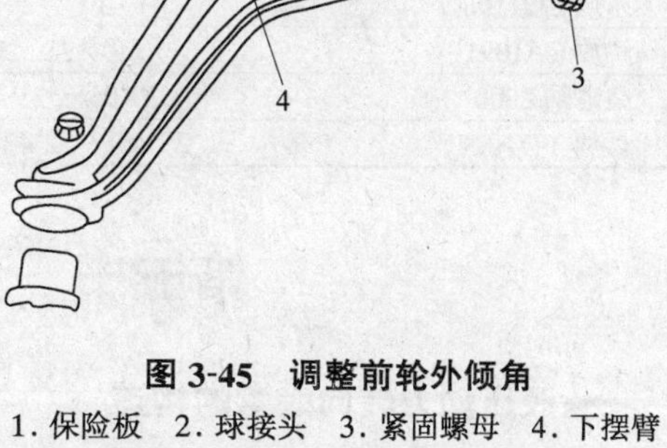

图3-45 调整前轮外倾角

1.保险板 2.球接头 3.紧固螺母 4.下摆臂

三、转向传动机构的检修

1.与非独立悬架配用的转向传动机构的检修

(1)转向摇臂的检修。

①在拆卸转向摇臂时,不宜硬撬乱敲,应使用专用工具。

②用磁力探伤法检查,如有裂纹,应更换。

③转向摇臂的花键孔磨损严重和有明显扭曲时应更换;另一端接头如果磨损起槽或磨损超过0.80mm时,应成套更换。

④转向摇臂装入转向摇臂轴后,其端面应高出转向摇臂轴花键2～5mm,否则,应更换。

(2)转向横拉杆与转向直拉杆的检修。

①用磁力探伤法对转向横、直拉杆和球头销进行检查,如有裂纹,应更换。

②用百分表或直尺检查横拉杆的直线度误差,若直线度误差大于2mm,应进行矫正。

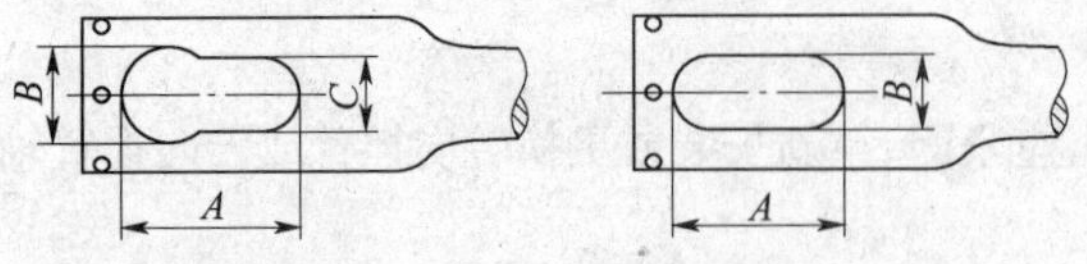

图 3-46 直拉杆球头销孔的修复

$A=53\sim55mm$ $B=37.3\sim39.5mm$ $C=25\sim27mm$

③当直拉杆装球头销的孔磨损扩大超过2mm时,应堆焊后加工至标准尺寸。为了加工方便,也可另制一块有标准尺寸孔的钢板(厚约3.5mm)焊在上面,如图3-46所示。

④当横拉杆球头销座孔的上缘磨损,其厚度小于2.0mm时,应堆焊后车削修理或更换。

⑤当球头销的球头及颈部小直径处磨损超过0.8mm或球头座起槽等,应成套更换。

⑥球头销装于锥孔中时,其锥孔上端面应高于轴颈小端1~2mm,否则,应更换。

⑦球头销弹簧失效、球头螺塞螺纹损伤、横拉杆两端螺纹损伤、橡胶防尘罩老化破裂等,均应更换。

⑧紧固螺栓应有效,各油嘴螺纹应完好,油槽畅通。

(3)转向节臂和左、右梯形臂的检修:经常对转向节臂和左、右梯形臂进行探伤检查,如有裂纹,应更换,以防使用时因损伤断裂发生事故。

2. 与独立悬架配用的转向传动机构的检修

(1)横拉杆及转向节臂的检修。

①检查槽形螺母是否松脱,如松脱应拧紧。同时,检查开口销、盖等的装配情况。

②使转向盘从直行位置向左、向右反复转动60°左右,此时检查横拉杆、转向节臂等是否松脱、松旷。

③检查转向节臂和左、右转向横拉杆相连接处的磨损和装配状况。

④转向节臂出现明显变形或裂纹时,应更换。

(2)横拉杆支架:横拉杆支架出现明显变形或裂纹时,应更换。

(3)自锁螺母:转向传动机构中的自锁螺母拆卸后,应全部更换。

(4)转向减振器。

①检查漏油状况,如果渗漏严重,必须分解修理,调换密封圈等零件。

②检查减振器的工作行程,必须拆下来试验。减振器的最大行程应为556mm,最小行程为344.5mm,最大阻尼载荷为560N,最小阻尼载荷为180N。不符合要求时,应更换减振器总成。

常用车型的前轮最大转向角和转向盘自由行程见表3-1。

表 3-1 前轮最大转向角和转向盘自由行程

车型种类	内转向轮	外转向轮	转向盘自由行程
东风 EQ1108G	40°	33°	<15°
解放 CA1091	40°18′	35°36′	<15°
桑塔纳 2000	39°55′±2°	35°00′±2°	<7.7°
夏利 TJ7101U	29°40′~32°40′	29°40′	<15°

第五节 液压动力转向装置

一、液压动力转向装置的构造

1. 齿轮齿条式液压动力转向装置

桑塔纳2000型轿车动力转向装置的结构就是此种动力转向装置,其组成如图3-47所示。

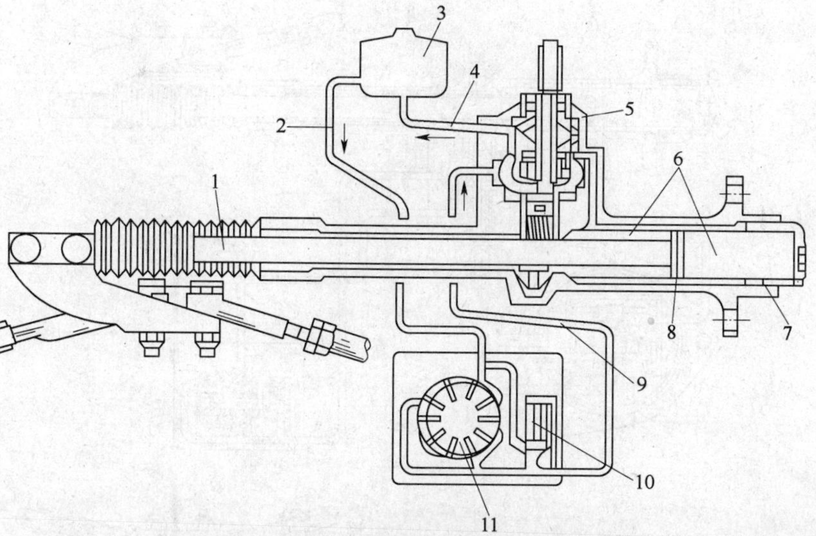

图 3-47 桑塔纳 2000 型轿车动力转向装置

1. 齿条 2. 低压油管 3. 储油罐 4. 回油管 5. 控制阀 6. 压力腔 7. 动力缸 8. 活塞 9. 高压油管 10. 压力流量控制阀 11. 转向油泵

(1)转向器:转向器齿条的左端通过横拉杆支架与左、右横拉杆连接,齿条的右端通过活塞与工作缸连接。转向器的上端与分配阀制成一体。控制阀为滑阀结构,滑阀的阀体与转向齿轮加工成一体,阀体内左、右阀芯与转向柱轴线呈垂直布置。阀芯上有磨削的控制槽。阀芯通过转向轴上的拨叉来拨动。

(2)动力缸:动力缸设在转向器壳的左端,被活塞分隔成左、右压力腔,左、右压力腔通过油管与控制阀相连。

(3)转向油泵:转向油泵为叶片泵,它由发动机曲轴通过带轮驱动,将液压油从储油罐泵入控制阀,以提供转向所需的动力源(高压油)。为了确保动力转向系统安全工作,防止液压系统工作压力超过系统允许的最大工作压力,在叶片泵内装有压力流量控制阀。当工作压力超过设定值时,压力油通过压力流量控制阀卸载使压力油返回进油口;当叶片泵供油量超过设定值时,多余的油经此阀流回到叶片泵进油口。

桑塔纳 2000 型轿车动力转向装置工作原理如图 3-48 所示。

当汽车直线行驶时,如图 3-48a 所示,转向盘处于中间位置,阀芯也处于中间位置,所有控制口接通,液压油毫无阻碍地流经转向控制阀返回到储油罐。

当向右转动转向盘时,如图 3-48b 所示,转向力矩使得弹性扭力杆扭转,转向柱上的拨叉带动两个阀芯发生相对移动,即右边阀芯下移,使得进油通道开大;左边阀芯上移,关闭进油通道,此时左、右阀芯分别打开,关闭各自的回油通道。根据右边阀芯进油通道开度大小,来控制流入动力缸左压力腔的油的流量和油压。动力缸左压力腔的压力推动转向器活塞向右运动,起到助力作用。转向器活塞移动距离的大小,取决于施加在转向盘上转向力矩的大小。

2. 循环球式液压动力转向装置

东风 EQ1108G 型汽车装用循环球式液压动力转向装置,它的组成如图 3-49 所示。

(1)转向油泵:转向油泵也为叶片泵,安装在空气压缩机的后端,动力经过空气压缩机的曲轴提供。

(2)动力转向器:东风 EQ1108G 型汽车选装的 HFB52 整体式循环球动力转向器主要由循环球式

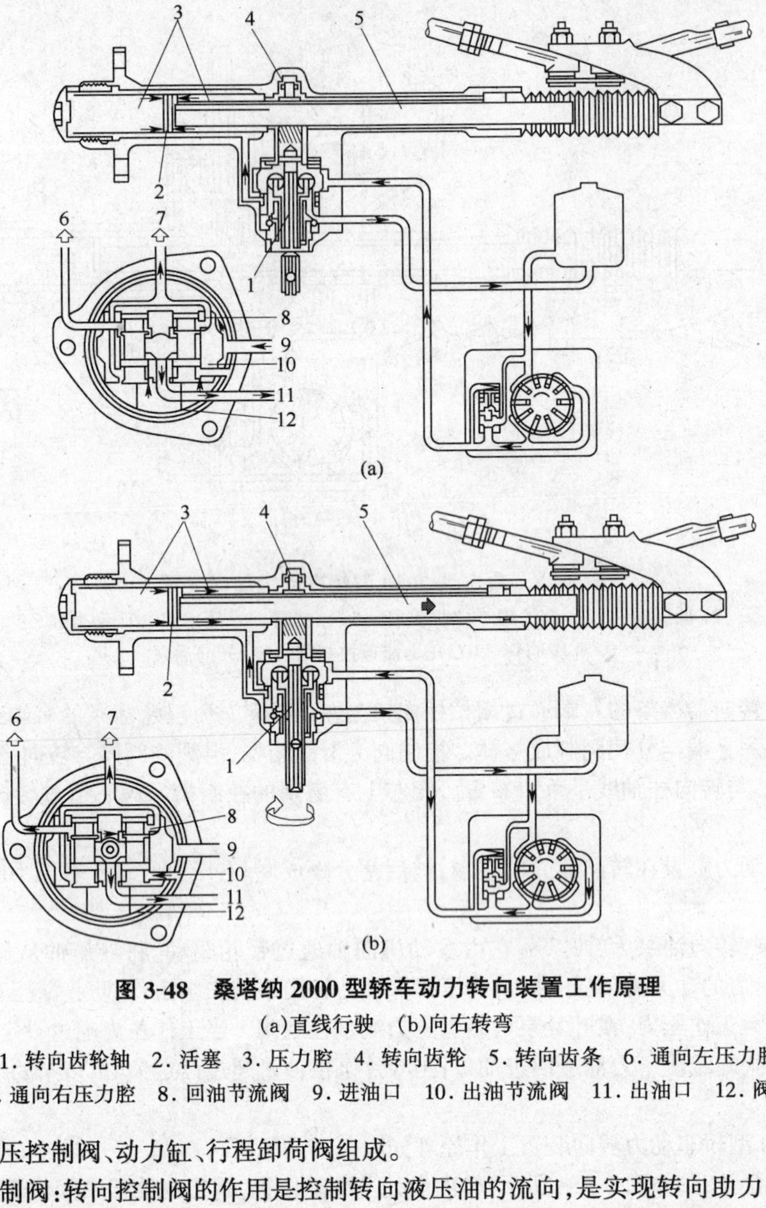

图 3-48 桑塔纳 2000 型轿车动力转向装置工作原理

(a)直线行驶 (b)向右转弯

1. 转向齿轮轴 2. 活塞 3. 压力腔 4. 转向齿轮 5. 转向齿条 6. 通向左压力腔 7. 通向右压力腔 8. 回油节流阀 9. 进油口 10. 出油节流阀 11. 出油口 12. 阀芯

机械转向器、液压控制阀、动力缸、行程卸荷阀组成。

(3)转向控制阀：转向控制阀的作用是控制转向液压油的流向，是实现转向助力的控制元件。主要由阀体、阀芯、扭杆组成，扭杆通过销钉上端与输入轴相连，扭杆与阀芯内腔构成 4 条油道，2 条通齿条活塞下腔，2 条通上腔。

(4)卸荷阀：卸荷阀的作用是当汽车转向到一定角度时，活塞运动到某一位置，卸荷阀打开，使活塞上下腔室相通，齿条活塞上下压差降低，降低转向器各元件的负荷。

二、液压动力转向装置的拆装

1. 齿轮齿条式动力转向器拆装(以桑塔纳 2000 型轿车为例)

(1)转向器的拆卸。

①拆下仪表板左下饰板。

②拆下柔性万向联轴器和凸缘管轴，如图 3-50 所示。

③用钳子夹住控制阀的回油管，如图 3-51 所示，拆下压力管和套管。

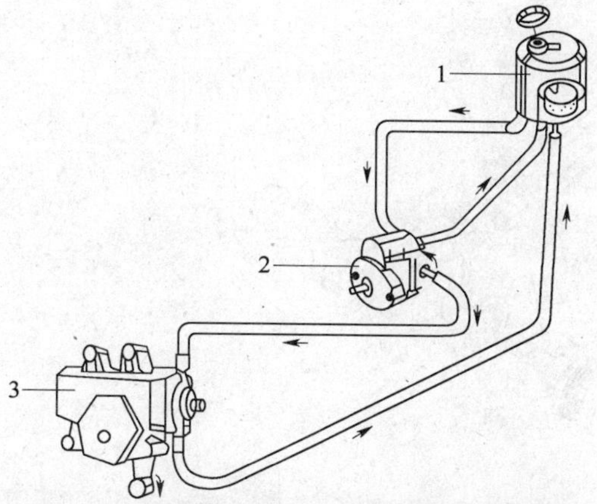

图 3-49 东风 EQ1108G 型汽车动力转向装置

1. 储油罐 2. 转向油泵 3. 整体式动力转向器

图 3-50 拆卸万向联轴器和凸缘管轴

④将钳子移向中间,从车内拆下回油管。

⑤拆下转向器固定螺栓。拆下横拉杆支架螺母和两侧固定螺栓,如图 3-52 所示,拆下横拉杆支架。

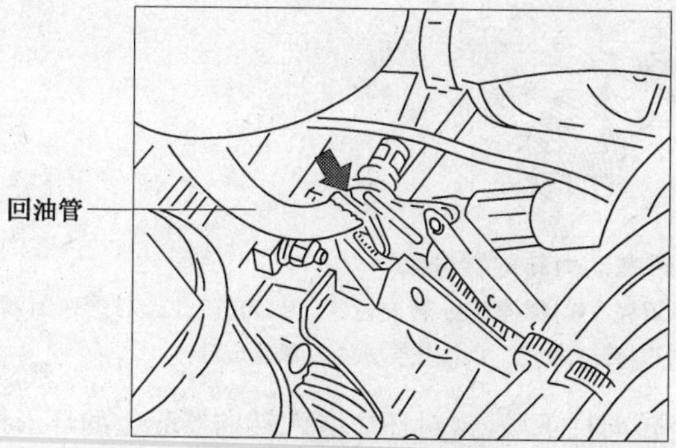

图 3-51 夹住回油管

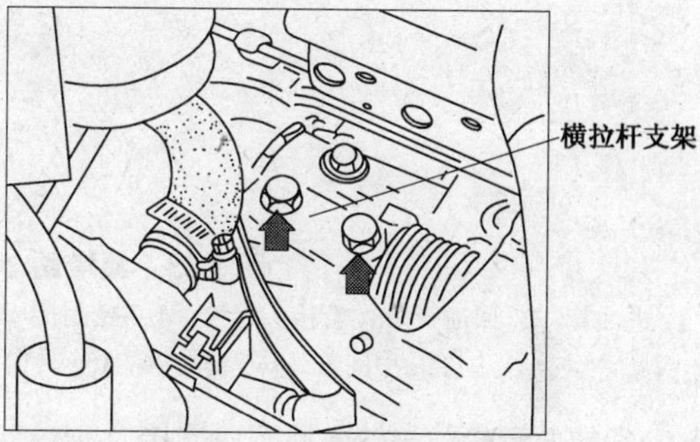

图 3-52 拆卸横拉杆支架

⑥把转向齿条推入转向器壳体的止位块,拆下转向器。

(2)转向器的分解:齿轮齿条式动力转向器分解如图 3-53 所示。

①拆下与阀体罩壳连接的进油管螺母、回油管接头螺栓,拆下进、回油管。

②拆下阀体罩壳的固定螺栓,拆下阀体罩壳。

③松开压盖固定螺栓,拆下齿条压紧装置。

④抽出转向齿轮,取下转向齿轮轴上的各种 O 形密封圈。

⑤用专用工具卸下转向器壳右端密封罩。

⑥拆下转向齿条左端固定环、防尘套和夹箍。

⑦最后抽出转向齿条。

(3)转向器的组装:组装按与分解相反的顺序进行,并注意以下几点。

①不可使用流出的动力转向液压油,应重新加注新的动力转向液压油。

②转向器更换液压油时,应同时更换滤清器。

③加注液压油到 max 处,起动发动机若有下降,应不断加注,直到液面停留在 max 处,并左右转动转向盘排出系统中的空气,直到储液罐中不再出现气泡为止。

④修理转向机构前,应检查转向油泵出油压力和系统压力。

⑤转向器壳的固定螺栓,不可拧得太紧,应按规定力矩拧紧。

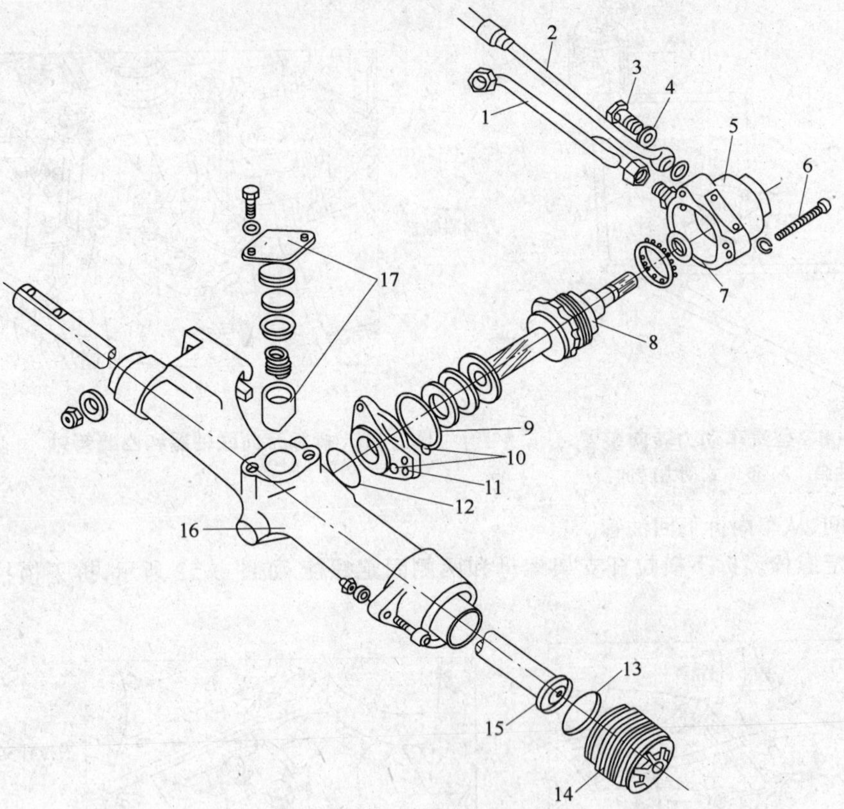

图 3-53 桑塔纳 2000 型轿车动力转向器分解

1. 进油管 2. 回油管 3. 管接头螺栓 4、7 密封圈 5. 阀体罩壳 6. 螺栓 8. 转向齿轮 9、10、12、13. O 形密封圈 11. 中间盖 14. 密封罩 15. 转向齿条 16. 转向器壳 17. 齿条压紧装置总成

⑥转向齿轮轴与转向柱下段连接时，夹箍应推至转向柱下段，密封环应嵌入转向器壳上的环形槽中。

⑦转向器装配后，应检查调整转向啮合间隙。调整时，松开锁紧螺母，拧紧调整螺栓至止推垫圈挡块为止，再拧紧锁紧螺母，组装正确的转向器，用手可直接转动转向齿轮轴。

2. 循环球式动力转向器拆装(以东风 EQ1108G 型汽车为例)

(1)转向器的拆卸。

①清洗总成表面脏物，尤其是管口周围。

②排净总成内油液，并立刻堵上管口。

③拆卸转向摇臂轴及输入轴上的连接件。

④将转向器从支架上卸下。

(2)转向器的分解：东风 EQ1108G 型汽车循环球式动力转向器的分解如图 3-54 所示。

①将转向器固定在台钳上，使其输入轴呈水平状，摇臂轴在输入轴上方，摇臂轴端面标记转到垂直于地面的位置。

②清除摇臂轴外露部分的油漆和锈蚀，除去摇臂轴防尘油封并报废。卸下螺栓后，取下摇臂轴盖，必要时将矩形油封、摇臂轴油封总成以及止推垫片报废。

③拆卸侧盖摇臂轴总成。

a. 卸下小六角头螺栓，用铜锤或木榔头轻轻敲击摇臂轴端面，慢慢地拆卸下侧盖和摇臂轴总成。

b. 拧下摇臂轴调整螺钉锁紧螺母，取出侧盖垫片总成。

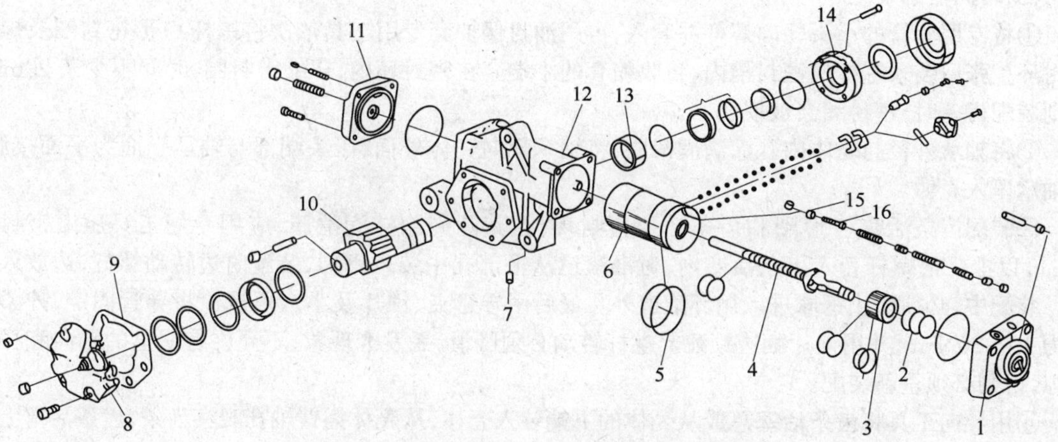

图 3-54　东风 EQ1108G 型汽车动力转向器分解

1. 阀体　2. 轴承止推片　3. 阀套　4. 螺杆/输入轴总成　5. 密封环及 O 形密封圈　6. 齿条活塞　7. 排气螺钉　8. 侧盖　9. 垫片　10. 摇臂轴　11. 下盖　12. 转向器壳　13. 滚针轴承　14. 摇臂轴盖　15. 行程阀盖　16. 行程阀杆

c. 分离侧盖和摇臂轴。

d. 取出挡圈、密封环总成、止推垫片、支承环、塞子。

④拆卸下盖总成。

a. 松开下盖调整螺钉密封螺母，拧出下盖调整螺钉两圈。

b. 松开行程密封螺母，并松开下行程阀调整螺钉两圈。

c. 拆卸下盖螺栓，取出下盖。

d. 取出密封槽中的阀体矩形油封，必要时报废。

⑤拆卸阀体。

a. 用细砂纸清理输入轴上的油漆和锈蚀。

b. 然后，松开下行程阀密封螺母，退出上行程阀调整螺钉两圈。

c. 拆卸阀体前，做出阀体与转向器壳的标记，以便按原位装复。

d. 拆卸阀体螺栓，取下阀体。

e. 取出阀体内阀套。

f. 取出阀体内的轴承止推垫片和止推轴承。

g. 取出阀体端面密封槽里的阀体矩形油封。

⑥拆卸齿条活塞、螺杆/输入轴总成。

a. 从壳体下端拉出齿条活塞总成。

b. 用旋具撬平螺栓的两个锁片，拧出小六角螺栓，取下导管夹及锁片。

c. 左右来回转动螺杆/输入轴总成，钢球会从导管中滚出（27 粒钢球不得失落一粒，否则将全部更新。钢球与螺杆、齿条活塞配合不当，将导致转向失灵，造成事故）。

d. 取下钢球导管。

e. 取出螺杆/输入轴总成。

注意：不得拆开螺杆/输入轴总成（这一总成包括螺杆、输入轴、扭杆、扭杆销、驱动环以及驱动环保持器和塞块），否则将改变阀的对中，引起车辆跑偏；必要时才从壳体内拆卸轴承。压轴承时，压头应与轴承端面的平面接触；必要时才从齿条活塞中取出行程阀，一般行程阀不需修理。

⑦拆卸后的零件清洗后按顺序摆放整齐，防止磕碰受伤。橡胶零件不要用油清洗，可用酒精或干净的抹布擦掉油泥。

(3)转向器的装配。

①将专用套管的小头朝向螺杆并套入，再用油封保护套专用工具依次将螺杆O形密封圈及螺杆密封环扩张后装入螺杆的密封槽内，将收缩套的小端套在密封环内，压缩密封圈，时间不少于20min，否则装配齿条时，密封圈会被损伤。

②将轴承外径与壳体内孔涂满润滑脂，将轴承朝向壳体外面，压头端部与轴承平面为平面接触。将轴承压入壳体。

③装配齿条活塞O形圈和齿条活塞密封环，在其圆周涂抹润滑脂，应用专用工具压缩密封环20min以上。把螺杆套入齿条活塞内，对准滚道从上部孔中装入钢球，装配时边转动螺杆，边放入钢球。装配中，必须防止钢球进入循环滚道外。最后用导管夹、锁片及小六角螺栓将导管固定，拧紧力矩为19～30N·m，并用锁片翻边锁死。螺杆转动必须圆滑，无发卡现象，不允许有明显的轴向和径向间隙，否则必须重新装配。

④用导向工具将齿条活塞总成从壳体的下端装入壳体，从壳体摇臂轴孔观察齿条，齿条活塞上的齿槽从外向里数第二个齿槽应对准壳体窗口中心。

⑤将带密封螺母的下行程阀调整螺钉装入下盖。将带密封螺母的下盖调整螺钉装入下盖。在下盖密封槽内涂少许润滑脂，装上阀体矩形油封。将下盖装到壳体上，用下盖螺栓固定，拧紧力矩为125～140N·m。

⑥组装阀体。

a.在阀套O形密封圈和阀套密封圈上涂以润滑脂，用专用工具依次装入阀套的油封槽内。

b.将阀体矩形油封装在阀体端面密封槽内，在轴承止推垫片两面涂上润滑脂并放入阀体孔内，止推轴承两面涂上润滑脂并放在阀套的止推垫片上。

c.阀套外表面和端面涂抹润滑脂，将轴承止推垫片贴在阀套的小头端面上。

d.将阀套装入阀体内，注意阀套端面上的标记朝外。

e.螺杆/输入轴总成与阀套经选配出厂，修理时不得随意更换其中一件进行装配，否则将使转向器损坏。

f.对准螺杆/输入轴总成上的刻线标记，将阀体总成装在输入轴上，直至阀套与驱动环完全啮合。

g.使阀体上的行程阀调整螺钉与行程阀杆对齐，转动螺杆/输入轴总成，使阀体与壳体相接触。

h.紧固阀体与壳体，阀体螺栓拧紧力矩为125～140N·m。

⑦安装侧盖摇臂轴总成。

a.在侧盖及轴承表面应涂抹足够的润滑脂，按顺序将钢制支承垫、止推垫片、密封环总成装入侧盖内，注意油封端面"oil side"字样朝外。

b.装入侧盖挡圈。

c.在摇臂轴表面涂抹润滑脂并插入侧盖孔内，逆时针方向拧出摇臂轴调整螺钉，直到拧不动为止，再退回一圈。

d.将塞子推入侧盖上的观察孔。

e.齿条活塞在中心位置时，下盖调整螺钉预紧力矩调到1.7N·m。调好后，齿条活塞重新回到中心位置。

f.将侧盖垫片总成套入侧盖摇臂轴总成，将总成装入壳体的齿条活塞的齿中，注意摇臂轴中间齿应插入齿条活塞2～3齿之间。

g.紧固侧盖与壳体的侧盖六角螺栓，拧紧力矩为215～245N·m。

⑧安装摇臂轴盖总成。

a.将止推垫片、油封总成装入摇臂轴盖中，注意油封端面"oil side"字样朝外。

b.将矩形油封装入槽中。

c.将摇臂轴盖装在壳体上，小六角头螺栓拧紧力矩为20～30N·m。

d.装入防尘油封及密封罩。

⑨在输入轴密封座和输入轴O形圈表面涂抹润滑脂,将油封总成平的一面朝外装在输入轴上,用专用工具将其压到位,随后装上输入轴孔用挡圈,再装输入轴防尘油封和输入轴密封罩。

3. 桑塔纳2000型轿车转向油泵拆卸

桑塔纳2000型轿车转向油泵及其附件如图3-55所示。

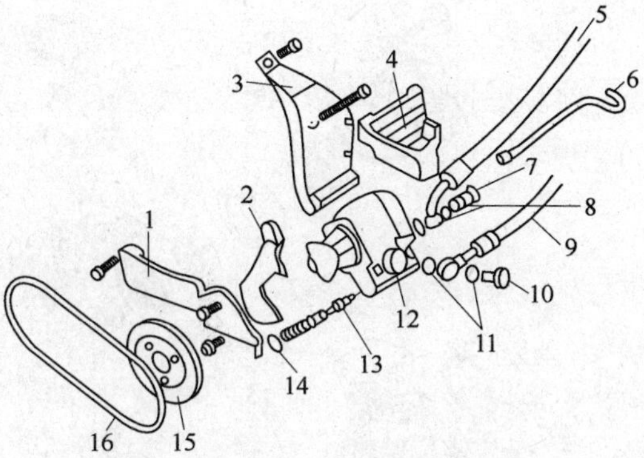

图3-55　转向油泵及其附件

1.夹紧夹板　2.前摆动夹板　3.支架　4.后摆动夹板　5.至控制阀套　6.支架　7.管接头螺栓　8.密封环　9.进油管　10.管接头螺栓　11.密封环　12.转向油泵　13.压力流量控制阀　14.密封环　15.带轮　16.传动带

(1)转向油泵的拆卸。

①拆卸回油管和进油管的泄放螺栓,排放动力转向油。

②拆卸转向油泵前支架上的张紧螺栓。

③拆卸转向油泵后支架上的固定螺栓。

④松开转向油泵中心支架上的固定螺母和螺栓。

⑤把转向油泵固定在台虎钳上进行分解:拆掉油泵带轮,松开油泵螺栓;取出定子、转子、叶片和转子轴。

(2)转向油泵的装配:装配过程与拆卸过程相反,应注意以下几点。

①流量控制阀上如刻有英文字母,装配时一定与泵体上的字母对正,如图3-56所示。

②将固定环和后壳装置上的标记对正。

③将固定环和前壳的标记对准,装上螺栓,并以47N·m的力矩均匀拧紧。

④将动力转向油泵装到发动机规定位置上,如图3-57所示。

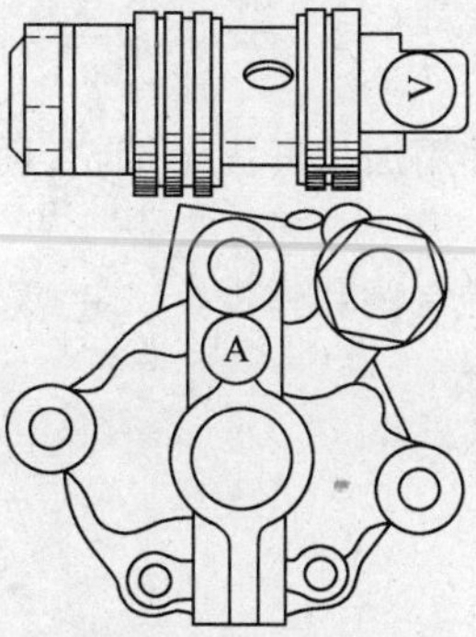

图3-56　对正英文字母

图3-57　安装转向油泵

4. 东风EQ1108G型汽车转向油泵拆卸

东风EQ1108G型汽车转向油泵的分解如图3-58所示。

(1)从车上拆下转向油泵。

①在车底下放一容器,从储油罐中放出动力转向油液。

②松开转向油泵紧固螺栓和锁紧螺栓,然后拆下转向油泵传动带,如图3-59所示。

③从转向油泵上拆下进油软管和出油软管,并将其堵住。注意不要将动力转向油液溅到车身或零件上,如果溅上,应立即擦净。

④拆下转向油泵紧固螺栓和锁紧螺栓,卸下转向油泵。注意拆卸时不要转动转向盘。

⑤用胶带封住转向油泵的管口,以防异物进入。

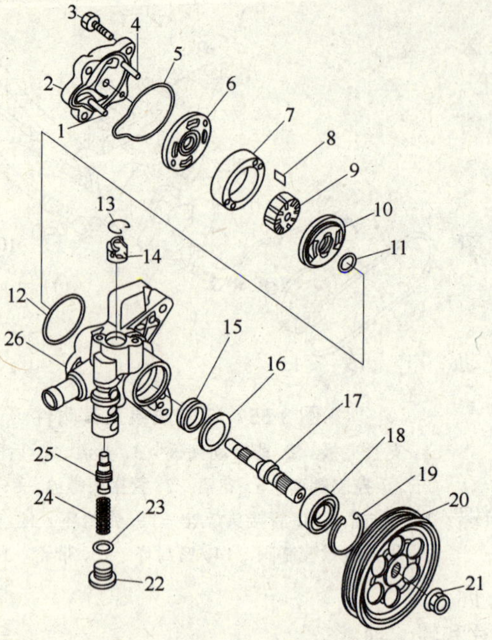

图 3-58 动力转向油泵分解

1. 定位销 2. 泵盖 3. 凸缘螺栓 4. 定位销 5. 泵盖密封件 6. 外配油盘 7. 定子 8. 叶片 9. 转子 10. 配油盘 11、12. O形密封圈 13. 卡环 14. 辅助阀 15. 油封 16. 泵密封垫圈 17. 转子轴 18. 滚珠轴承 19. 卡环 20. 带轮 21. 带轮紧固螺母 22. 流量控制阀盖 23. O形密封圈 24. 弹簧 25. 流量控制阀 26. 转向油泵壳体

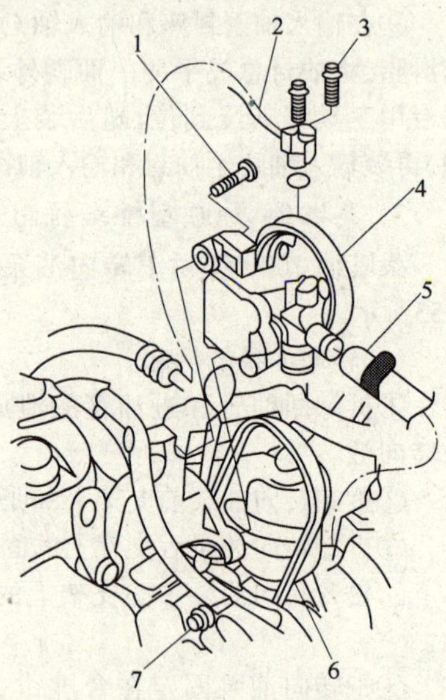

图 3-59 动力转向油泵拆卸

1. 紧固螺栓 2. 出油软管 3. 螺栓 4. 转向油泵 5. 进油软管 6. 传动带 7. 锁紧螺栓

(2)动力转向油泵的分解。

①用装有软垫的虎钳夹住转向油泵，夹紧时不要用力过大，并用加长杆固定带轮，用扳手拧下带轮紧固螺母，卸下带轮，如图 3-60 所示。

②用六角扳手拧下流量控制阀盖，并拆下 O形密封圈、流量控制阀和弹簧。

③拧下凸缘螺栓，拆下转向油泵盖及密封件。

④拆下外配油盘、定子、转子、内配油盘和密封圈。

⑤拆下辅助阀。

⑥拆下卡环，用塑料锤子敲击转子轴端部，卸下油泵转子轴。

⑦拆下壳体中的油封和密封圈。

(3)动力转向油泵的装配。

①将辅助阀上的销子对准转向油泵壳体中机油通道，装入辅助阀，如图 3-61 所示，并用弹簧卡环加以紧固。

②用手将新油封装入转向油泵壳体上，注意油封带槽的一侧朝里，然后安装转向油泵密封圈，如图 3-62 所示。

③使用专用工具套筒，将转向油泵转子轴装入壳体内，然后安装卡簧(圆面朝外)，使其轴向定位。

④在油泵盖密封件上涂一层动力转向油液，并将其装入泵盖的槽中，然后将外配油盘安装在泵盖的两个定位销上，如图 3-63 所示。

⑤如图 3-64 所示，使定子的标记向上，将定子安装在油泵盖的定位销上。

⑥ 将转向油泵的转子安装到定子内，然后将 10 个叶片装进转子的槽中，要求叶片的圆弧端向外与定子的滑动表面接触，如图 3-65 所示。

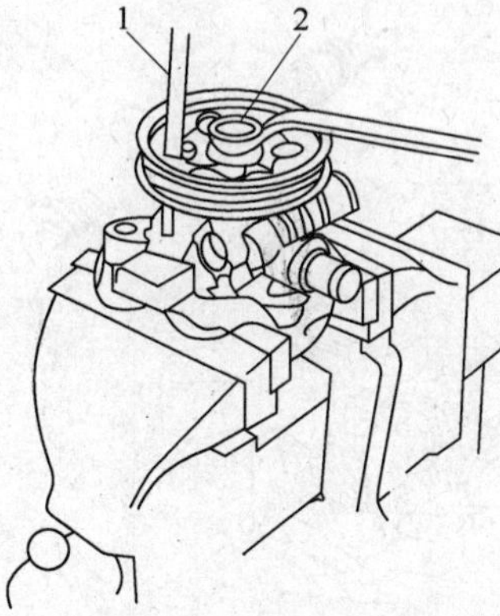

图 3-60　皮带轮拆卸

1. 加长杆　2. 紧固螺母

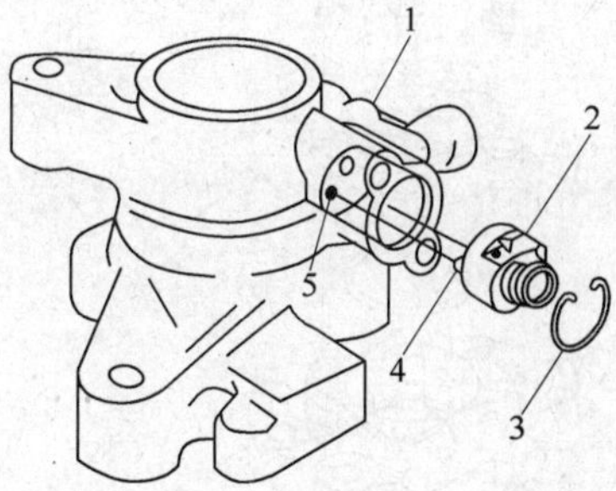

图 3-61　安装辅助阀

1. 油泵壳体　2. 辅助阀　3. 弹簧卡环　4. 销　5. 机油通道

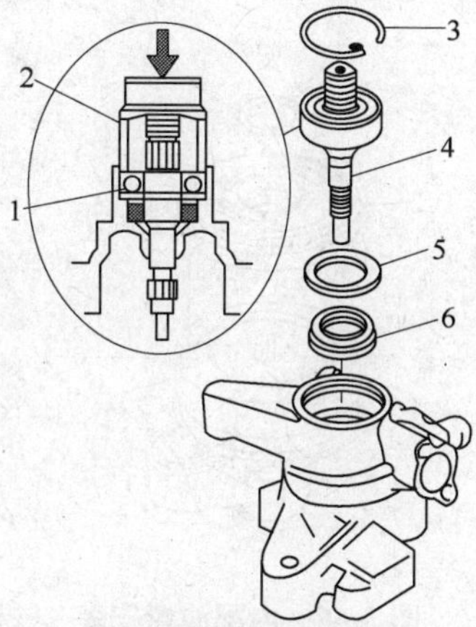

图 3-62　转子轴安装

1. 滚珠轴承　2. 套筒　3. 卡簧　4. 转子轴　5. 密封圈　6. 油封

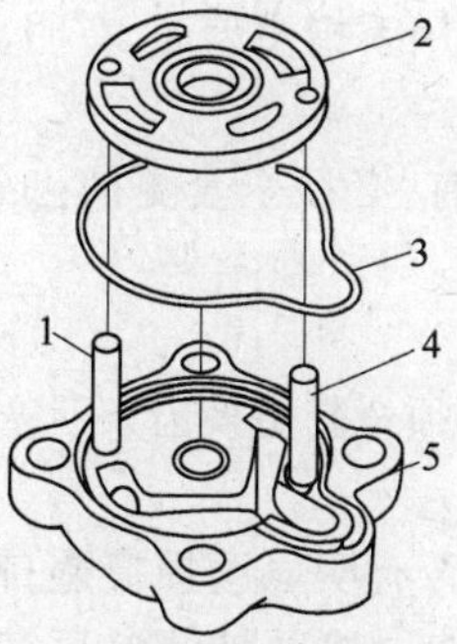

图 3-63　配油盘安装

1. 定位销　2. 外配油盘　3. 泵盖密封件　4. 定位销　5. 转向油泵盖

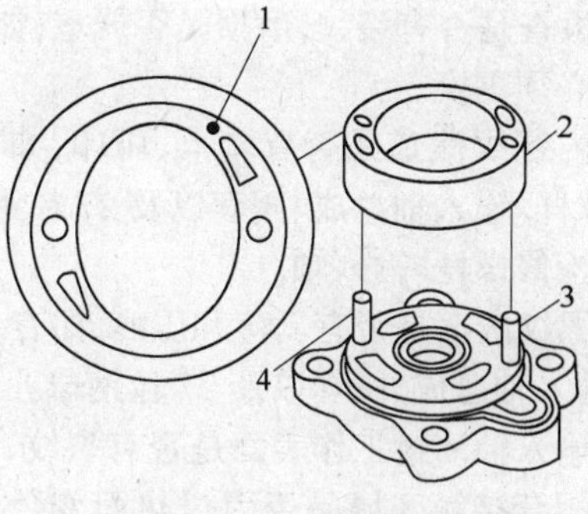

图 3-64　定子安装

1. 标记　2. 定子　3、4. 定位销

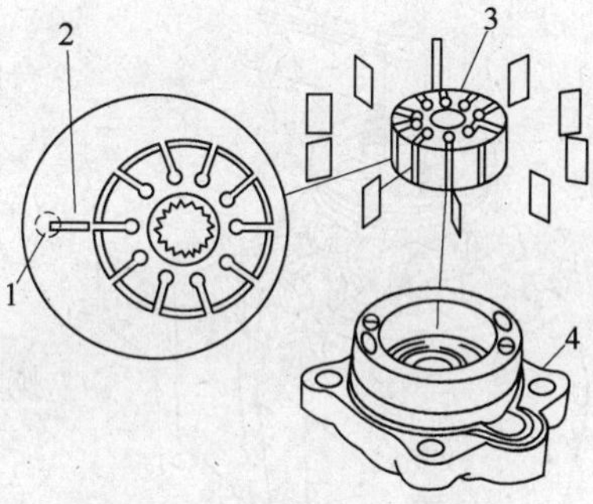

图 3-65　转子及叶片安装

1. 圆端　2. 叶片　3. 转子　4. 泵盖

⑦在 O 形密封圈上涂上一层动力转向油液，并将其装入内配油盘的槽中，然后将内配油盘上的定位销安装孔与定位销对正，将内配油盘装到定子上，如图 3-66 所示。

⑧如图 3-67 所示，在 O 形圈上涂一层动力转向油液，并将其置于油泵壳体中，然后将转向油泵盖总成装入油泵壳体中，用 22N·m 的力矩拧紧油泵盖的紧固螺栓。

⑨安装流量控制阀。如图 3-68 所示，首先将流量控制阀涂一层动力转向油液，并将流量控制阀和弹簧装入油泵壳体中，然后在 O 形圈上涂一层动力转向油液，并将其装到流量控制阀盖上，再将流量控制阀盖装到油泵壳体上，并用 49N·m 的力矩加以拧紧。

⑩安装 V 带轮。首先将转向油泵夹在垫有软垫的台钳上（用力不能过大，以免损坏壳体），然后装上带轮，并初步安装上传动带螺母，再用加长杆固定住带轮，并以 64N·m 的力矩拧紧带轮螺母，如图 3-69 所示。

⑪用手转动 V 带检查时，转向油泵转动应平滑自如，无异常噪声。

三、液压动力转向装置的检修

1. 动力转向器的检修

(1)东风 EQ1108G 型汽车循环球式动力转向器的检修。

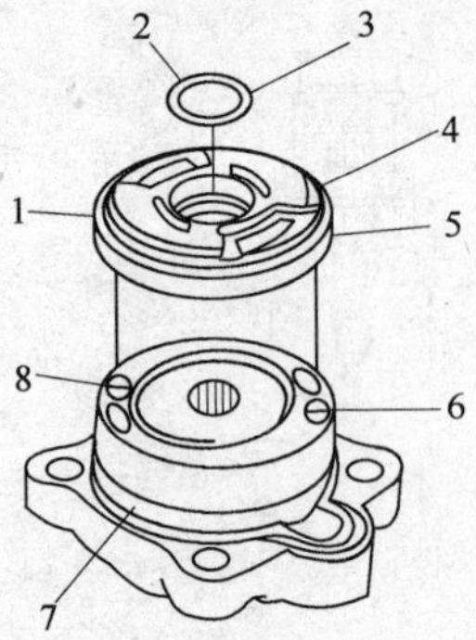

图 3-66 内配油盘安装

1、5. 定位销安装孔 2. 涂动力转向油液 3. O形密封圈 4. 内配油盘 6、8. 定位销 7. 定子

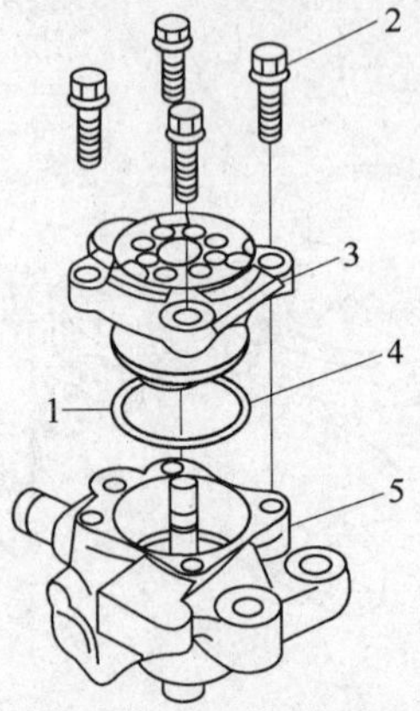

图 3-67 泵盖总成安装

1. 涂动力转向油液 2. 紧固螺栓 3. 泵盖总成 4. O形密封圈 5. 油泵壳体

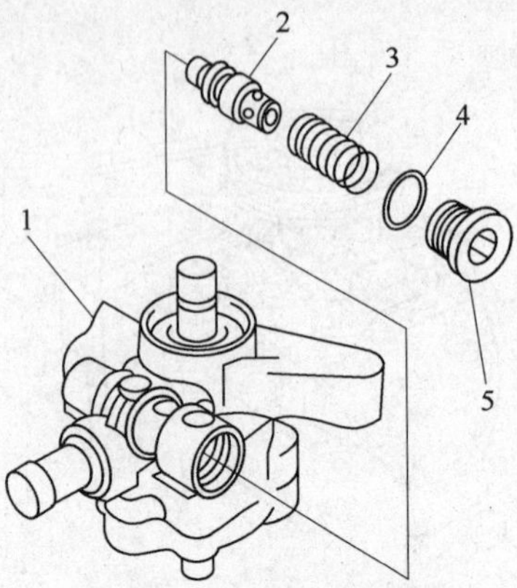

图 3-68 流量控制阀安装

1. 油泵壳体 2. 流量控制阀 3. 弹簧 4. O形密封圈 5. 流量控制阀盖

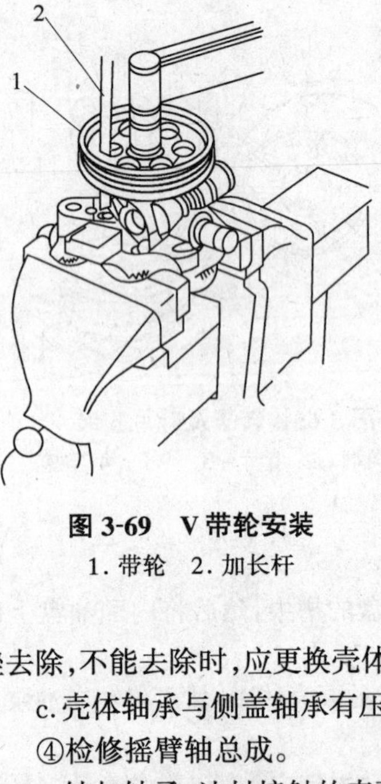

图 3-69 V带轮安装

1. 带轮 2. 加长杆

①检修齿条活塞。

a. 检查是否有裂纹，磨损是否严重，如果用手指摸齿面，有明显台阶时必须更换。

b. 内螺纹滚道是否有剥落、压印，如果有，必须全套更换齿条活塞、螺杆/输入轴总成、阀套以及27粒钢球。

②检修螺杆/输入轴。

a. 螺纹滚道是否有剥落和压痕，如有，必须全套更换齿条活塞、螺杆/输入轴总成、阀套以及27粒钢球。

b. 输入轴油封工作表面是否有裂纹，是否有明显磨损痕迹；输入轴与阀套接触区域是否因过热而变色。如上述两种情况存在，须更换螺杆/输入轴总成、阀套和27粒钢球。

③检修转向器壳。

a. 在确认密封件完好的前提下，若总成最后的内泄漏大于1.5L/min，应更换壳体。

b. 壳体各个密封面是否有影响密封效果的凹痕，如有，用细平锉去除，不能去除时，应更换壳体。

c. 壳体轴承与侧盖轴承有压印、破裂，应更换轴承或壳体总成、侧盖总成。

④检修摇臂轴总成。

a. 轴与轴承、油封接触的表面是否有剥落或压印，用手指检查有无台阶，目视检查是否有裂纹，花键是否扭曲等。只要有其中一条缺陷，应更换摇臂轴。

b. 摇臂轴调整螺钉无损坏，用手转动螺钉不发卡，没有轴向间隙。

⑤检修止推轴承。止推垫片有压印、剥落；止推轴承滚针脱落。有上述其中一条缺陷，应更换垫片与止推轴承。

(2)桑塔纳2000型轿车齿轮齿条式动力转向器的检修。

①检查转向齿轮端头及衬套磨损情况，上下滚珠轴承是否同轴，如磨损严重或不同轴，则应更换。

②检查齿条各部的磨损程度，有无缺齿，如有，则应更换齿轮。

③检查转向器外壳有无磨损及破裂，如破裂或磨损严重，应更换。

④检查波型管是否破裂，如有破损，应更换。

⑤检查各密封圈及密封环，如有渗漏，必须更换。

⑥自锁螺母和螺栓一经拆卸，必须更换。

⑦不准将转向器零件进行焊接和整形。

2. 动力转向油泵的检修

检修前用清洗剂清洗所有零件并用压缩空气吹干。

(1)流量控制阀的检修。

①流量控制阀机械故障的检修。

a. 检查流量控制阀的凹槽边缘有无磨损、毛刺及其他的损坏，如图 3-70 所示。

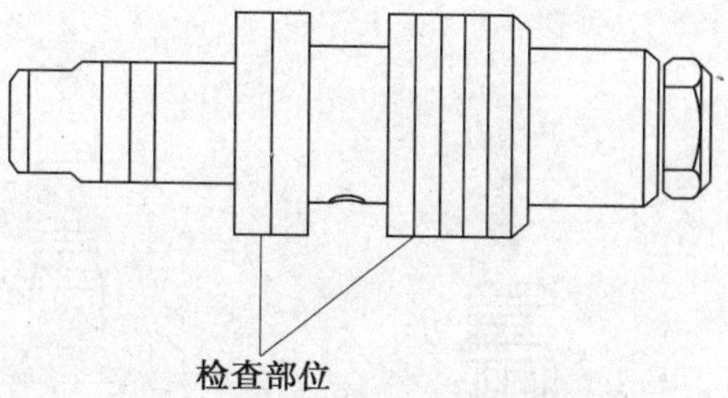

图 3-70　检查流量控制阀机械故障

b. 检查转向油泵壳体流量控制阀阀孔有无刮伤和磨损现象。

c. 将流量控制阀装入泵壳体内，检查进出移动是否平滑，有无卡滞现象。

d. 若流量控制阀磨损严重或在其阀孔内部不能平滑移动或有其他机械损伤，则应更换转向油泵总成。

②检修流量控制阀的密封性。

a. 将软管接至流量控制阀一端，将流量控制阀浸入装有动力转向油液的容器内，并从软管中吹入压缩空气，如图 3-71 所示。如果压缩空气压力低于 98kPa 时，流量控制阀中有气泡冒出，则说明流量控制阀有泄漏现象。

b. 发现流量控制阀有泄漏现象时，可对流量控制阀进行分解并彻底清洗，如图 3-72 所示，用压缩空气吹干后重新组装进行再次密封性检查。

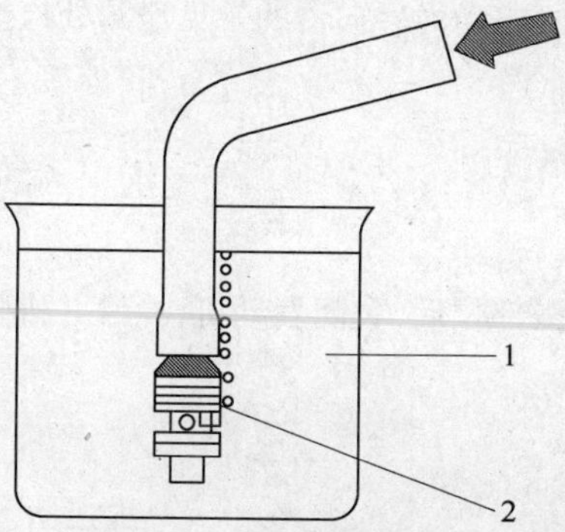

图 3-71　检查流量控制阀密封性

1. 动力转向油或溶剂　2. 流量控制阀

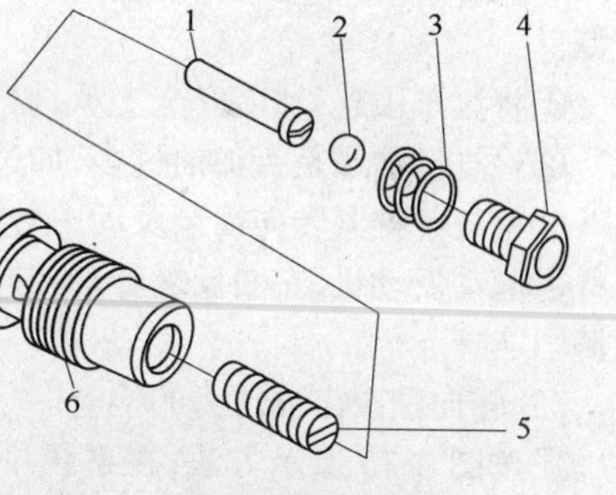

图 3-72　分解流量控制阀

1. 压力控制阀　2. 压力控制阀钢球　3. 垫片　4. 支座　5. 压力控制阀弹簧　6. 流量控制阀　7. 端部

c. 如果流量控制阀再次测试时仍然有气泡冒出，则说明该阀密封不严，应更换转向油泵总成。如果重测时不再冒气泡，则将它重新装入动力转向油泵中。

图 3-73　检查轴承

(2)转子轴的检修。

①检查转子轴是否磨损，是否弯曲，有无裂纹或其他损伤。如转子轴磨损严重或弯曲变形或损坏，则应更换。

②检查转子轴上的滚珠轴承，缓慢地转动外座，如图 3-73 所示。如果感觉有间隙或转动不顺畅，则应更换新轴承。

③需要更换滚珠轴承时，可使用压力机和专用工

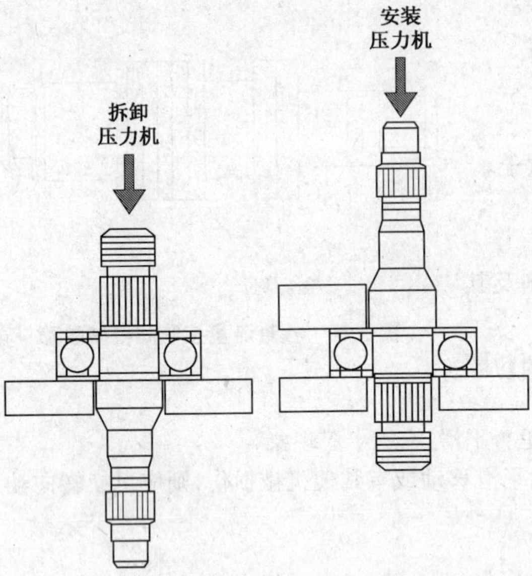

图 3-74 更换转子轴滚珠轴承

具将滚珠轴承拆下，并换上新的滚珠轴承，如图3-74所示。

(3)叶片的检修：转向油泵的叶片能在转子槽中滑动自如，检查叶片长、宽方向的磨损情况，以及叶片与转子槽之间的间隙，如果叶片磨损严重或有表面划痕，则应更换转向油泵总成。

(4)转向油泵壳体的检修：检查转向油泵壳体及盖是否存在裂纹、破损或变形，检查壳体轴承座孔、流量控制阀座孔、辅助阀座孔是否存在磨损、刮伤或其他损伤，如存在上述缺陷，则应更换动力转向油泵总成。

(5)定子的检修：检查油泵定子的内表面的磨损情况，若存在磨损及严重刮伤，不圆滑等损伤，则应更换转向油泵总成。

(6)配油盘的检修：检查油泵配油盘的内工作表面是否平整，不允许有任何裂缝和划痕，否则应更换转向油泵总成。

3. 动力转向装置的检查与调整

(1)系统的密封性的检查：检查泄漏时，首先起动发动机，然后左右转动转向盘若干次，每次都转到极限位置(但注意在极限位置停留不得超过5s)，使转向油泵输出最大压力，从而使整个动力液压管路系统产生最大压力，此时在转向油泵管路连接处及动力转向油泵、动力转向器的常见泄漏处检查泄漏。

①将汽车顶起，加上安全支承，擦干漏油部位。

②检查储油罐是否加油过多，如过多应排出过多油液。

③检查并拧紧转向油泵及动力转向器上的油管接头部位。

④起动发动机，左右反复转动转向盘，查找泄漏部位。发现泄漏部位后，关闭发动机，检修并排除故障。

(2)转向油泵出油压力的检查。

①按图3-75所示方法，在系统中装入油压测试器，油压测试器由油压表和截止阀并联而成。

②起动发动机，并使其怠速运转。

③急速关闭截止阀(不要超过5min)，并读出压力表读数。

④出油压力的额定值为6800～8200kPa。如压力达不到额定值，应检查压力流量控制阀工作是否正常，如不正常，应更换，或更换转向油泵。

(3)系统压力的检查。

①油压测试器的连接同转向油泵出油压力的检查。

②起动发动机，并使其怠速运转。

③打开截止阀，使转向盘左右转至极限位置，读出压力表读数。其额定值应为6800～8200kPa。如向左、右达不到额定值，应查明原因予以修理，或更换总成。

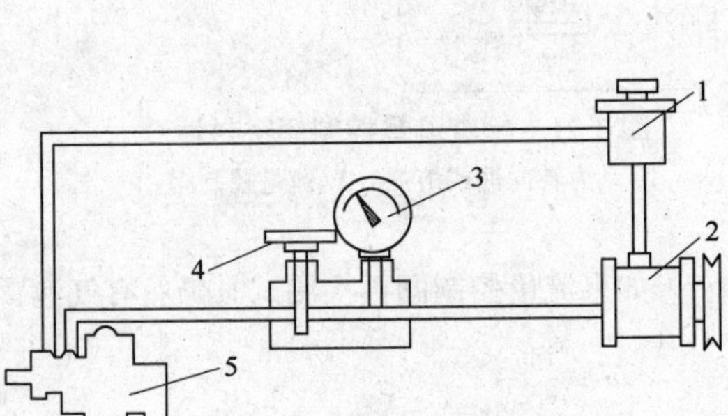

图 3-75 油压测试器的连接
1. 储油罐 2. 转向油泵 3. 压力表 4. 截止阀 5. 动力转向器

(4)储油罐油液的检查。

①将汽车停放在平坦的地面上。

②在发动机怠速时，转动转向盘数次，使转向油液温度达到80℃左右。

③检查转向油液是否起泡或乳化，如果转向油液起泡或乳化，则表示转向油液内已渗入空气，此时应进行排气操作。

④检查转向油液油质，若转向油液变质或使用期限已到，则应更换油液。

⑤检查储油罐油位高度，确保油位在储油罐的油位上限和油位下限之间。当油液没有变质，油液中也没有渗入空气，而只是油面高度低于油位下限，则可能有泄漏，应检查并修理泄漏部位，然后按需添加推荐使用的油液，使油位在油位上限附近。

(5)更换液压油。

①卸下储油罐的回油软管，从储油罐及回油软管上放出旧油至适当的容器中。小心不要把旧油洒到车体或零部件上，以免损坏车漆，若溅洒应立即擦净。

②使发动机怠速运转，一面排油，一面将转向盘连续地左右转到极限位置，直到油液排尽，再关闭发动机。

③将回油软管重新安装到储油罐上。

④向储油罐加添动力转向油液至油位上限。

⑤起动发动机并且怠速运转，然后转动转向盘从左极限到右极限若干次，以便排出转向液压系统中的空气。

⑥重新检查油位，必要时可加注转向油液，使油位至储油罐上限。

(6)动力转向系统的排气：当动力转向液压系统渗入空气后，由于空气的可压缩性，造成汽车转向操作不稳、忽轻忽重、影响汽车的转向安全性。液压系统渗入空气的可能原因：

①油管接头连接不牢或接头损坏。

②油管破裂或重新连接油管后没有进行排气或排气不干净。

③在更换转向油液时排气不干净。

④储油罐油面过低。为保证汽车转向省力，操作平稳安全，应及时地将转向油液系统中的空气排出。步骤如下：

a.连续不断地将转向盘从一个极限位置转到另一个极限位置，同时向储油罐加注油液。

b.当油面达到一定高度后，如油面高度保持不变，并且无更多的气泡出现在油液表面时，起动发动机，使其怠速运转，加注油液，然后，转动转向盘从一个极限转到另一个极限位置5次以上，直至可靠地全部排除系统内的空气。

c.检查油位，根据需要可向储油罐中加注油液至规定油位。

d.向左向右转动转向盘，油位变动应不大于4mm，储油罐内油液应无泡沫或混浊情况。

(7)检查和调整动力转向油泵V带松紧度：动力转向油泵传动带过松打滑，将导致动力转向系统油压过低，使转向困难；若驱动传动带过紧，则会使动力转向油泵轴承等加速磨损，发动机功率消耗增加。因此，动力转向油泵传动带的松紧度应调整适宜。但对新旧带应区别对待，使用新带时，先按新带的标准挠度或张紧力调整，然后使发动机运转5min，再将挠度和张紧力调节到旧带标准值。

①用V带张紧力规检查V带松紧度。从支架上拆下储油罐，然后将其置于一边；在传动带上安装传动带张紧力规，然后测量传动带的张紧力。其张紧力应符合标准，否则应予调整。调整完毕后小心地拆下传动带张紧力规，并装上储油罐。

检查时应注意，若传动带上有裂纹或明显损坏，则应更换新传动带；按照说明书的要求正确操作传动带张紧力规。

②传动带静挠度检查法。在动力转向油泵带轮和曲轴带轮的传动带上施加98N的力，测量传动带静挠度，其挠度值应符合标准，否则应调整。

③传动带运转检查法。汽车停在干燥路面上,发动机运转使油液升到正常温度后,左右转动转向盘,当转向盘转到极限位置时,动力转向油泵输出油压最大,此时驱动带的负荷最大,如果传动带打滑,说明传动带紧度不够或油泵内有机械损伤。

④转向油泵的调整。

a.松开动力转向油泵支架固定螺栓,松开张紧螺栓的螺母。

b.通过调整张紧螺栓,使传动带松紧度合适。

c.拧紧张紧螺栓的螺母,拧紧动力转向油泵支架固定螺栓。

d.起动发动机,将转向盘从左、右极限位置之间连续转动几次,再关闭发动机,重新检查传动带挠度或张紧力。若传动带张紧度不符合标准,则重新调整直至符合要求为止。

第六节 电子控制动力转向系统与四轮转向装置

一、电子控制动力转向系统

电子控制动力转向系统可以随行驶条件(主要是车速)及时调整转向助力放大倍数,很好地满足了各种车速下转向操纵力的要求。即车速低时,使助力大些,高速时,使助力小些。

根据转向动力源不同,电子控制动力转向系统可分为液压式和电动式两大类。

(1)液压式电子控制动力转向系统:根据其控制方式不同,可分为流量控制式、反作用力控制式和阀灵敏度控制式三种。

(2)电动式电子控制动力转向系统:根据其转向助力机构结构与位置的不同,可分为转向轴助力式、转向器小齿轮助力式和齿条助力式三种。

1. 液压式电子控制动力转向系统

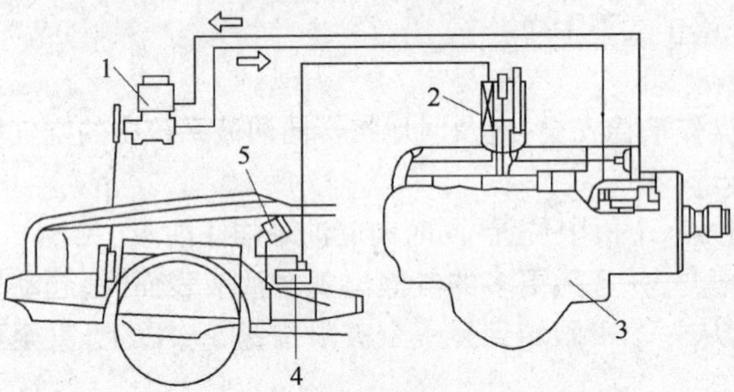

图 3-76 流量控制式动力转向系统

1. 转向油泵 2. 电磁阀 3. 动力转向器 4. 电子控制单元 5. 车速传感器

(1)流量控制式:流量控制式动力转向系统如图 3-76 所示。该系统主要由车速传感器、电磁阀、整体式动力转向器、转向油泵和电子控制单元等组成。

系统中,在转向动力缸两腔之间设有一旁通油路,在旁通油路上装有一电磁阀。电子控制单元根据车速传感器的输入信号,向电磁阀输送不同的电流信号,以控制电磁阀阀针的开启程度。

当车速较高时,电磁阀的控制电流增大,电磁阀阀针的开启程度增大,旁通液压油流量增大,系统助力作用减小,转向盘操纵力随之增加;当车速较低时,电磁阀的控制电流减小,电磁阀阀针的开启程度减小,旁通液压油流量减小,系统助力作用增大,转向盘操纵力随之减小。

(2)反作用力控制式:反作用力控制式动力转向系统如图 3-77 所示。系统主要由转向控制阀、分流阀、电磁阀、转向动力缸、转向油泵、储油罐、车速传感器及电子控制单元等组成。

转向控制阀在传统转向控制阀的基础上增设了油压反力室,其结构如图 3-78 所示。油压反力室位于控制阀的下端,室内有四个柱塞。阀杆的下端有两个凸起,分别顶在四个柱塞上。

分流阀的功用是将来自转向液压泵的油液,一部分分流到控制阀,一部分分流到电磁阀。电子控制单元根据汽车行驶车速,向电磁阀输送不同的电流,以控制电磁阀的开度,使部分油液通过电磁阀流回储油罐,油压反力室的油压减小。

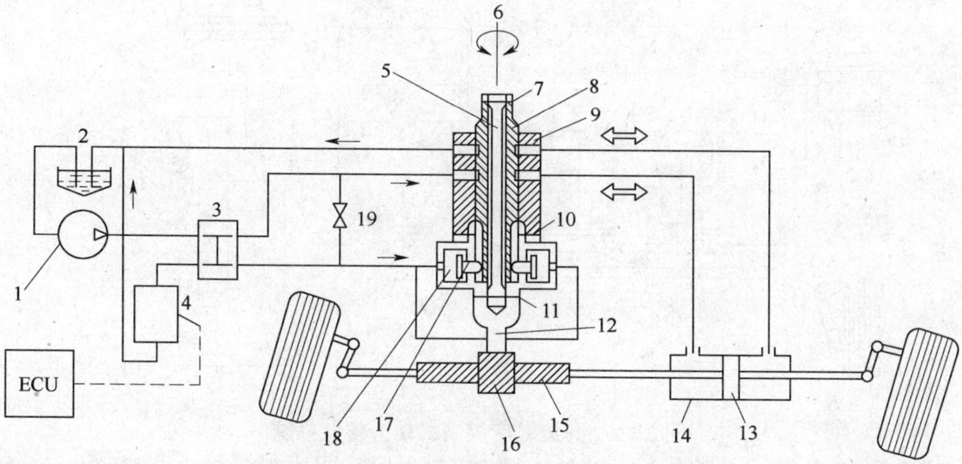

图 3-77　反作用力控制式动力转向系统

1. 转向油泵　2. 储油罐　3. 分流阀　4. 电磁阀　5. 扭杆　6. 转向盘　7、10、11. 销子　8. 控制阀阀芯　9. 控制阀阀体　12. 转向齿轮轴　13. 活塞　14. 动力缸　15. 转向齿条　16. 转向齿轮　17. 柱塞　18. 油压反力室　19. 小孔

当汽车静止或低速行驶时，电子控制单元向电磁阀通以较大的电流，电磁阀开度增大，油压反力室压力降低，作用于柱塞的背压减小，柱塞推动控制阀阀芯的力(反作用力)较小。此时，只需要较小的转向力就可使扭杆扭转变形，使阀芯与阀体发生相对转动而实现转向助力作用。

当车辆中高速行驶转向时，电子控制单元向电磁阀通以较小的电流，电磁阀开度减小，油压反力室的油压升高，作用于柱塞的背压增大，柱塞推动阀芯的力增大。此时，需要较大的转向力才能使阀芯与阀体之间作相对转动而实现转向助力作用，使得汽车在中高速行驶转向时，驾驶人可获得良好的转向手感。

(3)阀灵敏度控制式：阀灵敏度控制式动力转向系统如图 3-79 所示。它是根据车速控制电磁阀，直接改变动力转向控制阀的油压增益(阀灵敏度)来控制转向助力。

阀体上的可变小孔分为低速专用小孔(1R、1L、2R、2L)和高速专用小孔(3R、3L)，在高速专用小孔的下边设有旁通回路，旁通回路中又设有电磁阀，电子控制装置根据车速来控制电磁阀的开度，以改变控制阀的灵敏度，控制转向助力。

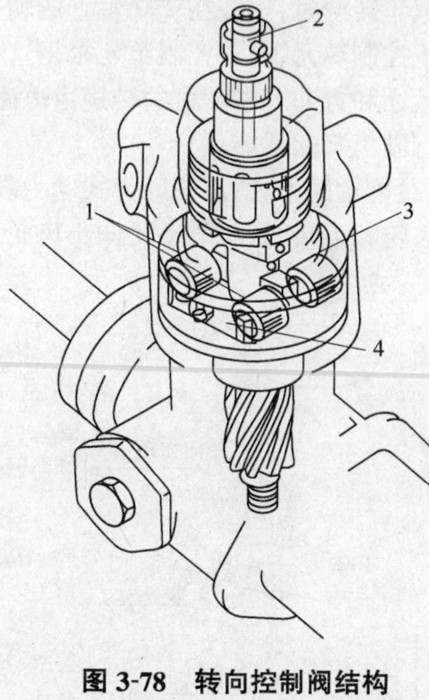

图 3-78　转向控制阀结构

1. 柱塞　2. 扭杆　3. 凸起　4. 油压反力室

汽车静止打方向(假设向右转动转向盘)时，电磁阀不通电而处于关闭状态，旁通回路没有流入油液，低速专用小孔 1R 及 2R 在较小转向力矩作用下即可关闭，转向油泵的高压油液经 1L 流向动力缸右腔，同时，动力缸左腔经 3L、2L 与储油罐相通。此时，转向动力缸提供最大的转向助力。

汽车行驶打方向(假设向右转动转向盘)时，随着车速的提高，电子控制装置向电磁阀输送的电流增大，电磁阀开度增大，转向油泵的一部分高压油液经 1L、3R 和旁通回路流回储油罐。转向动力缸右腔的油压随之减小，转向动力缸的助力作用相应减小。

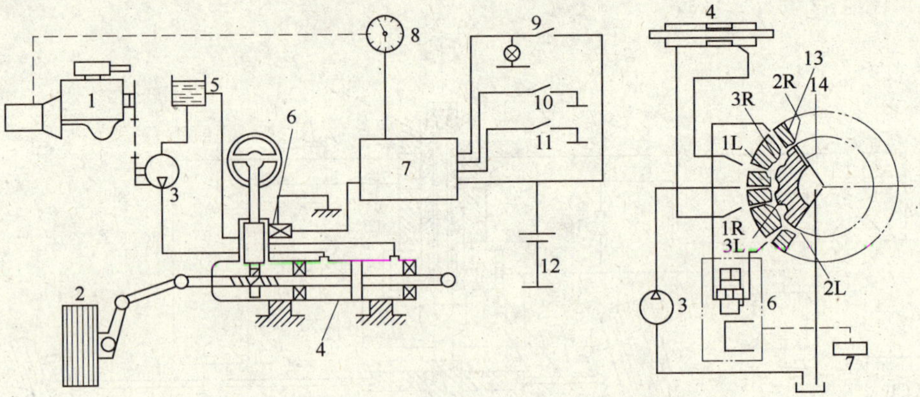

图 3-79 阀灵敏度控制式动力转向系统

1. 发动机 2. 转向轮 3. 转向油泵 4. 转向动力缸 5. 储油罐 6. 电磁阀 7. 电子控制单元 8. 车速传感器 9. 车灯开关 10、11. 空档开关 12. 蓄电池 13. 控制阀阀体 14. 控制阀阀芯

2. 电动式电子控制动力转向系统

(1)转向轴助力式:转向轴助力式动力转向系统如图 3-80 所示。该系统的电动机固定在转向轴一侧,通过电磁离合器与转向轴连接,直接驱动转向轴而实现转向助力。

汽车转向时,安装在转向轴上的转矩传感器不断检测转向轴输入转矩,该信号同车速信号一同输入电子控制单元,电子控制单元根据这些信号计算出助力转矩的大小和方向,以此确定电动机输入电流的大小和方向。电动机的转矩由电磁离合器通过减速机构增矩后,作用在转向轴上,使转向助力与汽车行驶工况相适应。

(2)齿轮助力式:齿轮助力式动力转向系统如图 3-81 所示。系统中,电动机通过电磁离合器与转向小齿轮相连接,直接驱动转向小齿轮实现转向助力。

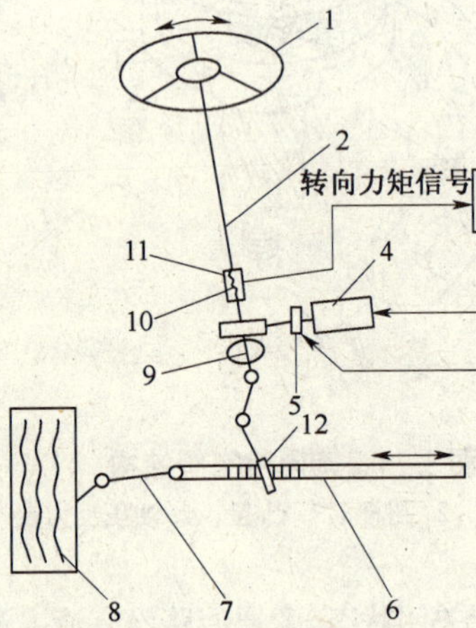

图 3-80 转向轴助力式动力转向系统

1. 转向盘 2. 转向轴 3. 电子控制单元 4. 电动机 5. 电磁离合器 6. 转向齿条 7. 横拉杆 8. 转向轮 9. 输出轴 10. 扭杆 11. 转矩传感器 12. 转向齿轮

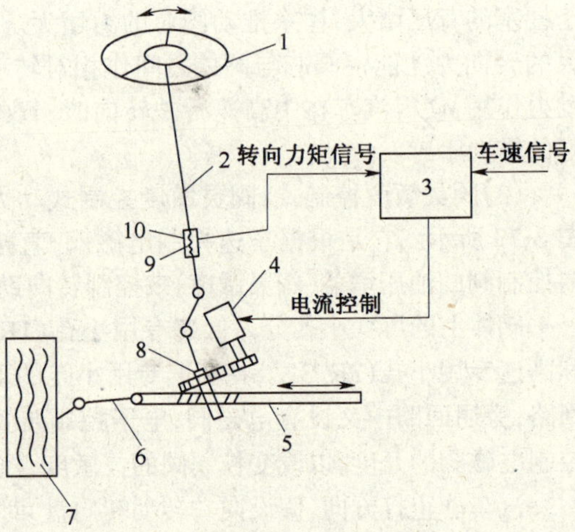

图 3-81 齿轮助力式动力转向系统

1. 转向盘 2. 转向轴 3. 电子控制单元 4. 电动机 5. 转向齿条 6. 横拉杆 7. 转向轮 8. 转向齿轮 9. 扭杆 10. 转矩传感器

(3)齿条助力式:齿条助力式动力转向系统如图 3-82 所示。该系统的转向助力机构安装在转向齿条处,电动机通过减速传动机构直接驱动转向齿条。

二、四轮转向装置

所谓四轮转向汽车(4WS 汽车),是指 4 个车轮都是转向车轮的汽车,或 4 个车轮都能起转向作用的汽车。

汽车在低速转向行驶时,后轮相对于前轮反向偏转,如图 3-83 所示,并且偏转角度应随转向盘转角增大而在一定范围内增大。如汽车急转弯、掉头行驶、避障行驶或进出车库时,使汽车转向半径减小,机动性能提高。这时,四轮转向汽车可轻松地通过两轮转向汽车需多次反复倒车才能通过的地方。

汽车在高速行驶转向时,后轮相对于前轮同向偏转,如图 3-84 所示。汽车通过曲率不大的弯道或汽车变道行驶时,使汽车车身的横摆角度和横摆角速度大为减小,使汽车高速行驶的操纵稳定性显著提高。

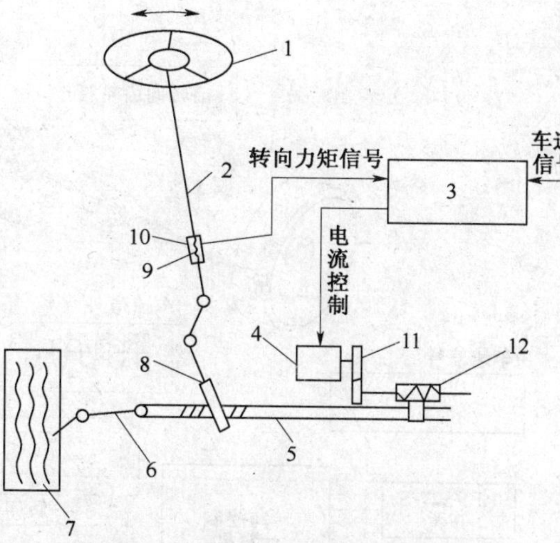

图 3-82 齿条助力式动力转向系统

1. 转向盘 2. 转向轴 3. 电子控制单元 4. 电动机 5. 转向齿条 6. 横拉杆 7. 转向轮 8. 转向齿轮 9. 扭杆 10. 转矩传感器 11. 斜齿轮 12. 蜗轮蜗杆

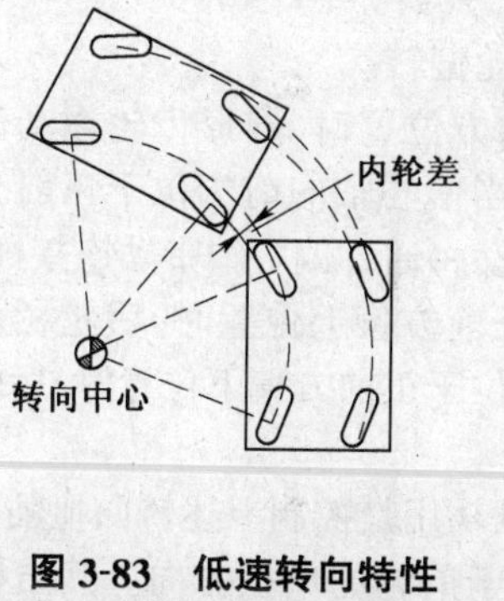

图 3-83 低速转向特性

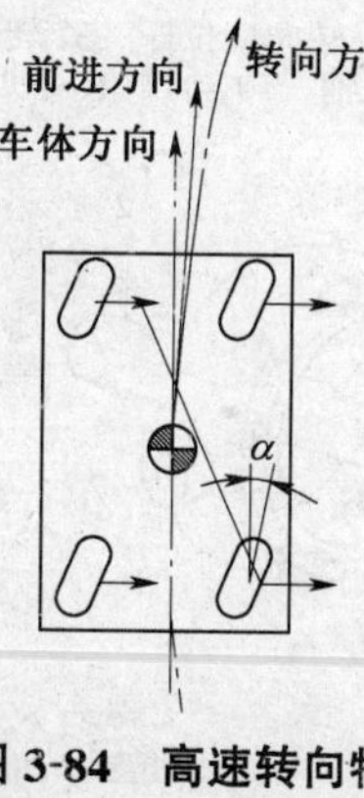

图 3-84 高速转向特性

相当多的汽车把改善汽车操纵性能的重点放在提高汽车高速行驶的操纵稳定性上,而不过分追求汽车低速行驶的机动性和减小汽车转弯半径,因此,一些四轮转向汽车在中低速行驶时只用前轮转向,当车速超过一定限值后,后轮转向机构才投入工作,并且后轮只保持与前轮同向偏转。

1. 转向角比例控制四轮转向装置

转向角比例控制四轮转向装置如图 3-85 所示。该装置前、后轮的转向机构进行机械连接。转向盘的转动传到前转向器(齿轮齿条式),齿条使前转向横拉杆做左右运动以控制前轮转向。同时,输出小齿轮旋转,通过连接轴传递到后转向齿轮箱中,后轮的转角与转向盘的转角成比例变化,并且在低速转向时,后轮与前轮反向转动;在中高速行驶时,后轮与前轮同向转动。

转向枢轴的结构如图 3-86 所示。它由内座圈、外座圈、偏心轴、连接杆和扇形齿轮等组成。

转向枢轴的外座圈与扇形齿轮制成一体,可绕旋转中心左右倾斜运动。内座圈与一个凸出在连接杆上的偏心轴相连,连接杆由 4WS 转换器中的电动机驱动,绕其旋转中心,可正反向运动,并使偏心轴可在转向枢轴内上、下旋转 55°。

与连接轴相连的输入齿轮向左或向右转动时,旋转力就传到扇形齿轮上,扇形齿轮带动转向枢轴内、外座圈并通过偏心轴使连接杆左右摆动。连接杆的左右摆动使后转向横拉杆左右移动,从而带动

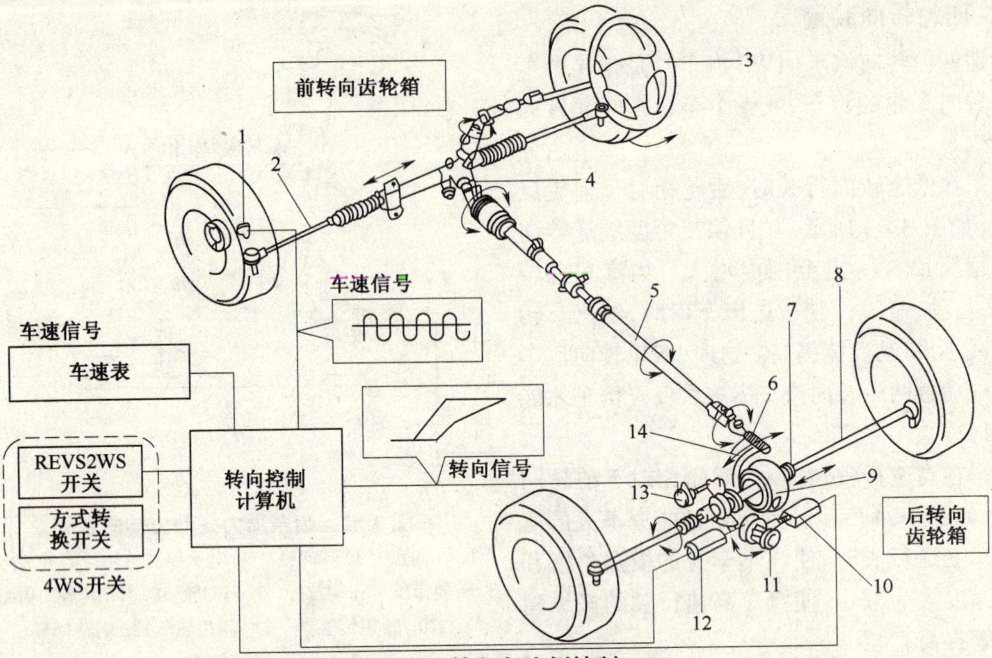

图 3-85 转向角比例控制 4WS

1. 车速传感器 2. 转向横拉杆 3. 转向盘 4. 转向齿轮 5. 连接轴 6. 输入齿轮 7. 连杆 8. 后转向横拉杆 9. 转向枢轴 10. 伺服电动机 11. 4WS 转换器 12. 主电动机 13. 转角比传感器 14. 扇形齿轮

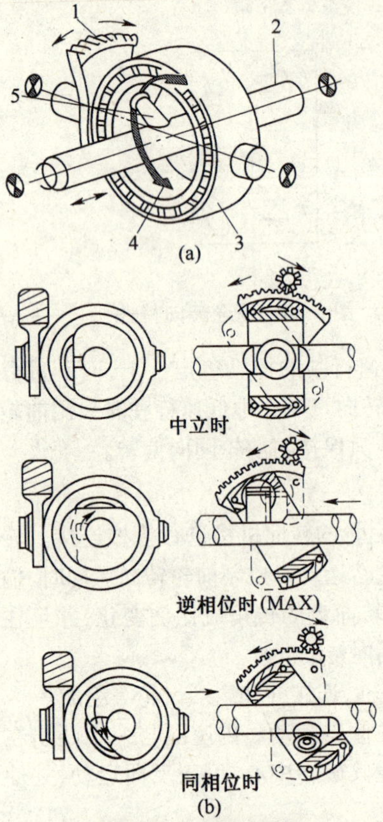

图 3-86 转向枢轴

(a)构造 (b)工作原理

1. 扇形齿轮 2. 连接杆 3. 外座圈 4. 内座圈 5. 偏心轴

后转向节臂转动,使后轮偏转。

当偏心轴位于正前方位置时,扇形齿轮摆动但连接杆不动,此时后轮不偏转。当偏心轴的前端位于正前方偏上或偏下位置时,扇形齿轮摆动将通过偏心轴带动连接杆左右移动。当偏心轴的前端位于正前方偏上位置时,后轮相对前轮反向转动;当偏心轴的前端位于正前方偏下位置时,后轮相对前轮同向转动。

四轮转向变换器的功用是控制上述转向枢轴中偏心轴的位置,即控制后轮相对于前轮的偏摆方向。其结构如图 3-87 所示。它由主电动机、辅助电动机、行星齿轮机构和蜗轮蜗杆机构等组成。

辅助电动机的输出轴与行星齿轮机构中的太阳轮相连接,主电动机输出轴与行星齿轮相连接,而行星齿轮机构中的齿圈就成为变换器的输出轴。平常,太阳轮固定,与主电动机相连接的行星齿轮转动,从而带动齿圈及四轮转向变换器输出轴转动。当主电动机不工作时,辅助电动机的转动通过行星齿轮带动齿圈及输出轴转动。

2. 横摆角速度比例控制四轮转向系统

横摆角速度比例控制四轮转向系统如图 3-88 所示。

该系统根据检测出的车速横摆角速度来控制后轮转向量。通过横摆角速度直接检测出车身的自转运动,使汽车从转向初期开始,就对后轮的转角做相应的调整,使车身方向与前进方向之间的误差非常小。同时,转向以外的力(如横向风等)引起车身自转,也能马上感知到,并可迅速通过对后轮的转向控制来抑制自转运动。

此系统主要由以下两个控制模块组成：一是纯机械转向控制模块，目的在于改善低速下的操纵性；另一是电子转向控制模块，它不仅用来改善中、高速时的操纵性和稳定性，而且也用来提高抗外来干扰的能力。

前轮转向机构的结构如图 3-89 所示。

转向盘的转动，一方面通过转向齿条控制前轮的转向，一方面通过齿条端部带动控制齿条移动，进而带动小齿轮及与小齿轮做成一体的前滑轮转动，并通过拉索将转动传递到后轮转向机构中。

后轮转向机构的结构如图 3-90 所示。

后轮转向有两套控制机构，一套通过拉索控制后轮的转向，另一套是通过电动机控制后轮的转向。

通过拉索控制后轮转向时，拉索的运动传到后

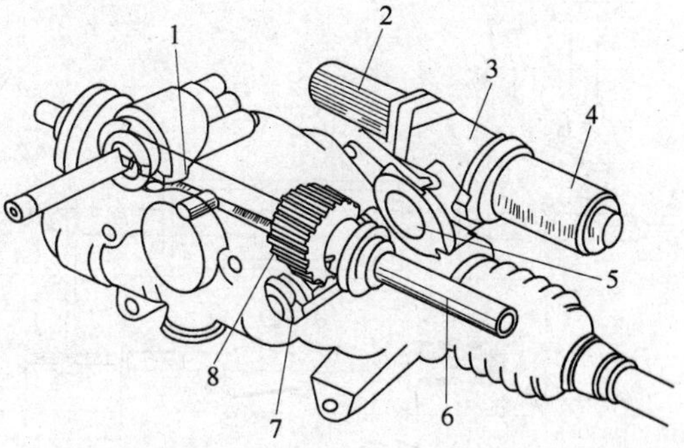

图 3-87　四轮转向变换器

1. 偏心轴　2. 辅助电动机　3. 行星齿轮机构　4. 主电动机　5. 四轮转向变换器输出轴　6. 连接杆　7. 蜗杆　8. 蜗轮

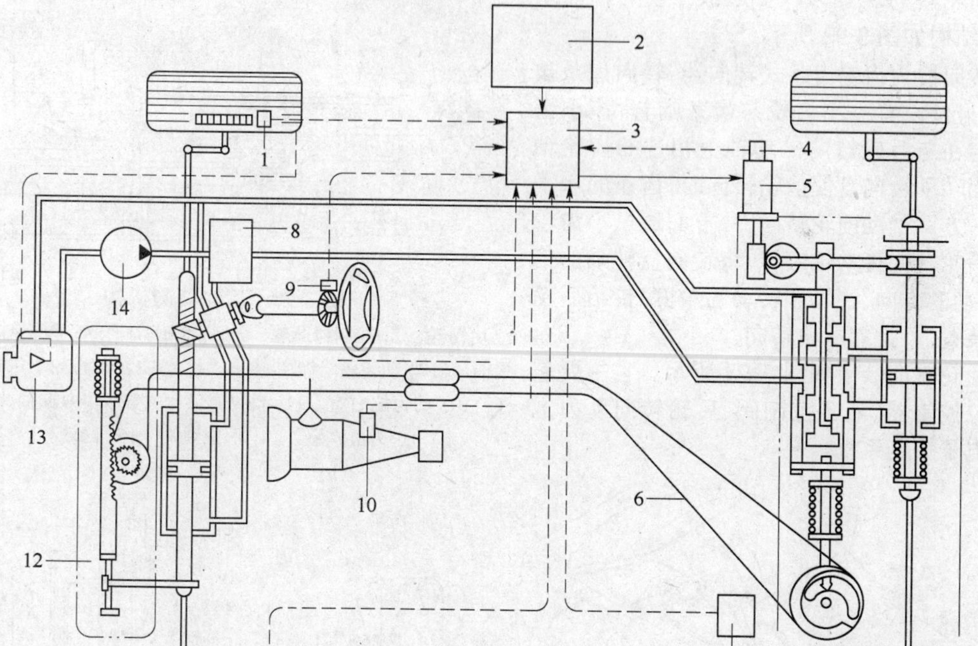

图 3-88　横摆角速度比例控制四轮转向系统

1、10、11. 车速传感器　2. ABS 主控悬架电子控制单元　3. 四轮转向电子控制单元　4. 电动机旋转角传感器　5. 转向控制电动机　6. 拉索　7. 横摆角速度传感器　8. 流量阀　9. 转向传感器　12. 后控制滑轮总成　13. 油位开关　14. 液压泵

滑轮和控制凸轮一同转动，并通过凸轮随动件使阀管移动。转向盘向左转动时，后滑轮向右移动，此时凸轮的轮廓线是向半径减小的方向转动，使阀管向左边移动，来自油泵的高压油进入动力缸右室，驱动动力缸活塞左移，带动后轮向右转向；转向盘向右转动时，凸轮的轮廓线向半径增大的方向转动，

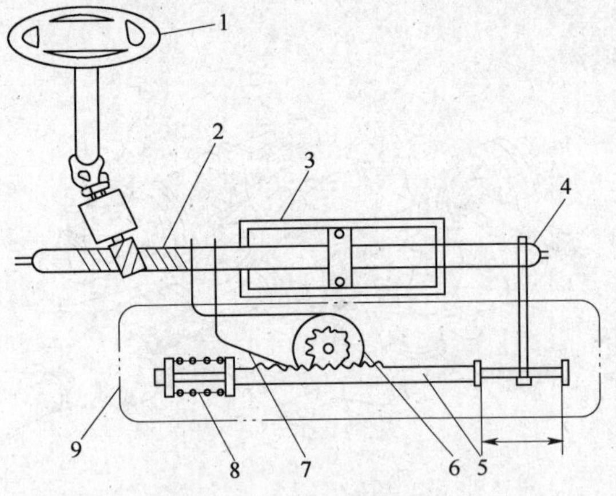

图 3-89 前轮转向机构

1. 转向盘 2. 齿轮齿条转向器 3. 转向动力缸 4. 齿条端部 5. 控制器齿条 6. 前滑轮 7. 拉索 8. 回位弹簧 9. 后滑轮控制总成

使阀管向右移动，来自油泵的高压油进入动力缸左室，驱动动力缸活塞右移，带动后轮向左转向。

通过电动机控制后轮的转向时，阀管固定不动，根据由步进电动机驱动的阀控制杆的左右摆动，使阀轴左右移动，从而改变油路驱动动力缸活塞的运动，使后轮偏转。步进电动机根据电子控制单元的指令而动作，可进行正反向转动，因此它可完成与前轮转向无关的后轮转向操作。

3．车速前馈控制四轮转向装置

车速前馈控制四轮转向装置如图 3-91 所示。该装置前、后轮均采用液压助力转向，但后轮转向为机-液-电联合控制。

系统中，后轮偏转的角度根据车速及转向盘转动角度，按事先设定好的程序由电子控制单元进行控制。在车速 0～35km/h 时前后轮逆相位，在 35km/h 附近时后轮不偏转，此时相当于两轮转向，在 35km/h 以上时前后轮同相位。

前轮转向装置为一普通液压动力转向系统，其结构如图 3-92 所示。

转向器为齿轮齿条式转向器，转向齿条被加长，另外设置一小齿轮与齿条啮合，该小齿轮固定在与后轮转向传动轴上相连的齿轮轴上。当转动转向盘使前轮转向时，齿条的水平移动一方面推动前轮转向，一方面通过小齿轮带动后轮转向传动轴旋转，将转向盘转动的信息（转动的方向、快慢和转动的角度）传给后轮转向装置，以控制后轮转向。

后轮转向装置如图 3-93 所示。它主要包括相位控制器、液压控制阀、后轮转向动力缸以及电子控制系统。

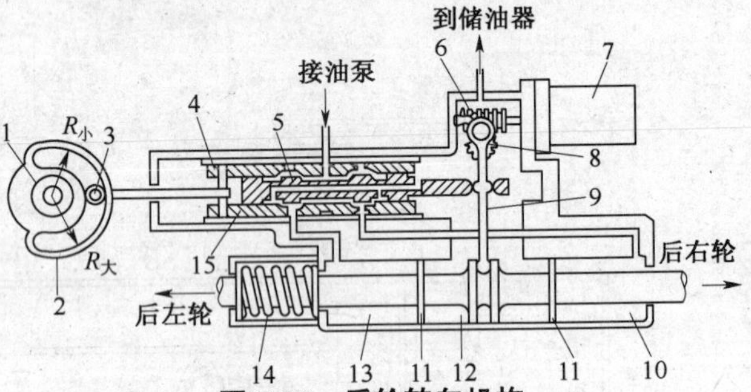

图 3-90 后轮转向机构

1. 后滑轮 2. 控制器凸轮 3. 凸轮随动件 4. 阀管衬套 5. 阀轴 6. 驱动齿轮 7. 步进电动机 8. 从动齿轮 9. 阀控制杆 10. 动力缸右室 11. 动力缸活塞 12. 动力缸轴 13. 动力缸左室 14. 回位弹簧 15. 阀管

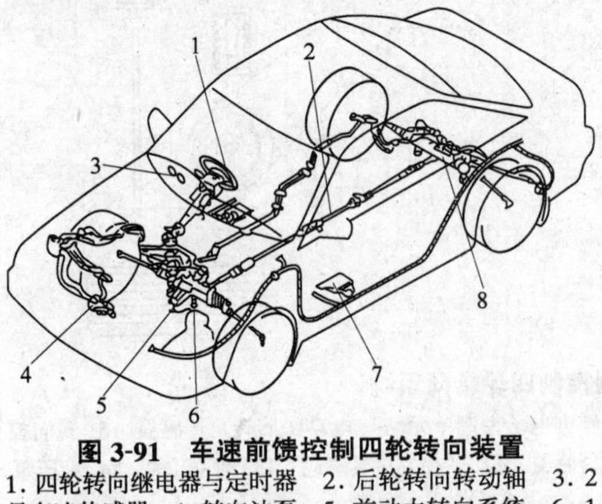

图 3-91 车速前馈控制四轮转向装置

1. 四轮转向继电器与定时器 2. 后轮转向转动轴 3. 2 号车速传感器 4. 转向油泵 5. 前动力转向系统 6. 1 号车速传感器 7. 四轮转向控制单元 8. 后转向控制箱

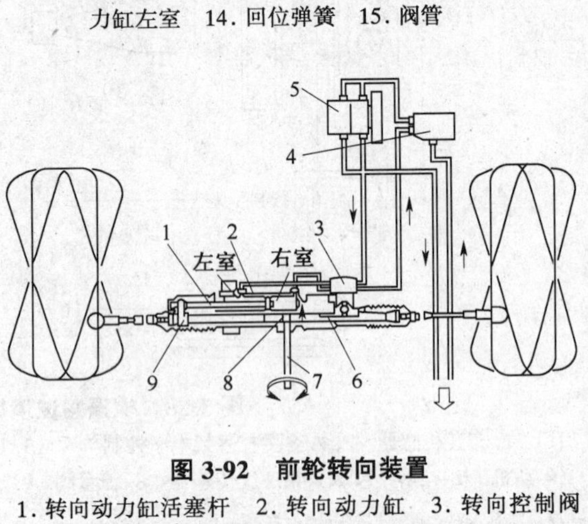

图 3-92 前轮转向装置

1. 转向动力缸活塞杆 2. 转向动力缸 3. 转向控制阀 4. 转向油泵 5. 储油罐 6. 转向齿条 7. 后轮转向传动轴 8. 小齿轮 9. 连接板

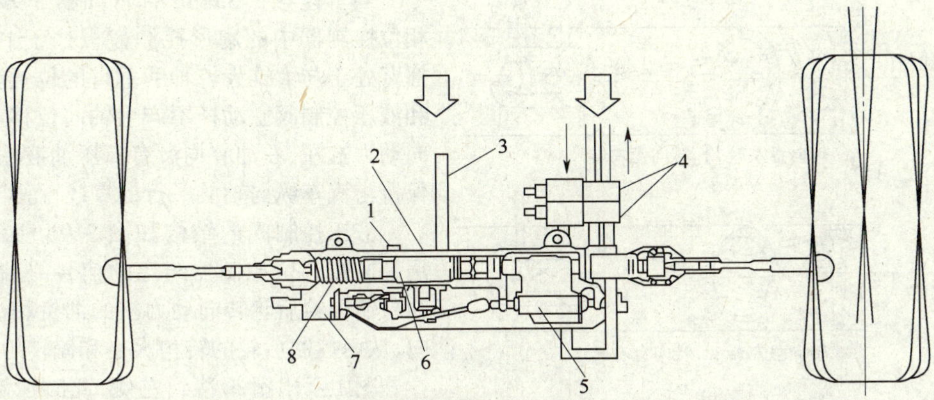

图 3-93 后轮转向装置

1. 转向比传感器 2. 后轮转向动力缸 3. 后轮转向传动轴 4. 电控油阀 5. 液压控制阀 6. 动力输出杆 7. 步进电动机 8. 回位弹簧

相位控制器的结构如图 3-94 所示。它包括步进电动机、扇形控制齿板、摆臂、大锥齿轮、小锥齿轮、液压控制阀联杆、液压控制阀主动杆等。其功用是将步进电动机驱动的扇形控制齿板的运动和由后轮转向传动轴驱动的大锥齿轮的运动合成后,将控制后轮偏转方向和偏转角度大小的运动信号传给液压控制阀,以驱动阀芯柱塞移动。

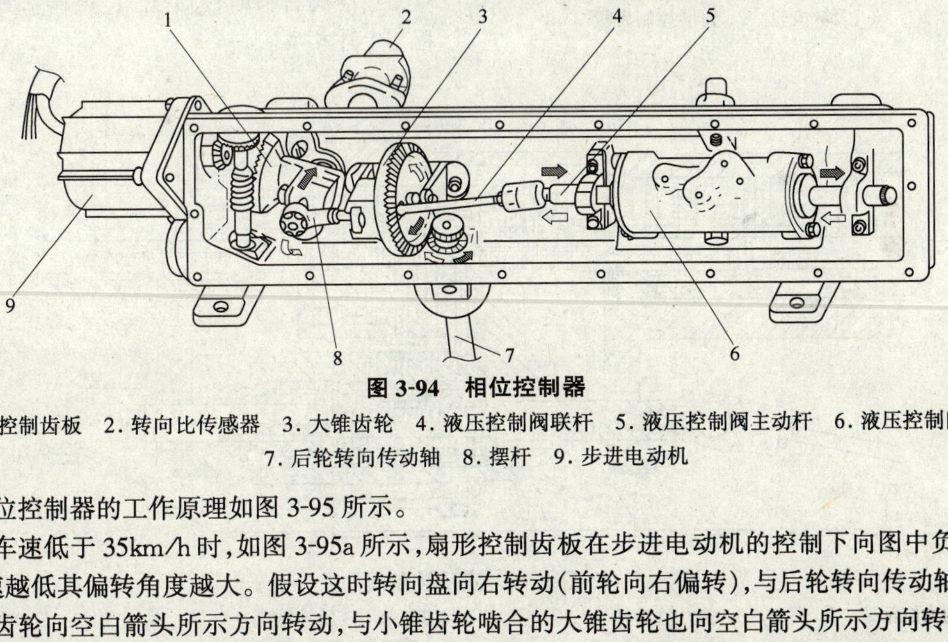

图 3-94 相位控制器

1. 扇形控制齿板 2. 转向比传感器 3. 大锥齿轮 4. 液压控制阀联杆 5. 液压控制阀主动杆 6. 液压控制阀 7. 后轮转向传动轴 8. 摆杆 9. 步进电动机

相位控制器的工作原理如图 3-95 所示。

当车速低于 35km/h 时,如图 3-95a 所示,扇形控制齿板在步进电动机的控制下向图中负方向偏转,车速越低其偏转角度越大。假设这时转向盘向右转动(前轮向右偏转),与后轮转向传动轴相连接的小锥齿轮向空白箭头所示方向转动,与小锥齿轮啮合的大锥齿轮也向空白箭头所示方向转动,同时带动大锥齿轮中心贯通的控制杆也围绕大锥齿轮轴线旋转。控制杆的运动带动摆杆随之运动,由于扇形控制齿板是向负方向转动,因此摆杆向右上方摆动。控制杆在摆杆这种合成运动的作用下,推动液压控制阀主动杆向右移动,其行程大小与扇形控制齿板的转角大小成正比。

当液压控制阀的主动杆向右移动时,由转向油泵输送的高压油液进入后轮转向动力缸的左腔,使后轮向左偏转,即后轮相对于前轮反向偏转。

当车速高于 35km/h 时(如图 3-95b 所示),相位控制器中扇形控制齿板向图中正方向转动,假设这时转向盘仍向右转动(前轮向右偏转),这时摆杆向左上方摆动,将控制杆向左拉动,结果使后轮向右偏转,即使后轮相对于前轮同向偏转。

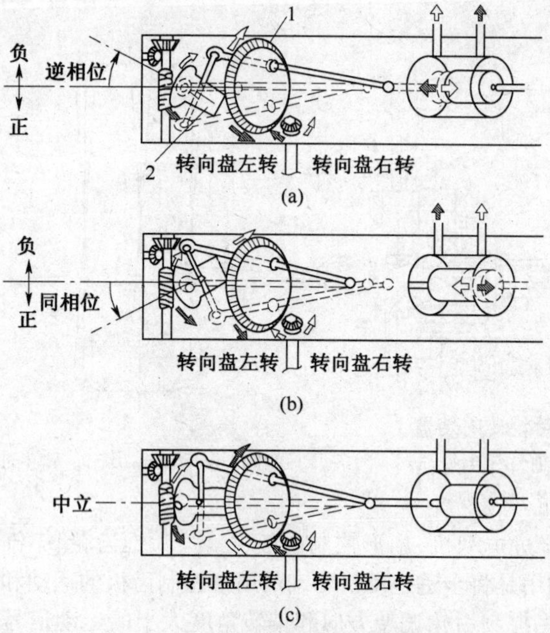

图 3-95 相位控制系统工作原理

(a)逆相位 (b)同相位 (c)中间位置

1. 大锥齿轮 2. 扇形控制齿板

当车速等于 35km/h 时(如图 3-95c 所示),相位控制器中的扇形控制齿板处于中间位置,摇臂处于与大锥齿轮轴线垂直的位置。控制杆和液压控制阀主动杆不产生轴向位移。后轮转向动力缸左、右油腔均没有高压油液输入,后轮保持与汽车纵向轴线平行的直线行驶状态。

液压控制阀的结构如图 3-96 所示。其作用是按照相位控制器给定的信号,控制由转向油泵输送给后轮转向动力缸的油量和油液的流向,从而控制后轮的转角大小和偏转的方向。

图中示出滑阀移到左侧,此时油泵送来的油液通过液压控制阀进入动力缸右腔,同时动力缸左腔通过液压控制阀与储油罐相通。在动力缸左右腔压力差作用下,输出杆左移,使后轮向右偏转。因为阀套与输出杆固定在一起,所以当输出杆左移时将带动阀套左移,从而改变油路通道大小,当油压与回位弹簧及转向力的合力达到平衡时输出杆(连同阀套)停止移动。

当滑阀右移时使后轮向左偏转,其作用过程与上述相反。

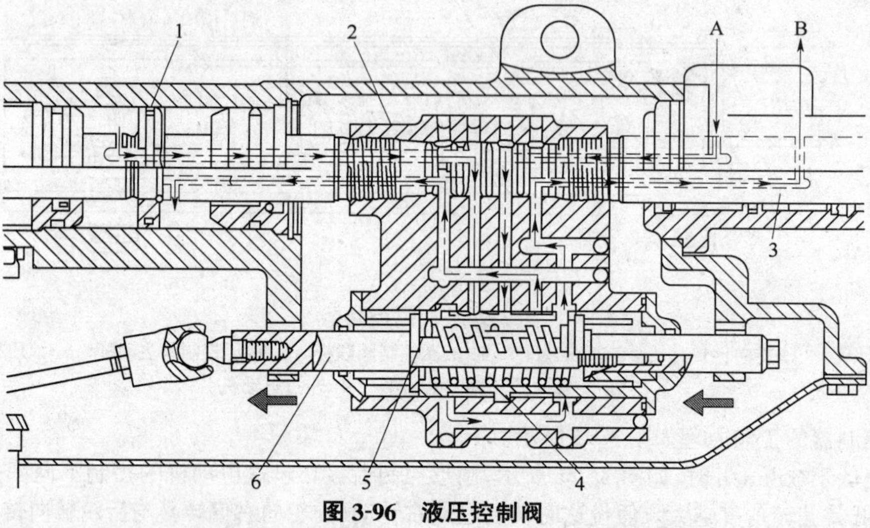

图 3-96 液压控制阀

1. 动力缸活塞 2. 阀套 3. 动力输出杆 4. 滑阀 5. 回油道 6. 液压控制阀主动杆 A. 进油口 B. 回油口

三、电控动力转向系统故障的诊断与检修

丰田轿车电控动力转向系统机械及油路的故障诊断与排除,可参照普通动力转向部分进行。这里主要介绍电控动力转向系统电子控制系统的故障诊断与排除方法。

1. 电子控制系统的故障排除

丰田轿车电控转向的电子控制系统如图 3-97 所示。ECU 连接器如图 3-98 所示。

(1)故障现象:怠速或低速行驶时转向困难,或高速行驶时转向太灵敏。

(2)初步检查。

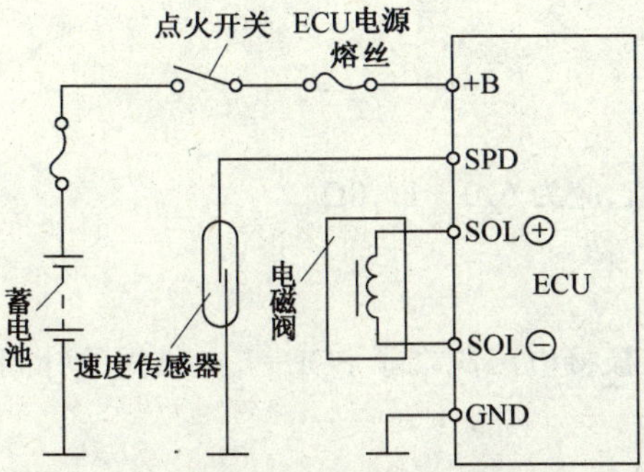

图 3-97　电控动力转向电子控制系统电路

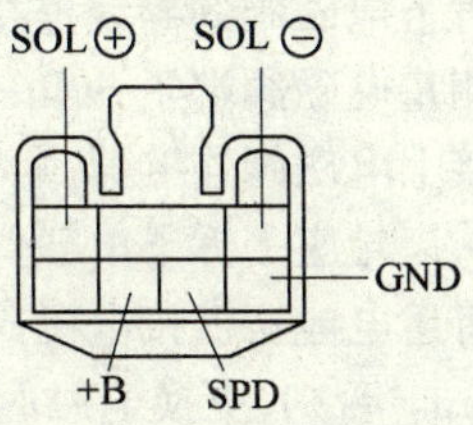

图 3-98　ECU 连接器

①检查轮胎气压。

②检查悬架与转向连接件之间润滑。

③检查前轮定位。

④检查转向系统接头及悬架臂球接头。

⑤检查转向柱管是否弯曲。

⑥检查所有接头是否均牢固可靠。

⑦检查动力转向泵液压。

(3)故障诊断程序：丰田轿车电控转向的电子控制系统的故障诊断流程如图 3-99 所示。

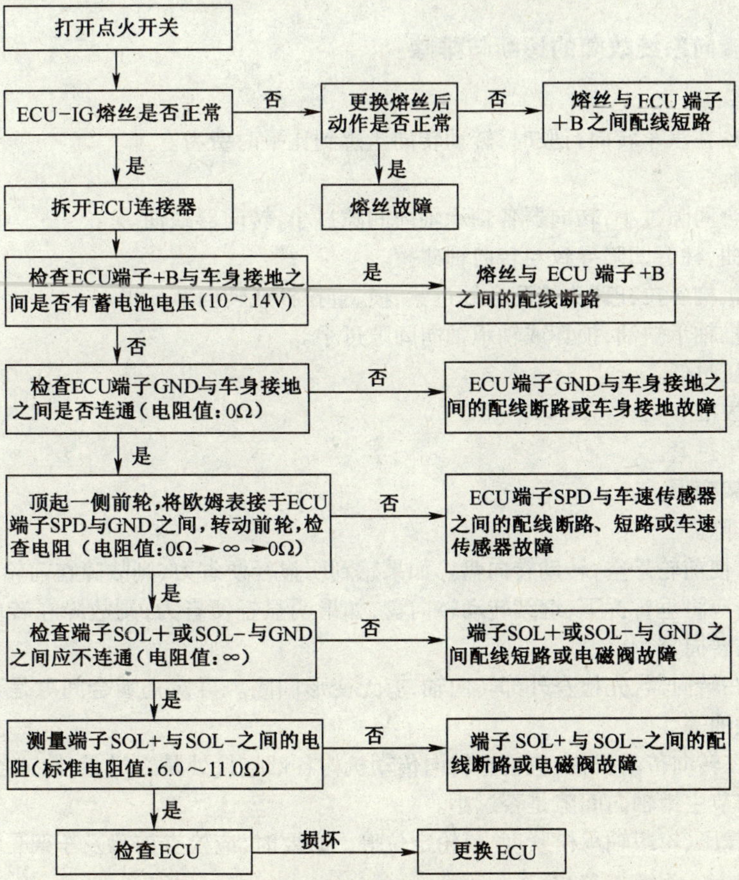

图 3-99　丰田轿车电控转向的电子控制系统的故障诊断流程

2. 电子控制部件的检查

(1)电磁阀的检查。

①拆下电磁阀的导线连接器。

②测量电磁阀端子 SOL+与 SOL-之间的电阻值,应为 6.0~11.0Ω。

③接上电磁阀连接器。

④从齿轮座上拆下电磁阀。

⑤将蓄电池正极接电磁阀端子 SOL+,将电池负极接电磁阀端子 SOL-,电磁阀的针阀应缩进大约 2mm。否则,更换电磁阀。

⑥安装电磁阀。

⑦对动力转向管路放气。

(2)ECU 的检查。

①支起汽车,拆下手袋箱(注意不要拔出 ECU 的连接器)。

②起动发动机并使其怠速运转,用万用表测量 ECU 的端子 SOL-与 GND 之间的电压。挂上档使车速达到 60km/h,再测量 ECU 的端子 GND 和 SOL-之间的电压。标准电压值应为 0.07~0.22V,否则应更换 ECU。

③装回手袋箱,放下汽车。

第七节 转向系统常见故障的诊断与排除

一、机械式转向系统故障的诊断与排除

1. 转向沉重

(1)故障现象:在汽车转向行驶时,转动转向盘感到比平时费力。

(2)故障原因。

①转向器啮合间隙过小,转向器各轴承轴向间隙过小,转向器缺油。

②转向轴弯曲、柱管凹陷导致与转向轴碰擦。

③转向传动机构各拉杆球头销配合处过紧,横、直拉杆或转向节变形。

④转向节止推轴承缺油、损坏或轴承轴向间隙过小。

⑤前轮胎气压过低。

⑥前轮定位失准。

⑦前轮毂轴承过紧。

⑧前梁或车架变形。

(3)诊断与排除。

①顶起前桥,使前轮悬空,转动转向盘。如果感到明显轻便省力,则故障在前轮、前桥或车架。如果转向仍然费力,应将垂臂拆下,继续转动转向盘,如果明显轻便省力,则故障在转向传动机构;如果仍费力,则故障在转向器。

②如果故障在转向器,先检查外部转向轴,有无变形凹陷。再检查啮合间隙是否过小,轴承间隙是否过小,是否缺油等。

③如果故障在转向传动机构,应检查转向传动机构各部连接处是否过紧,检查各拉杆及转向节有无变形,检查转向节主销轴向间隙是否过小。

④检查轮胎气压、轮毂轴承松紧度、前轮定位等。必要时,应检查前梁及车架是否变形。

2. 转向不灵敏,操纵不稳定

(1)故障现象:操纵转向盘时感觉旷量很大,需大幅度转动转向盘,才能控制汽车行驶方向;汽车

在直线行驶时感到行驶不稳。

(2)故障原因。

①转向器啮合间隙过大,转向器安装螺栓松旷。

②转向轴与转向盘配合松动。

③转向传动机构各球头销配合松旷。

④前轮毂轴承间隙过大。

⑤汽车前轮前束过大。

(3)诊断与排除方法。

①检查转向盘自由行程,如果自由行程过大,说明转向系统内存在间隙过大的故障;如果正常,说明故障原因是前轮毂轴承间隙过大、主销与转向节衬套孔间隙过大、主销与转向节轴向间隙过大及前束过大等。

②一人原地转动转向盘,另一人观察垂臂摆动,当垂臂开始摆动时转向盘自由行程不大,说明是转向传动机构松旷;否则,是转向器松旷。

③检查前轮毂轴承、主销等处,找出松旷部位。

④检查前束,前束值过大时,伴有轮胎异常磨损。

3. 汽车行驶跑偏

(1)故障现象:汽车在直线行驶时,驾驶人需不断向一边轻拉转向盘,方能保持直线行驶,否则,汽车自动向一边跑偏。

(2)故障原因。

①左右两轮气压不等、轮胎磨损情况及规格不同。

②两前轮的定位角不等。

③两前轮轮毂轴承的预紧度不等。

④一边车轮的制动器拖滞。

⑤车架变形,一边钢板弹簧折断或过软,某一车桥歪斜等。

⑥前束值不准,过大或者过小。

(3)诊断与排除。

①检查跑偏一侧的车轮轮毂和制动器是否温度过高,若温度过高,则为轮毂轴承过紧和制动器拖滞。

②检查轮胎气压和轮毂轴承预紧度。

③新换轮胎出现跑偏,多为轮胎规格不同。

④检查钢板弹簧有无松动、断裂,车桥有无歪斜移位,车架有无变形等。

⑤检查前轮定位情况。

4. 汽车高速摆振

(1)故障现象:汽车出现转向盘发抖,车头在横向平面内左右摆动、行驶不稳等现象。在高速范围内某一转速时出现或者转速越高摆振越严重。

(2)故障原因。

①前轮动不平衡。

②前轮辋变形。

③转向传动机构运动干涉。

④车架、车桥变形。

⑤悬架装置出现故障,如左、右悬架刚度不等、减振器失效、导向装置失效等。

(3)诊断与排除方法。

①如果摆振随车速提高而增大,多为车轮动不平衡和轮辋变形所致,应检查车轮平衡和轮辋变形情况。

②如果在某一转速时摆振出现,则情况比较复杂,应对转向系统、前桥及悬架等进行全面检查,以

发现造成摆振的原因。

5. 转向发卡

(1)故障现象:在转动转向盘时,某一位置出现卡滞,必须费较大力气方能通过,有时甚至完全不能转动。

(2)故障原因。

①转向器内掉入异物,造成转向器卡滞。

②循环球式转向器的钢球破裂。

③转向器轴承破裂。

④啮合间隙调整不当。

(3)诊断与排除:通过对转向器检查,可发现造成转向器发卡的原因。

二、液压动力转向系统故障的诊断与排除

动力转向系统常见的故障主要是液压传动部分的泄漏、渗进空气、液压泵工作不良、控制阀失效等引起的转向沉重、跑偏等。机械方面的故障参照机械转向系统故障诊断与排除部分。

1. 转向沉重

(1)故障现象:在汽车转弯时,转动转向盘感到沉重费力。

(2)故障原因。

①储油罐缺油或油液高度不足或滤清器堵塞。

②液压回路中有空气渗入。

③动力转向油泵磨损,内部泄漏严重,或传动带打滑。

④安全阀泄漏,弹簧太软或调整不当。

⑤动力缸或控制阀密封圈损坏。

⑥油管接头泄漏。

(3)诊断与排除。

①检查油泵传动带是否打滑或其他驱动形式的齿轮传动等有无损坏。

②检查转向器、控制阀、油泵、动力缸、各油管接头等有无渗漏。

③从储油罐检查油质及油面高度。若发现油中有泡沫时,可能是油路中有空气。此时,架起前桥或拆下直拉杆,起动发动机怠速运转,反复将转向盘从一个尽头转到另一个尽头,使动力缸在全行程往复运动,逐步排除油路中的空气。最后加添油液至规定高度。

④检查油泵、安全阀、动力缸是否良好。接上与规定油压相适应的压力表和开关。打开开关,转动转向盘到尽头,起动发动机低速运转。这时,若油压表读数达不到该车型规定压力值,且在逐步关闭开关时,油压也不提高,说明油泵有故障或安全阀未调整好。若油压表读数达到规定值,在逐步关闭开关时压力有所提高,说明油泵良好,故障在动力缸或控制阀。

2. 汽车直线行驶时,转向盘发飘或跑偏

(1)故障现象:汽车在直线行驶时,难以保持正直方向,始终向一边偏斜。

(2)故障原因。

①控制阀回位弹簧损坏或太软,难以克服转向器逆传动阻力,使滑阀不能及时回位。

②因油液脏污使滑阀运动受到阻滞。

③由于滑阀与阀体台阶位置偏移使滑阀不在中间位置。

④流量控制阀卡住使油泵油量过大或油压管道布置不合理,导致油压系统管道节流损失过大,使动力缸左、右腔压力差过大。

(3)诊断与排除。

①检查油液是否脏污,新车或大修后的车辆不认真执行走合维护的换油规定,往往使油液脏污。

②对于使用较久的车辆,则可能是流量控制阀或控制阀反作用弹簧失效所致,可在不起动发动机的情况下,转动转向盘,凭手感判断滑阀是否开启运动自如。若有怀疑,一般应拆检。

3. 左右转向轻重不同

(1)故障现象:汽车转向行驶时,向左和向右的转向操纵力不同。

(2)故障原因。

①控制阀的滑阀偏离中间位置,或虽在中间位置但与阀体台肩的缝隙大小不一致。

②滑阀内有脏物阻滞,使左右移动时阻力不一样。

③调整螺母调整不当。

(3)诊断与排除:这种故障多系油液脏污所致,应换新油。如果油液良好,对可调控制阀,应将调整螺母重新调整,或拆开控制阀检查缝隙台肩是否有毛刺,滑阀位置是否居中等。

4. 快转向时转向盘感到沉重

(1)故障现象:快速转动转向盘时感到转向操纵力过大。

(2)故障原因。

①油泵传动带打滑。

②流量控制阀弹簧过软。

③安全阀、流量控制阀泄漏严重。

④油泵磨损过甚。

⑤油泵选型不对,供油不足。

(3)诊断与排除:这种故障多系供油量不足所致。因此,除应先检查传动带有无打滑,储油罐存油是否符合规定外,可以顶起前桥,接上压力表及开关,进行快慢转向试验。同时变更发动机转速进行试验,根据压力变化做出诊断。

5. 转向时有噪声

(1)故障现象:汽车转向时,转动转向盘有异常响声。

(2)故障原因。

①储油罐中油面过低,液压泵在工作时吸进空气,或油泵传动带过松。

②油路中存有空气。

③滤油器滤网堵塞,或因其破裂造成油管堵塞。

④各管路接头松动或油管破裂。

⑤油泵损坏或磨损严重。

(2)故障诊断。

①检查储油罐液面高度,若缺油液,应加注液压油至标准高度。

②检查油泵传动带是否打滑。必要时调整传动带紧度。

③查看油液中有无泡沫,若有泡沫,应查找漏气处,排除动力转向装置中的空气。

④转向器有损坏或磨损严重,应更换转向器齿轮。

复习思考题

1. 机械转向系统的组成是怎样的?
2. 什么是转向盘的自由行程?
3. 与独立、非独立悬架配用的转向传动机构各自有何特点?
4. 动力转向装置由几部分组成?各组成部分的作用是什么?
5. 电子控制动力转向系统的构造及工作原理是怎样的?
6. 四轮转向控制系统的工作原理是怎样的?

第四章　汽车制动系统

第一节　汽车制动系统概述

一、汽车制动系统的功用与分类

(1)汽车制动系统的功用:汽车制动系统的功用是使行驶中的汽车减速甚至停车,使下坡行驶的汽车速度保持稳定,以及使已停驶的汽车保持不动。

(2)汽车制动系统的分类。

①按制动系统的功用不同分类。可分为行车制动系统、驻车制动系统、第二制动系统、辅助制动系统。

a. 行车制动系统:是使行驶中的汽车减速甚至停车的装置,是在行车过程中经常使用的。其制动力的大小由驾驶人控制,在一定范围内是逐渐变化的。

b. 驻车制动系统:是使已停驶的汽车驻留原地不动的装置。其制动作用是非渐进的。

c. 第二制动系统:是在行车制动系统失效的情况下保证汽车仍能实现减速或停车的装置。

d. 辅助制动系统:是在汽车下长坡时用以稳定车速的装置。

其中,行车制动系统和驻车制动系统是任何汽车必须具备的最基本的制动系统,如图 4-1 所示。部分汽车设有辅助制动系统和第二制动系统。

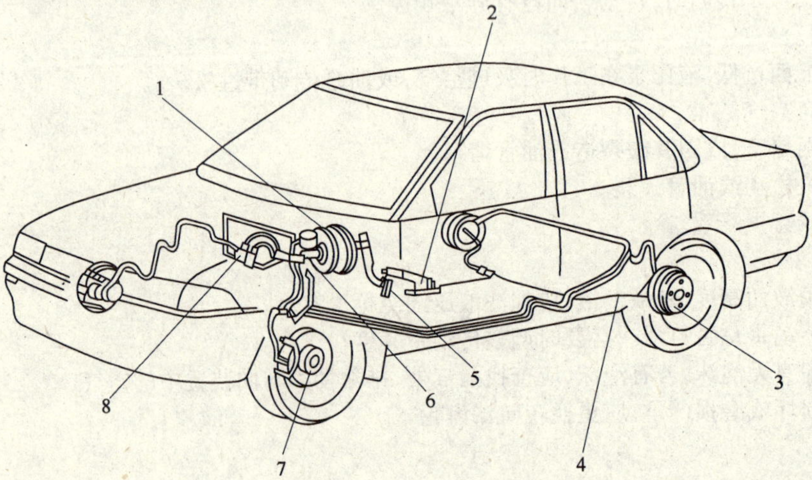

图 4-1　汽车制动系统

1. 制动助力器　2. 驻车制动操纵手柄　3. 鼓式制动器　4. 驻车制动器拉索　5. 制动踏板　6. 液压主缸　7. 盘式制动器　8. 比例分配阀

②按制动能源不同分类。可分为人力制动系统、动力制动系统、伺服制动系统。

a. 人力制动系统:制动能源完全来源于驾驶人的肌体。

b. 动力制动系统:制动能源来源于发动机的动力转化而成的气压或液压形式的势能。

c. 伺服制动系统:制动能源来源于人力和发动机动力。

③按制动能量的传输方式不同分类。可分为机械式、液压式和气压式。

二、汽车制动系统的组成

任何制动系统都具有供能装置、控制装置、传动装置、制动器4个组成部分。

①供能装置:包括供给、调节制动所需能量以及改善传能介质状态的各种部件。其中产生制动能量的部分成为制动能源。

②控制装置:包括产生制动动作和控制制动效果的各种部件。

③传动装置:包括将制动能量传输到制动器的各个部件及管路。

④制动器:包括产生阻碍车辆运动或运动趋势的力的各种部件,它是制动系统的最终执行机构。

较完善的制动系统还具有制动力调节装置、警报装置、压力保护装置等附加装置。

第二节 制 动 器

一、制动器的构造

目前,各类汽车所用的制动器一般为摩擦式制动器。它是利用固定元件与旋转元件工作表面的摩擦来产生制动力矩的。

摩擦式制动器可分为鼓式和盘式两类。前者的摩擦副中的旋转元件为制动鼓,其工作面为圆柱面;后者的旋转元件为圆盘状的制动盘,其工作面为圆盘端面。

1. 鼓式制动器

按制动蹄促动装置的不同,鼓式制动器又可分为轮缸式制动器、凸轮式制动器和楔式制动器,本书只介绍前两种。

(1)轮缸式制动器:轮缸式制动器以液压工作缸(轮缸)作为促动装置。

如图4-2所示为桑塔纳轿车后轮轮缸式制动器的结构。制动底板用螺栓固定在后桥轴端支撑座上,制动轮缸用螺钉固定在制动底板上方。

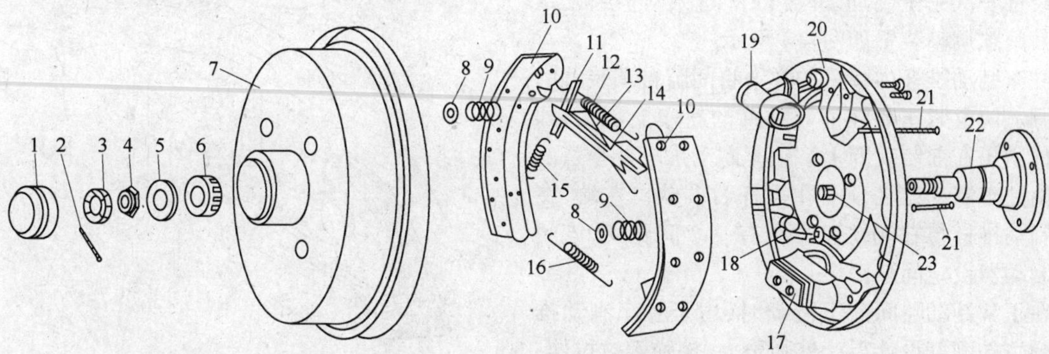

图4-2 桑塔纳2000型轿车后轮鼓式制动器分解

1. 轮毂盖 2. 开口销 3. 开槽垫圈 4. 调整螺母 5. 止推垫圈 6. 轴承 7. 制动鼓 8. 限位弹簧座 9. 限位弹簧 10. 制动蹄 11. 楔形调节块 12. 驻车制动推杆内弹簧 13. 驻车制动推杆外弹簧 14. 驻车制动推杆 15. 制动器间隙调节弹簧 16. 回位弹簧 17. 固定板 18. 螺栓 19. 后制动轮缸 20. 制动底板 21. 定位销 22. 后轮毂短轴 23. 观察孔橡胶塞

①前、后制动蹄均采用了浮式支承。制动蹄的上、下支承面均加工成弧面,下端支靠在固定于制动底板的固定板17上。轮缸活塞通过两端带耳槽的支承块对制动蹄的上端施加促动力。此种支承结构使整个制动蹄沿支承平面有一定的浮动量,制动蹄可以自动定心,以保证制动蹄与制动鼓的全面接触。

②另外,该行车制动器可兼充驻车制动器,因此在制动器中还装设了驻车制动机械促动装置,如

图 4-3 所示。

驻车制动推杆 4 上端用平头销与后制动蹄 6 连接，其上部卡入驻车制动推杆 1 右端的切槽中，作为中间支点，下端与拉绳连接。前、后制动蹄的腹板卡在驻车制动推杆 1 两端的切槽中。推杆外弹簧 11 左端钩在推杆 1 的左弯舌上，而右端钩在后制动蹄 6 的腹板上，推杆内弹簧 5 的左端钩在前制动蹄 2 的腹板上，而右端则钩在推杆 1 的右弯舌上。

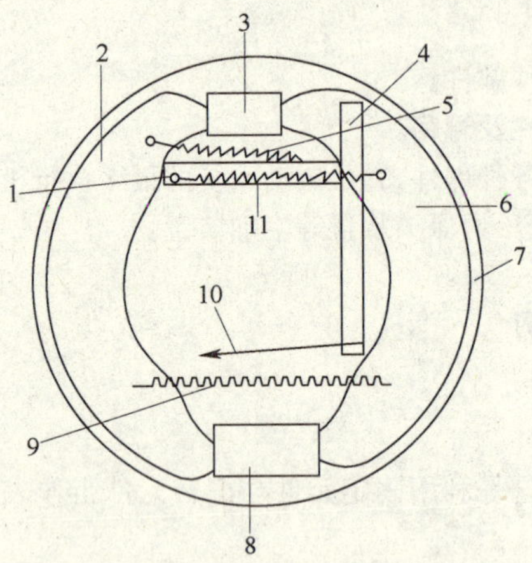

图 4-3 驻车制动的工作示意图

1. 驻车制动推杆 2. 前制动蹄 3. 制动轮缸 4. 驻车制动杠杆 5. 驻车制动推杆内弹簧 6. 后制动蹄 7. 制动鼓 8. 支承板 9. 制动蹄回位弹簧 10. 驻车制动拉索 11. 驻车制动推杆外弹簧

进行驻车制动时，驾驶人将驻车制动操纵杆拉到制动位置，经一系列杠杆和拉索传动，使驻车制动杠杆 4 的下端向前移，并绕上端支点（平头销）转动。制动杠杆 4 在转动过程中，其中间支点推动制动推杆 1 左移，将前制动蹄 2 推向制动鼓，直到前制动蹄压靠到制动鼓上之后，推杆 1 停止运动，此后，制动杠杆 4 的中间支点成为其继续转动的新支点。于是制动杠杆 4 的上端右移，使后制动蹄 6 压靠到制动鼓上，施以驻车制动。

解除制动时，应将驻车制动操纵杆推回到不制动位置，制动杠杆 4 在回位弹簧（图中未画出）作用下回位，同时制动蹄回位弹簧 9 将两蹄拉拢。推杆内、外弹簧 5 和 11 除将两蹄拉回到原始位置之外，还用以防止制动推杆在不工作时窜动，碰撞制动蹄而发生噪声。

③桑塔纳轿车后轮制动器的制动间隙是自动调整的，在装配时不需要调整间隙，只需在安装到汽车上后经过一次完全制动，即可以将间隙调整到设定值。其间隙调整装置如图 4-4 所示。

驻车制动推杆内弹簧的弹力将间隙自调装置的楔形调节块紧紧压靠在前制动蹄的斜楔支承上，即将推杆紧压在前制动蹄上。驻车制动推杆外弹簧的弹力使驻车制动杠杆顶靠在推杆右端缺口左端，在驻车制动推杆与右端缺口右端有一个间隙 S，该间隙为制动器设定间隙。

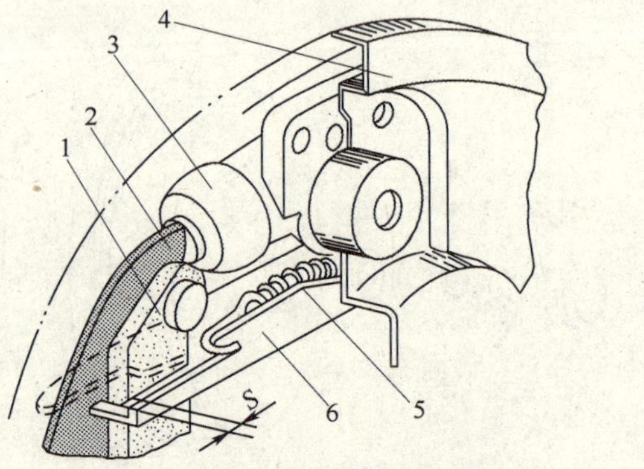

图 4-4 桑塔纳轿车后轮制动器的制动器间隙自调装置

1. 制动杠杆 2. 后制动蹄 3. 制动轮缸 4. 制动底板 5. 驻车制动推杆内弹簧 6. 驻车制动推杆

在正常制动器间隙下制动时，由于驻车制动推杆内弹簧的刚度设计得比外弹簧大，外弹簧被拉伸，内弹簧不被拉伸，所以驻车制动推杆始终压住楔形块与制动蹄一起向左方向运动。驻车制动杠杆用平头销压铆在制动蹄的腹板上，可以绕销轴自由摆动。在蹄转动时，随着由于磨损而引起的制动器间隙增加，制动杠杆与推杆原接触处逐渐分开，而与推杆右端缺口的右端距离则越来越小，但是只要制动间隙不超过 S 值，制动杠杆就不会与推杆右端缺口的右端接触，在这种情况下不会发生间隙调整。

当制动器间隙增加超过 S 进行行车制动时，活塞推动前制动蹄向左方向转动，这时在内弹簧作用下带动楔形块和制动推杆向左移动。而后制动蹄向右方向转动时制动杠杆移动了 S 距离后将与推杆右端缺口右端接触，驻车制动杠杆带推杆一起向右移动，内弹簧被拉伸，这样推杆和楔形块之间便产生了间隙。在楔形块拉力弹簧的作用下，将楔形块往下拉，直到消除间隙。

解除制动时，在制动蹄回位弹簧的作用下虽然制动蹄要回位，但由于楔形块已下行填补了超过间隙 S 部分的间隙，因此左右制动蹄已不可能恢复到制动前的位置。于是原来由于磨损变大的制动器间隙便得到了补偿，恢复到初始的设置值。制动时，这个过程反复进行，实现了制动间隙的自动调整。

(2)凸轮式制动器：目前，气压制动系统的车轮制动器一般采用凸轮式张开装置，图 4-5 所示为东风 EQ1092 型汽车的凸轮式制动器。

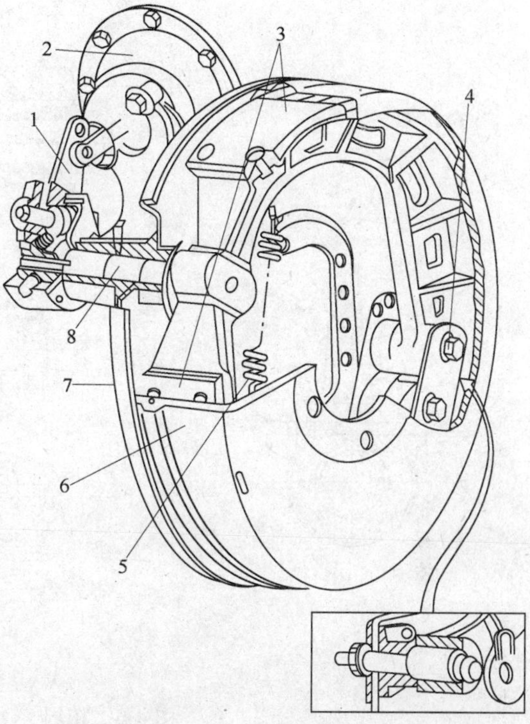

图 4-5 东风 EQ1092 型汽车凸轮式制动器

1. 调整臂 2. 制动气室 3. 制动蹄 4. 支承销 5. 制动蹄回位弹簧 6. 制动鼓 7. 制动底板 8. 凸轮轴

前后两制动蹄用可锻铸铁制成，均以下端支承孔与支承销的偏心轴颈间隙配合，并用挡板及锁销轴向限位。不制动时由回位弹簧把制动蹄上端支承面拉靠到凸轮轴的凸轮上，凸轮与轴制成一体，凸轮轴通过支座固定在制动底板上，其尾部花键轴插入调整臂的花键孔中。为了减少凸轮轴与支座之间的摩擦，在支座的两端装有青铜衬套或粉末冶金衬套，有润滑油嘴可定期进行润滑。在衬套外端装有密封垫圈，并用止推垫片和调整垫片限制和调整凸轮轴的轴向窜动量。

制动时，调整臂在制动气室推杆的推动下，带动凸轮轴转动，凸轮便迫使两制动蹄张开并压靠在制动鼓上，产生制动作用。

凸轮式制动器的间隙可以根据需要进行局部或全面调整。局部调整时利用调整臂来改变凸轮轴的初始角位置。东风 EQ1092 型汽车调整臂的结构如图 4-6 所示。

在调整臂和两侧的盖所包围的空腔内装有调整蜗轮和调整蜗杆，调整蜗杆借细花键套装在蜗杆轴上，调整蜗轮通过内花键与制动凸轮轴的外花键相啮合。转动蜗杆轴，即可在调整臂与制动气室推杆的相对位置不变的情况下，通过蜗轮使凸轮轴转过一定角度，从而改变凸轮的初始角位置。在图 4-6a中，蜗杆轴一端的轴颈上，沿周向有 6 个均匀分布的凹坑，当蜗杆每转到一个凹坑对准位于调整臂孔中的锁止钢球时，锁止钢球便在压紧弹簧的作用下嵌入凹坑，使蜗杆轴不能自行转动。在图 4-6b 中，蜗杆轴与调整臂的相对位置是靠锁止套和锁止螺钉来固定的。将具有六角孔的锁止套按入调整臂体的孔中，即可转动调整蜗杆。蜗杆每转 1/6 圈，放开锁止套，弹簧即将锁止套推回与蜗杆六角头接合的左极限位置。

进行全面调整时还应同时转动带偏心轴颈的支承销。

2. 盘式制动器

桑塔纳 2000 型轿车前轮制动器为浮钳盘式制动器，如图 4-7 所示，主要由制动盘、制动钳体、活塞及防尘罩等组成。

制动钳体用螺栓与支架相连接，螺栓同时兼做导向销，支架固定在前悬架总成轮毂轴承座凸缘上。壳体可沿导向销与支架做轴向相对移动。两制动块装在支架上，用保持弹簧卡住，使两制动块可以在支架上做轴向移动，但不会上下窜动。制动盘装在两制动块之间，并通过轮胎螺栓固定在前轮毂上。

在桑塔纳轿车前轮制动器中，活塞密封圈兼起活塞回位弹簧和一次调准式间隙自调装置的作用，其原理如图 4-8 所示。

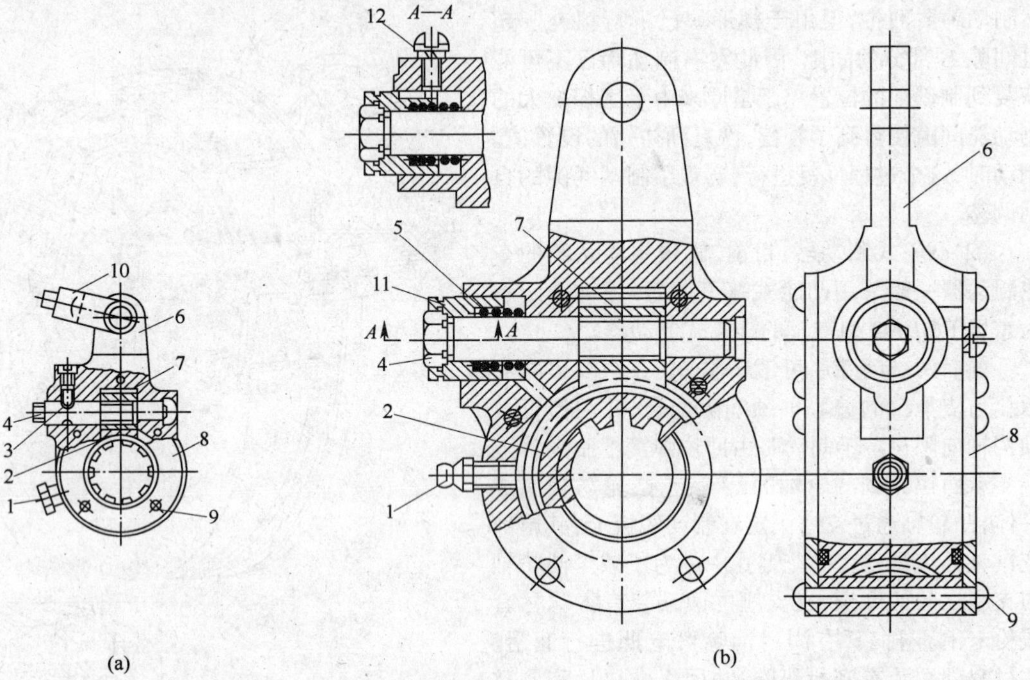

图 4-6 东风 EQ1092 型汽车调整臂

1. 油嘴 2. 调整蜗轮 3. 锁止球 4. 蜗杆轴 5. 弹簧 6. 调整臂体 7. 调整蜗杆 8. 盖 9. 铆钉 10. 制动气室推杆 11. 锁止套 12. 锁止螺钉

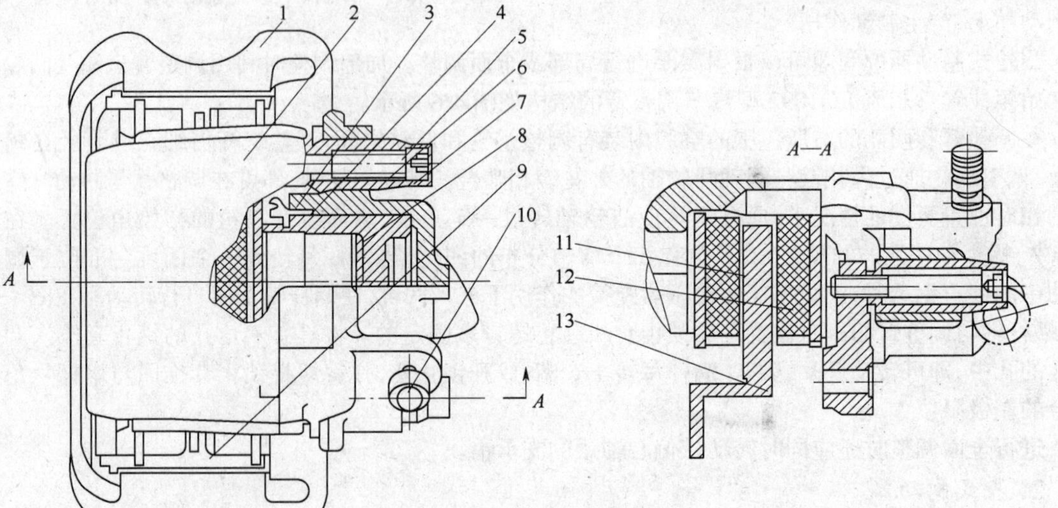

图 4-7 桑塔纳轿车前轮制动器

1. 支架 2. 制动钳体 3. 防尘罩 4. 活塞密封圈 5. 螺栓 6. 导向套 7. 导向套防尘罩 8. 活塞 9. 止动弹簧 10. 放气螺钉 11. 外制动块 12. 内制动块 13. 制动盘

矩形密封圈嵌在制动钳油缸的矩形槽内，密封圈刃边与活塞外圆配合较紧。制动时刃边在摩擦作用下随活塞移动，使密封圈发生弹性变形，相应于极限摩擦力的密封圈极限变形量 δ，应等于制动器间隙为设定值时完全制动所需的活塞行程。解除制动时，密封圈恢复变形，活塞在密封圈弹力作用下退回原位。如果因制动盘与摩擦衬块的磨损，造成制动器间隙超过设定值，则制动时活塞密封圈变

形量达到极限值 δ 后，活塞仍可在液压作用下，克服密封圈的摩擦力而继续移动，直到实现完全制动为止。解除制动后，活塞密封圈将活塞拉回的距离仍然等于 δ，制动器间隙即恢复到设定值。

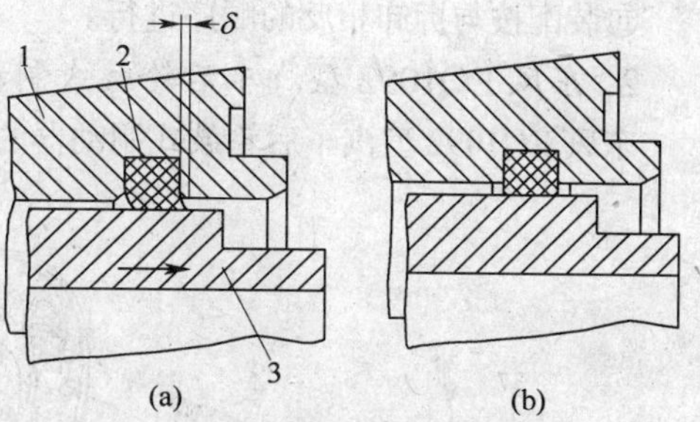

图 4-8 桑塔纳轿车前轮制动器间隙自动调整原理

(a)制动状态 (b)不制动状态

1. 制动钳 2. 密封圈 3. 活塞

二、制动器的拆装

1. 东风 EQ1092 型汽车前轮鼓式制动器的拆装

东风 EQ1092 型汽车前轮鼓式制动器的分解如图 4-9 所示。

①支起前桥，用轮胎螺母拆装机拆去轮胎螺母，拆下前轮。

②拆去前轮毂盖，剔平锁紧螺母锁片，拧下锁紧螺母，并取下锁片及锁止垫圈。

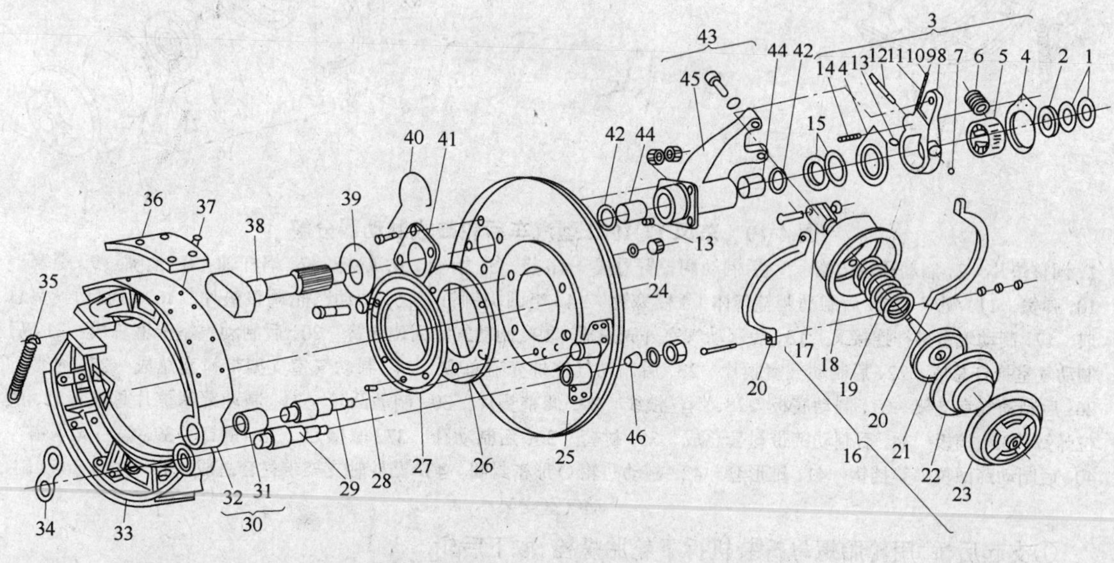

图 4-9 东风 EQ1092 型汽车前轮鼓式制动器分解

1. 调整垫片 2. 制动凸轮垫圈 3. 前制动调整臂总成 4. 盖 5. 蜗轮 6. 蜗杆 7. 塞片 8. 前制动调整臂体 9. 螺塞 10. 弹簧 11. 钢球 12. 蜗杆轴 13. 油嘴 14. 半圆头铆钉 15. 制动凸轮调整垫片 16. 前制动气室总成 17. 制动气室推杆连接叉 18. 前制动气室外壳总成 19. 制动气室回位弹簧 20. 前制动气室卡箍总成 21. 前制动气室推杆总成 22. 前制动气室膜片 23. 前制动气室外壳盖总成 24. 螺母 25. 制动底板 26. 制动挡尘盘衬垫 27. 挡尘盘总成 28. 螺栓 29. 偏心支承销 30. 制动蹄带衬套总成 31. 衬套 32. 制动蹄 33. 制动蹄摩擦片总成 34. 挡板 35. 回位弹簧 36. 摩擦片 37. 铆钉 38. 制动凸轮 39. 调整垫片 40. 钢丝锁线 41. 制动底板垫板 42. 制动凸轮 O 形密封圈 43. 制动气室支架带衬套总成 44. 衬套 45. 前制动气室支架 46. 锥形套

③拧出轮毂轴承预紧度调整螺母，用拉器从转向节上拉下轮毂及制动鼓，取出外轴承。

④从转向节轴颈上用拉器拉下内轴承，取下内轴承油封及座圈。

⑤拆下制动蹄支承销挡板开口销，取下挡板。

⑥用专用弹簧钩或弹簧钳拆下制动蹄回位弹簧，取下制动蹄。

⑦松开制动蹄支承销紧固螺母，取下制动蹄支承销。

⑧拆下调整臂连接制动气室推杆的连接销和凸轮轴内端的开口销，取下前调整臂和凸轮调整垫片，从凸轮轴支架中抽出凸轮轴，拆下制动气室和凸轮轴支架。

⑨拧下制动底板固定螺栓，从转向节凸缘上拆下制动底板。

⑩装配按与拆卸相反的顺序进行。

2．东风EQ1092型汽车后轮鼓式制动器的拆装

东风EQ1092型汽车后轮鼓式制动器的分解如图4-10所示。

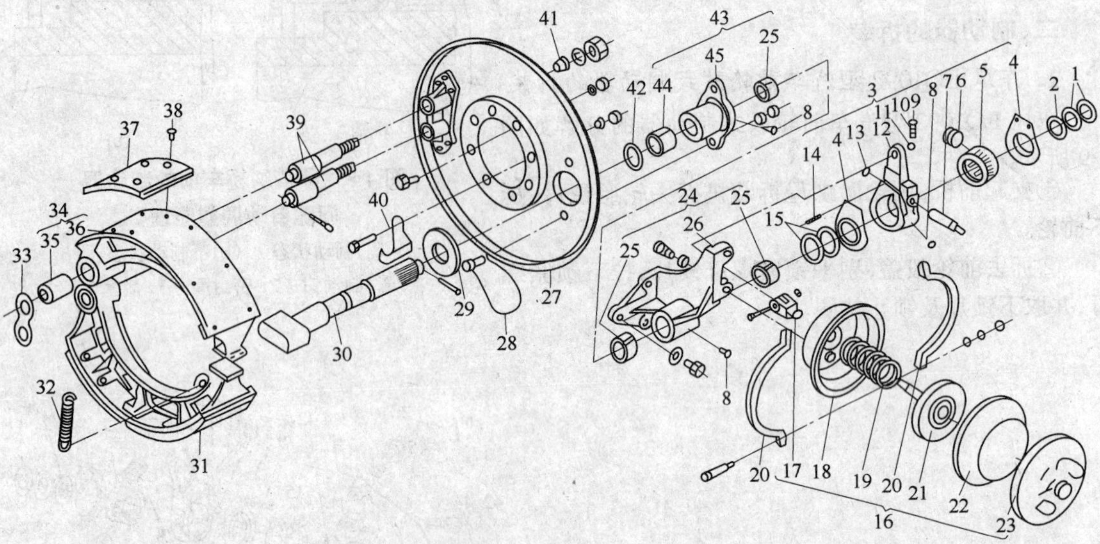

图4-10 东风EQ1092型汽车后轮鼓式制动器分解

1．调整垫片 2．制动凸轮垫圈 3．后制动调整臂总成 4．盖 5．蜗轮 6．蜗杆 7．蜗杆轴 8．油嘴 9．螺塞 10．弹簧 11．钢球 12．后制动调整臂体 13．塞片 14．半圆头铆钉 15．制动凸轮调整垫片 16．后制动气室总成 17．制动气室推杆连接叉 18．后制动气室外壳总成 19．制动气室回位弹簧 20．后制动气室卡箍总成 21．后制动气室推杆总成 22．后制动气室膜片 23．后制动气室外壳盖总成 24．制动气室支架带衬套总成 25．衬套 26．后制动气室支架 27．制动底板 28．钢丝锁线 29．调整垫片 30．制动凸轮 31．制动蹄摩擦片总成 32．回位弹簧 33．挡板 34．后制动蹄带衬套总成 35．衬套 36．后制动蹄 37．摩擦片 38．铆钉 39．偏心支承销 40．后制动蹄回位弹簧挡钩 41．锥形套 42．制动凸轮O形密封圈 43．凸轮轴支架带衬套总成 44．衬套 45．制动气室支架

①支起后桥，用轮胎螺母拆装机拆下轮胎螺栓，取下后轮。

②拧下半轴螺母，轻轻敲击并取下锥形垫。

③向里拧动半轴顶动螺栓，取下半轴。

④用专用扳手拧出锁止螺母，取出锁止垫圈及油封等。

⑤拧下后轮轮毂轴承预紧度调整螺母，用拉器拉下轮毂及制动鼓。

⑥用与前轮相同的操作方法拆下制动器其他机件。

⑦装配按与拆卸相反的顺序进行。

3．制动器间隙的调整

当制动器经解体或修理、蹄片与制动鼓工作面的同轴度因蹄片销轴松动而被破坏及在更换蹄片、镗削制动鼓等情况后，需要对制动调整臂蜗杆及支承销进行全面调整。调整方法如下：

①用千斤顶顶起车桥，使车轮离地至能自由转动，松开制动蹄支点销的固定螺母。

②将标记相对的两个支承销向外转动，先使蹄片下端向制动鼓靠近，再转动制动臂调整蜗杆，使蹄片上端向制动鼓靠近，这样上下反复调整，使两蹄上、下端均能全面均匀地和制动鼓接触、抵紧，直至制动鼓不能转动为止。

③按相反方向转动制动臂调整蜗杆，使摩擦片与制动鼓脱离接触，产生间隙，并用符合规定值的塞尺从制动鼓检视孔中插入，分别在距摩擦片上、下端20～30mm处测量，如下端间隙不合适，可再稍

微转动支承销。如此上下配合进行,直至间隙符合规定为止。东风 EQ1092 型汽车制动器间隙为:凸轮端(上端)0.40～0.70mm;支承销端(下端)0.25～0.40mm。

④制动器间隙调整到正常值后,拧紧支承销的锁紧螺母。

⑤其他车轮的制动器间隙调整方法相同。

在实际调整过程中,有时会出现同一车轮制动器内前后制动器间隙调整不一致的情况。这时,可将制动凸轮轴支架固定螺栓拧松,然后用撬棒撬动凸轮轴支架,向蹄片间隙大的一边移动少许,调好后再固定凸轮轴支架。如果用上述方法仍不能使两边间隙相接近,可在间隙大的一边制动蹄与凸轮接触的部位套上一个铁套,使之达到两边制动器间隙相同的目的。

4. 桑塔纳 2000 型轿车后轮鼓式制动器的拆装

(1)后轮制动器的拆卸:桑塔纳 2000 型轿车后轮鼓式制动器的分解参见图 4-2。

①用千斤顶支起后桥。拆下车轮螺母及车轮。

②用专用工具撬下轮毂盖。

③取下开口销,拧下调整螺母,取出止推垫圈。

④通过车轮螺栓孔向上拨动楔形调节块,使制动摩擦片与制动鼓放松。拉出制动鼓。

⑤用尖嘴钳拆下制动蹄限位弹簧及限位弹簧座。用手从下面的支承板上提起制动蹄,取出回位弹簧。

⑥用钳子拆下制动杠杆上的制动拉索、驻车制动推杆内弹簧和外弹簧。

⑦拆下带驻车制动推杆的制动蹄并夹在台钳上,取下制动蹄。

⑧如有必要,分解制动轮缸。

(2)后轮制动器装配。

①先组装制动轮缸。组装时必须注意清洁,活塞和皮碗安装时应涂以制动液,皮碗不得有磨损和膨胀现象。并在装配后检查其密封性。将制动轮缸按规定力矩固定在制动底板上。

②装上驻车制动推杆内弹簧,并将制动蹄与制动推杆连接好。装上楔型调整块,调整块凸出的一边朝向制动底板。将另一个带有制动杠杆的制动蹄片装到制动推杆上。装入驻车制动推杆外弹簧。将驻车制动拉索在制动杠杆上装好。

③将制动蹄装在制动底板上,靠住制动轮缸。

④装入回位弹簧,提起制动蹄,装到下面的支承板中。

⑤装上制动器间隙调节弹簧、制动蹄限位弹簧和限位弹簧座。

⑥装入制动鼓、后轮轴承和调整锁紧螺母等。

⑦检查调整后轮轴承预紧度。

⑧用力踩踏制动踏板,使制动蹄正确就位。

⑨按制动系统维护方法和技术要求放气后检查调整好制动器间隙。

5. 桑塔纳 2000 型轿车前轮盘式制动器的拆装

桑塔纳 2000 型轿车前轮盘式制动器分解如图 4-11 所示。

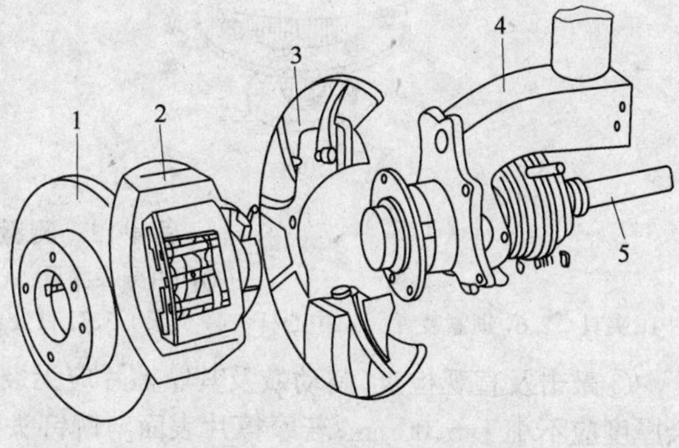

图 4-11　桑塔纳 2000 型轿车前轮盘式制动器分解

1. 制动盘　2. 制动钳　3. 制动底板　4. 车轮支承壳总成　5. 传动轴

(1)前轮制动器的拆卸。

①用千斤顶支起前轮。拧下车轮螺母并取下车轮。

②拆下制动块上、下定位弹簧。

③用内六角扳手拧松并拆下上、下固定螺栓。

④取下制动钳壳体。

⑤从支架上拆下制动块。

⑥把制动钳活塞压回到制动钳壳体内。在压活塞之前，应先从储液罐中抽出一部分制动液，以免活塞压回时引起制动液外溢而损坏车身漆膜。注意：制动液有毒和有较强的腐蚀性，排放时必须用专用容器收集、存放。

⑦当需要检修活塞时，继续按下列步骤分解：在活塞对面垫上木板，用压缩空气从放气螺钉孔中把活塞压出气缸；用旋具小心地从缸筒中取出密封圈。

(2)前轮制动器装配。

①安装密封圈和防尘套。安装时应注意：带外密封唇边的防尘套应先用旋具将密封唇边撳入钳体的槽口内，然后再用专用工具将活塞压入缸筒内，接着将活塞装入钳体。

②换上新的制动块。

③装上制动钳，用40N·m的力矩拧紧固定螺栓。

④安装上、下定位弹簧。

⑤安装完毕以后，应该按维护的技术要求和步骤进行放气，并使摩擦片能正确就位后进行调整，使之符合技术要求。

三、制动器的检修

1. 东风EQ1092型汽车前、后车轮制动器的检修

① 检查制动鼓不得有裂纹和变形，否则必须更换；

② 用带专用架的百分表或弓形内径规测量制动鼓内圆面，如图4-12所示，内圆面圆度误差不得超过0.25mm。制动鼓磨损失圆后可以进行镗削修理，但在直径方向的镗削量不大于4.00mm，制动鼓的标准直径为420.00mm。

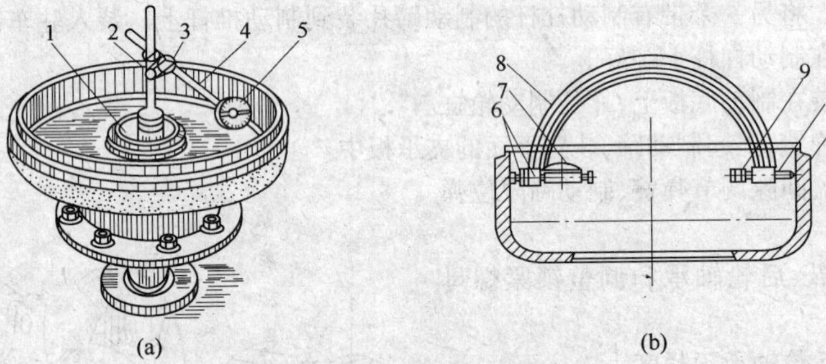

图4-12 测量制动鼓内圆面

(a)用百分表测量 (b)用弓形内径规测量

1. 夹具 2、6. 锁紧装置 3. 中心杆 4. 支架 5、7. 百分表 8. 弓形规 9. 锁紧螺母 10. 测量调整杆 11. 制动鼓

③敲击及直观检查，制动鼓及其摩擦片应无裂纹。摩擦片厚度允许最大磨损为7.00mm，残片剩余厚度应不小于6.00mm；若摩擦片表面与铆钉头的距离小于1.00mm，均应更换。制动蹄与制动凸轮相接触的工作表面最大磨损量应不大于0.30mm，否则，应更换或焊修。摩擦片铆钉出现松动应重新铆合。

④制动蹄回位弹簧有裂纹，必须更换。弹簧的自由长度标准为130.00mm，当拉力为590～785N时，拉伸长度为179.00mm，不符合要求时，应更换。同一车桥左右车轮制动器制动蹄回位弹簧的性能应尽量一致。

⑤直观检查，制动底板出现明显变形或裂纹时，应换用新件。将制动凸轮轴装入底板上的支承孔

中用百分表进行检查，其配合间隙应不大于0.60mm，否则，应更换凸轮轴衬套。用磁力探伤法检验凸轮轴，当其出现裂纹时，应换用新件。制动蹄支承销与制动底板的配合间隙应不大于0.15mm，否则，应更换支承销或制动蹄轴衬套。修理后其配合间隙应为0～0.09mm，其轴线与轮毂轴承轴线的平行度误差应不大于0.20mm。

⑥车辆大修时，轮毂油封应换用新件。轮毂轴承与转向节的配合间隙应不大于0.10mm，轴承外圈与轮毂配合不得松动，滚道及滚珠表面应无麻点及烧蚀现象，不符合要求时应更换。

2. 更换摩擦衬片

更换摩擦衬片的基本操作工艺如下：

①用合适尺寸的钻头钻掉旧铆钉头部，冲出铆钉，取下旧衬片。

②用专用夹具或手虎钳将新衬片夹持到制动蹄上，应使衬片与制动蹄完全贴紧，如图4-13所示。要注意同一车桥左、右制动器所用摩擦衬片的材料及厚度应相同。

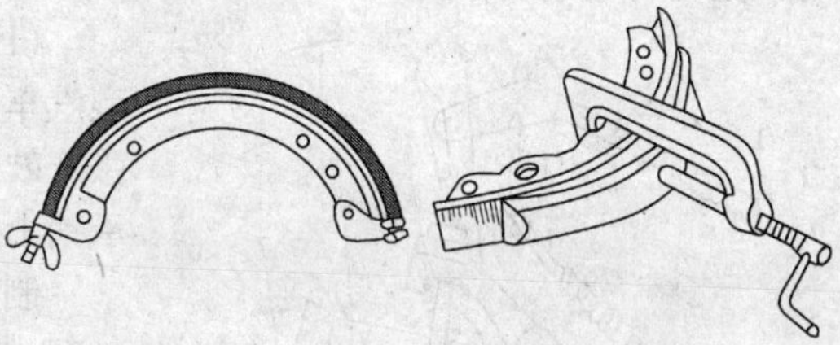

图4-13 将摩擦衬片夹持在制动蹄上

③以制动蹄上的铆钉孔为基准，在摩擦衬片上钻出铆钉孔和埋头孔（埋头孔的深度应为衬片厚度的2/3）。

④用铆钉将摩擦衬片与制动蹄铆合在一起（由中间向两边铆合）。铆合后衬片与制动蹄应密切贴合，铆钉应无偏斜及松动现象。

⑤将摩擦衬片两端锉出75°坡口，以防制动时衬片两端与制动鼓发卡。

⑥用专用光磨机光磨衬片表面，使其外径比制动鼓内径大1.0～1.5mm。光磨后将制动蹄放入制动鼓中进行靠合检查时，制动蹄的两端应与制动鼓先接触，衬片与制动鼓的接触面积应符合要求。

3. 桑塔纳2000型轿车前轮盘式制动器的检修

①制动盘不应有裂纹或凸凹不平现象，制动盘端面的跳动应不大于0.06mm；如果跳动超标或有凸凹不平现象，可进行车削加工，但加工后的厚度应不小于17.8mm（桑塔纳2000制动盘的标准厚度为20.00mm）。

如果磨损量超过标准，或端面跳动超过0.06mm时，应更换制动盘。更换制动盘时同一轴的两个制动盘必须同时更换，以确保左、右两轮的制动力相等。

②当汽车行驶25000km，或者制动块厚度（包括底板）小于7mm时，说明制动块已磨损到极限，必须更换新的制动块。

③重点是检查活塞与缸筒的间隙，如果间隙大于0.15mm时或缸筒壁有较深的划痕时，应更换制动钳总成。

4. 桑塔纳2000型轿车后轮鼓式制动器的检修

①制动蹄应无裂纹或变形，否则应更换新件。利用制动底板上的观察孔检查摩擦片厚度，摩擦片厚度标准值为5.0mm，磨损极限值为2.5mm。有无被制动液或油脂污损，如果有，应该更换新件。

更换摩擦片时，可连制动蹄一起更换，也可以仅更换摩擦片。如只更换摩擦片，应先去掉旧蹄片上的铆钉和孔中的毛刺；铆接新摩擦片时，应从中间向两端逐渐铆合，在同一后轴上必须安装型号、质量等级相同的摩擦片。

②检查制动鼓有无裂纹，如有应更换新件。更换新摩擦片时应检查制动鼓的尺寸，制动鼓的标准尺寸为200.00mm，磨损极限为201.00mm。摩擦表面的径向跳动应不大于0.05mm，车轮端面的跳动应不大于0.20mm。如果超标，必须更换制动鼓。

③检查橡胶皮碗是否良好、制动轮缸有无泄漏。如果制动轮缸出现划痕或锈蚀，则应该更换整个制动轮缸。

第三节 人力制动系统

人力制动系统有机械式和液压式两种。其中机械式主要用于驻车制动器，液压式主要用于行车制动器。

一、人力制动系统的构造

1. 人力机械制动系统

机械式驻车制动系统的控制装置和传动装置主要由杠杆、拉杆、轴、摇臂等机械零件组成，其制动器可以是与行车制动系统共用的车轮制动器，也可以是专设的驻车制动器。

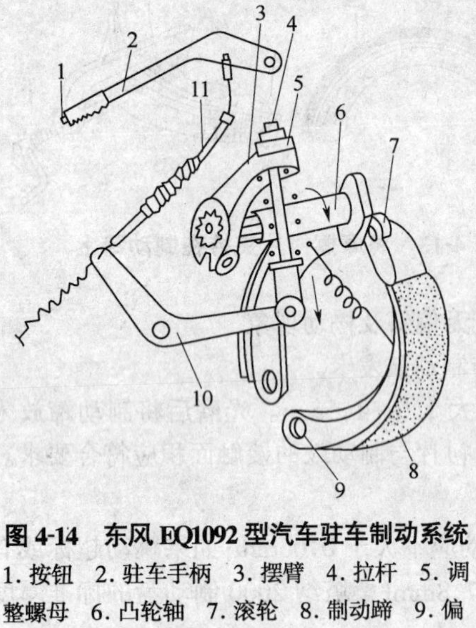

图 4-14 东风 EQ1092 型汽车驻车制动系统

1. 按钮 2. 驻车手柄 3. 摆臂 4. 拉杆 5. 调整螺母 6. 凸轮轴 7. 滚轮 8. 制动蹄 9. 偏心支承销 10. 摇臂 11. 拉索

(1)东风 EQ1092 型汽车驻车制动系统：东风 EQ1092 型汽车驻车制动系统如图 4-14 所示。其驻车制动器为凸轮张开鼓式制动器，两制动蹄下端浮套在制动底板的偏心支承销上。

制动鼓通过螺栓与变速器第二轴后端的凸缘盘紧固在一起，制动底板由底板支座通过螺栓固定在变速器第二轴轴承盖上，两制动蹄下端松套在固定于制动底板的偏心支承销上，制动蹄上端装有滚轮，制动凸轮轴通过制动底板支座支承在制动底板上部，其外端与摆臂的一端借细花键连接，摆臂的另一端与穿过压紧弹簧的拉杆相连。拉杆的上端装有球面调整螺母和锁紧螺母，下端与摇臂的一端铰接，摇臂中部用销子与变速器壳体相连并作为支点，另一端连接拉索。拉索上端连接驻车手柄。

制动时，拉动驻车手柄，通过拉索使摇臂绕支承销顺时针转动，拉杆通过摆臂带动凸轮轴转动，使两制动蹄张开而产生制动，用棘爪和齿扇锁住驻车手柄，保持制动状态。解除制动时，按下棘爪按钮，将驻车手柄向前推到底，两制动蹄在回位弹簧作用下回位，制动解除。

(2)桑塔纳轿车驻车制动系统：桑塔纳轿车后轮制动器既作为行车制动器又作为驻车制动器。其结构和工作原理见制动器一节。

桑塔纳轿车驻车制动系统的操纵机构如图 4-15 所示，由驻车制动操纵杆、调整拉杆及制动拉索等组成。改变调整拉杆的长度可以调整驻车制动操纵杆的工作行程。

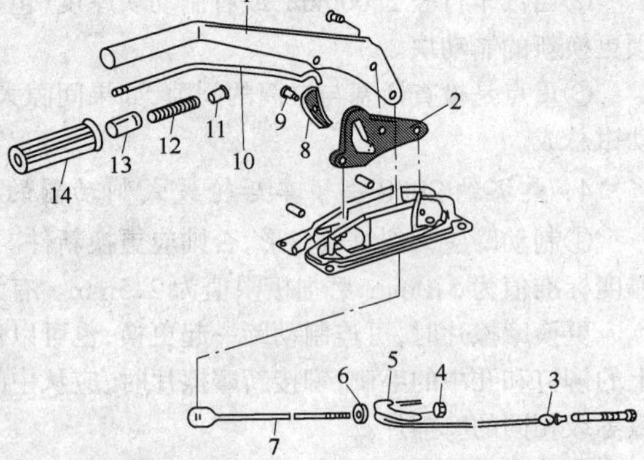

图 4-15 桑塔纳轿车驻车制动操纵机构

1. 驻车手柄 2. 齿扇 3. 制动拉索 4. 调整螺母 5. 拉索平衡拉臂 6. 锁紧螺母 7. 调整拉杆 8. 棘爪 9. 销轴 10. 棘爪压杆 11. 弹簧座 12. 弹簧 13. 按钮 14. 驻车手柄套

驻车制动时，将驻车手柄向上拉起，通过调整拉杆、拉索平衡臂将制动拉索拉紧，对两后轮实施驻车制动，棘爪与齿扇上的棘齿啮合，锁住操纵杆，保持制动状态。解除制动时，按下棘爪按钮，将驻车手柄向前推到底，后轮制动蹄在回位弹簧作用下回位，制动解除。

2. 人力液压式制动系统

人力液压式制动系统的基本组成如图 4-16 所

示。液压式制动系统主要由制动踏板、主缸推杆、制动主缸、储液罐、制动轮缸及管路等组成。

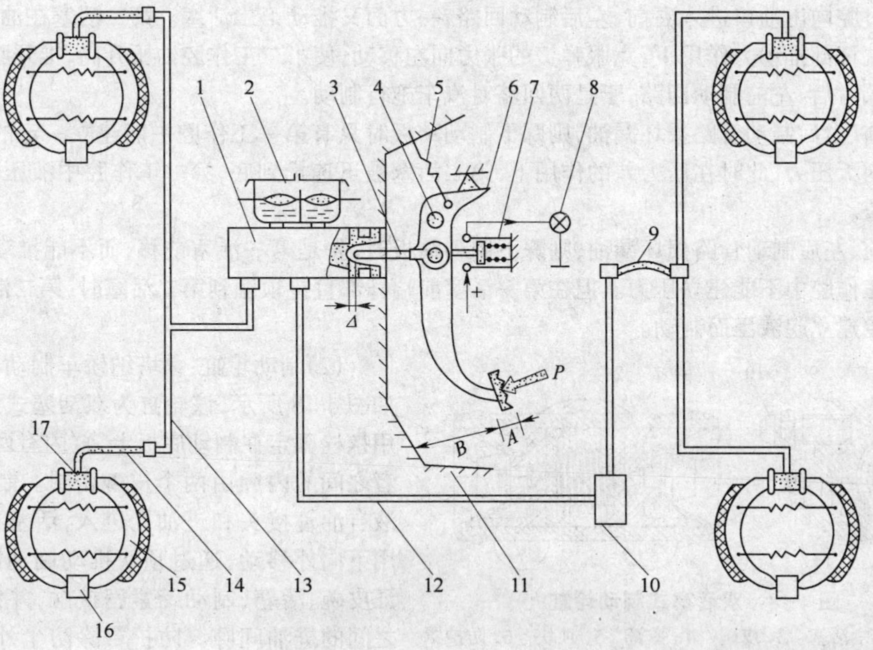

图 4-16 人力液压式制动系统

1. 制动主缸 2. 储液罐 3. 主缸推杆 4. 支承销 5. 回位弹簧 6. 制动踏板 7. 制动灯开关 8. 指示灯 9、14. 软管 10. 比例阀 11. 驾驶室地板 12. 后桥管路 13. 前桥管路 15. 制动蹄 16. 支承座 17. 制动轮缸 Δ. 自由间隙 A. 自由行程 B. 有效行程

(1)制动主缸:对应于双回路制动系统,制动主缸常用串列双腔制式。目前国内轿车及大多数国外轿车都采用等径制动主缸,即制动主缸前后两腔的缸径相同,而某些国外轿车上装用了异径制动主缸,即制动主缸前后两腔的缸径不相等。

桑塔纳轿车制动主缸结构如图 4-17 所示。

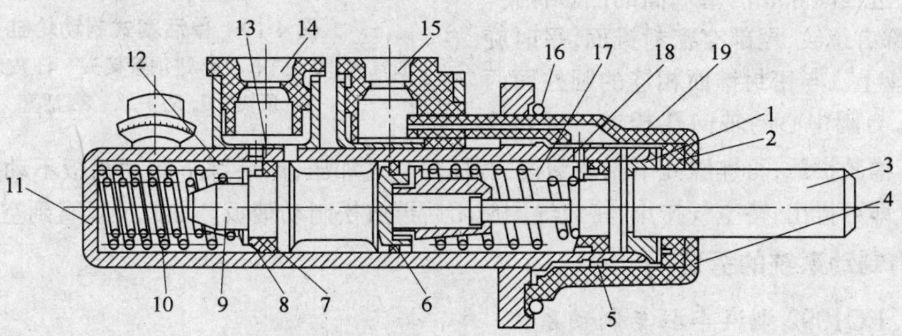

图 4-17 桑塔纳轿车制动主缸

1. 套 2. 密封套 3. 第一活塞 4. 盖 5. 防动圈 6、13. 密封圈 7. 垫片 8. 挡片 9. 第二活塞 10. 弹簧 11. 缸体 12. 第二工作腔 14、15. 接储液罐 16. 定位圈 17. 第一工作腔 18. 补偿孔 19. 回油孔

直筒式缸体内装有两个活塞,第二活塞位于缸筒的中间部分,将主缸内腔分为两个工作腔。第一工作腔与右前盘、左后鼓轮缸回路相通。第二工作腔与左前盘、右后鼓轮缸回路相通。每个管路的工作腔又分别通过补偿孔和回油孔与储液罐相通。第二活塞由两端弹簧保持在正确的初始位置,通过补偿孔使进油孔与缸内相通。第一活塞在左端弹簧力作用下,压靠在套上,使其处于补偿孔和回油孔

之间的位置。密封套用来防止主缸向外漏油,此外,每个活塞上都有密封圈。

踩下制动踏板时,推杆推动第一活塞左移,在其密封圈盖住补偿孔后,第一工作腔油压升高,油液一方面通过腔内出油口进入右前、左后制动回路,一方面又推动第二活塞。第二活塞在油液压力和第一活塞前端杆部推动力作用下,克服弹簧的张力向左移动,使第二工作腔油压升高,推开腔内出油阀,使油液进入右后、左前制动回路,于是两回路对汽车施行制动。

若左前、右后制动管路损坏漏油,则踩下制动踏板时只有第一工作腔中能建立一定的压力,而第二工作腔内无压力,此时在压力差的作用下,第二活塞被迅速推到底,第一工作腔中液压便升高到制动所需的值。

若右前、左后制动管路损坏漏油,则踩下制动踏板时,先是第一活塞前移,而不能推动第二活塞,因而第二工作腔中不能建立压力。但在第一活塞前端杆部直接顶触到第二活塞时,第二活塞前移,使第二工作腔建立起液压而制动。

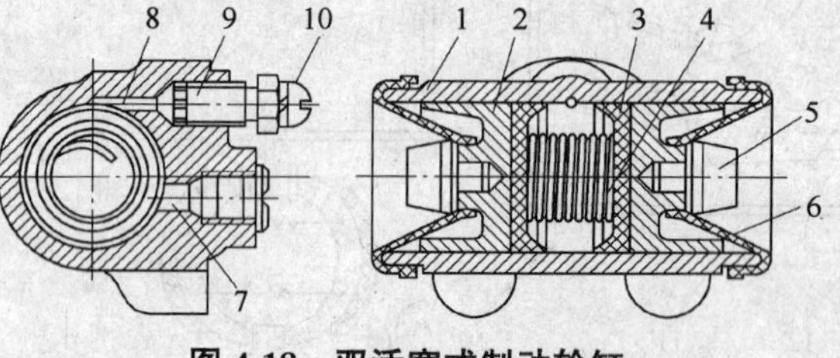

图 4-18 双活塞式制动轮缸

1. 缸体 2. 活塞 3. 皮碗 4. 弹簧 5. 顶块 6. 防护罩 7. 进油孔 8. 放气孔 9. 放气阀 10. 放气阀螺钉

(2)制动轮缸:桑塔纳轿车制动轮缸的结构如图 4-18 所示,该轮缸为双活塞式结构。缸体用螺栓固定在制动底板上,缸内有两个活塞,二者之间的内腔由两个皮碗密封。制动时,制动液自油管接头和进油孔进入,活塞在液压力作用下向外移动,通过顶块推动制动蹄。弹簧保证皮碗、活塞、制动蹄紧密接触,并保持两活塞之间的进油间隙。防护罩除防尘外,还可防止水分进入,以免活塞和轮缸生锈而卡住。在轮缸缸体上方还装有放气阀,以便放出液压系统中的空气。

有一些轻型车制动轮缸为单活塞式结构,如北京 BJ2020N 型汽车前轮制动器,其结构如图 4-19 所示。

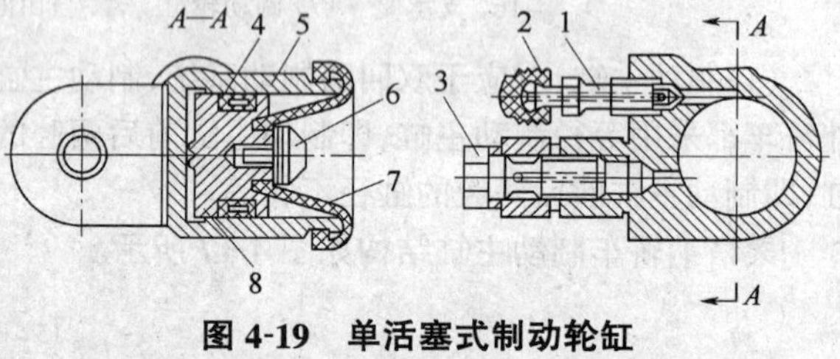

图 4-19 单活塞式制动轮缸

1. 放气阀 2. 护罩 3. 进油管接头 4. 皮碗 5. 缸体 6. 顶块 7. 防护罩 8. 活塞

为缩小轴向尺寸,液压腔密封件不用抵靠活塞端面的皮碗,而采用装在活塞导向面上切槽内的皮圈,进油间隙靠活塞端面的凸台保持。放气阀的中部有螺纹,尾部有密封锥面,平时旋紧压靠在阀座上。与密封锥面相连的圆柱面两侧有径向孔,与阀中心的轴向孔相通。需要放气时,先取下橡胶护罩,再连踩几下制动踏板,对缸内空气加压,然后踩下制动踏板不动,将放气阀旋出少许,空气即可排出,待空气排出,将放气阀旋闭后再放松制动踏板。如此反复直到空气排尽。

二、人力制动系统的拆装

1. 东风 EQ1092 型汽车驻车制动系统

(1)驻车制动操纵机构的拆卸。

①拆除各铰接销轴的开口销,使驻车制动操纵机构各机件分离,如图 4-20 所示。必要时可钻除制动操纵杆铰接铆钉,取下操纵杆。

②拆下齿扇固定螺栓,取下齿扇。

(2)驻车制动器的拆卸:驻车制动器分解如图 4-21 所示。

①拧下传动轴总成与驻车制动器的连接螺母,拔出传动轴总成。

②拧下制动鼓两个定位螺钉,取下制动鼓。

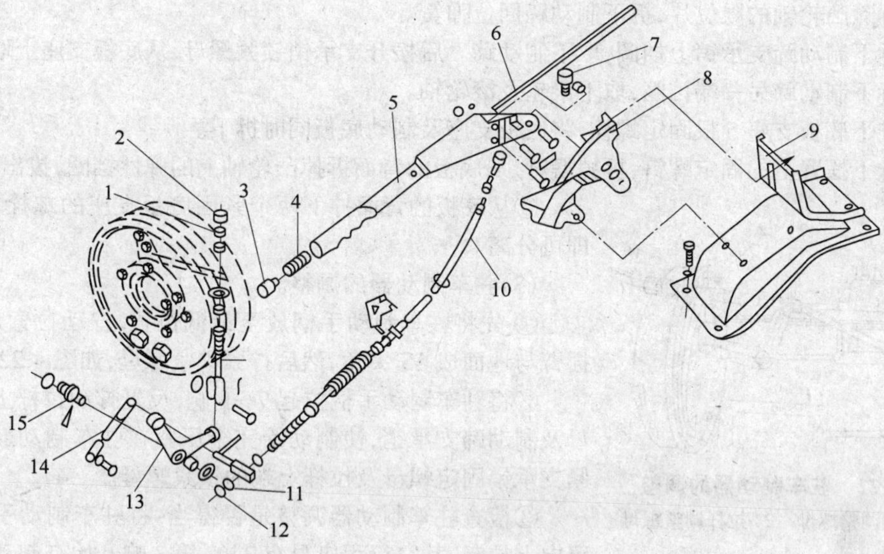

图 4-20　驻车制动操纵机构分解

1. 调整螺母　2. 锁紧螺母　3. 按钮　4. 回位弹簧　5. 驻车手柄　6. 棘爪拉杆　7. 棘爪　8. 齿扇　9. 支架　10. 拉索　11. 调整螺母　12. 锁紧螺母　13. 摇臂　14. 回位弹簧　15. 销轴

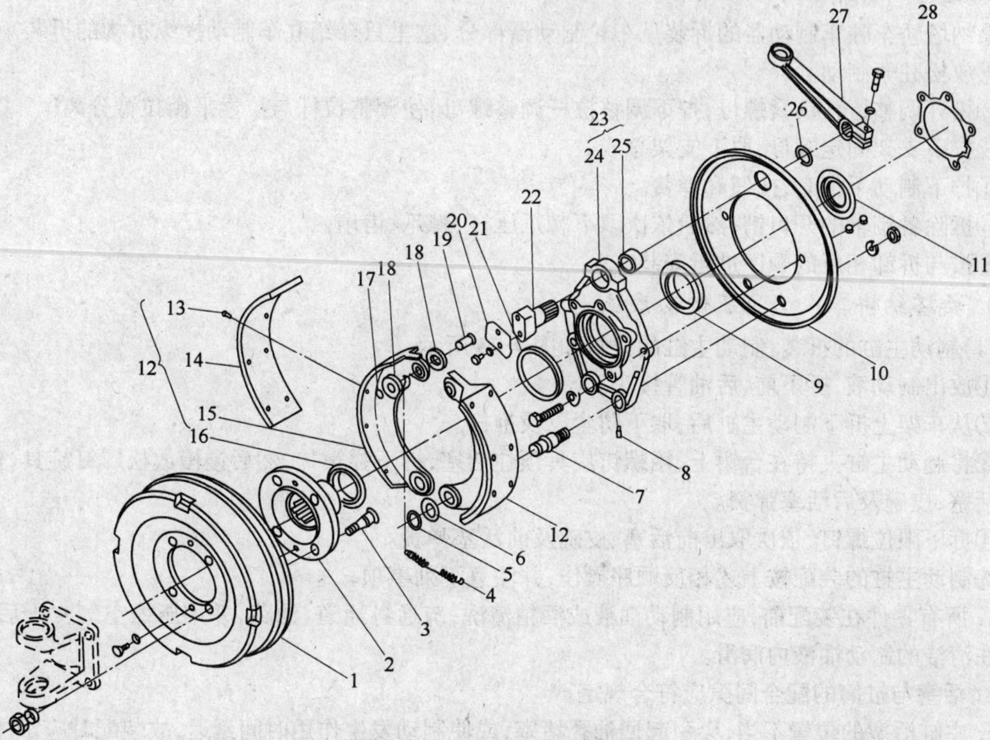

图 4-21　驻车制动器分解

1. 驻车制动鼓　2. 凸缘　3. 定位螺栓　4. 回位弹簧　5. 锁片　6. 垫圈　7. 制动蹄轴　8. 放油塞　9. 油封　10. 制动底板　11. 甩油阀　12. 制动蹄带摩擦片总成　13. 铆钉　14. 摩擦片　15. 制动蹄　16. 甩油环　17. 挡圈　18. 滚轮　19. 滚轮轴　20. 限位片　21. 挡油盘　22. 凸轮轴　23. 支座总成　24. 支座　25. 衬套　26. 锁片　27. 凸轮摆臂　28. 支座衬垫

③拧下变速器输出轴后端凸缘盘紧固螺母,取下凸缘盘及甩油环。

④拆除凸轮轴的限位片,拆下制动蹄回位弹簧。

⑤拆下制动蹄支承销上挡圈,取下制动蹄。后松开支承销锁紧螺母,从底板支座上取下支承销。

⑥拆下制动蹄另一端挡圈,取下滚轮及滚轮轴。

⑦拧下底板支座5根固定螺栓,将底板支座及制动底板同时拆下。

⑧拧下摆臂上的固定螺钉,拆掉摆臂,从底板的背面拆掉凸轮轴上的弹性挡圈,拔出凸轮轴。

⑨从底板的背面拧下两个紧固底板支座的螺栓,支座与底板即可分离。

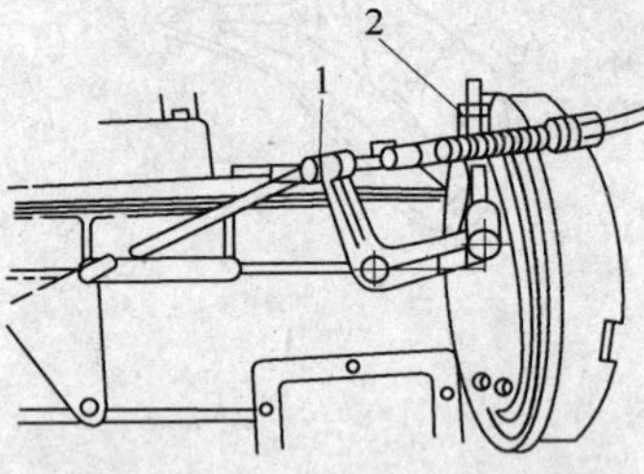

图4-22 驻车制动器的调整

1. 拉索调整螺母 2. 拉杆调整螺母

(3)驻车制动器的调整。

① 先将驻车制动手柄放至最低位置,拧动拉索调整螺母,使摇臂与地面成15°夹角,然后拧紧锁紧螺母,如图4-22所示。

②将驻车制动手柄拉起7~9响,反复拧动拉杆上端的调整螺母及制动蹄支承销,使制动蹄完全压紧在驻车制动鼓上。然后拧紧支承销固定螺母及拉杆上端的锁紧螺母。

③检查驻车制动器调整是否得当:将驻车制动手柄从放松位置向上拉起,其空行程应只有2响,第3响开始有制动感,拉至7~9响时,汽车应能可靠地停在坡度为20%、附着系数不小于0.7的坡道上;放松驻车制动手柄时,驻车制动器应无发热现象,否则,应重新进行调整。

2. 桑塔纳轿车驻车制动系统

桑纳塔轿车驻车制动器的拆装见车轮制动器部分,这里只介绍驻车制动操纵机构的拆装。

①放松驻车制动。

②松开调整拉杆锁紧螺母,拧下调整拉杆调整螺母,使调整拉杆与拉索平衡拉臂分离。

③拧下支架固定螺母,取下支架总成。

④拧下制动手柄套,按钮和弹簧。

⑤拆除各销轴的开口销,然后依次取下棘爪压杆、棘爪、齿扇。

⑥按与拆卸相反的顺序进行安装。

3. 桑塔纳轿车人力液压制动系统

(1)制动主缸的拆装:制动主缸的分解如图4-23所示。

①放出制动液,拆下前、后油管接头。

②从车架上拆下制动主缸后,取下防尘罩及推杆。

③将制动主缸夹持在台钳上,用螺钉旋具顶住活塞,拆下弹簧片,然后慢慢放松螺钉旋具,依次取出后活塞、皮碗及后活塞弹簧。

④拆下限位螺钉,依次取出前活塞、皮碗及前活塞弹簧。

⑤制动主缸的装配按上述相反顺序操作,并注意下列事项。

a. 所有零件在装配前,应用制动油液或酒精清洗,疏通各通道、油路,并用压缩空气吹干后,全部浸泡在清洁的制动油液内润滑。

b. 活塞与缸筒的配合间隙应符合规定。

c. 主缸活塞的位置不当,会引起回油孔堵塞,或使制动发生作用时间延迟,故装配时应予注意。

d. 装配后应检查回油孔,使其不被皮碗堵住。

e. 制动主缸装配后应检查其密封性。

(2)制动轮缸拆装:制动轮缸的分解如图4-24所示。

①松开制动轮缸进油管接头。

②取下制动蹄回位弹簧,使制动蹄与制动轮缸的活塞脱开。

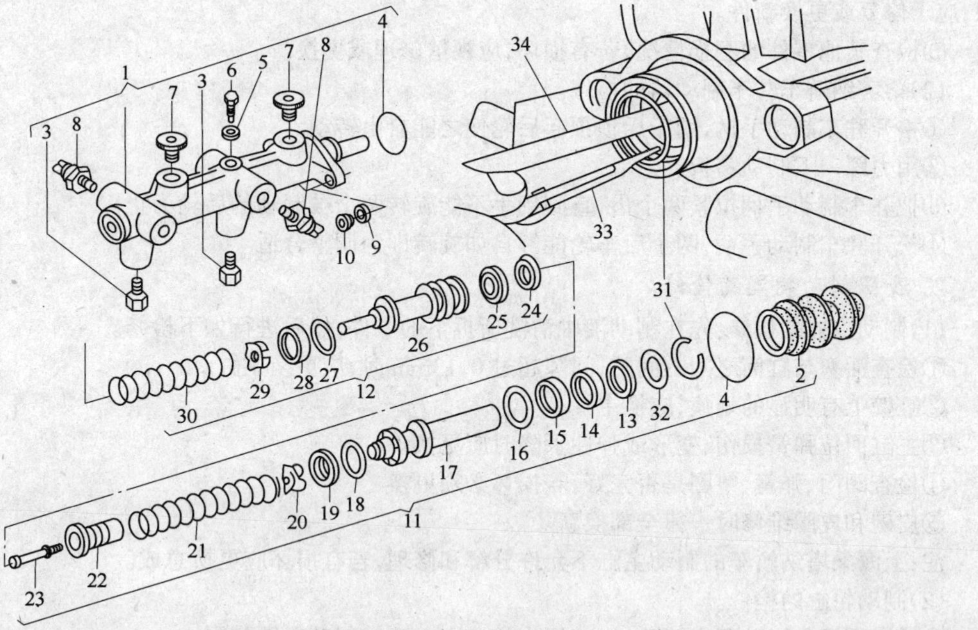

图 4-23 制动主缸分解

1.制动主缸 2.防尘罩 3.油管接头 4.密封环 5.垫圈 6.限位螺钉 7.密封堵头 8.放气螺钉 9.弹簧垫圈 10.螺母 11.第一活塞组件 12.第二活塞组件 13.导向套 14、15、19、24、25、28.密封圈 16、18、27.止推垫圈 17.第一活塞 20.弹簧下座 21、30.弹簧 22.弹簧上座 23.螺栓 26.第二活塞 29.弹簧座 31.挡圈 32.垫圈 33、34.工具

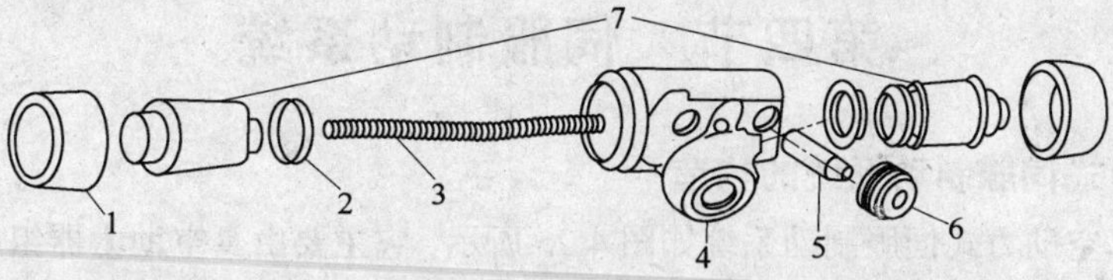

图 4-24 制动轮缸分解

1.防尘罩 2.皮碗 3.弹簧 4.轮缸外壳 5.放气阀 6.防尘罩 7.活塞

③拆下制动轮缸与制动底板的连接螺栓，取下制动轮缸以待分解。

④取下缸体两端的防尘罩。

⑤从轮缸内取出活塞、顶块、皮碗及活塞回位弹簧。

⑥拆下放气阀。

⑦制动轮缸的装配按上述相反顺序操作，并应注意下列事项：

a.装配前，所有零件应用制动油液或酒精清洗，用压缩空气吹干后，全部浸泡在清洁的制动油液内润滑。

b.连接管路不允许有漏液现象。

c.皮碗不得有磨损及发胀现象。

d.装配后应试验其密封性：将制动轮缸沉入盛有酒精的盆内，应不产生漏气的气泡。

三、人力制动系统的检修

1.驻车制动器的检修

(1)东风 EQ1092 型汽车驻车制动器的检修。

①摩擦片表面与铆钉头的距离小于 0.5mm 时，应更换新摩擦片。

②制动蹄轴承孔与制动蹄轴外径的配合间隙为 0.025～0.118mm，使用极限为 0.30 mm，超过极

限,应予修复或更换新件。

③检查其他零件的磨损情况,若有损坏,应视情修理或更换。

(2)桑塔纳轿车驻车制动器的检修。

①松开驻车制动手柄,用千斤顶顶起后轮使之能自由转动。

②用力踩一下制动踏板。

③把驻车制动手柄拉紧两个齿,直到用手不能旋转两个被制动的后轮为止。

④松开驻车制动手柄,两个后车轮能够自如旋转即为调整合适。

2. 液压制动装置的检修。

(1)制动主缸的检修:先在制动液中清洗所拆下的零件,然后进行如下检修。

①检查活塞与缸筒之间的间隙,间隙超过 0.13mm 时,应更换主缸。

②缸壁上有明显的划痕,应换主缸。

③主缸回位弹簧损伤、变形或弹性下降时应更换。

④检查阀门、弹簧、垫圈是否完好,若损坏必须更换

⑤皮碗和皮圈维修时一律全部换新。

注:上海桑塔纳轿车的制动主缸不允许分解和修理,若有损坏应更换总成。

(2)制动轮缸的检修。

①轮缸活塞与缸壁配合间隙、缸壁损伤的检查方法与制动主缸相同。

②轮缸放气螺钉和缸体螺纹部分如有损坏,应更换。

③轮缸密封圈如有渗漏应更换。

④防尘罩如有老化、裂纹、密封不良等现象应更换。

第四节 伺服制动系统

一、真空助力式伺服制动系统的构造

桑塔纳轿车真空助力式伺服制动系统如图 4-25 所示，它主要由真空助力器组成。真空助力器和制动主缸的结构如图 4-26 所示。真空助力器由前壳体、后壳体、气室膜片、弹簧和真空控制阀总成组成。

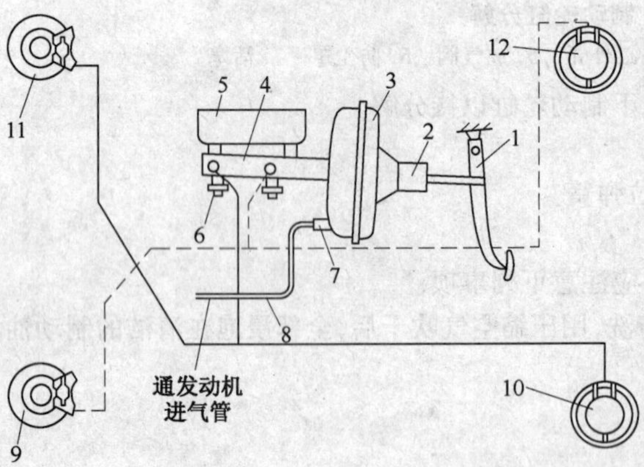

图 4-25 真空助力式伺服制动系统

1. 制动踏板 2. 控制阀 3. 真空伺服气室 4. 制动主缸 5. 储液罐 6. 制动信号灯液压开关 7. 真空单向阀 8. 真空供能管路 9. 左前轮缸 10. 左后轮缸 11. 右前轮缸 12. 右后轮缸

真空助力器和制动主缸用 4 个螺钉固定在车身前围上,左外壳、右外壳和气室膜片合压在一起组成不通大气彼此密封的左气室和右气室。真空控制阀总成的阀体与左端凸缘盘用气封和垫片压合在气室膜片上,气室膜片回位弹簧将真空控制阀总成连同气室膜片压向右边。阀体右边圆柱体可在密封套内左右移动,但仍能保证右气室与大气隔绝。

不制动时铰链杆和推杆在回位弹簧的作用下回到右极限位置,控制阀橡胶膜片与阀体分开(真空阀开启),紧贴铰链杆端面,与外界空气隔绝(空气阀关闭)。此时,前、后气室均为真空,压差为零。

制动时推杆连同铰链杆向左移动,消除了

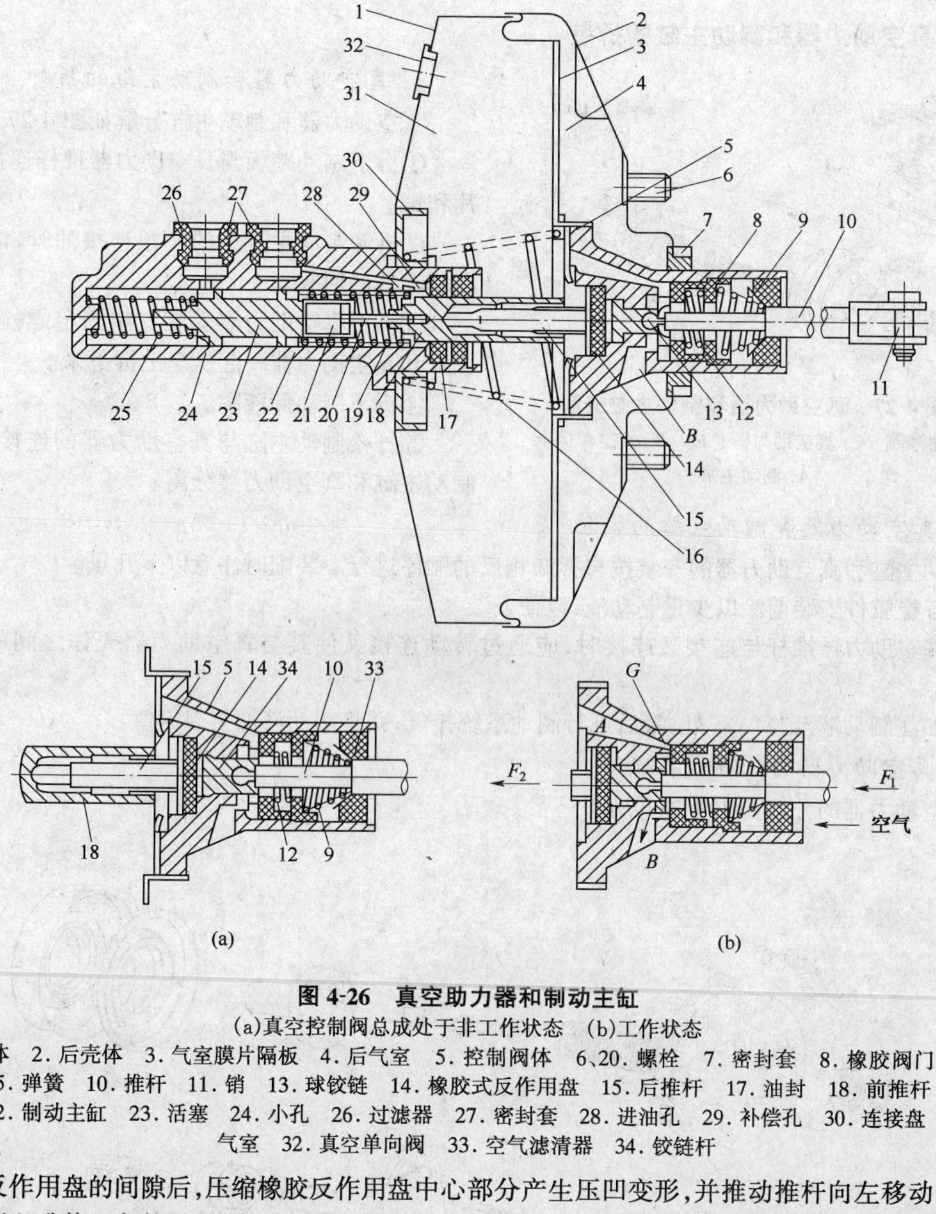

图 4-26　真空助力器和制动主缸

(a)真空控制阀总成处于非工作状态　(b)工作状态

1. 前壳体　2. 后壳体　3. 气室膜片隔板　4. 后气室　5. 控制阀体　6、20. 螺栓　7. 密封套　8. 橡胶阀门　9、12、16、19、25. 弹簧　10. 推杆　11. 销　13. 球铰链　14. 橡胶式反作用盘　15. 后推杆　17. 油封　18. 前推杆　21. 弹簧座　22. 制动主缸　23. 活塞　24. 小孔　26. 过滤器　27. 密封套　28. 进油孔　29. 补偿孔　30. 连接盘　31. 前气室　32. 真空单向阀　33. 空气滤清器　34. 铰链杆

与橡胶反作用盘的间隙后，压缩橡胶反作用盘中心部分产生压凹变形，并推动推杆向左移动，使制动主缸液压上升传入各轮缸，此力是驾驶人所给。与此同时，压杆通过弹簧先将控制膜片压向阀体关闭真空阀，使气室膜片两侧腔室隔绝。进而控制膜片脱离铰链杆的端面，打开空气通道，即空气阀打开。随着空气的进入，在伺服气室膜片的两侧出现压力差而产生推力，此推力通过膜片隔板带动控制阀及推杆一起左移，此力为压力差所给。所以，左移力等于踏板力和压力差的合力。推力放大程度由真空度而定，最大可放大 3 倍。

当踏板踩下停止在某一位置时，推杆和铰链杆就停止推压橡胶反作用盘。由于橡胶是体积不可压缩的柔性材料，具有同液体一样的传递压力的性质，膜片凹下的材料又重新凸起变平，使空气阀重新落座而关闭，出现“双阀紧闭”的平衡状态，助力作用就停止。

放松制动时，回位弹簧推动推杆和空气阀右移，使真空阀离开阀座而打开，伺服气室的膜片隔板在回位弹簧的作用下向右移，主缸解除制动。

真空助力器失效或真空管路无真空度时，推杆将通过空气阀直接推动膜片和推杆移动，变成普通人力液压制动。

二、真空助力器和制动主缸的拆装

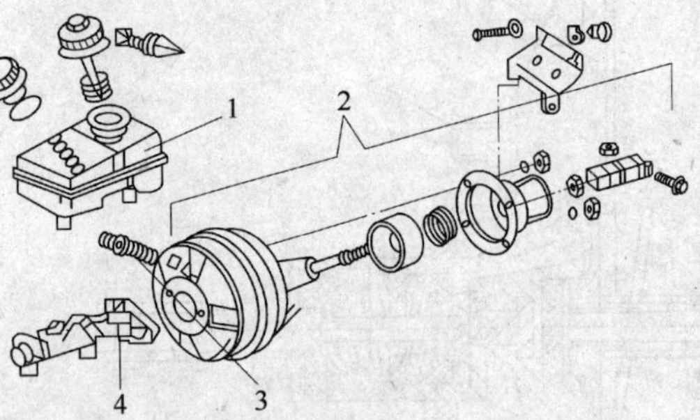

图 4-27 真空助力器和制动主缸分解

1. 储液罐 2. 真空助力器总成 3. 真空单向阀 4. 制动主缸

1. 真空助力器和制动主缸的拆卸

真空助力器和制动主缸分解如图 4-27 所示。

①拆下制动踏板与真空助力器推杆连接叉的锁片和销。

②拆卸制动主缸上的 4 根连接油管，注意卸压和制动液的回收。

③拆下真空助力器安装支架固定螺栓，将制动主缸和真空助力器一起从车上拆下来。

④拆下制动储液罐。

⑤拧松制动主缸与真空助力器的连接螺母，将制动主缸和真空助力器分离。

2. 真空助力器和制动主缸的装配

制动主缸和真空助力器的安装按与拆卸相反的顺序进行。装配时注意以下几点。

①各橡胶件安装前涂以少量制动液，以便安装。

②真空助力器推杆与连接叉连接时，应通过转动连接叉使其与真空助力器壳体之间的距离为 220mm。

③加注制动液至“MAX”处，最后进行制动系统排气，并将制动液加至规定值。

3. 真空助力器的分解和装配

真空助力器的分解如图 4-28 所示。

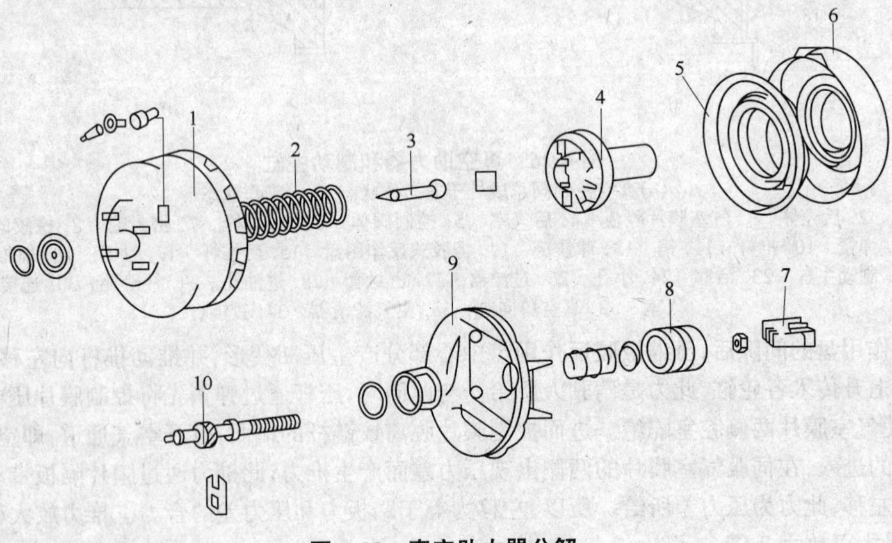

图 4-28 真空助力器分解

1. 前壳体 2. 弹簧 3. 后推杆 4. 阀体 5. 膜片隔板 6. 膜片 7. 连接叉 8. 防尘套 9. 后壳体 10. 推杆

(1)真空助力器的分解。

①把助力器夹在专用工具中，并在前、后壳体上做上装配标记，将前、后壳体相对转动，如图4-29所示。

②旋转专用工具上面的左、右螺母，并把两根木条插在前壳体边缘和上压板之间，均匀地向下拧紧 4 个助力器安装螺母，把前、后壳体分开，然后取出膜片弹簧和推杆，如图 4-30 所示。

③从后壳体上拆下防尘罩、膜片总成、密封圈,如图 4-31 所示。

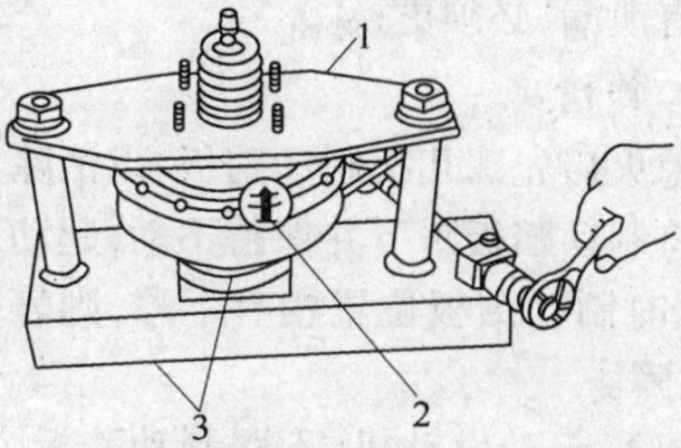

图 4-29　前、后壳体相对转动

1、3. 专用工具　2. 定位标记

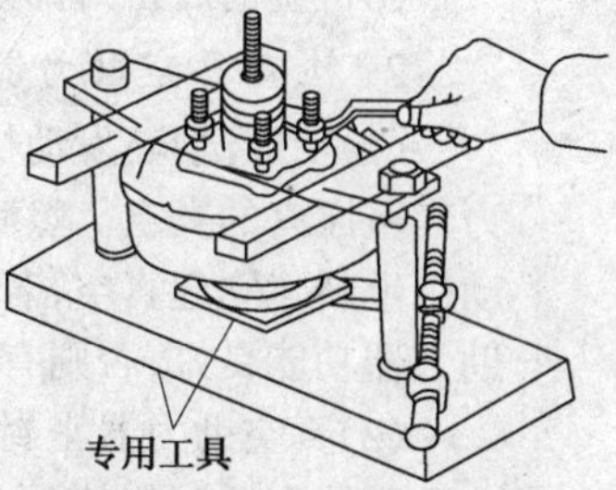

图 4-30　分解前、后壳体

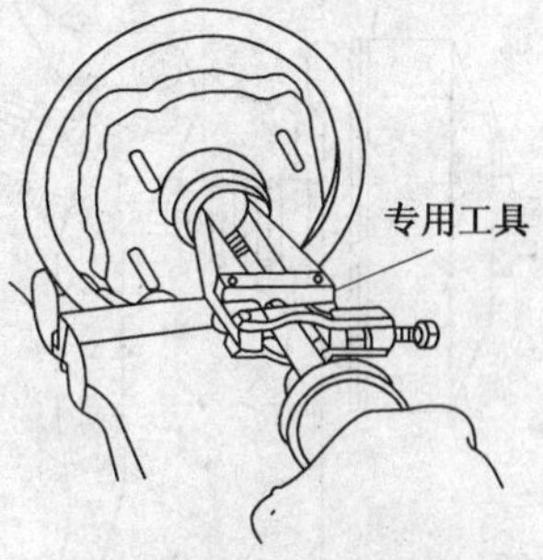

图 4-31　拆下密封圈

④将专用工具夹在台虎钳上,把膜片放在专用工具上进行旋转,使阀体与膜片隔板分开,从助力器隔板上拆下膜片,如图 4-32 所示。

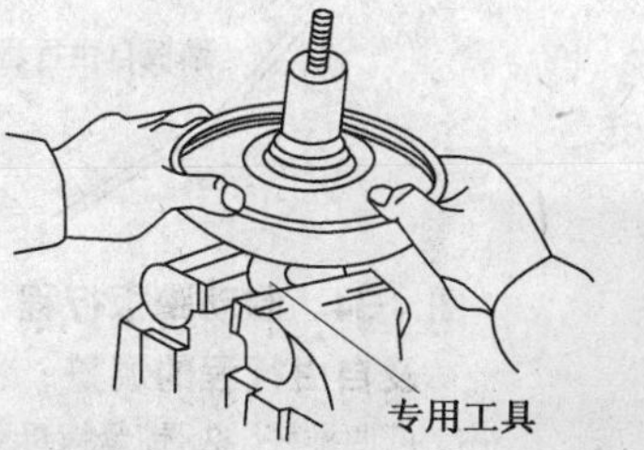

图 4-32　使阀体与膜片隔板分离

⑤把推杆推入阀体,拆下定位键,拔出推杆,如图 4-33 所示。

⑥从阀体上拆下橡胶反作用盘。

(2)真空助力器的装配。

①将推杆插入阀体,装上定位键。

②把橡胶反作用盘装入阀体。

③把膜片装入助力器膜片隔板,再把阀体插入助力器膜片隔板中。

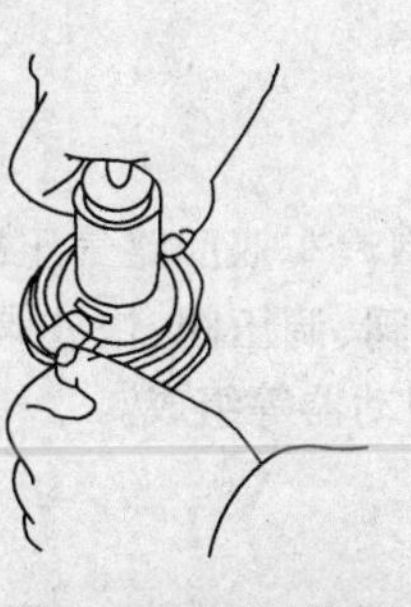

图 4-33　拆下推杆

④把密封圈装入后壳体,再把膜片装入后壳体中。

⑤把毛毡滤芯、海绵状滤芯、防尘罩依次装入后壳体。

⑥把弹簧和推杆放入前壳体,用专用工具把弹簧压入前、后壳体之间,然后将前、后壳体相对旋转,直至前、后壳体的装配标记对准。

⑦装上真空管和空气管。

4. 排除液压制动系统空气

液压制动系统渗入空气,将造成制动失效。当维修制动系统、更换制动液或平时踩制动感觉踏板无力且有弹性时,则说明制动系统有空气,需排除空气。

①一人反复踩制动踏板数次并踩住。

②另一人拧松放气螺钉,此时带有气泡的制动液就会流出。当踏板下降到接近最低点时拧紧放气螺钉。

③重复上述过程,直至放出的制动液中不再带有气泡。放气过程中及放完气后,储液罐内的制动液不可太少,应及时添加。

④放气顺序总的原则是先远后近,一般车辆为右后—左后—右前—左前顺序。

5. 调整制动踏板行程及自由行程

桑塔纳轿车制动踏板自由行程应不大于 45mm,制动踏板总行程 180mm,制动踏板有效行程 135mm,通过调整踏板上推杆的长度予以矫正。如图 4-34 所示。

三、伺服制动系统的检修

真空助力器常见失效形式是膜片破裂、控制阀和密封件失效等。

1. 主要零部件的检修

①检查阀与阀座,如有破裂或有沟槽,应更换阀件。

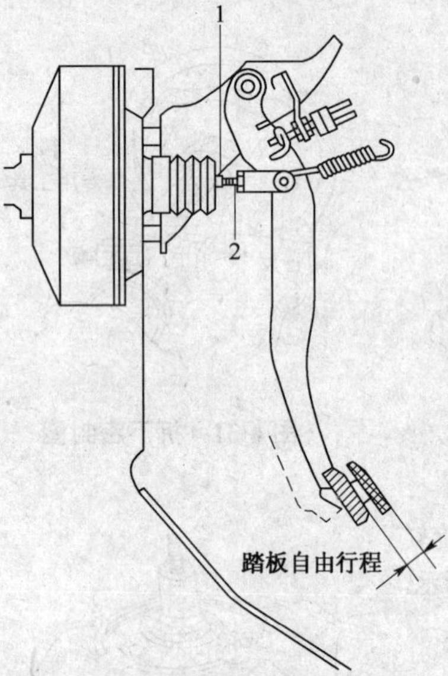

图 4-34 制动踏板行程及自由行程的调整

1. 可调推杆 2. 锁紧螺母

②检查推杆和前、后推杆，如磨损应予更换或刷镀修复。

③检查壳体和膜片，如有破裂、老化应予更换。

④检查前后密封件如有泄漏，必须更换。

2. 检查真空助力器工作情况

(1)功能试验：发动机熄火后先踩几次制动踏板，以消除加力气室原有的真空。然后将制动踏板踩下并保持不动，起动发动机重新建立起真空，若此时制动踏板位置稍有下移，则表明助力器功能良好，否则有故障。

(2)真空助力器密封试验：起动发动机，不踩制动踏板，检查助力器有无漏气，若在控制阀空气过滤器处有进气声，说明空气阀不密封；若在真空软管或真空单向阀处有漏气声，说明该处不密封。

如上述试验良好，起动发动机，运转 1～2min 后将踏板踩到底并保持不动，若空气过滤处有进气声，说明真空阀不密封；若踩踏板时很沉重且工作行程不足，而空气过滤器处仍有进气声，说明气室膜片破裂。

如上述试验良好，停机 1min，踩制动踏板数次，若第一次行程较大，尔后各次行程逐渐减小，说明真空单向阀良好。否则单向阀不密封。

第五节 动力制动系统

一、动力制动系统的构造

本节以东风 EQ1092 型汽车为例介绍气压式动力制动系统。东风 EQ1092 型汽车双回路气压制动系统如图 4-35 所示。系统由空气压缩机、湿储气筒、前后桥储气筒、制动控制阀、调压阀、快放阀、双针气压表、前后制动气室、挂车控制阀、挂车分离开关、制动踏板、管路及车轮制动器等组成。

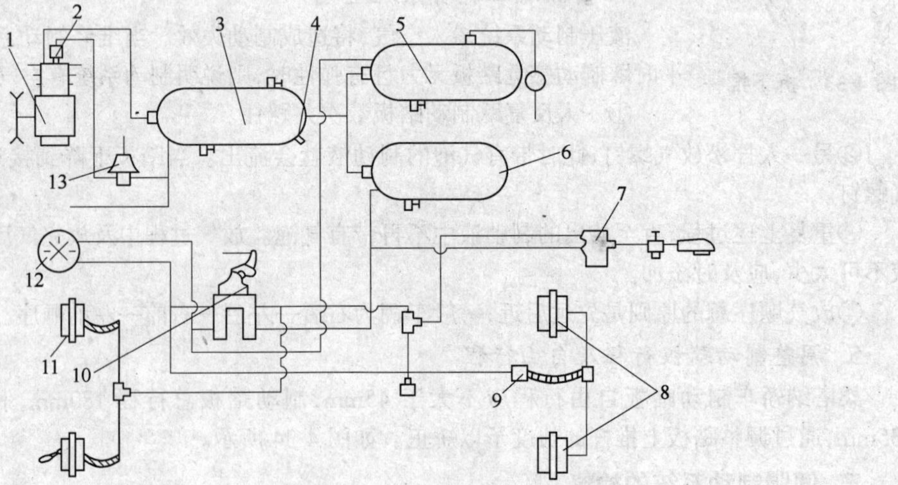

图 4-35 东风 EQ1092 型汽车双回路气压制动系统

1. 空气压缩机 2. 卸荷阀 3. 湿储气筒 4. 安全阀 5. 后桥储气筒 6. 前桥储气筒 7. 挂车制动控制阀 8. 后轮制动气室 9. 快放阀 10. 制动控制阀 11. 前轮制动气室 12. 气压表 13. 调压阀

系统采用前、后轮独立控制的双回路制动。当其中一个回路发生故障失效时，另一回路仍能继续工作，以维持汽车具有一定的制动能力，从而提高了汽车的行驶安全性。

1．空气压缩机

东风 EQ1092 型汽车空气压缩机为单缸风冷式，结构如图 4-36 所示。空气压缩机固定在发动机气缸体一侧的支架上，由发动机通过皮带驱动。其支架上有三道槽，可通过调整螺栓移动空气压缩机的位置，来调整皮带的松紧度。

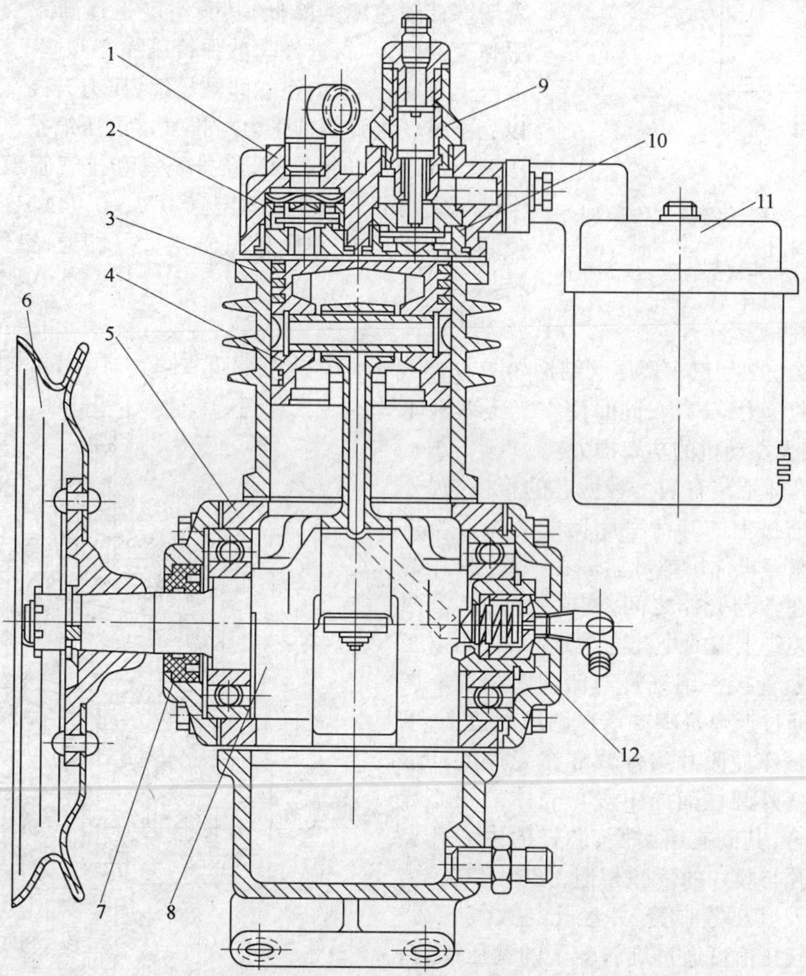

图 4-36　东风 EQ1092 型汽车空气压缩机

1．气缸盖　2．排气阀　3．气缸体　4．活塞　5．曲轴箱　6．皮带轮　7．油封　8．曲轴　9．卸荷阀　10．进气阀　11．空气滤清器　12．油堵

铸铁制成的气缸体下端用螺栓紧固在曲轴箱上，气缸体外表面铸有 3 道环形散热片，铝制气缸盖用螺栓紧固于气缸体上端面，其间装有密封气缸垫。气缸盖内装有进气阀和排气阀，侧面进气口上装有空气滤清器。进气阀由导向座、弹簧、阀片、阀片座、密封圈等组成，经进气道与小空气滤清器相通。排气阀由导向座、弹簧、阀片、阀片座、密封圈、波形垫圈等组成，经排气管接头与储气筒相通。进气阀上方设有卸荷装置（卸荷室和卸荷阀），卸荷阀壳体内镶嵌着套筒，其中有卸荷柱塞和弹簧。

曲轴用两个球轴承支承在曲轴箱座孔内，前端伸出并固装有皮带轮。前轴颈和前轴承之间有油封，以防漏油。曲轴后端中心制成一圆孔，是空气压缩机润滑油的入口，在孔内装有弹簧及杯形油堵，油堵右端面有润滑油节流孔。弹簧又使油堵右端面压靠在后轴承盖中央的端面上，起端面油封作用，防止润滑油大量泄入曲轴箱影响空气压缩机的正常油压。曲轴箱底部有回油管接头使润滑油流回发动机油底壳。

空气压缩机工作原理如图 4-37 所示。

空气压缩机工作时，活塞下行，气缸内形成一定真空度，迫使进气阀克服弹簧的张力离开阀座，外界的空气即经空气滤清器、进气道、进气阀被吸入气缸。活塞下行至下止点附近时，随着活塞移动速度的降低，其真空度也逐渐减小，当减到不能克服弹簧的张力时，进气阀被弹簧压靠在阀座上，切断进气通路。活塞上行时，气缸内空气即被压缩，压力升高，当压力升高到足以克服排气阀弹簧的张力与排气室内压缩空气的压力之和时，压缩空气即压开排气阀，经排气室和排气管道送至湿储气筒。当储气筒内的气压达到规定值(0.7～0.74MPa)后，调压机构便使卸荷阀压开进气阀，使气缸与大气相通，空气压缩机卸荷空转。

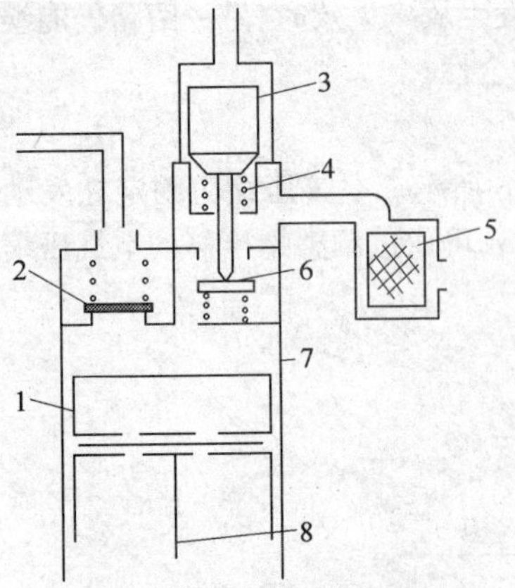

图 4-37 空气压缩机工作原理

1. 活塞 2. 排气阀 3. 卸荷柱塞 4. 柱塞弹簧 5. 空气滤清器 6. 进气阀 7. 气缸体 8. 连杆

2. 调压阀

东风 EQ1092 型汽车调压阀结构如图 4-38 所示。其功用是调节储气筒中压缩空气的压力，使之保持在规定的压力范围内，同时使空气压缩机能卸荷空转，减少发动机的功率损失。

调压阀壳体上装有两个带滤芯的管接头，分别与空气压缩机上的卸荷室和储气筒相通。膜片及弹簧下座等机件用螺母紧固在一起，膜片的外缘被夹持在盖与壳体之间，构成膜片上、下两腔。膜片上腔经上盖的小孔与大气相通；而下腔经气体通道及管接头用气管与储气筒相通。调压弹簧上端通过上弹簧座支承在调压螺钉上；下端通过下弹簧座使膜片组件紧靠在壳体的环形凸肩上。芯杆外圆柱面的中段与壳体的中心导向孔滑动配合，其间有密封圈，芯杆的中心孔经上部的径向孔与膜片的下腔相通，壳体下端腔内装有排气阀及其压紧弹簧，并经孔与大气相通。调节阀调节气压值可通过旋转盖上的调压螺钉，改变调压弹簧的预紧力予以调整。

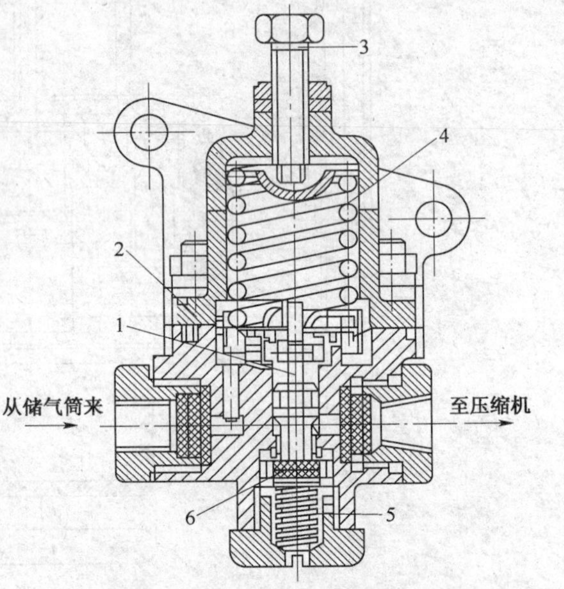

图 4-38 东风 EQ1092 型汽车调压阀

1. 芯杆 2. 膜片 3. 调整螺钉 4. 平衡弹簧 5. 回位弹簧 6. 阀门

调压阀工作原理如图 4-39 所示。

当储气筒内气压未达到规定值时，膜片下腔气压较低，不足以克服平衡弹簧的预紧力，膜片连同芯杆及排气阀被平衡弹簧压到下极限位置，卸荷阀不起作用。此时，由储气筒至卸荷室的通路被隔断，卸荷室与大气相通，卸荷柱塞在最高位置，进气阀处于密封状态，空气压缩机对储气筒正常充气。

当储气筒气压升高到 0.7～0.74MPa 时，膜片下方气压作用力即克服平衡弹簧的预紧力而推动膜片向上拱曲，使芯杆和排气阀随之上移，直至排气阀压靠在阀座上而关闭，切断卸荷室与大气通路。同时芯杆下端面也离开排气阀，出现间隙，于是储气筒中的压缩空气便沿图中箭头所示路线充入空气压缩机的卸荷室，迫使卸荷柱塞下移，使进气阀门开启。这时气缸与大气相通，空气压缩机卸荷空转，湿储气筒内气体压力也不再升高。

随着储气筒内的压缩空气不断消耗，卸荷阀膜片下面气压降低，膜片和芯杆即在平衡弹簧的作用下相应下移，当气压在 0.56～0.60MPa 时，芯杆管下端将排气阀打开，卸荷室与储气筒的通路被切断，而与大气相通，卸荷室的压缩空气即排入大气。卸荷柱塞在其弹簧的作用下升高，进气阀又恢复正常，空气压缩机恢复对储气筒充气。

3. 制动控制阀

制动控制阀的功用是控制从储气筒进入制动气室和挂车制动控制阀的压缩空气量，从而控制制动气室中的工作气压，并有逐渐变化的随动作用，即保证制动气室的气压与踏板行程有一定的比例关系。

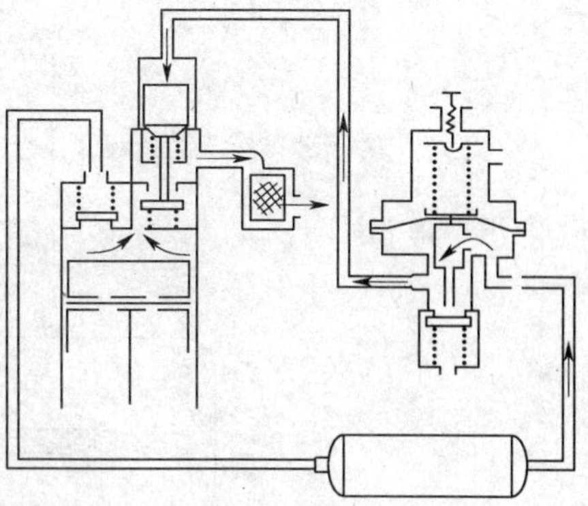

图 4-39　调压阀工作原理

东风 EQ1092 型汽车气压制动控制阀结构如图 4-40 所示。它由彼此独立的前腔制动阀和后腔制动阀及两阀共用的平衡臂、平衡弹簧、拉臂及上体等部分组成。

独立的左腔室与后桥储气筒和后桥控制管路连接；独立的右腔室与前桥储气筒和前桥控制管路连接。膜片组件的驱动形式是通过叉形拉臂推压平衡弹簧、推杆、平衡臂同步地控制两腔的膜片芯管。

前桥腔室中有滞后机构，两腔室制动时，有时间差和气压差，且能调整其大小，使得前后桥制动能协调一致。滞后机构总成由推杆、密封柱塞、可调的滞后弹簧、调整螺母等机件组成，其壳体通过螺纹装于阀体下端的螺纹孔内，并用密封圈密封，下端螺纹孔装有调整螺母，并用锁紧螺母锁紧。旋转调整螺母，可调整滞后弹簧的预紧力。在滞后弹簧的张力作用下，经密封柱塞使位于芯管中心孔的推杆上端支承着芯管，芯管下端面与进气阀上端面保持 1.5mm 的排气间隙。后桥腔室的下部，也装有和前桥腔室滞后机构相同的机件和相同的排气间隙，只是少了推杆使其滞后机构不起作用。

制动控制阀工作原理如图 4-41 所示。

制动时，杠杆使拉臂绕轴转动，拉臂将平衡弹簧和平衡臂压下，推压两腔室的膜片和芯管。由于后桥腔室中无推杆和滞后弹簧的作用力，因此芯管首先将排气阀口 E 关闭，继而打开进气口 D，压缩空气便经进气阀口充入后桥控制管路。此后，由于后桥腔室中平衡气室 V 不断充气，(经节流孔 C 进入)气压升高，随着膜片和芯管下移各回

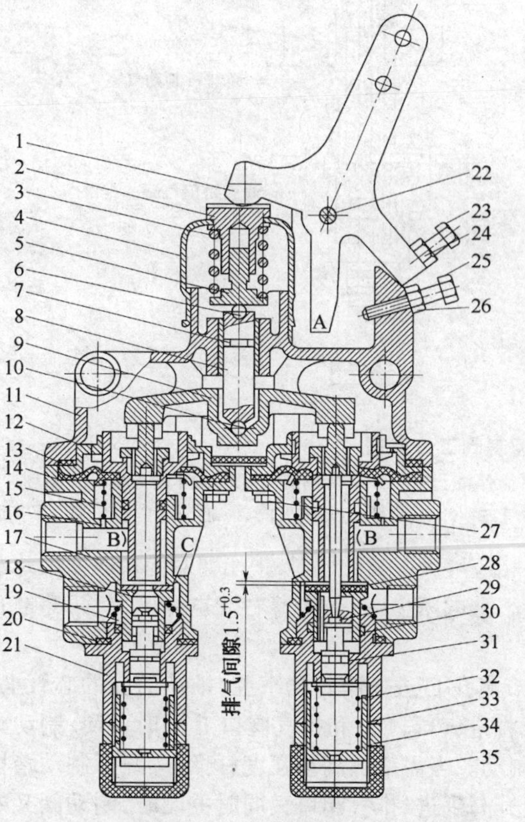

图 4-40　东风 EQ1092 型汽车气压制动控制阀

1. 拉臂　2. 平衡弹簧上座　3. 平衡弹簧　4. 防尘罩　5. 平衡弹簧下座　6. 钢球　7. 密封圈　8. 推杆　9. 平衡臂　10. 钢球　11. 上壳体　12. 导向座　13. 密封垫及钢垫　14. 膜片　15. 膜片回位弹簧　16. 膜片芯管　17. 下壳体　18. 两用阀总成　19. 阀门回位弹簧　20. 密封垫　21. 柱塞座　22. 拉臂轴　23. 调整螺钉　24. 锁紧螺母　25. 调整螺钉　26. 锁紧螺母　27. 紧固螺钉　28. 推杆　29. 密封柱塞　30. 密封圈　31. 密封圈　32. 滞后弹簧　33. 调整螺母　34. 锁紧螺母　35. 塑料罩　A—拉臂限位块　B—节流孔　C—进气阀口

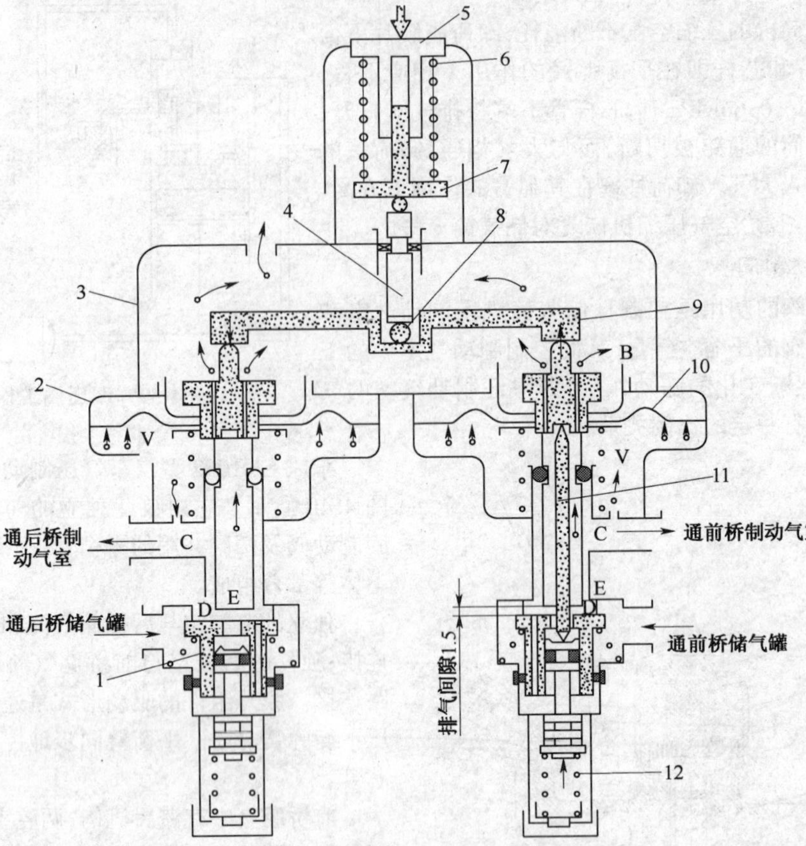

图 4-41 制动控制阀工作原理

1. 两用阀总成 2. 下壳体 3. 上壳体 4. 推杆 5. 平衡弹簧上座 6. 平衡弹簧 7. 平衡弹簧下座 8. 钢球 9. 平衡臂 10. 膜片 11. 膜片芯管 12. 滞后弹簧 B. 排气口 C. 节流孔 D. 进气阀口 E. 排气阀口 V. 平衡腔

位弹簧的变形量增加，反抗平衡臂下移的作用力将相应增大。与此同时，平衡臂对前桥腔室膜片芯管组的压力也随之增大，当足以克服前桥膜片芯管组下移的阻力时，平衡臂右端也开始下移，并推开前桥腔室的进气阀，使前桥控制管路充气。

压缩空气在充入前、后制动气室的同时，还经节流孔 C 进入膜片的下腔，推动两腔的芯管上移，促使平衡臂等零件向上压缩平衡弹簧，此时两用阀将进气阀口 D 和排气阀口 E 同时关闭，制动阀处于平衡状态，压缩空气保留在制动气室中，即维持制动。当需增加制动强度，可继续踩下制动踏板到某一位置，制动气室进气量增加，气压升高，当气压升高到进、排气阀口又同时关闭时，制动阀又处于新的平衡状态。

放松制动踏板，两腔室的膜片芯管上移，排气阀口 E 被打开。由于气压差的关系，排气将按后桥、前桥的顺序依次将压缩空气经芯管和上体的排气口 B 进入大气，解除制动。

通过自由行程调整螺钉，可使芯管上下移动，使排气间隙达到规定值，从而保证制动踏板自由行程。通过最大工作气压调整螺钉，可限定摆臂的最大摆动位置，从而限制最大工作气压。

4. 制动气室

制动气室的功用是把储气筒经过控制阀送来的压缩空气的压力转变为转动凸轮的机械力。东风 EQ1092 型汽车采用了膜片式制动气室，其结构如图 4-42 所示。

夹布层橡胶膜片的周缘用卡箍夹紧在壳体和盖的凸缘之间。盖与膜片之间为工作腔，借橡胶软

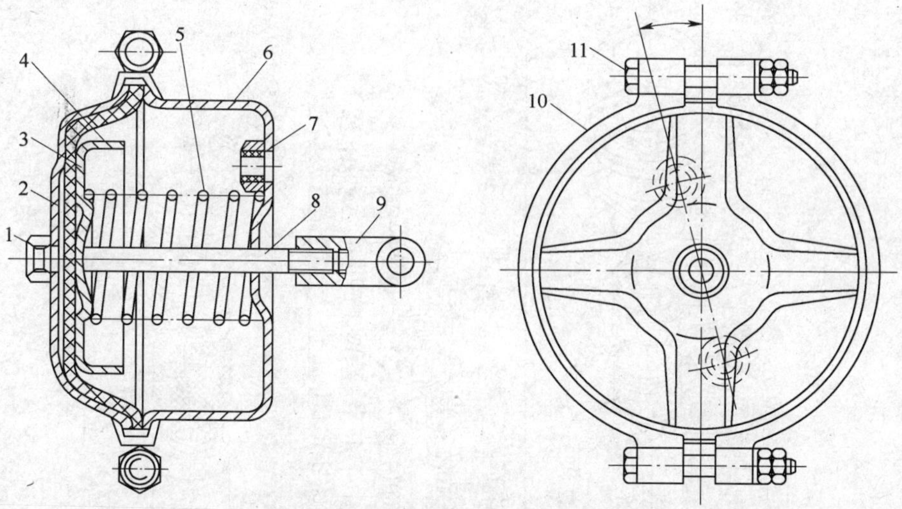

图 4-42 东风 EQ1092 型汽车膜片式制动气室

1. 进气口 2. 盖 3. 膜片 4. 支承盘 5. 弹簧 6. 壳体 7. 固定螺钉孔 8. 推杆 9. 连接叉 10. 卡箍 11. 螺栓

管与制动阀接出的钢管连通，膜片右方则通大气。膜片回位弹簧通过焊接在推杆上的支承盘将膜片推到图示的左端极限位置。推杆的外端借连接叉与制动器的制动调整臂相连。

踩下制动踏板时，压缩空气自制动控制阀充入制动气室工作腔，使膜片向右拱，将推杆推出，使制动调整臂和制动凸轮转动而实现制动。放开制动踏板，工作腔里的压缩空气则经由制动阀的排气口通入大气。膜片与推杆都在弹簧作用下回位而解除制动。

5. 快放阀

为了缩短解除制动的时间，东风 EQ1092 型汽车在制动控制阀与后轮制动气室之间的气路中设有膜片式快放阀，以保证后轮制动器能快速解除制动。

快放阀的结构如图 4-43 所示。它由上、下壳体、膜片、密封垫等零件组成。

制动时，从储气筒经制动控制阀来的压缩空气进入进气口 A，推动膜片关闭排气口 D，同时膜片下弯，压缩空气沿下壳体的径向沟槽，经 B、C 出口分别通入左、右后制动气室，产生制动。

解除制动时，进气口 A 的压缩空气经制动控制阀排入大气，从后制动气室来的压缩空气顶起膜片，打开排气口 D，由此排入大气，制动被解除。由于排气路径缩短，故排气时间减少，排气迅速。

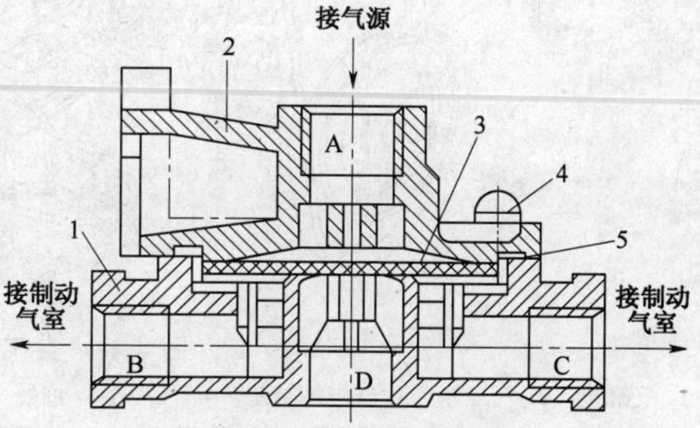

图 4-43 膜片式快放阀

1. 下壳体 2. 上壳体 3. 膜片 4. 紧固螺钉 5. 密封垫

二、动力制动系统的拆装

1. 空气压缩机的拆装

(1)空气压缩机的拆卸：空气压缩机的分解如图 4-44 所示。

①拆掉空气压缩机的进、出油管接头和气管接头，拆下支架上的 3 个螺栓，取下 V 带并将空气压缩机从发动机上拆下来。

②拆下气缸盖螺栓，将气缸盖拆下，用专用工具拆卸荷阀总成。

③拆下底盖，把活塞连杆转至下部。从底部拆下开口销，拧下连杆螺母，取下连杆盖和垫片。注

意连杆盖上的标记,以便以后与连杆装配。

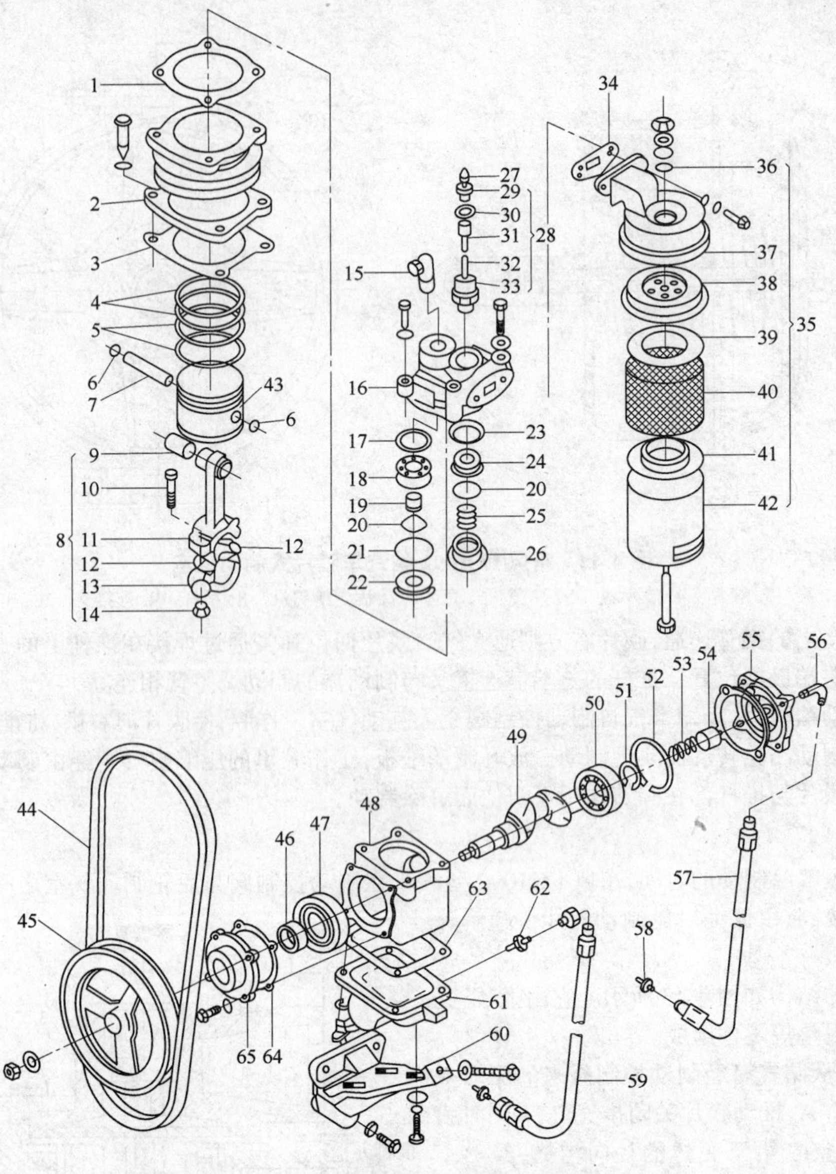

图 4-44 空气压缩机分解图

1. 气缸垫 2. 气缸体 3. 气缸体衬垫 4. 气环 5. 油环 6. 挡圈 7. 活塞销 8. 连杆总成 9. 连杆衬套 10. 连杆螺栓 11. 连杆 12. 调整垫片 13. 连杆盖 14. 连杆螺栓螺母 15. 排气管接头 16. 气缸盖 17. 波形垫圈 18. 排气阀导向座 19. 排气阀弹簧 20. 阀片 21. 排气阀座密封圈 22. 排气阀座 23. 进气阀密封圈 24. 进气阀座 25. 进气阀弹簧 26. 进气阀导向座 27. 管接头 28. 卸荷阀总成 29. 定位塞 30. 密封圈 31. 阀杆 32. 回位弹簧 33. 本体总成 34. 衬垫 35. 空气滤清器 36. 密封垫圈 37. 底座 38. 隔板 39. 滤芯上垫圈 40. 滤芯 41. 滤芯下垫圈 42. 外壳 43. 活塞 44. V带 45. V带轮 46. 曲轴油封 47. 曲轴前轴承 48. 曲轴箱 49. 曲轴 50. 曲轴后轴承 51. 挡圈 52. 锁环 53. 油堵弹簧 54. 油堵 55. 曲轴箱后盖 56. 油管接头 57. 进油管 58. 管接头 59. 回油管 60. 支架 61. 底盖 62. 管接头 63、64. 衬垫 65. 曲轴箱前盖

④从气缸体上端取出活塞连杆总成,解体活塞连杆总成。

⑤拔掉曲轴皮带轮前端的开口销,拧掉螺母,即可拆下 V 带轮。

⑥拆下曲轴箱的前、后盖和前、后轴承,取出曲轴。

(2)空气压缩机的装配:空气压缩机装配前,各零件应清洗干净,装配过程中,各摩擦表面应涂抹适量的润滑油。

①将曲轴装入曲轴箱中,并依次装好前、后轴承。

②安装曲轴油堵、油堵弹簧及曲轴箱后盖。

③安好曲轴油封及曲轴箱前盖,紧固好V带轮。

④将气缸体及其衬垫紧固到曲轴箱上。

⑤组装好活塞连杆组,使活塞环开口相互错开180°(活塞环的端隙、侧隙、背隙应符合要求),然后按活塞、连杆及连杆盖上的装配标记将其装入气缸中,并以15~20N·m的力矩拧紧连杆螺栓。此时,曲轴的旋转力矩应不大于8N·m,活塞在气缸内应升降灵活,无卡滞及划伤缸壁现象,否则,应查明原因予以排除。

⑥将空气压缩机底盖紧固到曲轴箱上。

⑦将卸荷阀装到气缸盖上,并组装好阀板总成,然后将阀板总成、气缸盖及相应的密封垫用气缸盖螺栓紧固到气缸体上(气缸盖螺栓应以18~22N·m的力矩对角均匀拧紧)。

⑧组装好空气滤清器,并将其安装到空气压缩机上。

(3)空气压缩机的调整。

①V带松紧度的调整:将空气压缩机装车并拧动调整螺栓来调整V带松紧度。顺时针拧动螺栓时V带张紧,反之则松弛。合适的松紧度为:用拇指以40N的力垂直按压V带中部时,其挠度为10~15mm。然后拧紧空气压缩机的固定螺栓。

②空气压缩机的性能试验:起动发动机使之带动空气压缩机转动,当空气压缩机转速达到1200~1250r/min时,向6L的储气筒充气,压力由98kPa上升至785kPa时,所消耗的时间应不大于28s。气压上升到785kPa时,卸荷阀应能自动卸荷,气压表所指示的气压不再升高。不能达到上述要求,则应重新检修空气压缩机。

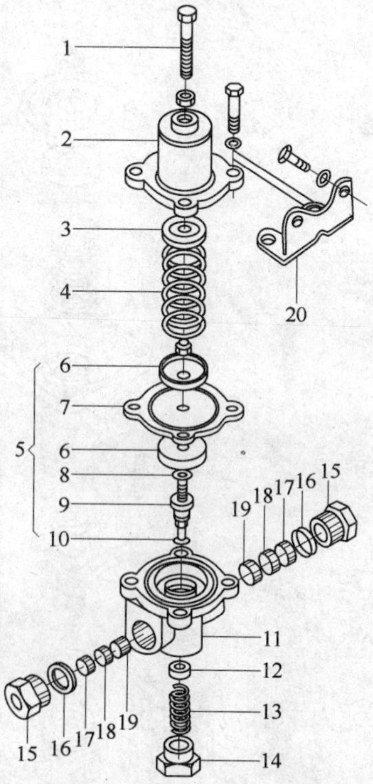

图4-45　膜片式调压阀的分解

1.调整螺钉　2.阀盖　3.弹簧座　4.平衡弹簧　5.芯管总成　6.上、下夹片　7.膜片　8.密封垫圈　9.芯管　10.芯管密封圈　11.阀体　12.阀门总成　13.阀门弹簧　14.放气螺母　15.接头螺母　16.密封垫圈　17.滤芯上罩　18.滤芯　19.滤芯下罩　20.支架

2.调压阀的拆装

膜片式调压阀的分解如图4-45所示。

(1)调压阀的拆卸。

①按对角线顺序拧下阀体与阀盖之间的紧固螺栓,取出平衡弹簧和膜片芯管总成。

②拆下放气螺母,取出阀门总成及弹簧。

③拧下调整螺钉。

④拧出气管接头内的滤芯等件。

⑤分解膜片芯管总成。

(2)调压阀的装配:按与拆卸相反的顺序进行装配,但各处的螺母应按规定力矩拧紧。

(3)调整:拧进调整螺钉,储气筒的压力增高;拧出调整螺钉,储气筒的压力降低。

3.制动控制阀的拆装

东风EQ1092型汽车制动控制阀分解如图4-46所示。

(1)制动控制阀的拆卸。

①先把制动控制阀从车上拆下。

①分解下壳体总成；

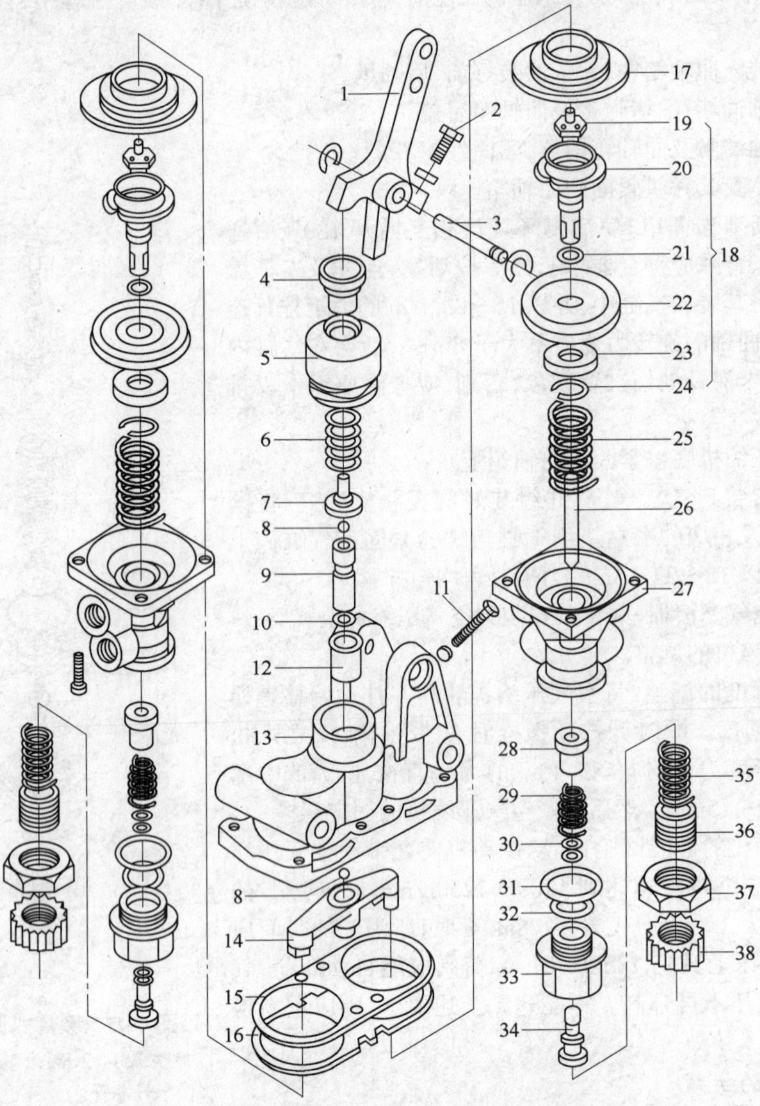

图 4-46 东风 EQ1092 型汽车制动控制阀分解

1. 拉臂 2、11. 调整螺钉 3. 拉臂轴 4. 平衡弹簧上座 5. 防尘罩 6. 平衡弹簧 7. 平衡弹簧下座 8. 钢球 9、20. 推杆 10、21、30、32. O形密封圈 12. 衬套 13. 上壳体 14. 平衡臂 15. 橡胶衬垫 16. 钢垫 17. 膜片压紧圈 18. 膜片回位弹簧总成 19. 推杆头 22. 膜片 23. 夹片 24. 卡环 25. 膜片回位弹簧 26. 顶杆 27. 下壳体 28. 进气阀总成 29. 进气阀回位弹簧 31. 密封垫片 33. 柱塞座 35. 调整弹簧 36. 调整螺栓 37. 锁紧螺母 38. 塑料罩

②从上壳体上拆下拉臂，取下防尘罩，依次拆下平衡弹簧上座、平衡弹簧、平衡弹簧下座、钢球等件。

③拆下上壳体与下壳体的连接螺栓，依次取出膜片回位弹簧总成、膜片压紧圈、钢垫、橡胶衬垫、钢球、推杆，在右腔中取出顶杆。

④分解下壳体总成，拧下柱塞座，取出进气阀及回位弹簧，拆下密封圈。

⑤拆卸滞后机构总成。拧下塑料罩，松开锁紧螺母，拧下调整螺栓及调整弹簧，拆下柱塞。

⑥从上壳体孔中压出衬套。

(2)制动控制阀的装配。

按与拆卸相反的顺序进行装配，装配过程中，应保证各零件运动灵活，所以要在相对运动零件表面上均匀地涂上一层二硫化钼锂基润滑脂。要特别注意，不能将润滑脂堵塞进气阀工作表面的ϕ1.2mm 的小孔。

(3)制动控制阀的调整。

①自由行程(排气间隙)的调整。拆下前、后腔滞后机构总成，用深度游标卡尺分别测量排气间隙，均应为1.5～1.8mm。调整时，可拧动拉臂上的调整螺钉，拧进螺钉时自由行程减小，拧出螺钉时自由行程增大。调好后，拧紧锁紧螺母，装上滞后机构总成。

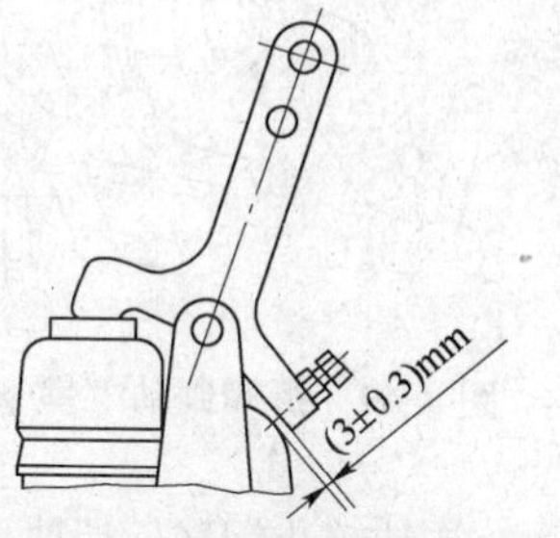

图 4-47　EQ1092 型汽车制动控制阀排气间隙的调整

自由行程的调整也可在装车后进行。踩下制动踏板，使制动气压维持在 498～500kPa(观察制动气压表)，此时，制动拉臂上的调整螺钉与制动阀上壳体间隙为(3±0.3)mm，如图 4-47 所示。不符合要求时，可松开调整螺钉的锁紧螺母进行调整。调好后，当均匀连续地踩下制动踏板时，双针气压表所指示的制动气压应均匀连续上升到最大值，无停、跳现象；慢慢松抬制动踏板时，制动气压应随之缓慢下降到零；制动踏板稳定在某一位置时，制动气压也在相应压力下维持不变；在最大制动气压下，制动阀各接合面及接头处应无漏气现象(涂肥皂水检查)。

②最大制动输出压力的调整。最大制动输出压力的调整须在储气筒压缩空气压力达 687～726kPa 时进行。将制动踏板踩到底，同时拧动上壳体上的调整螺钉，当制动输出气压为 539～647kPa 时，调整螺钉应当正好与拉臂上的限位块接触。

放松制动踏板，待制动控制阀排气后，再重新踩到底，制动输出气压仍为此数值时，即可拧紧锁紧螺母。否则，仍需重新调整，直至合格。

③两腔随动气压差的调整。两腔随动气压差的调整是在完成自由行程的调整和最大制动输出气压的调整后进行的。

制动时，为使前、后车轮制动协调，要使制动控制阀的后腔(接前桥制动气室)的输出气压比前腔(接后桥制动气室)低 20～30kPa。

调整前，需在前腔和后腔的输出管路中分别接入量程相同的两个气压表(如在车上调整，前腔的输出气压可观察仪表板上的气压表)。

调整时，拆下后腔的塑料罩，拧松锁紧螺母，踩下制动踏板到任一位置，拧动调整螺栓，拧进时，后腔输出气压降低，拧出时则升高，当后腔输出压力低于前腔 20～30kPa 时，拧紧锁紧螺母。松开踏板，待排气后再踩一脚，如果两腔气压差仍保持 20～30kPa，拧紧锁紧螺母，装好塑料罩。

4. 制动气室的拆装

制动气室的分解如图 4-48 所示。

(1)制动气室拆卸。

① 拆下制动软管及连接叉与制动调整臂的连接销。

② 拆下制动气室与支架的连接螺栓，取下制动气室。

③ 将制动气室夹在台钳上，拧下卡箍上螺栓，轻轻敲击后取下卡箍，如图 4-49 所示。

④松开台钳，分开制动气室两半壳体。

⑤取出膜片，拧下推杆连接叉，取出回位弹簧和推杆。

(2)制动气室的装配。

①将推杆、回位弹簧及推杆连接叉安装到制动气室壳体上。放好橡胶膜片，把盖扣合到壳体上。

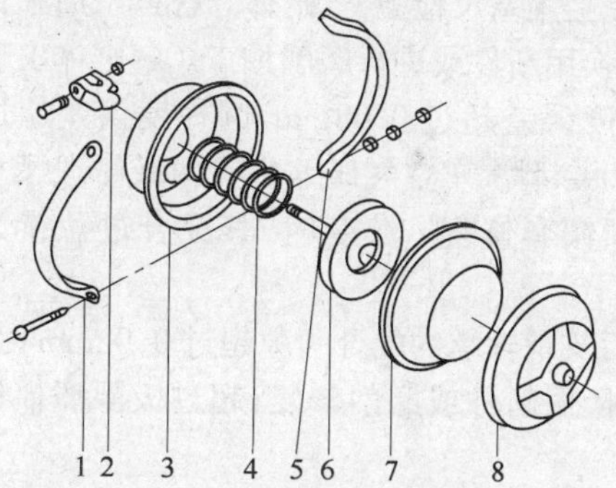

图 4-48　制动气室分解

1、5. 卡箍　2. 连接叉　3. 壳体　4. 回位弹簧　6. 推杆　7. 膜片　8. 盖

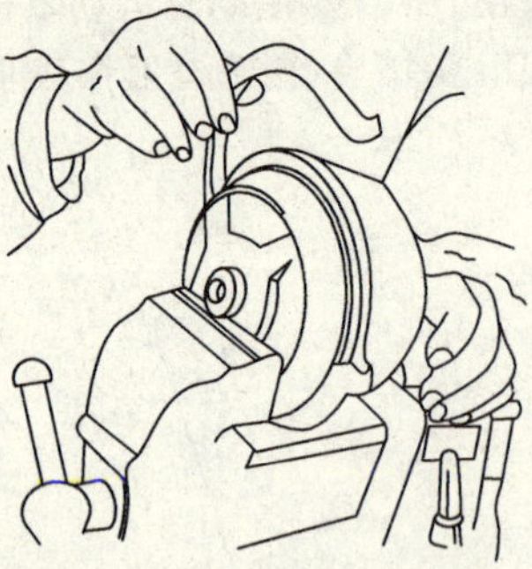
图 4-49 拆卸制动气室卡箍

②把扣合后的制动气室装夹到台虎钳上,装上夹箍。

③通入 720kPa 的压缩空气,检查制动气室是否漏气,如有漏气,则可进一步拧紧夹箍螺栓,如仍无效,则应检查、更换零件。

④将制动气室安装到支架上,并用销连接推杆叉和制动调整臂(如销孔对不上,可转动推杆连接叉来改变推杆长度,以使其和调整臂孔对正。不可以将推杆拉出或转动调整臂来使两者连接)。

5. 制动调整臂的拆装

(1)制动调整臂的拆卸。

①拆下两侧盖上的铆钉,取下两个盖,拧下油嘴。

②拧下紧固螺塞、定位弹簧和锁止钢球(或拧下紧固螺塞、锁止螺钉和锁止套)。

③从锁止钢球一端抽出蜗杆轴。

④取出调整蜗杆和调整蜗轮。

⑤清洗拆下的所有零件。

(2)制动调整臂的装配。

①将调整蜗轮和调整蜗杆啮合同时装入制动调整臂体内。

②将调整蜗杆轴从锁止球孔的一侧压入调整蜗杆,直到蜗杆轴上的 6 个球座与锁止球孔相垂直为止。

③将锁止球和弹簧放入孔中,拧紧螺塞,用扳手左右转动调整蜗杆轴,应听到锁止球与蜗杆轴上 6 个钢球座均有转动的“嗒嗒”声。

④将盖用铆钉铆紧,并配装油嘴。

(3)制动调整臂的调整。

①将制动调整臂及调整垫片安装到制动凸轮轴上,插入开口销。此时,推拉制动凸轮轴检查,其轴向间隙应不大于 0.70mm,否则,应改变调整垫片的厚度进行调整。

②将制动气室安装到支架上,并使推杆连接叉与制动调整臂的孔对准连接(用拧动推杆连接叉改变推杆长度的方法对正销孔)。

③安装完毕后调好车轮制动器间隙。

三、动力制动系统的检修

1. 空气压缩机的检修

(1)机体的检修:用直尺、塞尺进行检验或将零件扣在平台上用塞尺检验,气缸体、气缸盖、曲轴箱及底盖各接合平面的平面度误差应不大于 0.05 mm,否则,应换用新件或进行磨削加工。气缸体出现裂纹,应换用新件。用量缸表测量气缸的磨损情况,当其圆度误差超过 0.08mm,圆柱度误差超过 0.25mm 时,应换用新件,也可用修理尺寸法修复。东风 EQ1092 型汽车空气压缩机有两级修理尺寸(+0.40mm、+0.80mm),超过最后一级修理尺寸时,应重新镶套修复。镶套时,其配合过盈量为 0.03~0.06mm。

(2)曲轴的检修:空气压缩机曲轴出现裂纹或轴颈与前、后支承轴承的配合间隙超过 0.02mm 时,均应换用新件。连杆轴颈的圆柱度误差超过 0.10mm 时,应换用新件或磨削修复;超过极限磨损量 1mm 时,必须换用新件。

(3)活塞连杆组的检修:连杆出现弯扭变形,应进行矫正;连杆衬套与活塞销配合间隙超过 0.10mm 时,应更换衬套。新衬套与连杆承孔的配合过盈量应为 0.06~0.15mm,衬套铰削后与活塞销的配合间隙应为 0.004~0.010mm。连杆出现裂纹、活塞环磨损严重或折断,均应换用新件。连杆轴承与轴颈的配合间隙大于 0.12mm 时(标准配合间隙为 0.020~0.063mm),应换用新轴承。

(4)其他零件的检修:进、排气阀阀片及松压阀回位弹簧、油堵弹簧弹力减弱或折断,应换用新件。进、排气阀阀板出现磨损凸痕,应更换阀板总成。后盖油堵磨损严重,各密封垫、密封圈及松压阀失效,均应换用新件。空气滤清器芯脏污时,可用清洗剂清洗干净。

2. 制动控制阀的检修

①壳体破裂或变形严重,需更换。把制动阀壳体接合面扣在平台上用塞尺检查,平面度误差应不大于0.10mm,否则,可用砂布修磨;

②在弹簧试验台上测试平衡弹簧的刚度,标准值为216N/mm。若弹性不足,长度变短或变形时,应换用新件,如图4-50所示;

③检查制动控制阀各阀门的密封性,阀门压痕深度超过0.50mm,应换用新件;

④制动控制阀大修时,必须全部更换密封圈、橡胶膜片和阀门;

⑤推杆与衬套配合松旷时,应换用新衬套。

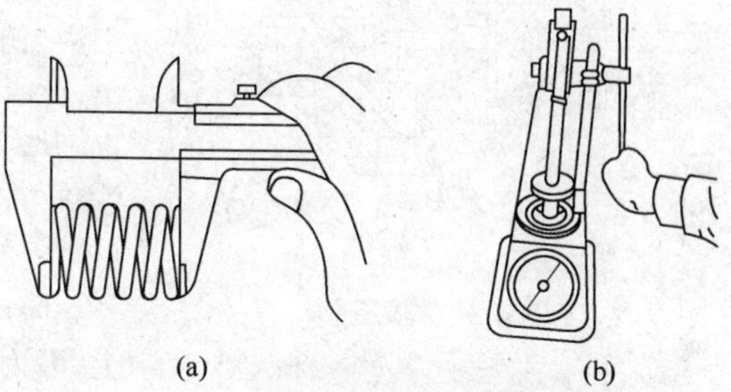

(a)　　(b)

图 4-50　制动控制阀平衡弹簧检查

(a)测量长度　(b)测量刚度

3. 调压阀的检修

调压阀的阀体和阀盖不得有裂纹和严重变形。调压弹簧和阀门弹簧不得锈蚀、变形和折断。膜片变形、老化、有裂痕应换用新件。每行驶12000km后要清洗、检查进气口上的滤芯。检查阀门总成的密封性,必要时换用新件。

4. 制动气室的检修

制动气室的壳体和盖有裂纹,应堆焊修复;膜片如有裂纹、老化或变形应更换;回位弹簧如有明显变形、严重锈蚀、弹性降低或折断时,应更换;同一轴制动气室的弹簧张力应一致,不符合规定应予调整;推杆如有变形或磨损呈台阶状,应矫正或堆焊修复;推杆叉销孔因磨损过大,可堆焊后修复,或换用与孔直径相适应的加大销,应保持孔与销的间隙为0.01～0.03mm。

5. 制动调整臂的检修

①蜗杆和蜗杆轴配合的花键如有磨损应更换。

②制动调整臂体破裂、变形严重时应更换。两侧的铆钉松动时,更换铆钉后铆紧,但要保证蜗轮能灵活转动。

③锁止钢球磨损、破裂或定位弹簧变形、折断时应更换。更换后的新锁止钢球放入孔内不得太松和太紧,应有0.01～0.03mm间隙,使其滑动自如。

④蜗杆轴装在制动调整臂体内,如有松旷可在壳体孔内扩大孔镶套修复。

⑤蜗轮外圆凹齿损坏1～2齿可焊后修复。如有裂纹,应焊补修复。损坏严重,应更换。

⑥蜗轮内花键和制动凸轮外花键松旷或花键扭转变形,应修复。磨损或变形严重时,应更换制动调整臂总成。

第六节　制动力分配调节装置

目前常见的制动力调节装置有限压阀、比例阀、感载阀、组合阀等,它们一般都是串联在后制动管路中,但也有的是串联在前制动管路中。其作用是调节前、后制动管路制动气压或液压。

一、限压阀与比例阀

1. 限压阀

限压阀是一种简单的压力调节阀,串联在制动主缸与后轮制动器的管路之间。当前、后制动管路压力由零同步增长到一定值后，自动限定后制动管路压力使其保持不变，防止后轮抱死。

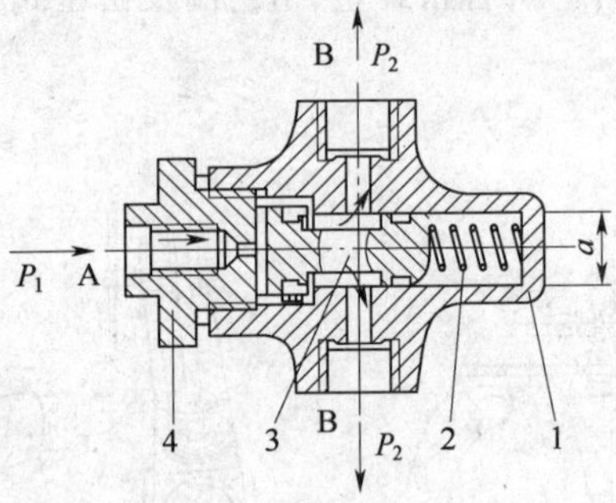

图 4-51 限压阀

1. 阀体 2. 弹簧 3. 滑阀 4. 接头
A. 通制动主缸 B. 通制动轮缸

限压阀的结构如图 4-51 所示。进油口 A 与制动主缸相通，压力为 P_1，出油口 B 与后制动轮缸相通，压力为 P_2。阀门装入阀体后，在右侧弹簧的弹力作用下位于左侧，压靠在接头上，阀门处于开启状态。

当输入压力 P_1 较低时，油液通过开启的阀门从出油口输出，此时 $P_1=P_2$。随着 P_1 的增加，油液对阀门左侧的作用力逐渐增大，直到达到某一压力的时候，阀门克服弹簧作用力而右移，直至阀门关闭，使出油口压力保持不变，即后制动轮缸压力保持在一定值。

限压阀多用于质心高度与轴距的比值较大的轻型货车上，因为这种汽车在制动时，其后轮垂直载荷向前轮转移得较多，可以充分地利用前轮的附着质量，加大制动效果。

2. 比例阀

比例阀(又称 P 阀)，串联于液压制动回路的后制动管路中，当前、后制动管路压力同步增长到某一定值后，自动对后制动管路压力的增长加以限制，使后制动管路的压力增量小于前制动管路的压力增量。

比例阀的结构如图 4-52 所示。比例阀内有一两端承压面积不等的差径活塞，平时，差径活塞在弹簧的作用下处于上端极限位置，阀门保持开启状态。

在制动初期，由于阀门开启，输入压力与输出压力同步增长。即 $P_1=P_2$，但是压力 P_1 的作用面积 A_1 小于压力 P_2 的作用面积 A_2，活塞上方液压作用力大于活塞下方液压作用力。随着输入压力的增加，活塞上、下两端液压作用力之差超过弹簧的预紧力时，活塞便开始下移。阀门关闭，进油口与出油口被隔绝，比例阀达到平衡状态。随着 P_1 的进一步提高，在活塞下端的液压作用下活塞上移，阀门再次开启，油液又经阀门流入出油口，使 P_2 又升高，但由于 $A_1<A_2$，P_2 尚未增加到 P_1 值，活塞又下降到平衡位置。如此循环动作，P_1 增量始终小于 P_2 的增量。

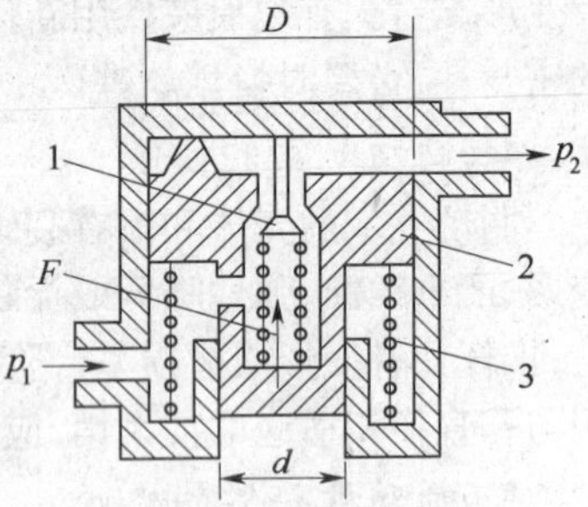

图 4-52 比例阀

1. 阀门 2. 活塞 3. 弹簧

二、感载阀

对于总质量和质心位置变化较大的汽车，采用上述限压阀和比例阀已不能保证汽车的制动性能符合法规的要求，故有必要采用特性随汽车实际装载质量而变化的感载阀。感载阀有感载比例阀和感载限压阀两类。

1. 液压式感载比例阀

液压式感载比例阀的结构如图 4-53 所示。

阀体 3 安装在车身上，其中的活塞 4 为两端承压面积不等的差径结构，其右部空腔内有阀门 2，杠杆的一端用拉力弹簧与后悬架连接，另一端压在差径活塞上。不制动时，活塞在弹簧通过杠杆施加的推力 F 作用下处于右端极限位置。阀门因其杆部顶触螺塞而开启，使左右阀腔连通。

制动时，来自制动主缸压力为 P_1 的制动液由进油口 A 进入，并通过开启的阀门从出油口 B 输入后制动轮缸，输出压力 $P_2=P_1$。因活塞右端承压面积大于左端承压面积，液压对活塞两端的作用力不等，活塞不断左移，最终使阀座与阀门接触而达到平衡状态，此后，P_2 的增量将小于 P_1 的增量。

拉力弹簧右端经吊耳与摇臂相连，而摇臂则夹紧在后悬架的横向稳定杆的中部。当汽车的轴荷增加时，后桥向车身移近，后悬架的横向稳定杆带动摇臂逆时针转过一个角度，将弹簧进一步拉紧，作用于活塞上的推力 F 便增加；反之，轴荷减小，推力 F 便减小。这样，感载比例阀起作用的起始压力就随轴荷而变化。

2．气压式感载比例阀

在一些重型汽车的气压制动管路中安装了一种气压式感载比例阀，它利用膜片有效面积的变化来调节后制动管路的气压，如延安 SX2190、东风 EQ1108G6D、EQ1141G2 汽车。

感载比例阀的车上安装如图 4-54 所示。感载比例阀安装在汽车纵梁上，其摆杆的位置由固定在驱动桥架上的支承杆通过挺杆来决定。汽车装载质量越大，车架与车桥之间的距离越小，摆杆相对阀体向上的摆角则越大，输入与输出气压比值 P_1/P_2 则越小，输出气压值相对越高，制动强度越大；反之，汽车装载质量越小，车架与车桥间的距离越大，摆杆相对阀体向上摆角则越小，输入与输出气压比值 P_1/P_2 则越大，输出气压相对越低，制动强度越小。

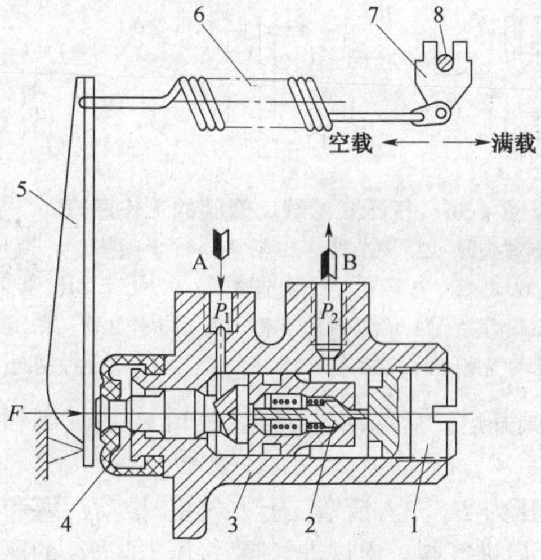

图 4-53　液压式感载比例阀

1．螺塞　2．阀门　3．阀体　4．活塞　5．杠杆
6．感载拉力弹簧　7．摇臂　8．后悬架横向稳定杆

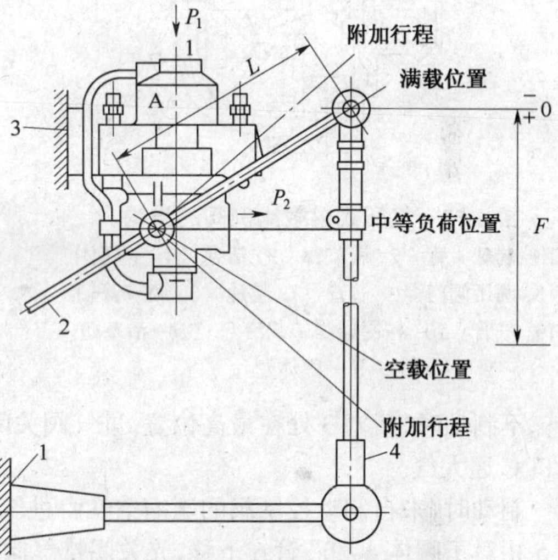

图 4-54　气压式感载比例阀的安装

1．后桥　2．调节臂　3．汽车纵梁　4．联动杆

气压式感载比例阀的结构如图 4-55 所示。调节臂 2 通过联动杆与后桥的弹性臂铰接。调节臂 2 在阀体外面与轴 8 固接，轴 8 在阀体内固接有控制球头臂 1，球头臂的球头插装在芯管 6 和卸载活塞 10 之间的座孔中。汽车的轴载加大时，调节臂 2 即顺时针摆转，通过轴 8 和球头臂 1 使芯管 6 向上移动。

阀体上进气口 A 与制动控制阀连通，出气口 B 与后制动气室连通，排气口 C 则与大气相通。为了防止芯管所受向下的气压作用力造成控制球头臂的弯曲和剪切载荷，用气管 9 将输入压力 P_1 引入气室 E，卸载活塞 10 即将此向上的气压作用力传给控制球头臂，以抵消上述向下的气压作用力。

阀体内有圆形中空的活塞 3，其下部铸有若干个沿圆周均布的径向翅片 Ⅰ，其下边缘自内而外向上倾斜。相应地上阀体 4 内也置有数目相同的翅片 Ⅱ，其下边缘自内而外向下倾斜。装配时，活塞翅片与阀体翅片彼此交错相间。膜片 7 的内边缘固定在活塞 3 下部，外边缘则固定在上下阀体之间。这样，当活塞相对于阀体轴向移动时，膜片支靠活塞翅片 Ⅰ 的面积（即膜片对活塞的有效承压面积）即发生变化。活塞向下时，对翅片 Ⅱ 是分离，对翅片 Ⅰ 是贴合，有效承载面积即增大；反之则减小。活塞处于图示的上极限位置时，膜片全部承压面积都支靠在阀体翅片 Ⅱ 上，故其有效承压面积为零，即活塞下方有效承压面积为最小。

活塞内有阀门 5，分别与活塞内的阀座和芯管 6 上端阀座组成进气阀与排气阀。芯管内腔经排气口 C 通大气。芯管的轴向位置由控制球头臂 1 的球头选定。

气压式感载比例阀的工作原理如图 4-56 所示。

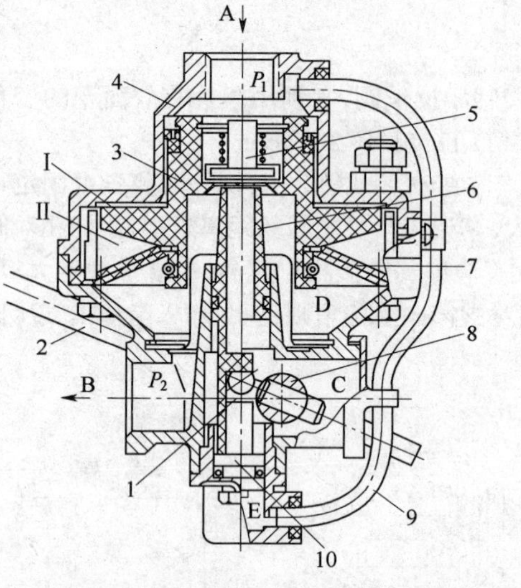

图 4-55 气压式感载比例阀的结构

1. 控制球头臂 2. 调节臂 3. 活塞 4. 上阀体 5. 两用阀门 6. 芯管 7. 膜片 8. 调节臂轴 9. 气管 10. 控制球臂卸载活塞 Ⅰ—活塞翅片 Ⅱ—阀体翅片

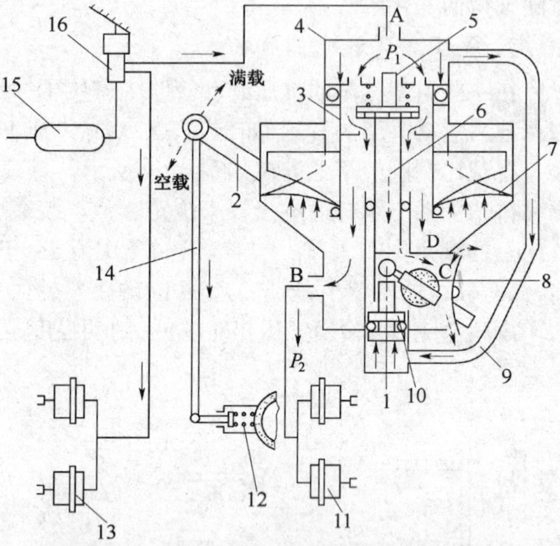

图 4-56 气压式感载比例阀的工作原理

1. 控制球头臂 2. 调节臂 3. 活塞 4. 上阀体 5. 两用阀门 6. 芯管 7. 膜片 8. 调节臂轴 9. 气管 10. 控制球臂卸载活塞 11. 后桥制动气室 12. 后桥弹性臂 13. 前桥制动气室 14. 联动杆 15. 储气筒 16. 制动控制阀

不制动时，活塞 3 处在最高位置，进气阀关闭，排气阀开启。后制动气室经出气口 B、排气阀和排气口 C 通大气。

制动时，来自制动控制阀的压缩空气由进气口 A 以压力 P_1 充入活塞 3 上方气室，推动活塞和阀门 5 相对于阀体 4 和芯管 6 下移，先关闭排气阀，继而开启进气阀。通过进气阀后，压力为 P_2 的压缩空气经出气口 B 充入后制动气室，同时也充入膜片下方气室 D。在此充气过程中，由于活塞上方的有效面积承受着气压 P_1 的作用力，而活塞下方的大膜片承受着气压 P_2 的作用力，由于面积差的关系，下方的总压力即大于上方总压力，活塞回升，直至进气阀再度关闭，压缩空气即停止进入，出现双阀关闭的平衡状态。P_1 进一步增加时，活塞再次下移进气，使 P_2 增加，随后活塞再次上移关闭进气门，再次平衡。

因此，气压比 P_2/P_1 与活塞上下有效承压面积之比成正比，而膜片的有效承压面积又取决于进气阀关闭时活塞所在的平衡位置，这个位置又由球头臂和芯管的位置来确定，而球头臂和芯管的位置取决于汽车后桥载荷。因此，载荷越小，芯管的位置越低，活塞下移的距离越大，进气时的有效承压面积越大，使活塞回升所需的气压就越小。反之，载荷越大，芯管的位置越高，活塞下移的距离越小，进气时有效承压面积越小，使活塞回升所需的气压就越大。

放松制动时 A 口处的气压消失，D 室和后轮制动气室内的气体压力将活塞推到最高位置，关闭了进气阀而打开排气阀，压缩空气即经芯管、排气口 C，推开橡胶皮碗的边缘排入大气，使制动解除。

三、组合阀

组合阀集节流、警报和比例分配三功能于一体。其结构如图 4-57 所示。组合阀左端是节流阀，中间是警报阀，右端是比例阀。

1. 节流阀(滞后阀)

在前盘后鼓的汽车制动系统中，盘式制动器蹄盘间隙小，无回位弹簧，动作灵敏，加之真空助力器的使用和制动力的调节，轻微的促动力即可产生较强的制动效果，因而摩擦片磨损较快。而鼓式制动

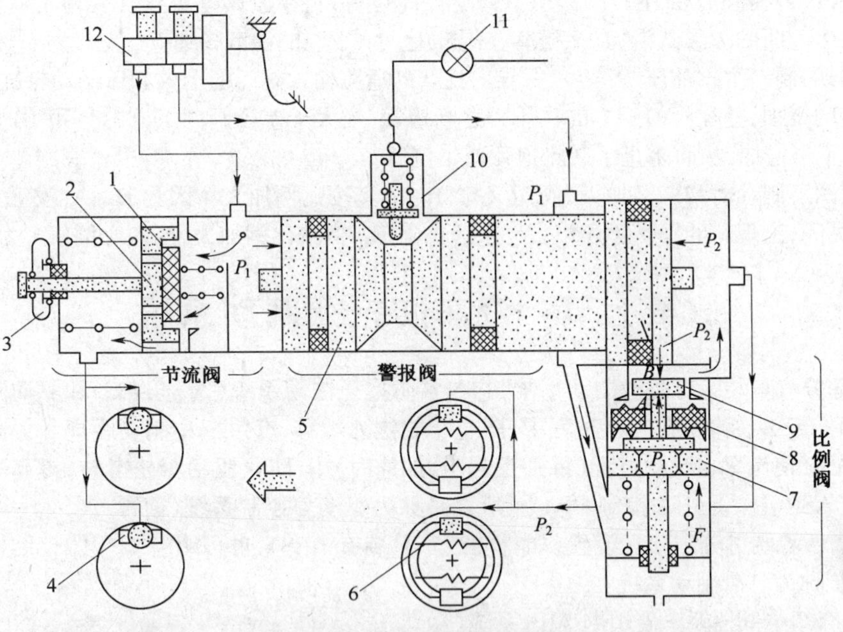

图 4-57　组合阀结构

1. 回油单向阀　2. 节流单向阀　3. 护罩　4. 盘式制动器　5. 阶梯形滑动柱塞　6. 鼓式制动器　7. 六方导向柱塞　8. 橡胶阀座　9. 差径阀门　10. 微动开关　11. 警报灯　12. 制动主缸

器制动作用迟缓，制动时出现前早、后迟现象。为了消除前、后轮制动不同步和时间差现象，提高整车制动效能的稳定性，在制动主缸和盘式制动器之间设置节流阀。

节流阀由两个弹力不同、开闭方向不同的单向阀组成。回油单向阀用软弹簧控制，以保证轮缸方向的油液通畅地流回制动主缸，以便解除制动。节流单向阀用硬弹簧控制，用来单向关断制动主缸和轮缸之间的油路，产生滞后功能。

不制动时，因制动主缸和轮缸的油压与大气压力相等，两个单向阀都在其回位弹簧的作用下处于关闭位置。制动主缸和轮缸与节流单向阀 2 的切口相通。

制动时，只有在制动主缸前腔的油压达到一定值时（1.2MPa 以上），节流单向阀才打开，从而消除了时间差，协调了前、后轮制动开始的时间。放松制动时，油压推开回油单向阀 1 回流卸压。

2. 警报阀（压差阀）

警报阀由阶梯形滑动柱塞、微动开关和警报灯组成。滑动柱塞中部凹下与微动开关接触。前桥端直径小，后桥端直径大，这是因为后桥端装有比例阀，后桥油压始终小于前桥油压。为获得滑动柱塞在各种正常制动情况下的两端推力的平衡，前、后端直径差与比例阀压差比例值应是对应的。

前、后桥管路油压正常时，滑动柱塞因其前、后端油压的推力平衡，处于中间位置不动。

某管路油压泄漏时，若油压差达 0.4MPa 以上，柱塞即动作，向泄漏管路方向移动，警报灯点亮，应及时维修。当故障排除后再制动时，柱塞即自动回位。如某管路渗入了空气，警报灯也点亮，及时排净空气后即自动平衡回位。

3. 比例阀

比例阀垂直安装在阀体的后端，由六方导向柱塞、橡胶阀座、差径阀门和弹簧等组成。六方导向柱塞下端有导向杆、密封圈和弹簧，制动主缸油液从旁通油道经六方通路流向上方。橡胶阀座的下端面上有间断的齿形凸沿，中心孔松套在阀杆上，以便使油液通过。差径阀门的上端面为 B 面，是圆形承压面，它承受后制动轮缸的油压 P_2。差径阀门的下端面为 A 面，是环形承压面，它承受制动主缸的油压 P_1，并且 $B>A$。

不制动时，差径阀门在力 F 的作用下处于最高位置，将橡胶阀座推压在壳体上。由于橡胶阀座下端面有许多间断的齿形凸沿，它又松套在阀杆上，上、下腔的油液畅通。

制动初期，制动主缸油压 P_1 经六方导向柱塞的通路输入阀门的上方和后制动轮缸，$P_1=P_2$。随着制动强度的增加，差径阀门上方的作用力逐渐增大，当大于差径阀门下方的作用力时，阀门下移直至关闭，P_2 不再增加，从而防止了后轮抱死产生侧滑。

再继续踩下制动时，P_1 又加大，阀门又打开，P_2 又按比例加大。因为 B>A，没等 P_2 加大到 P_1 时，阀门又关闭，出现新的平衡。所以，P_2 永远小于 P_1，但按比例加大，压差比例值多为 1.3～4。

第七节 汽车防抱死制动系统

目前，部分汽车装备有防滑制动系统，它包括防抱死制动系统(简称 ABS)和驱动防滑控制系统(简称 ASR)。ABS 使汽车在制动过程中，防止车轮抱死滑移，有效减小制动距离和提高制动时的方向稳定性；ASR 使汽车在驱动过程(特别是起步、加速时)中，防止驱动车轮滑转，提高驱动力和稳定性能。由于 ASR 主要是用来控制驱动力，所以又称为驱动力控制系统(简称 TCS)。ASR 是 ABS 的完善和补充，两者既可分别独立设置(如有的汽车只装有 ABS)，也可组合成一体化结构，常用 ABS/ASR 表示，统称为防滑制动系统。

本节只介绍中低档轿车装用的 ABS 系统。

一、防抱死制动系统概述

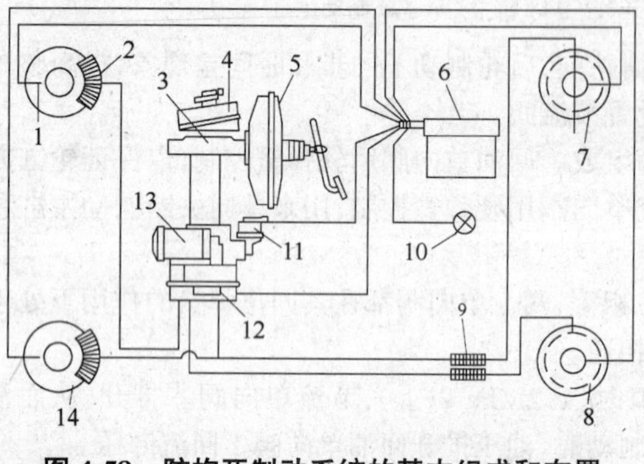

图 4-58 防抱死制动系统的基本组成和布置

1. 车轮转速传感器 2. 右前制动器 3. 制动主缸 4. 储液罐 5. 真空助力器 6. 电子控制单元 7. 右后制动器 8. 左后制动器 9. 比例阀 10. ABS 警告灯 11. 储液器 12. 调压电磁阀总成 13. 电动油泵总成 14. 左前制动器

防抱死制动系统的基本组成和布置如图 4-58 所示。该系统除包括传动液压伺服制动系统的制动主缸、制动轮缸、真空助力器及管路外，还包括电子控制单元、传感器、压力调节器、警告灯等。

(1)车轮转速传感器：车轮转速传感器是 ABS 系统中最主要的传感器，其作用是检测车轮速度信号，简称轮速传感器。

(2)电子控制单元：ABS 电子控制单元常用 ECU 表示，俗称 ABS 计算机。它是系统的神经中枢，接受传感器信号，通过计算、分析、判断后对压力调节器发出控制指令，另外还有监测功能。

(3)制动压力调节器：制动压力调节器的作用是接受 ECU 的指令，驱动调节器中的电磁阀动作(或电动机转动)，调节制动轮缸的制动压力，使车轮始终处于边滚边滑状态。

(4)警告灯：警告灯包括仪表板上的制动警告灯和 ABS 警告灯。制动警告灯为红色，通常用 BRAKE 做标志，由制动液面开关、手制动开关及制动液压开关并联控制；ABS 警告灯为黄色，由 ABS 电子控制单元控制，通常用 ABS、ALB 或 ANTI LOCK 做标志。

在制动过程中，每当 ECU 检测到车轮趋于抱死时，就向压力调节器发出降低制动管路压力的命令，压力调节器就会立即降低管路的压力。与此同时，ECU 实时监控车轮的运动状态，当检测到需要增加制动管路的压力时，它又命令压力调节器增加制动压力，车轮又趋于抱死。如此反复。只要驾驶人保持足够的力在制动踏板上，这种准确的压力调节就会一直进行下去，以控制车轮的滑移率在 15%～20%之间。这样就能防止车轮抱死，车轮依然可以转动，驾驶人在车辆遇到障碍物时，可安全绕开，并能保持向预定的方向行驶，同时地面制动力在既滚动又滑动的制动过程中达到最大。

ABS系统的ECU还具有故障自诊断功能,当检测到ABS系统有故障时,ABS警告灯就会闪亮以提示驾驶人,同时关闭ABS系统,并使制动功能自动恢复到汽车的传统制动系统状态。这时汽车的传统制动系统仍然工作,而只是不再具有防止车轮抱死的功能。

二、防抱死制动系统的构造

1. ABS系统组成

桑塔纳2000Gsi型轿车ABS系统主要由ABS控制器、4个车轮转速传感器、ABS故障灯、制动警告灯等组成,如图4-59所示。

(1)ABS控制器:ABS控制器是ABS系统的核心组成部分,它由电子控制单元(ECU)、压力调节器、电动液压泵等组成。其外形如图4-60所示。

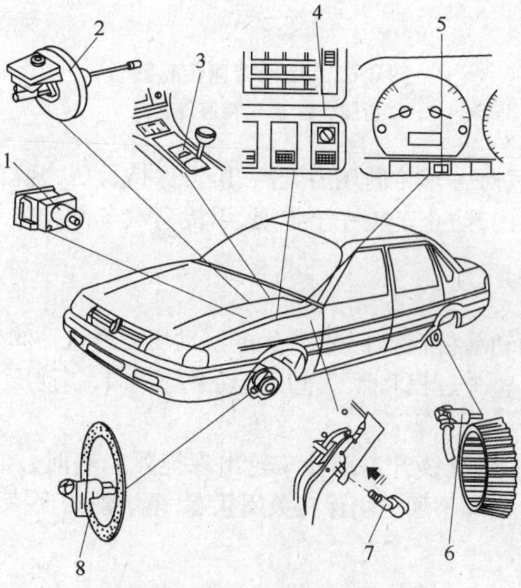

图4-59　ABS系统的组成

1. ABS控制器　2. 制动主缸和真空助力器　3. 自诊断插口　4. ABS故障灯　5. 制动警告灯　6. 后轮转速传感器　7. 制动灯开关　8. 前轮转速传感器

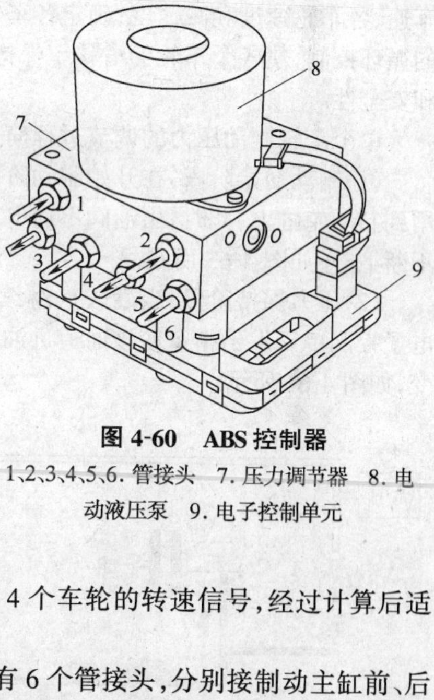

图4-60　ABS控制器

1、2、3、4、5、6. 管接头　7. 压力调节器　8. 电动液压泵　9. 电子控制单元

①电子控制单元。它是ABS系统的控制中心,它连续检测4个车轮的转速信号,经过计算后适时发出控制指令给压力调节器。

②压力调节器。它是ABS系统中的执行控制装置,它上面有6个管接头,分别接制动主缸前、后腔及4个制动轮缸。压力调节器可以控制制动轮缸油压迅速变大或变小,以防止车轮被完全抱死。

③低压储液罐及电动液压泵。两者合为一体装于液压调节器上。低压储液罐的作用是暂时存储从轮缸中流出的制动液,以缓和制动液从制动轮缸中流出时产生的脉动。电动液压泵的作用是将在制动降压阶段流入低压储液罐中的制动液及时送至制动主缸,同时在施加压力阶段,从低压储液罐吸取剩余动力,泵入制动循环系统,给液压系统以压力支持,增加制动效能。电动液压泵的运转是由ABS电子控制单元控制的。

(2)车轮转速传感器:其功用是将车轮的转速信号传给ABS电子控制单元。桑塔纳2000Gsi型轿车ABS系统共有4个车轮转速传感器。前轮的齿圈安装在传动轴上,转速传感器安装在转向节上,如图4-61所示。后轮的齿圈安装在后轮毂上,转速传感器则安装在固定支架上,如图4-62所示。

2. 工作原理

汽车在制动过程中,车轮转速传感器不断把各个车轮的转速信号及时输送给ABS电子控制单元,ABS电子控制单元根据设定的控制逻辑对4个转速传感器输入的信号进行处理,计算汽车的参考

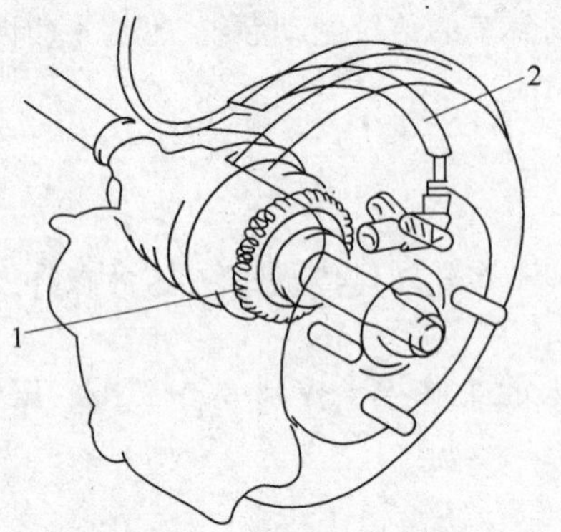

图 4-61 前轮转速传感器

1. 齿圈 2. 前轮转速传感器

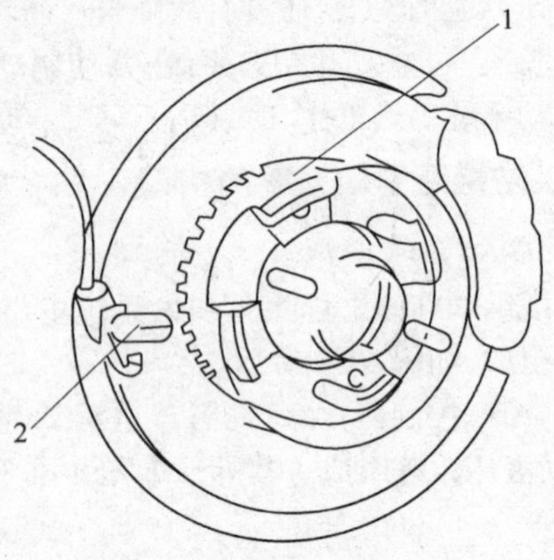

图 4-62 后轮转速传感器

1. 齿圈 2. 后轮转速传感器

车速、各车轮速度和减速度，确定各车轮的滑移率。通过对各车轮的压力升高、压力保持及压力降低的循环控制，使各个车轮的滑移率保持在理想的范围之内，防止车轮完全抱死，以提高汽车制动效果和安全性。

单个车轮制动压力的调节过程简述如下：

(1)制动初始阶段：在开始制动阶段，驾驶人踩下制动踏板，制动主缸产生的制动压力经进油阀作用到制动轮缸上，此时，出油阀不通电而处于关闭状态，整个过程和常规液压制动系统相同，制动压力不断上升，如图 4-63 所示。

(2)压力保持阶段：当驾驶人继续踩下制动踏板，油压继续升高到使车轮出现抱死趋势时，ABS 电子控制单元发出指令使该通道进油阀通电并关闭，出油阀不通电仍保持关闭状态，系统油压保持不变，如图 4-64 所示。

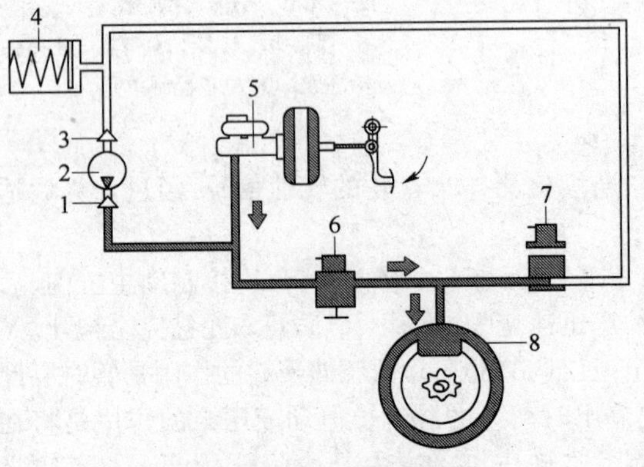

图 4-63 制动初始阶段

1. 压力阀 2. 电动液压泵 3. 吸入阀 4. 低压储液罐 5. 制动主缸 6. 进油阀 7. 出油阀 8. 制动轮缸

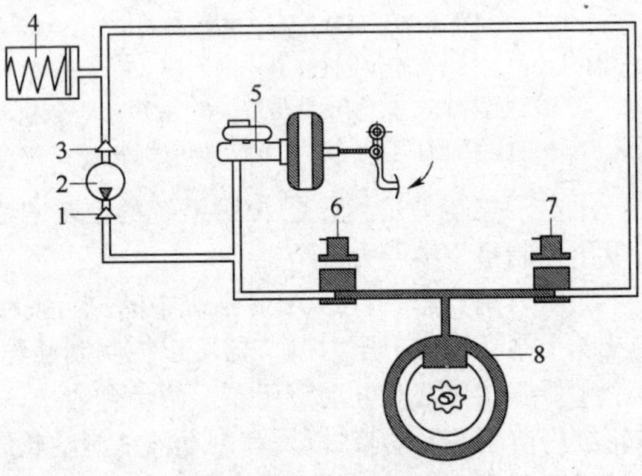

图 4-64 压力保持阶段

1. 压力阀 2. 电动液压泵 3. 吸入阀 4. 低压储液罐 5. 制动主缸 6. 进油阀 7. 出油阀 8. 制动轮缸

(3)压力降低阶段：若在制动压力保持阶段，车轮仍有抱死趋势，ABS 电子控制单元发出指令使出油阀通电并打开。系统油压通过低压储液罐降低油压，此时进油阀继续通电保持关闭状态，有抱死趋势的车轮被释放，车轮转速迅速开始上升。与此同时，电动液压泵开始工作，将制动液由低压储液罐送至制动主缸，如图 4-65 所示。

(4)压力升高阶段：为了保持最佳制动，当车轮转速增加到一定值后，ABS 电子控制单元给出油阀断电，使阀门关闭，进油阀同样也不通电而处于打开状态，电动液压泵继续工作从低压储液罐中吸取制动液，泵入液压制动系统，如图4-66所示。随着制动压力的增加，车轮转速又降低。

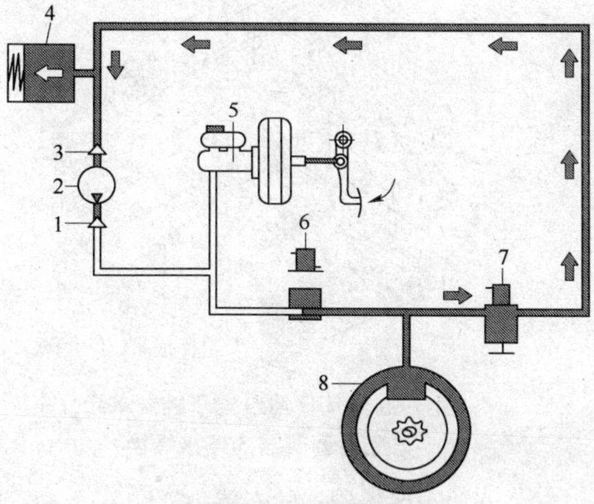

图4-65　压力降低阶段

1. 压力阀　2. 电动液压泵　3. 吸入阀　4. 低压储液罐　5. 制动主缸　6. 进油阀　7. 出油阀　8. 制动轮缸

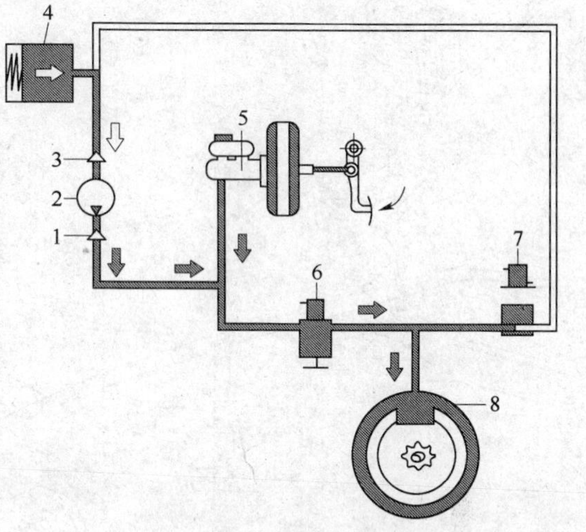

图4-66　压力升高阶段

1. 压力阀　2. 电动液压泵　3. 吸入阀　4. 低压储液罐　5. 制动主缸　6. 进油阀　7. 出油阀　8. 制动轮缸

如此反复循环(每个循环仅0.1～0.25s)将车轮的滑移率控制在20%左右。

在制动过程中，如果车轮没有抱死趋势，ABS系统将不参与制动压力控制，此时制动过程与常规制动系统相同。如果ABS出现故障，ABS电子控制单元将不再对液压单元进行控制，并将仪表板上的ABS故障灯点亮，向驾驶人发出警告信号，此时制动过程也与常规制动系统的工作相同。

三、防抱死制动系统的拆装

1. ABS控制器的拆装

(1)ABS控制器的拆卸：ABS控制器各零部件之间的连接如图4-67所示。

①关闭点火开关，拆下蓄电池及支架。

②从ABS电子控制单元上拔下25端子线束插头。

③踩下制动踏板，并用踏板架定位。

④在ABS控制器下垫一块布。拆下连接制动主缸和控制器的油管2和3，并做标记，拆下油管后立即用密封塞将接口堵住。把制动油管用绳索挂在高处，使油管接头处高于制动储液罐的油平面。

⑤拆下控制器与各制动轮缸的制动油管4～7，并做标记，拆下油管后立即用密封塞将接口堵住。

⑥把ABS控制器从支架上拆下来。

(2)ABS控制器的分解。

①压下接头侧的锁止扣，拔下电子控制单元上液压泵电线插头。

②用专用套筒扳手拆下ABS电子控制单元与压力调节器的4个连接螺栓，如图4-68所示。

③将压力调节器与ABS电子控制单元分离。注意：拆下压力调节器时要直拉，别碰坏阀体。

④在ABS电子控制单元的电磁阀上盖一块干净且不起毛的布。

⑤压力调节器和液压泵安放在专用支架上，以免在搬运时碰坏阀体。

(3)ABS控制器的装配。

①把压力调节器和ABS电子控制单元装成一体，用专用套筒扳手拧紧螺栓，拧紧力矩不得超过4N·m。

②插好液压泵电线插头，注意锁扣必须到位。

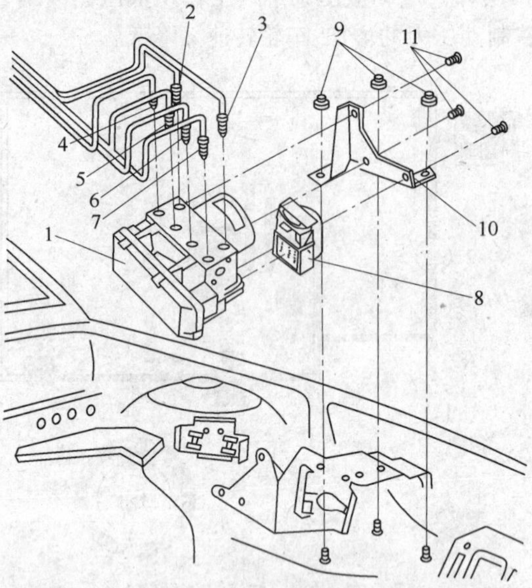

图 4-67 ABS 控制器各零部件之间的连接

1. ABS 控制器 2. 与制动主缸后腔连接的制动油管与接头 3. 与制动主缸前腔连接的制动油管与接头 4. 与右前制动轮缸连接的制动油管与接头 5. 与左后制动轮缸连接的制动油管与接头 6. 与右后制动轮缸连接的制动油管与接头 7. 与左前制动轮缸连接的制动油管与接头 8. ABS 控制器线束插头(25 个端子) 9. ABS 控制器支架紧固螺母 10. ABS 控制器支架 11. ABS 控制器安装螺栓

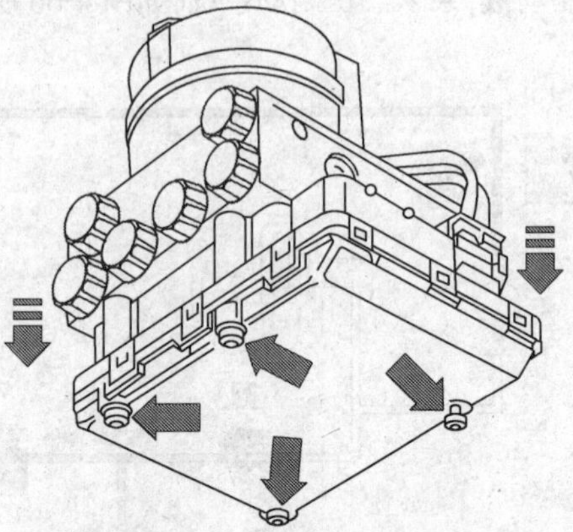

图 4-68 拆下 ABS 电子控制单元与压力调节器的连接螺栓

(4)ABS 控制器的安装。

①将 ABS 控制器装到支架上,以 10N·m 的力矩拧紧固定螺栓。

②拆下接口处的密封塞,装上连接各制动轮缸的制动油管,检查油管位置是否正确,以 20N·m 的力矩拧紧管接头。

③装上连接制动主缸的制动油管,检查油管位置正确后以 20N·m 的力矩拧紧管接头。

④插上 ABS 电子控制单元线束插头。

⑤对 ABS 系统充液和放气。

⑥如果 ABS 电子控制单元更换新的,必须对电子控制单元重新编码。

⑦打开点火开关,ABS 警告灯须亮 2s 后再熄灭。

⑧使用 V·A·G1552 故障诊断仪,先清除故障存储,再查询故障码。

⑨试车检测 ABS 功能,须感到踏板有反弹。

2. 前轮转速传感器的拆装

前轮转速传感器和前轮轴承的分解如图 4-69 所示。

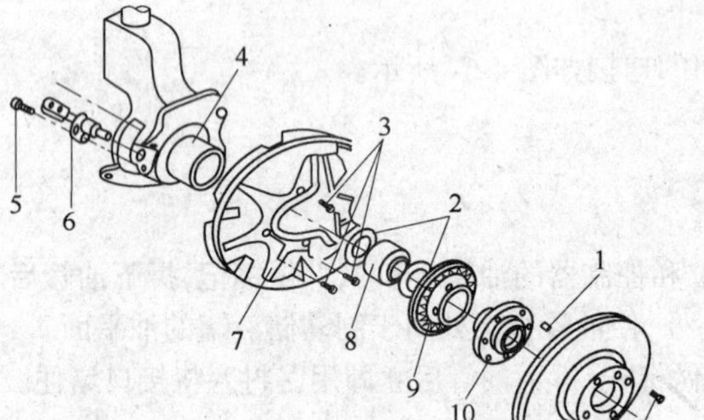

图 4-69 前轮转速传感器和前轮轴承分解

1. 固定齿圈螺钉套 2. 前轮轴承弹性挡圈 3. 防尘板紧固螺栓 4. 前轮轴承壳 5. 转速传感器紧固螺栓 6. 转速传感器 7. 防尘板 8. 前轮轴承 9. 齿圈 10. 轮毂 11. 制动盘 12. 十字槽螺栓

(1)前轮转速传感器的拆卸。

①拆卸前轮毂及齿圈。如图 4-70 所示,在前轮毂的中心放一块专用压块,再用拉具的两个活动臂先钩住前轮轴承壳的两边,转动顶尖,使拉具顶住专用压块,将前轮毂连同齿圈一起顶出,并拆下齿圈的十字槽固定螺栓。

②拆卸前轮转速传感器。如图 4-71 所示,先拔下传感器导线插头,再拧下内六角紧固螺栓,取下前轮转速传感器。

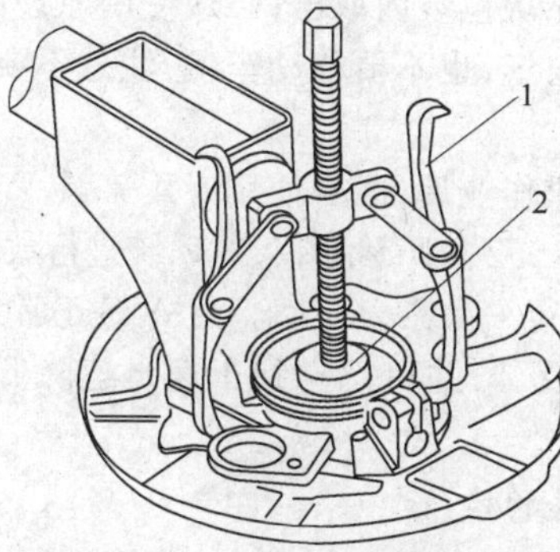

图 4-70　拆卸前轮毂及齿圈

1. 拉具　2. 专用压块

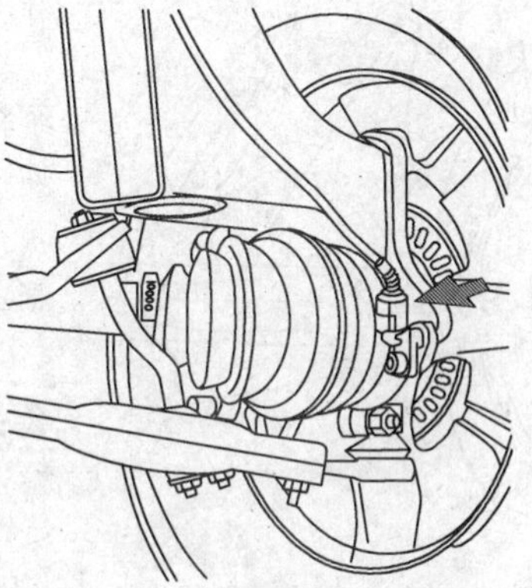

图 4-71　拆卸前轮转速传感器

(2)前轮转速传感器的安装。安装与拆卸顺序相反。先清洁前轮转速传感器的安装孔内表面，并涂上固体润滑膏，然后装入转速传感器，以 10 N·m 的力矩紧固内六角螺栓，最后插上导线插头。

3. *后轮转速传感器的拆装*

后轮转速传感器和后轮轴承的分解如图 4-72 所示。

(1)后轮转速传感器的拆卸。

①先翻起汽车后座垫，拔下后轮转速传感器的连接插头。

②拧下传感器的内六角紧固螺栓，然后拆下后轮转速传感器。

③按图 4-73 箭头所示方向取下后梁上的转速传感器导线保护罩，拉出导线和导线插头。

(2)后轮转速传感器的安装：安装与拆卸顺序相反。先清洁后轮转速传感器的安装孔内表面，并涂上固体润滑膏，然后装入转速传感器，以 10N·m 的力矩紧固内六角螺栓，最后插上导线插头。

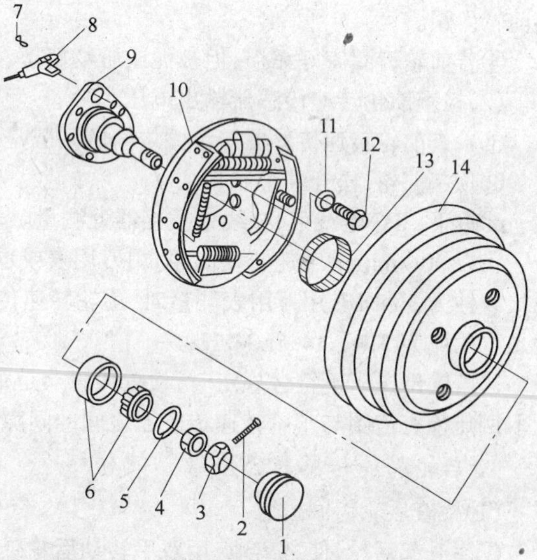

图 4-72　后轮转速传感器和后轮轴承分解

1. 轮毂盖　2. 开口销　3. 螺母防松罩　4. 六角螺母　5. 止推垫圈　6. 锥轴承　7. 内六角螺栓　8. 转速传感器　9. 车轮支承短轴　10. 后轮制动器总成　11. 弹性垫圈　12. 六角螺栓　13. 齿圈　14. 制动鼓

四、防抱死制动系统的检修

1. *系统检修注意事项*

①系统发生故障由 ABS 警告灯和制动装置警告灯指示。某些故障只能在车速超过 20km/h 后才能被检测到；如果 ABS 警告灯和制动装置警告灯不亮，且制动效果仍不理想，则可能是系统放气不干净或在常规的制动系统中存在故障；对 ABS 修理前，为了检查故障所在，应先用 V·A·G1552 故障诊断仪查询故障存储。

②拆 ABS 电气插头之前，必须关闭点火开关；开始修理前，应关闭点火开关并拆下蓄电池接地线。

③拆卸前必须彻底清洁连接点和支承面，绝不要使用汽油、稀释剂等类似的清洁剂。

④系统检修必须绝对清洁，绝不要使用含矿物油的物质，例如，机油或油脂；拆下的零件必须放在干净的地方，并且覆盖好；把 ABS 电子控制单元和压力调节器分开后，必须把压力调节器放在专用支架上以免在搬运中碰坏阀体；拆下的元件如果不能立刻完成修理工作，必须小心地用不起毛的抹布盖

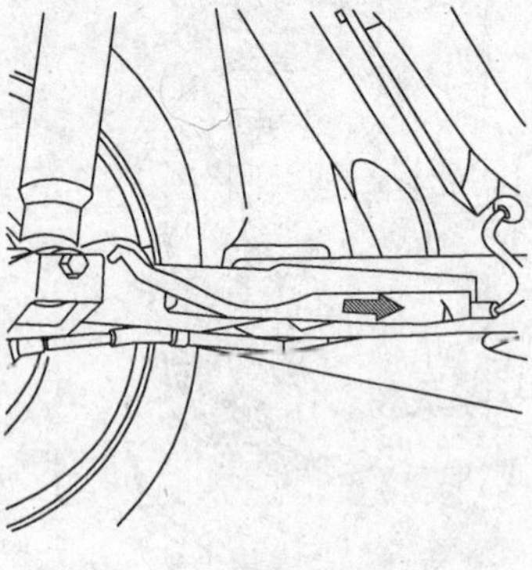

图 4-73 取下转速传感器导线保护罩

好或者用塞子封闭。

⑤配件要在安装前才从包装内取出；必须使用原装配件；系统打开后不要使用压缩空气，也不要移动车辆；注意不要让制动液流到线束插头内。

⑥打开制动系统完成作业后，配合使用专用工具 VW1238A 制动液充放机与 V·A·G1552 故障诊断仪，对系统进行放气。

⑦在试车中，至少进行一次紧急制动。当 ABS 正常工作时，会在制动踏板上感到有反弹，并可感觉到车速迅速降低而且平稳。

2. 前轮转速传感器的检修

(1)检查前轮齿圈。

①前轮轴承损坏或轴承轴向间隙过大时，会影响前轮传感器的间隙。举升起前轮，使之离地，用双手转动前轮感觉前轮摆动是否异常。若轴承轴向间隙过大，则要检查齿圈轴向摆差，轴向摆差应不大于 0.3mm。

②若前轮轴承损坏或轴向间隙过大，则应更换轴承。

③若出现齿圈轴向摆差过大，而引起传感器与齿圈擦碰，造成齿圈变形或齿数残缺不全，则应更换前轮齿圈。

④若前轮齿圈完好无损，但被泥或脏物堵塞，应清除齿圈空隙中的脏物。

(2)检查前轮转速传感器输出电压。

①检查前轮转速传感器与齿圈之间的间隙是否符合规定，标准值为 1.10～1.97mm。

②顶起前轮，松开驻车制动。

③拆下 ABS 电线束，在线束插接器处测量。

④以 30r/min 的转速转动前轮，用万用表或示波器测量输出电压。左前轮接线柱为 4 和 11，右前轮接线柱为 3 和 18，用万用表测量时，前轮转速传感器输出电压应为 70～310mV；用示波器测量时，输出电压应为 3.4～14.8mV/Hz。

⑤若输出电压不符合规定时，检查传感器是否有故障；检查传感器电阻值(1.0～1.3kΩ)；在齿圈上取四点检查齿圈与车轮转速传感器之间的间隙是否过大；检查电线束安装是否有误差。

3. 后轮转速传感器的检修

(1)检查后轮齿圈。

①举升起后轮，使之离地，用双手转动后轮感觉后轮摆动是否异常。若后轮摆动过大，则要检查后轮轴承的径向圆跳动，径向圆跳动标准值为 0.05mm。

②若后轮轴承径向圆跳动过大，则需要调整螺母调节后轴承的间隙，或者更换后轮齿圈。

③若后轮齿圈完好无损，但被脏物堵塞，应清除齿圈空隙中的脏物。

(2)检查后轮转速传感器输出电压。

①检查后轮转速传感器与齿圈之间的间隙是否符合规定，标准值为 0.42～0.80mm。

②顶起前轮，松开驻车制动。

③拆下 ABS 电线束，在线束插接器处测量。

④以 30r/min 的转速转动后轮，用万用表或示波器测量输出电压。左后轮接线柱为 2 和 10，右后轮接线柱为 1 和 17，用万用表测量时，后轮转速传感器输出电压应大于 260mV；用示波器测量时，输出电压应大于 12.2mV/Hz。若输出电压不符合规定时，检查传感器是否有故障；检查传感器电阻值(1.0～1.3kΩ)；在齿圈上取四点检查齿圈与车轮转速传感器之间的间隙是否过大；检查电线束安装是否有误差。

4.ABS 控制器的检修

①检查 ABS 控制器的线束插头应无松动，接触良好；管脚应无腐蚀，否则应清除干净。

②检查 ABS 控制器的输入电源及搭铁情况。

③直接用替换法进行试验。

5. 制动压力调节器的检修

制动压力调节器常见的故障是电磁阀、液压泵不工作或电磁阀泄漏等。

①检查电磁阀线圈的电阻，应符合要求。

②对电磁阀、液压泵进行通电试验应能听到动作声。

③可用专门的 ABS 测试设备进行测试。

④通过汽车诊断仪（解码器）的“执行元件测试”功能进行测试。

6. 继电器的检修

ABS 装用的继电器主要有控制 ABS 工作电源的主继电器、电磁阀继电器、液压泵继电器等。继电器的常见故障是触点接触不良、线圈断路或短路等。

①用万用表测量线圈电阻值，应正常。

②通电检查，用万用表测量两触头间电阻值，不通电时为∞，通电时应为 0。

③继电器触头接触情况也可以通过测量触头的电压降进行判断，如工作时电压降超过 0.5V，则说明接触不良。

五、防抱死制动系统的故障诊断

1. 故障码的读取与清除

(1)故障诊断仪介绍：桑塔纳 2000Gsi 车型的 ABS 系统具有故障自诊断系统，检修过程中可使用 V·A·G1552 故障诊断仪来读取故障码。V·A·G1552 故障诊断仪如图 4-74 所示。

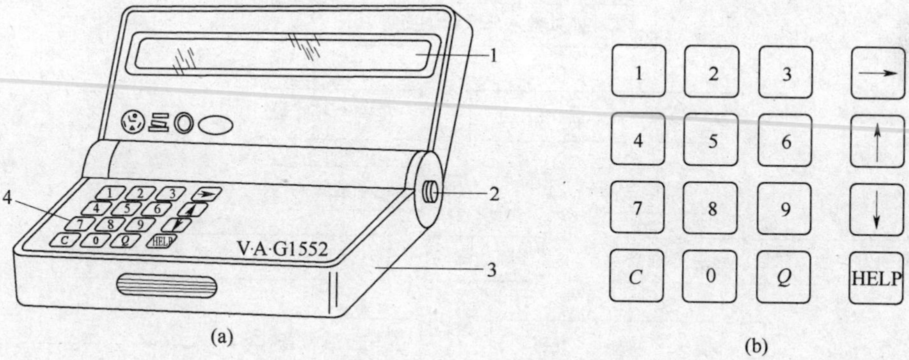

图 4-74 V·A·G1552 故障诊断仪

(a)V·A·G1552 故障诊断仪 (b)键盘

1. 显示屏 2. 测试线束插座 3. 程序卡插口盖板 4. 输入键盘

①各按键的功能。“0～9”数字键用来输入数字；“C”键用来清除输入的内容，回到前一段操作内容或终止正在进行的程序；“Q”键用来确认输入；“→”键用来在程序中或文字中向前移动；“↑”和“↓”键用来改变功能的修正值；“HELP”键用来得到操作相关信息。

②该诊断仪具有以下功能。

功能 01——状态显示信息；功能 02——故障查询；功能 03——压力调节器诊断；功能 04——加液排气；功能 05——清除故障存储；功能 06——结束，退出；功能 07——控制器编码；功能 08——状态测量数据显示(如轮速信号等)。

③V·A·G1552 故障诊断仪操作方法。

a. 在断电的情况下将 V·A·G1552 故障诊断仪接好后,如图 4-75 所示,打开点火开关。

b. 输入"03"后按"Q"键,即进入 ABS 工作环境。

c. 输入所需的功能代码。

d. 输入"06"后按"Q"键退出。

e. 断电后拆下 V·A·G1552 故障诊断仪连接导线。

(2)故障码的读取和消除:在功能选择处输入"02",按"Q"键将显示故障数目,之后按"→"键,将依次显示每一故障的故障码和内容。

在功能选择处输入"05",然后按"Q"键。如果故障码可以消除,表示这是一个偶发性故障,须实车行驶一段时间才能重新检测到,如果故障码不能被消除,表示这个故障码代表的故障一直存在。

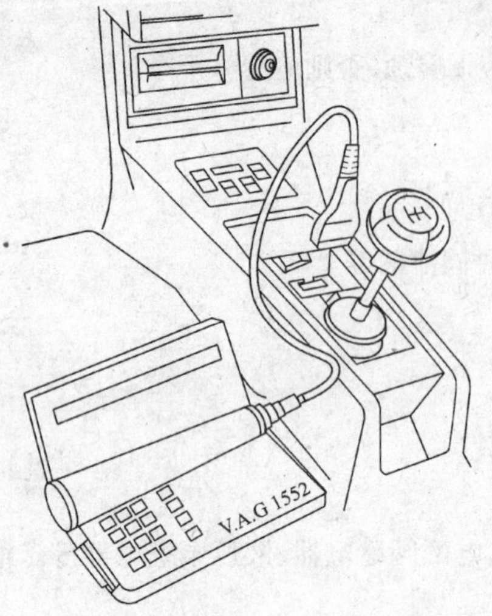

图 4-75 连接 V·A·G1552 故障诊断仪

2. 用 V·A·G1552 故障诊断仪进行故障检测

(1)故障诊断流程:用 V·A·G1552 故障诊断仪对 ABS 进行故障检测时,可按故障诊断流程图4-76进行。

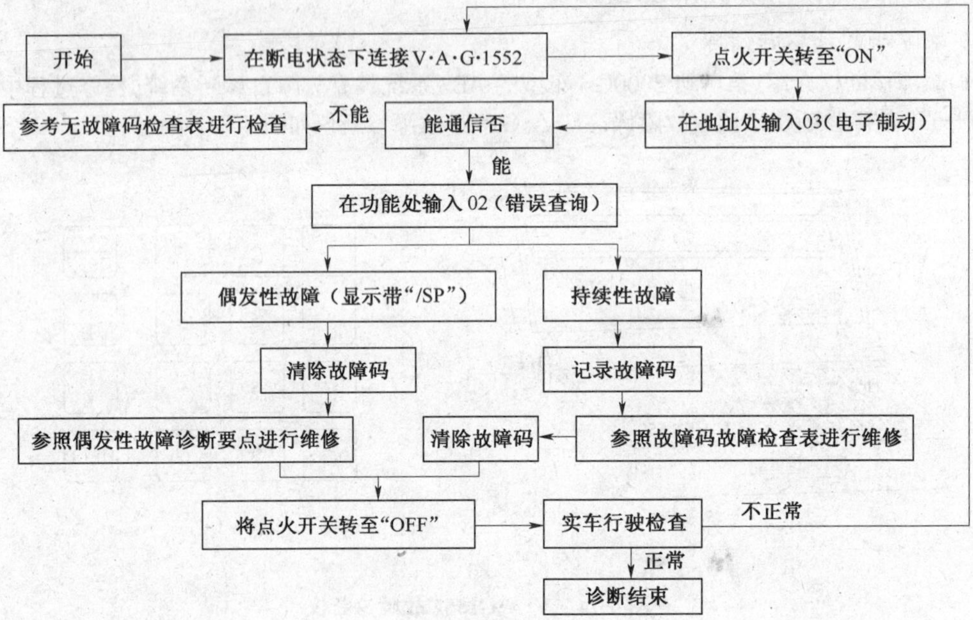

图 4-76 故障诊断流程图

ABS采用液压控制,因此在 ABS 系统正常工作情况下出现表 4-1 所列现象是正常的,并不是故障。

表 4-1 ABS 系统的正常工作情况

现象	说明
系统自检声音	发动发动机后,有时候会从发动机舱中传出类似碰击的声音,这是 ABS 进行自检的声音,并非不正常

续表 4-1

现象	说明
ABS起作用时的声音	①ABS液压单元内电动机的声音 ②与制动踏板振动一起产生的声音 ③ABS工作时,因制动而引起悬架碰击声或轮胎与地面接触发出吱嘎声 注意ABS正常工作时,轮胎仍有可能发出吱嘎声
ABS起作用,但制动距离长	在积雪或是砂石路面上,有ABS的车辆的制动距离有时候会比没有ABS车辆的制动距离长,因此须提醒驾驶人在上述路面行驶时应加倍小心

(2)偶发性故障的检修:在电子控制系统中,在电气回路和输入输出信号的地方,可能出现瞬时接触不良问题,从而导致偶发性故障或在ECU自检时留下故障码。如果故障原因持续存在,那么只要按照故障码检查表就可以发现不正常的部位,不过有时候故障发生的原因会自行消失,所以不容易找出问题的原因。在这种情况下,可按下列方式模拟故障,检查故障是否再现。

①当振动可能是主要原因时将接头轻轻地上下左右摇动,将线束轻轻地上下左右摇动,将传感器轻轻地上下左右摇动,将其他运动件(如车轮轴承等)轻轻摇动。

如果线束有扭断或因拉得太紧而断裂,就必须更换新件,尤其是传感器在车辆运动时因为悬架系统的上下移动,可能造成短暂的断(短)路。因此,检查传感器信号时必须进行实车行驶试验。

②当过热或过冷可能是主要原因时用吹风机加热被怀疑有故障的部件,用冷喷雾剂检查是否有冷焊现象。

③当电源回路接触电阻过大可能是主要原因时打开所有电器开关,包括前照灯和后除霜开关。

如果此时故障没有再现,就必须等到下次故障再出现时才能诊断维修。一般来说,偶发性故障只会愈变愈糟,不会变好。

(3)压力调节器的诊断:利用V·A·G1552对压力调节器进行检查时,将车升起使四轮离地,并放下驻车制动。连接好V·A·G1552故障诊断仪,打开点火开关,输入“03”后按“Q”键,即进入ABS工作环境,在功能选择处输入“03”数字便开始压力调节器的检查。并根据显示器提示进行操作。

按照左前、右前、左后、右后的顺序分别对四个轮子电磁阀工作循环进行检查,若检查没有故障,ABS故障警告灯应熄灭,若有一个循环有问题,输入“06”结束检查后,ABS故障警告灯仍亮,这时一般要更换压力调节器。最后关闭点火开关,拆下V·A·G1552,将车放下,拉起驻车制动。

更换压力调节器后,要添加制动液,并按规定进行常规管路和液压系统放气,具体步骤如下:

a. 按普通液压制动系统进行加液放气,直至无气泡为止。

b. 按故障码读取的方式连接V·A·G1552并打开点火开关,输入“03”后按“Q”键确认。

c. 在功能选择处输入“04”(加液排气功能)后按“Q”键确认。

d. 输入“001”后按“Q”键确认。

e. 踩下制动踏板并保持不动,油泵工作,踏板回弹。

f. 松开制动踏板,将两前轮制动钳放气螺钉松开后按“↑”键。

g. 连续踩制动踏板10次,将两前轮制动钳放气螺钉拧紧后按“↓”键。

h. 上述d、e、f操作步骤重复进行7次,屏幕显示排气结束后按“→”键回到功能选择处,再输入“06”后按“Q”键结束。

(4)ABS电子控制单元的检查与更换:在对ABS系统进行检测时,若读不出故障码或从故障码表中查得与电子控制单元有关的故障码,蓄电池电压正常且ABS系统熔丝良好,则很可能是ABS电子控制单元故障,进行下面操作:

① 拔下ABS电子控制单元的插头并对其进行检查,若有氧化腐蚀或断脚,应进行修理或更换。

② 打开点火开关,检查25端子线束中端子8和9、8和23、24和25之间的电压,如图4-77所示,其正常值应为9.5~16.5V。若检查值正常则应用置换法检查ABS电子控制单元是否损坏。

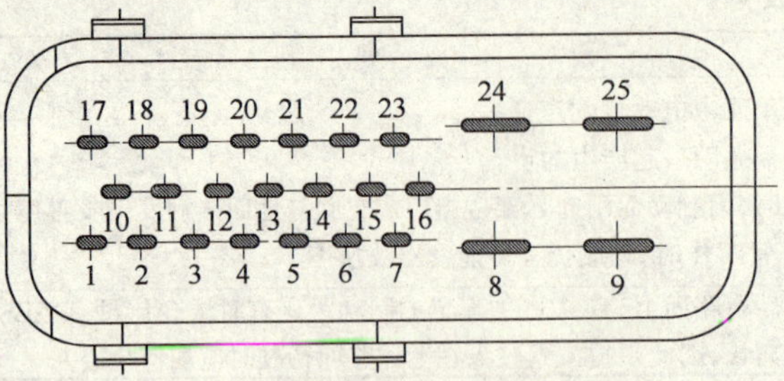

图 4-77 ABS 电子控制单元插头

一般车辆出厂前对 ABS 电子控制单元已编好规定的数码，更换后的 ABS 电子控制单元不具备规定的数码，使用前必须对其进行编码。否则 ABS 警告灯闪亮，ABS 系统不能正常工作。操作步骤如下：

a. 按故障码读取的方式连接 V·A·G1552，输入"03"后按"Q"键进入 ABS 工作环境。

b. 输入"07"进入选择编码功能后。按"Q"键确认。

c. 按提示要求输入新的编码并按"Q"键确认，显示新输入的号码后按"→"键。在功能选择处输入"06"按"Q"键确认后结束。

d. 断电后拆下 V·A·G1552 故障诊断仪连接导线。

(5)ABS 系统有故障代码故障的检查与诊断：桑塔纳 2000Gsi 轿车 ABS 系统的故障代码及内容如表 4-2 所示。

(6)ABS 系统无故障代码故障的诊断：桑塔纳 2000Gsi 轿车 ABS 系统没有故障代码，但是常出现的故障现象及可能故障原因如表 4-3 所示。

表 4-2 桑塔纳 2000Gsi 轿车 ABS 系统故障代码表

V·A·G1552 屏幕显示	可能的故障原因	故障的排除
未发现故障	·如果在维修完毕后，用 V·A·G1552 查询故障后未发现故障，自诊断结束 ·如果屏幕中显示出"未发现故障"，但 ABS 系统不能正常工作，则应按以下步骤进行操作 ①以大于 20km/h 的车速，进行紧急制动试车 ②重新用 V·A·G1552 查询故障，仍无故障显示 ③在无自诊断的情况下着手寻找故障，全面进行电气检查	
00668 汽车 30 号线终端电压信号偏差	·供电线路、连接插头、熔丝故障	·检查控制单元供电线路、熔丝和连接插头
00283 左前轮速传感器	·触点断路松动(轮速传感器导线、连接插头) ·轮速传感器线圈[传感器电路短路、轮速传感器和齿圈的间隙超差(信号不正常)]	·检查轮速传感器与控制单元的线路和连接插头 ·检查轮速传感器和齿圈的安装间隙 ·08 功能"读测量数据组"
00285 右前轮速传感器	·触点断路松动(轮速传感器导线、连接插头) ·轮速传感器线圈[传感器电路短路、轮速传感器和齿圈的间隙超差(信号不正常)]	·检查轮速传感器与控制单元的线路和连接插头 ·检查轮速传感器和齿圈的安装间隙 ·08 功能"读测量数据组"
00287 右后轮速传感器	·触点断路松动(轮速传感器导线、连接插头) ·轮速传感器线圈[传感器电路短路、轮速传感器和齿圈的间隙超差(信号不正常)]	·检查轮速传感器与控制单元的线路和连接插头 ·检查轮速传感器和齿圈的安装间隙 ·08 功能"读测量数据组"
00290 左后轮速传感器	·触点断路松动(轮速传感器导线、连接插头) ·轮速传感器线圈[传感器电路短路、轮速传感器和齿圈的间隙超差(信号不正常)]	·检查轮速传感器与控制单元的线路和连接插头 ·检查轮速传感器和齿圈的安装间隙 ·08 功能"读测量数据组"

续表 4-2

V·A·G1552 屏幕显示	可能的故障原因	故障的排除
01276 ABS 液压泵信号超差	·电动机与控制单元连接线路对电源或对搭铁短路及断路 ·液压泵电动机故障	·检查线路 ·03 功能“最终控制诊断”
65535 控制单元故障	·控制单元故障	·更换控制单元
01044 控制单元编码不正确	·控制单元 25 端子插头触点 6 和 22 之间的连接线路断路或短路	·检查插接线束的线路

表 4-3　ABS 系统无故障代码故障的诊断表

故障现象	可能原因
点火开关在 ON 位置(发动机熄火),而 ABS 警告灯不亮	熔丝烧毁,ABS 警告灯灯泡烧毁,电源线路断路,ABS 警告灯控制器损坏
发动机起动后,ABS 警告灯常亮	ABS 警告灯控制器损坏,ABS 警告灯控制器回路断路,ABS ECU 损坏
ABS 工作异常	传感器安装不当,传感器线束有问题,传感器损坏,齿圈损坏,传感器粘附异物,车轮轴承损坏,ABS 压力调节器损坏,ABS 电子控制单元损坏
制动踏板行程过长	漏制动液,常闭阀泄漏,系统中有空气,制动盘严重磨损,驻车制动调整不当
须用很大的力踩踏板	助力器有问题,常开阀有问题
无故障代码输出(无法与 V·A·G1552 通信)	熔丝烧毁,诊断线断裂或接头松脱,ABS ECU 损坏,V·A·G1552 有问题

(7)ABS ECU 的编码方法和步骤:当更换压力调节器或 ECU 时,应对新的 ECU 进行编码,否则,ABS 警告灯闪烁,ABS 系统不能正常工作。用 V·A·G1552 对 ABS ECU 进行编码的步骤如下:

①将 V·A·G1552 与诊断插座连接。

②在地址输入处输入 03,按 Q 键。

③在功能选择处输入 07,按 Q 键。

④在编码输入处输入 04505,按 Q 键。

⑤显示已输入的号码,按→键。

⑥在功能选择处输入 06,按 Q 键。

⑦结束。

(8)加液与排气:当备件为湿式压力调节器时,更换压力调节器后只需按常规制动系统进行加液与排气即可。

当备件为干式压力调节器时,更换压力调节器后,除要按常规制动系统进行加液与排气外,还需对压力调节器的第二回路进行排气,用 V·A·G1552 进行操作时的步骤如下:

①按常规制动系统进行加液排气,直至透明胶管中无气泡出现。

②将 V·A·G1552 与诊断插座连接。

③在地址处输入 03,按 Q 键。

④在功能选择处输入 04,按 Q 键。

⑤在组号输入处输入 001,按 Q 键。

⑥踩下制动踏板并保持,液压泵工作,踏板回弹。

⑦松开制动踏板,将左右前制动钳放气螺钉松开,按↑键。

⑧踩制动踏板 10 次,将左右前制动钳放气螺钉拧紧,按↑键。

⑨上述⑥、⑦、⑧步再重复进行 7 次。

⑩排气结束,按→键回到“功能选择”菜单。

⑪在功能选择处输入06,按Q键。

⑫结束。

第八节 汽车制动系统常见故障的诊断与排除

汽车制动系统的常见故障有制动不灵、制动失效、制动跑偏和制动拖滞等。

一、液压制动系统故障的诊断与排除

1. 制动不灵

(1)故障现象:汽车制动时,驾驶人感到减速度不足;汽车紧急制动时,制动距离太长。

(2)故障原因。

①制动主缸、轮缸、管路或管接头漏油。

②储液罐存油不足或无油。

③制动液变质或管路堵塞。

④制动系统内有空气。

⑤主缸、轮缸皮碗、活塞或缸筒磨损过度。

⑥主缸进油孔、补偿孔或储液罐通气孔堵塞。

⑦增压器或助力器效能不佳或失效。

⑧制动踏板自由行程太大。

⑨制动蹄摩擦片与制动鼓(盘)贴合面不佳或制动间隙调整不当。

⑩制动蹄摩擦片表面硬化、烧焦、油污及铆钉头露出。

⑪制动鼓磨损过甚或制动时变形。

(3)诊断与排除。

①踩下制动踏板若踏板位置太低,则连续两次或几次踩踏板,如果其高度随之增高且制动效能好转,则应检查制动踏板自由行程及制动器间隙。

②连续几次制动后松开制动踏板,如果其高度缓慢或迅速下降,说明制动管路某处破裂、接头密封不良、轮缸皮碗密封不良或主缸皮碗、皮圈密封不良等。可首先踩下制动踏板,观察有无制动液渗漏部位。若外部正常,则应检查修理主缸故障。

③连续几脚制动后,如果踏板高度仍过低,并且在第一脚制动后,感到主缸活塞未回位,踩下制动踏板有主缸推杆与活塞碰击响声,说明主缸皮碗破裂或回位弹簧太软。

④连续几次制动后踏板高度稍有增高,并有回弹感,说明制动管路中有空气。

⑤连续几次制动后制动踏板均被踩到底,并感到踏板毫无反力,说明主缸储液室内制动液严重亏缺。

⑥连续几次制动后踏板高度低而软,说明主缸进油孔或储液罐螺塞通气孔堵塞。

⑦一脚或两脚制动,踏板高度适当,但太硬且制动效能不良。应检查真空助力器的工作性能,其次检查油管是否有老化、凹瘪、制动液是否太稠,最后检查制动鼓与摩擦片表面状况。

2. 制动失效

(1)故障现象:踩下制动踏板,车辆不减速,即使连续几脚制动也无明显减速作用。

(2)故障原因。

①主缸储液罐内无制动液。

②主缸皮碗严重破裂或制动系统严重泄漏。

③制动软管或金属管断裂。

④制动踏板至主缸的机械连接脱开。

(3)诊断与排除。

①检查主缸储液罐内制动液是否充足,若不足应查明泄漏之处。修复后重新加足制动液。

②检查主缸推杆防尘套处有无制动液泄漏,如有说明主缸皮碗踩翻或严重损坏,应修复或更换。

③检查车轮制动鼓边缘有无泄漏制动液,如有说明轮缸皮碗压翻或严重破损,应修复或更换。

④上述检查均正常,应检查各机械连接部位有无脱开,如有应修复。

3. 制动跑偏

(1)故障现象:汽车制动时,车辆行驶方向发生偏斜。

(2)故障原因。

①左右车轮制动蹄摩擦片材料不同或新旧程度不同。

②左右车轮制动蹄摩擦片与制动鼓(盘)的接触面积、位置不同或制动器间隙不等。

③左右车轮轮缸的技术状况不同,造成起作用时间或张开力大小不等。

④左右车轮制动蹄回位弹簧弹力不同。

⑤左右车轮轮胎气压、直径、花纹或花纹深度不同。

⑥左右车轮制动鼓的厚度、直径、工作中的变形程度和工作面的粗糙度不同。

⑦单边制动管凹瘪,阻塞或漏油;单边制动管路或轮缸内有气阻。

⑧单边制动蹄与支承销配合紧或锈蚀。

⑨车架车桥在水平平面内弯曲,车架两边的轴距不等或前钢板弹簧刚度不等。

(3)诊断与排除。

①汽车行驶中使用制动,汽车向左偏斜,说明右轮制动性能差;反之说明左轮制动性能差。制动停车后,查看轮胎在路面上的拖印,拖印短或没有拖印的车轮即为有故障的车轮。

②检查有故障车轮的制动管路是否漏油、轮胎气压是否充足,若正常则检查制动蹄与制动鼓的间隙是否符合规定,否则予以调整。如仍无效,可检查轮缸内是否渗入空气,若无渗入空气,则应拆下制动鼓,按原因逐一检查各件,特别是制动鼓的尺寸和精度等。

③如果各轮制动拖印基本符合要求,但制动仍跑偏,说明故障不在制动系统,应检查车架和前轴的技术状况。如果出现忽左忽右的跑偏现象,应检查前轮前束或直、横拉杆球头销是否磨损松旷。

4. 制动拖滞

(1)故障现象:抬起制动踏板后,全部或个别车轮的制动作用不能立即完全解除,以致影响了车辆重新起步,加速行驶或滑行。汽车行驶阻力增大,制动鼓发热。

(2)故障原因。

①制动踏板无自由行程。

②制动踏板与其轴的配合缺油、锈污或踏板回位弹簧脱落、拉断及弹力太小等。

③主缸活塞回位弹簧折断或预紧力太小;皮碗的长度太大或皮碗发胀、发黏;补偿孔被污物堵塞。

④轮缸皮碗发胀、发黏或活塞犯卡。

⑤制动蹄回位弹簧脱落、折断或弹力下降。

⑥制动蹄与支承销锈污。

⑦制动蹄与制动鼓(盘)间隙调整不当,制动放松后仍局部摩擦。

⑧通往各轮缸的油管凹瘪或堵塞,导致回油不畅。

⑨不制动时增压器辅助缸活塞中心孔打不开。

⑩轮毂轴承松旷。

(3)诊断与排除。

①行车中出现拖滞,如果所有车轮的制动鼓均过热,表明主缸有故障。如果个别车轮的制动鼓过热,则属于该轮制动器工作不良。

②维修作业后出现制动拖滞,可将汽车举升,变速器置于空档并放松驻车制动,然后转动各车轮再踩下制动踏板。如果抬起制动踏板后,各车轮均难以立即扳转,则故障在主缸,如果个别车轮不能立即转动,说明该轮制动器有故障。

③如果制动主缸有故障,应先检查踏板自由行程。若自由行程正常,可拆下主缸储液盖,踩踏制动踏板,观察回油情况,如不回油,为回油孔堵塞。如回油缓慢,可检查制动液是否太脏、黏度太大。如制动液清澈,则应拆检主缸。

④如果个别车轮制动器有故障,可架起该车轮,拧松其轮缸放气螺钉,如制动液随之急速喷出且车轮即刻旋转自如,说明该轮制动管路堵塞,轮缸未能回油。如旋转车轮仍拖滞,可检查制动器间隙。如上述均正常,则检修轮缸。

二、气压制动系统故障的诊断与排除

1. 制动不灵

(1)故障现象:汽车行驶中,将制动踏板踩到底后汽车减速度不够,制动距离过长。

(2)故障原因。

①制动踏板自由行程太大。

②储气筒达不到规定气压。

③制动阀最大气压调整螺母调整不当,造成制动气压太低。

④制动阀平衡弹簧预紧力太小。

⑤制动阀膜片破裂或排气阀关闭不严。

⑥制动气室膜片或制动管路漏气。

⑦制动管路凹瘪或软管内孔不畅通。

⑧制动蹄摩擦片与制动鼓(盘)接触面不佳或制动器间隙调整不当。

⑨制动蹄摩擦片品质欠佳或使用中表面硬化、烧焦、油污及铆钉头露出。

⑩制动鼓磨损过甚或制动时变形。

⑪制动凸轮轴在支承套内锈蚀或卡滞。

(3)诊断与排除。

①检查制动踏板自由行程,若行程太大则调整。

②起动发动机运转,使空压机向储气筒充气,然后将制动踏板踩到底并察听制动系统是否有漏气声,若有则检修漏气部位。

③在不制动且发动机已运转较长时间情况下,查看驾驶室仪表板气压表指示值是否符合要求,否则检查空压机 V 带松紧、空压机排气阀、空压机到储气筒之间的管路。

④将制动踏板踩到底,查看气压表瞬间下降值是否在 50kPa 左右。若下降值小于 50kPa,应检查并调整制动控制阀最大气压调整螺钉;若调整后气压下降值仍不符合标准,应检查平衡弹簧弹力。

⑤检查制动气室的动作情况及推杆的长度。

⑥检查车轮制动器。

2. 制动失效

(1)故障现象:汽车行驶中使用制动时,不能减速或停车,制动阀无排气声。

(2)故障原因。

①制动踏板至制动控制阀的机械连接脱开。

②储气筒无压缩空气。

③制动控制阀的进气阀不能打开或排气阀不能关闭。

④制动控制阀膜片、制动气室膜片严重破裂或制动软管断裂。

⑤制动管路内结冰或油污严重而阻塞。

(3)诊断与排除。

①查看气压表有无气压。如果气压正常,可检查制动踏板与制动控制阀拉臂是否脱节,制动控制阀调整螺钉是否正常。如果均正常,则需拆检进气阀。

②如果气压表无气压,应拆下空气压缩机出气管,起动发动机察听有无泵气声。如泵气声正常,应检查储气筒到气压表一段有无严重漏气。如无泵气声,应检修空气压缩机。

3. 制动拖滞

(1)故障现象:抬起制动踏板后,摩擦片与制动鼓仍然接触,致使汽车起步困难、行驶无力、制动鼓发热。

(2)故障原因。

①制动踏板自由行程太小,造成制动控制阀的排气阀开启程度太小。

②制动控制阀的排气阀橡胶阀面发胀、发黏或在阀口上堆集的油污、胶质太多。

③制动踏板回位弹簧疲劳拉断、脱落或拉力太小。

④制动气室膜片(活塞)回位弹簧疲劳、折断或弹力太小。

⑤制动凸轮轴在其套内缺油、锈蚀或卡滞。

⑥制动蹄与支承销锈蚀。

⑦制动器间隙调整不当,放松制动后,摩擦片与制动鼓(盘)仍局部摩擦。

⑧轮毂轴承松旷。

(3)诊断与排除。

①抬起制动踏板时制动控制阀排气缓慢或不排气,说明制动控制阀有故障,表现为各轮制动鼓均发热。如果排气声快或断续排气而制动拖滞,说明个别车轮制动拖滞,可进一步用手触摸各车轮制动鼓,判断哪个车轮有故障。

②如果制动控制阀有故障,应先检查制动踏板自由行程。如果无自由行程或太小,应予调整。如果自由行程正常,可拧松排气阀试验。如有好转,则为排气阀调整垫片过薄,如仍无好转,可检查排气阀回位弹簧及橡胶座。以上均正常时,则应检查制动控制阀推杆是否锈蚀。如果制动踏板不能完全抬起,说明踏板至制动控制阀拉臂机械传动卡滞。

③如果个别车轮制动拖滞,可在抬起制动踏板时,观察制动气室推杆回位情况。若其回位缓慢或不回位,应检查制动凸轮轴与其支架衬套是否润滑不良或同轴度超差;若推杆回位正常,可检查制动鼓与摩擦片的间隙是否太小。若架起车轮检查该间隙正常,而落下车轮后该间隙有变化,则说明轮毂轴承外座圈与轮毂或内座圈与半轴套管配合松旷过甚或半轴套管与后桥壳配合松动;若间隙正常,可检查制动气室膜片及软管是否老化。

4. 制动跑偏

(1)故障现象:制动时左、右轮制动力不等或制动生效时间不一致,导致汽车制动时偏驶。

(2)故障原因。

①左、右车轮制动器间隙大小不等、接触面积相差太大、摩擦片材料不一致或质量不同。

②左、右车轮制动鼓内径相差过多、回位弹簧拉力相差很大或轮胎气压不等。

③个别车轮摩擦片有油污、硬化或铆钉外露,或轮缸内活塞运动不灵活,皮碗发胀或油管堵塞,或制动鼓失圆。

④车架变形;前轴位移;前后轴不平行;两前钢板弹簧弹力不等。

(3)诊断与排除。

①汽车行驶中使用制动,汽车向左偏斜,即为右轮制动性能差;反之则为左轮制动性能差。通常是根据路试后轮胎拖印判断,拖印短或没有拖印的车轮即为制动效能不良。

②如果个别车轮制动效能不良,先检查制动气室。一人踩住制动踏板,另一人检查该车轮制动气室、气管或接头有无漏气。若有漏气之处应修复;若没有漏气处,应检查制动气室推杆伸缩情况,查看

是否有弯曲、变形或卡滞现象；左、右推杆行程是否一致。

③如果上述情况良好，可将车轮架起，从制动鼓检视孔观察摩擦片是否有油污，测量制动器间隙是否过大。如果上述情况良好，可踩下制动踏板并迅速抬起，看制动蹄回位是否迅速自如。若不能迅速回位，多为制动蹄回位弹簧弹力不足或凸轮轴卡住，应进行修理或更换。

④如果上述检查调整无效，拆下制动鼓检查是否失圆，摩擦片是否磨损过甚或硬化，铆钉头是否外露，以及弹簧弹力是否符合要求，调整臂凸轮轴转动是否灵活。检查后，可根据需要进行修理或换件。

⑤如果是在更换新摩擦片后出现制动跑偏，应重新更换摩擦片。

复习思考题

1. 汽车制动系统的功用是什么？主要由哪几部分组成？有些什么类型？
2. 鼓式车轮制动器有哪些常见形式？各有何特点？
3. 盘式车轮制动器最常用的是什么形式？有哪些基本组成？盘式车轮制动器有何特点？
4. 制动力调节装置有几种形式？各有何特点？试述感载比例阀的工作原理。
5. 驻车制动有几种形式？并说明调整部位。
6. 试述车轮制动器的调整方法。
7. 如何检修制动主缸、轮缸？
8. 试述常规液压制动系统的空气排放方法。
9. 什么是 ABS? ABS 的基本组成包括哪些部件？
10. 如何检查轮速传感器？
11. ASR 常用的控制方式有哪几种？

第五章　汽车的总装配与竣工验收

汽车维修工艺是维修汽车时进行的各种技术作业的总称。

汽车维修的各种作业按一定方式组合，并按一定顺序完成的过程，称为汽车维修工艺过程。汽车维修（大修）工艺过程一般包括进厂检验、外部清洗、汽车及总成的拆卸、零件检验分类、零件修理、总成装配、总成试验、汽车总装、出厂检验等。

第一节　汽车底盘进厂检验

承修的汽车进厂必须经过检查验收，以便了解承修底盘的技术状况，同时也为估算修理工时和修理费用提供必要的依据。送修车辆底盘技术装备必须齐全（除肇事车外），在检查验收时，除核对底盘的装备状况外，应对汽车使用情况进行了解，并通过外部检视和路试来了解汽车的技术状况。

一、调查了解

（1）检查车辆送修的技术鉴定书，若无鉴定书，应补做技术鉴定。

（2）向送修人员了解汽车底盘的使用与损坏情况，以及对车辆维修的要求。

（3）了解并掌握承修底盘的结构资料和维修资料。

二、外部检测

（1）查看汽车外部有无损伤，各种零件是否齐全。

（2）检查车架和悬架、减振器有无裂纹、变形，铆钉及连接螺栓是否松动。

（3）检查轮胎，查看轮胎磨损情况及有无异常磨损现象。

（4）起动发动机，察听底盘有无异响。

（5）检查总成有无漏油、裂纹或变形。

三、路试检测

（1）路试前，查看转向盘自由行程，转动转向盘时，不允许转向器壳在托架上松动，转向柱管不许有摆动现象。检查离合器踏板自由行程、制动踏板的自由行程、驻车制动器工作行程。

（2）起步后，以不同工况行驶，察听传动系统有无异响；离合器接合、分离情况，有无打滑、发抖及分离不彻底；变速器有无乱档、自动脱档或变速杆发抖等情况。

（3）加速或减速时，察听传动轴有无异响。

（4）转弯时，检查转向机构有无沉重现象，后桥有无异响。

（5）平稳制动时，制动器应保证制动力逐渐增长；完全制动时，踏板不应踩到底。

（6）停驶后，检查有无漏油，各总成温度是否正常，并对车外部仔细地再检查一次，确定路试中出现的故障。检视完毕后，将结果记录在检验表中，确定修理类别（大修、小修、维护）及修理项目。

四、送修车辆要求

（1）送修汽车，除肇事或特殊损坏的原因外，必须在行驶状态。

（2）送修汽车应随同有关汽车装备、保修和行车的技术记录送厂。

（3）送修时除少量通用零件与螺钉、螺母、开口销等允许缺少外，应保持原车的一切总成、仪表、附件和零件齐备。严禁拆换和缺少。

（4）送修车辆必须装足轮胎，并应充气正常。

（5）凡因事故而损坏严重的汽车送修时，应记录肇事损坏程度。

(6)随车工具应齐全。

第二节 汽车解体和总装

一、汽车解体

1. 汽车外部清洗

汽车在解体之前须进行外部清洗,清除外部灰尘、泥土和油污,便于保持拆装工作场地的清洁和拆卸工作顺利进行。汽车外部清洗可采用固定的外部清洗设备或移动式外部清洗机进行。

(1)固定式汽车外部清洗设备:一般设在室外(也有设在室内)的清洗间。将被清洗的汽车开到清洗台上。在清洗台的底部设有旋转式的喷水头,用以清洗汽车底盘,在清洗台的两侧有直头喷水口,主要用以清洗车的两侧。在清洗台的一侧设有离心水泵,将水压提至0.2~0.4MPa,送至各喷水口。汽车清洗后开下清洗台。

(2)移动式外部清洗机:一般由电动机驱动离心水泵进行工作。通过喷水枪的尾部可以调节水流成为剑形或扇形两种水流。剑形水流冲击力强,可以去掉汽车上的干固泥土,而扇形水流覆盖面大,可以去掉一般灰尘。

2. 汽车解体

汽车经外部清洗后,进入拆卸工位,放出所有润滑油与冷却液,将汽车拆成总成(或组合件),然后再将总成拆成零件。汽车的拆卸工作量比较大,它直接影响到汽车的修理品质与修理成本。

汽车和总成的拆卸作业质量和工作效率,在很大程度上取决于工艺程序的安排、劳动组织的形式、拆卸机具设备的选用、工人的操作技术和对这项作业的重视程度。

(1)拆卸作业的组织方法:汽车和总成的拆卸作业的组织方法有固定作业法和流水作业法。固定作业法是汽车总成的拆卸工作始终在同一工作地点进行;流水作业法是汽车拆卸工作在流水线上进行(流水线可以是分成若干个工作地或在传送设备上进行)。

固定作业法用于生产能力不大的汽车修理厂;流水作业法用于大型的汽车修理厂。

(2)拆卸的工艺程序:汽车的拆卸一般不是按照结构进行分类,而是将汽车划分成若干个拆散单元按工作部位进行分工,以平行交叉作业的方式进行。这样可以使整个工序相互配合,减少了工人在拆卸工作中工作位置的变换,减少了辅助工作时间和工具的数量,可以使拆卸作业顺利地进行。

汽车拆卸的工艺程序一般是:

①先拆去车厢,进行外部清洗,并在热状态时,放掉发动机、变速器及差速器壳内的润滑油。

②拆去电气设备及各部分的导线,拆去驾驶室。

③拆去发动机总成、变速器总成及传动轴、前后桥总成等。

(3)拆卸的一般原则。

①拆卸前应熟悉被拆总成的结构,必要时,可以查阅资料,按拆装工艺程序进行。严防拆卸工艺程序倒置,造成不当的零件损伤。

②核对装配标记和做好标记。为了保证一些组合件的装配关系,在拆装时应按原来的标记并重新做好标记。有些组合件是经过选配装合的或是在装合后加工的不可互换的组合件,如气缸体与飞轮壳、主轴承盖、连杆与大头盖等。拆卸后,都应按原位置装好,或做好装配标记。对于动平衡要求较高的旋转零件,如曲轴与飞轮、离合器压盘与离合器盖、传动轴与万向节等在拆卸时也应注意其装配标记,否则将破坏它们的静平衡和动平衡。

③合理使用拆卸工具和设备。正确使用拆卸工具是保证拆卸质量的重要手段之一。拆卸时所选用的工具要与被拆装的零件相适应,如拆卸螺母、螺钉应根据其规格尺寸,选取合适的扳手,尽可能不用活动扳手。对于过盈配合零件如衬套、齿轮、V带轮、轴承等应尽可能使用专用拉器或压力机。若

无专用工具也可用尺寸合适的冲头、榔头冲击，但不能直接用榔头敲打零件的工作面。

a. 连接件的拆卸。汽车和总成的拆卸，主要是连接件的拆卸，在拆卸过程中除遵守上述一般原则外，还应按操作规程规定的方法进行操作。

b. 过盈配合件的拆卸。过盈配合件的拆卸方法与配合的过盈量大小有关。当过盈量较小时，应尽量采用拉器进行拆卸。也可用硬木和铜锤轻轻敲击，将其拆下。当过盈量较大时应用压力机进行拆卸。

轴承的拆卸应特别注意。在拆卸过程中要用力均匀。压力（或拉力）的合力方向应与轴线方向重合。作用力应作用在内座圈（或外座圈）上，防止滚动体或滚道承受负荷。

c. 螺纹连接件的拆卸。拆卸螺纹连接件时要选用尺寸合适的套筒扳手或梅花扳手，一般不轻易用活动扳手，如扳手开口宽度大，易使螺钉头或螺母棱角损坏；如螺钉锈死或拧得太紧不易拆卸时，不应采用过长的加长杆，否则易发生螺钉折断。对有拧紧力矩要求的应使用力矩扳手。

拆卸多螺栓紧固的连接件时，首先应将螺钉按规定次序松 1～2 扣（一般是先四周，后中间或按对角线的方法），然后依次均匀拆卸，以免连接件损坏或变形。

为提高工作效率和降低劳动强度，在拆卸螺纹连接时应尽量使用气动扳手或电动扳手。

d. 特殊螺纹连接件的拆卸。对于双头螺栓可用偏心扳手进行拆卸。也可以用一对螺母，互相锁紧，然后用普通扳手把它连同螺栓一起拆卸下来。

e. 断头螺钉的拆卸。断头螺钉高于机体表面时，可将凸出的螺栓一端挫成方形或焊上一螺母将其拧出。

如果断头螺钉断在机体内，可将螺杆头部钻一小孔，在孔内攻旋向相反的螺纹，用螺纹攻或反扣螺钉拧出断头螺钉。

3. 零件检验与分类

(1)零件清洗：在零件检验和装配前都必须进行清洗，以保证零件的检验质量、修理质量和装配质量。

清洗作业的质量是由清洗设备（或工具）、清洗液和清洗方法这 3 个要素决定的。清洗质量既取决于清洗液的溶解能力、表面活性力和化学反应产生的中和分解，也取决于清洗方法所导致清洗液对零件清洗表面所施加的冲击力、搅拌力或电解作用。而清洗设备则是保证清洗液和清洗方法现实上述各种能力的必要条件。

零件上的污垢包括旧漆、油污、积炭、水垢、磨损物和其他杂物等，由于污垢物的化学成分和特性不同，其清除方法也不一样。

①橡胶类零件的清洗，如液压制动皮碗等，应用酒精和制动液清洗，不能用汽油或碱溶液清洗；离合器和制动蹄摩擦片不能用碱溶液煮洗，应用少许汽油刷洗干净；皮质零件如油封等，要用肥皂水洗净，再用清水冲洗一遍，然后擦干净。

②注意清洗能力。

③使用的浓度和温度。

④使用该种清洗剂要求的清洗工艺。

⑤对某些结构复杂和精密的零件，为提高清洗效能，还可采用电化学清洗和超声波清洗池，它是在清洗件原来配制的清洗液成分基础上附加电化学装置或超声波装置，以促进清洗液的机械作用，加快清除油污、积炭、水垢和铁锈等。

(2)零件检验分类：汽车零件经过清洗之后即可进行检验分类，其目的是通过检验确定零件的技术状况，将零件分为可用的、待修的和报废的 3 类。

①可用的零件：是指符合大修技术标准的零件（大修容许的）。

②待修的零件：是指不符合大修技术标准的零件。但零件通过修理，可恢复到符合大修技术标准并且经济上合算，即可作为待修的零件。

③待修的和报废的零件：是指不符合大修技术标准的零件。零件已无法修复或恢复到符合大修技术标准，或虽可修复但所需材料和成本不符合经济要求，这种零件即可报废。

(3)零件检验方法：汽车零件的检验方法可分为外观检验、几何尺寸测量、零件形状及位置误差测量，以及零件内部组织缺陷的检验等。

零件明显的裂纹、严重变形、严重磨损，一般可通过外部检视进行检验。零件因磨损引起尺寸上的变化，或因变形引起的几何形状或位置偏差，以及长期使用引起的零件材料性能的变化等，则必须采用通用或专用量具，通过测量尺寸或相对位置才能确定零件的技术状况；对于零件的物理机械性能和零件内部隐蔽缺陷必须采用磁力探伤、染色、X射线、超声波探伤等方法进行检查。

二、汽车总装

汽车总装的一般顺序及主要内容(以东风EQ1092型汽车为例)。

(1)安装前、后桥总成：支起车架，将车轮及钢板弹簧与前、后桥总成组装好，一起推至车架下面，装入钢板弹簧销，使前、后桥通过弹簧与车架相连，并装好前悬架减振器(也可先将钢板弹簧安装到车架上，再将前、后桥与钢板弹簧相连)。

(2)安装制动装置：将储气筒及制动阀分别固定在车架上，用管路将储气筒、制动阀及制动气室相连，并在车架上夹固好制动管路。

(3)安装发动机、离合器及变速器总成：总装前，先将发动机和离合器、变速器装合在一起，然后吊装到车架上。也可以分别安装，但都要注意按规定力矩拧紧各支架螺栓。

(4)安装驾驶室：将驾驶室吊装到车架上并拧紧其紧固螺栓，安装好化油器操纵装置。

(5)安装离合器和制动器操纵机构：安装好离合器主缸、工作缸、相应管路及离合器踏板，安装好行车制动踏板、连接杆件、驻车制动手柄及拉索等，并进行必要的调整。

(6)安装传动轴：先将中间传动轴前凸缘紧固到变速器输出轴后端凸缘上，将传动轴中间支承座连接到车架横梁上，将传动轴后端紧固到主减速器主动轴凸缘上(注意：传动轴两端的万向节叉应在同一平面内)，且十字轴上的滑脂嘴应在同一方向上。然后支起后轮，起动发动机使之带动传动轴旋转，中间支承自动找正位置后，再将其完全紧固。

(7)安装消声器：安放好石棉衬垫后，用螺栓将消声器进气管紧固到发动机排气管上，然后将消声器固定到车架上，并紧固好消声器前端的夹箍。

(8)安装转向器：将转向器固定于车架上，并按要求连接好转向操纵机构和转向传动机构各机件。

(9)安装燃油箱：将燃油箱支架、燃油箱及汽油滤清器安装到车架上，并连接好油管。

(10)安装散热器、翼子板、发动机罩及脚踏板：将散热器与其固定支架组装在一起，然后安装到车架上，并连接好散热器与发动机及水泵的进、出水软管，安装并调整好百叶窗及其操纵机构。将脚踏板安装到车架上，并装好挡泥板、翼子板及发动机罩。

(11)安装全车电气线路及仪表：用线夹将全车线路牢固装夹到车上，并连接好仪表、调节器、喇叭、灯具及蓄电池等。

(12)安装车厢：将车厢吊装到车架上，并用U形螺栓等进行紧固。

(13)加注润滑脂：用油脂枪对润滑脂嘴处加注润滑脂进行润滑。

以上装配顺序不是固定不变的，可以根据具体情况和实践经验加以合理的修正。

第三节 汽车大修竣工验收

汽车底盘大修竣工后的验收包括路试检验和综合性能检测两个方面。

一、路试检验

底盘修竣后的路试检验包括行驶前检查、行驶中检查和行驶后检查。

1. 行驶前检查

(1)汽车涂层应色泽均匀,无裂纹、剥落和起泡现象,喷漆表面应无流痕及裂纹。

(2)车门开闭灵活,关闭严密,风挡玻璃完好,门把、门锁、玻璃升降器齐全有效,发动机罩锁扣锁止可靠。

(3)车辆装备齐全,各总成外部螺栓均按规定力矩拧紧,锁销齐全,车架无明显变形及裂纹,铆钉铆接牢固,左、右钢板弹簧片数相等,钢板弹簧无断裂及错位现象,各管接头连接可靠,电气线路完整。

(4)车体周正,左右对称点离地高度差:驾驶室、翼子板不大于10mm;车厢不大于20mm。左、右轴距差不大于10mm。

(5)拖车钩、备胎架齐全,连接牢固,无裂纹及明显变形。

(6)各润滑脂嘴应配备齐全,并按规定加注润滑脂,各总成润滑油、冷却液、制动液等添加充足。

(7)转向及制动系统各连接部位无松旷现象,转向盘自由行程不大于30°,离合器踏板自由行程为30～40mm,制动踏板自由行程为18～22mm,且各机构操纵灵活。

(8)用前轮定位仪或水准仪、转角仪及前束尺等进行检查,前轮定位及前轮最大转角应符合要求。

(9)用气压表检查,轮胎气压应符合要求。

(10)发动机起动容易,在各种转速下运转平稳,无异响。

(11)仪表、灯光信号装置及刮水器等齐全有效。

2. 行驶中检查

行驶前检查合格后,应在干燥、平坦、清洁的高级或次高级路面上进行行驶中检查。

(1)离合器接合平稳,分离彻底,操纵轻便,无打滑及发抖现象。

(2)变速器换挡操纵灵便、平顺,无自动跳档、乱档等现象。

(3)转向轻便灵活,无跑偏和摆振等异常现象。车辆的最小转弯半径应符合要求。车辆转到极限位置时,不得与其他部件有碰擦现象。

(4)行驶过程中,底盘各总成无异响,发动机水温正常。

(5)对于东风EQ1092和解放CA1092型汽车,以30km/h的初速度滑行时,滑行距离应不少于250m。桑塔纳LX轿车以50km/h的初速度滑行时,滑行距离应不少于450m。

(6)行车制动距离或制动减速度符合要求,无制动跑偏及拖滞现象。

(7)拉紧驻车制动手柄时,车辆在坡度为20%(东风EQ1092和解放CA1092型汽车)或30%(桑塔纳LX轿车)的坡道上不得自行下滑,且驻车制动手柄行程符合要求。

3. 行驶后检查

(1)制动鼓、轮毂、驱动桥、传动轴中间轴承及变速器应无过热现象。

(2)各部位密封良好,无漏油、漏水等现象。

二、综合性能检测

1. 转向侧滑量检测

转向侧滑量是由前轮定位不合适引起的,侧滑量过大会引起车辆行驶不稳定,并造成轮胎异常磨损。转向侧滑量的检测是在侧滑试验台上进行的。

(1)将车辆对正侧滑试验台(使用单板式侧滑仪,使车辆一侧对正侧滑板),并使转向盘处于直线行驶位置。

(2)使车辆以3～5km/h的车速沿台板平稳直行(在行进过程中不得转动转向盘)。

(3)转向轮通过台板时,车辆侧滑会带动试验台的台板侧向移动,并通过测量及显示装置显示出其移动量。利用双板式侧滑试验台检测时,侧滑量应不大于5m/km;使用单板式试验台时,侧滑量不得超过7m/km。

2. 制动性能检测

汽车制动性能的检测可分为路试检验和台架检验两种。

(1)路试检验:路试检验应在平坦(坡度不超过1%)、硬实、清洁、干燥、附着系数不小于0.7的水泥或沥青路面上进行。检验时,使被测车辆沿试验车道的中线行驶至高于规定的初速度后,将变速器置空档,当滑行到规定的初速度时,急踩制动踏板进行制动,从脚接触踏板到完全停车所驶过的距离即为被测车辆的制动距离,该距离可用速度计、五轮仪或其他测试方法测量,其技术要求见表5-1。

表5-1 制动距离要求

车辆类型	制动初速度(km/h)	满载检验(m)	空载检验(m)
东风EQ1092	30	≤10	≤9
解放CA1092	30	≤10	≤9
桑塔纳LX轿车	50	≤20	≤12.5

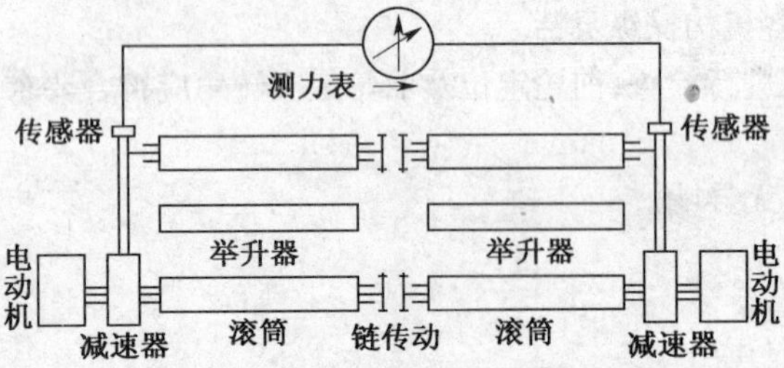

图5-1 滚筒式制动试验台示意图

(2)台架检验:台架检验是通过制动试验台对车辆的制动力进行检验,试验台有滚筒式和平板式两类。检验时,试验台滚筒(或平板)表面应保持干燥,且无松散物质及油污。

①滚筒式制动试验台试验。滚筒式制动试验台的结构如图5-1所示。

将被试车辆的前(后)轮行驶至试验台两滚筒之间的举升器托架上,车辆停稳后,降下举升器,使被测车轮支承在两滚筒上,并将发动机熄火,然后起动电动机使两滚筒驱动车轮转动。当转速达到规定值时,踩下制动踏板进行制动,即可测得车轮的制动力值。测得的制动力大小应符合要求,左、右轮制动力差与该轴左、右轮制动力大者之比,前轴不得大于20%,后轴不得大于24%。

②平板式制动试验台试验。驾驶人以5~10km/h的速度将车辆对正直驶上平台,变速器置于空档位置,急踩制动踏板使车辆停住,由平板感应出其制动力大小。

3. 噪声检测

GB 725819—1997规定,车辆维修后应进行驾驶人耳旁噪声检测。

(1)使车辆处于静止状态,变速器置于空档位置,发动机以额定转速运转,关闭车辆门窗,车内其他辅助设备是否开启可按正常使用情况而定。检测时,车内除驾驶人和测量人员外,不得有其他人员。

(2)按图5-2所示位置放好话筒。

(3)将声级计置于"A"计权、"快"档进行测量,桑塔纳轿车所测噪声应不大于82dB,喇叭声级在距车前2m、离地间隙1.2m处应为90~115dB。

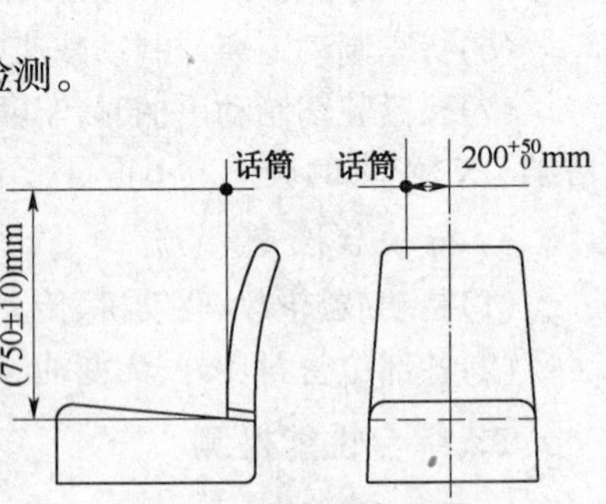

图5-2 噪声测点位置

4. 前照灯检测

汽车前照灯的发光强度和光束照射位置不合适,会影响驾驶人的夜间行车视野,或给迎面来车的驾驶人造成炫目,导致交通事故的发生。前照灯的检测最常用的是自动追踪式光轴检测仪。

(1)将汽车尽可能地与导轨保持垂直方向驶近检验仪,使前照灯与检验仪受光器相距3m。

(2)将车辆摆正,用找准器使检验仪和汽车对正。

(3)开亮前照灯,接通检验仪电源,用上下、左右控制开关移动检验仪位置,使前照灯光束射到受光器上。

(4)按下测量开关,受光器可追踪到前照灯光轴,根据光轴偏斜指示计(标有刻度)和光度计的指示值,即可测得左、右远近光束的水平及垂直照射偏移量和发光强度。

汽车底盘竣工验收完毕,各项性能检查合格后,填好维修技术档案,交付车主使用。

复习思考题

1. 什么是维修工艺?
2. 汽车进厂检验包括哪些主要内容?具体要求是什么?
3. 什么叫汽车解体?简述汽车解体的原则和一般工艺过程。
4. 简述汽车零件清洗的基本方法。
5. 什么叫汽车总装?简述汽车总装的一般工艺顺序。
6. 汽车修竣检验包括哪些主要内容?具体要求是什么?